Die Deutschen und ihre Arbeit. Eine lange Geschichte eines überhöhenden Selbstbildes. Eine lange Geschichte des Antisemitismus, die der Nationalsozialismus noch einmal radikalisierte. Deutsch soll eine Arbeit sein, die der Volksgemeinschaft dient. Unter Verweis auf »deutsche Arbeit« begründete der Nationalsozialismus nicht nur sein antisemitisches Selbstbild, sondern auch Praktiken der Verfolgung und Vernichtung. »Arbeit, Dienst und Führung« rekonstruiert diese Geschichte und analysiert dieses Selbstbild. Dabei wird der Blick auch ins »Innere« der deutschen Volksgemeinschaft geworfen. Denn hier hat der Nationalsozialismus Formen von Menschenführung entwickelt, die in Managementkonzepten der deutschen Nachkriegsgeschichte fortlebten.

Nikolas Lelle arbeitet seit 2020 bei der Amadeu Antonio Stiftung als Projektleiter der Bildungs- und Aktionswochen gegen Antisemitismus. Zuvor promovierte er – nach einem Studium der Philosophie und Soziologie in Frankfurt am Main und Mainz – an der Humboldt Universität zu Berlin in der Sozialphilosophie. 2018 gab er zusammen mit Felix Axster den Band »›Deutsche Arbeit‹. Kritische Perspektiven auf ein ideologisches Selbstbild« heraus.

NIKOLAS LELLE

ARBEIT, DIENST UND FÜHRUNG

Der Nationalsozialismus und sein Erbe

VERBRECHER VERLAG

Leicht gekürzte Fassung der Dissertation
»Arbeit, Dienst und Menschenführung.
Eine historisch-philosophische Durcharbeit
des Nationalsozialismus und seines Nachlebens«,
die an der Philosophischen Fakultät der Humboldt-
Universität zu Berlin eingereicht wurde.
Gutachter:innen: Rahel Jaeggi, Michael Wildt
und Iris Daermann; Dekanin: Gabriele Metzler.
Datum der Disputation: 19.02.2021

Diese Publikation wurde von
der Rosa Luxemburg Stiftung
finanziell gefördert.

Erste Auflage
Verbrecher Verlag Berlin 2022
www.verbrecherei.de

Druck und Bindung: CPI Clausen & Bosse, Leck
Satz: Christian Walter

ISBN 978-3-95732-519-8

Printed in Germany

Der Verlag dankt Anna Heller und Caroline Geißler.

Für Kissi und Jona

»Es handelt sich darum, den Deutschen keinen Augenblick der Selbsttäuschung und Resignation zu gönnen. Man muß den wirklichen Druck noch drückender machen, indem man ihm das Bewußtsein des Drucks hinzufügt, die Schmach noch schmachvoller, indem man sie publiziert. Man muß jede Sphäre der deutschen Gesellschaft als die partie honteuse der deutschen Gesellschaft schildern, man muß diese versteinerten Verhältnisse dadurch zum Tanzen zwingen, daß man ihnen ihre eigne Melodie vorsingt! Man muß das Volk vor sich selbst erschrecken lehren, um ihm Courage zu machen.«[1]

Karl Marx

»Man will von der Vergangenheit loskommen: mit Recht, weil unter ihrem Schatten gar nicht sich leben läßt, und weil des Schreckens kein Ende ist, wenn immer nur wieder Schuld und Gewalt mit Schuld und Gewalt bezahlt werden soll; mit Unrecht, weil die Vergangenheit, der man entrinnen möchte, noch höchst lebendig ist.«[2]

Theodor W. Adorno

»If Fascism had prevailed, the whole of Europe would have been transformed into a complex system of forced labour and extermination camps, and those cynically edifying words [Arbeit macht frei, NL] would have been read on the entrance to every workshop and every worksite.«[3]

Primo Levi

»Ja, der deutsche Mensch arbeitet hart und schwer. Er arbeitet fleißig, ordentlich, sauber, fleißig, pünktlich, korrekt, fleißig, rechtschaffen, tüchtig, diszipliniert, fleißig, gründlich, zuverlässig und fleißig.«[4]

Henning Venske

INHALT

EINLEITUNG

> »Was für die Individuen gilt, gilt auch für die Menschheit im Allgemeinen: wenn man wissen will, was sie denken, darf man nicht dem glauben, was sie von sich halten.«[1]
> *Max Horkheimer*

Die Vorstellung, dass Deutsche besonders gut arbeiten, hält sich bis heute. Die berühmteste Variante dieser Idee wird mit dem Siegel »Made in Germany« assoziiert, die berüchtigtste mit »Arbeit macht frei«. Verdichtet sind beide im Topos »deutsche Arbeit«. Demnach arbeiten die Deutschen besonders genau oder präzise, besonders hart, tüchtig oder fleißig. Ihre Arbeit soll Qualitätsarbeit oder gemeinnützig sein, ihre Beziehung zu Arbeit einzigartig. Was hier als Außenperspektive beschrieben wurde, entspricht einem ideologischen Selbstbild.

Mit diesem überhöhenden Selbstbild von »deutscher Arbeit« wird ein abwertendes Fremdbild artikuliert. Einmal waren es die Griech:innen, die aufgrund ihrer Faulheit in die Krise geraten sein sollen, ein andermal war es die Faulheit von Schwarzen, die es rechtfertige, ganze Länder zu kolonialisieren, oder es waren Jüdinnen:Juden, denen vorgeworfen wurde (und wird), dass sie nicht arbeiten, sondern schachern. Erst durch ein antisemitisches, rassistisches, antiziganistisches oder sozialchauvinistisches Fremdbild wird das Selbstbild geschärft.

Die Vorstellung, dass Deutsche besonders gut arbeiten, hat eine lange Geschichte. In Martin Luthers Schriften findet sich ein Vorläufer dieser Idee, »deutsche Arbeit« avant la lettre. Diese Geschichte entfaltet sich aber erst im langen 19. Jahrhundert. »Deutsche Arbeit« wird zu einem Topos in Literatur, Wissenschaft und Politik. Besonders wirkmächtig wird die Idee im Nationalsozialismus. Von Anfang an vertritt er eine radikale Variante des Topos »deutsche Arbeit«. Die Deutschen arbeiten demnach nicht nur besonders gerne und hart, sondern aus Gemeinnutz, was als Gegenteil zur Nicht-Arbeit »des Juden« propagiert wird, der nur aus Eigennutz tätig werde. Die »deutsche Arbeit« soll ein Dienst an der Volksgemeinschaft sein. Im »Dritten Reich«

verbindet sich diese Idee mit Vorstellungen von Management, die der Nationalsozialismus Menschenführung nennt, und sie geht eine Verbindung ein mit dem Begriff der »Gefolgschaft«. Das folgende Selbst wird zum Leitbild. Der Arbeiter[2] soll als Mitarbeiter zum Teil einer Gefolgschaft werden, die ihren Dienst an der Volksgemeinschaft freiwillig annimmt. Im deutschen Nachkriegsfordismus transformiert sich dieses Leitbild in das führende Selbst, der Vorgesetzte, der seine Mitarbeiter für Betriebszwecke aktiviert. Elemente des Topos »deutsche Arbeit« haben schließlich im 21. Jahrhundert erneut Konjunktur. Denn der Topos ist, insbesondere, aber nicht nur in seiner nationalsozialistischen Form, der Versuch einer rechten Krisenverarbeitung der Moderne. Und in der Krise befindet sich diese Gesellschaft heute vielleicht mehr denn je.

Die Vorstellung, dass Deutsche besonders gut arbeiten, ist ideologisch. »*[T]here is no such thing as deutsche Arbeit.*«[3] Sie ist ein Mythos, aber einer, der geglaubt und kolportiert wird, und damit wirkmächtig ist. Was es durchaus gibt, ist »deutsche Arbeit« in Anführungszeichen, ein Bündel von Vorstellungen und Ideen, das sich zu unterschiedlichen Zeiten verschieden artikuliert, dem aber eines gemeinsam ist: die Idee, dass Deutsche besonders gut arbeiten, besser als andere.

Fluchtpunkt jeder Auseinandersetzung mit »deutscher Arbeit« heute muss der Nationalsozialismus sein. Denn in ihm wurde der Topos »deutsche Arbeit« am radikalsten entwickelt und am brutalsten umgesetzt. Der Nationalsozialismus ist nicht einfach eine vergangene Gesellschaftsordnung, sondern weiterhin politischer Bezugspunkt, zur Anknüpfung oder zur Distanzierung.

Dieses Buch untersucht den Topos »deutsche Arbeit«; genauer gesagt: Untersucht wird der Nationalsozialismus und sein Erbe mit Blick auf dessen Arbeitsauffassung, weil sich gerade hier bislang weitgehend vernachlässigte Kontinuitäten zeigen lassen und besonders deutlich wird, inwiefern der Nationalsozialismus ein regressives, ideologisches Projekt ist, an das weiterhin von Rechten angeschlossen wird.

Ausgangspunkt der Untersuchung sind die langen Kontinuitäten, in denen die NS-Arbeitsauffassung steht. Denn der Topos »deutsche Arbeit« entsteht wesentlich im 19. Jahrhundert. Hauptaugenmerk dieser Untersuchung liegt aber auf den Jahren 1918 bis 1972. Der Bogen spannt sich also vom Ausgang des Ersten Weltkriegs über das »Dritte Reich« bis zum fordistischen Nachkriegsdeutschland. Insbesondere die Leitbilder rücken dabei in den Fokus. In Anlehnung an Ulrich Bröcklings Terminologie nenne ich sie: das folgende Selbst und das führende Selbst.

Der Nationalsozialismus im Allgemeinen, seine Arbeitsauffassung im Besonderen predigen Verheißungen und schüren »eine Heilserwartung, welche die Überwindung gesellschaftlicher Probleme«[4] verspricht. Die zentrale Bezugskategorie der Arbeitsauffassung ist die Volksgemeinschaft. Sie ist ein ideologisches Konzept, das wirkmächtig war. Sie darf nicht als »Beschreibung einer tatsächlichen existierenden gesellschaftlichen Realität«[5] missverstanden werden. »Nicht in der Feststellung eines sozialen Ist-Zustandes, sondern vielmehr in der Verheißung, in der Mobilisierung lag die politische Kraft der Rede von der Volksgemeinschaft.«[6] Sie existierte in dem Sinne, dass sie hergestellt werden sollte, durch Ausschluss, Vertreibung, Verfolgung und Vernichtung, aber auch durch Aktivierung und Involvierung der Volksgenoss:innen[7] und durch integrative Maßnahmen, die die Volksgemeinschaft in Aufmärschen, Ausstellungen oder der Arbeit im Betrieb erfahrbar machten.

Der Nationalsozialismus, schreiben Philippe Lacoue-Labarthe und Luc Nancy, »resümiert nicht das Abendland, und er ist auch nicht dessen notwendiges Endergebnis. Aber es ist auch nicht möglich, ihn einfach als eine Abirrung zu verwerfen.«[8] Er ist nicht die Aufhebung der bürgerlichen, kapitalistischen Gesellschaft, sondern der Versuch einer rechten Überformung. Die Volksgemeinschaft ist dafür ein gutes Beispiel. Sie ist, so Rahel Jaeggi, »eine regressive«, keine »rationale Lösung für die mit der industriellen Moderne aufkommenden sozialen Spannungen«.[9] Der Nationalsozialismus ist ganz allgemein eine regressive Antwort auf die Verwerfungen der Moderne. Er bezieht seine Anziehungskraft unter anderem daraus, anschlussfähig für bürgerliche Vorstellungen zu sein[10] und ist eine radikalisierte Variante einer modernen Gesellschaft, in der sich eine »entgrenzte Destruktivität«[11] Bahn brechen konnte. »Der Antisemitismus ermöglichte eine Kapitalismuskritik, ohne den Kapitalismus abzuschaffen.«[12] Die Eigentumsordnung sowie die Hierarchien wurden im »Dritten Reich« nicht abgeschafft oder dekonstruiert, sondern zementiert. Der Widerspruch von Kapital und Arbeit wurde nicht aufgehoben, sondern politisch überformt. Alle Volksgenoss:innen sollten jetzt gemeinsam als Führer und Gefolgschaft für die Volksgemeinschaft arbeiten. Der Nationalsozialismus schuf damit eine klassenlose Klassengesellschaft.[13]

Angetrieben wird diese Untersuchung von der »Grundfrage zur Entstehungsgeschichte der Bundesrepublik Deutschland«[14]: »Wie konsequent war der Bruch mit der nationalsozialistischen Vergangenheit, und welche Kontinuitäten mit Faschismus, Weimarer Republik und Kaiserreich überdauerten?«[15] Bezogen auf den Nationalsozialismus lautet die historiografische (und politische) Frage: Was hat der nationalsozialistische Arbeitsbegriff mit dem

Ausschluss, der Verfolgung und der Vernichtung von als anders definierten zu tun? Diese Frage wird mit einer sozialphilosophischen verbunden. Wie Ulrich Bröckling danach fragte, welches Echo den Neoliberalismus begünstigte, welche Bedürfnisse er befriedigte (nach Autonomie etwa) und welche Versprechen er gab, interessiere ich mich dafür, wie die Arbeitsauffassung den Nationalsozialismus attraktiv machte und ihm Verheißung verlieh.[16] Schließlich, inwiefern zeigt sich in der nationalsozialistischen Arbeitsauffassung eine moderne, aber regressive Verheißung, die zum Abgrenzungspunkt einer kritischen Theorie von Arbeit im 21. Jahrhundert werden muss? Auch diese Frage treibt die Untersuchung an, zuerst nur im Hintergrund, schließlich explizit als Leitfrage des Epilogs.

Bis vor einigen Jahren diente der Neoliberalismus als Abgrenzungspunkt kritischer Theorien. Doch der verliert seit der Weltwirtschaftskrise von 2008 f. an Legitimation, an Hegemonie und Boden. Das Erstarken der globalen Rechten hat auch etwas mit der Krise des Neoliberalismus zu tun.[17] Die »autoritäre Revolte«[18] zeigt sich als »große Regression«[19]. Die Rechte formiert sich und in dieser Formierung erscheinen die überwunden geglaubten Geister des 20. Jahrhunderts wieder. Die Hochkonjunktur alter wie aktualisierter Verschwörungsmythen im Zuge der Corona-Pandemie sind nur ein weiterer Beweis dafür.

Der Nationalsozialismus hat ein Nachleben. Er ist kein archaisches Relikt aus einer anderen Zeit, sondern seine Antworten sind nach wie vor attraktiv. Das zeigt sich nicht zuletzt darin, wie die extreme Rechte versucht dessen Volksgemeinschafts-Begriff wiederzubeleben. Es ist in einer solchen Situation umso wichtiger, historische Vorläufer in den Blick zu nehmen. »Es ist geschehen, und folglich kann es wieder geschehen«[20], schrieb der Holocaust-Überlebende Primo Levi über die Shoah. Vergleiche zur Gegenwart wurden und werden immer wieder angestellt. Eine systematische Beschäftigung mit den nationalsozialistischen Verheißungen und seinen politischen Versuchen macht sensibel für das, was drohen kann. Es ist an der Zeit, den Nationalsozialismus wieder explizit zum Abgrenzungspunkt kritischer Theorien zu machen. Denn auch der Nationalsozialismus war eine Antwort auf eine gesellschaftliche Krise. Die Folgen waren verheerend.

Kritische Theorie und Nationalsozialismus

In seiner Aphorismen-Sammlung »Minima Moralia« formuliert Theodor W. Adorno einen Einspruch gegen den kapitalistischen Arbeitswahn. »Die Vorstellung vom fessellosen Tun, dem ununterbrochenen Zeugen, der pausbäckigen Unersättlichkeit, der Freiheit als Hochbetrieb« zehren von einem »bürgerlichen Naturbegriff«.[21] Sie sind Ideologie einer kapitalistischen Arbeitsgesellschaft. Die Dystopie oder »Barbarei«, so Adorno, ist nicht »das Erschlaffen der Menschheit im Wohlleben«, sondern die »Kollektivität als blinde Wut des Machens«.[22] In einer befreiten Gesellschaft müsste an die Stelle von »Prozeß, Tun, Erfüllen« das Nichts-Tun treten: »Rien faire comme une bête, auf dem Wasser liegen und friedlich in den Himmel schauen, ›sein sonst nichts, ohne alle weitere Bestimmung und Erfüllung‹«.[23]

Das ist der Versuch einer theoretischen Negation des Bestehenden, kein realpolitscher Gesellschaftsentwurf. Dabei ist es nicht allein ein Einspruch gegen den kapitalistischen Arbeitswahn. Es ist zugleich einer, wenn auch unausgesprochen, gegen eine deutsche Tradition, die glaubt, dass fesselloses Tun, Hochbetrieb und Machen eine Heimat hätten im deutschen Volk. Adornos utopisches Bild ist der unausgesprochene Einwand gegen die Apologet:innen »deutscher Arbeit«.

Schon in der Mitte des 19. Jahrhunderts hatte Wilhelm Heinrich Riehl gespottet über die »rohe Volksphantasie«, die sich »ein paradiesisches Leben als ein arbeitsloses« vorstellt.[24] »Das Schlaraffenland ist die Parodie jenes Paradieses.«[25] Man könne einem Volk erst Sittlichkeit bescheinigen, »wenn auch der geringste Mann sich seinen Himmel nicht mehr als den ewigen Feierabend, sondern als den ewigen, seligen Arbeitstag träumt«[26]. An diese Tradition knüpfte ein halbes Jahrhundert später Adolf Hitler an, indem er verkündete: »Wenn es wirklich dieses Paradies gäbe, dieses sogenannte Schlaraffenland, es würde unser Volk darin nicht glücklich werden.«[27] Im Konzentrationslager Dachau befand sich schließlich ein Wandgemälde mit »paradiesische[n] Fantasielandschaften«[28]. Darunter stand der Reim: »Schlaraffenland nur Phantasie, denn ohne Arbeit geht es nie.«[29]

Theodor W. Adorno und Max Horkheimer schreiben über die deutsche und nationalsozialistische Arbeitsauffassung keine Zeile, obwohl die »Elemente des Antisemitismus«, ihre Auseinandersetzung mit dem nationalsozialistischen Wahn, ein »Schlüsseltext der Kritischen Theorie«[30] sind. Obschon das Vernichtungs- und Konzentrationslager Auschwitz für die Kritische Theorie zur Chiffre für die Shoah und durch Adornos neuen kategorischen

Imperativ in den Mittelpunkt des Denkens und Handelns gerückt wird, spielt die dortige Tor-Inschrift, »Arbeit macht frei«, keine explizite Rolle in ihrem Denken. Obgleich die Untersuchung des Antisemitismus sie Jahrzehnte beschäftigte, schreiben sie nur wenige Zeilen über den Vorwurf, Jüdinnen:Juden würden nicht-arbeiten, und nichts über das konstruierte Gegenteil der »deutschen Arbeit«. Aber sie haben ein theoretisches Instrumentarium hinterlassen, mit dem sich der nationalsozialistischen Arbeitsauffassung begrifflich nähern lässt.

Es ist ein anderer Vertreter der Kritischen Theorie, Franz Neumann, der sich nicht nur intensiv mit dem Nationalsozialismus beschäftigte, sondern dabei auch dessen Arbeitspolitik kritisch untersuchte. Neumanns »Behemoth«[31] betont vor allem den unterwerfenden und kontrollierenden Charakter des Nationalsozialismus, der gleich zu Beginn die organisierte Arbeiter:innenschaft zerschlug und Tausende Menschen als politische Gefangene in die neu geschaffenen Konzentrationslager steckte, sie foltern und ermorden ließ. Als politischer Zeitgenosse, der selbst ins Exil fliehen musste, ist diese Betonung nicht nur verständlich, sie war und ist auch notwendig, um die Propaganda zu entlarven. Allerdings zeichnet sich die Kontrolle der nationalsozialistischen »Governance«[32] nicht allein durch eine Passivierung, sondern auch durch eine Aktivierung aus, insbesondere von sogenannten Volksgenoss:innen. Beim Blick ins Innere der Volksgemeinschaft darf der unterwerfende Charakter des Nationalsozialismus deshalb nicht überbetont werden. Die Aktivierung ist hier Teil des Versuchs, eine Einheit herzustellen. Studien zur Shoah zeigen wie übermäßig aktiv eingebunden – je nach Perspektive – »ganz gewöhnliche Deutsche«[33] oder »ganz gewöhnliche Männer«[34] waren und auf wieviel Rückhalt das Regime setzen konnte; freilich zu unterschiedlichen Phasen des »Dritten Reichs« in unterschiedlichem Ausmaß. Daniel Jonah Goldhagen betont im Bild des »willigen Vollstrecker[s]«, zu denen Deutsche sich machten, die andere Seite, nicht die der Unterwerfung, sondern die der Teilnahme. Es ist diese Seite, an die diese Untersuchung heranrückt, wenn sie die Ideologie der Gefolgschaft als spezifische Weise der Aktivierung in den Blick nimmt.

Franz Neumanns Buch ist auch als politische Intervention zu lesen, die versucht, Einfluss darauf zu nehmen, wie über den noch an der Macht befindlichen Nationalsozialismus geschrieben und gedacht wird, wie gegen ihn vorgegangen werden kann. Michael Wildt und Alfons Söllner, die Herausgeber zur Neuherausgabe von »Behemoth«, schreiben, »dass in der Ahnung des destruktivsten Kerns des Nationalsozialismus das eigentliche Geheimnis des

Buches zu suchen ist«[35]. Neumanns Verdienst ist es, sich als Zeitgenosse dem Nationalsozialismus entgegengestellt zu haben, indem er akribisch dessen Texte analysierte und kritisierte. Dabei ging er bereits ideologiekritisch vor, zeigte etwa den Unterschied zwischen Anspruch und Wirklichkeit auf. Dem kritischem Unterfangen von Neumann, Adorno und Horkheimer wird hier gefolgt. Ziel ist ein besseres Verständnis des Nationalsozialismus, um ihn – und verwandte, neuere, heutige ideologische Formen – besser bekämpfen zu können. Das macht die Sache zu mehr als einer historiografischen Auseinandersetzung, zu philosophischer Zeitgeschichtsforschung oder zeithistorischer Sozialphilosophie.

»Die Ideologie des Nationalsozialismus«, so Franz Neumann, »steht und fällt mit seiner angeblichen ›Leistungskraft‹. Diese muß widerlegt werden.«[36] Zur Dekonstruktion seiner Leistungskraft gehört die Aufarbeitung seiner Untaten, seiner Gewalt und des Massenmordes. Dazu gehört aber ebenso die inneren Anziehungskräfte zu untersuchen, seine scheinbar harmlosen Fantasien von Gemeinschaft und Gemeinnutz, vom Dienen, Folgen und Führen, von freiwilliger Gefolgschaft und Mitarbeit.

Aufbau des Buches

Dieses Buch ist in drei Teile gegliedert und wird mit einem Epilog beendet.

Der erste Teil rekonstruiert die Geschichte des Topos »deutsche Arbeit« ausgehend von Schriften aus dem 19. Jahrhundert und liefert eine systematische Analyse der NS-Arbeitsauffassung. Untersucht wird die damals in liberalen, konservativen und rechten Kreisen gepflegte Vorstellung, dass Deutsche eine besondere Beziehung zu Arbeit hätten. Dabei werden besonders die Unterbestimmtheiten thematisiert sowie die antisemitische und rassistische Anlage des Topos analysiert. Die Nationalsozialisten schlossen an diese Geschichte unmittelbar nach dem Ersten Weltkrieg an, aber es dauerte noch zwei Jahre, bis Hitler eine nationalsozialistische Variante des Topos präsentierte. Demnach ist Arbeit ein Dienst an der Volksgemeinschaft, den die Volksgenoss:innen aus Pflichtgefühl leisten würden. Dieser Hitlersche Grundgedanke wurde vielfach angeeignet und variiert. Im »Dritten Reich« wurde er institutionalisiert, inszeniert und zelebriert. Er diente zentral auch zur Legitimierung von Zwang, Gewalt und Mord. Zwangsarbeit, »Erziehung durch Arbeit« und »Vernichtung durch Arbeit« sind Praktiken, die eng mit dieser

Arbeitsauffassung verbunden sind und durch sie rechtfertigt und begründet wurden.

Der zweite Teil untersucht, ob und wie dieser Topos sich in die Arbeitswelt übersetzte, und analysiert dafür nationalsozialistische Formen von Menschenführung. Der Blick richtet sich jetzt allein ins Innere der homogenisierten Volksgemeinschaft. Der zentrale Begriff dieses Teils ist Gefolgschaft. Der spielt in der Philosophie und politischen Theorie von Carl Schmitt und Helmut Schelsky eine Rolle und umschreibt die Vorstellung eines »existenzielle[n] Teilhaben[s] und Teilnehmen[s]«[37] an der deutschen Volksgemeinschaft. Gefolgschaft soll auf Freiwilligkeit beruhen, während Gehorsam durch Befehl und Zwang hergestellt werde. Durch ein neues Gesetz, das Arbeitsordnungsgesetz, findet der Begriff »Gefolgschaft« zusammen mit seinem Gegenüber, »Betriebsführer«, prominenten Eingang ins nationalsozialistische Arbeitsrecht. Führen und Folgen sollen die adäquaten Handlungsweisen im Betrieb sein. Nationalsozialistische Arbeits- und Betriebspolitiken zeigen sich als Ausdruck dieser Idee, als spezifische fordistische Varianten der Aktivierung, als Formen nationalsozialistischer Menschenführung. Das Ziel war, die Arbeiter zu Mitarbeitern zu machen, die Deutschen also in die nationalsozialistische Volksgemeinschaft zu involvieren. Am Ende dieses Teils wird eine viel beachtete betriebspolitische Reform aus den Kölner Klöckner-Humboldt-Deutz-Werken untersucht, in denen Arbeitern mehr Freiheit und mehr Eigenverantwortung zugesprochen wurden. Diese Maßnahmen können als mustergültige Ausnahme gelten. Sie stehen prototypisch für die nationalsozialistische Führungsform und lassen ihr Leitbild erkennen, das folgende Selbst.

Der dritte Teil stellt sich der philosophischen Frage, inwiefern sich von einem Fortleben des Nationalsozialismus insbesondere im Hinblick auf seine Arbeitsauffassung sprechen lässt. Auf eine Bestandsaufnahme über einige bislang geführte Debatten folgt eine Fallstudie. Untersucht wird das berühmteste Managementmodell seiner Zeit, das Harzburger Modell, das von der Mitte der 1950er-Jahre bis in die 1970er-Jahre enormen Einfluss darauf nahm, wie in deutschen Unternehmen geführt wurde. Sein Erfinder, Reinhard Höhn, machte bereits im »Dritten Reich« steile Karriere, sodass sich die Frage stellt, inwiefern sich hier von einem Fortleben der nationalsozialistischen Führungsform sprechen lässt. Für eine Fallstudie bietet sich dieses Führungsmodell nicht nur wegen seines Einflusses an, sondern auch wegen seiner Ambivalenz. Denn das Harzburger Modell ist Beleg für Kontinuitäten wie Brüche, für einen paradigmatischen nachkriegsdeutschen Umgang mit der Vergangenheit, der einiges bewahrt und anderes hinter sich lässt. Hier zeigt sich ein transformiertes Fortleben, indem das »negative NS-Erbe in ›entnazifizierten‹ Formen weiter getragen wurde.«[38]. Das neue Leitbild der Zeit ist das führende Selbst, eine Übergangsfigur zum unternehmerischen Selbst.[39]

Der *Epilog* zieht schließlich sozialphilosophische Schlüsse aus der Untersuchung und versucht sich an einer Skizze von Bausteinen für eine kritische Theorie von Arbeit. Demnach muss eine solche Theorie – gegen die Überhöhung von Arbeit – das Lob der Nicht-Arbeit anstreben und zugleich eine andere Arbeit erdenken.

Bemerkungen zur Sprache

Jeder Text über den Nationalsozialismus ist mit einem Problem der Sprache konfrontiert. Er muss sich die Frage stellen, wie ein Spagat gelingen kann zwischen einem adäquaten Zur-Sprache-Bringen des Gegenstandes, das aber nicht die Sprache des Nationalsozialismus reproduziert, und einer (geschlechter-) gerechten Sprache. Volksgemeinschaft und »Drittes Reich« mit Anführungszeichen oder ohne, Nationalsozialisten oder Volksgenossen gegendert oder nicht, mit Binnen-I oder Doppelpunkt? Um diesen Spagat zu halten, musste ich Entscheidungen treffen.

Nationalsozialistische Begriffe wie »Drittes Reich« oder »Vernichtung durch Arbeit« schreibe ich mit Anführungszeichen. Eine Ausnahme mache ich beim Begriff Volksgemeinschaft. Den verwende ich ohne Anführungszeichen, um den Eindruck zu vermeiden, diese habe es nicht gegeben. Als Verheißung war die Volksgemeinschaft wirkmächtig und in Form von Praktiken erfahrbar. Ich spreche von Volksgenoss:innen, wenn damit allgemein die »arischen« Deutschen aus dem Blick der Nationalsozialisten gemeint sind, wohl wissend, dass die nationalsozialistische Geschlechterlogik nur zwei Geschlechter kennt. Dagegen rede ich von Nationalsozialisten, nicht, weil es keine Täterinnen und Mittäterinnen gab, sondern weil Frauen in den nationalsozialistischen Debatten über Arbeit keine sichtbare Rolle spielten. Ich möchte Frauen damit nicht unsichtbar machen, sondern ihre Unsichtbarkeit im Nationalsozialismus in meiner Sprache sichtbar machen. Aus demselben Grund rede ich im Text immer wieder vom Arbeiter, Fürsten, Untertanen oder Vorgesetzten, rein in der männlichen Form. Denn diese Figuren werden in den Quellen als männliche Idealtypen gedacht.

Sinti:zze und Rom:nja, genau wie Tschech:innen und alle anderen Gruppen gendere ich mit Doppelpunkt. Nur bei Jüdinnen:Juden nutze ich diese Form, um das grammatikalisch falsche Jüd:innen zu vermeiden. »Der Jude« schreibe ich im Singular und in Anführungszeichen, wenn damit der antisemitische sogenannte *conceptual jew* gemeint ist.

ERSTER TEIL. DIENE!

> »Die Integration der nationalsozialistischen Volksgemeinschaft entlang der ›deutschen Arbeit‹ war [...] real mit dem Ausschluss, der Verfolgung und letztlich der Vernichtung der Stigmatisierten untrennbar verbunden.«[1]
> *Holger Schatz und Andrea Woeldike*

Der Topos »deutsche Arbeit« ist keine Erfindung der Nationalsozialisten. Sie waren nicht die Ersten, die die Idee verbreiteten, Deutsche würden auf eine besondere, einzigartige Weise arbeiten, und dabei »den Juden« als Gegenfigur zeichneten. Sie sind auch nicht die Letzten.

Die Idee reicht bis ins sogenannte lange 19. Jahrhundert zurück und findet in Martin Luthers Schriften eine frühe Vorform.[2] Der Nationalsozialismus vertritt eine radikale Variante davon. Diese Untersuchung der nationalsozialistischen Arbeitsauffassung wird Adolf Hitlers Ausführungen zu Arbeit in den Mittelpunkt stellen. Nicht weil diese Weltanschauung ein Hitlerismus ist, sondern, weil in diesem Fall er es ist, der in einer frühen Rede die Elemente dieser Arbeitsauffassung systematisiert und damit Unbestimmtheiten aus der Vorgeschichte umgeht. Arbeit wird damit klar definiert und kann als Kriterium für Ein- und Ausschluss ebenso genutzt werden wie eine Idee richtigen Handelns propagieren. Denn Hitler bringt die nationalsozialistische Arbeitsauffassung auf einen Grundgedanken, Arbeit ist ein Dienst an der Volksgemeinschaft. Diesen gewinnt er aus einer Radikalisierung der Vorgeschichte des Topos »deutsche Arbeit« aus dem 19. Jahrhundert wie aus der nationalsozialistischen Frühgeschichte der Jahre 1918/19. Der Grundgedanke wird prägend für die nationalsozialistische Weltanschauung und immer wieder angeeignet, wiederholt und paraphrasiert. Die Voraussetzung für die Analyse der nationalsozialistischen Arbeitsauffassung ist die Rekonstruktion dieser Genese.

Die Idee wird schließlich in Ausstellungen und Aufmärschen inszeniert. Eine berühmte Form der Inszenierung waren die Feierlichkeiten zum 1. Mai 1933, dem ersten »Tag der nationalen Arbeit«. Das war die performative Gründungszeremonie der Volksgemeinschaft. Ihre Zelebrierung war eine Form der Selbstbespiegelung, durch die die Konzeption der Volksgemeinschaft sichtbar wird. Die Analyse eines Aufmarsches von Arbeitsdienstleistenden beim Nürnberger Reichsparteitag 1934 zeigt den Prototypen des deutschen Arbeiters, den »Soldaten der Arbeit«[3]. Zusammen ergeben die Aufmärsche ein Bild vom Zusammenhang von Arbeit und Volksgemeinschaft. »Deutsche Arbeit« wurde außerdem in Ausstellungen inszeniert. Den Topos trug eine Ausstellung in Berlin explizit im Namen: *Deutsches Volk – Deutsche Arbeit*.[4] Nicht weniger zentral war er für die in Düsseldorf gezeigte Ausstellung *Schaffendes Volk*.[5]

Vor dem Hintergrund dieser Zusammenhänge wird die Verfolgung und Vernichtung in den Blick genommen. Gegen die berühmteste KZ-Devise gilt es mit Jean Améry festzuhalten: Arbeit macht nicht frei. Das radikal-völkische, nationalsozialistische Arbeitsverständnis führt zum Ausschluss, zur Verfolgung und Vernichtung von als fremd markierten. Denn die Wahnidee verweist immer auf die Anderen, die Feinde, zuallererst auf »den Juden«. Arbeit ist ein wesentliches Kriterium zur Bestimmung, wer zur Volksgemeinschaft dazu gehört und wer nicht. Die Grenze dabei ist in einem gewissen Maße verschiebbar. Die Rolle, die Arbeit bei ihrer Setzung spielt, lässt sich zeigen mit Blick auf die sogenannten Arbeitserziehungslager (AEL), auf Zwangsarbeit und »Vernichtung durch Arbeit« sowie auf die Selektion in Auschwitz-Birkenau. »Deutsche Arbeit« und das, was mit der KZ-Devise »Arbeit macht frei« assoziiert wird, gehören zusammen. Durch das Fremdbild von Faulen und Schachernden wird das Selbstbild der eigenen, ehrlichen und gemeinnützigen Arbeit entworfen. Der Antisemitismus spielt in der Konstruktion des nationalen Selbstbildes eine zentrale Rolle. Das gilt nicht nur für den Nationalsozialismus, sondern für eine längere, deutsche Geschichte, die wesentlich im 19. Jahrhundert spielt.

1. Zur Geschichte »deutscher Arbeit« im langen 19. Jahrhundert (und davor)

> »[D]ie Menschen in Deutschland scheinen in einer immerwährenden Angst um ihre Nationalität zu leben, eine Angst, die zu der Überwertigkeit des Nationalbewußtseins sicher das Ihrige beiträgt.«[6]
>
> *Theodor W. Adorno*

Die Idee »deutscher Arbeit« hat eine jahrhundertealte Geschichte. Sie ist eine Reaktion auf die Durchsetzung der kapitalistischen Moderne und damit auf das Entstehen der (bürgerlichen) Arbeitsgesellschaft. Sie ist Ausdruck des Versuchs, die Probleme der Moderne zu beheben, ohne das Wesen dieser Moderne anzutasten. Die (sozialen) Folgen, die moderne Arbeit mit sich bringt, ausgelöst dadurch, dass es Besitzer von Produktionsmitteln auf der einen und – im doppelten Wortsinn[7] – freie Arbeiter:innen auf der anderen Seite gibt, werden auf eine eigentümliche Weise bearbeitet.

»Deutsche Arbeit« ist eine »ideologische Operation«[8], um die Folgen dieser Verhältnisse abzufedern. Arbeit wird dabei überhöht und ein besonderer Bezug zu ihr wird zu einer deutschen Kraft erklärt, die von fremden Mächten angegriffen und geschwächt würde. So wird eine sich antimodern artikulierende »deutsche Moderne« fantasiert, deren Grundlagen es immer schon gegeben habe. Die negativen Seiten der Moderne erscheinen als Produkt »des Juden«.

Der Topos »deutsche Arbeit« ist zudem eine Integrationsfigur für eine klassenlose Klassengesellschaft, also eine Gesellschaft, die die Klassen nur scheinbar überwunden hat.[9] Er soll die »entzauberte Welt wieder mit Sinn erfüll[en] durch das Bewusstsein des übergeordneten Zusammenhangs, in dem das individuelle Handeln steht«.[10] Dieser Zusammenhang besteht im Bezug der (deutschen) Arbeit auf die nationale Gemeinschaft, im Nationalsozialismus Volksgemeinschaft genannt. Der Nationalsozialismus erfand den Topos zwar nicht, aber er radikalisierte ihn und ließ ihn wirkmächtig werden.

Die Geschichte »deutscher Arbeit« geht bis an den Beginn der modernen Arbeitsgesellschaft zurück, der Zeit der Reformation, in der bereits von »uns Deutschen« die Rede war. Nicht nur der eliminatorische Antisemitismus, wie Micha Brumlik betont, nahm hier seinen Anfang, sondern auch der deutsche Arbeitswahn.[11] Die Hochphase der Konstituierung der Idee »deutscher Arbeit« war allerdings das 19. Jahrhundert, das »Jahrhundert der Arbeit«[12], genauer die Zeit zwischen der deutschen Revolution von 1848 und der Reichsgründung von 1871. Eine Konjunktur erfuhr der Begriff dann um 1900. Die Nationalisierung, die sich in ihm ausdrückt, war ein »Produkt der Globalisierung«[13], nicht ihr Gegenteil. Das Zeitalter der Nationen war keine Vorform zum globalisierten Kapitalismus, sondern seine historische Entsprechung. Die Nationalisierung von Arbeit war zwar eine internationale Tendenz der Zeit, hatte in Deutschland aber einen besonderen Verlauf. Sie ist Teil der Vorgeschichte der Shoah.

Zwischen der Zeit der Reformation, die sich ab 1517 entwickelte, und der Konstituierung der Idee »deutscher Arbeit« im 19. Jahrhundert liegen also dreihundert Jahre; eine lange Zeit. Um 1500 war die »adelige Grundherrschaft«[14] das Wirtschaftssystem Zentraleuropas. Noch herrschte der Feudalismus. Doch ab 1600 setzte sich Geld als Zahlungsmittel in vorher unbekanntem Maße durch, Ausdruck der Entstehung und Durchsetzung des Kapitalismus.[15] Der »lange Marsch in die kapitalistische Arbeitsgesellschaft«[16], geprägt durch eine Bekämpfung und Abwertung der Faulheit, und die Erfindung der Lohnarbeit begann.[17] Die beiden Zeitalter trennten der Dreißigjährige Krieg, die Aufklärung, die Französische Revolution und die Napoleonischen Kriege. Im Kampf gegen den Feind etablierte sich ein deutsches Nationalgefühl. Im Laufe des 19. Jahrhunderts stand Deutschland dann inmitten der Industrialisierung,[18] übernahm in einigen Branchen sogar eine führende Rolle und hat sich vom politischen und konfessionellen Flickenteppich zu einem einheitlichen Reich gewandelt.[19] Die Frage danach, was die Einheit stiftet und ihr Wesen ausmacht, bekam dadurch neue Relevanz. Deutschland fehlte, schreiben Jean-Luc Nancy und Philippe Lacoue-Labarthe, »Subjekt seines eigenen Werdens zu sein«[20]: »Was Deutschland folglich konstruieren wollte, war ein solches Subjekt, sein eigenes Subjekt.«[21] Dieses deutsche Subjekt sollte ein arbeitendes Subjekt sein.

Die deutsche Geschichte ist die Geschichte einer »verspätete[n] Nation«[22] und einer besonderen Weise ihrer Konstruktion. Denn die deutsche Nation definierte als einzige europäische »ihre Zusammengehörigkeit auf der Basis einer homogenen Gemeinschaft von Blutsverwandten« und neigte daher insbesondere dazu »das ›Fremde‹ auszugrenzen«.[23]

Hier wird eine verdichtete Rekonstruktion der zentralen Wegmarken der Geschichte des Topos »deutsche Arbeit« geleistet, die vor allem auf einige logische Unterbestimmtheiten hinweisen will, die der Nationalsozialismus schließlich zu bestimmen versucht.

1.1 Die Zeit der Reformation

Martin Luthers Bibelübersetzung führte im 16. Jahrhundert in die deutsche Sprache ein Wort ein, das fortan den Blick auf Arbeit verändern sollte: Beruf. Arbeit sollte zum »Beruf« werden und nicht mehr mit Last oder Knechtschaft assoziiert werden.[24] Er verlieh Arbeit damit etwas Sakrales.[25] Sie wurde selbst zum Gottesdienst, sollte das Makel der Mühsal und der Last verlieren und fortan als »Gehorsamspflicht [...] gegenüber göttlichem Befehl«[26] gelten. In dieser Logik ist die Arbeit mehr als nur eine Tätigkeit, die das Überleben sichert, sie ist das, wozu man berufen ist, der Platz, an den der:die Einzelne gestellt wurde. Damit änderten sich auch die »christlichen Sittlichkeitsgebote«: »Nicht mehr die mönchische Askese galt den Protestanten als höchstes Mittel, um Gott wohlgefällig zu leben, sondern die Erfüllung der innerweltlichen Pflichten, die sich aus der Lebenseinstellung des einzelnen ergeben und so zu seinem ›Beruf‹ werden.«[27] Nicht nur bereitet Luther damit der Überhöhung von Arbeit den Weg, sondern auch der »Umwertung der Werte von Dienen und Herrschen«[28].

Diese Auffassung von Arbeit lebten Luther zufolge die deutschen Christ:innen. Das wird insbesondere dort deutlich, wo Luther über vermeintlich andere schreibt. In der Auseinandersetzung mit dem Fremden versucht er, das Eigene zu bestimmen. So ist es kein Zufall, dass Luther sich in seinem antisemitischen Machwerk »Von den Juden und ihren Lügen«[29] auch über Arbeit auslässt. Das Buch propagiert bereits eine deutsche Perspektive, die noch lange nicht nationalstaatlich verfasst war. Gleich zu Beginn betont Luther, dass es nicht darum ginge, mit »den Juden«, sondern über sie zu reden, damit »wir Deutschen« uns Klarheit verschaffen.[30]

Das Buch durchzieht die Gegenüberstellung von hart arbeitender deutscher Bevölkerung und jüdischen Wucherern. Es lebt von diesem Kontrast und stellt den Versuch dar, zu beweisen, dass »die Juden« nicht das auserwählte Volk sind. Mit einem Bein bereits in der Moderne stehend, geht es Luther auch um die unterschiedlichen Arbeitsauffassungen, die Christ:innen und Jüdinnen:Juden prägen sollen. Aber über grobe Unterscheidungen kommt er nicht hinaus. Die Deutschen arbeiten in seiner Fantasie härter und ehrlicher, und schaffen etwas. »Den Juden« spricht Luther dagegen die Vorstellung von Arbeit als Beruf gänzlich ab. Er identifiziert sie mit Geldleihe und Wucher, mit dem sie einen »Trick« gefunden hätten, um keinen Finger zu krümmen und doch in Reichtum zu leben. Sie würden die Christ:innen beherrschen, im »eigenen Land gefangen«[31] halten und für sich arbeiten lassen. Währenddessen würde »der Jude« faulenzen, das Leben genießen und auf die Arbeitenden hinabsehen.[32] Das spricht Luther in einem erfundenen Monolog eines Juden aus: »›Haltet zusammen! Seht wie Gott mit uns ist und sein Volk auch im Elend nicht verlässt. Wir arbeiten nicht, haben gute, faule Tage, die verfluchten Gojim müssen für uns arbeiten. Wir aber kriegen ihr Geld und damit sind wir ihre Herren, sie aber unsere Knechte.‹«[33] »Die Juden«, so der Vorwurf, würden ein Leben voll Reichtum, aber ohne Arbeit führen.

Aus dieser Diagnose leitet Luther am Ende seines Buchs antisemitische Forderungen ab, die jüdisches Leben verunmöglichen würden. Er schlägt vor, man solle ihre Synagogen anzünden, ihre Häuser zerstören, sie an ihrer Religionsausübung hindern, ihren Rabbinern verbieten zu lehren, ihnen zu reisen und den Wucher verbieten sowie sie zu Arbeit zwingen.[34]

Luthers antisemitisches Buch ist zugespitzt auf die Gegenüberstellung von jüdischem Wucherer und deutschem Arbeiter, beide als männliche Figuren vorgestellt. Hier findet sich »deutsche Arbeit« avant la lettre. Dabei bleibt die Arbeit der Deutschen allerdings unterbestimmt. Erst im Kontrast gewinnt sie Kontur.

1.2 Das lange 19. Jahrhundert

Die Unterbestimmtheit bremste die Verbreitung der Idee einer Besonderheit von »deutscher Arbeit« nicht aus. Sie wurde weitergetragen und gewann insbesondere ab 1800 an Bekanntheit. Den als Krise wahrgenommenen Umwälzungen moderner Arbeit sollte mit den Topoi »Deutsche Arbeit« und »Arbeitsfreude« etwas entgegengesetzt werden.[35] Gleichzeitig zur Nationwerdung der Deutschen fand so auch eine »Nationalisierung der Arbeit«[36] statt. Als Teil der Antwort auf die Frage »Was ist deutsch?«, wurde zu bestimmen versucht, worin das spezifisch deutsche Verhältnis zu Arbeit besteht. Dabei wurde – ganz analog zu Luthers Vorgehen – die Bestimmung des Eigenen vollzogen über die Klärung, wer und was nicht deutsch sei. In Literatur, Wissenschaft,

Kunst und Politik traten im langen 19. Jahrhundert Positionen auf, die »deutsche Arbeit« predigten und als Gegenbild »den Juden« entwarfen.

Der bekannteste Roman »deutscher Arbeit« ist »Soll und Haben«[37] von Gustav Freytag, »dem meistgelesenen Autor des kaiserlichen Deutschland«[38] und einem »der bekanntesten Vertreter des deutschen Nationalliberalismus«[39]. Der Roman erschien 1855 und war Stichwortgeber für die Nationalisierung von Arbeit in Deutschland. Laut Jean Améry hat hier »ein mittelmäßiger Autor ein mittelmäßiges Buch für mediokre Leser geschrieben«[40]. Zu seiner Zeit war das Buch ein Bestseller.

»Soll und Haben« prägte, auch aufgrund seines klaren Aufbaus, die Dichotomie von »deutscher Arbeit« und »jüdischer Nicht-Arbeit«. Denn Freytag entspinnt in diesem Buch ein manichäisches Weltbild, in dem sich Gut und Böse gegenüberstehen: »Unser Held«[41] Anton Wohlfahrt steht prototypisch für den deutschen Arbeiter; ihm gegenübergestellt wird der »Judenknabe«[42] Veitel Itzig. Beide sind angehende Kaufmänner. Während Wohlfahrt sich mit seinem Betrieb identifiziert, wird Itzig durch keine Beziehung geprägt, weder zu seinem Ausbildungsbetrieb noch zu irgendeiner anderen Figur des Romans. Er sinnt nur danach andere zu übervorteilen, um den eigenen Gewinn zu mehren. Selbst nach Feierabend schleicht er noch rastlos durch die Gassen, um Geschäfte auf eigene Rechnung zu machen. Es ist konsequenterweise Wohlfahrt, der die Kriterien deutschen Arbeitens so verinnerlicht hat, dass er sie sogar aussprechen kann: »Keinem von uns fällt ein, zu denken, soundso viel Taler erhalte ich von der Firma, folglich ist mir die Firma soundso viel wert. Was etwa gewonnen wird durch die Arbeit, bei der wir geholfen, das freut auch uns und erfüllt uns mit Stolz.«[43]

»Deutsche Arbeit« wird hier als Pflichtgefühl bestimmt, das den Arbeitenden an die (Betriebs-)Gemeinschaft bindet. Sie wird »beschrieben als Arbeit, die nicht um des Verdienstes, sondern des Wohl des Ganzen geleistet wird«[44]. Freytag entwirft also einen Prototyp »deutscher Arbeit«: Sie ist verbunden mit dem Betrieb und wird nicht allein um des eigenen Gewinnes willen ausgeführt. Dagegen zeichne sich »jüdische Arbeit« dadurch aus, dass sie für den eigenen Nutzen getan werde. In Freytags »deutscher Arbeit« findet sich die Abwehr der Vormoderne, personifiziert als Adel, wie die Abwehr einer imaginierten Hypermoderne, die »dem Juden« zugeschrieben wird.[45]

Bemerkenswert ist, dass in Freytags Roman die sich gegenüberstehenden Figuren »des Deutschen« und »des Juden« beide dieselbe Tätigkeit ausführen, beide sind Kaufmänner. Um einen Unterschied kenntlich zu machen, unterscheidet der Roman – wie später der Nationalsozialismus – die beiden

Kaufmänner sprachlich: Der eine sei Kaufmann, der andere Händler.[46] Offensichtlich ist die Tätigkeit selbst nicht entscheidend, sondern wie diese ausgeübt wird: »[D]er Deutsche« nämlich arbeite ehrlich und gemeinnützig, während »der Jude« nur seinen eigenen Vorteil suche. In der Gemeinnützigkeit steckt der Gemeinschaftsbezug, wenn auch noch undeutlich, bereits drin. Dieses Unterscheidungskriterium werden die Nationalsozialisten, namentlich Adolf Hitler, weiterführen und zu Ende denken und in die Welt moderner, industrieller Arbeit übersetzen.

Luther redete noch davon, dass »der Jude« faul sei. Freytag dagegen beschrieb bereits die ungeheure Rastlosigkeit und Umtriebigkeit »des Juden«, die im modernen Antisemitismus eine Rolle spielt. Dass diese Rastlosigkeit als Gefahr wahrgenommen wurde, zeigt sich in einem Werk, das »deutsche Arbeit« im Titel trägt: Wilhelm Heinrich Riehls »Die Deutsche Arbeit«[47], erstmals erschienen 1861. Das Buch markiert die Abkehr vom »ökonomisch-technische[n]« Begriff von Arbeit und ist »Ausgangspunkt und zentrale[r] Referenztext für alle Debatten über ›nationale Arbeit‹« in Deutschland.[48] Riehl wollte »Studien über deutschen Arbeitsgeist und deutsches Arbeitsideal« schreiben, die zugleich »eine Predigt der Arbeit« sein sollen.[49] Nationalisierung und Überhöhung treten hier in Reinform zueinander.

Riehls Grundannahme formuliert er gleich zu Beginn: »Jedes Volk arbeitet nach seiner Art.«[50] Dabei ist ihm wichtig zu betonen, dass er nicht untersucht, *was* die Deutschen arbeiten, sondern *wie* sie das tun.[51] Denn er ist sich sicher, die Deutschen zeichne eine besondere Weise zu arbeiten aus.

Riehl definiert Arbeit als eine »sittliche Tat«[52] und lässt sie damit zwischen Individuum und Gesellschaft vermitteln. Als individuelle »Tat« sei sie die Bedingung dafür, dem Ganzen und das heißt hier, der Gemeinschaft zu dienen. »Arbeit wird so als bewußte Dienstleistung für das Ganze zu einer Funktion der Gemeinschaft.«[53] Sie besteht für Riehl, so kann zusammengefasst werden, in der (Auf-)Opferung für die (deutsche) Gemeinschaft und kann nur im Verhältnis zu dieser begriffen werden. Sebastian Conrad schlussfolgert ganz zu Recht, dass Arbeit bei Riehl »als moralisch aufgeladene soziale Tätigkeit verstanden [wird], die der Einzelne nur als Teil der Gemeinschaft verrichten könne; jeden Arbeiter solle ›das Bewußtsein begeistern, daß er nicht bloß für sich und die Seinen, sondern zugleich auch *für die Nation* arbeitet.‹«[54] Diese Vorstellung, so Conrad weiter, »war Teil einer Reaktion gegen die Durchsetzung marktliberaler Mechanismen und richtete sich gegen das Konzept vom unabhängigen, auf einem kapitalistischen Arbeitsmarkt operierenden Individuum.«[55]

Riehls Buch richtet sich gegen einen modernen Materialismus, der das Gegenteil dieser »deutschen Arbeit« sein soll: »Das Buch hat einen polemischen Zug«, bekennt der Autor und fügt hinzu:

> Derselbe ist wider jenen modernen Materialismus gemünzt, der keinen Unterschied mehr kennt zwischen einem Schaffen und Raffen bloß um eigennützigen Gewinns willen und der Arbeit, welche in aufopferungsfreudiger Begeisterung um des idealen Erfolges willen unternommen wird.[56]

Arbeit als Aufopferung stellt Riehl hier also das »Schaffen und Raffen« aus Eigennutz gegenüber. Die Begriffe sind bereits vorhanden, aber die Unterscheidung zwischen schaffendem und raffendem Kapital wird hier noch nicht getroffen. Der Materialismus wird »dem Juden« zugesprochen. Nicht nur unterscheide sich dessen Arbeit von der Deutscher, es gäbe auch einen »Unterschied in der Idee der Arbeitsehre und Arbeitssittlichkeit«[57]. »Bei Geldsachen« hätte »beim Juden« schon immer die »Gemüthlichkeit« aufgehört.[58]

Die »arbeitsrührigen Juden« seien eine Gefahr für die deutsche Bevölkerung, weil sie diese »hinausarbeiten« könnten.[59] Dieses Phänomen sieht Riehl bereits in der Geschichte am Werk, immer dort, wo »faule Völker« von fleißigeren hinweggearbeitet wurden. Sein Beispiel sind die nordamerikanischen Kolonien.[60] Um den systematischen Unterschied in der Charakterisierung Riehls von faulen Völkern und »dem Juden« im Hinblick auf Arbeit zu betonen, schlug Felix Axster vor, zwischen Nicht-Arbeit und Anti-Arbeit zu unterscheiden. Das Ressentiment über Faule geht von deren Passivität aus und sieht sie immer schon als unterlegene. Doch der Antisemitismus identifiziert »den Juden« mit einer Art der Nicht-Arbeit, die mit Aktivität, Rastlosigkeit und Umtriebigkeit assoziiert wird und zersetzende, gefährliche Züge trägt. Sie begrifflich als Anti-Arbeit zu fassen, ermöglicht es diesen Unterschied sichtbar zu machen.[61]

Die eigene Gemeinschaft, auf die sich die »deutsche Arbeit« beziehen soll, wird kaum bestimmt, und so ist es auch kein Zufall, dass Riehl beim Sammeln von Vorstellungen über Arbeit in der Bevölkerung zwar auf die Definition stößt, dass die Arbeit für andere getan werden soll, das aber (noch) nicht als klares Kriterium für »deutsche Arbeit« angibt. Genauso wenig findet er ein allgemeines Kriterium, dass alle Berufsgruppen und Arbeitsfelder erfasst, um den Fleiß zu bemessen, den er für die »deutsche Arbeit« für wesentlich hält. Erneut bleibt die Bestimmung des Eigenen im Dunklen.

Nur ein Jahr vor dem sogenannten Berliner Antisemitismusstreit erschien ein Schauspiel, das Riehls Titel wiederholt und Freytags Roman als Vorbild gehabt haben könnte.[62] Das Theaterstück des in Vergessenheit geratenen Schriftstellers Hermann Weise erzählt eine einfallslose und vorhersehbare Geschichte eines Kommerzienrates namens Albert Baumfeld, der kürzlich seine Fabrik verkauft hat. Vordringlich geht es aber um dessen Tochter Ottilie und die Suche nach dem richtigen Partner für sie. Das Drama entfaltet sich, weil Ottilie sich falsch verliebt, nämlich in den Jugendfreund Fritz Ercho, der mittlerweile zum sozialdemokratischen Arbeiter herangereift ist. Durch eine Intrige verhindert Ottilies Mutter die Beziehung und arrangiert eine mit dem Adligen Baron von Wilsdorf, der sich im Laufe des Stücks aber als Betrüger entpuppt und von Ottilies Vater sowieso verabscheut wird. Denn der schätzt den Jugendfreund Ercho wiederum als guten Arbeiter und Handwerker.

Der Vater, Albert Baumfeld, steht für Fleiß, für Arbeitsfreude und Tüchtigkeit und damit für die Werte »deutscher Arbeit«. Er verachtet Faulheit und fürchtet nach seinem Verkauf der Fabrik die Langeweile. »Ohne Beschäftigung kann ich nicht leben«[63], betont er gleich im ersten Auftritt, und setzt hinzu: »[I]ch muß handtiren und commandiren können.«[64] Ihm gegenübergestellt werden der Adel, den er geringschätzt, weil er durch Erbschaft und nicht durch Arbeit lebt, sowie sich organisierende sozialdemokratische Arbeiter, die der Grund für den Verkauf seiner Fabrik waren. Im Laufe des Theaterstücks werden die Arbeiter aber als Verführte erkennbar, die eigentlich auch nur fleißig sein wollen.

Der Arbeiter Fritz Ercho zeigt sich im Zuge dieser Entwicklung neben Baumfeld als zweites Sinnbild »deutscher Arbeit«. Er fasst den ehrgeizigen Plan eine Maschine zu bauen und erklärt: »Gelingt es uns, diese Maschine zu vollenden, dann wird der Fleiß der deutschen Arbeiter zu neuen Ehren gelangen, und das Ausland wird der deutschen Arbeit Anerkennung zollen.«[65] Selbstverständlich gelingt der Bau dieser Maschine und sie gewinnt schließlich sogar einen Preis, was mit einem Fest gefeiert werden soll. Im Zuge der Vorbereitung dieses Festes treffen sich Ottilie und Fritz wieder, die Intrige der Mutter wird öffentlich und was verhindert wurde, kann nun endlich geschehen. Die beiden Vertreter »deutscher Arbeit«, der Unternehmer Baumfeld und der Arbeiter Ercho, werden zu Schwiegervater und Schwiegersohn und Baumfeld fordert: »Kinder, nehmt auch mich wieder in Eure Mitte, ich kann ohne Arbeit nicht leben; ich will eine Fabrik errichten, wo wir zusammen schaffen und wirken können.«[66] Ercho, der im Stück immer nur mit Fritz bezeichnet wird, bleibt als Schlusswort nur die positive Antwort auf die Bitte nach einer gemeinsamen Fabrik: »Ja, und der Ruhm unserer Firma sei: ›Gute deutsche Arbeit!‹«[67].

Das Stück richtet sich also, darin Freytags Roman verwandt, gegen die Privilegien des Adels und predigt ein Lob der Arbeit. In der Arbeit seien Unternehmer:innen wie Arbeiter:innen vereint. Ihre Gemeinschaft wird im Stück durch Spekulanten und Faulenzer bedroht. Denn während Baumfeld als guter Unternehmer präsentiert wird, der mit anpackt, gibt es auf der anderen Seite einen adligen Baron, der die Fabrik als Spekulationsobjekt nutzen will. Als Deutsch erscheint in diesem Stück Fleiß, Tüchtigkeit, Präzision und Bodenständigkeit.

Bei aller Unterbestimmtheit, die Luther, Freytag und Riehl an den Tag legen, wenn sie darüber schreiben, was das Besondere an »deutscher Arbeit« sein soll, die Idee prägt den Antisemitismus. Sie wird zu seinem Charakteristikum: »Für den Antisemitismus des 19. und auch des 20. Jahrhunderts aber gilt, dass das Selbstbild der eigenen Gruppe als Bild einer ethnischen durch Abstammung verbundenen Gemeinschaft gezeichnet wird, die moralisch durch ein Ethos und praktisch durch Tätigkeit verbunden ist.«[68]

Auch im Berliner Antisemitismusstreit spielt die Idee der »deutschen Arbeit« eine Rolle. Ausgelöst wurde dieser 1879 durch einen Text des angesehenen Historikers Heinrich von Treitschke, in dem er seinen berühmtesten Satz schrieb: »Die Juden sind unser Unglück.«[69] Fortan wurde über die sogenannte Judenfrage öffentlich diskutiert.

Treitschkes Text ist bereits eine manifeste Verschwörungsideologie, die die eigene, gefühlte Marginalisierung darauf zurückführt, dass »die Juden« die Zeitungen beherrschten. Doch Treitschke sieht Gegenwind kommen. Es gründeten sich immer mehr sogenannte Antisemitenvereine. Es gäbe Widerstand, denn »der kleine Mann«[70] habe den Einfluss »der Juden« auf die Zeitungen erkannt und glaube ihnen nichts mehr. Der Text hat also deutlich politischere Züge als noch die Texte von Freytag und Riehl, und er enthält erschreckend aktuelle Floskeln; nicht nur die im Kern vorweggenommene Idee der »Lügenpresse«, auch die Anrufung des »kleinen Mannes« erinnert an die Sprache der heutigen Rechten.

Treitschke schreibt an gegen den Zuzug von migrierenden Jüdinnen:Juden aus Osteuropa, die nicht integrierbar seien. Die Unterschiede zwischen ihnen und den Deutschen seien einfach zu groß. Einen zentralen Unterschied sieht er in der Arbeitsauffassung, denn »die Juden« präge das Geschäftemachen und der Materialismus. Sie bildeten, so fasst Shulamit Volkov Treitschkes Position zusammen, »eine Gefahr für das ›neue deutsche Leben, richtig erkannt‹. Sie waren das Gegenteil alles Deutschen, und schon ihre Präsenz war eine Gefahr für die deutsche Kultur. Die Juden standen für ›Lug und Trug‹

und für Materialismus, im Gegensatz zur ›Arbeitsfreudigkeit unseres Volkes‹.«[71] Im jüdischen Geschäftemachen, ja, in der jüdischen Präsenz sieht Treitschke eine Gefahr, die die Arbeitsfreudigkeit der Deutschen zu ersticken drohe. Denn »die Juden« hätten »eine schwere Mitschuld an jenem schnöden Materialismus unserer Tage, der jede Arbeit nur noch als Geschäft betrachtet und die alte gemüthliche Arbeitsfreudigkeit unseres Volkes zu ersticken droht; in tausenden deutscher Dörfer sitzt der Jude, der seine Nachbarn wuchernd auskauft.«[72]

Ganz in der skizzierten Tradition stehend, wird hier »der wuchernde Jude« zur Gegenfigur des deutschen Arbeiters und seine Tätigkeit zur Anti-Arbeit erklärt, die die Arbeit der Deutschen korrumpiere. Es ist auch diese antisemitische Einschätzung, dass »die Juden« von dieser Anti-Arbeit lebten, die ihn zu dem Schluss bringt, die Juden seien »unser Unglück«.

Für alle Autoren gilt: Erst mit Blick auf die Anderen soll das Eigene bestimmbar sein. Die Vorgeschichte ist daher geprägt von vereindeutigenden Bildern über die Juden und deren Arbeit, bleibt jedoch beim Bild des Eigenen und der eigenen Arbeit erstaunlich unscharf. Wilhelm Marr attestierte dieser Tradition im Vorwort zu seiner berühmten und zutiefst pessimistischen, antisemitischen Schmähschrift »Der Sieg des Judentums über das Germanenthum«[73], ebenfalls 1879 erschienen, daher: »Wir haben wohl die Juden, aber – *uns selbst nicht erkannt.*«[74] Zu diesem Erkennen trägt er freilich auch nichts bei, weil es da nichts beizutragen gibt. Deutsch ist, um mit Friedrich Nietzsche zu sprechen, nur, dass die Frage »Was ist deutsch?« nicht ausstirbt.[75] Und so treibt auch die Frage nach dem Deutschen in der Arbeit und in der Arbeitsauffassung den Antisemitismus weiter um.

Marr identifiziert »den Juden« sehr klassisch mit Handel und Wucher. Aber er geht noch einen Schritt weiter. Auch wenn »der Jude« andere Berufe ausübe, tue »er« das nicht im selben Sinne wie Deutsche. Nicht nur sollen Jüdinnen:Juden anders arbeiten, wenn sie Kaufmänner sind – das war die Überzeugung Freytags –, sondern sie sollen auch anders arbeiten, wenn sie keine sind, wenn sie andere Berufe ausüben. Marrs Texte sind ein klassisches Beispiel für diese Position.

Er attestiert als allerersten Grund aus dem Jüdinnen:Juden gehasst würden: Die »Scheu der Juden vor wirklicher Arbeit«[76]. Diese Arbeitsscheue zeigten sie auf allen Gebieten. Sie seien ein »Volk von Kaufleuten und Schacherern in allen Berufsklassen«[77]. Auch wenn Marr »die Juden« also mit dem Handel identifiziert, war er davon überzeugt, dass sie auch in anderen Berufen Arbeitsscheue an den Tag legen.

In einem Pamphlet mit dem Titel »Goldene Ratten und rothe Mäuse«[78] führt er eine Identifikation ein, die den Antisemitismus des 20. Jahrhunderts maßgeblich prägen wird und die Moishe Postone daher ins Zentrum seiner Antisemitismustheorie rückt.[79] »Der Jude« stehe hinter Kapitalismus *und* Kommunismus bzw. Sozialdemokratie. Sein Titel will eine doppelte Bewegung einfangen. »Die Juden« seien »goldene Ratten«, die Aktienunternehmen gründeten und so die Bevölkerung unterjochten, während die »rothen Mäuse«, die Arbeiter:innen – hinter denen allerdings ebenfalls »Juden« stünden –, Streiks organisierten.

Marr schreibt eher en passant über die Nicht- oder besser Anti-Arbeit der Juden. Dabei betont er auch in diesem Text, dass es sinnvoll gewesen sei, »die Juden« auf bestimmte Berufe einzuschränken, denn ihre Eigenart bringe es mit sich, dass sie in allen Berufen »schachern«:

> Als Kaufleute und Schacherer sind die Juden bereits vor Christi Zeiten in Menge aus ihrem gelobten Lande emigriert. Als Kaufleute und Schacherer sind sie zu uns nach Deutschland gekommen und wenn ihnen die Staatszunft des Mittelalters andere Berufe nicht gestattete, so geschah es in der ganz richtigen Voraussicht, daß der Jude aus jedem andern Beruf, wie wir dies heute vor Augen haben, ein Objekt des Schachers macht, jeden Erwerbszweig schachermäßig ausbeutet, und mit diesem Schachermammonsgeist die Welt schon längst infiziert haben würde. Die Eigenart des Judenthums ist, die guten Eigenschaften der Völker zu korrumpieren, die schlechten zu poussieren.[80]

»Den Juden« wird also eine Handlungsweise zugeschrieben, von der große Gefahr ausgeht, weil sie die angenommenen Grundfesten gesellschaftlichen Lebens unterminiere. »Agilität und Arbeitsscheue«[81] zeichnen den auf den ersten Blick widersprüchlichen Charakter »des Juden« nach Marr aus. Zum Unterschied wird die deutsche Arbeitshaltung oder Arbeitsauffassung stilisiert. Von einem deutlich gezeichneten Selbstbild kann aber auch bei Marr keine Rede sein.

Das Ideologem »deutsche Arbeit« prägt nicht allein den Antisemitismus. Auch im kolonialen Rassismus erfährt der Begriff Konjunktur, auch hier war er ein »wesentlicher Bestandteil« von »Selbst- und Fremddefinitionen«.[82] »Die Artikulation des Zusammenhangs von ›Rasse‹ und Arbeit« kann man sogar als »Konstante und somit als verbindendes Element zwischen kolonialem Rassismus und nationalsozialistischem Antisemitismus verstehen«.[83]

Ein viel beachteter Autor des deutschen Kolonialismus im frühen 20. Jahrhundert ist der Publizist und Kolonialfunktionär Paul Rohrbach. Sein Buch »Deutschland unter den Weltvölkern«[84] von 1903 wurde »das grundlegende Werk des liberalen Imperialismus«[85]. Für Joan Campbell ist Rohrbach daher der Beweis, dass der Topos »deutsche Arbeit« auch außerhalb der Rechten eine Rolle spielte.[86] Sein bekanntestes Buch erschien einige Jahre später und trägt den Titel: »Der deutsche Gedanke in der Welt«[87]

Rohrbach geht in diesem Buch davon aus, dass die Deutschen dazu berufen sind, »als gestaltende Kraft im gegenwärtigen wie zukünftigen Weltgeschehen«[88] zu wirken. Sie hätten die Aufgabe, »ein Stück Menschheitsfortschritt zu verwirklichen, indem sie der Welt den Stempel ihrer nationalen Idee aufdrücken«[89]. Daraus spricht eine koloniale Arroganz, die im Selbstbild vom guten deutschen Kolonisator ihren Ausdruck fand, der im Gegensatz zu allen anderen Kolonisatoren gemeinnützig und nachhaltig kolonisieren soll.[90] Keine zehn Jahre bevor Rohrbach diesen Satz veröffentlichte, lebte er als Ansiedlungskomissar in Deutsch-Südwestafrika, während des Genozides an den Herero und Nama.[91] Er kritisierte damals zwar das »Kriegsziel einer Vernichtung«, forderte aber die »Degradierung der Eingeborenen zu einer Klasse von Dienstbaren und die Konfiskation ihres Besitzes«.[92]

Das 1912 veröffentlichte Buch ist weiterhin ganz auf kolonialpolitischer Linie. Für Deutschland gäbe es »kein Stillstehen oder Innehalten, keinen selbst nur vorübergehenden Verzicht auf Ausdehnung«[93]. Als einzigen, wahren Gegenspieler sieht er England an. Entweder der akzeptiere die deutsche Rolle in der Welt oder, so prophezeit er, es käme zum Krieg. In diesem Punkt behielt er Recht.

Das Buch ist der Versuch einer Bestimmung des »deutsche[n] Wesen[s]«[94], um die Kräfte für einen solchen Krieg zu sondieren. Dieses deutsche Wesen zeichne »*das am höchsten entwickelte persönliche Pflichtgefühl*«[95] aus, sowie eine besondere Beziehung zu Arbeit:

> Kein Volk innerhalb des abendländischen Kulturkreises ist so willig zur Arbeit um der Arbeit willen wie wir, und wenn wir sie als einen aus materiellen und aus sittlichen Elementen gleichmäßig entstehenden Lebensvorgang ansehen, so können wir kühn behaupten, daß in keinem Lande der Welt so viel, so pflichtgetreu und so exakt gearbeitet wird, wie in Deutschland, und wir können hinzufügen: nirgends sind die Anforderungen an die Gewissenhaftigkeit der Arbeitsleistung so hoch wie bei uns.[96]

Arbeit kommt in Rohrbachs Konstruktion eine doppelte Funktion zu. Ein besonderer Bezug zu Arbeit soll das deutsche Wesen auszeichnen und in der Arbeit sollen Deutsche sich »selbst erkennen«[97]. Sie dient also auch zur Selbstbespiegelung. In dem Zitat sind die Zuschreibungen an »deutsche Arbeit«

alle versammelt. Die Deutschen sollen mehr arbeiten als andere, pflichtgetreuer, exakter und williger. Sie sollen arbeiten um der Arbeit willen.

Diese besondere Beziehung zu Arbeit solle Deutschland befähigen, eine Weltmacht zu werden. Dazu müsse zu »*Präzision*« und »*technische[r] Vollendung unseres Könnens*« endlich »*das entschlossene Wollen eines großen und einheitlichen nationalen Pflichtgefühls*«[98] hinzutreten. Für die Einzelnen bedeute das, dass sich zum »sittlichen Imperativ der Arbeit« der »opferwillige Gehorsam gegen das Gebot der nationalen Idee« gesellen soll.[99] Denn während Pflicht und Arbeit »*den positiven Pol des deutschen Wesens*« ausmachten, sei der Negative die »*Ziellosigkeit des nationalen Wollens*«.[100]

1.3 Die Weimarer Republik

Der verlorene Erste Weltkrieg hat die Idee »deutscher Arbeit« nicht verschwinden lassen. Mittlerweile reichte der Topos »durch neue Formen interner Unternehmenskommunikation hinein in die großbetrieblichen Arbeitsstätten«[101] und prägte dadurch noch unmittelbarer das Verhältnis der Arbeitenden zu ihrer Arbeit. Das »Ideal der nationalen Arbeit als Dienst«[102] leitete auch die Arbeit von Wissenschaftlern an, wie Lisa Eiling am Direktor des Instituts für Weltwirtschaft, Bernhard Harms, nachzeichnet. Der Topos war bis zur Weimarer Republik also von der Theorie in die Praxis übergegangen. Er wurde handlungsanleitend.

Ein Jahr nach der Weltwirtschaftskrise erschien ein Bildband mit dem Titel »Deutsche Arbeit«. In einer kurzen Einführung heißt es: »Wir sind ein arbeitsames Volk; das ist unser Ehrenschild! Eine Welt stand gegen uns in tiefem Groll, und eine Welt steht heute bewundernd und anerkennend vor unserem Fleiß, vor unserer Tatkraft, die uns in schwerer Zeit Berge versetzen ließ.«[103] Die Bilder zeigen Szenen aus deutschen Fabriken, Maschinen und Motoren, Schiffe, Lokomotiven und Flugzeuge, das Gerippe der »Graf Zeppelin«, Hochbahnen, Brücken und Industriehäfen. Sie sollen abbilden wie »[u]nendlich kompliziert, unendlich vielgestaltig [...] deutsche Arbeit«[104] ist. Der Bildband ist Ausdruck eines Stolzes auf Qualitätsarbeit[105] und Erzeugnisse »Made in Germany«. Deutschland wird hier dargestellt als das »Land unermüdlicher Arbeit«[106]. Besonders soll den Deutschen Fleiß und Tüchtigkeit sein. Wo unermüdliche Arbeit herrschen soll, dürften Faulheit und Nicht-Arbeit keinen guten Stand haben.

Die Beispiele aus der Weimarer Republik sind Selbstbespiegelungen. Sie versuchen ein Selbstbild zu entwerfen. Der Vergleich mit anderen Nationen, das Fremdbild also, spielt in diesen drei Beispielen nur implizit eine Rolle. Die Fremdbilder können aber als vorausgesetzt gelten.

Der Topos »Deutsche Arbeit« hat also zahlreiche Bedeutungen. Die Idee, dass Deutsche besonders fleißig sind, besonders gern oder hart arbeiten gehört ebenso dazu wie der Glaube an deutsche Qualitätsarbeit und Gemeinnützigkeit. Nicht in allen Texten finden sich alle diese Bedeutungsebenen. Das Selbstbild wurde immer über ein Fremdbild gezeichnet. Oft erscheint dieses Selbstbild erstaunlich unterbestimmt und blass, während das Fremdbild deutlicher konturiert wird. In den Texten im 19. Jahrhundert wird die Vorstellung, deutsch sei ein spezifischer Gemeinschaftsbezug, zwar immer ausgesprochen, aber eben auf eine kaum bestimmte Art. Freytag konstruierte einen besonderen Bezug zur Betriebsgemeinschaft, Riehl schrieb unter anderem über die Familie. Aber weder Betrieb noch Familie geben von sich aus an, was daran national besonders sein soll.

Die einflussreiche Tradition der Überhöhung und Nationalisierung von Arbeit blieb selbstverständlich nicht unkommentiert und unkritisiert. Paul Lafargues »Recht auf Faulheit«[107] ist vielleicht der berühmteste Einspruch gegen den kapitalistischen Arbeitswahn. Ihm folgten weitere.[108] Karl Kraus schrieb 1918 ein Gedicht mit dem Titel »Lied des Alldeutschen«, das die Nationalisierung von Arbeit in Deutschland ironisch thematisiert.[109] Henning Venske veröffentlichte in den 1980er-Jahren eine satirische Antwort auf die »deutsche Arbeit«.[110] Aber die Gegengeschichten blieben nur Fußnoten zur sich durchsetzenden Erzählung.

Die Tradition »deutscher Arbeit« blieb wirkmächtig und die Kritik verhallte. In den Nachwehen des Ersten Weltkrieges versuchten die Nationalsozialisten den Topos »deutsche Arbeit« zu besetzen, zu radikalisieren und zu vereindeutigen. Dazu mussten sie ihn nicht groß verfremden. Es reichte, Tendenzen und Latenzen im Begriff und seiner Verwendung nachzugehen, um die Unterbestimmtheiten durch Definitionen zu bestimmen. Adolf Hitler schaffte das 1920, in dem er den Topos eng an das rassistische und antisemitische Konzept der Volksgemeinschaft band und »deutsche Arbeit« zu einem politischen Leitbegriff erhob. Die Beispiele aus der Weimarer Zeit zeigen, dass der Begriff zwar auch in nicht-nationalsozialistischen Varianten genutzt wurde. Diese waren der nationalsozialistischen Vereindeutigung aber nicht gewachsen und konnten nach 1933 leicht integriert werden.

2. Die Frühschriften des Nationalsozialismus nach dem Ersten Weltkrieg

Mammonismus vs. Sozialismus

»Im Jahre 1919 hört Adolf Hitler Gottfried Feder zum ersten Male sprechen. Und nun vollzieht sich das, was man als die geistige Geburtsstunde des Nationalsozialismus bezeichnet.«[111]
Arthur Herrmann

Die Frage nach der eigenen Position zu Arbeit stellte sich der nationalsozialistischen Bewegung von Anfang an. Schon die Politik der NSDAP in der Weimarer Republik drehte sich um die Arbeiterfrage und den Versuch die Arbeiter:innen zu gewinnen.[112] In den Texten aus dieser Zeit wird das deutsche Volk als schaffendes vorgestellt, das unterjocht wird. Als Feind und Unterjochender wird »der Jude« imaginiert, sein Mittel soll das Leih- oder Finanzkapital sein. Der Antisemitismus prägt die neue Bewegung damit von Anfang an. Erst durch eine Analyse der nationalsozialistischen Bestimmungen dieses Feindes kann die Selbstbestimmung begriffen werden. Denn in der nationalsozialistischen Weltanschauung lässt sich die Frage nach dem Verhältnis zur modernen Arbeit nicht von der wahnhaften Imagination eines jüdischen Anderen trennen. Das zeichnete bereits die Tradition »deutscher Arbeit« im 19. Jahrhundert aus, an die der Nationalsozialismus anschloss.

Um diesen Anschluss zu verstehen, ist es notwendig, in die Zeit direkt nach dem Ersten Weltkrieg zu blicken. Denn die nationalsozialistische Nationalisierung von Arbeit ist ein Versuch der Selbstvergewisserung angesichts des verlorenen Krieges.[113] Am 9. November 1918 wurde bekanntlich die Republik ausgerufen, zwei Tage später endete der Erste Weltkrieg und Kaiser Wilhelm II. dankte ab. Schon einige Tage zuvor ereignete sich der Matrosenaufstand in Kiel, der zum Beginn und Ausgangspunkt von Revolutionsversuchen im ganzen Reich wurde, die bis ins Jahr 1919 anhielten. In vielen Städten übernahmen Arbeiter- und Soldatenräte die Macht; meist aber nur für kurze Zeit. Denn die Revolution wurde mit brutaler Gewalt niedergeschlagen.[114]

Auch in München war das eine Phase des Übergangs. Erst wurde im November 1918 im Zuge der größeren Revolutionswelle der Freistaat Bayern ausgerufen, im April dann die Räterepublik Bayern gegründet. Doch auch hier wurde die Revolution blutig niedergeschlagen. Am 1. Mai 1919 eroberten Freikorps München zurück.

Diese Revolutionsversuche wurden in Deutschland und insbesondere in München nicht nur von einer Konterrevolution beantwortet, sie wurden auch durch eine reaktionäre und antisemitische Welle begleitet.[115] Freikorps formierten sich und es gründeten sich rechte Parteien und Gruppen. Simon Dubnow schrieb schon Ende der 1920er-Jahre: »Nach dem Sturz der ephemeren Räterepublik setzte in Bayern eine grimmige antisemitische Reaktion ein, die sich auf die nationalsozialistischen Haufen Adolf Hitlers und seinesgleichen stützte.«[116] München war nach dem Sturz der Räteregierung eine »Hochburg der radikalen Rechten«.[117] Die Stadt wurde »zur Brutstätte des Faschismus«[118]. In ihr entstand zu dieser Zeit die Bewegung, die sich wenig später Nationalsozialistische nannte. Sie war Teil einer größeren Entwicklung.

Der Nationalsozialismus hat seinen Ursprung also in einer politischen Krisensituation. Er muss auch als Reaktion auf die niedergeschlagene Novemberrevolution und ihre Ausläufer gelesen werden. Die NSDAP selbst verkündete zwar erst im Februar 1920 ihr Parteiprogramm, aber die Gründungsväter und Akteure aus der Zeit haben aus den Jahren 1918/19 aufschlussreiche Dokumente hinterlassen. In dieser Gründungsphase waren Personen einflussreich, die später zunehmend an Bedeutung verloren und heute weitgehend unbekannt sind: Gottfried Feder, Anton Drexler und Dietrich Eckart.

Zwischen Feder, Drexler, Eckart und Hitler spannt sich ein Netz, das erst *ex post* als Konstituierung der nationalsozialistischen Bewegung verstanden werden kann: Gottfried Feder, der zum Wirtschaftstheoretiker der NSDAP in dieser Zeit wurde und damit zu einem »der frühen führenden Ideologen«[119] der Partei aufstieg, schrieb im November 1918 sein »Manifest zur Brechung der Zinsknechtschaft des Geldes« und verdingte sich als Redner. Am 12. September 1919 sprach Feder auf einer Versammlung der Deutschen Arbeiterpartei (DAP) als Referent. Den Abend hatte Anton Drexler organisiert. Feder war für einen krank gewordenen Referenten namens Dietrich Eckart eingesprungen.[120] Hitler, noch beim Militär, wurde von seinem damaligen Vorgesetzten, Hauptmann Karl Mayr, dazu aufgefordert, an dieser Veranstaltung teilzunehmen, um die neue Bewegung zu begutachten.[121] So entstand der Kontakt zur DAP Drexlers, der ihm an diesem Tag seine Schrift »Mein politisches Erwachen« mit Bitte um Lektüre überreichte.[122] Wenige Tage danach trat Hitler der neuen Partei bei.[123] Ein im selben Jahr in Umlauf gebrachtes Flugblatt forderte – ganz im Tonfall Feders – den Kampf gegen das Leihkapital und stammte von Dietrich Eckart, für dessen Zeitschrift »Auf gut deutsch« Feder Autor war. Ein antisemitisches Gedicht Eckarts wurde auch in Drexlers »Tagebuch eines deutschen sozialistischen Arbeiters« zitiert, wie der Untertitel der an Hitler überreichten Schrift lautet. Drexler wiederum war der Gründungsvater der Deutschen Arbeiterpartei, die sich 1920 schließlich in Nationalsozialistische Deutsche Arbeiterpartei (NSDAP) umbenannte. Er wurde zu ihrem Ersten Vorsitzenden, bis Adolf Hitler ihn ein Jahr später ablöste. Drexler, Feder, Eckart und Hitler prägen in dieser Konstituierungsphase des Nationalsozialismus dessen Erscheinung.[124]

Nur auf den ersten Blick ergibt sich so ein konfliktfreies Gebilde. Bei näherem Hinsehen werden die Rivalitäten und Dispute deutlich, die unterschiedlichen Schwerpunktsetzungen und Konflikte, die auch Ausdruck der Machtkämpfe innerhalb dieser noch jungen Bewegung waren, die sich gerade parteipolitisch konstituierte. Vom Standpunkt des »Dritten Reichs« aus betrachtet, spielen Eckart, Feder und Drexler keine Rolle mehr. Eckart starb 1923, Drexler verlor mit seinem Vorsitz seinen politischen Einfluss und Feders Macht schwand in den ersten Jahren des »Dritten Reichs«. Diese Entwicklungen haben ihre Wurzeln in parteipolitischen Machtkämpfen der Jahre 1921 bis 1923.[125] Dennoch, hier, in dieser Anfangsphase, der »geistigen Geburtsstunde des Nationalsozialismus«[126], wie ein nationalsozialistischer Biograf Feders 1933 schrieb, waren sie Stichwortgeber und mit dafür verantwortlich, dass der Nationalsozialismus seine spezifische Arbeitsauffassung ausbildete. Die Bemerkung des Reichsministers für Munition und Bewaffnung, Fritz Todt, anlässlich von Feders Tod 1941, dieser sei ein »wertvoller, mutiger Vorkämpfer«[127] für den Nationalsozialismus gewesen, kann auch für die anderen beiden gelten. Adolf Hitler widmete sogar die letzten Zeilen von »Mein Kampf« dem Andenken an den verstorbenen Eckart, einen seiner »wenigen Duzfreunde«[128]. Das ahmte Mitte der 1930er-Jahre Franz Horsten nach, der als Direktor des Instituts für Arbeitspolitik ein Buch über nationalsozialistische Betriebspolitik schrieb und es mit einem Gedicht Eckarts über das deutsche Wesen enden ließ.[129] Die Texte dieser frühen Autoren, das zeigt das Beispiel Horsten, um den es im zweiten Teil noch ausgiebig gehen wird, waren wirkmächtig und wurden in der Geschichte der NSDAP immer wieder rezipiert.

Drei Texte von Feder, Drexler und Eckart werden hier rekonstruiert und auf systematische Weise untersucht. Die Re-Lektüre hat zum Ziel, die NS-Arbeitsauffassung in Rohform zu bestimmen. Dabei liegt der Fokus auf vier

Quellen: zwei Texten, die mehr Broschüre als Buch sind, sowie einem Flugblatt und dem NSDAP-Parteiprogramm. Sie entstanden oder wurden veröffentlicht in der Zeit zwischen November 1918 und Februar 1920 in München. Ihnen gemeinsam ist eine spezifische Frontstellung. Denn die Texte prägt die Gegenüberstellung von »Mammonismus« und »Sozialismus«. Tonfall und Gewichtung dieser Texte legen den Fokus zwar vor allem auf den ersten Teil dieser Dichotomie, den als Feindbild stilisierten »Mammonismus«. Damit ist aber nur die Hälfte der Konzeption betrachtet. Es geht diesen Texten nicht nur um eine Bestimmung des Feindes, sondern sie versuchen dem ein positives Selbstbild gegenüberzustellen, was aber – wie in der Vorgeschichte »deutscher Arbeit« – noch unterbestimmt bleibt. Denn diesen fehlt etwas Entscheidendes, was Hitlers Münchner Rede wenige Monate später artikuliert und womit er die Grundlage legt für die nationalsozialistische Arbeitsauffassung: ein Kriterium zur Bestimmung von »deutscher Arbeit«. Die Analyse dieser Frühschriften stellt die Folie dar, vor der Adolf Hitlers Rede vom August 1920 gelesen wird, die schließlich aus der Rohform eine ausgearbeitete, politische Position macht.

2.1 Das »Manifest zur Brechung der Zinsknechtschaft des Geldes«

Gottfried Feder gilt als Wirtschaftstheoretiker des frühen Nationalsozialismus. Sein »Manifest zur Brechung der Zinsknechtschaft des Geldes«[130] explizierte seine »Theorie«. Veröffentlicht wurde es 1919, in der Phase der ideologischen Konstituierung des Nationalsozialismus. Dass Feder ein Exemplar sogar der Regierung der neuen bayrischen Republik unter Eisner überließ, zeigt, dass diese Konstituierung noch gar nicht als solche begriffen wurde.[131]

Das Titelbild der vom Joseph Carl Huber Verlag herausgegebenen Erstausgabe von 1919 zeigt eine magere, dämonische Hand mit langen, spitzen Fingernägeln, die einen Haufen Geld scheffelt; eine Anspielung auf eine berühmte Karikatur von Charles Lucien Lénadre, der 1898 das Bankhaus Rothschild mit spitzen Fingern darstellte, die die Welt umschlingen.[132] Dieses Geld wird mühsam von kleinen, gestaltlosen, in schwarz gemalten Männchen herbeigeschafft, wobei einige von der krallenartigen Hand bereits begraben wurden. Überschrieben ist die Karikatur mit den Lettern »An Alle, Alle!«. Darunter steht der Titel des Buches: »Das Manifest zur Brechung der Zinsknechtschaft«.

Dieses Manifest hat den Anspruch, eine Analyse und Kritik der gesellschaftlichen Verhältnisse zu leisten und behauptet einen Lösungsvorschlag zu machen. Als Problem wird der »Mammonismus« ausgemacht, der die »goldene Internationale« sowie eine »Geistesverfassung« der »unersättliche[n] Erwerbsgier« bezeichnen soll.[133] Diese goldene Internationale sei eine »über allem Selbstbestimmungsrecht thronende überstaatliche Finanzgewalt, das internationale Großkapital«[134]. Die »Hauptkraftquelle« des »Mammonismus« ist nach Feder der Zins, der einen »mühe- und endlose[n] Güterzufluß« ermögliche.[135] Mühelos werde so die Erwerbsgier befriedigt und ganz ohne Anstrengung ein »träge[s] Drohnenleben [...] auf Kosten der schaffenden Völker und ihrer Arbeitskraft«[136] geführt. Der Gegensatz ist damit bereits bestimmt: hier schaffende Völker, dort mühelos erwerbendes Finanzkapital.

Das »Heilmittel« gegen diesen »Mammonismus« sieht Feder in der titelgebenden »Brechung der Zinsknechtschaft des Geldes«.[137] Das ermögliche eine »Befreiung der schaffenden Arbeit« und die »Wiederherstellung der freien Persönlichkeit«.[138] Frei sei diese Persönlichkeit, weil sie sich vom »Zauberbanne«[139] der Ideologie des »Mammonismus« gelöst hätte.

Dem Leihkapital stellt Feder das »industrielle Großkapital«[140] entgegen. Diesen kontraintuitiven, ideologischen Schachzug hat Moishe Postone in seinem Aufsatz »Nationalsozialismus und Antisemitismus« erklärt, indem er auf die den Antisemitismus prägende Dichotomie von abstrakt und konkret hinwies. »Die Juden« werden im Nationalsozialismus mit dem Abstrakten identifiziert, während das Eigene als Konkretes erscheint. Das Finanzkapital wird der abstrakten Seite zugeordnet, während die deutsche Industrie als konkret und verwurzelt erscheint.[141] Feders Text ist an dieser Stelle ein Paradebeispiel für den modernen Antisemitismus.

Gebrochen werden, das fordert Feder, müsse die Macht des »Leihkapitals«. Diese Brechung würde allen »werteschaffenden Menschen aller Länder, aller Staaten und Kontinente« ebenso nützen wie dem »arbeitende[n] Volk Deutschlands«.[142] Feders Rhetorik beschränkt sich also nicht allein auf die Deutschen, sondern adressiert immer wieder auch »Brudervölker«[143], die sich ebenso durch die Schaffung von Werten, also durch Arbeit auszeichnen würden. Dennoch beziehen sich seine Ausführungen stark auf den »nationalen Gesichtspunkt«[144]. Zwar sei seine Forderung »international«[145] zu verstehen, aber eine Nation müsse beginnen, damit die anderen nachfolgen. Deutschland wird in Feders Konzeption eine Vorrangstellung eingeräumt.

Die »Befreiung von der Zinsknechtschaft des Geldes« soll die »klare Losung für die Weltrevolution, für die Befreiung der schaffenden Arbeit von den Fesseln der überstaatlichen Geldmächte«[146] sein. Ganz bewusst knüpft Feder in seiner Sprache an die Rhetorik der Marxist:innen an und nimmt den Marxismus als politischen Hauptfeind und Konkurrenten ernst. Er hat es sich nicht nehmen lassen sein *Manifest* mit den Worten zu schließen: »Reicht mir die Hände, Werktätige aller Länder, vereinigt Euch!«[147] Feder versucht in langen Passagen nachzuweisen, dass der Lösungsvorschlag des Marxismus nicht funktionieren kann und ins Stocken geraten muss, weil er die wahre Ursache nicht erkennen würden. Denn der »Mammonismus«, »die unheimliche, unsichtbare, geheimnisvolle Herrschaft der großen internationalen Geldmächte«[148], sei das Übel, das es zu bekämpfen gelte, nicht der Kapitalismus insgesamt.

Der »Mammonismus« propagiere nicht nur die »Geldgier« und zwinge die Menschen in seinen Dienst, sondern er führe auch zu einem »Herabsinken aller sittlichen Begriffe«[149] und werde damit zur Gefahr für das Gemeinwesen. Das Gegenteil des »Mammonismus« sei der Sozialismus,

> als höchste sittliche Idee aufgefaßt, als Idee dessen, daß der Mensch nicht nur für sich allein auf der Welt ist, daß jeder Mensch Pflichten gegenüber der Gemeinschaft, gegenüber der ganzen Menschheit hat, [...] daß er auch unabwälzbare sittliche Verpflichtungen hat gegenüber der Zukunft seiner Kinder, seines Volkes.[150]

Sozialismus ist demnach Tatsachenbeschreibung *und* normative Forderung, will einen Zustand benennen und eine Utopie formulieren und wird zum positiven Gegenüber stilisiert.

In Feders Konstruktion kennt der »Mammonismus« keine Gemeinschaften, keine Abhängigkeiten, nur den Selbstzweck zur Geldvermehrung. Er steht über allen Staaten und »Völkern«, durchzieht sie, bringt sie in seinen Bann und untergräbt, so Feders Schlussfolgerung, deren eigene Lebensgrundlage. Der Sozialismus dagegen sei sich der Rolle der Gemeinschaft bewusst und verpflichte die Einzelnen darauf, für die Zukunft ihres Volkes mitverantwortlich zu sein.

Der Widerspruch von raffend und schaffend, den Hitler erst durch Feder begriffen haben will,[151] wird konstruiert als einer zwischen Sittenlosigkeit und Sittlichkeit, zwischen Anti-Ethos und Ethos, zwischen »Mammonismus« und Sozialismus, zwischen denen, die ein »träges Drohnenleben« führen und dem »werktätige[n] Volk«.

Die Träger:innen dieses »Mammonismus«, des mühelosen Erwerbs, diese »internationale Plutokratie«[152], die »treibende Kraft hinter dem weltumspannenden anglo-amerikanischen Imperialismus« werden von Feder auch »die großen Geldgewaltigen« genannt.[153] Ihre Macht bezögen sie vom Zins, der einen »mühe- und endlose[n] Güterzufluß aus reinem Geldbesitz ohne hinzutun jeglicher Arbeit«[154] ermögliche. Im Rahmen dreier, scheinbar neutraler Rechenbeispiele, die das ungeheure Anwachsen des Zinseszinses veranschaulichen sollen, streut er den Namen einer Familie ein, der angibt, wo der wahre Feind zu suchen sei: Rothschild.[155] Damit artikuliert Feder den Antisemitismus seines Textes.[156]

Dem »Riesenvermögen«[157] der Rothschilds stellt er das Vermögen der Familie Krupp gegenüber, die paradigmatisch für die deutschen Industriekapitalisten steht und ein Beispiel dafür sein soll, dass sich das Industriekapital auf andere Weise vervielfache als das Leihkapital, langsamer, angemessener, verwurzelter. Während das Leihkapital unabhängig von Konjunktur und Krise ansteige, »der Unendlichkeit zustrebt«[158], orientiere sich das Industriekapital an realen Bedingungen, bleibe »im Endlichen«[159], sei gewissermaßen gekoppelt an die Arbeit der Volksgemeinschaft. Eine antisemitische Argumentation, die subtil ihre Überzeugungskraft entfalten soll.

Die Ausführungen zum Selbstbild sind deutlich kürzer als die zum Fremdbild. Weil Deutschland ein »armes Land«[160] sei, das über relativ wenige Rohstoffe und wenig fruchtbaren Boden verfüge, bleibe den Deutschen »immer nur die Arbeitskraft und der Arbeitswille«[161]. Feders Ziel ist die Bildung einer »Front der ganzen werktätigen«[162] Deutschen, vom Arbeiter über den Angestellten bis zum Bürger, Unternehmer und Intellektuellen. Er nimmt damit das Programm der Deutschen Arbeitsfront vorweg. Die angenommene deutsche Besonderheit wird zwar benannt, aber nicht weiter bestimmt. Feder beschränkt sich in seinen Ausführungen auf die Beschreibung des Problems. Es ergibt sich aus dem Text so nicht, worin die deutsche Weise zu arbeiten bestehen soll und inwiefern die Deutschen in einem qualitativ anderen Sinne als die anderen »Völker« arbeiten würden.

2.2 Das »Tagebuch eines deutschen sozialistischen Arbeiters«

Im selben Jahr, in dem Feders Manifest erschien, veröffentlichte Anton Drexler »Mein politisches Erwachen. Aus dem Tagebuch eines deutschen sozialistischen Arbeiters«.[163] Darin beschreibt der Gründungsvater der DAP und spätere erste Parteivorsitzende der NSDAP seinen Politisierungsprozess und seine ersten parteipolitischen Organisierungsversuche. Das sogenannte Tagebuch, das allerdings zur Veröffentlichung geschrieben wurde, strotzt anlässlich der Niederlage im Ersten Weltkrieg nur so vor Verschwörungsideologien, wobei das Hauptthema der Verrat der Arbeiterschaft ist.[164] Ein maßgeblicher Teil der vierzig Seiten dreht sich darum, dass die Sozialdemokratie und der Bolschewismus insgeheim vom Großkapital gelenkt seien, hinter dem – das spricht Drexler offen aus – »die Juden« steckten.[165] Diese hätten nicht nur die Zeitungen in ihren Händen[166], eine Wiederholung der These von Treitschke, sondern sogar die organisierte Arbeiterschaft infiltriert, die nun für ihren Zweck arbeite. Es gäbe daher nichts »klügeres und edleres«[167] als Antisemit:in zu werden.

Drexler geht es darum, die »Arbeiterschaft« durch einen autobiografischen Bericht wiederzugewinnen. Explizit richtet er seine Stimme an den Arbeiter: »Also armer, gehetzter Arbeiter. Überall, wo du hinblickst – Verrat, Verrat an dir, Verrat an deiner Heimat und dem ganzen deutschen Volke. Mit dir hat man die Revolution gemacht, nicht um dir die Freiheit zu geben, sondern um dem Gelde die Alleinherrschaft zu verschaffen.«[168] Während Feders Manifest überschrieben war mit den Worten »An Alle!«, ist der Adressat von Drexlers Text also der deutsche Arbeiter.[169] Feders vergemeinschaftende Idee »deutscher Arbeit«, die Arbeiter, Angestellte und Unternehmer einschließt, findet sich bei Drexler so nicht.

Das passt zur präsentierten Sprecherposition. Drexler inszeniert sich selbst als einfachen Arbeiter, »*der noch am Schraubstock steht – und stehen bleibt*«[170], und als solcher das Wort ergreift. Er bekennt gleich zu Anfang, dass er weder Soldat im Ersten Weltkrieg war, noch habe er jemals von der Politik leben können. Seine Einstellungen habe er durch Erfahrung und Beobachtung der politischen Lage gewonnen, was seine vermeintliche Neutralität und Unabhängigkeit beweisen soll.

Die Sozialdemokratie habe die Arbeiterschaft verraten. Sie teile letztlich, genau wie die Bolschewisten, die »anglo-jüdischen Zielen des Kapitalismus«[171] und strebe die »Diktatur des ›Goldes über die Arbeit‹«[172] an. Hier zeigt sich erneut die Wahnidee des Antisemitismus, nach der »die Juden« hinter Kapitalismus sowie Sozialdemokratie und Kommunismus stehen.[173] Ein Vorbild für eine solche Argumentation fand sich bereits in Wilhelm Marrs Rede von den »Goldenen Ratten und rothe[n] Mäuse[n]«.[174]

Der Gegensatz wird hier also dargestellt als einer zwischen »den Juden«, auch »Mammonsfürsten«[175] genannt, und der Arbeiterschaft, die für den Sozialismus steht.[176] Über »die Juden« schreibt Drexler, dass sie »kein Arbeitervolk« seien und »steile[] und steinige[] Weg[e]« meiden würden, da sie »Gegner jeglicher Mühe« seien.[177] Sie seien die »wirklichen Feinde aller ›Schaffenden‹«[178]. Der Gegensatz von »Mammonismus« und Sozialismus, der auch Feders Text prägt, ist also einer zwischen Nicht-Arbeit und Arbeit. Die »Schaffenden« werden im Text allerdings kaum bestimmt. Im Fremden soll zu sehen sein, was das Eigene ausmacht.

2.3 Das Flugblatt »An alle Werktätigen«

In Drexlers Tagebuch wird an einer Stelle der Dichter Dietrich Eckart zitiert. Dieser schrieb und verteilte im selben Jahr ein zweiseitiges Flugblatt, das sich »An alle Werktätigen«[179] richtet. Hier findet sich dieselbe Dichotomie wie in Feders Manifest und in Drexlers Tagebuch.

Während Feders Manifest sich noch »An Alle« richtet und Drexler den deutschen Arbeiter anrufen will, wendet sich Dietrich Eckarts Flugblatt an eine bestimmte Gruppe: »An alle Werktätigen! An alle die arbeiten, ganz gleich was und wo, wenn sie nur arbeiten.« Der Soziologe Stefan Breuer argumentiert dafür, dass Eckarts Adressat daher die Arbeiterschaft sei.[180] Aber der zweite Satz kann einen erweiterten Arbeitsbegriff, wie Feder ihn andeutet und Hitler schließlich konzipiert, integrieren. Adressat:innen könnten also mehr sein als von Breuer angenommen.

Eckarts spezifizierte Anrufung aller Werktätigen, wenn sie nur arbeiten, holt ex negativo nach, was Feder und Drexler mit ihren Texten nicht liefern, nämlich eine genauere Bestimmung der Träger »deutscher Arbeit« und ihrer Eigenschaften. In allen drei Fällen richten sich die Autoren an das werktätige Volk, aber Eckarts Nebensatz, »ganz gleich was und wo« sie arbeiten, verdeutlicht, dass die konkrete Tätigkeit nicht den Ausschlag gibt. Wichtig ist, dass gearbeitet wird. Arbeit an sich wird positiv besetzt. Zu den Adressat:innen gehören damit all diejenigen *nicht*, die nicht arbeiten oder denen das zumindest zugeschrieben wird. Alle anderen sind in diesem Arbeitsbegriff geeint – und das sind weitaus mehr als »die Arbeiterschaft«.

Den Werktätigen stellt Eckart – genau wie Feder – das Leihkapital gegenüber, denn es bringe »Geld ein ohne Arbeit«, wie es in gesperrten Lettern heißt. Erneut wird also der Gegensatz aufgemacht zwischen Arbeit und Nicht-Arbeit. Und erneut wird das Wachstum des Vermögens durch Zinsen mit demselben Beispiel eingeführt: dem Hause Rothschild. Mit denselben Zahlen wie im »Manifest« wird jongliert und festgestellt: »Arbeiten, wenigstens was man so unter Arbeit versteht, brauchen sie nicht.« Dass es hierbei nicht um eine Kritik an dieser konkreten Familie geht, macht das Flugblatt sofort im nächsten Satz deutlich, der von »ihnen und ihresgleichen« spricht. Konsequent werden im Folgenden weitere jüdische Namen genannt.[181] »Die Juden«, so muss das Flugblatt verstanden werden, sind das personifizierte Leihkapital, die Akteur:innen dahinter. Moishe Postones Antisemitismustheorie hat diese wesentliche Verschiebung beschrieben: »Die Juden wurden nicht bloß als *Repräsentanten* des Kapitals angesehen [...], sie wurden vielmehr zu *Personifikationen* der unfaßbaren, zerstörerischen, unendlich mächtigen, internationalen Herrschaft des Kapitals.«[182] Feders bisweilen latenter Antisemitismus wird in Eckarts Flugblatt manifest. Die auch hier geforderte Brechung der »Zinsknechtschaft« und ein am Ende folgender Aufruf zur Tat bekommen so eine neue Drastik. Wieder wird dem Leihkapital das deutsche Industriekapital gegenübergestellt und wieder wird der Blick auf die Welt geweitet, denn »wohin wir auch sehen, stöhnen die arbeitenden Menschen unter der Knechtschaft des Zinses«.

2.4 Das 25-Punkte-Programm der NSDAP

Die Texte der drei Autoren zeigen, dass diese Themen in der jungen nationalsozialistischen Bewegung im Umlauf waren, aber teilweise abstrakt, unspezifisch und unterbestimmt blieben. Hitlers ein gutes Jahr später gehaltene Rede brachte die Versatzstücke der Rohform in einen ausgearbeiteten Zusammenhang und konstituierte damit die nationalsozialistische Arbeitsauffassung.

In allen drei Texten wird die Front aufgemacht gegen den »Mammonismus«, der im Bund mit dem sogenannten Leihkapital die arbeitenden Menschen unterjoche. Personifiziert wird diese Form des Kapitals mit »den Juden«, die international organisiert seien und mühelos Reichtum erwerben würden. Dagegen setzen die Texte das werktätige oder schaffende Volk. Während das Fremdbild allerdings deutlich gezeichnet wird, bleibt die Skizze dieses werktätigen Volkes undeutlich. Es ist erstaunlich unterdeterminiert. Das verweist implizit bereits auf die Erweiterung des Arbeitsbegriffs, die die nationalsozialistische Arbeitsauffassung ausmachen wird. Eckart spricht diese Erweiterung aus, wenn er sein Flugblatt an alle adressiert, »egal was und wo sie arbeiten, wenn sie nur arbeiten«. Durch den aufgemachten Gegensatz zum

Leihkapital wird Nicht-Arbeit als müheloser Erwerb definiert und nicht als Spiel, Müßiggang oder nicht-entlohnte Tätigkeit. Das suggeriert zumindest, dass auch Arbeiten als Arbeit anerkannt werden, die bislang in der bürgerlichen Ordnung ausgeschlossen waren oder unsichtbar blieben; namentlich etwa Haus- und Reproduktionstätigkeiten. Die Scheinhaftigkeit dieser Erweiterung und ihre Auswirkungen, werden später skizziert. Das führt aber eben auch dazu, dass Arbeit mit Mühe und Nicht-Arbeit mit Mühelosigkeit identifiziert werden, was die Bestimmung dessen, was als Arbeit zählt, verändert.

Die Ideen dieser drei Autoren haben Einklang gefunden in das sogenannte 25-Punkte-Programm der NSDAP, das Adolf Hitler am 24. Februar 1920 vorstellte.[183] Im Zuge dieser Präsentation änderte die DAP ihren Namen und nannte sich von nun an Nationalsozialistische Deutsche Arbeiterpartei – NSDAP. Die Bedeutung des Programms für die Partei blieb »begrenzt«, nicht zuletzt, weil es eine »dürftige Sammlung vager, zum Teil widersprüchlicher Forderungen« war.[184] Dennoch durfte das Programm nicht verändert werden. Es sollte das unerschütterliche Fundament bleiben. Mit dieser Position setzte sich Hitler gegen den sogenannten linken Flügel der Partei um Gregor Strasser durch, der eine veränderte Fassung entwarf und verabschieden wollte.[185]

Das Programm besteht, der Name verrät es, aus 25 Punkten, die versuchen, die Weltanschauung des Nationalsozialismus zu definieren, wobei viele der Punkte, so Michael Wildt, »sich in ihrer Zielsetzung nicht von anderen völkischen Programmen der Zeit«[186] unterscheiden. Ein Alleinstellungsmerkmal besteht aber im offenen und radikalen Antisemitismus des Programms, das Jüdinnen:Juden grundsätzlich aus der deutschen Volksgemeinschaft ausschließen will. Explizit heißt es: »Staatsbürger kann nur sein, wer Volksgenosse ist. Volksgenosse kann nur sein, wer deutschen Blutes ist, ohne Rücksicht auf Konfession. Kein Jude kann [...] Volksgenosse sein.«[187] Ziel des Programms war »die Herstellung einer völkischen und antisemitischen Volksgemeinschaft«[188].

Die Dichotomie zwischen »Mammonismus« und Sozialismus prägt auch diesen nationalsozialistischen Text. So heißt es etwa, die Partei bekämpfe »den jüdisch-materialistischen Geist in und außer uns«[189]. Um das zu erreichen sei es die »[e]rste Pflicht jedes Staatsbürgers [...] geistig oder körperlich zu schaffen«, also zu arbeiten.[190] Spezifizierend wird hinzugefügt, dass diese »Tätigkeit [...] zum Nutzen aller erfolgen«[191] soll. Im darauffolgenden Punkt wird die »Abschaffung des arbeits- und mühelosen Einkommens« gefordert und mit Feders Worten angefügt: »Brechung der Zinsknechtschaft!«.[192] Die neue Parole, die dem jüdischen Geist entgegengestellt wird und bald zum geflügelten Wort wird, lautet »Gemeinnutz vor Eigennutz«.[193] Die Schlagworte aus Feders »Manifest« wurden im Programm auf ausdrücklichen Wunsch Hitlers gesperrt gedruckt, schreibt Franz Neumann.[194]

Die in den Texten zentrale Dichotomie prägte also auch das Programm der NSDAP. Damit fand die Idee »deutscher Arbeit« Einklang in ein politisches Programm, das durch seinen Antisemitismus herausstach. »Was in den Jahren und Jahrzehnten zuvor«, schreibt Nicolas Berg, »als Täuschung, Handel und ›rastlose Erwerbssucht‹ mehr allgemein denunziert worden war, stand nun im Nationalsozialismus der propagierten ›deutschen Arbeit‹ in einem politischen Sinne im Wege – mit tödlichen Folgen für die Juden.«[195] Die parteipolitische Aneignung des Topos »deutsche Arbeit« steht in einer Beziehung zur systematischen Ermordung der europäischen Jüdinnen:Juden.

Ein halbes Jahr nachdem Hitler das Parteiprogramm vorstellte, war er bereits zum wichtigsten Redner der jungen Partei avanciert. Seine in München gehaltene Rede vom August 1920 drehte sich erneut um den Gegensatz zwischen »Mammonismus« und Sozialismus; allerdings wurden die beiden Seiten nun ideologisch genauer bestimmt. Die nationalsozialistische Arbeitsauffassung wurde damit konstituiert.

3. Hitlers Vereindeutigung »deutscher Arbeit«

Arbeit als Dienst an der Volksgemeinschaft

> »Ich werde keinen größeren Stolz in meinem Leben besitzen als den, am Ende meiner Tage sagen zu können: Ich habe dem Deutschen Reich den deutschen Arbeiter erkämpft.«[196]
> *Adolf Hitler*

»Ich könnte nicht ohne Arbeit sein«[197], ruft Hitler im August 1920 seiner Zuhörerschaft zu. Er setzt auf Gleichgesinnte im Publikum und verallgemeinert: »Hunderttausende und Millionen würden vielleicht 3, 5 Tage, 10 Tage aushalten, könnten aber nicht 90 oder 100 Tage leben ohne Tätigkeit.«[198] Die Dystopie dieser Menschen, so folgert er, sei das Schlaraffenland und er setzt hinzu: »Wenn es wirklich dieses Paradies gäbe, dieses sogenannte Schlaraffenland, es würde unser Volk darin nicht glücklich werden.«[199] Deutsch soll es sein, zu arbeiten, tätig zu sein, undeutsch, zu faulenzen oder dem Müßiggang zu frönen. Doch ganz trifft es das noch nicht, eine ganz bestimmte Beziehung zu Arbeit soll in seinen Augen deutsch sein.

3.1 Die Gründungsrede der nationalsozialistischen Arbeitsauffassung

Das Thema seines Vortrages, den Hitler ein halbes Jahr nachdem er das Parteiprogramm vorstellte, hielt, lautete: »Warum sind wir Antisemiten?« In seiner Rede im Münchner Hofbräuhausfestsaal versuchte der bald zum Ersten Vorsitzenden der NSDAP aufsteigende Hitler zu erklären, warum seine Partei nationalistisch, sozialistisch und antisemitisch ist und sein muss. Seine Erklärung hat wesentlich mit seinen Ausführungen zu Arbeit zu tun. Denn Hitler bezog insbesondere zu dieser Zeit die Argumente für seinen Antisemitismus aus seinem Arbeitsbegriff.[200]

Diese Münchner Rede enthält alle Facetten der nationalsozialistischen Arbeitsauffassung. Ihre Themen wurden später immer wieder variiert und reproduziert. Sie knüpft an die liegengelassenen Fäden bei Feder, Drexler und Eckart an und versucht die Unterbestimmtheiten der Vorgeschichte »deutscher Arbeit« zu etwas Bestimmten zu machen, also zu definieren, was zuvor nicht formuliert wurde. Sie gilt als »›grundlegende‹ Rede über den Antisemitismus«[201] und ist zugleich die Grundsatzrede »deutscher Arbeit«. Sie ist mehr als bloß eine Rede von Hitler. »Hitlers Weltanschauung kann nicht auf die Person Hitlers eingeschränkt werden«, schreibt Klaus Holz. »Sie steht in einem breiten Strom antisemitischer Semantiken, und sie fand Zustimmung.«[202] Hitler kam zwar gerade in der Arbeitsauffassung eine vereindeutigende Rolle zu, er war aber am Ende nur das Sprachrohr »deutscher Arbeit«, indem er eine lange Tradition radikalisierte. Die repetitive Aneignung seines Grundgedankens im »Dritten Reich« ist ein Beleg dafür. »Denn bei aller Unverzichtbarkeit Hitlers für die Entwicklung der nationalsozialistischen Bewegung«, betont Michael Wildt, »war er doch immer ein Ausdruck seiner Zeit. Ohne die Erwartungen, Hoffnungen, Wünsche der Millionen Deutschen, die ihm und der NSDAP folgen sollten, wäre Hitler bloß der Agitator einer rechtsradikalen Partei, nicht aber ›der Führer‹ geworden.«[203] Die zustimmenden Reaktionen auf diese Rede sind aufgezeichnet und dokumentiert. Sie wirkte.

Die Rede ist bereits ausführlich und durchaus kontrovers untersucht worden. In ihrer Einschätzung stehen sich zwei Lesarten gegenüber. Eberhard Jäckel betont die Inkonsistenzen und kommt zu dem Ergebnis, die Rede sei »ohne gedanklichen Zusammenhang und voller Widersprüche«.[204] Klaus Holz behauptet »[e]xakt das Gegenteil«[205] und versucht mit einer hermeneutischen Lesart zu zeigen, dass die Konstruktion durchaus kohärent und konsistent ist.[206] Dabei zielt sein Blick insbesondere auf das Verhältnis von Fremd- und Selbstzuschreibung und auf das Nationalistische im nationalsozialistischen Antisemitismus.[207]

Meine eigene Lesart tendiert zu Holz' Position. Die Rede ist – wenigstens als erste Präsentation der nationalsozialistischen Arbeitsauffassung – konsistent, wenn auch ideologisch und irrational begründet. Hier geht es darum, Hitlers »Theorie« von Arbeit und so den Grundgedanken der nationalsozialistischen Arbeitsauffassung zu rekonstruieren, um dann dessen Nachahmungen, Aneignungen und Überarbeitungen nachzuvollziehen.

Die Rede ist eine der Ersten, die Hitler vor großem Publikum hielt, und sie ist die Erste, die in Gänze als Abschrift vorliegt – samt Dokumentation der Reaktionen aus dem Publikum. Hitler beginnt sie mit den Worten »Meine lieben Volksgenossen und Genossinnen!«[208] Als Volksgenosse hatte das nationalsozialistische Parteiprogramm alle Menschen »deutschen Blutes«[209] definiert, Jüdinnen:Juden galten danach nicht als solche. Schon in der Ansprache tritt der Antisemitismus also offen zu Tage. Zugleich deutet sich in der Ansprache von Männern *und* Frauen bereits eine Erweiterung des Arbeitsbegriffs an.

Das Thema der Rede ist der Zusammenhang von »Arbeiter und Judenfrage«[210]. Das, was Deutsche von »dem Juden« unterscheide, das soll die Rede zeigen, ist ihre Auffassung von Arbeit. Den Ausgangspunkt für diesen Beweis bildet eine Definition von Arbeit: »Arbeit ist eine Tätigkeit, die ich nicht um meiner selbst willen ausübe, sondern auch zu Gunsten meiner Mitmenschen.«[211] Arbeit ist damit als eine Tätigkeit definiert, die sich wesentlich auf andere bezieht. Gleich zu Anfang zeigt sich so, dass Hitlers Arbeitsbegriff normativ ist. Denn »[w]as für die Gesellschaft notwendig ist, was zugunsten von anderen ist oder nicht, impliziert Annahmen über das Wohl oder das Gut einer Gesellschaft oder anderer Menschen«[212].

Im Lauf der Rede wird diese Art der Arbeit den Deutschen zugeschrieben, deren Arbeit sei gemeinnützig, sie werde für andere getan. Hinter diesen anderen verbirgt sich in Hitlers Konstruktion die deutsche Volksgemeinschaft. Mit der Einführung dieses ideologischen Bezugspunkts gelingt ihm eine Vereindeutigung und Radikalisierung »deutscher Arbeit« und er liefert damit die Bestimmung nach, die in den nationalsozialistischen Frühschriften fehlte. Die Volksgemeinschaft soll durch Arbeit erzeugt und erhalten werden.

Um zu erklären, wie die Deutschen zu dieser Form der Arbeit kamen, wie aus »dem faulen Menschen der Urzeit allmählich de[r] Mensch[] der Arbeit«[213] wurde, entwirft Hitler ein mythisches Geschichtsnarrativ. Demnach lasse sich eine Evolution der Arbeit schreiben, die in drei Stufen ihren Lauf nahm. Auf der ersten Stufe, die Mensch und Tier noch gemeinsam sei, regierte »der rein instinktmäßige Selbsterhaltungstrieb«[214]. Diese Stufe habe sich »ausgebaut« zur zweiten, auf der »Arbeit aus purem Egoismus« getan werde.[215] Auch diese sei überwunden worden und abgelöst von einer dritten, auf der »Arbeit aus sittlich-moralischem Pflichtgefühl«[216] ausgeführt werde. Diese Formulierung ist ein Pleonasmus, um ihre Bedeutung zu betonen.[217] Auf dieser dritten Stufe stünden die Deutschen. Das könne etwa beobachtet werden, wenn Arbeiten ohne Zwang ausgeführt werden, etwa wenn nach Feierabend noch gegärtnert wird. Das sei Beweis dafür, dass »Millionen Menschen *heute überhaupt* nicht sein können ohne irgend eine Beschäftigung«[218].

Hitlers Stufenmodell ist eine Evolutionierung von dem, was Arbeit ausmacht. Er zieht mit »unverdauten sozialdarwinistischen Brocken«[219] eine zeitliche Hierarchie ein und deutet eine Fortentwicklung an, wo Gleichzeitigkeit herrscht. Denn bestimmte Formen von Arbeit werden zum Selbsterhalt getan, kochen etwa, andere tut man für andere, Kinder füttern zum Beispiel, wiederum andere tut man, um Geld zu verdienen. Die Philosophin Angelika Krebs unterscheidet solche Bedeutungsebenen, um zu begreifen, was alles als Arbeit gilt. Arbeit als Tätigkeit für andere identifiziert sie als eine Kategorie von sieben, neben u. a. Arbeit als zweckrationalem Handeln, als Mühe oder entlohnter Tätigkeit.[220] »Mit dieser Unterscheidung«, so Werner Konitzer, »werden die Gründe, etwas als Arbeit zu charakterisieren, zur Sprache gebracht.«[221] Krebs' Systematisierung kann Hitlers Konzeption entmystifizieren, denn die Trennung der Ebenen in eine historische, gar evolutionäre Abfolge ist Mythos und Ideologie.

Die Verursacherin dieser erdachten Evolution sei die »Göttin der Not«[222]. Hitlers Geschichtsnarrativ nach sind die Deutschen die Nachfahren einer nordischen Rasse, die in klimatisch schwierigen Verhältnissen gelebt hätten. Die Not in diesem Klima habe »drei Errungenschaften«[223] hervorgebracht.

Zum einen habe sie das »Prinzip der Arbeit als Pflicht«[224] geboren. Arbeit werde demnach ausgeführt, nicht allein für das eigene Überleben, also »nicht nur für den Einzelnen und aus Egoismus, sondern zum Bestande dieser ganzen, wenn auch oft nur ganz kleinen Masse von Menschen, dieser kleinen Sippe«[225]. Die Not erzwang gemeinschaftliches Arbeiten aus Pflicht. Sie brachte das Ethos dieser Gruppe in die Welt. Arbeit stiftete die Gemeinschaft. Denn was »der lachende Süden im überreichen Maße arbeitslos bot«[226], musste im Norden hart erarbeitet werden. Die zweite Errungenschaft bestehe in einer »unbedingte[n] körperliche[n] Gesundheit«[227]. Denn die Not prägte die Gruppe selbst, indem sie als »Mittel zur Rassenreinzucht« diente, weil, »was schwächlich und kränklich war«, nicht überlebte.[228] Damit sei drittens eine Hinwendung ins Innere verbunden, die ein »tief-*innerliche*[s] Seelenleben«[229] ausbildete, das befähige, Staaten zu bilden. Alle drei Errungenschaften, das Prinzip der Arbeit, die Rassenreinheit und die Fähigkeit Staaten zu bilden, spricht Hitler im Folgenden »dem Juden« ab.[230]

Jahre später wird er diesen Mythos widerrufen. In einer seiner sogenannten großen Kultur-Reden, die Hitler im September 1933 auf dem Nürnberger Reichsparteitag hält, bekennt er, dass kulturelle Errungenschaften seiner Ansicht nach nicht vom Klima oder von der Natur abhingen, sondern vom Menschen allein.[231] Die Narrative sind aber für die Arbeitsauffassung auch nicht von zentraler Bedeutung. Denn mehr als um die Genese geht es um die Geltung und damit um Hitlers These, dass zu seiner Zeit noch die Arbeitsauffassung besteht, die durch das Klima einst aufgezwungen wurde. Denn obwohl die nordischen Rassen diese klimatischen Verhältnisse schließlich verlassen hätten, seien die Errungenschaften beibehalten worden. Das Prinzip der Arbeit blieb so bestehen, nun nicht mehr aus Zwang, sondern aus Pflicht.

Erst bei genauerem Hinsehen wird der Unterschied zwischen Zwang und Pflicht klar. Hermann Göring versuchte, diesen so zu bestimmen: »Was für uns eine Pflicht ist, mag ihnen als Zwang erscheinen. Sie vergessen aber, daß auch der deutsche Arbeiter heute den kategorischen Imperativ der Pflicht als Richtungsnadel in sich trägt und daß er auch bereit ist, zuerst seine Pflicht zu erfüllen.«[232] In Hitlers Konzeption wird der Zwang auf die Seite der Natur und »des Juden« gerechnet. Der »kann nicht anders, ob er will oder nicht«[233]. Es liege »in seinem Blute«[234]. Die Notwendigkeit sei dagegen Ausdruck von Sittlichkeit, zu der die Deutschen befähigt seien. Die Begriffe »Pflicht«, »Notwendigkeit« und »sittlich-moralisch« weisen darauf hin, dass Hitlers Theorie von Arbeit normativ ist. Er entwirft hier nicht weniger als ein nationalsozialistisches Arbeitsethos, das die grundlegende Dichotomie der Frühschriften – Mammonismus vs. Sozialismus – in Stellung bringt und politikfähig macht. Stärker noch: Für ihn ist die Etablierung einer »›arischen‹ Moral und die einer angemessenen Haltung zur Arbeit«[235] ein und derselbe Vorgang.

In der Auseinandersetzung mit dem antisemitischen Bild »vom Juden« und seiner Art zu arbeiten, führt Hitler im Folgenden aus, was die besondere deutsche Auffassung von Arbeit ausmacht. Während Arbeit für die Deutschen zur notwendigen Pflicht wurde, empfände »der Jude« sie nämlich als Zwang und Mühsal. Hitler erklärt das ebenfalls mit seinem Stufenmodell. »Der Jude« sei auf der zweiten Stufe der Arbeit stehen geblieben und würde sie nur zur eigenen Bereicherung, aus Egoismus betreiben. »Wir nennen das nicht Arbeit, sondern Raub«[236], fügt er an.

Während Eckart sein Flugblatt noch unbestimmt an alle richtete, »wenn sie nur arbeiten«[237], liefert Hitler damit dem Selbstbild klarere Konturen. Es kommt darauf an, wie gearbeitet wird, nicht »was und wo«[238], soweit hatte Eckart Recht. Im Februar 1921 warb die NSDAP für eine Veranstaltung mit folgenden Worten: »Erscheint alle ausnahmslos, Hand- und Kopfarbeiter, Arbeiter und Studenten, Beamte und Angestellte.« Und fügte fett gedruckt an: »*Juden ist der Zutritt untersagt.*«[239] Eckarts integrativ wirkende Anrufung stellt die NSDAP hier deren exkludierendes Pendant an die Seite. Alle Arbeitenden sind aufgefordert zu kommen, wenn sie nur arbeiten. Per se ausgeschlossen sind aber Jüdinnen:Juden.

Es kommt in Hitlers Konstruktion nicht darauf an, was für eine Arbeit ausgeführt wird, Hand- oder Kopfarbeit seien da nicht zu unterscheiden. Damit steht er, das sehen Schatz und Woeldike ganz recht, in einer langen Tradition: »Die Protagonisten der deutschen Arbeit von Luther bis Hitler sprachen in dieser Hinsicht stets Klartext: Nicht *was*, sondern *wie* einer arbeitet, zählt.«[240] Aber in dieser Rede gibt er dem abstrakten Kriterium des Wie eine konkrete Prägung. Den Unterschied macht aus, ob eine Arbeit aus Eigennutz oder aus Gemeinnutz ausgeführt werde, also in welches Verhältnis sie sich zur nationalen Gemeinschaft stellt. Die vor-nationalsozialistischen Protagonisten betonten zwar auch schon den Gemeinschaftsbezug »deutscher Arbeit«, aber erst Hitler richtet den vagen Bezug auf eine Gemeinschaft, die gesamtgesellschaftlich und völkisch gedacht und geschaffen werden soll. Hitler wusste natürlich, dass sich der Wert von Arbeiten tatsächlich unterscheidet und dass dieser üblicherweise an der Entlohnung abgelesen wird. In »Mein Kampf« unterscheidet er deshalb zwischen einem ideellen und einem materiellen Wert von Arbeit. Auch wenn dieser materielle Wert unterschiedlich ist, ideell sei jede Arbeit gleich viel wert, wenn und insofern sie der Volksgemeinschaft dient.[241]

Der Gegensatz zwischen Eigennutz und Gemeinnutz wird von Hitler zuspitzend in genau die Dichotomie übersetzt, die bereits in den frühen Texten der nationalsozialistischen Bewegung zu finden war: Mammonismus vs. Sozialismus; allerdings mit dem entscheidenden Unterschied, dass Hitlers Rede Selbstvergewisserung und Selbstbestimmung ist und das vermeintlich Eigene daher zu definieren versucht:

> Ariertum bedeutet sittliche Auffassung der Arbeit und dadurch das, was wir heute so oft im Munde führen: Sozialismus, Gemeinsinn, Gemeinnutz vor Eigennutz – Judentum bedeutet egoistische Auffassung der Arbeit und dadurch Mammonismus und Materialismus, das konträre Gegenteil des Sozialismus.[242]

Es ist dieselbe Dichotomie, aber er führt sie aus. »Mammonistisch« soll »der Jude« sein, weil er egoistisch rein aus Eigennutz handele. Das ist ein alter antisemitischer Vorwurf. Dem wird in diesem Fall ein positives Gegenbild an die Seite gestellt. Deutsch soll ein Sozialismus sein, der auf Gemeinnutz setzt. Hitler geht es aber nicht um eine Sozialisierung von Betrieben. Das Parteiprogramm der NSDAP, darauf weist Michael Wildt ausdrücklich hin, spricht explizit von »Verstaatlichung«, nicht von Sozialisierung.[243] Hitler sieht sich auch keineswegs in irgendeiner sozialistischen Tradition. Ihm geht es um einen Nationalsozialismus. Der Gemeinnutz, den er meint, ist national begrenzt. Er bezieht sich nur auf die nationale Gemeinschaft, die eins sein soll mit der Volksgemeinschaft. Sozialismus meint für ihn, die Pflicht freiwillig anzunehmen. Er definiert Sozialismus daher explizit »als letzte Auffassung der Pflicht, der sittlichen Pflicht der Arbeit nicht um seiner selbst, sondern auch um seiner Mitmenschen willen, vor allem gemäß dem Grundsatz: Gemeinnutz vor Eigennutz, Kampf gegen alles Drohnentum und vor allem gegen das mühe- und arbeitslose Einkommen.«[244]

Die Einführung der Kategorie Volksgemeinschaft in die Arbeitsauffassung ist der Schlüssel, um aus der Rohform der Frühschriften eine politische Position zu machen. Arbeit wird damit ein Vektor eingeschrieben, der die Richtung angibt. Sie bezieht sich in Hitlers Konstruktion auf die Volksgemeinschaft. Die wird, wenn man das 25-Punkte-Programm zur Grundlage nimmt, explizit rassistisch und antisemitisch konzipiert. Jüdinnen:Juden sind nicht nur grundsätzlich aus der Volksgemeinschaft ausgeschlossen sowie ganz praktisch aus Veranstaltungen der Partei, sie sollen auch eine immense Gefahr für diese Gemeinschaft darstellen. Gemeinnütziges Arbeiten und antisemitische Politik ergänzen sich in dieser Weltanschauung demnach vortrefflich.

Die Konstruktion der Volksgemeinschaft ist die ideologische Verbindung zwischen Antisemitismus und Arbeitsauffassung. Sie soll nicht nur eine Gemeinschaft von Deutschen sein, sondern eine von schaffenden Deutschen. Sie wird durch den Begriff der Rasse eingegrenzt und durch den Arbeitsbegriff gestiftet:

> Volksgemeinschaft heißt Gemeinschaft aller wirkenden Arbeit, das heißt Einheit aller Lebensinteressen, das heißt Überwindung von privatem Bürgertum und gewerkschaftlich-mechanisch-organisierter Masse, das heißt die unbedingte Gleichung von Einzelschicksal und Nation, von Individuum und Volk. [...] Denn alles, was nicht verfiebert zur Arbeit drängt und sich zur Arbeit bekennt, ist im Bereich des Nationalsozialismus zum Absterben verurteilt.[245]

Hitler entwirft in der Rede von 1920 das Bild einer nationalsozialistischen Sittlichkeit, die auf Arbeit aufbaut und auf einer spezifischen Haltung fußt. Ihr Gegenteil bestehe in der »vom Juden« ausgeführten Form der Arbeit, die ungenau als »jüdische Nicht-Arbeit« bezeichnet wird, so als gäbe es ideologisch keinen Unterschied zu denjenigen, die als Faule gedacht, nicht-arbeiteten.[246] Wie im kolonialen Rassismus den Schwarzen, wurde in der rassistischen Logik des Nationalsozialismus den Slaw:innen zugesprochen zu nicht-arbeiten, sie seien faul und arbeitsscheu und nur für einfache Arbeiten zu gebrauchen. Die Nicht-Arbeit »des Juden« wurde dagegen anders gekennzeichnet. Er soll nicht faul sein, sondern rastlos und geschäftig, fast schon hyperaktiv. Seine Nicht-Arbeit werde zur Gefahr, sie bedrohe das deutsche Gemeinwesen, indem sie es korrumpiere und zersetze. Deshalb ist es angebracht hier von Anti-Arbeit zu sprechen, sie soll sich gefährlich und aktiv gegen (deutsche) Arbeit richten.

Hitlers Rede behauptet, »der Jude« habe es geschafft, »Geld [zu] verdienen, ohne praktisch auch nur einen Finger gerührt zu haben«[247] und »ohne den Schweiß und die Mühe auf sich zu nehmen«[248]. Sein »Vergehen« soll also im Reichtum ohne Arbeit bestehen. Hitler liefert hiermit ein Paradebeispiel für eine antisemitische Idee, die Adorno und Horkheimer später analysieren. Das Bild »des Juden«, so die beiden in den »Elementen des Antisemitismus«, trägt »die Züge, denen die totalitär gewordene Herrschaft todfeind sein muß: des Glückes ohne Macht, *des Lohnes ohne Arbeit*, der Heimat ohne Grenzen, der Religion ohne Mythos.«[249] Gehasst wird der Reichtum ohne Arbeit, weil er, das ist ihre These, »insgeheim«[250] ersehnt wird. Mittels »pathischer Projektion« übertrage der Antisemit diesen verdrängten Wunsch auf »den Juden« und hasse ihn.

»Jüdische Anti-Arbeit« soll die nationalsozialistische sittliche Auffassung von Arbeit bedrohen, weil sie die Moral korrumpiere. Mit der von Feder übernommenen Charakterisierung des »Börsen- und Leihkapital[s]« will Hitler die Gefahr der »jüdischen Anti-Arbeit« aufzeigen. Diese Form des Kapitals korrumpiere »alle redliche Arbeit vollständig«[251], weil »der gewöhnliche Mensch, der heute die Lasten zu tragen hat, zur Verzinsung dieser Kapitalien, sehen muß, wie ihm trotz Fleiß, Emsigkeit, Sparsamkeit«[252] kaum etwas bleibe. Die Existenz »jüdischer Anti-Arbeit« führe zur »Degradierung jeder ehrlichen Arbeit«[253]. Dieser Gefahr wegen sei es notwendig, dass die noch junge Bewegung antisemitisch sei.

Der Nationalsozialismus müsse aber auch nationalistisch und sozialistisch sein. Nationalistisch sein heiße, zu »prüfen jede Handlung, ob sie nützt meinem ganzen Volke«[254]. Sozialistisch meine Handeln aus Pflichtgefühl. Das überträgt Hitler auf seinen Arbeitsbegriff und formuliert damit seinen Grundgedanken. Arbeit sei dann deutsch, wenn sie aus Pflichtgefühl getan werde und der Volksgemeinschaft diene, wenn sie ausgeführt werde, um diese zu stärken. Arbeit als Dienst an der Volksgemeinschaft ist die Formel, auf die sich diese Arbeitsauffassung bringen lässt.[255] Die erste Forderung dieses Arbeitsethos ist folglich: Jede:r Deutsche ist verpflichtet, Arbeit als Dienst für die Gemeinschaft zu leisten.

Nationalsozialistische Politik hat demnach die Aufgabe, dieses Arbeitsethos zu predigen und zu etablieren. Dass diese Politik vom Selbstverständnis her antisemitisch sein muss, wollte Hitler hier zeigen. Am Ende spricht er die Hoffnung aus, »daß diese Wahrheit siegt, daß endlich der Tag kommt, an dem unsere Worte schweigen und die Tat beginnt«[256]. Bis zur Tat sollte es noch dauern.

In anderen Reden aus der Zeit umschrieb er sie. Schon im Mai desselben Jahres hatte er gefordert: »Unser Volk muß sich selber helfen, indem es gegen das kämpft, das es zugrunde gerichtet hat. Erst reinigen, dann Zusammenschluß aller ehrlich Schaffenden.«[257] Im darauffolgenden Jahr, so berichten die »Augsburger Neuesten Nachrichten«, paraphrasiert Hitler diesen Gedanken: »Nur durch Arbeit könnten wir uns wieder hoch bringen, und es könne deshalb auch nur derjenige, der wirkliche Arbeit leiste, deutscher Staatsbürger sein. Alle Parasiten und Schmarotzer müßten entfernt werden.«[258] Ob sich hier bereits die systematische Vernichtung von Jüdinnen:Juden andeutet, war Teil einer intensiven Debatte zwischen Intentionalist:innen und Funktionalist:innen, auch Strukturalist:innen genannt; zwischen jenen also, etwa Eberhard Jäckel oder Saul Friedländer, die dafür argumentieren, dass die Ermordung der europäischen Jüdinnen:Juden bereits in Hitlers früher Weltanschauung angelegt ist und denen, Hans Mommsen oder Martin Broszat z. B., die die Shoah als Ergebnis eines polykratischen Staatsapparates verstehen. Was Hitler hier »Entfernung«[259] nennt, sollte jedenfalls den Zweck haben, den Weg freizumachen für den Zusammenschluss der Schaffenden. Denn der Ausschluss vermeintlich Fremder soll die Bedingung der Möglichkeit für die Volksgemeinschaft sein. Erst die Homogenisierung ermögliche es der Arbeit, die Volksgemeinschaft wieder groß zu machen.

Die Bestimmung, Arbeit ist ein Dienst an der Volksgemeinschaft, verweist auf historische Vorläufer. Ein Ethos des Dienens hat bereits Aristoteles mit Blick auf Sklaven formuliert.[260] Und im Alten wie Neuen Testament wird Arbeit »als gottgefälliger Dienst und Pflicht gegenüber der Gemeinschaft«[261] gedacht. Paulus hat Aristoteles' Dienst verallgemeinert, indem er die Christ:innen als Sklaven ihres überweltlichen Herrn begriff und gehorsamen Dienst predigte,[262] was wiederum Luther für seine Arbeitsauffassung übernahm. Der Gedanke ist auch den rechten Strömungen der 1920er-Jahre nicht fremd. Artur Mahraun, Anführer einer antisemitischen Gruppe namens Jungdeutscher Orden, schrieb in seinem Manifest: »Der Beruf des neuen Staatsbürgertums besteht in dem staatsbürgerlichen Dienste an der Gesamtheit der Nation.«[263]

Die nationalsozialistische Variante stellt eine radikalisierte Form dieser Vorläufer dar, die eine andere Qualität für sich beanspruchen kann und zu extremeren Konsequenzen führt. Die Radikalisierung hängt mit der Bestimmung des Dienens und der Konstruktion der Volksgemeinschaft zusammen.

Dass Hitler mit der Formulierung, Arbeit müsse für Andere getan werden, die Volksgemeinschaft meint, zeigt, dass er hier keine harmlose Vorstellung propagiert. Deutlich wird das auch, wenn er diesen Gedanken in »Mein Kampf« reformuliert: »Jeder Arbeiter, jeder Bauer, jeder Erfinder, Beamte usw., der schafft, ohne selber je zu Glück und Wohlstand gelangen zu können, ist ein Träger dieser hohen Idee, auch wenn der tiefere Sinn seines Handelns ihm immer verborgen bliebe.«[264] Der:die Einzelne kann also der Volksgemeinschaft dienen, ohne es zu merken, und, was die Drastik erst deutlich macht, der Dienst an der Volksgemeinschaft muss den Individuen nichts nutzen. Er kann sogar zu ihrem Nachteil sein. Deshalb beschwört Hitler »verzichtfreudige[] Opferbereitschaft«[265] als Voraussetzung für die Volksgemeinschaft. Das selbstgesetzte Ziel des Nationalsozialismus ist die Befreiung des deutschen Volkes. »*Völker befreit man aber nicht durch Nichtstun, sondern durch Opfer.*«[266] Der Dienst soll Pflicht sein, insbesondere auch in Fällen, die selbst nicht zum Vorteil, vielleicht gar zum Nachteil gereichen. Dienen ist im Nationalsozialismus totalitär konzipiert, soll immer und überall Pflicht sein, impliziert die Aufgabe des Selbst und fordert als Opfer das eigene Leben. In einer »geheime[n] Broschüre für Industrielle«[267] von 1927 beruft sich Hitler auf den »fridericianischen Geist«[268], also den Geist unter Preußens König Friedrich II. und dessen Prinzip: »Es ist nicht wichtig, daß Du lebst, aber notwendig, daß Du deine Pflicht tust.«[269] Unumwunden spricht Hitler hier davon, dass die NSDAP erziehen will zur »*Bereitwilligkeit des Opfers, zur Bejahung des Kampfes*«[270]. Der gefallene Soldat ist der Fluchtpunkt dieser Dienstvorstellung.

Auch die Gemeinschaft, auf die sich der Dienst bezieht, ist eine radikale Variante. Denn die nationalsozialistische Volksgemeinschaft ist per se antisemitisch und rassistisch eingegrenzt und wird als Gemeinschaft der Schaffenden wesentlich durch Arbeit konstituiert.

Werner Hamacher hat Hitlers Arbeitsauffassung in der 1.-Mai-Rede von 1933 untersucht und zeigt, dass er auf eine eigentümliche Art das Verhältnis von Arbeit und Natur bestimmt: »Die Arbeit, die er meint, ist nicht Arbeit *an* der Natur, sondern Arbeit *der* Natur – und zwar die Arbeit *unserer eigenen* Natur, ›unserer eignen Kraft und Stärke‹ und nur so Arbeit ›für Sein und Leben unseres Volkes‹.«[271] Es ist die Arbeit der eigenen Natur, die Hitler rassistisch definiert. Hamachers Bestimmung trifft auch bereits auf diese Rede zu. Der hier entworfene Arbeitsbegriff soll Ausdruck einer deutschen Natur sein, der aber zur Realisierung erst zu verhelfen ist. Hitler nutzt dafür »die Suggestion der Auto-Suggestion, die Suggestion, es gäbe das autonome, sich selbst statuierende, sich selbst produzierende und aus eigener Kraft auferstehende Ich«[272].

Mit der Münchner Rede hat Hitler die nationalsozialistische Arbeitsauffassung grundgelegt. Das Thema verfolgt er weiterhin. Die Titel seiner Reden aus den frühen 1920er-Jahre zeigen, dass ihn das Verhältnis von Arbeit und sogenannter Judenfrage nicht mehr losließ: »Politik und Judentum«, »Was wir wollen«, »Das deutsche Volk, die Judenfrage und unsere Zukunft«, »Der Jude als Arbeiterführer«, »Der Arbeiter im Deutschland der Zukunft«, »Der 18. Januar und das schaffende Volk«, »Einige Fragen an den deutschen Arbeiter«, »Arbeiter- oder Judenrevolution«.[273]

3.2 Paraphrasen des Grundgedankens in »Mein Kampf«, am 1. Mai 1933 und danach

Nach einem gescheiterten Putsch-Versuch wurde Hitler 1923 verhaftet und zu fünf Jahren Festungshaft verurteilt, von denen er lediglich neun Monate absitzen musste. Die Haft bot »Hitler Zeit und Ruhe, um über sich und seine Situation nachzudenken und all das, was hinter ihm lag, zu ordnen und zu verarbeiten«[274]. In diesem Zuge diktierte er den ersten Band von »Mein Kampf«, der einen neuen »theoretischen Überbau«[275] bilden und einen »Neuanfang«[276] begründen sollte.

Es gilt als ausgemacht, dass »Mein Kampf« eine »erstrangige Quelle zur Geschichte Hitlers und des Nationalsozialismus«[277] ist. Ian Kershaw nach ist das Buch »›die deutlichste und ausführlichste Darlegung‹ dessen, was Hitler dachte und plante«[278]. Diese Quelle ist auch erstrangig im Hinblick auf die Systematisierung seiner Gedanken zu Arbeit. Denn Hitlers Münchner Rede von 1920 fließt hier ein, mal paraphrasiert, mal leicht verändert. Immer wieder tauchen Gedanken aus dieser Rede in seinem Hauptwerk auf.

Hitler variiert seinen Grundgedanken an der Stelle, an der er seinen Staatsbegriff erläutert, und wieder ist es der Gegensatz »zum Juden«, der das Selbstbild bestimmt. Ein starker Staat, so heißt es da, sei die Voraussetzung für den »Siegeszug der deutschen Technik und Industrie«[279], was allzu oft vergessen werde. Mit Staat meine er

> nicht eine Zusammenfassung wirtschaftlicher Kontrahenten in einem bestimmt umgrenzten Lebensraum zur Erfüllung wirtschaftlicher Aufgaben, sondern die Organisation einer Gemeinschaft physisch und seelisch gleicher Lebewesen zur besseren Ermöglichung der Forterhaltung ihrer Art sowie der Erreichung des dieser von der Vorsehung vorgezeichneten Zieles ihres Daseins.[280]

Der Staat ist damit nichts anderes als die Form, in der sich die Volksgemeinschaft organisiert. »Die Wirtschaft«, so fährt er fort, »ist dabei nur eines der vielen Hilfsmittel, die zur Erreichung dieses Zieles eben erforderlich sind«.[281] Sinn und Zweck des Staates soll das Überleben eines Volkes sein, die Wirtschaft, und das heißt die Arbeit, ist dessen Mittel.

Das sei genau umgekehrt bei denjenigen, die »sich als Drohnen in die übrige Menschheit einzuschleichen vermögen, um diese unter allerlei Vorwänden für sich schaffen zu lassen«[282]. Gemeint ist »der Jude«, der keinen räumlich abgegrenzten Staat brauche, um zu überleben. Seine Religion sei einer der »genialsten Tricks«[283], der die »jüdische[] Rasse«[284] auch ohne Staat überleben lasse. Wirtschaften sei sein Zweck.

Wieder konstruiert Hitler hier den zentralen Gegensatz als den zwischen Deutschen und »dem Juden«, in diesem Fall exemplifiziert an zwei entgegengesetzten Formen des Staates. Während der deutsche »zur Bildung heldischer Tugenden« führe und auf einem Zugehörigkeitsgefühl sowie der »Bereitwilligkeit, dafür sich mit allen Mitteln einzusetzen«, sprich dem Dienst, beruhe, was den Opfertod implizit bereits verlangt, führe der jüdische »bei Schmarotzern zu verlogener Heuchelei und heimtückischer Grausamkeit«.[285]

An anderer Stelle spricht er die Implikation des Opfertods offen aus, wenn er schreibt, dass

> die staatsbildenden oder auch nur staatserhaltenden Kräfte [...] Aufopferungsfähigkeit und Aufopferungswille des einzelnen für die Gesamtheit [sind]. Daß aber diese Tugenden mit Wirtschaft auch nicht das Geringste zu tun haben, geht aus der einfachen Erkenntnis hervor, daß der Mensch sich ja nie für diese aufopfert, das heißt: man stirbt nicht für Geschäfte, sondern nur für Ideale.[286]

In Deutschland seien aber diese »Tugenden praktisch hinter den Wert des Geldes getreten«[287]. Es sei »Geld der Gott, dem nun alles zu dienen«[288] habe. Geld als Gott heißt bekanntlich Mammon, sodass der Text terminologisch auf die nationalsozialistischen Frühschriften verweist, die dem Sozialismus den »Mammonismus« gegenüberstellten. Nicht diesem Gott solle gedient werden, sondern der Volksgemeinschaft. Besonders drastisch seien die Zustände seit die »*gesamte[] Wirtschaft in das Eigentum von Aktiengesellschaften*«[289] übergegangen sei. Jetzt sei »die Arbeit zum Spekulationsobjekt gewissenloser Schacherer herabgesunken«[290].

Insbesondere im elften Kapitel, »Volk und Rasse« betitelt, finden sich Überlegungen aus Hitlers Münchner Rede. Es »zählt zu den bekanntesten und verbreitetsten Teilen«[291] des Buches und ist »der Versuch einer übergreifenden Begründung von Hitlers rassistischer Ideologie«[292], wie die Herausgeber:innen der kritischen Edition von »Mein Kampf« bemerken. Dass in dieser Begründung Überlegungen zu Arbeit von Bedeutung sind, bezeugt deren zentrale Stellung für die Weltanschauung.

Die »Veranlagung des Selbsterhaltungstriebes«, argumentiert Hitler hier, hätten alle, sie sei beim »Arier« nicht stärker ausgebildet, sondern zeichne sich aus »in der besonderen Art der Äußerung«.[293] Denn während dieser Trieb bei »den ursprünglichsten Lebewesen«[294] nicht »über die Sorge um das eigene ›Ich‹«[295] hinausgehe, charakterisiere den »Arier«, dass »er alle Fähigkeiten in den Dienst der Gemeinschaft zu stellen bereit«[296] sei. Er bescheinigt den Deutschen also gemeinnützig zu arbeiten und erklärt das mit ihrer »Rasse«. Die Parallelen zur Rede sind augenscheinlich.

In seiner folgenden Definition von Arbeit behebt Hitler den grammatikalischen Fehler, der seine Definition in der Rede von 1920 prägte, und auf den Klaus Holz hinweist.[297] Dort hieß es: »Arbeit ist eine Tätigkeit, die ich nicht um meiner selbst willen ausübe, sondern auch zu Gunsten meiner Mitmenschen.«[298] Durch das fehlende »nur« in der Konstruktion »nicht nur, sondern auch« fällt es schwer, den Satz eindeutig zu interpretieren. In »Mein Kampf« heißt es jetzt: Der Arier »arbeitet nun z. B. nicht mehr unmittelbar für sich selbst, sondern gliedert sich mit seiner Tätigkeit in den Rahmen der Gesamtheit ein, nicht nur zum eigenen Nutzen, sondern zum Nutzen aller.«[299] Es ist eine vereindeutigende Definition. Arbeit ist demnach, was nicht nur zum eigenen Nutzen getan wird, sondern auch für andere, »zum Nutzen aller« schreibt Hitler und meint doch die deutsche Volksgemeinschaft. Diese »Schaffen« genannte Arbeit darf den Interessen der Allgemeinheit nicht widersprechen.[300]

In der folgenden Passage beschwört Hitler erneut die Pflicht der Deutschen zu arbeiten und wieder baut seine Konstruktion auf der alten Dichotomie auf. »Den gewaltigsten Gegensatz zum Arier bildet der Jude.«[301] Ihn zeichne der pure Egoismus aus, dem hier der selbstzugeschriebene Idealismus entgegengestellt wird. Während den Deutschen Aufopferung für ihre Mitmenschen eigen sei, gehe der »Aufopferungswille im jüdischen Volke [...] über den nackten Selbsterhaltungstrieb des einzelnen nicht hinaus.«[302] »Der Jude« sei der »*Parasit* im Körper anderer Völker«[303]. Was Hitler hier präsentiert ist ein *best of* des Antisemitismus: »Der Jude« sei Händler, habe mit den Fürsten bloß gespielt, tarne sich als Deutscher, ziele auf die »Weltherrschaft«[304], beherrsche Börse und Presse, setze sich ein für Demokratie und Parlamentarismus, sei für die Trennung von Arbeitnehmer und Arbeitgeber, verachte Handarbeit, benutze den Arbeiter, um der nationalen Wirtschaft zu schaden und stehe deshalb auch hinter dem Marxismus.[305] Hitler konstruiert durch dieses Fremdbild das Selbstbild. »Der Jude« steht hier für genau das, was der Nationalsozialismus angeblich nicht sein will.

Im Januar 1939 droht Hitler, wenn »es dem internationalen Finanzjudentum inner- und außerhalb Europas gelingen sollte, die Völker noch einmal in einen Weltkrieg zu stürzen«, dann werde das Ergebnis die »Vernichtung der jüdischen Rasse in Europa« sein.[306] Rückblickend liest sich das wie eine Ankündigung. Schon hier in »Mein Kampf« schreibt er, »der Jude« strebe »die Vernichtung aller nichtjüdischen Völker«[307] an. Der wahnhafte, antisemitische Glaube daran, »die Juden« wollten eine:n vernichten, führte am Ende dazu, dass man sie systematisch ermordete.

Die zentrale Stellung, die Arbeit in der nationalsozialistischen Weltanschauung spielt, bringt Hitler in der Beschreibung der Hakenkreuzfahne auf den Punkt. Das Symbol der Bewegung, so seine programmatische Schrift, drücke die Arbeitsauffassung aus:

> Als nationale Sozialisten sehen wir in unserer Flagge unser Programm. Im Rot sehen wir den sozialen Gedanken der Bewegung, im Weiß den nationalistischen, im Hakenkreuz die Mission des Kampfes für den Sieg des arischen Menschen und zugleich mit ihm auch den Sieg des Gedankens der schaffenden Arbeit, die selbst ewig antisemitisch war und antisemitisch sein wird.[308]

Das in den 1920er-Jahren entworfene und propagierte Arbeitsethos, das Deutschen zuspricht besonders gemeinnützig zu arbeiten und es ihnen zugleich als Pflicht abverlangt, wurde, erst einmal an der Macht, in Politik übersetzt. Hitlers Rede am sogenannten »Tag der nationalen Arbeit«, dem 1. Mai, der seit 1933 ein staatlicher Feiertag ist, handelt nicht explizit »vom Juden«. Dieses Fremdbild spielt hier keine Rolle. Die Rede wendet den Blick nach innen und will auf die neue Ordnung einschwören.

Wieder spricht Hitler über die nationale Gemeinschaft als Gemeinschaft der Schaffenden. Die verschiedenen Menschen und Berufsgruppen sollten sich gegenseitig vorgestellt werden, damit sie erkennen, »daß es ohne deutschen Geist kein deutsches Leben gibt, daß sie alle zusammen eine große Gemeinschaft bilden müssen: Geist, Stirn und Faust, Arbeiter, Bauern und Bürger«[309]. Und erneut spricht er das zentrale Kriterium zur Beurteilung von Arbeit aus. Nicht die »Art der Arbeit«[310], also die konkrete Tätigkeit, entscheide über deren Stellenwert. »Nicht, *was* er schafft, sondern *wie* er schafft, das muß entscheidend sein.«[311] Das Motto des Tages lautete »Ehret die Arbeit und achtet den Arbeiter!«[312]. Hitler erinnert in seiner Rede daran, dass, wer immer und wo auch immer jemand eine Tätigkeit vollzieht, die Nation »*nur lebt durch die gemeinsame und harmonische Arbeit aller*«[313]. Jede:r solle daran denken, dass »*sein Volksgenosse, der genau wie er seine Pflicht erfüllt, unentbehrlich ist*«[314]. Entbehrlich sind damit all jene, die (angeblich) nicht ihre Pflicht erfüllen. Die Verfolgung sogenannter Arbeitsscheuer kündigt sich hier bereits an. Ganz explizit droht Hitler am Ende der Rede politischen Gegner:innen: »Das deutsche Volk ist zu sich gekommen. Es wird Menschen, die nicht für Deutschland sind, nicht mehr unter sich dulden!«[315]

Wie sehr der Marxismus und damit die organisierte Arbeiter:innenbewegung Hitlers erklärter Feind war, wird auch beim Blick in die Geheimbroschüre für Industrielle von 1927 deutlich. Die Spaltung, die der Marxismus verursache, wird dort explizit als Hemmnis für eine »Wiedererhebung der deutschen Nation«[316] gesehen. Eine Voraussetzung für diese Wiedererhebung sei die »Verbundenheit«[317]. Die Rede am 1. Mai wiederholt nicht nur dieses Feindbild und versucht der Arbeiter:innenbewegung diesen Tag zu entreißen. Sie propagiert auch die Verbundenheit, das Sich-Kennenlernen.

Weil Arbeit die Pflicht jeder:s Einzelnen sein soll, verkündet Hitler in seiner Rede eine Arbeitsdienstpflicht, die jeden Jugendlichen, erst einmal aber nur Männer, »ob reich, ob arm, ob Sohn von Gelehrten oder Sohn von Fabrikarbeitern«[318] dazu verpflichtet, ein halbes Jahr Arbeitsdienst zu leisten. Sie wolle zeigen, dass »*Handarbeit nicht schändet, nicht entehrt, sondern vielmehr wie jede andere Tätigkeit dem zur Ehre gereicht, der sie getreu und redlichen Sinnes erfüllt*«.[319] Die Verkündung wurde mit tosendem Applaus quittiert. Alle, und das heißt Anwesende inbegriffen, sollten einmal im Leben an Arbeit herangeführt werden. Hier zeigt sich die »Gleichmacherei«[320], die die Antisemit:innen antreibt. Es soll allen gleich schlecht gehen. Der Begriff der pathischen Projektion kann auch diesen Applaus erklären.[321] Was ersehnt wird, aber verdrängt ist, wird gehasst, in dem Fall diejenigen, die (vermeintlich) nicht zu arbeiten brauchen.

Arbeit war für Hitler der Mechanismus, um die Integration der Deutschen zu ermöglichen. Über den Arbeitsbegriff wurden Figuren der Involvierung gedacht, die auf den Begriff der »Gefolgschaft« zulaufen. Im Oktober 1933 bekennt Hitler im Berliner Sportpalast: »Wenn eine volkstümliche Beteiligung des deutschen Volkes am Staate überhaupt möglich ist, so nur über die Arbeit. In diesem Sinne ist das Dritte Reich das Reich des deutschen Sozialismus, ein Staat der Arbeit und der Arbeiter.«[322] Beteiligung, Involvierung und Integration waren das Ziel. Ganz charakteristisch für die »Effizienzphantasien der Hochmoderne«, so Ulrich Bröckling und Eva Horn, gab es hier nur »Integration oder Dysfunktionalität«.[323] Der:die Einzelne war der Logik des »›totale[n] Arbeitscharakter[s]‹ [nach], wie Jünger es nennt, [...] durch nichts anderes bestimmt [...] als seine Position und Funktionalität innerhalb des Ganzen«[324]. Die Integration war nicht nur das Ziel, sie war auch die Voraussetzung. Der Nationalsozialismus bedurfte der Anhängerschaft, in seinen Worten: der Gefolgschaft. Gelang sie nicht, drohte gesellschaftliche Dysfunktionalität. Zugleich galten all jene, die nicht integrierbar waren, als dysfunktional. Sie wurden pathologisiert, für krank oder ungesund befunden und waren staatlicher Repression ausgesetzt. Integration oder Dysfunktionalität ist also doppelt zu verstehen: gesellschaftlich wie individuell. Angestrebt wurde eine »positive Integration«:

> Die kurzfristig angestrebte passive, »negative Integration« der Arbeitnehmer sollte sukzessive zu einer »positiven Integration« erweitert, nämlich durch eine möglichst weitgehende aktive Affirmation des nationalsozialistischen Normensystems und dessen Verinnerlichung als handlungsleitende Maximen abgelöst werden. Ziel war, die Arbeiter und Angestellten deutscher Staatsangehörigkeit und »arischer Rasse« dazu zu bringen, aus freien Stücken »dem Führer entgegen zu arbeiten« (Ian Kershaw).[325]

Affirmation der Weltanschauung und Zuarbeiten aus freien Stücken charakterisiert die nationalsozialistische Weise der Involvierung. Dazu sollte die Gefolgschaft aktiviert werden.

Die ausführliche Beschäftigung mit Hitlers Arbeitsauffassung mag auf den ersten Blick wie eine Vereinfachung aussehen. Den Nationalsozialismus macht mehr aus als Hitlers Auffassungen, vom Hitlerismus als Bezeichnung für diese Weltanschauung redet glücklicherweise niemand mehr. Und doch, in diesem spezifischen Fall, der Arbeitsauffassung, ist Hitlers enormer Einfluss unübersehbar. Das zeigt auch der Vergleich von Hitlers Arbeitsauffassung mit der von Martin Heidegger und Ernst Jünger.

3.3 Hitler, Jünger, Heidegger. Eine Verhältnisbestimmung

Werner Hamacher hat die Arbeitsauffassungen von Hitler, Heidegger und Jünger analysiert. Er fasst sie als Varianten einer Einheit auf, als »drei Motive, die dem System der Arbeit unter dem Faschismus Kontur gegeben haben«[326]. Für den Faschismus mag das vielleicht richtig sein, für den Nationalsozialismus gilt es nicht. Hitlers Arbeitsauffassung ist von größerer Bedeutung.

Hitlers Arbeitsbegriff nennt Hamacher »mytho-theologisch«[327]. Denn er denkt sich eine »Gemeinschaft der Selbstproduktion und der Selbsterzeugung durch Arbeit«[328]. In Hitlers Weltanschauung ist »das ›Volk‹ [...] substantiell Arbeit«[329]. Die Überbetonung des christlichen Motivs ist Hamachers Quellenauswahl geschuldet. Was Hitlers Arbeitsauffassung in der 1.-Mai-Rede rahmt, kommt in anderen Quellen nicht vor, etwa in der Münchner Rede von 1920. Hier spielen weder Christus noch die Auferstehung (des Volkes) eine Rolle. Hamachers Fokus auf diese Rede ist es auch geschuldet, dass ihm Hitlers Grundgedanke letztlich entgeht, obwohl der Dienst etwa im Rahmen der Verkündung der Arbeitsdienstpflicht auch in der 1.-Mai-Rede thematisiert wird und Hamacher selbst eine Passage aus »Mein Kampf« zitiert, in der vom Dienst die Rede ist.[330]

Heideggers Arbeitsbegriff charakterisiert Hamacher als »ontologischen«[331]. Denn insbesondere in seiner Rektoratsrede[332] denkt Heidegger »das Wesen von Dasein [...] als Arbeit«[333]. Jüngers Arbeitsbegriff nennt Hamacher schließlich den »morphologischen«[334], weil es ihm nicht um eine »Ontologie der Arbeit«[335], sondern um eine »Ontologie der ›Gestalt‹ ihres ›Trägers‹«[336] gehe. Deshalb auch der Titel: »Der Arbeiter«.[337]

Hamachers Systematisierung setzt die drei Arbeitsauffassungen nicht in ein Verhältnis zueinander. Er verfolgt nicht nach, ob und wie Heidegger und Jünger sich Hitlers Grundgedanken aneignen. Das gilt es nachzuholen.

Heidegger hat sich Hitlers Idee des Dienstes zu eigen gemacht. In seiner Rektoratsrede denkt er Dasein als Arbeit und beschreibt das Verhältnis der Studierenden zur Volksgemeinschaft als Bindungen in Form von Diensten. Die »erste Bindung« an die Volksgemeinschaft sei »eingewurzelt durch den *Arbeitsdienst*«.[338] Daneben stünden der Wehrdienst und das, was er »Wissensdienst« nennt, die unmittelbare wissenschaftliche Praxis.[339] Das ist ganz im Sinne der nationalsozialistischen Arbeitsauffassung. Der durch Dienste verpflichtete »politische Student« soll ein »Prototyp des ideologischen ›Arbeiters‹«[340] sein.

Jünger wiederum schreibt gleich zu Anfang seines »Arbeiters«, der Führer werde daran erkannt, dass »er der erste Diener, der erste Soldat, der erste Arbeiter«[341] sei. »Herrschaft und Dienst« seien »ein und dasselbe«[342]. Das Zusammenfallen von Führen und Dienen wird im Rahmen der Analyse des Gefolgschaft-Begriffs im zweiten Teil noch intensiv zum Thema werden. Jetzt geht es darum, Jüngers Arbeitsauffassung in Beziehung zu der von Hitler zu setzen. Hamacher beurteilt Jüngers im »Arbeiter« ausgebreitete Phänomenologie als »die denkbar apologetischste«[343] des Nationalsozialismus. Auch wenn Jünger am Ende seines Buches terminologische Nähe andeutet, indem er für einen Sozialismus und Nationalismus eintritt, die Differenzen zu Hitlers Arbeitsauffassung springen ins Auge.[344] Auch er befürwortet zwar eine »umfassende Arbeitsdienstpflicht«, die er »die Totale oder Arbeitsmobilmachung« nennt, um das Dienen in einem weiteren Sinne geht es in seiner Charakterisierung des Arbeiters aber nicht mehr.[345] Jünger propagiert einen Arbeitsbegriff, der mit Hitlers keineswegs identisch ist. Bei ihm wird einmal ausnahmslos alles zu Arbeit erklärt, selbst »die Schwingung des Atoms und die Kraft, die Sterne und Sonnensysteme bewegt,«[346] an anderer Stelle soll Arbeit dann aber nur »der Ausdruck eines besonderen Seins«[347] sein und bezieht sich damit allein auf eine menschliche Praxis.

Jünger konzipiert das Verhältnis von Arbeiter und Bürger – immer in der männlichen Form – geradezu analog zur Hegelschen Bestimmung der Beziehung von Herr und Knecht[348], wenn er ausführt, dass der Arbeiter »in einem Verhältnis zu elementaren Mächten [steht], von derem bloßen Vorhandensein der Bürger nie eine Ahnung besaß«[349]. Der Arbeiter sei daher auch zu einer anderen Freiheit fähig als der bürgerlichen und müsse »seine Überlegenheit«[350] erkennen. Denn er sei weit mehr als der Vertreter eines Standes. Er gilt Jünger als die Gestalt der Zeit, er soll der »Träger eines neuen Staates«[351] sein. Jüngers Vision ist die »Herrschaft des Arbeiters«[352]. Er geht davon aus, dass sich von einem »Zeitalter der Arbeiter« erst sprechen lässt, wenn die »Arbeit in einen umfassenden metaphysischen Rang erhoben und dieses Verhältnis in der staatlichen Wirklichkeit zum Ausdruck gekommen ist«.[353] Sein Buch ist der Versuch, an der Herstellung dieser Wirklichkeit »Anteil und Dienst zu nehmen«.[354]

Der Titel »Der Arbeiter« soll zwar nichts anderes andeuten »als eine Haltung, die ihren Auftrag, und daher ihre Freiheit, in der Arbeit erkennt«.[355] Aber diese Haltung bezieht sich in Jüngers Ausführungen, ganz im Gegensatz zu Hitlers, nicht auf eine Gemeinschaft, der zu dienen ist, sondern auf die »Gewißheit, Anteil zu haben am innersten Keime der Zeit«[356]. »Hinter dem

Worte ›Arbeiter‹«, schreibt er explizit, sei keine »Umschreibung des Ganzen, der Gemeinschaft, des Volkswohls« zu verstehen.[357] Stattdessen versteht er den Arbeiter als »Träger des Schicksals«[358]. Er bewehre sich in »der großen Nähe des Todes, des Blutes und der Erde«[359], wie Jünger pathetisch hinzufügt. Nicht die Gemeinschaft ist Dreh- und Angelpunkt seiner Ausführungen, schon gar kein »biologische[r] Rassenbegriff[]«[360], sondern die rohen, aber klaren Verhältnisse der Zeit, die einen »totalen Arbeitscharakter«[361] hervorbrächten und die er prototypisch im Ersten Weltkrieg verwirklicht sieht, in dem die alte Ordnung ein für alle Mal zugrunde ging. Dieser Untergang, »die völlige Zersplitterung, das Sinnloswerden der alten Gefüge« mache möglich, dass die »Wirklichkeit eines anderen Kraftfeldes in Erscheinung« trete.[362] »Wir«, so schreibt er, stünden »vor den Pforten eines Zeitalters [...], in dem wieder von wirklicher Herrschaft, von Ordnung und Unterordnung, von Befehl und Gehorsam die Rede sein kann«[363]. In diesem Punkt behielt er Recht. Was er ersehnte, führte zum »Zivilisationsbruch«[364].

Während Heidegger ein Paradebeispiel für eine Aneignung des Dienstgedankens ist, sind Jüngers Ausführungen eigentümlich anders. Es gibt Schnittstellen und Anknüpfungspunkte in der Rahmung, aber die zentrale Bestimmung von Arbeit als Dienst an der Gemeinschaft hat bei Jünger kein Pendant. Das kann am Zeitkern der Texte liegen. »Der Arbeiter« erschien noch vor der Machtübergabe an die Nationalsozialisten. Heideggers Rektoratsrede dagegen entstand in der Konstituierungsphase des »Dritten Reichs«.

Auch wenn Hamacher von einer Einheit der drei Arbeitsauffassungen ausgeht, wird sich im Folgenden deutlich zeigen, dass es Hitlers Grundgedanke ist, der die Arbeitsdebatten im »Dritten Reich« inspirierte. Diesen Gedanken formulierte er viele Jahre vor der Mai-Rede, nämlich 1920, in München und griff ihn schon in »Mein Kampf« wieder auf. Hitler sah es als Aufgabe an, wie er beim Appell von freiwillig Arbeitsdienstleistenden auf dem Nürnberger Reichsparteitag 1934 betonte, »das Volk« im Sinne des neuen Arbeitsbegriffs zu erziehen:

> Wir alle wissen, daß diese Volksgemeinschaft nicht bestehen kann, solange nicht über die bisher trennenden Auffassungen von Beruf, Klasse und Stand hinweg eine einzige gemeinsame Auffassung unser Volk erfüllt. Und dazu ist es nötig, zuerst den Begriff der Arbeit herauszustellen gegenüber dem mammonistischen Denken, eigensüchtigen Zwecken und eigensüchtiger Absicht. Es ist ein großes Unterfangen, nun ein ganzes Volk zu diesem neuen Arbeitsbegriff und zu dieser neuen Arbeitsauffassung zu erziehen.[365]

Die Etablierung dieses neuen Arbeitsbegriffs war in seinen Augen die Voraussetzung für die Herstellung der Volksgemeinschaft; keine kleine Aufgabe und keine, die ihm allein zukam. Die Deutsche Arbeitsfront (DAF) war zu dieser Zeit bereits gegründet, die Arbeitsdienstpflicht zumindest verkündet. Robert Ley, der Leiter der DAF, wie Konstantin Hierl, der »Vater« des Arbeitsdienstes, machten sich zusammen mit weiteren Nationalsozialisten daran, die von Hitler formulierte Aufgabe umzusetzen. Die Aneignung seines Grundgedankens war dafür unerlässlich.

4. »Deutsche Arbeit« im »Dritten Reich«

Institutionen und Variationen

> »An der Pforte zum Dritten Reich soll stehen: ›Jeder Deutsche ist Arbeiter und Kämpfer für sein Volk.‹«[366]
> *Konstantin Hierl*

Inmitten des Zweiten Weltkriegs, die Schlacht von Stalingrad war gerade verloren, die Wehrmacht auf dem Rückzug und Millionen Menschen zu Zwangsarbeit ins Deutsche Reich verschleppt, wurde in der nationalsozialistischen Zeitschrift »Der Schulungsbrief« die deutsche Überlegenheit beschworen. Der Autor, Horst Rollitz, nutzt dafür das Selbstbild »deutscher Arbeit«. Sein Text trägt den Titel: »Arbeitshaltung bei uns und den anderen«[367]. »Die Anderen«, das sind die Feinde, mit denen man im Krieg stand, Russland, England und die USA. Der Andere, den Hitler als Hauptfeind ausgab, »der Jude«, der schleicht sich hier zwischen den Zeilen ein, gerade so wie Hitler ihn gekennzeichnet hat. Er soll der innere wie äußere Feind sein. Er ist die Figur des Dritten.[368] Da er kein festes Staatsgebiet hat und sich parasitär bei anderen einniste, bekommt er hier keinen eigenen Abschnitt eingeräumt, sondern wird stets mitverhandelt, als derjenige, der hinter den jeweiligen Kriegsmächten steht, hinter dem Bolschewismus nicht weniger als hinter den USA. Schon der Form nach eignet sich Rollitz also Hitlers Arbeitsauffassung und Antisemitismus an.

Inhaltlich ist die Aneignung mit einer Übertragung verbunden. Denn Hitler hatte zwar »den Juden« klar gezeichnet, aber in Bezug auf die Arbeitsauffassung keine weiteren Fremdbilder ausgemalt. Rollitz' Übertragungsleistung besteht nur darin, bereits virulente rassistische Ressentiments und Stereotype in ein Verhältnis zu Arbeit zu übersetzen. Verstanden werden kann das auch als eine Legitimierung der Behandlung von Zwangsarbeiter:innen, die zu dieser Zeit im »Dritten Reich« arbeiten mussten.

Die »deutsche Arbeit« zeichne sich demnach, ganz auf Linie, durch einen Bezug zur Gemeinschaft aus. »Jeder deutsche Arbeiter«, so proklamiert der Autor, »ist heute bewußt Träger der Leistung im Dienst für sein Volk«[369]. Hitlers Grundgedanke ist unschwer zu erkennen. Arbeit sei für Deutsche eine »ehrenvolle Aufgabe«[370]. Bei den Gegnern soll das ganz anders sein. England beherrsche die »ungehemmte[] Ichsucht«[371], die USA betrieben eine »Entseelung der Arbeit«[372] und dem »Bolschewismus« fehle eine »vertiefte und geläuterte Auffassung von der Arbeit«[373] ganz. Der brutale Umgang mit den »Ostarbeitern«, die man zu Arbeit zwang, findet hier ideologisches Rüstzeug. »Der Jude« habe Einfluss auf jeden dieser Staaten. Seit jeher versuche er die »Völker« zu »einem wehrlosen Objekt jüdischen Macht- und Ausbeutungsstrebens zu machen«.[374] Rollitz' Text überträgt Hitlers allgemeine Ausführungen auf die konkrete Kriegssituation und nutzt sie in der Schlussphase des »Dritten Reichs«, um den Glauben an die eigene Höherwertigkeit noch einmal auszudrücken.

In seiner ausführlichen Einführung in die Geschichte des Nationalsozialismus unterteilt der Historiker Kurt Bauer die Zeit des »Dritten Reichs« in Phasen: auf die Phase der Konstituierung oder »Durchsetzung und Etablierung«[375] der Herrschaft folgen die »›friedliche[n]‹ Jahre«[376] und schließlich die Zeit des Krieges.[377] Die Arbeitsauffassung überdauerte diese Phasen und konnte, jeweils angepasst, Politik und Praxis stiften.[378]

Die Phase der Konstituierung von 1933/34 zeichnete sich aus durch Versuche, den Nationalsozialismus wirklich werden zu lassen. Das ist nicht nur die Phase der sogenannten Gleichschaltung und damit des Endes vieler Gruppen, Vereine und Organisationen. Es ist auch die Phase des Neuanfangs. Es ist die Zeit, in der die Deutsche Arbeitsfront gegründet, die Arbeitsdienstpflicht und das Arbeitsordnungsgesetz beschlossen wurden, in der in Berlin eine Ausstellung mit dem Titel »Deutsches Volk – Deutsche Arbeit« gezeigt und der »Tag der nationalen Arbeit« staatlicher Feiertag wurde. Für die Arbeitsdebatten bedeutete diese Phase, dass unzählige Schriften und Texte erschienen, die zu klären versuchten, was die nationalsozialistische Arbeitsauffassung ausmacht und dabei Hitlers Grundgedanken aneigneten.

Abgelöst wurde die Konstituierungsphase durch die »›friedliche[n]‹ Jahre«, die Bauer auf 1934 bis 1937 datiert. Friedlich sind diese Jahre nur in Anführungszeichen, nur für einige, nur für die Eingeschlossenen. Nicht umsonst nennt Saul Friedländer dieselbe Zeit, die Jahre 1933 bis 1939, »Jahre der Verfolgung«[379]. Für Jüdinnen:Juden und andere von der deutschen Volksgemeinschaft ausgeschlossene Gruppen gab es keine friedliche Zeit im »Dritten Reich«. Doch im Vergleich zu dem, was danach kam und davor lag, die Massenverhaftungen etwa, die mit der Gleichschaltung einhergingen, erschien diese Phase für manche im Nachhinein als vergleichbar »friedliche« Zeit. Es ist auch die Zeit des Vierjahresplans, der 1936 verkündet wurde und Deutschland aufrüsten und autark machen sollte. Begleitet wurde er durch eine große Ausstellung in Düsseldorf mit dem Titel »Schaffendes Volk«. Die Arbeitsdienstpflicht war mittlerweile eine etablierte Institution, für Männer und Frauen, und die Arbeitsauffassung prägte jetzt noch unmittelbarer die betriebliche Praxis. In ausgewählten Betrieben wurde mit neuen Formen der Menschenführung experimentiert, die aus Betriebsgemeinschaften Leistungsgemeinschaften machen sollten.[380]

Schließlich folgte die Zeit des Krieges, außenpolitisch bereits angedeutet durch die Annexionen der Jahre 1938, innenpolitisch durch die Novemberpogrome. Der Nationalsozialismus steuerte bereits frühzeitig auf den Krieg hin, weshalb er als »nationalsozialistischer Kriegsfordismus«[381] bezeichnet wird. Das ist die Phase, die durch Zwangsarbeit und den organisierten Massenmord gekennzeichnet war. »Arbeit macht frei« prangte mittlerweile an zahlreichen Konzentrationslagern. Weiterhin erschienen Bücher und Texte über die nationalsozialistische Arbeitsauffassung, ab 1940 sogar eine eigene Schriftenreihe der NSDAP mit dem Titel »Deutsche Arbeit«. Innerhalb eines Jahres erschienen hier fünf Bände, die konkrete Probleme verhandelten.[382] Der Dienst rückt aber mehr und mehr aus dem Blick. Wichtiger werden Ausführungen zu Führung und Gefolgschaft.

Vieles davon wird in diesem Buch untersucht. Es geht darum, die Aneignungen und Fortschreibungen von Hitlers Grundgedanken materialreich zu rekonstruieren. Denn dieser Gedanke, Arbeit ist ein Dienst an der Volksgemeinschaft, der aus Pflicht getan werden muss, wird zum kleinsten gemeinsamen Nenner der nationalsozialistischen Arbeitsauffassung. Er umklammert als »Integrationsideologie«[383] relativ plurale Positionen und wird im »Dritten Reich« wiederholt, paraphrasiert und angeeignet. Mit diesem Gedanken verbindet sich auch die explizite Forderung nach Mitarbeit. »Der Nationalsozialismus«, so steht es in einem Ratgeber der Zeit, »fordert von dem Einzelnen den Einsatz seiner Arbeitskraft für die Gemeinschaft«.[384]

4.1 Institutionen der Arbeit als Dienst: DAF und RAD

Hitler hatte die Aufgabe vorgegeben, das »deutsche Volk« zum neuen Arbeitsbegriff zu erziehen. Dafür musste dieser etabliert und propagiert werden, aber auch praktisch umsetzbar sein. Erst einmal an der Macht wurde er buchstäblich institutionalisiert. Die Deutsche Arbeitsfront (DAF) und der Reichsarbeitsdienst (RAD) sind Versuche, diesen Begriff institutionell zu verankern und die Umsetzbarkeit zu erproben.

Nach einem Jahr »Kraft durch Freude«-Programm resümierte Robert Ley, der Vorsitzende der DAF: »Die Arbeitsfront ist der Exerzierplatz, auf dem täglich die Gemeinschaft geübt wird, und ›Kraft durch Freude‹ ist das Reglement, nach dem wir exerzieren.«[385] Die Gemeinschaft sollte hier in »klassenübergreifende[r] Praxis«[386] gelebt werden.

Am 10. Mai 1933, also wenige Tage nach der Zerschlagung der Gewerkschaften, wurde die DAF gegründet, eine »Mammutorganisation«[387] die im ersten Jahr bereits acht Millionen Mitglieder zählte. Sie war die institutionelle Antwort auf den Klassenkampf und wollte als »Gemeinschaft aller Schaffenden« alle Arbeitenden gemeinsam vereinen.[388] Die DAF war damit der Institution gewordene Eckartsche Appell an alle, wenn sie nur arbeiten. Sie institutionalisiert den vergemeinschaftenden Arbeitsbegriff.

Robert Ley trat der NSDAP bereits 1923 bei und machte schon in der Weimarer Republik Parteikarriere. Er war auch der Leiter des »Aktionskomitees zum Schutz der Deutschen Arbeit«, das am 2. Mai 1933 die Zerschlagung der Gewerkschaften durchführte. Er wurde wenige Tage später zum Leiter der Deutschen Arbeitsfront ernannt, ein Amt, das er bis zum Zusammenbruch des »Dritten Reichs« innehatte. Im Nürnberger Hauptkriegsverbrecherprozess wurde Ley angeklagt, entzog sich aber einer Verurteilung durch Selbstmord.

Der Name der neuen Organisation trug den »Kampf de[s] Klassenkampf[es]«[389], wie M. Rainer Lepsius das mal nannte, bereits in sich: »Nicht eine ›Arbeit*er*front‹, sondern eine ›Arbeitsfront‹ wollten Ley und seine Entourage aufbauen.«[390] Sie sollte alle vereinen, die arbeiteten, alle, die ihren Dienst leisteten, Unternehmer:innen, Angestellte und Arbeiter:innen. Die Ideologie der Vergemeinschaftung führte allerdings real erst einmal zur Vereinzelung, denn bislang bestehende Kollektive, die Gewerkschaften sind dafür nur ein Beispiel, wurden aufgelöst. »Die Deutsche Arbeitsfront ist«, schreibt Franz Neumann deshalb, »der charakteristischste Ausdruck des Prozesses vollkommener Atomisierung der deutschen Arbeiterklasse«.[391] Ob es dem Nationalsozialismus gelang, die Atomisierten in einer neuen Gemeinschaft zu einen, ist umstritten.

Die »Grundbausteine«[392] dieser Arbeitsfront waren die Betriebe. Die Hauptaufgabe der Organisation bestand darin, so der Ley-Biograph Ronald

Smelser, »eine Verbindung zwischen ›dem Dritten Reich‹ und der Arbeiterklasse herzustellen, die Arbeiter sozial in das Regime zu integrieren und dadurch dessen Legitimität langfristig zu sichern«.[393] Zur Bewerkstelligung dieser Aufgaben – Vermittlung, Integrierung und Legitimierung – wurden Ämter gegründet, die auf Betriebe und die Arbeitenden zugriffen. Das berühmteste und »wirkungsvollste«[394] Amt war sicher das sogenannte Amt für Kraft durch Freude, kurz KdF.[395] Durch eine »sinnvolle Gestaltung der Arbeitszeit und der Freizeit« sollte eine Stärkung der »seelischen und körperlichen Kräfte der werktätigen Menschen« gelingen.[396] Die Zeit in der Arbeit und die Zeit nach der Arbeit wollte diese Organisation in den Dienst des Nationalsozialismus stellen. Ihr Anspruch war also total, der Feierabend nur verlängerter Arm der Arbeit: »KdF's charter claimed that ›after work‹ activities amounted not to escape from work but its affirmation.«[397] Auch das zu KdF gehörende Amt für Schönheit der Arbeit, das Rationalisierungsmaßnahmen in Betrieben durchführte, diente der Vermittlung, Integrierung und Legitimierung.[398] Insbesondere dieses Amt ist Ausdruck davon, dass die nationalsozialistische »Utopie von Arbeit«, wie der Historiker Anson Rabinbach das nennt, sich in der Form des systematischen Versuchs zeigte, Politik durch ästhetische Veränderungen zu legitimieren;[399] und dabei durchaus erfolgreich war.[400] Diese Ämter, schreibt Joan Campbell, »addressed the problem of work in a substantive way while inculcating the ›National Socialist‹ ethic of work as service to the Volk«[401]. Das neue Arbeitsethos wurde also eingeschärft.

Die DAF war nicht nur eine treibende Kraft des Antisemitismus,[402] sondern sie wollte auch den neuen Arbeitsbegriff und das damit einhergehende Verständnis von Gemeinschaft vermitteln. Ihr selbsterklärtes Ziel war die »Erziehung aller im Arbeitsleben stehender Deutscher zum nationalsozialistischen Staat und zur nationalsozialistischen Gesinnung«[403]. Und das hieß auch zur nationalsozialistischen Arbeitsauffassung. Als »volksgemeinschaftlicher Dienstleister«[404] war ihre Aufgabe, den Dienst an der Volksgemeinschaft zu lehren und zu leben. Sie wollte »den *Geist des Gemeinnutzes* und des *Dienstes am Gesamtwohl des Volkes* in die Betriebe«[405] tragen, sodass daraus »die neue Gemeinschaft, die neue Gesellschaft des nationalsozialistischen Staates geboren«[406] werde.

Ley nahm sich Hitlers Grundgedanken besonders an und wiederholte ihn unentwegt. »Arbeit ist nicht mehr ein Handelsobjekt; Arbeit ist Dienst am Volk«, schreibt er im Geleitwort zu einer Ausstellung, um die es noch gehen wird, und fuhr fort: »und in der Bewertung des einzelnen gibt es nur noch einen Maßstab, den nämlich, ob man seine Pflicht tut oder pflichtvergessen handelt! Es gibt nur noch einen Adel: den der Arbeit!«[407] Ganz in Hitlers Sinne predigt er, dass allein wichtig ist, wie eine Arbeit ausgeübt wird: »Der Träger der Arbeit ist zu ehren und zu achten. Nicht der Unterschied in der Arbeit, getrennt nach Berufen, darf als Wertmesser für den Arbeitsmenschen gelten, sondern allein seine Leistung, seine Pflichtauffassung innerhalb der Stellung, in die das Schicksal den Menschen gestellt hat.«[408] Zum Maßstab für die Menschen wird also auch im Nationalsozialismus deren Leistung erklärt; aber in einem rassistischen Sinne gewendet und als Pflicht zur Mitarbeit formuliert. Offen spricht Ley die Konsequenz der Auffassung aus: »Ehrenhaft ist das, was meinem Volke nützt, und unehrenhaft das, was ihm schadet. Das muß der Einzelne wissen. Bist du faul und nachlässig, so schadet das unserem Volke, und es ist unehrenhaft.«[409] Solange man dient, nützt man. Doch hört man damit auf, und sei es auch nur angeblich, so schadet man. Wer als faul gilt, schadet also der Gemeinschaft. Unnötig zu sagen, dass ein solches Verhalten Konsequenzen nach sich zieht. Ley zeigt hier unverblümt, wie aus der ideologischen Operation der Erhöhung einiger die Abwertung anderer folgt. Hitler schreibt in der Zeitschrift der Hitlerjugend, »Die Kameradschaft«, ganz ohne jede Beschönigung: »Wir müssen lernen, daß in der Volksgemeinschaft nur der ein Recht hat zu leben, der bereit ist, für die Volksgemeinschaft zu arbeiten.«[410] Die Drohung ist unmissverständlich.

Es ist nur konsequent, wenn Ley deshalb eine Pflicht zur Arbeit fordert, denn wer nicht arbeitet, scheint minderwertig zu sein: »Nicht nur, daß die Volksgemeinschaft jedem Arbeit nachweisen mußte, sondern sie verlangte vielmehr, daß es keinen Deutschen geben dürfe, der ohne Arbeit sei und der durch müheloses Einkommen sein Dasein unterhalte.«[411] Geächtet gehören also nicht nur Menschen, die faul oder nachlässig sind, sondern auch diejenigen, die so viel Einkommen besitzen, dass sie nicht mehr arbeiten müssen. Die Abschaffung des mühelosen Einkommens hatte die NSDAP bereits in ihrem Parteiprogramm gefordert, allgemein eingeführt wurde eine gesetzliche Pflicht zur Arbeit aber nie.

Was Ley hier exemplarisch vorführt, ist, was der Philosoph Michael Hirsch eine »kollektivistische Beschäftigungsideologie«[412] nennt. Sie macht den Kern des Verständnisses von Arbeit als Dienst aus und hat »eine doppelte (tautologische) Bedeutung: Rechtfertigung der Einzelnen vor der Gemeinschaft als nützliches und dienendes Subjekt – Rechtfertigung der Gesellschaft vor dem Einzelnen als Arbeitsgesellschaft oder Gesellschaft der Arbeitsbeschaffung und Arbeits-Verteilung«[413]. Die Ideologie des Nationalsozialismus ist eine radikalisierte Variante dieses allgemein in der bürgerlichen Arbeitsgesellschaft anzutreffenden Verhältnisses.

Die Rechtfertigung vor der Gemeinschaft korrespondiert nicht nur mit einer Drohung, sondern auch mit einem Versprechen. Ley predigt immer wieder, dass die neue Gesellschaft für die »anständigen deutschen Menschen« geschaffen werde, »jene[] Männer und Frauen, die nicht immer an sich allein denken, sondern die auch bereit sind, Opfer zu bringen«.[414] Der Dienst ist Ausdruck der alltäglichen Opferbringung, der Soldatentod dessen äußerste Form.[415] Das beweist, dass sich die Nationalsozialisten für »den einzelnen Arbeiter sowie dessen Bedürfnisse und Interessen«[416] nicht interessierten. »Ihnen ging es um ›Arbeit‹ als ökonomische Substanz, um die Mobilisierung von Arbeit, und zwar nicht um ihrer selbst willen, sondern zielgerichtet.«[417] Das ergibt sich ganz logisch aus der Gemeinschaftskonstruktion. Die Einzelnen spielen in dieser Weltanschauung nur als Vertreter:innen der Volksgemeinschaft eine Rolle, nur als Typus, nicht als Person. Nur in ihrer Gerichtetheit auf die Gemeinschaft erhält die Arbeit ihren Sinn.

Auf die Frage, was ist deutsch, hatte Richard Wagner einst geantwortet, »eine Sache um ihrer selbst willen tun«.[418] Adorno macht darauf aufmerksam, dass das immer schon eine ideologische Stilisierung war. »Vielmehr versteckte sich dahinter auch ein Für anderes, auch ein Interesse, das in der Sache selbst keineswegs sich erschöpft. Nur war es weniger das individuelle als die Unterordnung von Gedanken und Handlungen unter den Staat.«[419] In der DAF drückt sich diese Unterordnung aller Arbeitenden unter den neuen Staat paradigmatisch aus. Sie will vom Individuum nichts wissen, stattdessen hat sie den Typus des »deutschen Arbeiters« im Sinn.

Eine Analyse von Betriebspraktiken wird noch zeigen, wie dieser Typus beschaffen sein soll. Ley attestierte ihm jedenfalls Anstand.[420] Den Anständigen rief er im selben »Schulungsbrief« zu, in dem Rollitz die Arbeitsauffassung der Deutschen und der anderen zu beschreiben versuchte: »Unsere Arbeit macht uns frei«[421]. Er nahm damit eine Aneignung und Umwidmung der berühmtesten KZ-Devise vor.

Während die Deutsche Arbeitsfront sich auf die erwachsenen Arbeitenden in und nach ihrer Arbeit bezog, richtete sich der Reichsarbeitsdienst (RAD) an Jugendliche. Sein Zugriff war noch eindeutiger ein erzieherischer. Im Reichsgesetzblatt von 1935 heißt es: »Der Reichsarbeitsdienst soll die deutsche Jugend im Geiste des Nationalsozialismus zur Volksgemeinschaft und zur wahren Arbeitsauffassung, vor allem zur gebührenden Achtung der Handarbeit erziehen.«[422] Er soll »die große neuartige Schule der deutschen Jugend sein, in der diese zu ›Arbeitern für ihr Volk‹ innerhalb der Gemeinschaft der Volksgenossen erzogen wird.«[423] Vermittelt werden sollten dafür »›Arbeitstugenden‹ wie ›froher Einsatz, Ausdauer, Hingabe, überlegtes Handeln, unbedingte Vollendung des Begonnenen‹«[424]. Die Art der Arbeit war zweitranging.

»Ehret die Arbeit und achtet den Arbeiter« war das Motto des 1. Mai 1933. An dem Tag hatte Hitler den Arbeitsdienst angekündigt. Arbeit sollte nun als »Ehrendienst am Volk«[425] gelten. Im Arbeitsdienst sollte ein Versprechen des Feiertagsmottos eingelöst werden, die

> bewußte ideologisch-propagandistische Aufwertung der manuellen Arbeit (»Arbeit adelt«), die einerseits das Selbstbewußtsein des Arbeiters, vor allem aber seinen Leistungs- und Arbeitswillen ansprach und anspornte und damit zugleich dem sozialen Quietismus wie der Mobilisierung der Arbeitsenergien diente.[426]

Die Aufwertung hatte also eine Funktion, sie sollte mobilisieren und aktivieren.

Auf Drängen der Rechten wurde schon in der Weimarer Republik ein freiwilliger Arbeitsdienst eingeführt. Die Nationalsozialisten machten ihn ab 1935 zur Pflicht. Fortan mussten alle männlichen Jugendlichen zwischen 18 und 25 Jahren für ein halbes Jahr Arbeitsdienst leisten. 1939 wurde das auf Frauen erweitert.[427] Die Tätigkeiten variierten, Land- und Hauswirtschaft gehörten ebenso dazu wie der Bau des Westwalls oder »der Einsatz als ›Hilfskampftruppe[]‹«[428]. »Der RAD wurde damit unmittelbarer Teil der Kriegsführung, militärischer Logistik und von Vernichtung und Terror.«[429]

Der RAD ist der Institution gewordene Dienst, der Versuch, im Sinne der von Hitler begründeten Arbeitsauffassung zu erziehen und ein »idealtypisches Beispiel und Vorbild«[430] zu schaffen. Seine Geschichte reicht an denselben historischen Punkt zurück wie Hitlers Rede. Denn die Idee der Arbeitsdienstpflicht ist »eine Folgeerscheinung des verlorenen Weltkrieges«[431]. Der zeigte die Notwendigkeit auf, die Bevölkerung zum Dienst verpflichten zu können. Als »Konkretisierung der NS-Ideologie«[432] erfährt die Idee des Arbeitsdienstes nach 1933 eine Radikalisierung; nicht zuletzt in der Allianz mit der Arbeitsauffassung.

Konstantin Hierl kann als Vater des Arbeitsdienstes gelten. Er war Generalstabsoffizier im Ersten Weltkrieg und führte nach dem Krieg ein Freikorps unter seinem Namen an, das unter anderem an der Niederschlagung der Münchner Räterepublik beteiligt war. Er trat der NSDAP 1927 bei, war ab 1933 Staatssekretär und mit der Einführung der Arbeitsdienstpflicht »Reichsarbeitsführer«, der ab 1943 den Rang eines Reichsministers hatte.[433] Nach dem Krieg wurde er als »Hauptschuldiger« eingeordnet und zu fünf Jahren Arbeitslager verurteilt. In den 1950er-Jahren veröffentlichte er seine Memoiren mit dem passenden Titel »Im Dienst für Deutschland 1918–1945«.[434]

Schon 1930 fordert Hierl in einem Vortrag, den er für und vor Adolf Hitler hielt, der Schulpflicht und der Wehrpflicht solle eine Arbeitsdienstpflicht an die Seite gestellt werden: »Nicht nur mit der *Waffe* und im Kriege, sondern auch mit dem *Werkzeug* im Frieden hat der Deutsche seinem Volk zu dienen.«[435] Ausgetrieben werden sollte der Müßiggang. »Arbeit ist der Anfang aller Kultur, und ›Müßiggang ist alles Laster Anfang‹. Mit Recht wurde daher von vielen die Bedeutung der Arbeitsdienstpflicht als *Erziehungsmittel* unserer zu großen Teilen verwahrlosten Jugend besonders betont.«[436] Die Arbeitsdienstpflicht ist also eine Variante der Erziehung zu Arbeit.

Hierl glaubt, dass der Reichsarbeitsdienst »wie kaum eine andere [Organisation] Ausdruck des nationalsozialistischen Geistes«[437] ist und kann für diese Aussage die Zentralität des Dienstbegriffs reklamieren. »Der Arbeitsdienst«, so Hierl, »dieser Ehrendienst der deutschen Jugend am Volke, ist die praktische Anwendung dieser nationalsozialistischen Auffassung von Arbeit und Arbeitertum.«[438] Von Anfang an waren Jüdinnen:Juden davon ausgeschlossen.[439] Realisiert und erfahren wurde so »eine rein ›arische‹ Gemeinschaft.«[440]

Den Widerspruch, dass Menschen hier durch Zwang zu etwas erzogen werden sollen, das sie eigentlich von selbst wollen sollen, nahmen auch die Nationalsozialisten wahr. Sie beteuerten deshalb, dass auch der Zwang des Arbeitsdienstes nicht auf innere Bereitschaft verzichten könne:

> Wir in Deutschland sprechen von Arbeitsdienstpflicht, um damit auszudrükken, daß die gesetzliche Pflicht nicht verzichten kann und will auf die innere Bereitschaft jedes einzelnen. Denn alleine diese läßt die gesetzlich auferlegte Leistungspflicht empfinden als den Dienst an einer sittlichen Idee, die allein letzten Endes die Zweckerreichung einer Pflicht gewährleistet.[441]

Auch wenn die Sache auf Zwang beruhte und die Jugendlichen in sogenannten Lagern untergebracht wurden, darf diese Praxis nicht mit den ausschließenden Praktiken im »Dritten Reich« verwechselt werden. Hier ging es um die bessere Integration von »nicht verfolgte[n] Deutschen«[442] in die Volksgemeinschaft. Im Arbeitsdienstlager sollten Gemeinschaft und Arbeit gelebt und erfahren werden. Beide sind im Nationalsozialismus unaufhebbar miteinander verwoben. Eine Tätigkeit wird ihm nach nur zur Arbeit, wenn sie einen Gemeinschaftsbezug aufweist, und die Gemeinschaft lebt nur durch die Arbeit ihrer Mitglieder. »Arbeit und Gemeinschaft sollten im ›Erziehungs‹-prozeß des Arbeitsdienstes ›funktionale Erziehungsmittel‹ sein«, schreibt Susanne Watzke-Otte, »beide sollten sich wechselseitig ergänzen: Erst durch das Erlebnis der Gemeinschaft konnte der Arbeitseinsatz nach Auffassung der nationalsozialistischen Arbeitsdienst›theoretiker‹ seine erzieherischen Wirkungen entfalten – und umgekehrt.«[443] Die Volksgemeinschaft war »das didaktische Ziel«[444] des Arbeitsdienstlagers. »Analog«, so Harriet Scharnberg, »kann man (gemeinsame) ›Arbeit‹ als sein didaktisches Mittel bezeichnen, dem eine entsprechende propagandistische Inszenierung widerfuhr.«[445] Und tatsächlich sind es die Gemeinschaftserfahrungen, die in den Erinnerungen positiv besetzt wurden.[446]

Die Ordnung des Lagers sollte der der Volksgemeinschaft entsprechen: »Analog zur ›Volksgemeinschaft‹ erhalte auch innerhalb der Lagergemeinschaft jede der ›Arbeitsmaiden‹ ihren Stellenwert ›nach ihrer Leistung und sittlichen Haltung‹, wobei ›unsozial Denkende‹ durch die Gemeinschaft erzogen werden sollten.«[447] Das Arbeitsdienstlager ist also ein Prototyp des Lebens in der Volksgemeinschaft. Es aktiviert zur Mitarbeit und sanktioniert die angeblichen Drückeberger:innen. Hierl empfand deshalb diese Lager als »Bollwerke gegen jene jüdisch-materialistische Arbeitsauffassung«[448].

Seinen berühmtesten Auftritt hatte der Arbeitsdienst beim Nürnberger Reichsparteitag 1934, der Stoff für einen Leni Riefenstahl-Film wurde.[449] Dort sprachen die Arbeitsdienstleistenden bei einem Appell wie aus einer Stimme: »In unseren Spaten, die wir tragen, / leuchtet der Glaube unserer Zeit. / Wir sind Soldaten, die nicht fragen, / wir sind zum Dienen bereit. [...] / Unser Leben soll ein großer Arbeitsdienst für Deutschland sein. / Unser ganzes Leben wollen wir dem Führer weih'n.«[450] Die Zeit im Arbeitsdienst sollte demnach mustergültiges Vorbild sein für die Lebenszeit.

4.2 Variationen von Hitlers Grundgedanken zu Arbeit

Die Deutsche Arbeitsfront und der Reichsarbeitsdienst sind der Institutionen gewordene Grundgedanke Hitlers. Aus nationalsozialistischen Texten ist dieser mit seiner eigentümlichen Verbindung von Arbeit, Dienst und Gemeinschaft nicht wegzudenken. In immer neuen Variationen prägt er Texte.

Gregor Strasser, der in der Weimarer Republik ein führender Politiker der NSDAP war, 1932 aber entmachtet und 1934 ermordet wurde, weil er eine Art parteiinterne Opposition anführte, hielt als Reichstagsabgeordneter der Partei Reden über Arbeit. Seine Lieblingsfloskel in diesen Reden lautete: »An die Arbeit! Jeder an seinen Posten!«[451] Seine Sprache unterschied sich von der Hitlers, in der Überhöhung von Arbeit waren sie sich aber einig. Strasser glaubte an eine »große antikapitalistische Sehnsucht«[452], die die Bevölkerung bestimme. Sie bedeute aber »nicht im geringsten eine Ablehnung des aus Arbeit und Sparsinn entstandenen, sittlich berechtigten Eigentums«, sondern den »Protest des schaffenden Volkes gegen eine entartete Wirtschaftsauffassung«, die er mit »Dämonen, Gold, Weltwirtschaft, Materialismus, mit dem ausschließlichen Denken in Ausfuhrstatistik und Reichsbankdiskont« identifiziert und der er »ehrliches Auskommen für ehrlich geleistete Arbeit« gegenüberstellt.[453] Wenn er sich die Mühe macht, seine angeblich antikapitalistischen und sozialistischen Ideen auf den Punkt zu bringen, zeigt sich, wie sehr das ebenfalls Variationen von Hitlers Grundgedanken sind: »Sozialismus ist nicht die Herrschaft der Masse, die Nivellierung von Leistung und Lohn, sondern Sozialismus ist das tief preußisch-deutsche ›Dienen am Ganzen‹ im Wissen, daß jeder einzelne ein Teil, ein tiefverbundener Teil dieses Ganzen ist.«[454] Bei aller Konkurrenz und Rivalität, die zwischen Hitler und Strasser bestanden haben mag, in diesem Punkt waren sie sich einig. Die Arbeitsauffassung einte die Flügel in der Partei.

Franz Horsten, der Direktor des Kölner Instituts für Arbeitspolitik, übernimmt Hitlers Kriterium fast wortwörtlich:

> Nicht *was* der Mensch tut, bestimmt den Wert seines Handelns, seiner Leistung, sondern *wie* er eine Aufgabe innerhalb der Volksgemeinschaft erfüllt und dadurch für die Gemeinschaft in seiner Art unersetzlich wird. Darum ist selbstverständlich *jede Arbeit ehrenwert, sofern sie sich der Lebensaufgabe der Volksgemeinschaft einfügt.*[455]

Der Arbeitsrechtler Wolfgang Siebert paraphrasiert diese Idee: »Volksgemeinschaft als Grundlage und Mittelpunkt der Arbeit bedeutet zunächst, daß alle Arbeit auf das Wohl des Volkes gerichtet, Dienst an der Volksgemeinschaft sein muß.«[456] Und Karl Peppler, einer der führenden Experten für Sozialpolitik in der DAF, schreibt: »Für den Nationalsozialismus bedeutet Arbeit allgemein Sinn des Lebens und Dienst an der Volksgemeinschaft.«[457]

Georg Usadel, promovierter Philosoph und Reichstagsabgeordneter der NSDAP, war sich schließlich sicher: »Der Sozialismus ist nur aus dem Dienen heraus abzuleiten.«[458]

Die Pflicht, die der Dienst darstelle, müsse dem Sozialpsychologen Adolf Friedrich[459] zufolge so angenommen werden, dass »an Stelle des äußeren Sollens immer stärker das innere Müssen«[460] trete. Das herzustellen sei im Betrieb eine Aufgabe der Führung: »Notwendig ist aber folgendes: daß in unserer ganzen Menschenführung für uns nur eines bestimmend ist: der Dienst für Führer und Volk!«[461] Friedrich hatte eine »Professur für Menschenführung«[462] inne. Sein Vortrag, gehalten auf der Wissenschaftlichen Tagung des Deutschen Stahlbau-Verbandes im Oktober 1938, ist ein Beispiel für nationalsozialistische Überlegungen zum Management, das so noch nicht hieß.

Auch für die Ausbildung von Lehrlingen im Volkswagenwerk lässt sich zeigen, wie der Grundgedanke praktisch umgesetzt wurde. Der Wortlaut ihres Lehrvertrags betont, dass das Ziel sei, »den Jugendlichen nicht nur für den Beruf fachlich auszubilden, sondern im Geist nationalsozialistischer Arbeitsauffassung zur rückhaltlosen Dienst- und Einsatzbereitschaft zu erziehen«[463]. Eine solche Erziehungsaufgabe hatte auch der Reichsarbeitsdienst. Die Zeit, die die Jugendlichen dort verbrachten, sollte sie auf einen Dienst vorbereiten, der, so zitiert Herbert Marcuse die Zeitschrift »Der Deutsche Student«, »nicht zu Ende geht, weil Dienst und Leben zusammenfallen«[464]. Dieser Dienst als Lebensaufgabe müsse immer wieder neu bekräftigt und vollzogen werden. Verlangt werde, so Arnold Gehlen, »nicht einfach die Hingabe des einzelnen, sondern die tätige, dauernde, umsichtige und disziplinierte Hingabe«[465], eine permanente Hingabe an die Volksgemeinschaft.

Diese Hingabe in der Arbeit sollte nicht nur im Arbeitsdienst an Jugendliche vermittelt werden. Auch die bereits zitierte HJ-Zeitung »Die Kameradschaft«, die der Soziologe Thomas Gloy analysiert hat, ist ein Medium dieser Vermittlung, das den Grundgedanken in all seinen Facetten variiert. »Arbeit ist ein sittliches Gesetz als ›[...] Dienst am Volk, ein Dienst, den wir freudig tun‹.«[466] Als wertvoll werde demnach nur erachtet, wer seinen Dienst leistet.[467] Den Deutschen, die aus Gemeinnutz arbeiten, stellt die Zeitschrift, ganz in Hitlers Sinne, »den Juden« gegenüber.[468]

Diese Variationen der nationalsozialistischen Arbeitsauffassung knüpfen Arbeit und Volksgemeinschaft über den Dienst aneinander. Diese Gemeinschaft sollte eine »völkische Leistungsgemeinschaft« sein. »Leistungsbereitschaft«, das folgt daraus, »beziehungsweise deren Gegenteil, die ›Arbeitsscheue‹, dienten als Unterscheidungsmerkmal, um zwischen den ›wertvollen‹ und den ›minderwertigen Volksgenossen‹ zu differenzieren. Leistungsbereitschaft war daher«, resümiert die Historikerin Julia Hörath, »ein zentrales Kriterium der Inklusion beziehungsweise Exklusion.«[469] Das heißt, schon die

Logik dieses Begriffs von Arbeit treibt zu Ausschluss. Denn was Pflicht ist, kann nicht ohne Konsequenz verweigert werden.

Zugleich führt der Begriff von Arbeit zu Hierarchisierungen. Da die Menschen ungleich seien, bleibt, so Strasser, als Maßstab nur »die Leistung des einzelnen für die Gesellschaft, für die Nation, für den Staat!«[470] Im selben Sinne heißt es in einem Ausstellungskatalog: »*Nur ein* Unterschied bewertet alle im Dienst an der Gemeinschaft: wer sozialistisch seine Pflicht tut am anderen oder wer als selbstsüchtig, eigennützig und pflichtvergessen der sozialen Ächtung verfällt!«[471] Wie jemand den Dienst ausführt, soll ihn:sie also bewertbar machen.

Diese Zitate sind auch deshalb ideologisch, weil sie die rassistischen und antisemitischen Vorbestimmungen verdecken. Sie beziehen sich nur auf das Innere der herzustellenden Volksgemeinschaft.

Der Dienst wurde auch als Mittel zur politischen Involvierung gedeutet. »›Politisch‹ heißt für uns Deutsche nichts anderes, als restloser, selbstloser Einsatz für Volk und Reich, heißt nichts anderes, als alles, was dem einzelnen im Leben begegnet, zu betrachten und zu werten unter dem Gesichtspunkt des Nutzens für das Leben und die Zukunft der Nation.«[472] Arbeit wurde damit zu dem Medium, durch das sich »fernab direkter Repression die Zustimmung zum Regime vermittelte und dessen Konsolidierung vollzog«[473].

Adorno und Horkheimer haben in den »Elementen des Antisemitismus« festgestellt, dass als »natürlich gilt [...], was sich in die Zweckzusammenhänge der Gesellschaft einfügt«[474]. Die Idee des Dienstes steht dafür paradigmatisch. Arbeit als Dienst sollte nicht nur eine beliebige Weise der Beteiligung sein, sie sollte das »höchste Gut«[475] sein. Es ist immer derselbe Grundgedanke. Die Einzelnen sollen in der Arbeit der Volksgemeinschaft dienen. Robert Ley brachte diese Arbeitsauffassung einmal in das Sprachspiel, es sei nicht mehr der »Verdienst«, sondern der »Dienst«, der den Begriff der Arbeit ausmache.[476] Der Grundgedanke hatte einen Effekt: »Über die Berufung auf die Vorstellung einer spezifischen ›deutschen Arbeit‹ fand die nationale Formierung statt.«[477]

Der Historiker Sebastian Conrad, der dem Topos »deutsche Arbeit« ein wichtiges Kapitel widmet, formuliert ungenau, wenn er schreibt, aus »der Arbeit wurde ein Dienst am Vaterland, eine Verpflichtung für Deutschland«[478]. Denn der Nationalsozialismus machte aus der Arbeit mehr, einen Dienst an der Volksgemeinschaft. Das ist radikaler und spezifischer als der Bezug aufs Vaterland. Allerdings deutet Conrads Formulierung an, wie einfach sich die nationalsozialistische Idee transformieren lässt; wie anschlussfähig sie bis heute ist. Der Antisemitismusforscher und mittlerweile Ansprechpartner zu Antisemitismus des Landes Berlins Samuel Salzborn diagnostiziert dem Dienstgedanken, zentral für rechtsradikales Denken im Allgemeinen zu sein: »Der einzelne Mensch ist im rechtsextremen Verständnis ›Diener seines Volkes‹, mit dem er ethnisch-völkisch und kulturell unaufhebbar verbunden ist – individuelle Freiheit gibt es nicht.«[479] Die nationalsozialistische Spezifik zeichnet aber der Bezug zur antisemitisch konzipierten Volksgemeinschaft aus. Die Soziologin Tilla Siegel entlarvt die ideologische Funktion, die diese Überhöhung der Arbeit hat: »Zwar konnte auch das nationalsozialistische Regime die Entfremdung der Arbeit nicht aufheben, doch es versuchte, sie durch ideologische Überhöhung der Arbeit als Dienst an der ›Volksgemeinschaft‹ zu überdecken.«[480]

5. Inszenierungen »deutscher Arbeit«

Aufmärsche und Ausstellungen

> »Und wo diesem Alltag, den Erfahrungen nachgespürt wird, entdeckt man einen unheimlichen Zusammenhang von Gewalt und Wünschen, Sehnsüchten und Phantasien, die das faschistische System einzufangen und deren realimaginäre Erfüllung es zu inszenieren vermochte.«[481]
> *Klaus Behnken und Frank Wagner*

Am 1. Mai 1933 schwebte über Berlin das Luftschiff »Graf Zeppelin«, dessen Gerüst drei Jahre zuvor bereits im Bildband zu »deutscher Arbeit« zu sehen war.[482] Darin saß der Radiomoderator Alfred Ingemar Berndt, dem die Aufgabe zukam, die Ereignisse am Boden über Rundfunkempfänger und Lautsprecheranlagen live zu kommentieren.

Walter Benjamin schreibt wenige Jahre danach in seinem Kunstwerkaufsatz über solche Massenversammlungen: »In den großen Festaufzügen, den Monstreversammlungen, in den Massenveranstaltungen sportlicher Art und im Krieg, die heute sämtlich der Aufnahmeapparatur zugeführt werden, sieht die Masse sich selbst ins Gesicht.«[483] Aber sie sieht sich nicht unmittelbar selbst ins Gesicht. Es braucht eine Vermittlung medialer, technischer Art, eben das, was Benjamin Aufnahmeapparatur nennt. Denn die Masse, einmal aufmarschiert, ist für die Einzelnen nicht mehr anschaubar. »Massenbewegungen«, so schreibt Benjamin daher weiter, »stellen sich im allgemeinen der Apparatur deutlicher dar als dem Blick. Kaders von Hunderttausenden lassen sich von der Vogelperspektive aus am besten erfassen.«[484] Die Masse braucht daher die Bespiegelung, den Kommentar. Am 1. Mai 1933 kam diese Aufgabe dem Radiomoderator in einer »Ikone deutscher Ingenieurskunst«[485] zu. Doch dessen Selbstbespiegelung wirkte verzerrend. Denn sie hatte einen politischen Zweck. Sie sollte die Volksgemeinschaft erfahrbar werden lassen. »Aus der Vogelperspektive des Luftschiffs wurden alle Dissense und Gegensätze unsichtbar – die NS-Volksgemeinschaft schien Wirklichkeit«[486], schreibt Inge Marszolek.

Im »Dritten Reich« wurde versucht, das Ideologem »deutsche Arbeit« durch solche Praktiken erfahrbar werden zu lassen. »Deutsche Arbeit« wurde dafür inszeniert:

> Die Wirkungselemente der nationalsozialistischen ästhetischen Inszenierungen sind von Bedeutung, da sich in ihnen ansatzweise die Sehnsüchte und Erwartungshaltungen der breiten Bevölkerung widerspiegeln – sofern sich dies heute noch dechiffrieren lässt. Insgesamt lässt sich ein gigantisches ästhetisch und medial inszeniertes Operationsfeld nationalsozialistischer Theorie und Praxis nachzeichnen, welches geeignet war, das Bedeutungsfeld »Arbeit« diskursiv zu besetzen und ein radikal-völkisches Verständnis von Arbeit zu begründen und durchzusetzen.[487]

5.1 Aufmarsch. Der 1. Mai 1933 und der Nürnberger Reichsparteitag 1934

Adolf Hitler setzte auf die Erfahrbarmachung der Volksgemeinschaft durch Aufmärsche und Versammlungen:

> Die Massenversammlung ist auch schon deshalb notwendig, weil in ihr der einzelne, der sich zunächst als werdender Anhänger einer jungen Bewegung vereinsamt fühlt und leicht der Angst verfällt, allein zu sein, zum erstenmal (sic!) das Bild einer größeren Gemeinschaft erhält, was bei den meisten Menschen kräftigend und ermutigend wirkt.[488]

Der Aufmarsch am 1. Mai ist ein paradigmatisches Beispiel für eine solche Massenversammlung und die Feierlichkeiten stehen ebenso paradigmatisch für die »Ästhetisierung der Politik«[489] durch den Nationalsozialismus. Der 1. Mai sollte das Symbol sein für den Anbruch einer neuen Zeit.[490]

Die Einführung des staatlichen Feiertags war ein geschickter Zug. Eine wichtige Tradition der Arbeiter:innenbewegung sollte besetzt und überschrieben werden. Die Nationalsozialisten »verschoben [dabei] die Bedeutung des 1. Mai vom Tag der Arbeiterbewegung zum ›Tag der Arbeit‹.«[491] Dass diese Verschiebung gelang, lässt sich jedes Jahr aufs Neue in der Berichterstattung zum 1. Mai sehen. »Tag der Arbeit« hält sich in Deutschland als Bezeichnung bis heute.

Im Mai 1933 resümierte die »Frankfurter Zeitung« über die Feierlichkeiten: »Das Bekenntnis zum klassenlosen, aber damit keineswegs ungegliederten Staat war die Absicht dieser Maifeier, die das großartigste Massenschauspiel war, das man in Deutschland je erlebt hat.«[492] Klassenlos, aber nicht ungegliedert, das ist das nationalsozialistische Bild der Volksgemeinschaft. Es lässt sich an diesem Aufmarsch nachzeichnen.

Statt Klassenkampf sollte Vereinigung den Tag prägen. Die Organisierung von Arbeitenden für ihre Interessen wurde als Spaltung interpretiert. Ihr gegenübergestellt wurde die Vergemeinschaftung. »Zum ersten Male«, so formulierte das Robert Ley rückblickend, »marschierten Angehörige aller Stände Schulter an Schulter und ballte nicht ein Teil des Volkes die Faust, während der andere Teil feierte«.[493] Dabei ist diese Gemeinschaftsvorstellung eng verbunden mit der Arbeitsauffassung. Erfahrbar gemacht werden sollte die »völkische Einheit« sowie die »gemeinschaftsbildende[] Kraft des nationalsozialistischen Arbeits-Begriffs«.[494] Der Arbeitsbegriff stiftet die Einheit diese Gemeinschaft.

Der 1. Mai sollte den Beweis für die Existenz dieser Gemeinschaft liefern. Die Masse, die hier aufmarschierte, sollte das Gesicht der Volksgemeinschaft zeigen. In dem Kommentar des Reichsinnenministers zum Gesetz, das die Einführung des Feiertags festlegt, heißt es folglich:

> Die Einführung des Feiertags der nationalen Arbeit am 1. Mai soll ein sichtbares Symbol schaffen für den Anbruch einer neuen deutschen Volksgemeinschaft. An diesem Tage soll das deutsche Volk seiner unlöslichen Schicksalsverbundenheit mit der deutschen Arbeiterschaft, der deutsche Arbeiter seiner Solidarität mit dem Volksganzen in feierlicher, von starkem Zukunftshoffen beseelter Form Ausdruck geben.[495]

Inge Marszolek zeigt, »dass die NS-Volksgemeinschaft kommunikativ immer wieder herzustellen war«[496], weshalb dem Rundfunk an diesem Tag auch eine ungeheure Rolle zukam.[497] Aber diese Volksgemeinschaft musste nicht nur kommunikativ hergestellt werden, sondern auch performativ. Ihre Herstellung musste vollzogen werden. Die Feierlichkeiten zum 1. Mai 1933 sind die performative Gründungszeremonie der deutschen Volksgemeinschaft.[498]

Die Zeremonie wurde von langer Hand geplant, was Joseph Goebbels Tagebuch beweist:

> Ich arbeite tagelang an der technischen Durchführung des 1. Mai. Es soll ein Meisterwerk der Organisation und Massendemonstration sein. [...] Der 1. Mai wird ein Massenereignis, wie es die Welt noch nicht gesehen hat. Das ganze Volk soll sich vereinigen in *einem* Willen und *einer* Bereitschaft. Im ersten

> Jahre unserer Revolution wird der Arbeit ihre Ehre und dem Arbeitertum seine Geltung zurückgegeben.[499]

Während an diesem Tag Einigung und Einschluss propagiert wurden, zeigte der darauffolgende Tag, dass diese ohne Ausschluss nicht gedacht wurden. Der vorab geplante Überfall der Gewerkschaftshäuser[500], die damit einhergehende Zerschlagung der freien Gewerkschaften sowie die Verhaftung zahlreicher Funktionäre wurde dank der Feierlichkeiten vom Vortag »ohne größeres öffentliches Aufsehen fast widerstandslos«[501] hingenommen. Denn, so interpretiert das Martin Broszat, die »Bekundungen des Willens zum sozialen Frieden und zur Behebung der materiellen Not [hatten] eine Vertrauensstimmung«[502] geschaffen. Von der anderen Seite aus betrachtet, der der organisierten Arbeiter:innenschaft, kann man mit Rüdiger Hachtmann von »Demoralisierung«[503] sprechen. Der Effekt der Feierlichkeiten wird auch von Ian Kershaw hoch eingeschätzt: »Von dem ganzen Ereignis fühlten sich viele Menschen berührt, die weit davon entfernt waren, mit dem Nationalsozialismus zu sympathisieren.«[504]

Der Tag begann für die Arbeitenden im Betrieb. Auch wenn es ein staatlicher Feiertag war, hier versammelte man sich zum Appell und zur Ansprache des Unternehmers. Mehr als ein Dutzend Sammelplätze waren in Berlin anschließend der Ausgangspunkt für Marschsäulen, deren Zeit und Weg genauestens choreografiert waren. Vorne weg marschierte die Nationalsozialistische Betriebszellenorganisation (NSBO), es folgten die Betriebsgemeinschaften, gekennzeichnet durch Schilder und Transparente.[505] Es folgten also Arbeiter:innen, Angestellte und Unternehmer *gemeinsam*. Diese Volksgemeinschaft setzt sich demnach zusammen aus dem deutschen Arbeiter *und* der Betriebsgemeinschaft. Der Aufmarsch führte zum Tempelhofer Feld, wo die Masse den Höhepunkt der Feierlichkeiten erwartete, die Rede Adolf Hitlers. Albert Speer hatte das Tempelhofer Feld gestaltet und eine hufeisenförmige Tribüne mit vorgestellter Rednerkanzel entworfen, die Platz für ausgewählte Zuhörer:innen bot. Zu diesen gehörten auch Delegationen von Arbeitern. Die auf das Feld strömende Masse ordnete sich in vorgefügte Bereiche ein. Umrahmt wurde das 1 × 0,5 km breite Gelände von Fahnenmasten. Angestrahlt wurde es von zahlreichen Flakscheinwerfern, einer ersten Erprobung des »Lichtdoms«, der bei den Olympischen Spielen 1936 berühmt werden sollte.

Die Stellung in dieser Gemeinschaft wurde auf dem Tempelhofer Feld symbolisch markiert durch die Entfernung vom Zentrum, dem Rednerpult. Die prominente Positionierung einer Arbeiter-Delegation, die extra eingeflogen wurde, auf der Tribüne, sollte zeigen, dass der neue Staat sich als Staat der Arbeiter verstand.[506] Ausführlich kamen sie auch im Rundfunk zu Wort.[507]

Am Ende waren es sicher mehr als eine halbe Million Menschen[508], die hier teils Stunden lang auf Hitlers Rede warteten; so viele, dass Nachfolgende keinen Platz mehr fanden und zur angrenzenden Hasenheide geleitet wurden, um die Rede über Lautsprecher zu verfolgen. So ging es auch all jenen in den anderen deutschen Städten und Gemeinden, die sich für die Kundgebung versammelten; Schätzungen zufolge etwa zehn Millionen Menschen.[509] Auf zentralen Plätzen im ganzen Reich wurden Lautsprecher platziert. Die Bevölkerung wurde zusätzlich aufgefordert, Radiogeräte ans Fenster zu stellen, sodass mehr Menschen der Kundgebung beiwohnen konnten. Denn die Feierlichkeiten wurden live im Rundfunk übertragen und begleitet. Es handelt sich hier um eine »der ersten Erfahrungen medialer Simultanität in Deutschland«.[510] Hergestellt wurde damit eine Synchronisation von lokalen und zentralen Feierlichkeiten. Das Radiogerät war an diesem Tag das zentrale Medium zur Erfahrbarmachung der Volksgemeinschaft. Die Gründungszeremonie der Volksgemeinschaft war so in jedem Winkel des Reichs erfahrbar.

Der Aufmarsch sollte die Menschen verbinden. Arbeiter:innen, Angestellte und Unternehmer marschierten »im Gleichschritt und Seite an Seite unter denselben Losungen«[511]. Die Masse sollte so zu einer »soldatische[n] Gemeinschaft«[512] werden, wie der »Völkische Beobachter« schon am Vortag forderte. Entsprechend militärisch war der Aufmarsch organisiert:

> Das Volk marschiert an diesem 1. Mai in gemeinschaftlichen Handlungsformen, die militärischen Ordnungen angenähert sind: durchweg in 8er-Reihen (oder verdoppelten 8er-Reihen), im Marschtritt, unter dem Kommando der NSBO-Zugleiter, teilweise in Uniformen (para-)militärischer Verbände. Das marschierende Volk subordiniert sich der Befehlsgewalt einer höheren, ordnungsstiftenden Macht und konstituiert sich als Unterstellungsgemeinschaft.[513]

Die militärische Form verweist auf den Krieg; genauer, Krieg war das »letzte[] Bekenntnis«[514] dieses Massenaufmarsches. Der Krieg ist »die Einlösung jener Ästhetisierung (Erhebung, Idealisierung) der Massen, die wir am Beispiel des 1. Mai 1933 beobachtet haben.«[515]

Auch wenn die Masse zu einer »soldatischen Gemeinschaft«[516] werden sollte, sie trug an diesem Tag keine einheitliche Uniform. Getragen wurde von den Marschierenden die Kleidung ihrer jeweiligen Verbände und Berufe.[517] Einen sollte sie, dass sie allesamt deutsche Arbeiter waren. So wurde die relative Vielfalt dieser Einheit markiert:

> Auf den überlieferten Abbildungen zum 1. Mai 1933 sieht man auffällig viele Formationen von Arbeitern in Berufskleidung. So fängt an dieser Stelle ein komplexer Umbau der Semiologie des Massenaufmarschs an. Mehr als zuvor geben sich diese Teilmassen als Arbeiter zu erkennen, nicht allerdings als Proletarier, nicht als Klasse. [...] Die ihrer Organisationen und ihrer politischen Klassenidentität beraubten Arbeiter werden neu zusammengebracht als »Volk« in einer »Volksgemeinschaft« der »Schaffenden«. Darin ist zugleich der Gegensatz das Kapital eliminiert.[518]

Der Aufmarsch versammelte die unterschiedlichen Berufsgruppen also nebeneinander, erkennbar in ihrer Besonderheit und doch geeint in der Gemeinschaft. Die Masse wurde durch diese Vielseitigkeit wahrnehmbar als »Zusammenschluß *aller* Gruppen zur gemeinsamen nationalen Sache«[519]. Der Bezug auf die nationale Sache verweist auf die engen Grenzen dieser Gemeinschaft. Ihre Vielfalt ist eben nur relativ, begrenzt auf »arische« Deutsche und auf Arbeitende. Diese Gemeinschaft, das wollte der Aufmarsch symbolisch beweisen, sollte zwar über allen Partikularinteressen stehen, war aber dennoch streng hierarchisch gegliedert gedacht.

Die Einheit der Vielfalt zeigte sich auch an den hunderten Verbänden, die zu diesen Feierlichkeiten aufgerufen haben und sich beteiligten; nicht zuletzt die Gewerkschaften selbst. Viele dieser Verbände gab es wenig später nicht mehr. Die deutsche Gesellschaft befand sich in einer Konsolidierungs- und Übergangsphase.

Noch am Abend notierte Goebbels siegessicher in sein Tagebuch: »Der Berliner ist schon unterwegs mit Kind und Kegel, Arbeiter und Bürger, hoch und niedrig, Unternehmer und Untergebener, jetzt sind die Unterschiede verwischt, nur ein deutsches Volk marschiert.«[520] Aber das verschleiert etwas, nämlich das Geschlecht des Aufmarsches. Denn auch wenn Kinder und Frauen bei den Feierlichkeiten anwesend waren, bei den Aufmärschen waren sie es nicht.[521] Der Aufmarsch war Männersache. Auch das steht sinnbildlich für diese Idee der Volksgemeinschaft.

Auf dem Höhepunkt der Kundgebung hielt Hitler die Rede, aus der laut Hamacher der Satz »›Arbeit macht frei‹«[522] stammen könnte. Sie predigte Vereinigung und verkündete die Arbeitsdienstpflicht. Angekündigt wurde Hitler vom Rundfunkmoderator Berndt mit den Worten: »Jetzt kommt der größte deutsche Arbeiter.«[523]

Dieser »größte deutsche Arbeiter« rief ein Jahr später zum Reichsparteitag nach Nürnberg. Erneut prägten Aufmärsche das Bild, diesmal vermittelt durch eine andere technische Apparatur, Leni Riefenstahls Kamera. Ihr berühmter Parteitagsfilm »Der Triumph des Willens«[524], den sie selbst »als ihr Meisterwerk betrachtete«[525], wurde laut »Völkischem Beobachter« zum »Denkmal der Bewegung«.[526] Riefenstahl zeigt in dem Film u. a. die Aufmärsche durch die Stadt und die Appelle von SA, SS und HJ. Und erneut wurde die »deutsche Arbeit« inszeniert.[527]

Ursprünglich sollte der Film mit einem historischen Rückblick beginnen, den der berühmte Regisseur Walter Ruttmann realisieren sollte und den er folgendermaßen beschrieb: »Der Arbeiter und der Bauer, der SA-Mann und der Arbeitsdienstler, das ganze schaffende Volk spielt die Hauptrolle.«[528] Zu diesem Blick in die Geschichte kam es zwar nicht, die Arbeitenden wurden aber dennoch in Szene gesetzt.

Eine erkenntnisreiche Linie lässt sich vom Aufmarsch am 1. Mai des Jahres zuvor zum Appell des Freiwilligen Arbeitsdienstes (FAD) ziehen, der auf der sogenannten Zeppelinwiese in Nürnberg stattfand.[529] Hitler hat in seiner Mai-Rede unter tosendem Applaus die Arbeitsdienstpflicht verkündet, noch war sie aber allein auf freiwilliger Basis installiert. Auf diesem Parteitag marschierten nun freiwillige Arbeitsdienstleistende auf. Sie nahmen in »mustergültiger Ordnung«[530] Aufstellung, sodass der Appell von 52.000 Arbeitsmännern, wie der Film behauptet[531], das Bild einer uniformierten, einheitlichen und geschlossenen Formation zeigt. Julius Streichers Formulierung der Mustergültigkeit betont den Vorbildcharakter, den diese freiwilligen Arbeitenden haben sollten. Nicht nur sollte jeder für sich Vorbild sein, sondern auch die geordnete Masse als Ganze. Die Form des Aufmarsches sollte eine »mustergültige Ordnung« sein.

Aber auch diesmal gibt der Film diese prototypischen, in der Masse nicht zu unterscheidenden Arbeitssoldaten als Unterschiedene zu erkennen. Zuerst bekennen sie sich lautstark zu ihrer regionalen Herkunft, sodann zur jeweiligen Arbeit.[532] Es ist wieder die relative Vielfalt, die die Einheit auszeichnet.[533]

In diesem Appell zeigt sich »eine Ästhetisierung der Politik durch eine Choreografie der Massenaufmärsche, in der Zehntausende von Teilnehmern zu einem gigantischen militärisch strukturierten Tableau geformt werden.«[534] Deutlicher als am 1. Mai stellt der Aufmarsch hier, um es mit einem Wort von Siegfried Kracauer zu sagen, ein »Ornament«[535] dar, dessen »Massenglieder«[536] die Individuen sind. Sie sind nur als Teil dieses Ornaments von Relevanz. Die Aufmärsche stehen sinnbildlich für die Einordnung der Arbeitenden.

Die Masse präsentiert sich hier als Heer der »Soldaten der Arbeit«, bewaffnet mit Spaten, die ein Hakenkreuz schmückt.[537] Die Assoziation der Bewaffnung ist keineswegs überspitzt. Sie drängt sich auf. Streicher schreibt selbst, die Arbeitenden hätten »Spaten bei Fuß«[538] gestanden, »[a]usgerichtet, wie es die Reichswehr nicht besser kann«[539]. Am Ende des Appells singen sie dann auch: »Wir dienen mit dem Spaten, denn wir sind der Arbeit Soldaten.«[540] Hier zeigt sich die Formation derer, die den täglichen Kampf führen. Der Spaten wird zu ihrem Symbol. Beim »Parteitag der Arbeit« drei Jahre später prägt der Spaten erneut das Bild der Arbeitsdienstleistenden.[541] Erstmals traten dort auch »Arbeitsmaiden«, also weibliche Arbeitsdienstleistende, zum Appell an.

Riefenstahls Film zeigt, wie sich die Masse dazu bekennt, bereit zu sein, »Deutschland in die neue Zeit«[542] zu tragen. Dieses Bekenntnis ist nicht nur das Bekenntnis zu Deutschland und dem Nationalsozialismus, es ist auch eines zum Dienst und zur Arbeit. Es ist Ausdruck einer freiwilligen Gefolgschaft, um im nationalsozialistischen Jargon zu bleiben. Riefenstahls Inszenierung feiert »das Gelingen des Organisationsprinzips geistiger Mobilmachung«[543].

Die Inszenierungen »deutscher Arbeit« im Aufmarsch erlauben einen Blick auf die nationalsozialistische Volksgemeinschaft, die sich der Klassen entledigt haben will, aber dennoch streng hierarchisch strukturiert ist. Der erweiterte Arbeitsbegriff, der Arbeit als Dienst definiert, stiftet die Einheit dieser Gemeinschaft. Während der Aufmarsch am 1. Mai eine breite Masse auf die Straße brachte, die eine Momentaufnahme der Volksgemeinschaft performativ inszenierte, war der Appell der Arbeitsdienstleistenden beim Nürnberger Reichsparteitag eine militarisierte Choreografie des Soldaten der Arbeit. Ihre Wirkung erzeugt diese Choreografie nicht über das Mitmachen, sondern durch die Veranschaulichung ihres idealen Vorbildcharakters.

5.2 Ausstellung. »Deutsche Arbeit« in Berlin und »Schaffendes Volk« in Düsseldorf

Die Mai-Feierlichkeiten werfen ein Licht auf die Konstruktion der Volksgemeinschaft, die in einem besonderen Sinne hierarchisierend ist und die freiwillige Unterordnung fordert. Diese Gemeinschaft sollte durch die Zelebrierung und Inszenierung von »deutscher Arbeit« erfahrbar gemacht werden.

Auch in Ausstellungen wurde dieses Ideologem inszeniert. Diese Inszenierungen sind ein Versuch, die abstrakten Bestimmungen in anschaubare Objekte zu übersetzen. Sie sollten, dem nationalsozialistischen Jargon nach,

Praktiken einer »totale[n] Sichtbarmachung«[544] sein und fungierten als »Selbstdarstellung«.[545] Dabei ist nicht nur interessant, was ausgestellt wurde, sondern auch wie.

Der Fokus liegt hier auf zwei Ausstellungen, die sich explizit um »deutsche Arbeit« drehten. Von der ersten Ausstellung, die 1934 in Berlin gezeigt wurde, sind zwar Fotografien und zwei Ausstellungskataloge erhalten, sie stieß aber bislang nicht auf ein breiteres historiografisches Interesse. Eine systematische Rekonstruktion steht daher noch aus.[546] Die Lage ist bei der zweiten Ausstellung, die 1937 in Düsseldorf gezeigt wurde, gänzlich anders. Nicht nur ist eine nationalsozialistische Bewertung der Ausstellung in Form von Berichten und der Ausstellungskatalog erhalten. Durch Stefanie Schäfers Pionierarbeit[547] ist diese Ausstellung auch umfassend dokumentiert und analysiert.

Hier soll es um zweierlei gehen: Zum einen drücken der Aufbau und die Themen der Ausstellungen geradezu idealtypisch die Struktur des ideologischen Selbstbilds aus. Sie können als Modell oder Abbild gelesen werden. »Deutsche Arbeit« steht hier buchstäblich im Mittelpunkt des inszenierten, deutschen Lebens. Zum anderen werden in den Ausstellungen Lücken, Brüche und Inkonsistenzen sichtbar, die sich bei der Übersetzungsleistung von Ideologie in Praxis ergeben.

Die Ausstellung *Deutsches Volk – Deutsche Arbeit*[548], die von April bis Juni 1934 in den Berliner Ausstellungshallen am Kaiserdamm gezeigt wurde, besuchten 750.000 Menschen.[549] Sie sollte ein »Rechenschaftsbericht« einer »in seiner nationalen Arbeit geeinten Nation« sein.[550]

In der sogenannten Ehrenhalle der Ausstellung wurde der erste große Themenbereich gezeigt. »[F]ast zwei Jahrtausende«[551] Geschichte des deutschen Volkes wurden beschworen. »›Das sind wir‹, wird die Ausstellung allen verkünden, ›das haben wir geschafft,«[552] heißt es im Ausstellungskatalog. Die Ausstellung wollte »das ganze Volk behandeln, aus dem wir entstanden sind, dem wir angehören, dem wir verbunden sind in Glück und Not, an dessen Vergangenheit unsere Vorfahren teil hatten und dessen Zukunft die Zukunft ihrer Kinder ist.«[553] Die Frage nach der Zukunft ist für den Nationalsozialismus auch eine nach »Rasse« und Erbschaft, dem zweiten Themenkomplex der Ausstellung. Zusammen mit dem Deutschen Hygiene-Museum Dresden wurde hier der Versuch einer rassischen Bestimmung der Deutschen unternommen.[554] Und diese Bestimmung sollte unmittelbar politische Wirkung haben: »Das deutsche Volk soll erkennen lernen, daß die Zukunft und das Wohl unseres Volkes von der Erb- und Rassenpflege und der richtigen Gattenwahl abhängen.«[555]

Neben Geschichte und rassischer Bestimmung des deutschen Volkes inszenierte die Ausstellung in acht Hallen und auf dem Außengelände den anderen Teil ihres Titels, das, was sie selbst »Deutsche Arbeit« nennt: deutsche Produkte und Erzeugnisse, vom Automobil über Elektrotechnik und Stahl bis zu Keramik und Glas; Waren, die mit dem Siegel »Made in Germany« versehen sein könnten.

Zentral auf dem Außengelände gelegen, befand sich der Pavillon der Deutschen Arbeitsfront: ein gigantomanisches Gebäude, dessen Dach das Symbol der DAF zierte, das ein Hakenkreuz umfassende Zahnrad.[556] Die Fassade des Pavillons wurde durch vier stehende Hämmer strukturiert, deren Stiel als Säulen fungierten und die durch ein Vordach mit dem Schriftzug »Haus der Arbeitsfront« horizontal durchbrochen wurden.

Es sollte in dieser Ausstellung um nichts weniger gehen als »die Höchstleistungen des fleißigsten Volkes der Welt«[557]. Doch das umfasst nicht allein die Qualitätsprodukte. Die eigentliche Besonderheit »deutscher Arbeit« soll im besonderen Bezug der Deutschen zur Arbeit liegen. Der Ausstellungskatalog macht diesen Punkt gleich zu Anfang, wenn auch ex negativo, deutlich:

> Für die ganze Welt sind die Deutschen das Volk der Arbeit und nichts kann mehr Mut machen als die Rückschau auf Erfolge. [...] Diese Leistungsschau deutscher Arbeit soll das Wort des Reichskanzlers Adolf Hitler lebendig machen: Die Nation lebt nur durch die Arbeit aller. Die Ausstellung will so mithelfen in dem großen Bemühen des nationalsozialistischen Staates, Arbeit zu schaffen für alle. Arbeitslosigkeit gilt allen Völkern als Unglück. Uns galt sie zugleich als Makel.[558]

Während Arbeitslosigkeit generell als Unglück gelte, soll sie in Deutschland zusätzlich noch ein »Makel« sein, also etwas, dass in den Augen anderer als Schmach erscheint, den Wert der:des Arbeitslosen herabsetzt. Denn die Deutschen würden nicht einfach nur arbeiten, sondern an dieser Arbeit auch Freude empfinden. Hitlers Ausführungen zum Schlaraffenland stehen hier in unmittelbarer Verbindung.[559] In einer Welt ohne Arbeit würden laut Nationalsozialismus die Deutschen nicht glücklich werden. Der Umkehrschluss verlangt die Arbeit aller. Denn wer nicht arbeiten will, der handelt dieser Logik nach undeutsch. Mit der Abwehr der Sehnsucht nach Nicht-Arbeit betont der Katalog daher die Notwendigkeit, dass alle arbeiten.

Die Ausstellung sollte mehr sein als eine Schau des Geleisteten. Sie sollte das – imaginierte – Wesen der Deutschen selbst veranschaulichen, »die innerste Eigenart des deutschen Menschen«[560] inszenieren und sollte dafür »aus der neuen Einstellung zur Arbeit und der sich aus ihr ergebenden Wirtschaftsgesinnung«[561] konzipiert werden. Auf paradigmatische Weise tauchen dabei die beiden Topoi des 19. Jahrhunderts wieder auf, die Joan Campbell zum Titel ihrer Monografie wählte: »Joy in Work, German Work«[562] – Arbeitsfreude und »Deutsche Arbeit«.

Drei Jahre später, den Vierjahresplan begleitend, wurde in Düsseldorf eine Ausstellung mit dem Titel »Schaffendes Volk« gezeigt. Sie gilt als eines »der wichtigsten Propagandamittel des Jahres«[563], wurde von fast sieben Millionen Menschen besucht und fand national wie international Beachtung.[564] Die Ausstellung wollte einen »Querschnitt«[565] durch das nationalsozialistische Leben präsentieren: Sie wollte »Deutsches Bauen, Deutsches Siedeln und Deutsches Wohnen, Deutsche Arbeit und Deutsches Leben dokumentieren, wie es sich erst seit der Machtübergabe entwickelt«[566] habe und ein »›Schaufenster für die Welt‹ sein, ›hinter der die Werkstatt einer völkischen Schaffensepoche sichtbar‹«[567] werde.

Während die Deutsche Arbeitsfront auf der Ausstellung von 1934 nur das Zentrum des Außengeländes bildete, im Mittelpunkt also nur des Teils zur »deutschen Arbeit« stand, rückte sie hier vollends ins Zentrum. Der Eingangsbereich des Ausstellungsgeländes führte die Besucher:innen über eine breite Allee mit angestrahlten Fahnenmasten, auf denen Flaggen deutscher Städte und zwei Hakenkreuzfahnen wehten, ins Zentrum des Ausstellungsgeländes.[568] Hier befand sich die sogenannte Kunstakademie, die Halle der Deutschen Arbeitsfront.[569] An der Fassade thronte wieder das Zeichen der DAF, auf die zusätzlich ein Schriftzug hinwies. Die Formsprache schloss an die »reduzierte Klassik«[570] an, die auch Bauten Albert Speers kennzeichnet. Die Fassade war durch überdimensionierte Säulen strukturiert und mit einem vorstehenden Reichsadler und einem Spruch verziert: »Über jeder Leistung steht der schaffende Mensch. Über dem schaffenden Menschen steht die Gemeinschaft.«[571]

Im Mittelpunkt der Ausstellung präsentierte sich also die Deutsche Arbeitsfront, deren Logo von weithin sichtbar war. Ergänzt wurde dieses vom zitierten Spruch, der zum Ausdruck bringt, dass zwar der »schaffende Mensch« der Träger der Leistung sei, er aber der Gemeinschaft unterstehe. Die Rangordnung wird hier unverblümt ausgesprochen. Fast naturgesetzlich wird propagiert, dass die Einzelnen nur in der Gemeinschaft Leistungsträger:innen sein können. Erst durch diese und in ihr bekommt ihre Arbeit einen Sinn, ist mehr als Anhäufung von Reichtum, wird eben zur Leistung und die Tätigkeit damit zum Schaffen. Dass dieser Satz im Zentrum der Ausstellung steht, strahlt auf die anderen, präsentierten Facetten des deutschen Lebens aus, die sich diesem Motto einfügen lassen. Ob deutsches Wohnen oder deutsches Bauen, deutsches Siedeln oder deutsches Gärtnern, alle diese Facetten unterstehen der Logik der Unterordnung der Einzelnen unter die Gemeinschaft und alle haben sie »deutsche Arbeit« als vorausgesetzte Bedingung.

Ausgestellt wurden erneut Produkte und Maschinen, repräsentiert waren viele der großen Firmen. Die erste Halle, die dem Rundgang folgend besucht werden sollte, nannte sich »Ehrenhalle des Werktätigen Volkes«[572]. Sie sollte die Besucher:innen über »den großen Zusammenhang zwischen der Werkstoffschau und dem nationalsozialistischen Vierjahresplan«[573] informieren. In ihr prangte ein Schriftzug: »Es wird künftig nur noch einen Adel geben: den Adel der Arbeit.«[574] Hier wurden unter anderem die neu entwickelten Ersatzstoffe gezeigt, die Deutschland autark machen sollten: Buna zum Beispiel, synthetischer Kautschuk, dessen wahnhafte Produktion durch die IG Farben AG später in Auschwitz-Monowitz Zehntausende das Leben kosten sollte.

Inszeniert werden sollte aber auch die Arbeit selbst, nicht nur ihr Produkt. Interessanterweise sieht das Konzept der Ausstellung, gemäß dem Ausspruch Hitlers, dass »sich ganz Deutschland in eine einzige große Werkstatt verwandeln solle«[575], vor, dass in den Ausstellungshallen auch tatsächlich gearbeitet wird; und so kann man nicht nur die Produkte »deutscher Arbeit« bestaunen, sondern ihr in ihrem Vollzug beiwohnen: »Die Wertstoffe lagen nicht einfach zur Besichtigung aus, sondern entstanden vor den Augen der Besucher, alle gezeigten Maschinen arbeiteten.«[576] Die »deutsche Arbeit« wird so selbst zum Ausstellungsstück. Sie ist als »lebendige« und »tote Arbeit« sinnlich anschaulich.[577] »Die Arbeit, die sich vor den Augen des Betrachters an den in Betrieb gezeigten Maschinen wie auch im Wandgemälde vollzog, stand für den Dienst an der Idee des ›Vierjahresplans‹ und – hierüber vermittelt – des Nationalsozialismus.«[578]

An einer Skulpturengruppe, die deutsche Arbeitende darstellen sollten, lassen sich Ungereimtheiten und Inkonsistenzen des Ideologems »deutsche Arbeit« aufzeigen. Die sogenannten Zwölf Ständischen wurden auf dem Außengelände aufgestellt. »Die Motive wurden gewählt aus den Volks- und Ständegruppen, aus denen sich nach dem nationalsozialistischen Ideal das deutsche ›schaffende Volk‹ zusammensetzte«[579], schreibt Stefanie Schäfers. Das sollten also Abbilder der deutschen Arbeiter:innen sein; so der Anspruch. Verkörpert wurden »Jäger, Fischer, Sämann, Winzer, Winzerin, Schäfer, Musikant, Handwerker, Soldat, Bauer, Bäuerin, Gärtner, Gärtnerin, Ährenlesergruppe, Matrose, Hirte, Flötenspielerin und Viehzüchter.«[580] Auffälligerweise fehlen hier genau die industriellen Berufe, die doch selbst Ausstellungsstücke waren. Die kitschige Arbeitsvorstellung des Nationalsozialismus sollte hier die wahrnehmbare, künstliche Welt der modernen Industrie überschreiben. Die Skulpturen entsprachen dem »völkisch-nationalistischen Selbstverständnis[]: Einfache Menschen, die sich ihrem Handwerk widmen, eine kraftvolle Mutter mit Kind, wie geschaffen für das Gebären einer großen führertreuen Kinderschar, kräftige, ja soldatische Männer, die ihrer Arbeit nachgehen«[581]. Für diese Skulpturengruppe gilt, was Schäfers erstaunlicherweise über die Ausstellung im Allgemeinen sagt: »Das gemeine Volk wurde auf eine Zeitreise in die Vergangenheit geschickt, in eine Welt, die so wenig wie möglich mit der modernen zu tun hatte.«[582]

Als generelle Aussage für die Ausstellung gilt der Satz kaum. Denn insbesondere die Ausstellungshallen, in denen auf der technischen Höhe der Zeit vor den Augen der Besucher:innen gearbeitet wurde, waren keine Zeitreise in imaginierte Vergangenheiten, sondern eine in die Gegenwart der Fabrikarbeit. Man muss unterscheiden zwischen einer Stilisierung der Industrie als modernem Ort von Produktivität und einer Romantisierung vormoderner Landwirtschaft.[583] Diese Ausstellung wurde nicht ausschließlich dominiert von einer Verherrlichung der Vormoderne, die es durchaus auch gab, sondern sie kann auch als Versuch verstanden werden, an die Moderne anzuschließen; allerdings, in den Worten von Jeffrey Herf, im Sinne eines »reaktionäre[n] Modernismus«[584].

Die Inszenierungen »deutscher Arbeit« in Ausstellungen liefern ein reines Selbstbild. Die Fremdbilder spielen hier keine Rolle. Dadurch werden die Ausstellungen zu Selbstbespiegelungen, die das Bild einer befriedeten und homogenisierten Volksgemeinschaft zeigen wollen. Die Ausschlüsse, die die Bedingung der Homogenität sind, werden dabei nicht thematisiert.

6. Die nationalsozialistische Arbeitsauffassung

Eine Systematisierung

»Die nationalsozialistischen Politiker und Ideologen singen einstimmig im Chor: Arbeit ist keine Ware, Arbeit ist eine Ehre, das Verhältnis von Unternehmer und Arbeiter ist ein Gemeinschaftsverhältnis.«[585]
Franz Neumann

Der Nationalsozialismus vertritt eine eigentümliche Variante eines Arbeitsbegriffs. Er definiert Arbeit als eine Tätigkeit, die man für andere tut, was in die nationalsozialistische Weltanschauung übersetzt heißt: Arbeit ist ein Dienst an der Volksgemeinschaft, der aus Pflicht getan werden soll. Dieser Grundgedanke, den Adolf Hitler bereits 1920 formulierte, wurde sich vielfach angeeignet. Der eng am Material argumentierenden historischen Analyse folgt jetzt eine Systematisierung. Diese nimmt den Arbeitsbegriff selbst und seine Logik in den Blick.

Wie viele der nationalsozialistischen Begriffe ist der Arbeitsbegriff ein sogenannter »dichter Begriff«. Bernard Williams führte diesen Terminus in die moralphilosophische Debatte ein.[586] Er bezeichnet etwa ethische Begriffe wie »Grausamkeit, Feigheit, Liebe usw.«[587] Diesen dichten Begriffen ist eigen, dass sie deskriptive und normative Bestimmungen so miteinander verweben, dass sie sich nicht trennen lassen. Werner Konitzer schlägt vor, diesen moralphilosophischen Terminus auf die Analyse des Nationalsozialismus zu übertragen, weil er auch Begriffe wie »Volk«, »Gemeinschaft«, »Rasse« zu fassen vermag.[588] Das gilt auch für »Arbeit«. An Hitlers Münchner Rede von 1920 erprobt Konitzer die »Methode der Auflösung bzw. Erklärung dichter Begriffe«[589] und analysiert wie darin »die Verbindung von Arbeit und Moral auf der einen Seite, von Arbeit und Strafe auf der anderen Seite«[590] gedacht wird.

Die nationalsozialistische Arbeitsauffassung und die durch sie inspirierten und gestifteten Praktiken sind der Versuch eine Antwort auf die Probleme moderner, industrieller Arbeit zu finden. Gesellschaftstheoretisch werden diese Probleme unter anderem mit dem Begriff der Entfremdung bezeichnet und erklärt, den Rahel Jaeggi in »Beziehung der Beziehungslosigkeit« übersetzt.[591] Der Begriff der Volksgemeinschaft, auf den Arbeit als Dienst ausgerichtet ist, bündelt ganz bewusst »Hoffnungen auf die Überwindung von Entfremdung«[592]. Die nationalsozialistische Antwort auf die Probleme der Moderne versucht die Arbeitsbeziehungen auf- und umzuwerten, eine neue Beziehungsweise sollte die »Beziehung der Beziehungslosigkeit« ersetzen. Nicht die Verhältnisse selbst, die entfremdete Arbeit produzieren, sollten verändert werden, sondern die Art und Weise wie sich Menschen in diesen aufeinander beziehen. Das Gefolgschafts-Führer-Prinzip ist die in Praxis übersetzte Arbeitsauffassung, die sich auch als radikale Variante der »›romantische[n]‹ Antwort[]« auf die Frage, was »genau die Welt aneignungsfähig« macht, verstehen lässt.[593] In der romantischen Antwort sind das »Heimat, Geschichte, Tradition und Identität«[594]. Die nationalsozialistische Variante dieser Antwort nationalisiert diese Kategorien und denkt sie radikal völkisch. Die Beziehungslosigkeit, die eine zu sich selbst, zur Welt und zu anderen ist, soll überwunden werden, durch eine intersubjektive Beziehungsweise, die sich als die der Reaktion zeigt und um die es im nächsten Teil noch ausführlich gehen wird.

Der nationalsozialistische Arbeitsbegriff präsentiert sich als Gegenbild: einerseits gegen einen liberalen Arbeitsbegriff, der »Arbeit als Ursprung von Eigentum, Zivilgesellschaft und Freiheit, organisiert in kapitalistischen Marktbeziehungen« begreift, und andererseits gegen einen sozialistischen Begriff, »der auf eine demokratische und kollektive Organisation der Produkte zielte«.[595] Das hat eine strategische Funktion. Dagegen gerichtet soll die nationalsozialistische »deutsche Arbeit« auf Sittlichkeit beruhen. Arbeit werde nicht mehr als Ware verstanden, sondern als Ehre, so lautet das geflügelte Wort.[596] Die Verortung zwischen diesen beiden Polen, Liberalismus und Sozialismus, ist charakteristisch für den Nationalsozialismus. Man selbst will auf dem dritten Weg sein.

Liberalismus und Sozialismus sind zwar prominente Gegenbilder, sie sind aber nicht die entscheidenden. Das wahre Gegenbild ist die angeblich gefährliche, rast- und skrupellose »jüdische Anti-Arbeit«[597]. Sie soll korrumpieren und unterwerfen. Der Antisemitismus stiftet hier erst das Selbstbild. Hitlers Rede in München ist dafür schlagender Beweis. Die soziale Frage und die sogenannte Judenfrage sind für ihn ein und dasselbe; eine Vorstellung, die seit Otto Glagau den Antisemitismus charakterisiert.[598] Während der Deutsche sich durch eine besondere Einstellung zu Arbeit auszeichne, wird dem vorgestellten »Juden« die richtige Einstellung zu Arbeit rundheraus abgesprochen.[599] Aus der Überhöhung der Arbeit als Dienst ergibt sich außerdem die Abwertung von Nicht-Arbeit, die in dieser Logik entweder als unnütz oder gar als schädlich erscheint. Die Verfolgung »Asozialer« und »Arbeitsscheuer« hat hier ihr ideologisches Fundament. Der Nationalsozialismus schreibt sich damit in eine lange Geschichte ein.

Hitlers Definition von Arbeit, darauf weist Jürgen Kocka hin, nimmt eine folgenreiche Erweiterung des Arbeitsbegriffs vor.[600] Denn als Arbeit gilt nicht mehr allein bezahlte Erwerbsarbeit, sondern jede Tätigkeit, die der Volksgemeinschaft dient. Dieses Kriterium führt zu einer eigentümlichen Erweiterung. Als Arbeit gelten jetzt auch Haushalts- und Reproduktionstätigkeiten oder Gartenarbeit am Feierabend, falls sie der Gemeinschaft dienen. Die Tätigkeit selbst, das betonen Nationalsozialisten immer wieder, macht nicht den Unterschied aus, sondern wie sie ausgeübt wird. Das Kriterium für Arbeit und Nicht-Arbeit wird also die Haltung, die der:die Arbeitende in der Arbeit annimmt.

Das führt für Frauen zu einer *ausschließenden Integration*. Haus- und Reproduktionstätigkeiten werden zwar jetzt auch als Arbeit anerkannt, aber Frauen sind weiterhin ideologisch auf diese Tätigkeiten festgelegt. Denn, so heißt es in einem Buch mit dem Titel »Frauen im Industriebetrieb«: »Wir müssen uns darüber klar sein, daß die Fabrik einen ›männlichen Charakter‹ besitzt.«[601] Die nationalsozialistischen Quellen zu »deutscher Arbeit« beziehen sich, ganz dieser Einschätzung gemäß, stets auf den männlichen deutschen Arbeiter. Erst der Krieg und der Arbeitskräftemangel machten Frauen in Fabriken notwendig.[602] Heike Pantelmann zeigt, wie sich damit die Anrufung der deutschen Frauen änderte, wie aus dem Idealbild der Mutter die Mitkämpferin wurde.[603] In welchem Grad Integration und Ausschluss sich hier verbanden, hängt also auch von der Phase des »Dritten Reiches« ab, die man betrachtet.

Generell beinhaltet die Erweiterung ein Integrationsangebot. Auch Arbeitslose werden jetzt symbolisch zu Arbeitenden umgewertet, etwa wenn sie ehrenamtliche Tätigkeiten ausüben. Das heißt, die Erweiterung des Arbeitsbegriffs verengt den Bereich der Arbeitslosigkeit. Sie erweitert zugleich die Möglichkeiten von Nicht-Arbeit. Im Nationalsozialismus können Menschen auch in Bereichen als faul oder arbeitsscheu, und damit als nicht-arbeitend gelten, die genuine Bereiche von Arbeit sind. Eine Arbeitstätigkeit nicht mit der richtigen Haltung ausgeführt, kann dazu führen, dass sie nach diesem Kriterium nicht mehr als Arbeit gilt. Die Absurdität dieses Kriteriums springt ins Auge. Aber darin geht die Sache nicht auf. Das Kriterium ist auch von hoher Flexibilität und Anpassungsfähigkeit, seine Unterbestimmtheit lässt es gut politisch vereinnahmen.

Diese Erweiterung des Arbeitsbegriffs enthält also auch ein totalisierendes Moment, weil es Praktiken und Tätigkeiten als Arbeit codiert, die zuvor nicht der Logik von Arbeit unterworfen waren. Selbst die biologische Reproduktion kann so als Arbeit verstanden werden. Nicht zufällig reden Nationalsozialisten auch in Bezug auf Menschen von Zucht und versuchen, etwa im »Lebensborn«, ganz praktisch eine höhere »Rasse« zu erschaffen.[604]

Die Erweiterung gibt sich erst in Relation zu einem anderen Arbeitsbegriff als solche zu erkennen. Im Vergleich zur Definition, Arbeit ist, was entlohnt wird, ist dieser Begriff sicher eine Erweiterung. Neuere Arbeitsbegriffe aber sind durchaus noch weiter gefasst und im Kontrast zu diesen wird die Eigentümlichkeit des nationalsozialistischen Begriffs erst deutlich. Arbeit ist, so lautet eine Definition in einem neueren Buch zu kritischer Theorie und Arbeit, »an exertion of mind or body undergone partly or wholly with a view to some good other than the pleasure derived directly from work«[605].

Die Definition lässt erkennen, dass der Gegensatz zwischen Was und Wie keiner ist. Die Art und Weise, wie eine Arbeit ausgeführt wird, ist nicht die einzige Alternative zur Bestimmung von Arbeit über die konkrete Tätigkeit (das Was). Die zitierte Definition schlägt vor, Tätigkeiten danach zu klassifizieren, *wozu* sie getan werden. Dieses Kriterium richtet den Blick auf die Verhältnisse, in denen gearbeitet wird, ob für Lohn, zur Selbstverwirklichung oder für andere. Die nationalsozialistische Variante dagegen schielt allein auf die Person und ihre Haltung. Sie werden zur Beurteilung freigegeben. Was nicht der Volksgemeinschaft nützt, wird abgewertet.

Den nationalsozialistischen Arbeitsbegriff prägt nicht nur eine Erweiterung, sondern auch eine Nationalisierung und Naturalisierung. Arbeit wird nationalisiert, indem sie in Bezug auf das nationale Ganze konstruiert wird. Die Schaffung und Erhaltung der Volksgemeinschaft soll das Ziel der Arbeit sein. Zugleich soll diese Form der Arbeit selbst ein nationales Gut sein. Die Ideologie »deutscher Arbeit« propagiert, dass diese Arbeit genuin deutsch ist. Diese Nationalisierung geht bis ins 19. Jahrhundert zurück.[606] Der Nationalsozialismus nimmt in dieser Geschichte aber eine Sonderstellung ein, weil er Arbeit auf eine radikal rassistisch und antisemitisch konzipierte Volksgemeinschaft ausrichtet und als sittliche Pflicht ausweist. Dadurch kann man sich ihr nicht mehr folgenlos entziehen. Wer den Dienst verweigert, wird sanktioniert. Wer sich der nationalen Sache verwehrt, wird aus der Nation ausgeschlossen.[607]

Verbunden mit der antisemitischen Weltanschauung wird Arbeit auch naturalisiert. Denn der Antisemitismus fühlt sich von Feinden umgeben und bedrängt. Sie würden die eigene Arbeit, Treibstoff der Volksgemeinschaft, gefährden. Leben wird in dieser Logik zum Kampf erklärt, Arbeit zu seiner Waffe.[608] »Für Hitler war sie als ›schaffende Arbeit‹ zunächst die ausgezeichnete und auszeichnende Form des Kampfes – und zwar desjenigen Kampfes, in dem der Klassenkampf überwunden und die Einheit der ›Volksgenossen und -genossinnen‹ herbeigeführt werden sollte.«[609] Kriegsfront und Arbeitsfront rücken so erst diskursiv, schließlich ganz praktisch zusammen. Der Arbeiter wird zum Soldaten der Arbeit gemacht. Das ist eine Naturalisierung, weil Arbeit dadurch enthistorisiert wird und sich nicht mehr unterscheiden lässt zwischen vormodernen und modernen Formen, und weil Arbeit auf eine geradezu natürliche Substanz reduziert wird, der Vermittlung von (feindlich gedachter) Natur und Mensch.

Die Bestimmung von Arbeit als Dienst predigt die Pflicht. Hitler hatte behauptet, die Deutschen würden aus »sittlich-moralischem Pflichtgefühl«[610] arbeiten und meinte damit freilich, sie sollten so handeln. Die Passage ist ein Beispiel für den »Modus des Als-Ob«[611], den Ulrich Bröckling in der Sprache von Managementprogrammen nachweisen konnte. Hitler tut so, als ob es schon der Fall wäre, damit es der Fall wird. Analog funktioniert die Behauptung der Existenz einer deutschen Volksgemeinschaft, nach der man sich ausrichten müsse, damit sie endlich entsteht, oder die Anrufung einer nationalsozialistischen Ethik, die nur noch gehoben werden müsse.[612] Nur mit Blick auf diesen Modus ist der Begriff der »Volksgemeinschaft« richtig zu verstehen, als Verheißungs- und Mobilisierungskonzept.[613] Die nationalsozialistische Bewegung geriert sich als Ausdruck dieser Gemeinschaft. »Das rhetorische Wir«, schreibt Max Horkheimer mit Blick auf die völkische Ideologie, »wird hier im Ernst gebraucht.«[614]

Die propagierte Pflicht ist eine folgenreiche Verpflichtung. Der Staatsrechtler und Carl Schmitt Schüler Ernst Forsthoff forderte die »totale Inpflichtnahme jedes einzelnen für die Nation«[615]. Der Nationalsozialismus setzt das gnadenlos um. »*Nur ein* Unterschied«, so steht es im Ausstellungskatalog zu der in Berlin im Jahr 1934 gezeigten Ausstellung, »bewertet alle im Dienst an der Gemeinschaft: wer sozialistisch seine Pflicht tut am anderen oder wer als selbstsüchtig, eigennützig und pflichtvergessen der sozialen Ächtung verfällt!«[616] Wer dieser Pflicht nicht angemessen nachkomme, wird sozial geächtet. Die Arbeitsauffassung wird also zu einem zentralen Kriterium für Ein- und Ausschluss. Aber dem Ideologem entspricht nicht nur die Drohung des Ausschlusses, sondern auch das Versprechen von Zugehörigkeit. »Deutsche Arbeit« ist auch eine Integrationsfigur.

Theodor W. Adorno und Max Horkheimer konnten zeigen, dass Antisemit:innen wesentlich aus »pathischer Projektion«[617] handeln. Sehnsüchte und Hoffnungen werden dabei verdrängt, auf andere projiziert und dort gehasst.[618] Dass Arbeit hier eine Rolle spielt, ist kein Zufall. Der nationalsozialistische Antisemitismus, der Arbeit so sehr zu lieben vorgibt, entpuppt sich durch diese Analyse als Versuch, der heimlichen Sehnsucht nach einem Leben ohne Arbeit etwas entgegenzusetzen. Der Vorwurf an Jüdinnen:Juden, aber auch an Sinti:zze und Rom:nja, ein solches Leben zu führen ist Ausdruck davon. Die negativen, entfremdenden Erfahrungen mit Arbeit sollen überschrieben werden. »Diese irritierende Verwandlung, in der das ›Ersehnte zum Verhassten‹ gemacht wird, wird ›von der Herrschaft‹ bewerkstelligt und dient der Aufrechterhaltung der Herrschaft, deren Abschaffung eigentlich längst überfällig ist.«[619] Der Antisemitismus zeigt sich als konformistische Rebellion, die herrschaftserhaltend ist.

Wozu das führt, wird insbesondere dann sichtbar, wenn der Blick auf die einschließende Kraft des Begriffs Arbeit gerichtet wird. In einer durch Ausschluss homogenisierten, nationalsozialistischen Betriebsgemeinschaft sollte »deutsche Arbeit« praktiziert werden. Eine Analyse der Anrufung des Arbeitssubjekts im Betrieb zeigt, so viel sei vorweggenommen, dass die Veränderung der Arbeitsverhältnisse, die im »Dritten Reich« rechtlich und betriebspolitisch angestoßen wurden, fundamental zwar nichts veränderten, aber folgenreich waren. Innerhalb der homogenisierten Gemeinschaft stiftete der Arbeitsbegriff Praktiken der Aktivierung und Involvierung.

Klaus Holz und Jan Weyand argumentieren, dass weder Hitlers Arbeitsbegriff spezifisch für den Nationalsozialismus sei, noch »der Bezug dieses Arbeitsbegriffs auf ein als Abstammungsgemeinschaft gedachtes Volk, dessen einzelne Angehörige einander verpflichtet sind«.[620] Dass der Nationalsozialismus in »lange Kontinuitäten der deutschen und europäischen Geschichte eingebettet war«[621], betont auch Jürgen Kocka. Etwas Neues stellt aber die besondere Aneignung von Tradition dar, die »Kontinuitäten nicht einfach fortsetzte, sondern umakzentuierte und der neuen Situation anverwandelte«.[622] »Selbst die rassistische und völkische Aufladung von Arbeit und Leistung«, schreibt Dietmar Süß,

> war keineswegs völlig neu – und doch sorgten die NS-Arbeitsexperten und auch Hitler selbst durch Zuspitzung und Verdichtung, durch die Radikalisierung der Volksgemeinschaftsutopie und die Verbannung aller alternativen

> Arbeitswertdebatten für ein gefährliches, ja tödliches Gebräu ideologischer Versatzstücke, die in ihrer Offenheit die Möglichkeit zum breiten Bekenntnis und zur gewaltsamen Tat eröffneten.[623]

An Hitlers Arbeitsbegriff ließ sich zeigen, wie er eine unterbestimmte Tradition so umakzentuierte, verdichtete und radikalisierte, dass sich mit ihr Politik machen ließ. Weder das Verständnis von Arbeit als Dienst noch das von gemeinnütziger Arbeit mag Alleinstellungsmerkmal des Nationalsozialismus sein. Der Grundgedanke, Arbeit ist ein Dienst an der Volksgemeinschaft, der eine radikal rassistische und antisemitische Volksgemeinschaft meint und der die Einzelnen dieser unterordnet, ist es. Die Opferung des eigenen Lebens ist Fluchtpunkt dieses Gedankens. Was Arbeit im Nationalsozialismus besonders macht, ist eine »entgrenzte Destruktivität«[624], die Öffnung hin zur »gewaltsamen Tat«[625]. Die Frage nach der Besonderheit des nationalsozialistischen Arbeitsbegriffs wirft eine:n also zurück auf die Praxen der Verfolgung und Vernichtung, die dieser mitbegründete. Der Ausschluss aus der Gemeinschaft wurde mit und durch Arbeit vollzogen, als »Erziehung durch Arbeit«, als Zwangsarbeit oder »Vernichtung durch Arbeit«.

7. Arbeit macht nicht frei

Vernichtung, Zwang, Erziehung

»Doch schon die Arbeit gehörte in Auschwitz zum Plan des Todes. Arbeit macht nicht frei.«[626]
Detlev Claussen

Die erste Assoziation, die sich einstellt, wenn es um Arbeit und Nationalsozialismus geht, ist vielleicht das angestrahlte Tor am Eingang im Stammlager von Auschwitz, über dem zu lesen ist: *Arbeit macht frei.*[627] Die KZ-Devise wurde zum Symbol für den nationalsozialistischen Massenmord.[628] Eine bestimmte Verwendung des Begriffs »Arbeit« wird also aufs Engste mit dem Nationalsozialismus verknüpft.

Doch in welchem Zusammenhang steht der Satz »Arbeit macht frei« zu der bisher analysierten, NS-Arbeitsauffassung? Inwiefern haben die Praktiken der Verfolgung und Vernichtung, an die denkt, wer »Arbeit macht frei« hört, etwas zu tun mit dieser Auffassung? Wie wurde Arbeit in diesen Praktiken genutzt? Und wie wurde wiederum »Arbeit«, also der ideologische Bezug auf Arbeit, genutzt, um diese Praktiken zu rechtfertigen, um die Regeln und Formen des Ausschlusses festzulegen, um zu bestimmen, wen welche Form des Ausschlusses erwartete, wen Erziehung und Disziplinierung, wen Zwang zur Arbeit, wen der Tod? Die Aufgabe dieses Kapitels ist es, die Erkenntnisse aus der Analyse der nationalsozialistischen Arbeitsauffassung auf deren exterminatorische Exekution zu beziehen. Eine Deutung der KZ-Devise »Arbeit macht frei« ist der Ausgangspunkt für Überlegungen zu einer Verschränkung von Antisemitismus, Antiziganismus, Rassismus und Sozialchauvinismus, die sich in der NS-Arbeitsauffassung und im Lagersystem des »Dritten Reichs« zeigt. Die Beschäftigung mit der destruktiven Kehrseite »deutscher Arbeit« ist der Hintergrund, vor dem im zweiten Teil dieses Buchs das Zusammenspiel von Arbeit und Freiheit im nationalsozialistischen Selbstbild untersucht wird. Dieses findet seinen Ausdruck im Führen und Folgen.

An den Unterscheidungen von Nicht-Arbeit und Anti-Arbeit, von »Asozial« und »Arbeitsscheu«, von Zwangsarbeit, von Erziehung und »Vernichtung durch Arbeit« lassen sich systematische Überlegungen über die NS-Arbeitsauffassung anstellen. Doch die Unterscheidungen selbst, das wird sich zeigen, sind nicht so distinkt wie sie scheinen. Die Übergänge sind fließend, die Grenzen verschwimmen bisweilen und sind doch zu erkennen. Es ist notwendig, einerseits die Gruppen zu unterscheiden, die ausgeschlossen, verfolgt und vernichtet wurden, und andererseits die fließenden Übergänge und ideologischen Inkonsistenzen in der nationalsozialistischen Klassifizierung sichtbar zu machen.

Die antisemitischen und rassistischen Texte in der Tradition »deutscher Arbeit« enthalten immer auch Gewaltfantasien. Die frühen nationalsozialistischen Texte zu Arbeit riefen offen zur Tat auf und forderten, etwas gegen die »jüdische Nicht-Arbeit« zu unternehmen. Das deutsche Selbstbild, man arbeite tüchtiger, fleißiger, besser, gemeinnütziger oder ehrlicher, ging in allen untersuchten Texten mit Fremdbildern einher. Die Arbeitsauffassung impliziert die »Umkehrfolgerung [...], daß wer nicht ›deutsch‹ sei, nicht gut arbeiten könne, und wer nicht gern arbeite, sich aus der deutschen Volksgemeinschaft ausschließe«[629]. Dabei muss man zwischen verschiedenen Fremdbildern unterscheiden. Arbeit ist ein Differenzkriterium, um Schließungen nach innen und außen vorzunehmen, um also zu bestimmen, wer wo dazugehören darf. Die sich so ergebenden Schließungen sind im »Dritten Reich« von unterschiedlicher Gewalt geprägt und führen zu verschiedenen Schicksalen.

7.1 Die KZ-Devise »Arbeit macht frei«

Wolfgang Brückner, der eine systematische Untersuchung der KZ-Devise »Arbeit macht frei« geleistet hat, ist sich sicher: »Aus dem modernen Mythos des schließlich für spezifisch deutsch gehaltenen Arbeitsgeistes erwuchs eine der Vernichtungsstrategien des Völkermords.«[630] Das Ideologem »deutsche Arbeit« steht in einem engen Zusammenhang mit den nationalsozialistischen Verbrechen. Darauf hat auch Joan Campbell hingewiesen:

> Among other things, this use of »German work« generated support for policies aimed at systematically excluding Jews from certain types of employment, subjecting unsatisfactory workers to enforced labor in so-called »Work Edu-

> cation Camps«, or killing, through the »euthanasia« program, those inmates of mental hospitals judged to be incapable of productive labor.[631]

Berichte von Überlebenden aus Auschwitz schildern, dass das Lagertor im ersten Moment Hoffnung aufkommen ließ, weil die Inschrift suggerierte, dass überleben darf, wer arbeitet.[632] Die Hoffnung verflog allerdings spätestens, wenn den Häftlingen durch die KZ-Aufseher:innen ein abgewandelter Satz Heinrich Himmlers mitgeteilt wurde: »Es gibt einen Weg in die Freiheit. Und der geht durch diesen Schornstein.«[633] Die Botschaft war eindeutig. »Arbeit macht nicht frei. Das Spruchband an den Lagertoren war blanker Hohn.«[634] Niemand würde durch Arbeit aus dem Konzentrationslager entlassen werden. In diesem Sinne befreie eine:n nur der Tod.

Der Spruch der KZ-Aufseher:innen wandelt einen Satz Himmlers ab, den dieser in einer Rundfunkansprache im Januar 1939 sagte. Die Rede bekennt offen:

> Wir haben in den vergangenen Jahren alle die asozialen Elemente, die so und so oft mit dem Gesetz in Konflikt kamen, immer wieder dieselben Verbrechen begangen hatten, sich vor jeder Arbeit drückten und in einem Staat, in dem jeder Arbeit haben kann, herumfaulenzen und betteln, aufgelesen und in die Konzentrationslager überführt.[635]

Diese Lager seien der Versuch, Menschen mit und durch Arbeit zu erziehen. »Das Konzentrationslager ist sicherlich wie jeder Freiheitsentzug«, fährt Himmler fort,

> eine scharfe und strenge Maßnahme. Harte, neue Werte schaffende Arbeit, ein geregelter Lebenslauf, eine unerhörte Sauberkeit im Wohnen und in der Körperpflege, ein tadelloses Essen, eine strenge, aber gerechte Behandlung, die Anleitung, Arbeit wieder zu erlernen und Fähigkeiten handwerklicher Art dazu zu gewinnen, sind die Methoden der Erziehung.[636]

Diese Äußerungen Verharmlosung zu nennen, ist noch zu milde.

Dann folgt der Satz, auf den die KZ-Aufseher:innen anspielten und der schließlich im KZ Sachsenhausen auf den Dächern der Baracken prangte: »Es gibt einen Weg in die Freiheit. Seine Meilensteine heißen Gehorsam, Fleiß, Ehrlichkeit, Ordnung, Sauberkeit, Nüchternheit, Wahrhaftigkeit, Opfersinn und Liebe zum Vaterland.«[637]

Himmlers Meilensteine widersprechen der Lagerrealität in Auschwitz und andernorts. Arbeit gehörte dort »zum Plan des Todes«[638]. Sie sollte vernichten. Weder Gehorsam noch Fleiß, Ordnung oder Opfersinn retteten eine:n an einem solchen Ort. Aber die Meilensteine waren auch nicht auf diese Orte gemünzt. Der Kontext der Rundfunkansprache ist die Verfolgung deutscher »Asozialer« und »Arbeitsscheuer«. Das reduziert die Reichweite der Meilensteine auf diejenigen, die potenziell zur Volksgemeinschaft dazugehören und deren Umerziehung und Disziplinierung angestrebt wurde.[639] Wer »zur ›Volksgemeinschaft‹ gehörte, bestimmte der NS-Staat, insbesondere die SS und die Polizei«[640]. Wer außerhalb der Volksgemeinschaft verortet wurde, dem drohte das Schlimmste, wie Hermann Göring betonte:

> Wer sich in seinem Tun außerhalb der Gefolgschaft stellt, wer erwiesenermaßen die Volksgemeinschaft selbst bekämpft und zersetzt, wer diesen Staat und damit die Gemeinschaft verrät, der stellt sich mit diesem Tun auch außerhalb der Gesetze dieser Volksgemeinschaft und verwirkt dann auch seinen Anspruch auf Schutz.[641]

Denn »Arbeitsscheue« wie Faulheit sind im Nationalsozialismus Vorwürfe, die unter die Kategorie »Verrat der Gemeinschaft« fallen.

Mit der nationalsozialistischen Arbeitsauffassung wurden im »Dritten Reich« unterschiedliche Verfolgungs- und Vernichtungspraktiken begründet, gerechtfertigt und durchgeführt. Differenzierung ist also vonnöten. Ob »Erziehung durch Arbeit«, wie in dem Himmler-Beispiel, ob Zwangsarbeit oder »Vernichtung durch Arbeit«, stets spielte Arbeit eine zentrale Rolle. In der Kategorie »Arbeit« treffen sich Antisemitismus, Rassismus, Antiziganismus und Sozialchauvinismus. Es lässt sich eine »Einheit antisemitischer, rassistischer und sozialer Ein- und Ausschlußmechanismen konstatieren, die über den Topos Arbeit vermittelt wurden und in eine Hierarchie gebracht wurden«[642].

Die symbolgewordene KZ-Devise »Arbeit macht frei« spiegelt die gleichmachende Einheit, verdeckt aber die Unterschiede. In all seiner Kürze suggeriert der Satz eine Bedeutung, die von der Realität der Lager so weit entfernt war, dass er nur »Lüge«[643] und »zynische Schurkerei«[644] sein konnte, eine weitere Form der Erniedrigung und des Hohns also. »Doch«, das betont Wolfgang Brückner in seinem Standardwerk, »die symbolischen Botschaften des Alltags pflegen in der Regel tiefere Bedeutungen zu besitzen und stehen meist prototypisch für ein ganzes kulturelles System und seine Denkformen«.[645] Die Devise verweist auf die Weltanschauung derer, die sie anbringen ließen. Sie entstammt den »Minima Moralia der völkischen Ideologen und verwandter Kampftruppen, aus deren Reihen der Erfinder der SS und ihre

Elitevorstellungen kam.«[646] Dieser Erfinder, Heinrich Himmler, hatte einen »Bildungshintergrund, dessen Rhetorik aus Sinnsprüchen besteht«[647]. Die Gravur »Meine Ehre heißt Treue« auf den Dolchen der SS ist Zeugnis davon. »›Arbeit macht frei‹«, schließt Werner Hamacher, »ist kein beliebiger und kein zynischer Slogan, sondern der *Name* von Dachau und des nationalsozialistischen Deutschland.«[648] Er gehört zur Identität des Nationalsozialismus.

Im Konzentrationslager Dachau wurde der Satz »Arbeit macht frei« zum ersten Mal als Inschrift benutzt. Am Lagertor angebracht, ergänzte er zwei Informationstafeln, die für Anwohner:innen wie Angestellte aufgestellt wurden und mit antisemitischen Karikaturen verziert über die Vorgänge hinter dem Zaun informierten.[649] Die Inschrift galt also nicht allein den Insassen. Sie war auch Ausdruck eines nationalsozialistischen Selbstbildes und eine Form das Lager zu rechtfertigen. Schon 1933 druckte die »Münchner Illustrierte Presse« Fotografien von Häftlingen ab, die eine Straßenwalze ziehen mussten und ergänzte die Bildunterschrift: »Volksverführern, denen der Begriff der Arbeit ihr Leben lang fremd geblieben ist, lernen ihn hier zum eigenen Nutzen kennen. Zum ersten Mal arbeiten sie produktiv in einer Gemeinschaft.«[650] Die implizite Botschaft lautet, dass »wir« »die« zu Arbeit zwingen dürften, weil »wir« bereits für die Gemeinschaft arbeiten, »unsere« Arbeit macht »uns« schon frei. Selbst- und Fremdbild werden hier mit und durch Arbeit zu repressiver Politik.

Die Bedeutung des Satzes »Arbeit macht frei« erschließt sich nicht aus sich heraus, sondern erst aus seinem Kontext. Es macht einen Unterschied, ob deutsche Anwohner:innen den Satz im Örtchen Dachau lesen oder russische Kriegsgefangene im Stammlager von Auschwitz. »In Auschwitz [...] diente die eindeutig für deutsche Adressaten erfundene Freiheits-Devise den ›Undeutschen‹ als Menetekel. [...] Wer aus rassischen Gründen nicht zum Arbeiten geboren ist, verdient nicht zu leben. Frei kann nur der arbeitende Mensch sein.«[651]

Die verharmlosend »Euthanasie« genannte Ermordung von Menschen mit Beeinträchtigung und Psychiatrie-Patient:innen, etwa durch die Aktion T4, hat in derselben Logik ihre Wurzeln. Arbeitsunfähige Menschen, denen also Produktivität abgesprochen wurde, sollten nicht leben dürfen. »Wer nicht arbeitet, soll auch nicht essen« ist die an Paulus angelehnte Parole, die zur Rechtfertigung solcher Morde herhalten konnte.[652] Eine Abwandlung dieses Sinnspruchs soll auch im KZ Dachau eine Wand geziert haben.[653] Praktisch umgesetzt wurde der Satz im sogenannten Hungererlass, mit dem der Bayrische Staatsminister des Innern 1942 bestimmte, dass arbeitsunfähigen Patient:innen von Heil- und Pflegeanstalten die Nahrung verringert werden soll.[654] Nach einiger Zeit war mit dem Tod durch Unterernährung zu rechnen. Heinz Faulstichs Begriff des »Hungersterbens« ist für diese Praxis missverständlich, denn es geht hier um systematisches Aushungern und damit ums Hungermorden.[655]

Die Bedeutung der KZ-Devise kann durch einen Bezug auf einen anderen nationalsozialistischen Sinnspruch entschlüsselt werden. Während »Arbeit macht frei« die Lagertore in Auschwitz, Sachsenhausen, Flossenbürg, in Dachau, Theresienstadt und Groß-Rosen zierte, stand am Lagertor in Buchenwald ein anderer, ausnahmsweise von innen lesbarer Satz: »Jedem das Seine«.[656] Indem Brückner die beiden Inschriften aufeinander bezieht, gewinnt er deren fundamentale Bedeutung für die Weltanschauung: »Darum auch jedem seine Form von Arbeit, selbst die ›Vernichtung durch Arbeit‹ oder Arbeitsformen, wie sie einem aufgrund der Ideologie von rassespezifischer Seinsweise ›eigentlich‹ zukommen.«[657] Der NS-Arbeitsauffassung nach sind unterschiedliche Arbeitsformen den unterschiedenen Menschengruppen angemessen. Für einige soll die Monotonie der Fabrikarbeit gerade richtig sein, andere seien dazu berufen zu befehlen und zu führen, wieder andere müssten im Steinbruch überhaupt erst lernen, was Arbeit ist. Hitler hatte diese Vorstellung schon in »Mein Kampf« mit den Worten kommentiert: »Was bei den einen zum Verhungern führt, erzieht die anderen zu harter Arbeit.«[658]

Primo Levi, der im KZ Auschwitz-Monowitz zu Arbeit gezwungen wurde und die Befreiung im Krankenbau zurückgelassen überlebte, wandte sich 1959 der KZ-Devise zu und schrieb einen kurzen, aber prägnanten Text, der versucht, ihre Bedeutung zu begreifen. Entgegen dem nationalsozialistischen Selbstbild beteuert Levi, dass die Nazis Arbeit verabscheuten. Ihr Ziel sei die Errichtung einer neuen Ordnung gewesen, in der sie als Herrenvolk Sklaven für sich arbeiten lassen könnten. Den Satz »Arbeit macht frei« übersetzt er demnach in: »Work is humiliation and suffering, and is fit not for us, the *Herrenvolk*, the people of masters and heroes, but for you, enemies of the Third Reich. The only freedom which awaits you is death«.[659]

Fast 30 Jahre später schrieb Levi wieder über die Devise; nun auf eine Weise, die ein anderes Verständnis des Satzes ermöglicht: »Jeder mußte arbeiten, denn ›Arbeit macht frei‹. Stand es etwa nicht so über dem Lagereingang geschrieben? Das war kein Witz, das war Ernst.«[660] Während der erste Text die Nationalsozialisten als passive Herren imaginiert, verweist der zweite auf die Bedeutung, dass alle zu arbeiten hätten, die Deutschen eingerechnet. So gelesen bezieht sich die KZ-Devise auf Inhaftierte wie Inhaftierende, auf Häftlinge wie Aufseher:innen.

Brückners Verbindung mit dem Spruch »Jedem das Seine« kann das ergänzen. Für jede:n sollen unterschiedliche Formen der Arbeit angemessen sein. Paradigmatisch ausgedrückt findet sich diese Idee wieder bei Hitler. In dessen »rassistischer Weltsicht ordneten sich die Rassen nach ihrer Arbeitskompetenz«[661], mit den Deutschen an der Spitze. Es ist daher ganz auf Linie, wenn Robert Ley den Deutschen mitten im Krieg zuruft: »Unsere Arbeit macht uns frei«.[662]

»Nur wer Arbeit als arischen Gottesdienst betreibt«, so paraphrasiert Brückner diese Logik, »ist wirklich frei. Die Häftlinge des Konzentrationslagers aber wüßten weder, was Arbeit ist, noch wollten sie im ›völkisch-rassischen‹ Sinne arbeiten. Also seien sie zu Recht unfrei und darum interniert.«[663] Wer über Arbeit und Nationalsozialismus spricht, darf von Verfolgung und Vernichtung nicht schweigen. Eine besondere Arbeitsauffassung konstituiert das nationalsozialistische Selbstbild und malt ein Fremdbild, das zur Rechtfertigung für Verfolgung und Vernichtung genutzt wurde. »Arbeit macht frei« ist keine einfache KZ-Inschrift, sondern die »Ressurektionsformel«[664] des Nationalsozialismus. In ihr kristallisiert sich die Fantasie einer (Wieder-) Erhebung des deutschen Volkes.

7.2 Vernichtung, Zwang, Erziehung. Die »entgrenzte Destruktivität« der »deutschen Arbeit«

In Auschwitz wurde ab dem Sommer 1942 selektiert zwischen Arbeitsunfähigen, also Kindern, Alten, Kranken und Schwangeren auf der einen Seite, und arbeitsfähigen Menschen auf der anderen Seite.[665] Die erste Gruppe wurde unmittelbar zur Gaskammer geführt. Der Tod der zweiten Gruppe wurde »aufgeschoben«[666]. Sie wurden vorerst zu Arbeit gezwungen. »Auschwitz ist ein Kompromiß der Bedürfnisse der SS-Wirtschaft mit der Todesfabrik: Zwischen der ›Vernichtung durch Arbeit‹ und der Vergasung ›lebensunwerten Lebens‹ gab es nur eine kurze Atempause, die wenigen noch das Leben gerettet hat.«[667] Die Selektionen sind der Moment, indem entschieden wurde, wem diese Atempause gebilligt wurde. Hier wurde entschieden, »wann und wie sie umkommen sollten«[668]. Denn sterben sollten sie alle. »Einige würden registriert für mörderische Zwangsarbeit; der Rest würde sofort vergast.«[669] Die Selektionen sollten diejenigen ausfindig machen, die zur Arbeit genutzt werden konnten.

Die Kategorie Arbeitsfähigkeit ist aber selbstverständlich keine objektive. Das heißt, wieviel Prozent der Ankommenden vorerst überleben durften und zu Arbeit gezwungen wurden, hing auch von Subjektivem ab. Wolfgang Sofsky konnte zeigen, dass die »Selektionspraxis« gekoppelt war »an den jeweils aktuellen Arbeitskräftebedarf und die Aufnahmekapazität der Lager«.[670] Im Durchschnitt, so Sybille Steinbacher, wurden in Auschwitz »20 Prozent eines Häftlingstransports«[671] zur Arbeit bestimmt. Die große Mehrheit wurde also unmittelbar nach der Ankunft ermordet.

Das zentrale Kriterium für die Selektion war in Auschwitz die Arbeitsfähigkeit. In Treblinka, Bełżec, Sobibor und Majdanek wurden dagegen fast alle ohne Zögern ermordet. Nur eine noch viel kleinere Gruppe von Menschen ließ man vorerst am Leben, gerade so viele, »wie die SS für den reibungslosen Tötungsbetrieb benötigte«[672]. Hier dominierte das Ziel der Vernichtung den »Kompromiss«.

Die Selektierung zu Arbeit zögerte den Tod zwar hinaus, was Christopher Browning vom »survival through labor« sprechen ließ.[673] Doch es war nicht die Arbeit, die überleben ließ, sondern die Arbeitsverweigerung: »Arbeit sicherte nicht das Leben, sondern ruinierte es. Nur wer sich der Arbeit entzog, konnte sich die Kräfte erhalten, die die Arbeit zerstörte, konnte sich die Arbeitsfähigkeit bewahren, die ihn vor dem Tod schützte.«[674] Arbeit machte eben nicht frei und zum Tode waren auch diejenigen bestimmt, die vorerst zur Arbeit selektiert wurden. Arbeit sollte sie vernichten. Deshalb hieß »[f]ür KZ-Häftlinge [...], zumal in Auschwitz bei der ›Selektion‹, die Kategorisierung ›arbeitsfähig‹ bestimmt sein zur ›Vernichtung durch Arbeit‹«[675].

Diese ideologische Verbindung von Arbeit und Vernichtung kann als nationalsozialistische Besonderheit gelten. »Zu solcherart Destruktivität«, schreibt Michael Wildt, »zu einem solchen massenmörderischen Verständnis von Arbeit war offenkundig nur der Nationalsozialismus imstande.«[676] Und Jürgen Kocka ergänzt:

> Mit ihrer Militarisierung der Arbeit – nach der Erfahrung des Ersten Weltkriegs –, ihrem massenhaften Einsatz von Zwangsarbeit unter staatlich-diktatorischer Kontrolle, ihrer Instrumentalisierung der Arbeit für die Vernichtung menschlichen Lebens und mit der Massivität ihres radikal-rassistischen Ansatzes, der hier erstmals zur offiziellen Regierungspolitik eines mächtigen Staates wurde, hob sich die nationalsozialistische Arbeitspolitik allerdings von allen deutschen und europäischen Traditionen ab.[677]

Der Nationalsozialismus schließt mit seiner Arbeitsauffassung zwar an eine lange Tradition an, besonders blieb aber deren Radikalisierung und destruktive Umsetzung. Diese Besonderheit hebt den Nationalsozialismus aus der Allgemeinheit der Arbeitsgesellschaften ab:

> Das rational-zyklische Kalkül, das auch westlichen Gesellschaften nicht fremd ist, durch Zwang und Unfreiheit Menschen zu ökonomischen Zwecken arbeiten zu lassen und dadurch den gesamtgesellschaftlichen Nutzen bzw. den Kapitalgewinn für einige Gruppen oder Unternehmen zu steigern, stand im Nationalsozialismus hinter rassistischen, antisemitischen Weltordnungsplänen zurück.[678]

Der antisemitische Vernichtungswahn und die rassistische Weltanschauung prägten die Arbeitsauffassung und leiteten zu ihrer brutalen Umsetzung.

Heinrich Himmler legte die »Vernichtung durch Arbeit« als Programm im September 1942 mit Justizminister Otto Thierack vertraglich fest.[679] Der kurze, unzähligen den Tod bringende Passus, aus dem der Begriff stammt, verweist auf die Vernichtungsdimension des Antisemitismus. Denn Jüdinnen:Juden sollten dieser Form der Vernichtung bedingungslos zugeführt werden – genau wie Menschen, die als »Zigeuner« verfolgt wurden. Bei Polen, Tschechen oder Deutschen musste dagegen eine Vorstrafe vorliegen.[680]

Schon im Januar desselben Jahres wurde festgelegt, das kann man dem Protokoll der Wannseekonferenz entnehmen, dass Jüdinnen:Juden zu Arbeit in geschlechtergetrennten Kolonnen eingesetzt werden sollten, wobei »zweifellos ein Großteil durch natürliche Verminderung ausfallen wird«[681]. Vernichtung und Arbeit gehen hier eine unheilige Allianz ein.

In Zeitzeugenberichten aus dem KZ Auschwitz-Monowitz oder anderen Lagern wird der Charakter dieser »Vernichtung durch Arbeit« beschrieben. Die Arbeitswelt derer, die in einem Konzentrationslager inhaftiert waren und zu Arbeit gezwungen wurden, war geprägt von Befehlen, Gewalt, Schikane und Tod. Die Arbeit war allzu oft sinnlos und immer so strukturiert, dass der:die Einzelne an ihr zugrunde ging. Tibor Wohls Überlebendenbericht legt davon Zeugnis ab. In »Arbeit macht tot« beschreibt Wohl den Arbeitsalltag der KZ-Häftlinge auf der Baustelle der IG Farben AG in Auschwitz.[682] Dieser war bestimmt durch den Tod, geradezu routiniert wurden Arbeiter erschlagen, erschossen oder zu Tode gequält.

Doch der Bericht weist implizit auch auf die andere Seite dieser Arbeitswelt hin, die schon im Rahmen von Levis zweiter Deutung lag, dass diejenigen, die da quälen, prügeln, foltern und den Mord überwachen, ihre Arbeit ausführen, vor Vorgesetzten beweisen müssen, dass sie fleißig sind und Untergebene zu mehr Arbeit antreiben. Vernichtung, das versteht man beim Lesen dieses Zeitzeugenberichts, wurde selbst zur Arbeit: Vernichtung *als* Arbeit.

Das hatte zur Folge, dass Arbeit und Destruktion keine Gegensätze mehr waren, sondern im Gegenteil »umfassende Zerstörung als ›gute Arbeit‹«[683] galt. »Am betrieblichen Arbeitsplatz wie im ›Kriegseinsatz‹ war«, schreibt Alf Lüdtke, »›deutsche Qualitätsarbeit‹ gefordert – sie stiftete Befriedigung auch dann, wenn nicht Produktion, sondern Destruktion Ziel oder doch Ergebnis war.«[684] In den Konzentrationslagern zeigt sich eine Arbeit, die Lars Clausen als »vernichtende[] Tätigkeit«[685] bezeichnet. Ganz in ihrem Sinne freute sich ein junger soeben zur Front berufener Soldat in einem Brief an seinen Generalleutnant, dass er »dadurch auch einmal praktische Arbeit für unseren Führer leisten«[686] könne. »Mord als Alltagsarbeit«[687] liegen ebenso im Rahmen dieses Arbeitsverständnis wie »Auschwitz als Arbeitsplatz«[688].

Das Mordprogramm »Vernichtung durch Arbeit« umfasste konkret mindestens drei Methoden: »Die seelische Erniedrigung der Inhaftierten durch körperliche Gewalt und Schikane; das Vorenthalten hinreichender Ernährung, Kleidung, Unterbringung und Krankenversorgung sowie kräftezehrende körperliche Arbeit.«[689] Die Methoden ergänzten sich. Die Ernährung wurde extra »so berechnet, dass die Häftlinge bei schwerer körperlicher Arbeit kontinuierlich schwächer wurden«[690].

Dass den Arbeiten »jegliche[] Grundsätze[] der Wirtschaftlichkeit«[691] fehlten, lag daran, dass es »der SS«, wie Eugen Kogon bereits 1946 feststellte, »gar nicht so sehr auf Arbeitsleistung [...] als vielmehr auf Quälerei«[692] ankam. Der »Terror als Zweck«[693] war gegenüber der »Effizienz des Arbeitseinsatzes«[694] vorrangig. Der Zustand der Häftlinge war nicht von Relevanz. Die IG Farben AG vereinbarte mit der das KZ Auschwitz-Monowitz befehligenden SS einen Krankenstand.[695] War dieser überschritten, wurde selektiert, und das meinte die Überstellung nach Birkenau mit dem Ziel der Ermordung. Die Arbeit der Vernichtung löste dann die »Vernichtung durch Arbeit« ab.

Aber, so fragte Daniel Jonah Goldhagen, warum haben die Deutschen die Jüdinnen:Juden nicht einfach ermordet?[696] Warum war es wichtig, sie zu Arbeit zu zwingen? Wozu die Quälerei und der Terror? Eine Antwort auf diese Fragen kommt ohne (sozial-)psychologische Argumentation nicht aus. Margarete Mitscherlich resümiert angesichts der Debatten um Goldhagens Buch: »Der Sadomasochismus im Verhalten der Deutschen, der während der Nazi-Zeit seinen Höhepunkt erreichte, verband sich mit der Mythologie einer deutschen Blutsgemeinschaft und ihrer rassistischen Überlegenheit.«[697] Die

Vermutung, dass die Mehrheit der SS-Aufseher wahre Sadisten waren, liegt nahe und wird in vielen Fällen vom historischen Material gedeckt.[698]

In Goldhagens Argumentation selbst deutet sich aber zugleich eine anders gelagerte Antwort auf die Frage an. Sie deutet die kulturell-symbolische statt der psychologischen Ebene aus.[699] Dass Jüdinnen:Juden durch Arbeit vernichtet werden sollten, hatte nämlich, so Goldhagen, auch etwas zu tun mit dem Fremdbild. Die Weise, in der die Nationalsozialisten über »jüdische Anti-Arbeit« dachten und sprachen, »influenced how they treated Jewish workers«[700]. Deren Arbeit galt nämlich nicht als Arbeit, sondern nur als »suspended form of death – in other words, it was death itself.«[701] Dieser enigmatische Gedanke, die Arbeit von Jüdinnen:Juden sei keine Arbeit, sondern der Tod höchstselbst, wird auch von Werner Hamacher formuliert – wenngleich nicht weniger rätselhaft. Er versucht die Engführung von Arbeit und Vernichtung zu begreifen:

> Der Satz »Arbeit macht frei« ist die Resurrektionsformel der national-christlichen, nekro-vitalistischen Mythologie des Faschismus, sie definiert Auschwitz als Arbeitsplatz, an dem das Nicht-Eigene, Nicht-Arbeitende und, so wird insinuiert, deshalb schon Tote noch einmal zu Tode gebracht wird, damit das Eigene, die Arbeitsgesellschaft als ihr eigenes Arbeitsprodukt hervortreten kann.[702]

Die Arbeit, die Hamacher als charakteristisch für den Nationalsozialismus identifiziert, hatte die Errichtung einer totalen Arbeitsgesellschaft zum Ziel, die deutsche Volksgemeinschaft genannt wurde. Dafür sollte alles Fremde abgeschafft werden; stärker formuliert: Die nationalsozialistische Arbeit war eine »Verwerfung des Arbeitsfremden und der Fremdheit der Arbeit ›selbst‹ durch den Mord«[703]. Es ist dieser Gedanken, der Moishe Postone von Auschwitz als »groteske[r] arische[r] ›antikapitalistische[r]‹ *Negation*«[704] einer Fabrik sprechen ließ, in der kein Wert erzeugt, sondern Wert vernichtet wird; genauer in der die »Personifizierung des Abstrakten«[705] vernichtet wurde, »der Jude«.

Die Analyse der NS-Arbeitsauffassung kann diesen rätselhaften Gedanken entschlüsseln. Indem die Nationalsozialisten Leben zum Kampf erklärten und Arbeit zu dessen angemessenem Mittel, naturalisierten und hypostasierten sie diese. »Dem Juden« schrieben sie zugleich eine Form von Nicht-Arbeit zu, die korrumpiere und zersetze, Anti-Arbeit sei und sich gegen diesen natürlichen Kampf richte, und damit gegen das Leben selbst. Weil zu arbeiten bedeuten soll, zu leben, kann nicht-arbeiten nur bedeuten, nicht zu leben. »Jüdische Anti-Arbeit« verweist dann auf den Tod.

Was Hamacher wie Goldhagen zeigen, ist, dass die NS-Arbeitsauffassung die Grundlage für die Engführung von Arbeit und Vernichtung ist, ideologisch wie praktisch. »[D]er Terror«, schreibt Irmgard Weyrather, »muß als Konsequenz der spezifisch rassistischen Verherrlichung der Arbeit verstanden werden.«[706]

Der Antiziganismus des Nationalsozialismus argumentierte ähnlich wie dessen Antisemitismus. Auch die Nicht-Arbeit der als »Zigeuner« verfolgten soll gefährliche Züge tragen. Sie erscheint zwar nicht als hypermodern wie »beim Juden«, sondern als vormodern, erinnert damit aber an eine verdrängte sowie ersehnte Zeit vor der Arbeitsgesellschaft und soll deshalb gefährlich sein. »Das Vergehen der ›Zigeuner‹«, schreibt Markus End unter Bezugnahme auf Adorno, »ist, dass sie die ›Zivilisierten‹ daran erinnern, dass sie alles tun, was die ›Zivilisierten‹ sich versagen müssen.«[707] Antiziganismus und Antisemitismus sind komplementäre Elemente des Nationalsozialismus:

> Während »die Juden« als die Exponenten und Urheber der gesellschaftlichen Modernisierung, vor allem jedoch als unverschämte Nutznießer entsprechender Emanzipationspotenziale galten, fungierten die so genannten Zigeuner »als Repräsentanten der untergegangenen Welt der Vormoderne«, als das »eigene Alte der europäischen Kultur«. Der Hass auf die Nicht-Arbeit besteht also sowohl aus dem Hass gegenüber einer möglichen Aufhebung der Arbeit auf der Basis gesellschaftlichen Fortschritts, dem »Lohn ohne Arbeit«, und aus dem Hass auf die Erinnerung an ein Leben ohne die Friktionen der Arbeitsgesellschaft.[708]

Diese Komplementarität ahnten bereits Adorno und Horkheimer, als sie von Ahasver, dem »ewigen Juden«, und Mignon, Goethes Bild einer »schönen Zigeunerin«, im selben Atemzug schrieben.[709]

Es leuchtet in dieser Unlogik ein, dass die Anti-Arbeit nicht einfach zu beherrschen ist. Die Gefahr verschwindet nicht, wenn Jüdinnen:Juden, Sinti:zze und Rom:nja zu Arbeit gezwungen werden. Der antisemitische und antiziganistische Wahn fordert ihre Vernichtung.

Die nicht im selben Sinne als Gefahr vorgestellte, sondern mit Faulheit assoziierte Nicht-Arbeit, etwa von Osteuropäer:innen, sollte dagegen produktiv genutzt werden. Zwangsarbeit wurde so deren Schicksal. Eine Gefahr sollte von ihnen eher durch »rassische Vermischung« ausgehen, weshalb sie von der deutschen Bevölkerung getrennt wurden und auf den Umgang mit ihnen hohe Strafen standen.

Deutschen Volksgenoss:innen schließlich, denen »Arbeitsscheue« vorgeworfen wurde, sollten zu Arbeit und durch Arbeit erzogen werden. Sie landeten in sogenannten Arbeitserziehungslagern (AEL) und trafen dort wiederum auf zivile Zwangsarbeiter:innen, also Menschen, die ins »Dritte Reich« verschleppt wurden, um zu arbeiten und die etwa der »Bummelei« beschuldigt und zur Disziplinierung in ein AEL eingeliefert wurden. Die AEL waren auch das »wichtigste Element zur Disziplinierung und Terrorisierung der Zwangsarbeiter«[710].

Die Behandlung der verschiedenen Gruppen war von »weltanschaulichen Faktoren bestimmt«[711], sodass sich selbst die Lebensbedingungen, also Lohn, Unterbringung und Mobilität, von zivilen Zwangsarbeiter:innen, massiv danach unterschieden, ob es sich um Westeuropäer:innen oder Osteuropäer:innen handelt. Pol:innen oder Russ:innen, letztere »Ostarbeiter« genannt, befanden sich in der nationalsozialistischen Hierarchie weiter unten als Italiener:innen oder Engländer:innen.

Rückt man Arbeit in den Mittelpunkt der Erforschung des Nationalsozialismus, kann man die »zusammenhängende Einheit«[712] der verfolgten Gruppen erkennen. Sie wird vermittelt durch die nationalsozialistische Arbeitsauffassung. Sichtbar wird außerdem der systematische Charakter des NS-Zwangsarbeitssystems, das ab 1942 vom Generalbevollmächtigten für den Arbeitseinsatz organisiert wurde, Fritz Sauckel.[713]

Eine frühe Form der Zwangsarbeit waren die sogenannten Judenkolonnen, die bereits ab Oktober 1939 durch die Verwaltung des Generalgouvernements festgelegt wurden.[714] Diese Judenkolonnen wurden nur für den jeweiligen Tag zusammengestellt, die Menschen wurden abends wieder aus dem Zwang entlassen. »Doch mit der Zeit erwuchs aus den Arbeitskolonnen ein neuer, beständiger Typus der Zwangsarbeit, das Arbeitslager.«[715] Die Zwangsarbeitslager also, in denen später Menschen aus fast allen europäischen Ländern eingesperrt wurden, das macht diese Ursprungsgeschichte deutlich, sind aus einer antisemitischen Praxis entstanden. Zu ergänzen ist, dass Arbeitszwang, Arbeitshäuser und -lager ältere Vorläufer haben. Sie reichen zurück bis an den Anfang der Arbeitsgesellschaft und prägten auch in einem wesentlichen Maße die Praktiken des Kolonialismus.[716]

Das Beispiel der »Judenkolonnen« zeigt etwas. Es lässt die soeben getroffene Unterscheidung verwischen, die versuchte, über die Systematisierung von Anti- und Nicht-Arbeit die Praktiken der Verfolgung zu verstehen. Es ermahnt erneut zur Differenzierung und Einsicht, dass die in der Ideologie klar gezogenen Abgrenzungen sich in der Praxis keineswegs so eindeutig zeigen. Die Zeit, der Ort und die politischen Umstände sind wesentliche Faktoren.

Man kann unterscheiden zwischen verschiedenen Gruppen von Zwangsarbeitenden:

> a) die zivilen und kriegsgefangenen ausländischen Arbeitskräfte im Rahmen des nationalsozialistischen »Ausländereinsatzes« […] b) die Häftlinge in den Konzentrationslagern […] c) die während des Kriegs unter den Zugriff des Deutschen Reiches geratenen europäischen Juden sowie Zigeuner.[717]

Zwischen den Gruppen gab es eine Hierarchie, wobei KZ-Häftlinge »darin die unterste Stufe«[718] bildeten – und sich Jüdinnen:Juden sowie Sinti:zze und Rom:nja in dieser Gruppe noch am unteren Ende befanden. Innerhalb dieser groben Einteilung unterscheiden sich die Gruppen noch einmal stark nach drei Kriterien, die Mark Spoerer herausgearbeitet hat: erstens die Form des Zwanges, zweitens die Möglichkeit Einfluss auf den Arbeitseinsatz zu nehmen und drittens die Chance zu überleben.[719]

Zwangsarbeit »war ein bestimmendes Merkmal nationalsozialistischer Herrschaftsausübung.«[720] Das zeigt sich auch darin, dass unter den ersten Ämtern, die die Deutschen in den besetzten Gebieten einrichteten, die Arbeitsämter waren.[721] Das hatte nicht nur ökonomische oder strategische, sondern auch ideologische Gründe.

Denn die Ideologie »deutscher Arbeit« legitimiert – ja fordert geradezu – die Zwangsarbeit derjenigen, die qua Rasse nicht-arbeiten oder nicht genug arbeiten würden. Aus diesem Grund war Primo Levi davon überzeugt, dass die Nationalsozialisten versuchten, eine neue Ordnung herzustellen, in der sie die Herren über ein Zwangsarbeitsheer wären. »If Fascism had prevailed, the whole of Europe would have been transformed into a complex system of forced labour and extermination camps, and those cynically edifying words [Arbeit macht frei, NL] would have been read on the entrance to every workshop and every worksite.«[722]

Im Laufe des Zweiten Weltkriegs wurde die Ausbeutung von Zwangsarbeiter:innen zum »Rückgrat der deutschen Kriegsindustrie«.[723] Die Kriegswirtschaft war »spätestens seit 1941 alternativlos auf ausländische Arbeitskräfte angewiesen.«[724]

> [O]hne Ausländer wäre in der Landwirtschaft seit Ende 1940, in der Rüstungsindustrie seit Ende 1941 eine Produktion im geforderten Umfang nicht mehr möglich gewesen. Nur durch den »Ausländereinsatz« war es zudem möglich, die Lebensmittelversorgung der deutschen Bevölkerung bis Ende 1944 auf dem höchsten Stand aller kriegführenden europäischen Mächte zu halten.[725]

Die Bevölkerung profitierte also handfest von der Zwangsarbeit.

1939 befanden sich etwa 650.000 ausländische Arbeiter:innen im Deutschen Reich. Die Zahl stieg kontinuierlich. 1944 waren es bereits 7,1 Millionen Zwangsarbeiter:innen.[726] Das heißt, jede:r fünfte Arbeitende im Deutschen Reich war zu dieser Zeit ein:e Zwangsarbeiter:in. Insgesamt, so wird geschätzt, wurden 20 Millionen Menschen zu Arbeit gezwungen.[727] Allein in Berlin gab es über 3.000 Unterkünfte für Zwangsarbeiter:innen.

Zwangsarbeit war im Zweiten Weltkrieg also ein alltägliches Phänomen: »Ob als Besatzungssoldat in Polen oder als Bäuerin in Thüringen – alle Deutschen begegneten Zwangsarbeiterinnen und Zwangsarbeitern, fast alle waren involviert. Der Zwangsarbeitereinsatz war kein Geheimnis. Er war ein weitgehend öffentliches Verbrechen«[728]; kein »Regimeverbrechen« also, sondern ein »Gesellschaftsverbrechen«.[729] Der Effekt für die deutsche Bevölkerung war nicht nur materieller Art:

> Zwangsarbeit formierte die von den Nationalsozialisten propagierte, auf Inklusion und rassistischer Exklusion beruhende »Volksgemeinschaft« zugleich als Zugewinngemeinschaft – und dies nicht nur materiell. Die rassistische Herabstufung und Ausgrenzung angeblich Minderwertiger, die Trennung von »Herrenmenschen« und »Arbeitsvölkern« ermöglichte »arischen« Deutschen auch eine im Alltag erlebbare Aufwertung und Höherstellung, mochten sie auf der innergesellschaftlichen sozialen Stufenleiter noch so niedrig stehen.[730]

Der Einsatz von Zwangsarbeitenden hatte also auch einen ideellen Effekt. Er war die Verwirklichung einer rassistischen Rangordnung, die die Ideologie »deutscher Arbeit« seit jeher als die angemessene propagierte und von der die Nationalsozialisten glaubten, sie sei natürlich. »Diese exkludierende, erniedrigende und brutale Kehrseite der Arbeit gehörte untrennbar zum nationalsozialistischen Konzept der Arbeit dazu.«[731] Dieses Konzept wurde wiederum genutzt, um die brutale Seite zu rechtfertigen. Sozialdarwinismus, die Idee »deutscher Arbeit« sowie das sogenannte Leistungsprinzip halfen nicht nur, so fasst Joan Campbell zusammen, den Krieg zu rechtfertigen, sondern auch »to render acceptable the brutal exploitation of foreign workers and of Germans designated as enemies of the Volk«[732].

Denn die Verfolgung konnte auch »arische« Deutsche treffen, insbesondere dann, wenn sie als »arbeitsscheu« oder »asozial« galten. Bereits 1933 wurden in der sogenannten Bettelrazzia zehntausende Menschen vorübergehend verhaftet und inhaftiert, die beschuldigt wurden zu betteln oder obdachlos zu sein.[733] Arbeitshäuser wurden wieder vermehrt genutzt, um, so heißt es im Gesetzestext dazu, Menschen »zur Arbeit anzuhalten und an ein gesetzmäßiges und geordnetes Leben zu gewöhnen«[734]. Haftgrund war nicht die Gefahr, die von ihnen ausging, sondern ihre »Arbeitsscheue« selbst.[735] Denn »der arbeitsscheue ›Asoziale‹ [galt] als Antityp zu den produktiven deutschen Volksgenossen«[736]. Das Zitat von Hans-Albert Wulf deutet eine ideologische Nähe zwischen der Verfolgung »Asozialer« und »Arbeitsscheuer« an, die zwar bestand, es verwischt aber im selben Atemzug, dass solcherart Verfolgte durchaus praktisch unterschieden wurden und verschiedene Schicksale hatten.

Das zeigt sich an der Situation in den Konzentrationslagern. »Die hohe Sterbeziffer der ›Asozialen‹ in den Lagern«[737] verdeutlicht, dass deren Ermordung durchaus »einkalkuliert«[738] war. »Zweifelsohne«, schließt Yvonne Robel, »radikalisierten die Nationalsozialisten den disziplinierenden Umgang mit Arbeitsscheu und Faulheit hin zur Verfolgung und Vernichtung«.[739] Wobei die Übergänge dabei wieder fließend waren. Ideologisch wurde aber, so Wolfgang Ayaß, unterschieden zwischen »Asozialen« und »Arbeitsscheuen«:

> Mit den Arbeitserziehungslagern errichtete das Regime ab 1940 eine spezifische Lagerform für »Arbeitsbummelanten«. In diesen Lagern wurden hauptsächlich Menschen inhaftiert, denen man vorwarf, an ihren Arbeitsplätzen ungenügend zu arbeiten oder unentschuldigt zu fehlen. Es handelte sich also in erster Linie um Personen, die bereits in den Arbeitsprozeß integriert waren. Während die nationalsozialistische Asozialenverfolgung zuvor »Asoziale« im Kern als nicht arbeitende Menschen definierte, zählten auch unzureichend arbeitende Menschen zu den »Arbeitsscheuen«.[740]

»Arbeitsscheue« galten also als unzureichend Arbeitende, »Asoziale« als Nicht-Arbeitende. Als »asozial« Verfolgte wurden in Konzentrationslagern inhaftiert und mit einem schwarzen Winkel markiert. Die Kategorie wurde man nicht mehr los. »Weder angepaßtes Verhalten noch gute Arbeitsleistung konnte dies ändern.«[741] Auch hier machte Arbeit nicht frei.

Die unzureichend Arbeitenden sollten in den Arbeitserziehungslagern zugerichtet werden, bis sie ihre Anforderungen wieder erfüllten. Dann konnten sie durchaus wieder eingegliedert werden. Julia Hörath schildert einen solchen Fall:

> So schrieb die Kommandantur des KZ Flossenbürg am 27. Februar 1940 anlässlich eines Haftprüfungstermins über den »Berufsverbrecher« Alfred G.: »Die Führung ist genügend, seine Arbeitsleistungen entsprechen den hier

> gestellten Anforderungen. G. verrichtet willig und fleißig die ihm übertragene Arbeit. Es besteht hier der Eindruck, dass G. in der Volksgemeinschaft noch ein brauchbarer Arbeiter wird, wenn er sofort nach seiner Entlassung in den Arbeitsprozess eingegliedert wird.«[742]

Die Verfolgung mit den Kategorien »Asoziale« und »Arbeitsscheue« sollte disziplinierende Wirkung und einen »abschreckende[n] Effekt auf die Gesamtbevölkerung«[743] haben. Mit der Einführung der »allgemeine[n] Dienstpflicht« im Juli 1938 wurde »die Verhaftung der ›Asozialen‹ [...] – wie Greifelt schrieb – ›ein Gebot der nationalen Arbeitsdisziplin‹«.[744] Die Nationalsozialisten trieb dabei nicht so sehr »eine, wie auch immer geartete, notdürftige Versorgung und Disziplinierung einer in jeder modernen Gesellschaft vorhandenen subproletarischen Schicht [an], sondern die Vision der endgültigen Beseitigung von ›Asozialität‹.«[745] Und das ist die Vision der Abschaffung von Nicht-Arbeit.

In den Lagern wurde die Nicht-Arbeit ganz praktisch abgeschafft. Für Untätigkeit gab es keinen Platz. »Kleine Kinder«, berichtet Heike Krokowski, »mussten vollständig sinnlose Arbeiten verrichten, da Untätigkeit von der SS nicht geduldet wurde. Sie hatten Steinhaufen auf einer Seite des Lagers abzutragen und auf der gegenüberliegenden Seite wieder anzuhäufen.«[746] In diesem Fall traf es junge Sinti:zze.

Mit der Kategorie »Asozialität« sollten diejenigen gekennzeichnet werden, die sich dem geregelten Leben der Arbeit angeblich entziehen. Die Kategorie blieb zwar unterbestimmt, »wurde aber vielfach angewendet«[747]. Es blieb undeutlich, wer »letztendlich zum Kreis der ›Asozialen‹ und ›Gemeinschaftsfremden‹ zu zählen sei«[748]. Die Begriffe waren »der Holzhammer, mit dem jeder Form eines unangepassten Lebens zu Leibe gerückt wurde«[749].

Eine Definition versuchten die Nationalsozialisten 1944 in einem Gesetzesentwurf zum sogenannten Gemeinschaftsfremdengesetz. Demnach galt als »gemeinschaftsfremd«, wer »aus Arbeitsscheu und Liederlichkeit ein nichtsnutzes, unwirtschaftliches oder ungeordnetes Leben führt und dadurch die Allgemeinheit belastet oder gefährdet oder einen Hang oder eine Neigung zum Betteln oder Landstreichen«[750] hat. Das Leben von »Gemeinschaftsfremden« sei also durch eine Nicht-Arbeit geprägt, die belastet oder gefährdet.

Als »arbeitsscheu« galten auch, dass regelte Heinrich Himmler 1938 per Erlass, alle, die arbeitsfähig seien, aber mindestens zwei angebotene Arbeitsplätze abgelehnt hatten. Wer sich solcherart schuldig machte, konnte in einem der rund 200 Arbeitserziehungslager inhaftiert werden. Diese waren unmittelbar der Gestapo unterstellt, nicht wie die Konzentrationslager der SS. Die Gestapo hatte damit eine ausufernde Aufgabe bekommen: »Rund 70 % aller staatspolizeilichen Festnahmen erfolgten aus unpolitischen Gründen, nämlich wegen Verstößen gegen die Arbeitsdisziplin«[751], schreibt Gabriele Lotfi. Die Arbeitserziehungslager »dienten nicht primär der politischen oder rassischen Verfolgung, sondern sicherten die Arbeitsdisziplin der deutschen, vor allem aber der ausländischen Arbeitskräfte.«[752] Viele waren hier nur einige Wochen eingesperrt und wurden dann wieder ins Arbeitsleben entlassen, insbesondere für zivile Zwangsarbeiter:innen konnte der Aufenthalt aber auch eine Durchgangsstation auf dem Weg in ein KZ sein oder den Tod bedeuten.[753] Die Haftbedingungen waren bisweilen mit denen in Konzentrationslagern vergleichbar.

Ein anderer Erlass Himmlers vom Mai 1941 vermerkte, dass in den AEL »Arbeitsverweigerer sowie arbeitsvertragsbrüchige und arbeitsunlustige Elemente«[754] eingesperrt werden sollten, und regelte wie sie zu behandeln waren: »Die Häftlinge sind zu strenger Arbeit anzuhalten, um ihnen ihr volksschädigendes Verhalten eindringlich vor Augen zu führen, um sie zu geregelter Arbeit zu erziehen und anderen durch sie ein abschreckendes und warnendes Beispiel zu geben.«[755] Die Einweisung fände daher zum »Erziehungszweck«[756] statt, »nicht als Strafmaßnahme«[757]. Sie wurde »auch nicht im Vorstrafenregister vermerkt«[758]. Abschreckung wie Erziehung waren also die Ziele der Inhaftierung Deutscher in ein Arbeitserziehungslager.

Die Arbeitserziehungslager waren der systematische Versuch der Disziplinierung von Volksgenoss:innen, die ihren Dienst angeblich nicht freiwillig und selbstständig leisteten. Sie sollten diszipliniert und resozialisiert werden. Auch die Eingeschlossenen können also jederzeit zu Ausgeschlossenen werden. Für diese als Volksgenoss:innen definierten Ausgeschlossenen gilt im Umkehrschluss aber auch, dass sie nach erfolgreicher Resozialisierung wieder eingeschlossen werden können. Der Umgang mit diesen besonderen Eingeschlossenen sollte einen Effekt haben: »Die Verfolgung der ›Anderen‹ entfaltete nach innen disziplinierende Wirkungen und veranlasste viele, ihr Deutschsein, die Identität mit dem deutschen Staat sowie den Willen zur bedingungslosen Hingabe an Arbeit, Krieg und Vernichtung *allzeit* zu demonstrieren.«[759] Allzeit bedingungslose Hingabe zu demonstrieren kann als die Form gelten, in der der Dienst an der Volksgemeinschaft gelebt werden soll.

Die Praktiken des Ausschließens, des Strafens, des Erziehens und Vernichtens, in denen Arbeit eine Rolle spielte, sind der Hintergrund, vor dem die soziale Praxis im Betrieb im nächsten Teil rekonstruiert wird. Sie sind die gesellschaftlichen Mechanismen, durch die die Volksgemeinschaft homogenisiert wird, die aber bei der Untersuchung des Inneren dieser Volksgemeinschaft aus dem Blick geraten können. Denn die homogenisierte Gemeinschaft verschleiert den Prozess ihrer Homogenisierung. Die Anrufung der deutschen Volksgenoss:innen setzt diese Gemeinschaft einfach voraus, obwohl sie gerade erst hergestellt wird. Die Analyse der ideologischen Kräfte des Inneren dieser Gemeinschaft rückt die nationalsozialistische Herrschaftsform selbst in den Blick. Sie straft nicht nur, sie aktiviert auch und sie ist bemüht, eine bestimmte Subjektform des deutschen Arbeiters hervorzubringen: das folgende Selbst.

ZWEITER TEIL. FOLGE!

»Im Spätkapitalismus verwandeln sich die Völker zuerst in Unterstützungsempfänger und dann in Gefolgschaften.«[1]
Max Horkheimer

Mit der Idee »deutscher Arbeit« wurden (und werden) »die Anderen« abgewertet und ausgeschlossen. Mit ihr sollte entscheidbar sein, wer zur deutschen Volksgemeinschaft dazugehört und wer nicht. Erst in der durch Ausschluss homogenisierten Gemeinschaft bekommen die Debatten um den Dienst ihren Sinn. Arbeit war im Nationalsozialismus nie nur eine integrative Figur, sondern immer auch eine der Abgrenzung, der Ausgrenzung und »Ausmerzung«.

Die Arbeitsauffassung konstituiert und transportiert ein Fremd- und ein Selbstbild. Es ging bislang um beide, da sie nur in ihrer Verschränkung zu verstehen sind. Das sich überhöhende Selbstbild, inszeniert in Ausstellungen und zelebriert in Aufmärschen, korrespondiert mit einem Fremdbild, das zur Exekution mahnt. Wer glaubt, er betreibe die hochwertigste aller Arbeiten, der wehrt sich wahnhaft, wenn andere eine:n dabei angeblich behindern.

Der Nationalsozialismus definiert Arbeit dann als deutsch, wenn sie der Volksgemeinschaft dient. Dass diese Bestimmung Probleme mit sich bringt, blieb auch den Fürsprecher:innen dieser Definition nicht verborgen. Es ist schlicht nicht klar, wie einerseits erkannt werden kann, ob eine Tätigkeit der Volksgemeinschaft dient, und es ist umstritten, wie andererseits anerkannt werden kann, dass sie das tut. Denn wie lässt sich das Kriterium des Dienstes in den Arbeitsalltag übersetzen? Diese Unklarheiten verweisen auf das, was ich in Anlehnung an einen marxistischen Begriff nationalsozialistisches Transformationsproblem nennen will. Im Marxismus bezeichnet der Begriff das Problem, dass sich dem Preis einer Ware nicht unmittelbar ansehen lässt, wie viel Wert in ihm enthalten ist. Analog dazu lässt sich an der Arbeit nicht unmittelbar erkennen, ob und »wie viel« Dienst sich in ihr ausdrückt.

Zur Beurteilung steht in der nationalsozialistischen Variante »deutscher Arbeit« nicht das Produkt, sondern eine Haltung, die im Vollzug der Arbeit als ein geistiges Sich-Ausrichten auf die Volksgemeinschaft eingenommen wird. Diese Haltung ist, wenn überhaupt, nur im Akt selbst und damit nur am Ort der Arbeit beobachtbar. In der Moderne ist dieser Ort der Betrieb.[2] Er findet im Nationalsozialismus seinen Ausdruck in der Betriebsgemeinschaft. Die »Betriebsgemeinschaftsideologie war nichts anderes als eine antidemokratische Doktrin«[3], betont Franz Neumann im Hinblick auf Kontinuitätslinien, die bis in die Weimarer Republik reichen.

Wohl ahnend, dass diese Haltung weder einfach erkannt noch anerkannt werden kann, und es einer Vermittlung bedarf, um dieses Transformationsproblem zu lösen, behelfen sich die Nationalsozialisten damit, an der Leistung erkennen zu wollen, ob die gewünschte Haltung eingenommen wurde. Sie soll der Gradmesser für die richtige Haltung sein und sie soll der Mechanismus sein, durch den »Auslese« betrieben wird. Da in der Moderne klassischerweise der Lohn die Form ist, in der Leistung anerkannt wird, führten die Nationalsozialisten auch eine Debatte über eine Reform des Lohnsystems, u. a. mit dem Vorschlag der Einführung eines sogenannten Leistungslohns.[4] Leistung kann aber auch ideell anerkannt werden, etwa, indem man Arbeiter:innen mit mehr Selbstständigkeit, mehr Freiheiten und Eigenverantwortung ausstattet; auch das ist eine Praxis der Anerkennung eines vorbildlichen Dienstes. Verbunden mit Techniken der Involvierung und der Forderung nach Teilnahme sollten diese Veränderungen zu »gesteigerte[m] Mitmachen«[5] führen. Dafür wurde auf eine neue Weise der Menschenführung gesetzt.

Leistung begreift der Nationalsozialismus in einem sehr spezifischen Sinne. Für ihn ist die Gemeinschaft die Entität, auf die sich das Leben auszurichten hat. Im Betrieb ist es die Betriebsgemeinschaft, die das Bezugssystem des Lebens und Arbeitens verkörpert, und erst in dem Verhältnis, dass der:die Einzelne zu ihr einnimmt, wird der Dienst beurteilt. In dem, was die Nationalsozialsten Leistung nennen, spielt diese Gemeinschaftskategorie eine zentrale Rolle, sie wird zum ausschlaggebenden Kriterium. Erst im Rückgriff auf das Verhältnis von Arbeitenden und Betrieb soll die Leistung ablesbar sein. Das Kriterium soll dabei der Grad sein, in dem Verantwortung gegenüber der Gemeinschaft übernommen wurde. Das wird in Schriften der späten 1930er-Jahre bereits mit dem Begriff der Eigenverantwortung bezeichnet.[6] Erst die

Eigenverantwortung ermögliche einer »völkischen Persönlichkeit[]«[7] zu dienen und zu leisten. Die Voraussetzung von Eigenverantwortung wie Leistung soll die freiwillige Annahme der Pflicht sein.[8] Das gilt aber nur für das homogenisierte Innere der Volksgemeinschaft.

Hier, in der homogenisierten Gemeinschaft, begegnen sich die deutschen Volksgenoss:innen als sich als Gleiche anerkennende. Wobei, das sei hinzugefügt, dem Nationalsozialismus eine spezifische Gleichheitsvorstellung zugrunde liegt. Ganz antiliberal geht es nicht um Gleichwertigkeit, die wird rundheraus bestritten, sondern es geht um Gleichartigkeit. Mit dieser Logik werden Ungleichheiten gerechtfertigt.

Auch wenn ideologisch als kleinster gemeinsamer Nenner der Dienst an der Volksgemeinschaft bestimmt werden konnte, so gibt das noch wenig Aufschluss über die Weise, in der sich dieser Dienst in den Arbeitsalltag übersetzte. Nun soll der Blick ins Innere dieser Gemeinschaft gerichtet werden, auf diejenigen, die (zumindest potenziell) zur Volksgemeinschaft dazugehören, die, die den Dienst leisten; nicht mehr auf diejenigen, die man verachtet, verfolgt, zu Arbeit zwingt und vernichtet, sondern auf diejenigen, die man auffordert mitzumachen, die man unterstützt und hegt, ermahnt und aktiviert, fällt der Blick jetzt. Wie wird der Dienst, den die Deutschen angeblich leisten, in die Arbeitswelt übersetzt? In welchem Selbstbild drückt sich diese Übersetzung aus? Und wie ist es charakterisiert? Diese Fragen werden die folgenden Ausführungen leiten. Hier wird der Blick ins Innere der deutschen Volksgemeinschaft geworfen, dahin, wo das sich in der Arbeitsauffassung ausdrückende Selbstbild vom »deutschen Arbeiter« zum Leitbild wurde; ein grundlegendes Leitbild für die Texte, eines, an dem sich Menschen wie Betriebsreformen orientieren sollten.

Das nationalsozialistische Leitbild speist sich wesentlich aus Vorstellungen über den Begriff der Gefolgschaft und dessen Pendant, der Führung. Der Dienst ist verbunden mit der Idee vom Folgen und Führen, die im Betrieb ihren paradigmatischen Ausdruck findet. Folgen und Führen sollen die Formen sein, die nationalsozialistisches Leben insgesamt charakterisieren. Dieser Teil der Untersuchung ist der Versuch, der ideologischen Übersetzungsleistung vom Dienen zum Folgen und Führen auf die Spur zu kommen. Vollzogen wird damit zugleich ein Übergang von der nationalsozialistischen Arbeitsauffassung zu Führungsideen und deren Leitbild. Eine Rekonstruktion der Bestimmungen des nationalsozialistischen Begriffs »Gefolgschaft« sowie die Analyse der nationalsozialistischen Form der Menschenführung lässt das Leitbild dieser Zeit zeichnen: das folgende Selbst. Die Benennung dieser

Subjektivierungsform ist die Voraussetzung, um sie ins Verhältnis zu ihrem nachkriegsfordistischen und postfordistischen Pendant zu setzen, dem führenden Selbst und dem unternehmerischen Selbst.

1. Der Begriff der Gefolgschaft

Zur politischen Ökonomie des Nationalsozialismus

»Unser ganzes Leben verläuft zwischen Führung und Gefolgschaft!«[9]
Adolf Hitler

Der Begriff der Gefolgschaft sollte im »Dritten Reich« eine Weise der Involviertheit beschreiben, eine Form der aktiven Teilnahme am politischen Geschehen. Führer und Gefolgschaft werden im Nationalsozialismus eng mit der Gemeinschaftsvorstellung verwoben. Denn Volk, so betonte Reinhard Höhn, »bedeutet nicht Summe von Individuen, sondern eine in Rasse, Raum und Geschichte ruhende Gemeinschaft. Sie ist durch den Führer neu geschaffen worden und tritt uns in Gefolgschaft und Führerschaft sichtbar entgegen.«[10] Ein Staat, der auf Führer und Gefolgschaft aufbaue, ist in Höhns Augen daher, so fasst Michael Wildt zusammen, »dem ›deutschen Wesen‹ gemäß«[11].

Der Begriff der Gefolgschaft findet sich in politiktheoretischen und philosophischen Texten der Zeit. Er ist aber auch ein zentraler Begriff aus der Ökonomie. Die beiden Sphären Politik und Ökonomie sind im Nationalsozialismus aufs Äußerste verschränkt. Der Begriff »Gefolgschaft« zeigt das. Er ist *der* paradigmatische Begriff der politischen Ökonomie des Nationalsozialismus.

Die terminologische Vorgeschichte zeigt den Zeitkern des Begriffes deutlich. Bereits mit der Reform des preußischen Heeres im 19. Jahrhundert entstanden Texte, die versuchten Formen des Gehorsams zu unterscheiden, um die Etablierung von Praktiken der Selbstständigkeit zu legitimieren. Eine militärhistorische Studie zur Einführung der Auftragstaktik ins preußische Heer differenziert zwischen »mechanische[m] Gehorsam«[12], der mit »*passive[r] Disziplin*«[13] identifiziert wird, und einer neuen Form des Gehorsams, dem »*aktive* Disziplin«[14] entspreche – ein Quellenbegriff aus dem 19. Jahrhundert. Diese zweite Form des Gehorsams wird im Nationalsozialismus mit dem Begriff der Gefolgschaft umschrieben.

Durch das 1934 verabschiedete *Gesetz zur Ordnung der nationalen Arbeit* (im Folgenden auch AOG oder Arbeitsordnungsgesetz genannt) wird »Gefolgschaft« zu dem zentralen Begriff, um die nationalsozialistische Veränderung der Arbeitswelt zu markieren. Er ist Teil einer spezifisch nationalsozialistischen Beziehungsweise[15], die das Gesetz als Begriffspaar von Führer und Gefolgschaft einführt und die fortan die Art wie der Betrieb wahrgenommen wird und die Sprache, in der über Arbeit gesprochen wird, ändern sollte.

Im Zentrum meiner philosophischen Interpretation steht eine Arbeit am Begriff, dem der Gefolgschaft. So nennt der Nationalsozialismus die Verbundenheit von Führern und Geführten sowie die Belegschaft in Betrieben, eine durch Ausschluss hergestellte, homogenisierte Gemeinschaft.[16] Um diese Gefolgschaft und ihr Pendant, den Führer, wird es in diesem Teil über die Weisen des Folgens und Führens gehen. Der Fluchtpunkt meiner Überlegungen zum Gefolgschaftsbegriff ist eine konkrete betriebspolitische Reform in einer Kölner Motorenfabrik.

Bei den Klöckner-Humboldt-Deutz-Werken experimentierte man in den 1930er-Jahren damit, Arbeitern – ausschließlich Männern – mehr Freiheiten und mehr Eigenverantwortung zuzusprechen. Sie wurden zu »Selbstkontrolleuren« und »Selbstkalkulatoren« erklärt und damit einer äußeren Kontrolle weitgehend entzogen.[17] Die Produkte der einen wurden nicht mehr von Vorarbeitern kontrolliert, sie untersuchten sie allein auf Mängel und gaben sie gegebenenfalls zurück. Die anderen konnten ihren Akkordlohn selbst bestimmen. Das Experiment blieb zwar eine Ausnahme, wurde aber im »Dritten Reich« breit rezipiert. Arbeitern in abgesteckten Bereichen mehr Eigenverantwortung zuzusprechen erschien als idealer Ausdruck des Nationalsozialismus; nicht weil der Nationalsozialismus eigentlich für Freiheit steht, sondern weil diese Maßnahmen die Arbeitenden intensiver einbinden sollten. Es ging um Aktivierung. Die Motorenfabrik selbst wurde als »NS-Musterbetrieb« ausgezeichnet. Man könnte also von einer *mustergültigen Ausnahme* sprechen.

Mich interessiert diese auf den ersten Blick irritierende Geschichte, weil sie eine Tendenz innerhalb des Nationalsozialismus zeigt, die mit einem durchaus noch verbreiteten Bild bricht und diesen besser verstehen lässt: Der Nationalsozialismus war nämlich *nicht allein* ein auf Befehl und Kadavergehorsam, Zwang und Kontrolle beruhendes Gesellschaftssystem, sondern zugleich gespickt mit Versuchen der Aktivierung, Involvierung und Disziplinierung von Arbeitenden. Gertraude Krell sieht das in ihrer Studie deutlich. Die »vergemeinschaftende Personalpolitik«, schreibt sie, erschöpft sich »nicht in Zwang und Terror. Zum facettenreichen Bild der Personalpolitik in der nationalsozialistischen Betriebsgemeinschaft gehört auch die Umwerbung der Beschäftigten«[18]; eine Umwerbung, die die Mitarbeit erreichen wollte.

Die Übersetzungsleistung vom Dienen zum Folgen und Führen war auch die ideologische Grundlage für Führungsweisen, die auf Aktivierung und Eigenverantwortung setzten. Diese Formen entsprechen Tendenzen innerhalb des Nationalsozialismus, die, so der Historiker Johann Chapoutot jüngst, bislang nicht wahrgenommen wurden: »Dieses Regime war partizipativ, weil es darauf abzielte, einen Konsens herzustellen.«[19] Meine Interpretation versucht diese Tendenz zur Beteiligung, zur Involvierung und Aktivierung der Volksgenoss:innen hervorzuheben, um ein genaues und differenziertes Bild der Führungsvorstellungen des Nationalsozialismus zu zeichnen und so die Frage nach Kontinuitäten stellen zu können.

Daniel Loick betont Walter Benjamins Einsicht, dass der Kapitalismus nicht auf die »Passivierung des Proletariats« setzt, sondern auf dessen »Aktivierung«[20]. Das ist auf den Nationalsozialismus zu übertragen. Die deutschen Volksgenoss:innen sollten aktiviert werden. Das beobachtete auch Herbert Marcuse hellsichtig: »Die totale Aktivierung und Politisierung entreißt breite Schichten ihrer hemmenden Neutralität und schafft auf einer an Länge und Dichte bisher nicht erreichten Front neue Formen des politischen Kampfes und neue Methoden der politischen Organisation.«[21] Max Horkheimer erkannte in der Aktivierung der Massen geradezu »die Aufgabe des faschistischen Apparats«[22] und sah deutlich, wozu aktiviert werden sollte, »nicht daß sie essen, sondern daß sie gehorchen«[23].

Dabei ist wichtig zu betonen, dass das nationalsozialistische Experiment der Aktivierung nur innerhalb der homogenisierten Betriebsgemeinschaft stattfand und sich ausschließlich auf männliche Arbeiter bezog. Der Ausschluss ist die Grundlage für den Einschluss. Will man diese Maßnahmen nicht einfach als Ausnahme abtun, sondern verstehen, warum führende Nationalsozialisten glaubten, das sei Ausdruck eines idealen Nationalsozialismus, dann muss man sich nationalsozialistischen Führungsvorstellungen zuwenden; und hier ist paradoxerweise der Begriff der Gefolgschaft aufschlussreich.

Das Kölner Beispiel fordert gängige Sozialtheorien zum Postfordismus heraus, die dessen Neuerung gerade in der Aktivierung von Arbeitenden sehen. Karsten Uhls Studie »Humane Rationalisierung?«[24] kann zeigen, dass die Humanisierung von Arbeit früher einsetzte und dass sich auch im »Dritten Reich« Formen des Personalmanagements finden lassen, die auf Aktivierung durch Selbstverantwortung setzen. Diese Überlegungen sollen für eine Analyse der Arbeitsauffassung und Führungsvorstellungen fruchtbar gemacht werden.

Dann zeigt sich das »Dritte Reich« als spezifisch fordistische Ordnung und das »Führer-Gefolgschafts-Prinzip« als ein zentrales »Aktivierungsdispositiv faschistischer Subjektivität«.[25]

Die Voraussetzung zur Bestimmung des nationalsozialistischen Gefolgschaftsbegriffs ist eine Analyse des Arbeitsordnungsgesetzes. Doch das Gesetz ist nur der verrechtlichte Ausdruck eines allgemeineren nationalsozialistischen Verhältnisses, das sich auch in politiktheoretischen und philosophischen Debatten der Zeit über das Verhältnis von Führung und Gefolgschaft zeigt.

2. Freiwillige Gefolgschaft

»Behemoth against Leviathan«[26]

»Willige Gefolgschaft aber ist besser als erzwungener Gehorsam.«[27]
Gustav Frenz und Emil Gobbers

Rudolph Augstein schreibt Anfang der 1980er-Jahre im »Spiegel«, Helmut Schelsky charakterisiere in seiner Habilitationsschrift Thomas Hobbes als »Kronzeuge[n] der Gesinnungsgemeinschaft von Führer und Gefolgschaft«[28]. Schelskys Buch mit dem Titel »Thomas Hobbes. Eine politische Lehre« war gerade erschienen, mit vierzigjähriger Verspätung.[29] Verfasst wurde sie in den Jahren 1938 bis 1940. Sie wurde gefördert durch Hans Freyer und entstand in enger Auseinandersetzung mit Carl Schmitt, welchen Schelsky im für die Veröffentlichung von 1981 geschriebenen Vorwort (nach wie vor) mit Lob überzieht und als den »deutsche[n] Hobbes des 20. Jahrhunderts«[30] bezeichnet. Schmitts Seminare besuchte Schelsky auch noch in der Nachkriegszeit als sie vom Verein »Academia Moralis« organisiert wurden.[31] Schelskys eigene Überlegungen, die auf den Begriff der Gefolgschaft rekurrieren, wurden durch Schmitt vorbereitet.

2.1 Carl Schmitt und der Leviathan

Carl Schmitt hielt in den späten 1930er-Jahren zwei Vorträge über Thomas Hobbes, einen auf Einladung Arnold Gehlens.[32] Sie erschienen 1938 ausgearbeitet in einer Monografie mit dem Titel »Der Leviathan in der Staatslehre des Thomas Hobbes«[33]. Das Buch ist durch ein »Labyrinth der Vieldeutigkeiten«[34] gekennzeichnet. Die »politische Tendenz« der Monografie sei daher »umstritten«, schreibt der Schmitt-Biograf Reinhard Mehring.[35] Schmitt selbst hat das Buch »später als Zeichen des ›inneren Widerstandes‹«[36]

bezeichnet. Das ist allerdings Teil einer nachträglichen Entlastungsstrategie. Eine Interpretation des Buches lässt andere Schlüsse zu.

Mehring schreibt, dass »Schmitts *Leviathan*-Buch sein elaboriertester Beitrag zum ›Kampf gegen den jüdischen Geist in der Rechtswissenschaft‹«[37] ist und er damit »ein neues Niveau der Verwissenschaftlichung seines Antisemitismus« erreicht. Iris Därmann setzt Schmitts methodisches Vorgehen der Demaskierung von Jüdinnen:Juden, die er in diesem Buch musterhaft vorführt, in Beziehung zur später stattfindenden Shoah und bezeichnet ihn mit Friedrich Balke als »Vordenker der Vernichtung«.[38] Schmitts Abgesang auf den Parlamentarismus und seine Überlegungen zum »totalen Staat« lassen sich als Ausführungen zum Führerstaat lesen. Zugleich gibt er mit dieser Schrift eine Frage vor, an die Schelsky unter Rückgriff auf den Begriff der Gefolgschaft später anknüpft: Wie kann ein Staat die »Wiederherstellung der ursprünglichen Einheit«[39] schaffen?

Schmitt schätzte Hobbes als »großen und wahrhaft systematischen politischen Denker«[40], sah in ihm, so Iring Fetscher Jahrzehnte später, einen »Vorläufer zeitgenössischer autoritärer Regimes«[41]; und Schmitt meinte das affirmativ. Er suchte »nach einer Theorie, die einen ›totalen‹ Staat zu begründen«[42] vermochte.

Schmitts vordergründige Frage in dem Buch ist die nach der Bedeutung des Leviathan als mythischem Bild. Ihn interessiert »Sinn und Fehlschlag [dieses] politischen Symbols«[43]. Dafür verfolgt er die Geschichte des Symbols nach, seine Ursprünge im Buch Hiob, seine Identifizierung mit einem Seeungeheuer, und kommt schließlich zu dem Urteil, das Symbol führe zum »Fehlschlag«; nicht zuletzt aufgrund seiner jüdischen Herkunft als Symbol aus der Tora.[44] Das »große Seetier«[45] Leviathan könne zudem die Tendenz, die Hobbes ausmacht, nicht repräsentieren. Dafür sei ein anderes Symbol, nämlich das Landtier Behemoth, besser geeignet. Denn die von Hobbes trefflich beschriebene Entwicklung habe sich eben nicht in England, also auf einer Insel, sondern auf dem Kontinent durchgesetzt. Dort sei der autoritäre Fürstenstaat durch einen im Hobbesschen Sinne prototypischen bürgerlichen Staat im 19. Jahrhundert abgelöst worden, namentlich in Frankreich und Preußen.[46]

Hobbes selbst setzte dem Leviathan bereits den Behemoth entgegen. Er betitelt so das Buch, welches den englischen Bürgerkrieg behandelt.[47] Dieser Behemoth, Symbol also für den Bürgerkrieg, steht seinem Leviathan, Symbol für den Staat in Friedenszeiten, gegenüber. Schmitt weist darauf hin, dass es nach Hobbes der Staat sei, der den Bürgerkrieg permanent verhindere: »Danach verhält es sich so, daß das eine Ungeheuer, der Leviathan ›Staat‹, das andere Ungeheuer, den Behemoth ›Revolution‹, andauernd niederhält.«[48]

Das trifft sich mit Schmitts Vorstellung von Souveränität. Nur wenn der Ausnahmezustand dauerhaft droht, macht die Idee, dass derjenige souverän sei, der über ihn entscheidet, Sinn. Nur konsequent folgert Schmitt daher: »Staat und Revolution, Leviathan und Behemoth, sind beide immer vorhanden und potenziell immer wirksam.«[49]

Schmitts Ausführungen sind aber nicht allein ein Streit über Symbole und die richtige Hobbes-Interpretation, sondern auch der Versuch, dessen politische Theorie für aktuelle Fragen fruchtbar zu machen. Es geht ihm darum, ein Bild vom starken Staat zu entwerfen: »Ein Staat«, wie Gerhard Scheit bemerkt, »der in seinem Inneren nicht weniger als im Äußeren die Freund-/Feind-Bestimmung in Gestalt des ›totalen Feindes‹, der im Inneren wie im Äußeren lauere, auf die Spitze treibt – und allein daraus noch Einheit gewinnt, die er überall sonst suspendiert.«[50] Scheit verbindet Schmitts Leviathan-Buch mit Überlegungen aus seiner berühmtesten Schrift aus der Weimarer Republik: »Der Begriff des Politischen«.[51] Dort bestimmt Schmitt die Dichotomie von Freund und Feind als genuin politische, wobei der Feind, in einem »besonders intensiven Sinne existenziell etwas anderes und Fremdes«[52] sei und als »ein ganzes Volk«[53] gedacht wird. Zudem gäbe es aber auch »›innere Feind[e]‹«[54]. Er argumentiert dafür, dass die gängigen politischen Begriffe, »Staat, Republik, Gesellschaft«, sowie »Absolutismus, Diktatur, Plan, neutraler oder totaler Staat«, keinen Sinn erhalten ohne Bezug auf eine »konkrete Gegensätzlichkeit«, die sich in der Gegenüberstellung von Freund und Feind ausdrücke.[55] Für den Nationalsozialismus liegt diese »konkrete Gegensätzlichkeit« offen zu Tage. »Denn ein ›Prinzip‹ war im Nationalsozialismus gefunden worden«, schreibt Scheit,

> ein gemeinsames Ziel, das »echte Solidarität« der »Völker« in davor noch unausdenkbarer Gestalt verbürgen konnte: die Vernichtung der europäischen Juden. Um dieses »Prinzip«, das kein Prinzip war, positiv auszudrücken, sprach Schmitt dann von »Nomos« als einer »konkreten Ordnung«, worin »ein Volk sich begegnet«.[56]

Der Nationalsozialismus imaginiert sich »die Juden« als Feind und versucht diese »inneren wie äußeren Feinde« auszumachen und zu verfolgen.

Ganz in diesem Sinne sieht Schmitt im Leviathan-Buch »den Juden« als Feind. In einer zentralen Passage verteidigt er Hobbes gegen zwei von ihm identifizierte Lesarten[57]: zum einen gegen eine Lesart, die Hobbes zum theoretischen

Vater des absolutistischen Staates macht; zum anderen gegen eine liberalistische Interpretation, die an Hobbes' »Bruchstelle« ansetze, seiner Unterscheidung von »innerem Glauben und äußerem Bekenntnis«.[58] Diese zweite Interpretation rekonstruiert Schmitt in langen antisemitischen Passagen über die »jüdische[] Front«[59], in denen er die Vertreter dieser Lesart, Baruch de Spinoza, Moses Mendelssohn, Friedrich Julius Stahl-Jolson und andere, immer wieder als Juden kenntlich macht, ihnen also einen »literarischen Judenstern«[60] anheftet, etwa vom »Jude[n] Moses Mendelssohn«[61] schreibt.

Diese diagnostizierte Bruchstelle markiert den Punkt, an dem Schmitt über Hobbes hinauswill. Hobbes sei nicht totalitär genug, weil sein Leviathan nur die öffentliche Ordnung herstelle, dafür aber nicht auf das Innere der Menschen zugreife. Zugriff auf dieses Innere sei aber die Bedingung für einen funktionierenden Staat. Es ist genau dieser Punkt, an den Schelsky später anknüpft, indem er zu zeigen versucht, wie die Bruchstelle mit dem Gefolgschaftsbegriff behoben werden kann.

Gegen die beiden Lesarten gerichtet wird Hobbes bei Schmitt zum »geistige[n] Ahne[n] des bürgerlichen Rechts- und Verfassungsstaates«[62]. Seine eigene Lesart sei durch Ferdinand Tönnies möglich gemacht worden. Erst er habe in den 1920er-Jahren Hobbes' Lehre so interpretiert, dass er als »Theoretiker des ›positiven Rechtsstaates‹ anerkannt« wurde und nicht mehr als »Vertreter des absolutistischen ›Machtstaates‹«.[63] Hobbes' Gedanken hätten sich im »positivistischen Gesetzestaats des 19. Jahrhunderts [...] apokryph durchgesetzt«.[64] Doch der funktioniere nur dann, wenn er auf »einen einheitlichen Willen und einen einheitlichen Geist«[65] zurückgreifen könne – was den Zugriff auf das Innere der Menschen impliziert. Nur so lasse sich »eine echte Wiederherstellung der ursprünglichen Lebenseinheit«[66] garantieren.

Erst mit dieser Drehung wird die Stoßrichtung von Schmitts Argument erkennbar. Denn damit kommt er am Ende seines Buches zu Fragen der Zeit, nämlich der implizit verhandelten, ob sich mit Hobbes' Theorie ein »totaler Staat«[67] affirmativ begründen lasse. Hobbes' Werk jedenfalls sei hochaktuell; mehr noch, erst die gegenwärtigen Entwicklungen ließen sein Werk richtig verstehen: »Erst jetzt, im vierten Jahrhundert seines Werkes, tritt das Bild dieses großen politischen Denkers in reinen Linien zutage und wird der echte Klang seiner Stimme vernehmbar.«[68] Und dieser Klang verweise auf die Idee eines einheitlichen Willens und Geistes im Staat:

> Denn die wunderbare Armatur einer modernen staatlichen Organisation erfordert einen einheitlichen Willen und einen einheitlichen Geist. Wenn mehrere

> verschiedenartige, miteinander streitende Geister aus dem Dunkeln heraus diese Armatur bewegen, wird die Maschine bald zerbrechen und mit ihr das System einer gesetzesstaatlichen Legalität. Die Institutionen und Begriffe des Liberalismus, auf denen der positivistische Gesetzesstaat beruhte, wurden zu Waffen und Machtpositionen höchst unliberaler Mächte. Auf diese Weise hat der Parteienpluralismus die dem liberalen Gesetzesstaat zugeordnete Methode der Staatszerstörung vollzogen.[69]

Implizit und ex negativo geht es hier um das »Dritte Reich«. Die Ablehnung des Parteienpluralismus konnte in der Zeit nur als Apologie des Führerstaats gelesen werden. Hobbes' Philosophie bietet Schmitt die Grundlage für Überlegungen zum totalen oder »starken Staat«[70]. Der einheitliche Wille und Geist soll die Bedingung für einen funktionierenden Staat sein und der müsse sich auch in den Individuen ausdrücken. Fragen nach der konkreten Gestalt dieses einheitlichen Willens und Geistes stellt Schmitt in diesem Buch keine.

Helmut Schelskys Hobbes-Buch ist der Versuch, diese Frage nicht nur zu stellen, sondern sie unter Rückgriff auf den Begriff der Gefolgschaft auch zu beantworten. Hobbes, so seine Lesart, beschreibt in seinen Schriften einen starken Staat, dessen einheitlicher Wille und Geist sich gerade darin ausdrückt, dass seine Bürger:innen ihm freiwillig Gefolgschaft leisten, ihm folgen.

2.2 Helmut Schelsky und Thomas Hobbes

Die Überlegungen zum einheitlichen Willen und Geist von Helmut Schelsky verweisen auf das Verhältnis von Führer und Gefolgschaft.

Es soll nicht unerwähnt bleiben, dass Schelsky im Vorwort der erst 1981 erschienenen Habilitationsschrift selbstkritisch schreibt, er sei »kein Gegner des Nationalsozialismus, sondern eher einer seiner Anhänger mit sehr subjektiver Deutung seiner Inhalte« gewesen, dass er bekennt, »heute« würde er »einen entschiedenen Anti-Hobbes verfassen« und dass er seinen Text als »*zeitgeschichtliches Dokument*« verstanden haben will, »nicht besonders wissenschaftlich herausragend, aber zeittypisch«.[71] Genau dieser Zeittypus interessiert mich, die »geistesgeschichtliche[] Rückdeutung«[72], die in Hobbes reinliest, was doch Zeitgenossenschaft ist, die ihn »aus den Kräften der Gegenwart«[73] begreifen will. Dabei soll die Spur verfolgt werden, die Augstein legte, als er die Begriffe Gefolgschaft und Führer in Schelskys Hobbes-Interpretation identifizierte.

Durch Schelskys Überlegung zu Hobbes, die an Schmitt anschließt, wird es möglich, eine wesentliche Bestimmung genauer zu fassen zu bekommen, nämlich wie der Nationalsozialismus sich das Verhältnis von Einzelnen und Staat vorstellt; nur für einen Moment soll es um den rein politischen Kern dieses Verhältnisses gehen, bevor die Sache wieder in Bezug auf Arbeit untersucht wird.

Hobbes gehe es um die Bestimmung des Verhältnisses von Einzelperson und staatlicher Autorität, von Bürger:in und Herrscher; in Schelskys Begriffe übersetzt: um das Verhältnis von Führer und Gefolgschaft. Demokratie zeichne sich bei Hobbes nicht durch eine bestimmte Form der Verfassung, also um eine Weise der Verteilung von Macht, Herrschaft und Entscheidungskompetenz aus, sondern durch eine bestimmte Form der Involvierung der Bürger:innen. Deren Pflicht sei nach Hobbes, eine »Art der aktiven Teilnahme an den staatlichen Vorgängen«, die sich »in einer freien und willigen Gesinnung für den Staat, in der Anerkennung der Macht« ausdrücke.[74] Mit Hobbes denkt Schelsky sich die Involvierung von Bürger:innen also als einen Motor um Zustimmung und Mitmachen herzustellen. Damit werde ein neuer »Begriff von Demokratie« eingeführt: »Demokratie im Sinne der Begründung des Staates in der Gesinnung und im Bewußtsein der Allgemeinheit ist der Untergrund sowohl für parlamentarisch-›demokratische‹ Staatswesen wie für autoritäre Führerstaaten oder neuzeitliche Diktaturen.«[75]

Mit dieser Argumentation wird auch der NS-Führerstaat zur Demokratie umgedeutet. Auf die Verschiebung in der Demokratietheorie weist Carl-Goran Heidegren hin:

> Democracy for Hobbes means, in Schelsky's interpretation, the *recognition* of state authority by the people, not the *exercise of* it. In this way *power* is transformed into *right*, and it's no longer adequate to talk of obedience pure and simple on the part of the citizens in relation to the State, but rather of »voluntary obedience« or »allegiance [Treue der Gefolgschaft]«.[76]

Was sich im Englischen nur schwer ausdrücken lässt, macht im Deutschen – und in der Sprache des Nationalsozialismus umso mehr – einen Unterscheid ums Ganze. Schelsky argumentiert dafür, dass Hobbes das Verhältnis der Einzelnen zur staatlichen Autorität als eines der willigen Gefolgschaft fasst, die mit Gehorsam nur unzureichend beschrieben sei: Hobbes

> lehrt daher nicht das Verhältnis von Schutz und Gehorsam, von Friede und Zucht zwischen Herrscher und Untertan als die Wirklichkeit des Staates über-

> haupt, sondern er will mit diesen Gedankengängen die Wirklichkeit souveräner Herrschaft und gehorsamer, williger, treuer Gefolgschaft herstellen helfen. Er lehrt daher auch nicht eigentlich Gehorsam, sondern Treue der Gefolgschaft, denn eigentlicher Gehorsam wird ja von der Macht durch Furcht erzwungen, er will aber einen freiwilligen Gehorsam, eine Gehorsamsgesinnung erzeugen, in der also gerade im Folgen des Bürgers dessen Aktivität im Staat, ein freiwilliges Aufgebrachtes, eine Pflicht vor sich selber oder, wie dies bei Hobbes dann heißt, ein »Recht« zu sehen ist.[77]

Schelsky grenzt den Begriff der Gefolgschaft von Gehorsam ab, da dieser allein auf Furcht beruhe, während die Gefolgschaft Zustimmung zur Grundlage habe und sich durch Freiwilligkeit auszeichne. Schelsky behilft sich zwar mit dem Begriff des freiwilligen Gehorsams. Zwischen Gehorchen und Befolgen lässt sich allerdings kaum trennscharf unterscheiden. Die Unterscheidung ist selbst Teil der Ideologie, die es zu verstehen gilt.

Der Begriff des Gehorsams lässt Raum für die von Schmitt attestierte hobbessche Bruchstelle. Er zeigt an, dass jemand etwas tut, aber nicht warum er das tut. Schelskys Begriff der »Gefolgschaftsgesinnung« versucht dagegen die Bruchstelle zu beheben. Die Menschen folgen nicht nur, weil sie dazu verpflichtet sind, sondern weil sie es wollen. Diese »Gefolgschaftssgesinnung« kann als individueller Ausdruck von Schmitts einheitlichem Willen und Geist gedeutet werden. Ernst Forsthoff, ein Schüler Carl Schmitts, hatte diese Gesinnung einst explizit als das »eigentliche, tragende Fundament des neuen Staates«[78], also des nationalsozialistischen bezeichnet. Beschrieben wird das Folgen der Gefolgschaft als etwas Aktives. Von aktiver Teilnahme war bereits die Rede.

Für die Zwecke dieser Untersuchung ist die Frage danach, wie genau oder ungenau Schelsky hier Hobbes' Theorie zu fassen bekommt, nicht erheblich. Zentral ist die Frage, ob diese Charakterisierung von Hobbes durch Schelsky hilfreich sein kann, um das nationalsozialistische Selbstbild zu begreifen. Dass die Begriffe Führer und Gefolgschaft, die mit dem Arbeitsordnungsgesetz in die NS-Arbeitswelt gebracht wurden, hier im Kern einer Hobbes-Interpretation erscheinen, ist doch wenigstens bemerkenswert. Interessanterweise verschwindet der Begriff der Gefolgschaft im Nachkriegsdeutschland wieder aus Schelskys Hobbes-Lektüre. Im Handwörterbuch der Sozialwissenschaften von 1956 paraphrasierte er Hobbes, ohne auf den NS-Jargon zu rekurrieren.[79] Hier ist es eine Pflicht zu gehorchen. In seiner Hobbes-Lesart im »Dritten Reich« sah Schelsky es dagegen als die Pflicht der:des Einzelnen an, *Gefolgschaft zu leisten.*

Die Idee, aktive Gefolgschaft als die richtige Weise zu verstehen, um politisch zu handeln, kam Schelsky nicht erst in Auseinandersetzung mit Hobbes' Theorie. Bereits einige Jahre zuvor veröffentlichte er ein kleines Buch, das den Kern dieses Gedankens entfaltete und »Sozialistische Lebenshaltung« betitelt ist.[80] Dazu später mehr. Schelskys Überlegungen beruhen auf einem konstruierten Gegensatz von Gehorsam und Gefolgschaft, von Gehorchen und Folgen, von Passivität und Aktivität. Die Konstruktion des Gegensatzes zeigt sich schon allein sprachlich in der Formulierung »Gefolgschaft leisten«. Das kann zweierlei bedeuten; zuallererst etwas Vorgegebenes befolgen, gehorchen. Diese Bedeutung betont also genau jenes passive, nur ausführende Moment, das hier sprachlich dethematisiert werden soll. Aber Folgen hat eben auch eine zweite Bedeutung, die aktives meint. Wenn ich jemandem folge, dann mag der Verfolgte vielleicht noch nicht einmal merken, dass ich das tue, geschweige denn es anweisen. Der Begriff der Gefolgschaft – im Übrigen wie der des Dienens – hat also eine doppelte Bedeutung, steht für aktives wie passives. Die nationalsozialistischen Texte überbetonen die aktive Seite des Folgens, um das Folgen vom Gehorchen streng zu scheiden und um ein Leitbild zu entwerfen, nach dem die Einzelnen der Weltanschauung freiwillig Gefolgschaft leisten. Der Nationalsozialismus zielt auf »Gehorsam ohne Befehl«[81].

Der Begriff der Gefolgschaft ist weiter zu analysieren. Er führt ins Zentrum des Nationalsozialismus und verweist auf dessen Arbeitsauffassung und Führungsideen. Hier zeigt sich eine Konstellation, die sensibel macht für Kontinuitäten in die Nachkriegszeit. Bevor in einem nächsten Schritt solche NS-Führungsideen rekonstruiert werden, gilt es, den apologetischen Bezugnahmen auf Gefolgschaft und Führung etwas entgegenzustellen.

2.3 Franz Neumann und der Behemoth

Franz Neumann untersucht, ob sich beim »Dritten Reich« überhaupt noch sinnvoll von einem Staat reden lässt. Er wendet damit Schmitts Frage und Schelskys Diagnose ideologiekritisch. Schmitt war auf der Suche nach einer einheitsstiftenden Kraft im modernen Staat, dabei den »totalen Staat« im Blick. Schelsky glaubte, diese in seiner Hobbes-Lektüre gefunden zu haben, nämlich in den Begriffen »Gehorsamsgesinnung« und »freiwillige Gefolgschaft«. Neumann spricht dem NS-Staat gerade eine solche Einheit ab.[82]

Auch er bedient sich aus dem von Hobbes gespannten mythischen Netz.

»Behemoth«, das wurde der Titel seiner großangelegten Studie über den nationalsozialistischen Staat, die wohl berühmteste politiktheoretische Studie der Kritischen Theorie; erstmals 1942, schließlich umfassend erweitert 1944 veröffentlicht. Neumann, ebenfalls Schüler von Schmitt,[83] entscheidet sich sehr gezielt für gerade dieses Symbol. Hobbes Behemoth-Buch beschreibt den englischen Staat im Bürgerkrieg, im Ausnahmezustand, zu einer Zeit also, in der von einem gefassten, stabilen Staat keine Rede sein kann. Als solchen Unstaat charakterisiert Neumann den NS-Staat:

> Hobbes war es, der beiden, Leviathan und Behemoth, zur Popularität verhalf. Sein Leviathan ist die Analyse eines Staates, das heißt eines politischen Zwangssystems, in dem Reste der Herrschaft des Gesetzes und von individuellen Rechten noch bewahrt sind. Sein Behemoth oder das lange Parlament, in dem er den englischen Bürgerkrieg des 17. Jahrhunderts behandelt, schildert dagegen einen Unstaat, ein Chaos, einen Zustand der Gesetzeslosigkeit, des Aufruhrs und der Anarchie. Da wir glauben, daß der Nationalsozialismus ein Unstaat ist oder sich dazu entwickelt, ein Chaos, eine Herrschaft der Gesetzeslosigkeit und Anarchie, welche die Rechte wie die Würde des Menschen »verschlungen« hat und dabei ist, die Welt durch die Obergewalt über riesige Landmassen in ein Chaos zu verwandeln, scheint uns dies der richtige Name für das nationalsozialistische System: Der Behemoth.[84]

Am Ende der ersten Ausgabe seines Hauptwerks fragt Franz Neumann daher explizit »Ist Deutschland ein Staat?«[85], was er verneint. Denn es gäbe im »Dritten Reich« keine Macht mehr, die das Staatsmonopol in Händen hielte, stattdessen zerfalle dieses in konkurrierende Gruppen: in Staatsapparat, Armee, Industrie und Partei. Neumanns Einwand wird von seiner Analyse der Machtverhältnisse im »Dritten Reich« gestützt. Zusammengehalten, so muss man aber Neumann ergänzen, wurden diese Gruppen durch den Antisemitismus.

Gegen das von Ernst Fraenkel formulierte Theorem vom nationalsozialistischen »Doppelstaat«[86], der »Normenstaat« und »Maßnahmenstaat« zugleich sei, bezweifelt Neumann, dass es »in Deutschland ein Reich von Recht und Gesetz« überhaupt gibt.[87] Es sei »zweifelhaft, ob der Nationalsozialismus überhaupt einen einheitlichen Zwangsapparat besitzt, es sei denn, wir akzeptieren die Führerideologie als zutreffende Theorie.«[88] Neumann bezweifelt also die Existenz eines einheitlichen Staates im »Dritten Reich« fundamental.

Das nationalsozialistische Selbstverständnis ist freilich ein anderes. Schmitt hatte mit Hobbes den einheitlichen Willen und Geist als Kriterium für einen funktionierenden Staat ausgemacht. Die Nationalsozialisten sahen im Führerprinzip – das mehr meint als die Idee, dass an der Spitze »der Führer« steht – Schmitts einheitlichen Willen und Geist verkörpert. An diese Ideologie wurden die Debatten über Führung und Gefolgschaft geknüpft – mit verheerenden Konsequenzen, wie Samuel Salzborn zeigt:

> Der völkische »Unstaat« (Franz L. Neumann) wurde im Nationalsozialismus zur totalen Einheitserscheinung, in dem eine bedingungslose Vorzugsstellung des Einheits-, Ordnungs- und Gemeinschaftsgedankens galt, deren Alltag im Sinne einer »totalen Mobilmachung« (Ernst Jünger) militarisiert und durch starre, ethnisierte Freund-Feind-Vorstellungen homogenisiert wurde. Entscheidungen über Nicht-Zugehörigkeit lagen nicht mehr beim Individuum, sondern beim völkischen Kollektiv: der »Volksgemeinschaft«.[89]

Dabei darf die Symbolisierung dieses Unstaats mit dem Behemoth nicht mit Unordnung verwechselt werden. Auch wenn Neumann das mit dem Begriff des »Chaos« anzudeuten scheint, er verwechselt es nicht. Er spricht deshalb auch von »Tausende[n] von berechenbaren technischen Regeln«.[90] Michael Wildt argumentiert dafür, Neumanns Diagnose so zu lesen, dass er gerade die Ordnung dieses Unstaats beschreibt: »Neumanns ›Behemoth‹ fordert uns auf, Polykratie nicht als staatliches Konkurrenzsystem oder Chaos zu verstehen, sondern als eine Form von rassistischer ›Governance‹, die sich eben durch ihre Fähigkeit zur Modernität, zu Dynamik, Flexibilität und Mobilisierung auszeichnet.«[91] Dieser Unstaat besteht aus einem Gefüge von Ordnungen: moralischen, technischen, wirtschaftlichen und politischen. Neumanns »Behemoth« ist der Versuch, die Ordnung dieses Unstaates zu begreifen, wobei er ganz richtig auf die Volksgemeinschaftsideologie und das Führerprinzip als Elemente dieser Ordnungen verweist.

Im Zentrum der NS-Führerideologie steht die Vorstellung einer deutschen Weise zu führen, die besonders sein soll. Ihre Bestimmung hat zentral mit der Einführung des Begriffs Gefolgschaft zu tun. Das »Führerprinzip« hat Neumann als »eine von oben nach unten und niemals umgekehrt aufgebaute Organisationsform«[92] charakterisiert und betont: »Um die nationalsozialistische Ideologie zu begreifen, ist das Verständnis der Führerfunktion unerläßlich. Führung ist angeblich etwas völlig anderes als Herrschaft: der deutschen Ideologie zufolge macht gerade das Wesen der Führung den Unterschied des Regimes zur absolutistischen Herrschaft aus.«[93]

Ganz in Neumanns Sinne geht es hier darum durch eine Analyse des Führungskonzepts, das auf aktiver Gefolgschaft beruhen soll, die NS-Ideologie samt Selbstbild besser zu begreifen. Das vertikal gedachte Verhältnis von Führer und Gefolgschaft ist die Ergänzung zur horizontal konzipierten Volksgemeinschaft. Das Verhältnis wird sich in der Welt der Betriebe als Leitbild zu erkennen geben.

Schmitts und Schelskys Apologien müssen ideologiekritisch gewendet werden. Ihre Vorstellungen vom NS-Staat sind nicht in dem Sinne falsch, dass sie die Sache falsch beschreiben. Im Gegenteil: Sie sprechen eine Wahrheit aus; auch wenn sie den Nationalsozialismus dort für real nehmen, wo Neumann ihn als propagandistischen Schein ausweist. Denn der Nationalsozialismus versuchte tatsächlich, einen einheitlichen Willen und Geist herzustellen und imaginierte sich Handeln – nicht nur in Betrieben, aber insbesondere dort – in der Weise des Folgens und des Führens. Albert Speer sprach noch in seinen in der Nachkriegszeit veröffentlichten Erinnerungen ganz selbstverständlich von der »Willenseinheit der Nation«[94], die auf dem Spiel stehe. Der Glaube an eine konstituierende Einheit trieb im »Dritten Reich« Politik an. Dass die Weisen von Führen und Folgen Ausschluss und Ressentiments zur Voraussetzung haben, macht sie normativ falsch, dass sie verschleiern welche unterschiedlichen Interessen in einem Betrieb vorherrschen, macht sie politisch falsch. Diese Weisen müssen analysiert und kritisiert werden, um sie unterscheiden zu können von emanzipatorischen Formen der Arbeitsorganisation und um ihre Wiedergängerinnen in der Nachkriegszeit erkennen zu können.

3. »Existenzielle Teilhabe und Teilnahme«

Figuren von Führung und Involvierung

»Gemeinschaft hat keine stillen Teilhaber.«[95]
Karl Arnhold

Bevor das Begriffspaar Führer und Gefolgschaft weiter untersucht werden kann, ist ein Blick auf nationalsozialistische Vorstellungen von Führung notwendig. Dieser argumentative Schritt soll einem möglichen Missverständnis vorbeugen.

Die nationalsozialistische Arbeitsethik kann in folgender Sentenz auf den Punkt gebracht werden: Der Volksgemeinschaft sollst du dienen! Man könnte denken, dass damit verordnete Passivität gemeint ist, die Vorgegebenes stumpf auszuführen hat, die sich also passiv einordnet in das Schicksal der deutschen Volksgemeinschaft. Der Begriff des Dienens hat im Deutschen diese Komponente. Dienen meint dann etwas ausführen, einen Befehl etwa. Dann rückt Dienen nah an Gehorchen heran. Hitlers Begriff des »sittlich-moralische[n] Pflichtgefühl[s]«[96] könnte so verstanden werden, denn die »Pflicht« und »pflichtgemäßes Handeln«, das stellt Alexander Kluge in seiner Auseinandersetzung mit SS-Aufsehern eines Arbeitslagers fest, gilt »als passives Trägheitsmoment«.[97]

Doch so ist es nicht gemeint. Im Dienen versteckt sich vielmehr die Idee einer aktiven Form der Handlung, die Mitarbeit, eine Weise des Führens und Folgens. Es ist diese aktive Seite des Selbstbildes, die ich ein wenig überbetonen möchte, weil sie ein Licht wirft auf aktivierende Betriebsreformen und ein totalitäres Gesellschaftssystem, das auf Rückhalt setzen konnte.

3.1 Nationalsozialistische Lebenshaltung

Vor seiner Habilitation zu Thomas Hobbes und seiner Dissertation zu Johann Gottlieb Fichte veröffentlichte Helmut Schelsky ein kleines Buch mit dem Titel »Sozialistische Lebenshaltung«[98]. Auch wenn das Buch von 1934 als Jugendsünde abgetan wurde und nicht viel mit Schelskys späterem Werk zu tun haben mag, ist es aufschlussreich für das Verständnis der NS-Arbeitsauffassung und Gemeinschaftsvorstellung.[99]

Schelsky versucht hier philosophisch zu bestimmen, worin die Lebenshaltung des Nationalsozialismus besteht, und übernimmt dabei affirmativ eines seiner zentralen Elemente: das »Führer-Prinzip, das auf Gefolgschaft und Unterordnung abstellt«[100]. Er geht bei seiner Bestimmung der »sozialistischen Lebenshaltung« von etwas Aktivem aus. Der Nationalsozialismus, so seine These, ist etwas, »*das nur im Handeln der Menschen wirklich werden kann.* Das ist eins der Ziele dieses Heftchens, zu zeigen, daß gegenüber allen ›Anschauungen‹, die aus dem 19. Jahrhundert stammen und daher alle theoretisch sind, der Nationalsozialismus eine Angelegenheit des Handelns ist.«[101] Handeln meint dabei die »Verwirklichung eines Zieles«[102] und gehandelt werde immer in Gemeinschaften. Die definiert er als »Handlungseinheiten mit gemeinsamem Ziel«[103]. Sie seien es auch, die die Handlungsziele vorgeben. Die höchste Handlungsgemeinschaft, darin offenbart sich der Zeitkern dieses Textes, sei die Volksgemeinschaft.[104] Ziel ihres Handelns sei das »Dritte Reich«.[105] Um seine Position zu schärfen, kritisiert Schelsky Oswald Spenglers »politische[] Schriften«[106]. Dieser habe zwar »Forderungen an das deutsche Volk gestellt, wie es handeln müßte«, dabei aber nicht das Ziel dieser Handlung angegeben. Spengler fordere zwar »Dienen und Gehorchen«[107], gebe aber nicht an, wem gedient werden soll, sodass die Forderung leer bleibe.[108]

Gedient werden müsse der Volksgemeinschaft. Dienen sei die Übernahme von Verantwortung sowie die Aufgabe der Führenden: »Was wir als Verantwortung vor sich selbst und vor der Volksgemeinschaft beschrieben haben, zeichnet den Führer aus: die sittliche Haltung des Menschen im Volk. So ist unsere sozialistische Lebenshaltung eigentlich Führertum.«[109] Wenn diese neue Lebenshaltung also Führertum sein soll, folgt daraus: »Führer kann jeder sein, mehr oder weniger, je nachdem er die sittliche Forderung in sich zu verwirklichen vermag.«[110] Es findet also irritierenderweise eine Verallgemeinerung von Führung statt, obwohl das Führerprinzip doch auf den einen zugespitzt ist. Verallgemeinerung von Führung und Verabsolutierung des Führers gehen aber Hand in Hand. Das »Dritte Reich« war ein zutiefst hierarchisches Gebilde, mit unzähligen Führern und Unterführern und »dem Führer« an der Spitze. Es wäre ein Missverständnis, das als Widerspruch zur angedeuteten Tendenz der Verallgemeinerung zu verstehen. Führung zu begreifen als vorbildlichen Dienst, den alle zu leisten haben, ist nicht das Gegenteil von Hierarchie, sondern soll die Grundlage sein, um zu entscheiden, wer in dieser Hierarchie wo steht. Der Nationalsozialismus verschränkt so rassistische und meritokratische, d. h. leistungsbasierte Bestimmungen, um die Einzelnen qua (zugeschriebener) Zugehörigkeit auf ihre Plätze zu verweisen.

Führer brauchen demnach eine Gefolgschaft: »Darum nennen wir diese hochwertigen Menschen ja auch Führer, und *führen kann man nur Menschen*, die dem Vorbild haltungsmäßig nachfolgen. Führer und Gefolgschaft bilden so eine Gemeinschaft, weil sie gemeinsam in ihrem Leben ein Ziel verwirklichen.«[111] Der Führer ist also Vorbild für seine Gefolgschaft, die ihm folgt. Gemeinsam bilden sie nicht nur eine Gemeinschaft, sondern verfolgen dasselbe Ziel. Erst diese Engführung von Gemeinschaft und Ziel, die ja keineswegs evident, geschweige denn notwendig ist, ermöglicht es Schelsky, die Verallgemeinerung von Führung zu propagieren. Denn, so seine Annahme, im Grunde verfolgen alle dasselbe Ziel, einige sehen dieses zwar deutlicher und können es besser umsetzen, aber das Ziel bleibe für alle einsichtig und etwas, wonach gestrebt wird.

Schelsky leitet aus dieser gemeinsamen Verfolgung desselben Zieles das Recht auf Partizipation ab: »Jeder Arbeiter in einem Betrieb oder in einem Werk, Arbeiter in dem Sinne, daß er dort beruflich handelt, hat einen Anspruch darauf, mitverantwortlich zu sein für die Wirkung seiner Arbeit, da er mittätig ist.«[112] Dass »Mitverantwortlich-Sein« und »Mittätig-Sein« nur Synonyme für die Weise des Folgens sind, wird sich auch im Blick auf nationalsozialistische Texte über konkrete Betriebe zeigen.

Aufschlussreich ist an Schelskys Buch, dass es den aktivierenden Charakter des Nationalsozialismus sichtbar macht. Joseph Goebbels brachte diesen Charakter im Dezember 1933 in wenigen Sätzen auf den Punkt. Schelsky zitiert ihn:

> Dieser Sozialismus ist im besten Sinne des Wortes Dienst, Dienst am Volk und Dienst an der Nation, auch wenn der Dienst hart und manchmal grausam ist. Der Sozialismus, so, wie wir ihn verstehen, macht die Menschen nicht klein, sondern er stuft sie ein nach ihrem Wert, nach ihrer Leistung. Er will nicht von oben nach unten drücken. Höchstens möchte er sie von unten nach oben heben.[113]

Den Duktus solcher Sätze hat Walter Benjamin bereits in unmittelbarer Zeitzeugenschaft entlarvt, als er scharfsinnig analysierte, der Faschismus sehe »sein Heil darin, die Masse zu ihrem Ausdruck (beileibe nicht zu ihrem Recht) kommen zu lassen«[114]. Ihren Ausdruck sollten sie in der Idee des Emporhebens finden, die in scharfer Opposition zu wirklicher Ermächtigung gedacht werden muss. Denn das Arbeitsordnungsgesetz vollzog faktisch eine Entmachtung der Arbeiter:innenschaft. Die Strategien der Aktivierung waren Teil des Versuchs, der Masse zum Ausdruck zu verhelfen. Sie zielten darauf, die Deutschen in das nationalsozialistische Projekt einzubinden.

3.2 Führer und Gemeinschaft

Die Verallgemeinerung von Führung zeigt, dass es der nationalsozialistischen Logik nach viele (potenzielle) Führer, von Führerinnen ist selten die Rede, geben konnte. Genau wie die Gemeinschaft der Referenzrahmen für den Dienst ist, soll sie das auch für die Führung sein und so ist es kein Zufall, dass ein Vortrag mit dem Titel »Vom Wesen der Gemeinschaft« sich Führungsfragen zuwendet.[115] Gehalten wurde er 1934 vor der Landesführerschule in Lobeda, von einem scharfen Kritiker und Rivalen Carl Schmitts, einem konkurrierenden Staatsrechtler der Zeit: Reinhard Höhn. Der Ort, eine Landesführerschule, zeigt, dass die Sache ein Lehrstück sein soll. Hier sollte Führern erklärt werden, was sie tun, wenn sie führen. Anwesend waren politische Führer von nationalsozialistischen Verbänden und der Partei. Wären es Unternehmer:innen oder Angestellte, könnte man von einer Managementschulung sprechen.

Reinhard Höhn will in dem Vortrag zeigen, dass eine Gemeinschaft ganz natürlich einen Führer ausbildet. Das ließe sich nicht nur nicht vermeiden. Sie brauche diesen sogar: »Ohne Gemeinschaft ist Führertum nicht denkbar. Der Führer aber ist der ausgeprägteste Träger des Geistes der Gemeinschaft, der für die Gesamtheit richtungsgebend handelt. [...] Überall da, wo Gemeinschaftsleben entsteht, werden Führer entstehen.«[116] Führer werde also derjenige, der den Geist der Gemeinschaft am besten vorlebe, der vorbildhaften Charakter habe. Bezogen auf »den Führer« selbst, klingt das so:

> Adolf Hitler [...] ist derjenige, der richtungsgebend voranschreitet mit der Aufgabe, das ganze Volk zur Volksgemeinschaft zu führen. Dementsprechend ist

> Volk nicht mehr Summe von Untertanen, das widerspricht dem Führerprinzip, sondern Volk ist die Gefolgschaft des Führers auf dem Weg zur Volksgemeinschaft.[117]

Der Gemeinschaftsgeist werde im »Gemeinschaftserlebnis« erfahren. Deshalb ist das »Vermitteln des Gemeinschaftserlebnisses« eine zentrale Aufgabe für die »Schaffung jeder Gemeinschaft«.[118] Die Feierlichkeiten zum 1. Mai 1933 werden hier explizit als Versuch der Erfahrbarmachung von Gemeinschaft genannt.[119]

Gemeinschaften, in denen solche Erlebnisse gemacht werden sollten, gab es im »Dritten Reich« etliche. Die Volksgemeinschaft sollte sich aus kleineren Gemeinschaften wie der Betriebsgemeinschaft oder der Familie zusammensetzen. Zugleich waren Deutsche von der Wiege bis zur Bahre an staatliche und halbstaatliche »Gemeinschaften« angebunden, die Hitlerjugend, der Bund Deutscher Mädel und die Deutsche Arbeitsfront sind dafür paradigmatische Beispiele. Alle diese Institutionen waren durch den Dienst bestimmt.[120] Sie sind Ausdruck des Versuchs, die Einzelnen ganzumfänglich in den Nationalsozialismus zu integrieren und durch Gemeinschaftserlebnisse den Geist der Volksgemeinschaft zu vermitteln. Der verordnete Dienst, der freiwillig angenommen werden soll, charakterisiert eine besonders intensive Weise der Involviertheit.

Führen ist für den Nationalsozialismus ohne einen Gemeinschaftsbezug nicht denkbar. Die Gemeinschaft ist die Referenz, auf die sich alles ausrichtet. Die nationalsozialistische Form der Gemeinschaft, die geführt wird, soll die Gefolgschaft sein: »Die Führung verlangt eine aktive Gefolgschaft, der der Führer voran geht.«[121] Dieser Führer habe die Aufgabe seinen Beitrag als »kleines Rädchen im Getriebe«[122] zu leisten.

Höhn verliert viele Worte über das Verhältnis von Führer und Gefolgschaft, aber wenige darüber, was es heißen soll, zu führen. Carl Schmitt hat Führung von Kontrolle und Aufsicht genauso unterschieden wie von Befehl und Diktat.[123] Höhns Formulierung vom richtungsgebenden Handeln ist der Versuch, diese ex negativo gemachte Bestimmung positiv zu geben. Doch sie bleibt vage. In dem Aufsatz »Der Führerbegriff im Staatsrecht« wird er deutlicher: »Man kann den Führer nicht aus der Gemeinschaft herauslösen. Er vollzieht ja als aktivster artgleicher Genosse die Funktionen für die Gemeinschaft, in ihm konzentriert sich *gewissermaßen* die Gemeinschaft. Seine Befehle sind der Ausdruck dieser Gemeinschaft.«[124]

Der Führer, und damit ist in diesem Kontext auch *der* Führer gemeint, wird also als *Gleichester unter Gleichen* gedacht, als Prototyp eines Volksgenossen.[125] Deshalb soll Kameradschaftlichkeit den Umgang auszeichnen. Die Autorität von Höhns Führer beruht »nicht auf dem Prinzip von Befehl und Gehorsam«, sondern auf »Gefolgschaft, die auf gegenseitigem Vertrauen basiere«.[126] Was der Führer tut, ist nicht etwas ganz anderes als das, was der Rest tut, sondern vorbildlicher.

Führen heißt aber auch, die Gemeinschaft und die Menschen zu formen, so ein Artikel in der Zeitschrift »Arbeitertum«: »Führer sein heißt, Wegbereiter, Vorkämpfer, Vorbild sein, heißt Kameradschaft über Gemeinschaft pflegen, Menschen erziehen und formen und bessern, heißt vorwärts wollen, nicht rückwärts schauen.«[127]

3.3 Führen und Dienen

Dem Führenden werden also zwei Formen zu handeln zugeschrieben: »ein vorbildliches Voranschreiten, ein Leiten mit dem Blick nach vorn; und ein kameradschaftliches Mithelfen, ein Dienen mit dem Blick nach rückwärts.«[128] Leiten und Dienen, das bringt die Sache auf den Punkt. Führen wird also nicht in Gegensatz zum Dienen gestellt, sondern als sein vorbildlicher Ausdruck gefasst.

Noch bevor das Arbeitsordnungsgesetz verabschiedet wird, schreibt der Ingenieur und – wie man heute sagen würde – Autor von Managementliteratur, Willy Müller, ein Buch mit dem Titel »Der Führer«, in dem er ausführt, dass Dienen und Führen nicht zwei sich ausschließende Weisen sind, sondern ein und dieselbe.[129] Hierzu entwirft er einen »Idealtypus des Führers und seine[r] sozialen Tugenden«[130] und versucht sich dem idealen Führer durch eine tugendethische Systematisierung zu nähern, die die Begriffe Führen und Dienen bestimmt:

> Was sollen wir unter »Führen« verstehen? Etwa befehlen, anordnen, vorschreiben? Mit nichten, meine Freunde! »Führen« heißt Verantwortung tragen, sich seiner Aufgaben und Pflichten bewußt sein, die eigene Tätigkeit im Interesse des Volksganzen ehren und lieben, weil man hierdurch dem Vaterland dienen kann. Führen ist also nichts anderes als dienen![131]

Das gelte auch vice versa:

> Und was sollen wir unter »Dienen« verstehen? Etwa ehrlose Unterwürfigkeit, schleicherische Kriecherei und sklavischen Gehorsam? Mit nichten, meine Freunde! »Dienen« heißt, für das Gesamtwohl arbeiten und keine Arbeit ohne den Gedanken an das Vaterland tun. Dienen ist also nichts anderes als führen![132]

Somit kann Müller resümieren, dass die Begriffe »Führen« und »Dienen« zusammengehörten und »eine Einheit«[133] bilden. Dass Dienen hier keineswegs mit Gehorsam assoziiert werden soll, verweist auf Schelskys Hobbes-Interpretation. Es geht den Nationalsozialisten um eine freiwillige Annahme des Dienstes, die sie im Begriff der Gefolgschaft ausgedrückt sehen. Die Verallgemeinerung des Führens findet auch hier ihren Niederschlag. Ihr entgegengesetzt wird das rein passive Gehorchen, das alleinige Dienen, eine Weise, die einem rechten Nationalsozialisten fremd sei:

> Wer führt, dient zugleich. Wer aber nur dienen will, ohne gleichzeitig zu führen, der ist eine völlig passive Natur, die den wahren Sinn des Lebens nicht erkannt hat. Dienen und führen zugleich ist die höhere Form des Lebens; dienen allein ist knechtisch und eines freien Menschen unwürdig. Darum Freunde, stellt euch bewußt in den Dienst an Euerm Volk und werdet so dienend zu Führern.[134]

Müllers Aufruf ernst genommen und konsequent zu Ende gedacht, ist das der Versuch, die Mehrheit zu Führenden zu machen, eben weil und wenn sie ihren Dienst leisten. Das einfache Dienen, im Sinne von passiv ausführen, wird hierbei so disqualifiziert, dass es den Ansprüchen des Nationalsozialismus nicht mehr genügen kann, ja, dass es nicht nur als undeutsch, sondern geradezu als unnatürlich erscheint.

Der Text befindet sich sprachlich am Übergang. Obwohl Müller betont, dass die Arbeitenden nicht mehr als Untergebene zu betrachten sind, sondern als »Mitarbeiter« oder »Helfer« bezeichnet werden sollen, kann er von dem Wort »Untergebene« nicht lassen.[135] Er hält die von ihm selbst geforderte Terminologie nicht durch; vielleicht der unbewusst gelieferte Beweis, dass der Unterschied real kleiner ist, als ideologisch getan wird. Jedenfalls qualifiziert Müller diese besondere Weise der Involviertheit. Im Dienen stecke das Führen, im Führen das Dienen.

Die Texte von Schelsky, Höhn und Müller sind Texte im Aufbruch, historische Versuche, der gerade an die Macht gekommenen Bewegung ein Gesicht zu geben. Alle drei stammen aus den Jahren 1933/34, systematisch kreisen ihre Überlegungen um die Frage des Führens. Die Verallgemeinerung von Führung deutet an, dass es immer auch um die Frage geht, wie die Einzelnen in das nationalsozialistische Projekt eingebunden werden können und sollen. Dabei deuten die Texte ein Verständnis von Führung und Gefolgschaft an, das zwar nicht allgemein umgesetzt wurde, das aber später in betriebspolitische Experimente mündete und zum Nachleben des Nationalsozialismus gehört.

3.4 Imperative der Mitarbeit

Die Idee, dass die Einzelnen besonders intensiv in die Geschicke der Staatsgemeinschaft involviert sein sollen, ist kein Alleinstellungsmerkmal des Nationalsozialismus. Sie prägt auch andere politische und philosophische Theorien der Zeit und verweist auf eine grundlegende Frage moderner Politiktheorie, nämlich wie und wieweit die Bürger:innen eingebunden werden können, sollen und müssen. Aber der Nationalsozialismus ist auch hier eine radikale Variante.

Carl Schmitt schreibt bereits in den späten 1920er-Jahren in »Der Begriff des Politischen« über die Frage der Involviertheit, über die Form also, in der die Einzelnen mit den Geschicken ihres Volkes verbunden sein sollen; denn in seiner Theorie sind es immer Völker, die politisch handeln.[136] Er nennt diese Form »existenzielles Teilhaben und Teilnehmen«.[137] Erst dieses gewährleiste »richtige[s] Erkennen[] und Verstehen[]« und gebe die »Befugnis mitzusprechen«.[138] Schmitt erwähnt diese Form des Involviert-Seins nur im Vorbeigehen, im Rahmen seiner Ausführungen zum Gegensatz von Freund und Feind. Mit keinem weiteren Satz werden »Teilhaben und Teilnehmen« genannt, geschweige denn bestimmt. Aber sie lassen sich interpretieren: Der Ausdruck »existenzielles Teilhaben und Teilnehmen« deutet einen totalitären Anspruch an, der im »Dritten Reich« umgesetzt wurde. Citoyen und Bourgeois sollten zusammenfallen, die Bürger:innen sollten mit Haut und Haar und in jedem Winkel ihres Alltags mit dem Schicksal »ihres« Staates und Volkes verbunden sein. Ernst Forsthoff, der den Begriff des »totalen Staats« für das »Dritte Reich« reklamiert, spricht diese Totalität ganz unverblümt aus:

> Der totale Staat muß ein Staat der totalen Verantwortung sein. Er stellt die totale Inpflichtnahme jedes einzelnen für die Nation dar. Diese Inpflichtnahme

> hebt den privaten Charakter der Einzelexistenz auf. In allem und jedem, in seinem öffentlichen Handeln und Auftreten ebenso wie innerhalb der Familie und häuslicher Gemeinschaft verantwortet jeder einzelne das Schicksal der Nation.[139]

In diesem Staat sollen alle ihr »persönliches Geschick«[140] der Nation unterordnen. Wer sich dem verweigert, wird bestraft. Das »neue Wesen des Staates« mache aus, dass »er den einzelnen zur Rechenschaft ziehen kann, der sein persönliches Geschick nicht dem der Nation völlig unterordnet«.[141]

Dazu passt auch Schmitts Idee, dass sogar das Opfer des eigenen Lebens gefordert werden kann. Laut »*jus belli*« habe jeder Staat das Recht dazu, »von Angehörigen des eigenen Volkes Todesbereitschaft und Tötungsbereitschaft zu verlangen«[142]. Von den Einzelnen könne also das Äußerste verlangt werden, die Aufgabe des eigenen Lebens, der Tod. Ernst Jünger hypostasiert noch diese äußerste Forderung: »Das tiefste Glück des Menschen besteht darin, daß er geopfert wird, und die höchste Befehlskunst darin, Ziele zu zeigen, die des Opfers würdig sind.«[143] Bei Schmitt wird der Staat damit als »gigantische Kaserne«[144] gedacht. Ihm gegenüber müsse »der Gehorsam [...] absolut sein«[145]. Jünger plädiert deshalb dafür sich den Staat nicht als »Passagier- oder Gesellschaftsdampfer«, sondern als »Kriegsschiff« vorzustellen.[146]

Die Opferung des eigenen Lebens ist aber nur die äußerste Form der existenziellen Teilnahme. Ihr paradigmatischer Ausdruck ist die Arbeit. Denn in ihr stellen die Individuen sich im Alltag in den Dienst der Volksgemeinschaft.

Auch Martin Heidegger sieht im Leben eine existenzielle Form der Verbindung mit der Gemeinschaft. In seiner Rektoratsrede von 1933 findet sich eine ähnliche Formulierung, wenn er vom »mittragenden und mithandelnden Teilhaben«[147] spricht, um die Bindung der Studierenden an die Volksgemeinschaft zu bezeichnen:

> Die erste Bindung ist die in die Volksgemeinschaft. Sie verpflichtet zum mittragenden und mithandelnden Teilhaben am Mühen, Trachten und Können aller Stände und Glieder des Volkes. Diese Bindung wird fortan festgemacht und in das studentische Dasein eingewurzelt durch den *Arbeitsdienst.*[148]

In einem anderen, nur einseitigen Text mit dem Titel »Arbeitsdienst und Universität« lobt Heidegger die Arbeitsdienstlager, in denen junge Deutsche ihren Arbeitsdienst ableisteten, dafür, dass dort das »vorbildliche Mittun und Mitschaffen, aber nicht das Dabeistehen und Beaufsichtigen«[149] die Weisen der Teilnahme sind. Schmitts abstrakte Bestimmung des Verhältnisses von Einzelnen und Staat konkretisiert Heidegger hier. Es sollen konkrete Praktiken sein, die die existentielle Teilnahme ausmachen: Mittun und Mitschaffen; in heutige Sprache übersetzt: Mitarbeit.

Und diese Mitarbeit ist nicht verhandelbar. Sie ist ihrem Anspruch nach total. Heideggers Arbeitsbegriff aus seiner Logikvorlesung von 1934, darauf weist Werner Hamacher hin, kennt »keine Lücke, keine Leere, keine Arbeitslosigkeit (!) und keine Suspendierung des Vollzugs«[150]. Alle sind jederzeit dazu angehalten, mitzuarbeiten.

Die Forderung nach dem soldatischen Opfer des eigenen Lebens ist die extremste Form eines Appells ans Mitmachen. Mitmachen forderte die nationalsozialistische Ordnung auch in Friedenszeiten. Sie versuchte, durch Anrufungen die Einzelnen zu idealtypischen Nationalsozialisten zu machen, stets den »tüchtigen deutschen Volksgenossen« im Blick, »der seine Pflicht für die Gesamtheit treu und brav erfülle«.[151] Nicht zufällig prägen Aufforderungen und Imperative Publikationen im »Dritten Reich«, die sich an ein breites Publikum richten; etwa die Schüler:innenzeitung »Hilf mit!«[152] oder die betriebspolitische Broschüre »Jeder denkt mit!«[153].

Diese Broschüre ist Ausdruck des Versuchs, das Mitmachen herzustellen. Sie stellt systematisch Werbemaßnahmen in Betrieben vor, die die Aufgabe haben, Leistungssteigerung zu erzeugen. Denn um die Mitarbeit der Gefolgschaft müsse geworben werden.[154] Die Nationalsozialisten, das betont Dietmar Süß etwa, setzten auf die Mitarbeit der Einzelnen und boten »Raum für die Entfaltung individueller Leistungsoptimierung und Aufstiegshoffnungen, an deren Verwirklichung der oder die Einzelne durch die beständige Mitarbeit an der ›Volksgemeinschaft‹ angehalten wurde – und sich anhalten ließ.«[155]

Als Richtlinie für diese Anhaltung zur Mitarbeit wurden kategorische Imperative formuliert, die Gesetze einer neuen Ethik sein sollten.[156] Die Imperative sind Versuche, richtiges Handeln zu bestimmen und Verstöße verfolgbar zu machen. So zeigt sich, dass die Untersuchung von Folgen und Führen an die Debatten um NS-Normativität anschließen kann.[157]

Im Nationalsozialismus wurden immer wieder Ethiken formuliert.[158] Diese sind auch Selbstverortungen, weil sie Selbstbilder und bestehende Praktiken zu begründen versuchen. Sie halten zu bestimmten Handlungsweisen an und geben die Haltung der Individuen zur Beurteilung frei, sodass sie ein normatives Band schaffen, dem niemand zu entkommen vermag. Nicht zuletzt sind sie auch Richtschnur für die Führenden, die leitende wie dienende Vorbilder sein sollen.

Reinhard Höhn gibt diesem ethischen Band ein Gesetz, ganz im Kantischen Sinne. In dem bereits zitierten Vortrag »Vom Wesen der Gemeinschaft« formuliert er einen kategorischen Imperativ, der die Handlungen der Menschen im Nationalsozialismus beurteilbar machen und als Richtschnur des Handelns dienen soll: »Wenn wir heute fordern, daß jeder volksgemeinschaftlich handeln soll und sich in die Volksgemeinschaft eingliedern soll, so heißt das, er soll sein Handeln so einstellen, wie wenn eine Volksgemeinschaft, wie wir sie erstreben, wirklich bestünde.«[159] Die Volksgemeinschaft ist damit zugleich Ziel der Handlung wie Orientierungsmaß zur Beurteilung, welche Handlung richtig und welche falsch ist. Wenn Kant die Vernunft als Maßstab setzt, bietet er – zumindest theoretisch – jedem Menschen die Möglichkeit zu erkennen, was richtig und was falsch ist. Die Volksgemeinschaft als Kriterium zu setzen, eröffnet dagegen einen unbestimmten Raum, der nicht durch innere Erwägungen, sondern durch äußere Prinzipien gefüllt wird. Denn was »volksgemeinschaftlich Handeln« heißen soll, wird durch den Nationalsozialismus selbst bestimmt, nicht durch die Vernunft der:des Einzelnen. Der Begriff, um bei Kant zu bleiben, ist gerade nicht *a priori*, sondern *a posteriori*. Er wird gefüllt durch (ideologische) Erfahrung und Geschichten. Das heißt auch, dass es zu einem gewissen Grad willkürlich bleibt, wie man den Imperativ ausführt, was ganz im Sinne des Nationalsozialismus ist.

Dabei springt die eigentümliche Verschränkung von Normativem und Deskriptivem ins Auge. Die Volksgemeinschaft ist zwar der Fixpunkt dieser Ethik, aber sie ist zugleich etwas, das erst hergestellt werden soll. Man solle so handeln, als ob sie bereits bestünde. Ulrich Bröckling hat die Logik solcher Sätze in seiner Analyse von Managementprogrammen des Postfordismus beobachtet und nennt sie eine »Realfiktion im Modus des Als-Ob – [eine] kontrafaktische Unterstellung mit normativem Anspruch, [eine] Adressierung«[160]. Werner Hamacher nennt dieselbe Logik mit Blick auf Hitlers Texte »die Suggestion der Auto-Suggestion, die Suggestion, es gäbe das autonome, sich selbst statuierende, sich selbst produzierende und aus eigener Kraft auferstehende Ich«[161]. Als ein solches Ich wird die Volksgemeinschaft vorgestellt. Die beiden Beschreibungen erhellen den kategorischen Imperativ Höhns. Der »Modus des Als Ob«, die »Suggestion der Auto-Suggestion«, das ist die Weise, in der der Nationalsozialismus mit der Volksgemeinschaft als Fixpunkt seiner Ethiken verfährt.

Es ist ein anderer kategorischer Imperativ überliefert, von Hans Frank, dem Mentor Carl Schmitts, im Zweiten Weltkrieg formuliert. Er verlangt nur auf den ersten Blick anderes: »Handle so, daß der Führer, wenn er von deinem

Handeln Kenntnis hätte, dieses Handeln billigen würde.«[162] Bei genauerem Hinsehen wird klar, dass dieser Imperativ dasselbe von einer anderen Richtung formuliert. Er beschreibt gewissermaßen die andere Seite des Wesens der Gemeinschaft wie Höhn sie konzipiert. Dessen Ausführungen erhellen den Imperativ. Im Sinne seiner Setzungen ist »der Führer« gedacht als der genaueste und vorbildlichste Ausdruck des Gemeinschaftsgeistes der Volksgemeinschaft. »Der Führer« ist nicht der Edelste, sondern wird vorgestellt als Gleichester unter Gleichen. Er ist die Personifizierung des Geistes der Volksgemeinschaft. So interpretiert ist Franks kategorischer Imperativ am selben orientiert wie der von Höhn. Was Hitler billigt, soll dieser ethischen Logik nach dasselbe sein, wie sich in der Handlung nach der angeblich bereits bestehenden Volksgemeinschaft auszurichten. Mit diesen Imperativen wurden den Deutschen »eigene moralische Urteile, Wertungen und Entscheidungen abgenommen«[163], weil die Volksgemeinschaft oder der Führer, je nach Variante, angaben, was richtig und was falsch ist.

Der Volksgemeinschaft soll in der Arbeit alltäglich gedient werden. Der Betrieb ist deshalb das Prisma, durch welches sich das Leitbild prototypischen, nationalsozialistischen Handelns zeigt. Denn die Handlungsweise im Betrieb, das Dienen, soll sich in der Praxis in zwei paradigmatischen Formen ausdrücken, die Aufschluss geben über die nationalsozialistische Ethik insgesamt, in Folgen und Führen. Debatten über Führungsvorstellungen wurden skizziert. Aber inwiefern ist Dienen auch Folgen? Ein Blick auf den Betrieb, auf das Arbeitsrecht, die Sprache des Nationalsozialismus und seine Ethik soll es ermöglichen, die logische Bestimmung der Gefolgschaft und des Folgens in Texten und der sozialen Praxis des Nationalsozialismus nachzuvollziehen.

4. Beziehungsweise Reaktion[164]

Führer und Gefolgschaft im Arbeitsordnungsgesetz

»Denn jene ›Dienstidee‹ puritanischer Herkunft hebt sich doch nunmehr über das Private (›das Gesellschaftliche‹) hinaus, indem sie sich mit jenem ›Führer-Gefolgschafts-Verhältnis‹ verbindet, das in unserem Arbeitsordnungsgesetz nun auch im Betriebsleben seine Geltung heischt und auch finden wird.«[165]
Heinz Marr

Der Dienst an der Volksgemeinschaft wird als aktive Handlung begriffen, die zur Beurteilung steht. Ein paradigmatisches Feld, auf dem gedient werden soll, ist die Arbeit im Betrieb. Diese in den Mittelpunkt zu rücken, macht sensibel für eine Übersetzung des Dienens in zwei sich ergänzende Weisen zu handeln: in Führen und Folgen.

Die Einführung des Begriffspaars Betriebsführer und Gefolgschaft sollte die rechtliche und terminologische Voraussetzung sein, um die Beziehungen im Betrieb zu verändern. Folgen und Führen sollten die Weisen sein, in denen der Dienst an der Volksgemeinschaft tagtäglich exerziert wird und werden sollte.

Deshalb versuchten die Nationalsozialisten auch einen neuen Führungsstil zu etablieren, der die Führenden auf die Volksgemeinschaft einschwört und Führen zu einer Weise des Dienens macht. Die Beziehungen im Betrieb zeigen, welche Rolle den Einzelnen in dieser Gemeinschaft zugesprochen wird. Jetzt wird es darum gehen, die Logik dieser Beziehung und damit dieser neuen Führungs- und »Folgensform« nachzuvollziehen. Dazu wird die nationalsozialistische Gefolgschaftsidee analysiert, die als Scharnier zwischen dem Topos »deutscher Arbeit« und der Arbeitspraxis funktioniert.

Für den Führenden ist diese Logik bereits rekonstruiert. Seine Rolle ist es, den Gemeinschaftsgeist vorbildlich zu leben und durch Erlebnisse erfahrbar zu machen. Er soll leiten und dienen. Aber wie wird der Nicht-Führende, der Folgende, in dieser Konzeption vorgestellt? Und ist es überhaupt legitim hier allein in der männlichen Form zu schreiben? Wie wird die Weise des Folgens vorgestellt? Inwiefern soll sich der neue Führungsstil von anderen unterscheiden, was die ideologische Behauptung und den Anspruch angeht? Was soll den Unterschied ausmachen zwischen einer autoritären Herrschaft und dieser Form der Unterordnung? Um diese Fragen zu beantworten, ist ein Blick in die nationalsozialistische Reform des Arbeitsrechts unerlässlich und damit in das Gesetz zur Ordnung der nationalen Arbeit (kurz AOG oder Arbeitsordnungsgesetz).

Der Umbau des Arbeitsrechts im »Dritten Reich«, da folge ich Karsten Linne, kann in vier Phasen unterteilt werden. Die Zerschlagung der Gewerkschaften durch das »Aktionskomitee zum Schutze der deutschen Arbeit« am 2. Mai 1933 muss als Zäsur begriffen werden. Sie bildet die erste Phase des Umbaus der Arbeitswelt und kann als der praktische, außerrechtliche Wegbereiter des neuen Arbeitsordnungsgesetzes gelesen werden. Dieses läutet die zweite Phase des Aufbaus einer NS-Arbeitsverfassung ein. Mit der Einführung von »Betriebsführer« und »Gefolgschaft« geht es diesem auch darum, die alten Begriffe des Klassenkampfs hinter sich zu lassen. Der Betrieb ist dem Nationalsozialismus nach eine gemeinschaftliche Einheit mit einem gemeinsamen Interesse und kein in sich gespaltenes Konglomerat von sich entgegengesetzten Interessen. Die dritte Phase ist die der Kriegsvorbereitung, die vierte schließlich die der Kriegswirtschaft.[166]

Der Umbau der Arbeitsverhältnisse war allerdings keineswegs radikal. Er packte die Sache nie an der Wurzel an. In keiner der vier Phasen änderten die Nationalsozialisten etwas an der tatsächlichen, der materiellen Seite des Klassengegensatzes. In allen Phasen des »Dritten Reichs« blieb »die ökonomische Basis des Arbeitsrechts, das gesellschaftliche Verhältnis von Lohnarbeit und Kapital, in seinen Grundstrukturen unangetastet«[167]. Die Eigentumsverhältnisse wurden nur verändert, insofern der deutsche Staat oder Volksgenoss:innen sich durch sogenannte Arisierungen Eigentum von Jüdinnen:Juden unter den Nagel rissen.

Es ging den Nationalsozialisten vielmehr um die Änderung der ideellen Seite von Arbeit. Das AOG ist schlagender Beweis für die bereits zitierte Benjaminsche Erkenntnis, dass der Nationalsozialismus versucht, »die neu entstandenen proletarisierten Massen zu organisieren, ohne die Eigentumsverhältnisse, auf deren Beseitigung sie hindrängen, anzutasten. Er sieht sein Heil darin, die Massen zu ihrem Ausdruck (beileibe nicht zu ihrem Recht) kommen zu lassen.«[168] Die Masse habe zwar ein Recht auf Veränderung »der Eigentumsverhältnisse«, so Benjamin, aber »der Faschismus sucht ihnen einen

Ausdruck in deren Konservierung zu geben«.[169] Tatsächlich zeigt sich im Arbeitsordnungsgesetz, dass sich grundlegend an der Arbeitsorganisation nichts ändern sollte. Die Nationalsozialisten versuchten dagegen, so formuliert es Stefan Dietl, das »kapitalistische Versprechen nach leistungsgerechter Entlohnung durchzusetzen«[170].

Im Zentrum des NS-Arbeitsrechts steht der Begriff der Gefolgschaft, um den und dessen Handlungsweise es hier gehen soll. In Meyers Lexikon von 1938 wird Gefolgschaft ausführlich bestimmt:

> Gefolgschaft, im nat[ional]-soz[ialistischen] Sinne die auf Blutsverbundenheit und natürlicher Ungleichheit der Menschen beruhende, sich im Führergrundsatz ausdrückende Verbundenheit von Führer und Geführten wie auch die Gesamtheit der letzteren. [...] Die in der G[efolgschaft] enthaltenen sittl[ichen] Verpflichtungen gipfeln in der Treue zum Führer, in der Kameradschaft innerhalb der G[efolgschaft] und in der Bewahrung der eigenen Ehre.[171]

Die Gefolgschaft ist also explizit gedacht als eine rassistisch definierte Gemeinschaft Ungleicher, die sich in Führende und Folgende unterscheidet. Treue gegenüber dem Führer, Kameradschaft untereinander und Ehre sollen sie ausmachen. Damit sind die Kernbegriffe des Arbeitsordnungsgesetzes bereits genannt.

Das Verhältnis von Führer und Gefolgschaft prägt die politische Logik des nationalsozialistischen Staates. Paradigmatisch soll dieses sich aber am Ort der Arbeit, dem Betrieb, finden und leben lassen. Denn dieser sei »die Urzelle des deutschen Sozialismus der Arbeit«[172]. Führer und Gefolgschaft ist deshalb auch das Begriffspaar, das das AOG einführt, um die Ordnung im Betrieb zu verändern, sie so anzupassen, dass sie mit der neuen gesellschaftlichen Ordnung korrespondiert. Dieses Gesetz ist ein Versuch die Rahmenbedingungen für einen neuen Arbeitertypus zu schaffen:

> Als entscheidendes Mittel zur Umorientierung wurde die Bildung eines neuen Menschen propagiert, des »Idealtypus eines deutschen Arbeitsmenschen« mit einer neuen Arbeitsethik. »Was vor allem nötig ist«, hieß es im Vorwort des maßgebenden Großkommentars zum AOG, »ist die Erziehung zur rechten Gesinnung«.[173]

Diese rechte Gesinnung meint nichts anderes als die Übernahme des einheitlichen Willens und Geistes, der das existenzielle Teilhaben und Teilnehmen ermöglichen soll.

4.1 Das Gesetz zur Ordnung der nationalen Arbeit (AOG)

Ausgangspunkt des Übersetzungsversuches des Dienens in betriebliche Praxis ist der nationalsozialistische Arbeitsbegriff selbst. Hitlers frühe Rede von 1920 bestimmte Arbeit als gemeinnützig. Das hatte Folgen: »Mit dem Primat der Gemeinnützigkeit von Arbeit traten die Kennzeichen der Lohnarbeit, die Bezogenheit auf den Markt und die Entlohnung in Geld, in den Hintergrund. [...] Die ›Gemeinschaft‹ wurde zur Grundlage des NS-Arbeitsrechts.«[174]

Grundgelegt wurde dieses Arbeitsrecht 1934 mit der Einführung des Gesetzes zur Ordnung der nationalen Arbeit. Es »war eines der umfassendsten, konsequentesten und am stärksten ideologisch geprägten Produkte nationalsozialistischer Gesetzgebung. In arbeitsrechtlicher und ideologischer Hinsicht war die Betriebsgemeinschaft der Kernpunkt der neuen Ordnung«[175], schreibt Timothy Mason.

Von besonderem Interesse ist die Einführung des Begriffspaars Betriebsführer und Gefolgschaft. Gleich im ersten Paragrafen heißt es: »Im Betriebe arbeiten der Unternehmer als Führer des Betriebes, die Angestellten und Arbeiter als Gefolgschaft gemeinsam zur Förderung der Betriebszwecke und zum gemeinen Nutzen von Volk und Staat.«[176]

Dieser erste Paragraf, so heißt es in einem Kommentar, »umschreibt, gleich einer Präambel, Sinn, Inhalt und Ethos des Gesetzes«[177]. Die Moralisierung des Rechts wird also deutlich ausgesprochen. Sie findet wesentlich über die Einführung der Kernbegriffe Gemeinschaft, Treue und Ehre statt.

Der Begriff des Unternehmers wird in den des »Betriebsführers« übersetzt; die Belegschaft, also Arbeiter und Angestellte, werden zur »Gefolgschaft«. Die Weise des Folgens allerdings findet sich auch außerhalb dieses Kreises, sie soll paradigmatisch für »den Volksgenossen« an sich sein. Die von der Gefolgschaft qua Gesetz geforderte Treue etwa gilt als »Fundamentalpflicht des ›Volksgenossen‹«[178] und ist damit als generelle Ordnungskategorie für die Beziehungen im Inneren der Volksgemeinschaft zu denken. Der nationalsozialistische Führer bestimmt sich wesentlich auch darüber, dass er Gefolgschaft leistet.

Die Arbeit von Gefolgschaft und Betriebsführer seien Mittel zur »Förderung der Betriebszwecke« und »zum gemeinen Nutzen von Volk und Staat«. Gemeinsam sollen sie eine Gemeinschaft bilden, die über den Einzelinteressen steht. Sie vereine der Dienst am Betrieb und an der Volksgemeinschaft. Die »Betriebsgemeinschaft erscheint als ein Glied der Volksgemeinschaft selbst«[179]. Der erste Paragraf, so resümiert Dietz, konkretisiert den

Grundsatz »Gemeinnutz vor Eigennutz«[180], den Adolf Hitler bereits 1920 in den Mittelpunkt seiner Arbeitsauffassung stellte.

Michael Stolleis hat auf die Besonderheit der Sprache dieses ersten Paragrafen aufmerksam gemacht, die sich aus seiner Formulierung im Präsens ergibt: »Sittlicher Appell, normativer Befehl und Tatsachenbeschreibung verschränken sich ineinander.«[181] Die Individuen werden durch diese Verschränkung an »zwei Pflichtenkreise gebunden, nämlich an den der Betriebsgemeinschaft und den der Volksgemeinschaft«[182]. Dabei konnte diese zweifache Verpflichtung real durchaus in Konflikt geraten. Nicht immer sind die Interessen der Betriebs- und die der Volksgemeinschaft dieselben.

Der zweite Paragraf spezifiziert die Rollen von Betriebsführer und Gefolgschaft:

> (1) Der Führer des Betriebes entscheidet der Gefolgschaft gegenüber in allen betrieblichen Angelegenheiten, soweit sie durch dieses Gesetz geregelt werden. (2) Er hat für das Wohl der Gefolgschaft zu sorgen. Diese hat ihm die in der Betriebsgemeinschaft begründete Treue zu halten.[183]

Der erste Teil dieses zweiten Paragrafen bestimmt die Rechte des Betriebsführers. Dieser erhält eine ungeheure Entscheidungskompetenz, während der Gefolgschaft das Mitspracherecht entzogen wird.[184] Der Betriebsführer entscheidet nun allein über die Arbeitsbedingungen, über die materiellen, also »Arbeitslohn, Arbeitszeit, Urlaub«, wie auch über die immateriellen, wie »Rauchverbote, Vorschriften über Verhalten bei Gefahr, Arbeitsmethoden usw.«.[185] Im zweiten Teil werden seine Pflichten festgelegt. Der Betriebsführer hat »für das Wohl der Gefolgschaft zu sorgen«. Das »Entscheidungsrecht des Führers« ist deshalb als »Pflichtrecht« bezeichnet worden.[186] Er erhalte solche Kompetenzen nur, um der Pflicht willen, für die Gefolgschaft zu sorgen. Er trage eine »Verantwortung nach oben, gegenüber Staat und Nation, die durch Treuhänder und Ehrengerichte vertreten«[187] würden. Ihr entspricht die absolute Befehlsgewalt nach unten. Diese Entdemokratisierung schlägt sich als Ansammlung von Entscheidungskompetenzen auf Seiten des Betriebsführers nieder. Der Unternehmer soll jetzt wieder über alle relevanten Aspekte im Betrieb entscheiden. Das Gesetz stellt »the absolute hegemony of management within the industrial enterprise«[188] her. »Der Unternehmer ist«, schreibt Neumann, »einfach deshalb Führer seines Betriebes, weil er der Besitzer oder Direktor ist. Eigentum an Produktionsmitteln bedeutet automatisch autoritäre Kontrolle über die Arbeiter, und die so begründete ›Gemeinschaft‹ ist mit einer Kaserne zu vergleichen.«[189] Dieses hierarchische

Missverhältnis bringt also automatisch eine autoritäre Beziehung mit sich, die Beziehungsweise Reaktion.

Die Gefolgschaft soll dem Betriebsführer die »Treue« halten. Das heißt, »sie haben seine Führung anzuerkennen, ihn in seinem Amt [...] zu unterstützen«[190]. Der Kommentar übersetzt Treue also in die Anerkennung der Führungsposition und die Unterstützung im Amt. Die »Treuepflicht« verlange vom Einzelnen, »daß er seine ganze Kraft in den Dienst der Betriebsförderung stellt«.[191] Die Treuepflicht ist damit nichts weniger als ein »Instrument zur sozialen Kontrolle«[192].

Das Gesetz ist der Höhepunkt einer Reform des Arbeitsrechts[193] und der Versuch die Arbeitsbeziehungen zu verändern.[194] Damit soll ein zentrales Problem moderner Arbeit gelöst werden, die Unverbundenheit von Unternehmer:in und Arbeitnehmer:in. Maßgeblich für die nationalsozialistische Veränderung sind die beiden ersten zitierten Paragrafen, die das hier im Fokus stehende Begriffspaar Betriebsführer und Gefolgschaft einführen.

Rudolf Joerges, der 1934 einen Kommentar zu dem Gesetz veröffentlichte, verdeutlicht diese Veränderung mit Blick auf die bis dahin übliche Weise, das Arbeitsverhältnis in einem Vertrag zu regeln, in dem der:die eine sich verpflichtet, etwas zu leisten, und der:die andere dazu, diese Leistung zu vergüten. Dabei fehle »eine irgendwie geartete persönliche Verbundenheit«[195]. Die Vertragspartner seien unverbunden und schlössen den Vertrag nur »jeder aus eigennützigen Gesichtspunkten«.[196] Das AOG wolle genau hier gegensteuern und setze auf eine neue Verbundenheit beider Parteien, die es »personenrechtliches Treueverhältnis«[197] nennt. Betriebsführer und Gefolgschaft seien fortan »miteinander in Treue verbundene Personen«, die sich nicht mehr als »eigennützige Interessenten gegenüberstehen«.[198] Es soll also um eine neue Form der Beziehung gehen.

Joerges Explikation legt das antiliberale Gegenbild offen. Die in Treue verbundenen sollen das Gegenbild zu denjenigen sein, die auf ihren Interessen beharren. Die Eigenschaft der Eigennützigkeit weckt dabei Assoziationen an mindestens drei Feindbilder des Nationalsozialismus, die nicht selten zusammenfallen: an den Liberalismus, den Arbeiterbewegungsmarxismus und an »den Juden«.[199] Allen dreien wird unterstellt, sie würden auf dem Eigennutz beharren. Dagegen wird der Gemeinnutz als deutsche Eigenschaft gesetzt und als wahrer Ausdruck von Deutsch-Sein gedacht. Joerges deutet den ersten Paragrafen, indem er auf die Konstruktion der Betriebsgemeinschaft hinweist, die dort gegeben sei, wo alle für ein und denselben Zweck arbeiten. Das erinnert an Schelskys Argumentation. Das nationalsozialistische Arbeitsrecht postuliert, dass alle am selben Ziel, der Erstarkung der Volksgemeinschaft, arbeiten würden, was eine ideologische Unterstellung ist, die im Alltag sicher kaum zur Erfahrung wurde.

Dieser erste Paragraf allein nimmt eine vielfache Verschiebung vor: Die Beziehungen im Betrieb werden überschrieben, indem eine Gemeinschaft vorgestellt wird, die über allen Interessen steht; diese Beziehungen werden personalisiert und streng hierarchisch konzipiert; es wird postuliert, die Gemeinschaft folge einem gemeinsamen Ziel, der »Förderung der Betriebszwecke«, und sie wird auf den Dienst an höheren Zwecken, an Volk und Staat, verpflichtet. Dieser Zusammenhang der Betriebsgemeinschaft mit der sie umgreifenden Volksgemeinschaft und die Idee des Volkes als Organismus schlagen auf den Begriff von Arbeit um. Er löst sich vom »Gelderwerb«. Wichtig wird es, »für das Ganze tätig zu sein«, also der Dienst an der Volksgemeinschaft.[200]

Mit dem Gesetz ist ein Prozess der Entmachtung der organisierten Arbeiter:innenschaft ans Ende gelangt, der mit der Zerschlagung der Gewerkschaften am 2. Mai 1933 begann. Lohnkämpfe und die Vertretung der Interessen der Arbeitenden haben in der nationalsozialistischen Weltanschauung keinen Platz. Sie werden als Ausdruck eines spaltenden Klassendenkens verstanden und mit der neuen Gesetzgebung verunmöglicht. Das AOG ist also entdemokratisierend. Die sogenannten »Betriebsführer« sind »durch kein Mitbestimmungsrecht der Gefolgschaft«[201] mehr beschränkt, Betriebsräte werden abgeschafft. Das stellt eine Rücknahme der Errungenschaften des Weimarer Rechts dar. Lediglich sogenannte Treuhänder der Arbeit und Vertrauensräte werden als gezähmte und zaghafte Kontrolle von Unternehmen eingeführt.[202]

Timothy Mason attestiert eine generelle, »bewußte Zurückhaltung seitens der Treuhänder«[203], die ideologisch begründet wurde: »[E]ine echte, dauerhafte – und das hieß für den Nationalsozialismus gesinnungsmäßige – Aufhebung der Klassengegensätze konnte nur dann verwirklicht werden, wenn den Zellen des gesellschaftlichen Organismus selber die Verantwortung für die Lösung alltäglicher Probleme übertragen würde.«[204] Es fand so eine Delegation von Verantwortung an die jeweiligen Betriebsgemeinschaften statt.

Die Entmachtung führte zu einer neuen Machtfülle aufseiten des Betriebsführers; bei gleichzeitiger Verpflichtung, sich um die Gefolgschaft zu sorgen. Das Verhältnis zwischen Betriebsführer und Gefolgschaft zeigt eine auffällige Analogie zur Herrschaftsform des Feudalismus, die Rahel Jaeggi so beschreibt: »Feudalism provided people with an expectation that, even though they were dominated in the cruelest way, they would be somehow cared for insofar as they ›belonged‹ to the feudal lord in a broad sense.«[205] Das ist totale Herrschaft gepaart mit der Verpflichtung zur Fürsorge um die Beherrschten. Das AOG folgt in seiner Entmachtungsstrategie also durchaus historischen Vorbildern.

Die Veränderungen waren rhetorischer, symbolischer oder semantischer Art – und damit der Versuch historische Erfahrungen zu überschreiben.[206] Gegen linke Positionen, die die auf Klassen beruhenden unterschiedlichen Interessen in einem Betrieb betonen, sollte die Betriebsgemeinschaft mit ihrer andersgearteten, entpolitisierten Beziehungsweise als übergreifende Entität propagiert werden.[207] Vom Standpunkt einer demokratischen, egalitären Arbeitsorganisation zeigt sich diese Beziehungsweise als die der Reaktion; buchstäblich in einem politischen Sinne, insofern sie auf der Rücknahme von demokratischen Errungenschaften der Weimarer Republik beruht, aber auch normativ, weil sie Herrschaft zementiert und Ungleichheiten produziert.

Ermächtigung durch Entmachtung, so könnte man nennen, was die Nationalsozialisten hier versuchen. Die Arbeitenden bekommen zwar real Macht entzogen, aber sie sollen sich zugleich ideell oder symbolisch ermächtigt fühlen, weil sich ein anderer um sie sorge.

4.3 Ehre und Treue

Die semantischen Veränderungen zeigen sich auch in den neuen Vorstellungen, die laut Arbeitsordnungsgesetz die Arbeit prägen sollten – und sich bei genauerem Hinsehen als alte erweisen. Die Nationalsozialisten singen »einstimmig im Chor«[208]: »Arbeit ist keine Ware, Arbeit ist eine Ehre«.[209] Sie leugnen damit rundheraus einen Fakt, den Franz Neumann betont: dass in »jeder modernen Gesellschaft« die Arbeitskraft »als eine Ware« betrachtet wird.[210]

Das Gesetz sollte die rechtliche Grundlage sein, um dagegen ein anderes Verständnis von Arbeit zu etablieren und so das Handeln und die Beziehungen im Betrieb zu verändern. Nicht zufällig gab es nicht nur auslegende Kommentare, sondern auch Schulungen zum Gesetz. Die DAF versuchte etwa durch Schulungsangebote, Einfluss auf Betriebe zu nehmen.[211] Willy Müller brachte seine Schulung auf die Kernbegriffe »Führertum« und »soziale Ehre«.[212] Denn ein Verstoß gegen die Sorgfaltspflicht des Betriebsführers wurde als »Verstoß gegen die soziale Ehre«[213] verfolgt, weshalb dann ein »Soziales Ehrengericht« angerufen wurde.

Im Ehrbegriff wird daher »das Kernstück der nationalsozialistischen Ordnung der Arbeit«[214] gesehen. Eng verbunden ist er mit der »ethische[n] Idee der Treue«[215], die besagt, dass »der Gefolgsmann [...] in den Dienst des Unternehmers [trete] und [...] nicht nur Lohn [empfange], sondern vor allem Schutz und Fürsorge.«[216] Dieser dritte Kernbegriff, die Treue, soll den Zusammenhalt der Betriebsgemeinschaft auszeichnen. Denn die Gefolgschaft wird zur Treue angehalten. Ehre und Treue, die zusammen auch den Wahlspruch der SS, »Meine Ehre heißt Treue«, ausmachten, stehen hier also im Zentrum eines Gesetzestextes; zwei Begriffe, die aus dem semantischen Raum der Moral stammen und eine Unbestimmtheit in den Gesetzestext bringen.

Um den Begriff der Ehre zu definieren, greift Robert Ley, das wurde bereits an anderer Stelle zitiert, auf das Kriterium des Nutzens für die Volksgemeinschaft zurück, das ihm die NS-Arbeitsauffassung zur Verfügung stellt: »Ehrenhaft ist das, was meinem Volke nützt, und unehrenhaft das, was ihm schadet. Das muß der Einzelne wissen. Bist du faul und nachlässig, so schadet das unserem Volke, und es ist unehrenhaft.«[217]

Raphael Gross hat darauf aufmerksam gemacht, dass das Arbeitsordnungsgesetz ein »Beispiel für die Berufung auf vermeintliche germanische Vorbilder [ist]. Es finden sich darin nämlich alle Schlüsselbegriffe der damaligen Germanenideologie: Führer, Gefolgschaft und Treue.«[218]

Ehre und Treue haben eine lange Geschichte. Sie gehen historisch auf vormoderne Zeiten zurück. Karl Marx und Friedrich Engels bringen die Begriffe in »Die deutsche Ideologie« mit der Aristokratie in Verbindung: »[...] so kann man z. B. sagen, daß während der Zeit, in der die Aristokratie herrschte, die Begriffe Ehre, Treue etc., während der Herrschaft der Bourgeoisie die Begriffe Freiheit, Gleichheit etc. herrschten.«[219] Den Begriff der Ehre sieht auch noch die ältere Soziologie, etwa Max Webers, als Differenzierungsmerkmal einer ständischen Gesellschaft, das beim Übergang zur kapitalistischen Gesellschaft verschwinden würde.[220] Die Begriffe scheinen daher »Überbleibsel«[221] einer vormodernen, genauer vorbürgerlichen Zeit zu sein.[222] Staatsrechtlich sind sie das auch. Sie entstammen dem »Ordnungsdenken der ständischen Gesellschaft«[223].

Und doch ist das nur die halbe Wahrheit. Die Begriffe Treue und Ehre verlieren in der Moderne nicht an Strahlkraft, sie »herrschen« auch »während der Herrschaft der Bourgeoisie«, um es mit Marx' und Engels Worten zu sagen. Sie sind »archaische[] Momente in der Moderne«[224]. Stärker noch: Die Treue erhält durch die Romantik und den aufkommenden Nationalismus sogar neuen Wert. Als »Verpflichtung auf die Nation« gewinnt sie bis zum

Zusammenbruch des Kaiserreichs am Ende des Ersten Weltkrieges »stetig wachsende Prominenz«.[225] Es ist der Begriff der Treue, so lässt sich das zusammenfassen, der »in der Geschichte des 19. und 20. Jahrhunderts eine zentrale Rolle für die kollektive Identitätsstiftung und für die kollektive Mobilisierung spielte«[226]. Das erneute Aufkommen eines »persönlich begründete[n] Gefolgschaftsverhältnis[ses]« in der Moderne, die als »entzauberte[] und versachlichte[] Epoche rationalen Interessenkalküls« auftritt, ist dennoch als Widerspruch zu bestimmen.[227]

Auch beim Begriff der Ehre ist das 19. Jahrhundert die Ära der nationalistischen Übersetzung von Vormodernem in Modernes. Insbesondere in Krisen- und Kriegszeiten kommt diesem durch den Begriff der »nationalen Ehre« neue Bedeutung zu. Die Weimarer Republik wie das »Dritte Reich« »erwiesen sich als Garanten eines wieder belebten und überzogenen nationalen Ehrbegriffs«[228]. Das Gesetz fußt also auch auf einer Rehabilitierung und Radikalisierung alter Werte.

Diese Radikalisierung zeigt sich in der Geschichte der Idee einer besonderen »deutschen Treue«. Die Geschichte des Begriffs »deutsche Treue« ist, genau wie bei der »deutschen Arbeit«, geknüpft an den »Anfang des deutschen Nationalgefühls«[229]. Statt durch blinden Gehorsam soll sich die »deutsche Treue«, etwa in Theodor Körners Drama »Josef Heyderich oder: Deutsche Treue« von 1813 durch freiwillige Gesinnung auszeichnen.[230]

Die nationalsozialistische Gefolgschaftsidee knüpft an diese Geschichte, insbesondere an ihre preußische Tradition an. Die wurde vom preußischen Architekten Karl Friedrich Schinkel folgendermaßen bestimmt: »Die preußische Disziplin hat zur Voraussetzung ein überpersönliches Gemeinschaftsgefühl, eine innere Freiheit, die Freiheit im Gehorsam. Der preußische Gehorsam war der einer freien Entscheidung, nicht der einer unterwürfigen Dienstwilligkeit.«[231]

Schinkel unterscheidet also implizit zwischen preußischem Gehorsam, der auf Freiheit und »individuelle[r] Autonomie«[232] beruhe, und einem Gehorsam, der auf Furcht oder Zwang beruhe. Es ist unschwer zu sehen, dass die bereits rekonstruierten Ideen über Gefolgschaft, etwa in Schelskys Hobbes-Buch, an diese preußische Tradition anknüpfen und im selben Narrativ ihre Wurzeln haben.

Der Begriff der »deutschen Treue« konnte den Ersten Weltkrieg überleben, verlor allerdings die Funktion der Staatsaffirmation. Genutzt wurde er jetzt vor allem als »Verratsvorwurf«[233]. Positiv bezog man sich auf ihn lediglich im Hinblick auf eine zu erstrebende Zukunft. Die Nationalsozialisten glaubten diese zu erstrebende Zukunft zur Gegenwart zu machen und schlossen an die Idee der »deutschen Treue« auch wieder in einem staatsaffirmierenden Sinn an, indem sie sie als Ordnungskategorie ins Arbeitsrecht einführten.

Die Nationalsozialisten schließen also hier nicht nur an Vormodernes an, sondern auch an eine spezifisch moderne Geschichte, eine, die persönliche Herrschaften erhält und rehabilitiert. Sie führen damit die Begriffe Treue und Ehre in die Arbeitswelt ein und stellen einen Rahmen für Betriebspolitiken.

Wie lassen sich nun Treueverhältnisse analysieren?[234] Sie sind zuerst einmal durch Relationalität charakterisiert. Der Begriff der Treue ist nur zu verstehen als auf jemanden oder etwas bezogen. In diesem Fall ist das ein Verhältnis von deutschen Volksgenoss:innen. Der Wert der Treue greift in der nationalsozialistischen Variante nur in Bezug auf andere Arier:innen und nicht bei »rassischer« Verschiedenheit. Der Antisemitismus ist ihm fundamental eingeschrieben.[235]

In der Untersuchung des Verhältnisses von Treuegeber:in und Treuenehmer:in ist zudem zu fragen: »Ist der Treueschwur sozial vertikal oder horizontal angelegt, also in einem Verhältnis gesellschaftlicher Unterordnung oder Gleichstellung?«[236] Ganz eindeutig meinen die Nationalsozialisten ein vertikales Herrschaftsverhältnis. Es geht ihnen nicht um den Abbau von Herrschaft, sondern um ihre Verfestigung.

Unabhängig vom Herrschaftscharakter erscheinen Treueverhältnisse auch als reziprok. Das heißt beide Seiten haben etwas davon. Nicht im Sinne eines ökonomischen Austauschs, sondern »auf einem weit komplexeren Gleichgewicht wechselseitiger politisch-moralischer, teilweise verrechtlichter Verpflichtungshaltungen.«[237] Im AOG ist der Schlüsselbegriff dafür die Fürsorge. Dieser Begriff wird in einem Entwurf für ein Gesetz über das Arbeitsverhältnis von 1938, der aber Entwurf blieb, der Ehre und Treue sogar explizit an die Seite gestellt.[238]

Treue ist immer auf ein »primäre[s] Wertesystem«[239] bezogen. Erst in Bezug auf die NS-Weltanschauung, etwa auf den Begriff der Volksgemeinschaft, erhält sie ihre Rolle und Bestimmung. Bezugsgröße ist in diesem Fall (auch) die Arbeitsauffassung.

Treueverhältnisse zeichnen sich schließlich durch ein »komplexe[s] Zusammenspiel aus äußerer Disziplinierung und innerer Bereitschaft«[240] aus. Im Selbstbild der Akteure erscheinen sie allerdings »als Ausdruck des eigenen Wollens«[241]. Was hier allgemein für Treueverhältnisse formuliert wird, bildet die Blaupause für die Idee der Gefolgschaft. Denn diese mystifiziert die Dialektik aus Herrschaft und Freiheit, ausgedrückt in Disziplinierung und Involvierung, und überbetont den eigenen Willen. Im NS-Selbstbild sind die wahren Arbeiter so vorgestellt, dass sie wollen, was sie sollen.

4.4 Ethik, Logik und Semantik von Gefolgschaft

Doch in welcher Weise wird die Gefolgschaft konzipiert? Was ist die Logik dieses Begriffs und wie wird er bestimmt? Um diesen Fragen nachzugehen, wird zuerst eine nationalsozialistische Ethik, dann eine nationalsozialistische, rechtstheoretische Position in den Fokus gerückt, um anschließend mit Victor Klemperer eine sprachphilosophische Kritik zu Rate zu ziehen.

Georg Usadel: eine Ethik für den Gefolgsmann

Georg Usadel, Historiker und Reichstagsabgeordneter der NSDAP, veröffentlicht 1935 das Buch »Zucht und Ordnung«, das »die Zeit des Übergangs zum neuen Deutschen«[242] begleiten wollte. Er schrieb eine Ethik für den Volksgenossen.

Ausgangspunkt seiner ethischen Überlegungen sind die rassistischen Grundannahmen des Nationalsozialismus. Dieser beruhe auf der Idee, dass »eine gesunde rassische Zusammensetzung des deutschen Volkes die Voraussetzung für sämtliche Leistungen auf allen Lebensgebieten ist«.[243] Ein »gesundes Erbgut« sei die »Voraussetzung für ein gesundes Volk, für gesunde, im Volk gelebte Werte«.[244] In dieser Idee ist die Kategorie des Volkes eine variable und dynamische Größe und damit eine, die (bio)politisch verändert, verbessert werden kann – Usadel schreibt von »ordnen«[245] und sein Titel spielt aufs Züchten an. Das geschieht auf Kosten derer, denen Gesundheit abgesprochen wird. Nur innerhalb dieses rassistischen und ableistischen Frameworks erhält die partikulare Ethik ihre Geltung. »Planen und Ordnen« sei die Aufgabe von »Führung und Geführtwerden, d.h. von Führer und Gefolgschaft«[246].

Usadel schreibt eigentlich zwei Ethiken, eine für den Führer und eine für den Gefolgsmann, – von der Gefolgsfrau ist keine Rede. Denn »[d]*ie sittliche Haltung des einzelnen erwächst [...] daraus, inwieweit er führt und inwieweit er Gefolgsmann ist.*«[247]. Dabei gilt jedoch, dass jeder Führer auch Gefolgsmann ist.[248]

Aufschlussreich ist Usadels Ethik für den Gefolgsmann, weil sie sich um die Werte Ehre und Treue dreht. Eine jede Gefolgschaft sei durch ein »Nebeneinander verschiedener Willen, Neigungen, Talente, Veranlagungen und Begabungen«[249] ausgezeichnet. Doch sie eine der nationalsozialistische »Grundsatz«[250]: »Wir wollen unserem Volke dienen, weil wir ihm unser Leben verdanken.«[251]

Dabei betont auch Usadel die aktive Seite des Dienstes: »Im Dienen liegt nichts Knechtisches, sondern nur der, der Herrenbewußtsein besitzt, vermag zu dienen.«[252] Er charakterisiert den Dienst ex negativo: »Ein Dienst bleibt kein Dienst mehr, wenn er um des Lohnes willen geleistet wird. [...] Ebenso ist *der* Dienst nicht hoch einzuschätzen, der nur auf Befehl geleistet wird.«[253] Weder Lohn noch Befehl können demnach Gründe für den wahren Dienst sein. Denn »[u]nser aller Dienst ist eine Freiheit aus Notwendigkeit.«[254] Die »Bereitschaft zum Dienen« soll sich daraus ergeben, dass der:die Einzelne in sich die »sittliche Verpflichtung«[255] dazu verspürt. Die Formulierung erinnert stark an Hitlers frühe Rede vom »sittlich-moralischen Pflichtgefühl«[256]. Den Deutschen sei es wesensgemäß, so zu handeln. In beiden Versionen spüren die Volksgenoss:innen, dass sie verpflichtet sind, so zu handeln.

Als Prototyp für das Dienen stellt sich Usadel den Soldaten vor. Das Opfer des eigenen Lebens, Carl Schmitts Todesbereitschaft, ist als Fluchtpunkt im Vorbild des Soldaten angelegt. Für diesen Dienst ist es essenziell, dass er mit dem eigenen Nutzen nichts zu tun hat:

> [D]as Dienen hört nicht auf, wenn man nur das tut, was befohlen wird, sondern es verlangt, daß man auch das erträgt, was einem nicht zum persönlichen Nutzen zu gereichen scheint. [...] *Mühe und Last sind notwendig, damit wir immer wieder vor uns bestehen und beweisen, daß unser Dienen ehrenhaft gemeint ist.*[257]

Ganz im semantischen Rahmen, den das Arbeitsordnungsgesetz vorgibt, schreibt Usadel von der Ehre. Doch sei es »begrifflich« kaum möglich zu bestimmen, was Ehre genau meint, ähnlich wie bei den Begriffen »Heiligkeit, Ewigkeit und Allmacht«[258]. Aus Ehre würde sich aber, so viel glaubt er zu wissen, »Pflicht, Gerechtigkeit, Wahrhaftigkeit und Heldentum«[259] entwickeln.

Aus seinen knappen Ausführungen wird zwar erkennbar, dass die Ehre in Frage gestellt und bezeugt werden kann, dass man sie verlieren und zurückgewinnen kann, aber worin sie besteht, was sie ausmacht, das belässt er im Raum des Unbestimmten.

Mit der Ehre sind andere Tugenden verbunden, die Wahrhaftigkeit etwa, also das Gebot die Wahrheit zu sagen. Diese wiederum sei undenkbar ohne den zweiten Kernbegriff des AOG, die Treue. Denn der Gefolgsmann müsse unbedingte Treue leisten. Sie sei »der durch unser Leben angetretene Beweis, daß wir wahrhaftig sind«[260].

Von dem Gefolgsmann scheidet Usadel den Führer, wobei er vor allem sogenannte Unterführer im Blick hat. Für sie schreibt er eine zweite Ethik, wenngleich die Rollen von ein und derselben Person ausgeführt werden. *Den* Führer, Adolf Hitler, nimmt er explizit aus seiner Ethik aus.

Die Hauptaufgabe eines Führers bestimmt er in der Formung oder »Gestaltung«[261] der Gefolgschaft. Die Charaktereigenschaften, die er als idealtypische beschreibt, müssen diesem Zweck angemessen sein: Einfachheit und Bescheidenheit im Auftreten, Charakterstärke, um Vorbild zu sein, »Selbstzucht«[262] um sich im Griff zu haben, »Gleichmut«[263] um gerecht zu handeln, Entschlusskraft um Befehle zu geben. Usadel hat den Führer also vor allem als Garant für eine willige Gefolgschaft im Blick.

Deutlich wird erneut, dass der nationalsozialistische Gefolgschaftsbegriff sich über den Dienst und die Arbeit bestimmt. Treue und Ehre sind nicht nur die Begriffe im Recht, mit denen er charakterisiert wird, sondern auch die der Ethik.

Reinhard Höhn: Fürst und Untertan als Gegenbilder

Die Figuren Führer und Gefolgsmann werden deutlicher, wenn man sie mit Gegenbildern kontrastiert. Reinhard Höhn veröffentlichte neben dem Vortrag zum »Wesen der Gemeinschaft« weitere Texte, die versuchten das Verhältnis von Führer und Gefolgschaft historisch wie logisch nachzuvollziehen. Er erschafft dazu ein Gegenbild, das er in der Nachkriegszeit weiter kolportieren wird und durch das sich das nationalsozialistische Selbstbild besser verstehen lassen soll: Fürst und Untertan.

In dem kurzen Text »Der Führerbegriff im Staatsrecht« versucht Höhn sich an einer Bestimmung des Führerbegriffs. Ausgangspunkt ist die Feststellung, bislang sei der Einzelne »Untertan und Privatrechtsubjekt«[264] gewesen. Den Begriff des Führers habe es im »bisherigen Recht«[265] nicht gegeben. Um diesen Begriff zu explizieren, unterscheidet er u. a. zwischen Führer und Diktator.[266] Während eine Diktatur nur von einer Einzelpersönlichkeit ausgehen könne, gehe Führung von der Gemeinschaft aus. Er vertritt hier also dieselbe

Position wie in der bereits untersuchten Rede zum Wesen der Gemeinschaft. Da der Führer nur »Träger des Gemeinschaftsgeistes«[267] sei, gilt er Höhn nicht als Einzelpersönlichkeit. Er soll, so bringt Franz Neumann Höhns Überlegung auf den Punkt, »die Gemeinschaft selbst«[268] sein. Verstehen ließe der Führer sich nur in Bezug auf seine Gefolgschaft. Seine Ausführungen zum Führerbegriff sind also zugleich welche über den Gemeinschaftsbegriff. Die beiden Begriffe können für Höhn nicht getrennt verhandelt werden.

Den Unterschied zwischen Führer und Fürst oder Diktator mache das Verhältnis zu den Geführten aus. Noch bis im klassischen Rechtssystem des 19. Jahrhunderts sei der Einzelne »Untertan«[269] gewesen, er stand dem Staat getrennt gegenüber und gehorchte ihm. Ihren historischen Ausdruck finde dieses diktatorische Verhältnis zwischen Untertan und Staat dort, wo der Staat durch eine Person symbolisiert wird: im Absolutismus. Dieses Verhältnis, das sich durch Trennung wie zwanghafte Unterordnung auszeichnet, sei das einer Diktatur. Ihre Logik sei die von Befehl und Gehorsam. Höhns eigentümliche Drehung des Arguments besteht nun darin, anzunehmen, dass der Liberalismus dieses diktatorische Verhältnis nicht aufhebt, sondern in das zwischen Bürger:in und (bürgerlichem) Staat transformiert, die sich immer noch getrennt gegenüberstehen. Damit verallgemeinere sich die Logik von Befehl und Gehorsam über das Militär in den Betrieb. Höhn hat hier den Unternehmenspatriarchen des 19. Jahrhunderts vor Augen, der alleiniger Träger aller Entscheidungen und der vollen Verantwortung war. Dagegen beruhe das Verhältnis von Führer und Gefolgschaft, so bringt das Adelheid von Saldern mit Blick auf Höhn auf den Punkt, »auf Übereinstimmung«.[270]

Höhn zeichnet Fürst und Untertan daher als Gegenbild zu Führer und Gefolgsmann. Während sich das Verhältnis von Fürst und Untertan durch eine Trennung charakterisiert, würden Führer und Gefolgsmann derselben Gemeinschaft entspringen. Sie sollen sich daher nicht als Getrennte, sondern als Gleichartige gegenüberstehen. Die Art wie sie miteinander umgehen, muss deshalb anders sein, so Georg Usadel in seiner Ethik: »Wer Volksgenossen und nicht Untertanen oder Untergebene führen will, der muß kameradschaftlich mit ihnen sprechen können, kameradschaftlich, nicht plump-vertraulich.«[271] Es ist genau diese Position, die in dem Film »Die Feuerzangenbowle«[272] von einem jungen Lehrer der neuen Generation ausgesprochen wird, dem Vertreter eines NS-Führungsstils. Kameradschaftlichkeit meint für diesen eine freundschaftliche Beziehung, die aber zugleich Respekt gegenüber dem Lehrer beinhalte, der Disziplin einfordere.[273] Der Begriff der Kameradschaft hat vor allem eine vergemeinschaftende Funktion. »Als Kameraden sind sich alle Glieder einer Betriebsgemeinschaft gleich, bestrebt, jeder auf seinem Platz verantwortungsbewußt die Leistung zum Ausdruck zu bringen, die er auf Grund seiner Erbanlage, seines Wissens und Könnens zu vollbringen in der Lage ist.«[274]

Denke man, so Reinhard Höhn wieder, nur von der Rechtsgemeinschaft aus, bleibe einem nichts anderes als das Volk als »Summe der Untertanen, die dem Staat gehorchend gegenübertritt«[275] zu verstehen. Dagegen wolle sein »neues Staatsrecht«[276] das Volk »als konkrete handelnde Gemeinschaft« erfassen, als Volksgemeinschaft, und damit fähig sein, Führung zu denken. Denn man könne »immer nur Menschen und sichtbare Gemeinschaften führen«.[277] Erst auf dieser konkreten Ebene würden die Begriffe Ehre, Treue und Rasse einen Sinn ergeben.

Am Gegenbild konturiert sich das Selbstbild. Höhns Qualifizierung der konkreten Gemeinschaft als handelnder ist von zentraler Bedeutung. Sie markiert den Kontrapunkt zum Begriff des Gehorchens, den er verwendet, um die alte Ordnung zu beschreiben. Diese mangele gerade an der Aktivität der Geführten. Sein neues Staatsrecht will der neuen Ordnung gerecht werden und versucht die vorgestellte Aktivität der Gefolgschaft mitzudenken: Statt zu gehorchen, soll sie folgen.

Höhn hatte behauptet, dass die Arbeitsbeziehungen bislang geprägt gewesen seien von der aus dem Absolutismus kommenden Gegenüberstellung von Fürst und Untertan. Im Betrieb hieß das, es gab einen Unternehmenspatriarchen, der über alles bestimmte, und eine graue Masse, die dem blind gehorchte. Dagegen setzt er die nationalsozialistische Vorstellung einer konkreten Gemeinschaft und propagiert das Verhältnis von Führer und Gefolgschaft. Höhn überträgt dieses neue Verhältnis hier noch nicht auf die Arbeitswelt und den Betrieb, aber es wäre ein leichtes. Das wird Höhn im Nachkriegsdeutschland zeigen.

Victor Klemperer: »Führer, befiehl, wir folgen«

Höhns rechtstheoretische Ausführungen wie Usadels ethische Überlegungen zur Gefolgschaft sind paradigmatische Ausbuchstabierungen einer nationalsozialistischen Logik, die immer auch eine Reaktion auf bislang herrschende Zustände sein will. Scharfsinnig analysierte und kritisierte der Philologe Victor Klemperer als Zeitgenosse die Sprache des Nationalsozialismus, um den Charakter dieser Reaktion sichtbar zu machen. Er schrieb auch über den Begriff der Gefolgschaft. Seine Ausführungen erhellen den Sachverhalt und werfen ein Licht auf die Strategie, die hinter der semantischen Verschiebung steckt.

Klemperer geht aus von seiner eigenen Erfahrung als Teil einer Belegschaft, die jetzt Gefolgschaft genannt wird, und fragt sich, was das eigentlich sein soll. »Was waren denn die Leute, die dort zusammenstanden, in Wahrheit? Arbeiter und Angestellte waren sie, die gegen eine bestimmte Entlohnung bestimmte Pflichten erfüllten.«[278] Ihr Verhältnis zum Arbeitgeber sei durch Gesetz und Vertrag geregelt und nur in Ausnahmefällen als »Herzensbeziehung«[279] zu bezeichnen. Klemperer sitzt der sprachlichen Verschiebung also nicht auf. Er enttarnt sie als Trick und Verschleierungsstrategie und erkennt die damit einhergehende Verschiebung:

> Gefolgschaft, das belud sie mit altdeutscher Tradition, das machte sie zu Vasallen, zu waffentragenden und zur Treue verpflichteten Gefolgschaftsleuten adliger, ritterlicher Herren. War solche Kostümierung ein harmloses Spiel? Durchaus nicht. Es bog ein friedliches Verhältnis ins Kriegerische; es lähmte die Kritik; es führte unmittelbar zur Gesinnung jenes auf allen Spruchbändern prangenden Satzes: »Führer, befiehl, wir folgen!«[280]

Die Strategie scheint aufgegangen zu sein, wenn es stimmt, dass es »unmittelbar zur Gesinnung« führte. Die sprachliche Analyse zeigt wie. Die Bezeichnung versucht durch eine »ganz kleine Wendung ins Altdeutsche [...] eine ganz andere Gemütslage des Angeredeten«[281] zu erreichen. Durch das Anknüpfen an vergangene als heroisch vorgestellte Zeiten, etwa an Preußen, sollte sich das Befinden verändern.

Interessanterweise verweist Klemperer auf den Spruch »Führer, befiehl, wir folgen«. Der Satz hat es buchstäblich in sich. Nicht »wir gehorchen«, sondern »wir folgen«, steht da. Das behauptet ein fundamental anderes Verständnis der Art des Befehls sowie der Weise des Folgens. Im Unterschied zum Gehorsam, der befohlen wird, soll sich das Folgen durch Freiwilligkeit und Eigenverantwortlichkeit auszeichnen.

Aber auch das Folgen wird nicht ohne Druck gedacht. Die Herrschaftsform ist eine der Aktivierung. Sie will Menschen anhalten, freiwillig und eigenverantwortlich mitzumachen. Sie will sie erziehen. Ziel ist eine effizientere Herrschaftsform, nicht eine weniger herrschaftliche: »*Willige Gefolgschaft aber ist besser als erzwungener Gehorsam,*«[282] weiß ein betriebswirtschaftliches Werk im »Dritten Reich« zu berichten. Als die »wichtigste Menschenführungsaufgabe der NSDAP« galt zudem »Gefolgschaft aus ›freier innerer Entscheidung‹ und Überzeugung der Volksgenossen in einer ›führergefolgschaftlichen Lebensordnung‹ zu bewirken«.[283] Der Neologismus »führergefolgschaftlich« drückt die enge Verbindung von Führen und Folgen aus. Die richtige Gesinnung sollte hergestellt und aktiviert werden. Denn Gefolgschaft beruhe, so zitiert Klemperer, »lediglich auf freiwilliger innerer Ergebenheit«[284]. Das impliziert in diesem Kontext nichts Gutes. Denn »[w]as tut eine vollkommene Gefolgschaft«, fragt Klemperer am Ende seines Kapitels. »Sie denkt nicht, sie fühlt auch nicht mehr – sie folgt.«[285] Dieses Folgen ist also eine Weise des Involviert-Seins, des Mitmachens und Mitarbeitens und es war die Voraussetzung für den Massenmord: »Das blinde ›Mit-Machen‹, das ›Arbeiten als bloßes Wollen‹, die Hingabe an das Volksganze gerieten zum einzig vorstellbaren Weg der Erlösung.«[286]

Der Nationalsozialismus ist eine paradox-individualistische Weltanschauung, die auf Vergemeinschaftung setzt. Die Menschen haben einen Wert nur durch und für die Gemeinschaft. Daher steht die Haltung der:des Einzelnen im Fokus dieser Weltanschauung. Denn nur die Weise wie sie:er der Gemeinschaft dient, das spricht Hitler unverblümt aus, macht sie:ihn wertvoll oder nutzlos:

> Die Arbeit selbst und der Wert des Menschen – der Wert des Menschen als Charaktermensch – und sein Wert für die Volksgemeinschaft werden nur ausschließlich bestimmt durch die Form, in der er der ihm zugewiesenen Arbeit nachkommt. […] Fragen sie immer: »Wie erfüllt der einzelne seine Pflichten gegenüber der Volksgemeinschaft?«, denn nur, wenn jeder diesen Dienst erfüllt, kann die Volksgemeinschaft bestehen. Der wertvollste Arbeiter ist für die Bewegung der, der das, was ihm obliegt, in der genauesten Weise ausführt.[287]

Deshalb soll es zur Bewertung auch »nur noch einen Maßstab« geben, »den nämlich, ob man seine Pflicht tut oder pflichtvergessen handelt.«[288] Darin bestehe das »neue[] Ethos«[289]

Wenn die Einzelnen aber nur etwas zählen, insofern und inwiefern sie dienen, dann propagieren die Nationalsozialisten im Kern eine paradox-individualistische Leistungsidee: »Das Paradox der gesellschaftlichen Entwicklung im Nationalsozialismus war gerade ein radikalisierter, von den zivilisatorischen Werten befreiter, zweckhafter Individualismus verbunden mit der Freisetzung einer opportunistischen Verdrängungs- und Leistungsideologie.«[290]

Es mag überraschen, dass eine Weltanschauung wie der Nationalsozialismus, die nicht verlegen war eine eigene Sprache zu sprechen, von Klemperer als Sprache des »Dritten Reichs« (Lingua Tertii Imperii) bezeichnet, dass sie doch auf geläufige Begriffe wie »Leistung« oder »Eigenverantwortung« zurückgreift, wenn es um die Beschreibung von Arbeitstätigkeiten geht. Der Nationalsozialismus erfindet zwar ganze Begriffskonglomerate in Bezug auf Arbeit, »Arbeitsschlacht«, »Arbeitersoldat«, »Arbeiter der Stirn und der Faust« mögen als Beispiele genügen. Etliche wären hinzuzufügen. Doch die Kernbegriffe in der Übersetzung der Ideologie in Praktiken, nicht zuletzt solche der Menschenführung, sind bekannte. Um Ehre und Treue ging es bereits. Jetzt wird die Aneignung der Begriffe Leistung und Eigenverantwortung thematisiert. In der Formulierung »Gefolgschaft leisten« deutet sich schon die Verbindung dieser Kernbegriffe mit dem bislang Ausgeführten an.

5. Leistung und Eigenverantwortung

Zur Führungsform des »nationalsozialistischen Kriegsfordismus«

»[A]uf der Leistungsauslese zwischen höherer und niederer Leistung beruhen Führung und Gefolgschaft, die damit zum tragenden Prinzip jeder Gemeinschaft und letzten Endes der höchsten Lebensgemeinschaft, der Volksgemeinschaft werden.«[291]
Franz Horsten

Der Leistungsbegriff ist weitaus älter als der Nationalsozialismus. Seine Geschichte reicht zurück bis an den Anfang der bürgerlichen Gesellschaft und darf beanspruchen eine durchaus progressive Rolle gespielt zu haben, insofern der Begriff gegen die Privilegien des Adels gerichtet war. Es sollte zählen, was der:die Einzelne leistet, unabhängig von Herkunft oder Abstammung.

Dabei meinte der Leistungsbegriff anderes als heute, was Nina Verheyen etwa an der Formulierung »jemandem Gesellschaft leisten«[292] nachdrücklich zeigt. Eine Weile wurde Geselligkeit selbst als Leistung begriffen.[293] Im 19. Jahrhundert entsteht dann *der* Leistungsbegriff, der die Debatten bis weit ins 20. Jahrhundert prägt. »Erst *im Verlauf* des 19. Jahrhunderts und vor allem zu dessen Ende hin verfestigte sich [...] eine Reihe von Praktiken maßgeblich, die individuelle Leistung standardisierten, sie nach allgemein anerkannten Regeln zuwiesen und damit sozial bedeutsam machten.«[294] In diesem Jahrhundert entsteht »das Konzept von personaler Leistung im Singular als abstrakte, nach physikalischen Formeln berechnete Größe«[295]. Doch dieser Leistungsbegriff drückt ein (bürgerliches) Missverständnis aus. Denn die physikalische Definition von Leistung als Arbeit durch Zeit lässt sich nicht auf gesellschaftliche Arbeit übertragen. Leistung, so spitzt Verheyen eine elaborierte Kritik von Claus Offe an dem Begriff zu, lässt sich nicht und ließ sich noch nie auf eine individuelle Anstrengung zurückführen.[296] »Es gibt keine individuelle Leistung im quasiphysikalischen Sinne, also unabhängig von menschlichen Sinnstiftungen und sozialen Kontexten. Stattdessen ist jede Leistung immer auch eine Frage der Perspektive.«[297] Die nationalsozialistischen Überlegungen zur Arbeit sind eine solche Perspektive, die das, was Leistung ist und was nicht, überhaupt erst herstellen. Denn Leistung ist etwas, was erst im Zuge seiner Bewertung entsteht. Die Evaluation ist selbst Teil der Produktion. Leistung ist deshalb ein »soziales Konstrukt«[298].

Die Nationalsozialisten knüpfen auch hier an vorherige Entwicklungen an, spitzen sie zu und radikalisieren sie. Auch in dieser Hinsicht erweist sich die nationalsozialistische Weltanschauung als eine moderne. Ganz analog zur Bestimmung von »deutscher Arbeit« als einer Haltung, die als Dienst auszuüben ist, bestimmt Adolf Friedrich Ende der 1930er-Jahre in einem Vortrag zu Menschenführung Leistung: »Und dann interessiert uns nicht mehr allein, was der Betreffende zuwege bringt, sondern ›wie‹ er es zuwege bringt. Wir setzen also in dieser ganzen Leistungsbetrachtung neben die ›äußere Leistung‹ das, was ich als ›innere Leistung‹ des Betreffenden bezeichnen möchte.«[299]

Der Begriff der Leistung erhält im Nationalsozialismus damit seinen Sinn erst in Bezug auf die Gemeinschaft. Der Ergänzungsband des Brockhaus von 1935, der das Lexikon an die nun herrschende Weltanschauung anpasst, definiert den Begriff Leistungsprinzip »im Gesellschaftsleben [daher als] ein[en] Grundsatz sozialer und wirtschaftl[icher] Ordnung und Gliederung. Danach soll zum Wertmaßstab für die Rangordnung innerhalb der Volksgemeinschaft die Leistung des einzelnen für deren Aufbau gemacht werden.«[300] Die Leistung bemisst sich demnach daran, ob und wie sie die Volksgemeinschaft aufbaut. Die Kategorie der Leistung ist für den Nationalsozialismus von so großer Bedeutung, dass sich von der Leistungsgemeinschaft als nationalsozialistischem Ideal sprechen lässt.[301] »Leistungsauslese« gilt als das »tragende Prinzip« der Volksgemeinschaft.[302] Sie sollte die Hierarchie innerhalb der Gemeinschaft begründen und herstellen.

Die »Leistungsauslese« ist also eine Binnen-Kategorie, die die Volksgenoss:innen ins Verhältnis zueinander setzen soll. Erst innerhalb der Volksgemeinschaft ist Leistung ein Kriterium. Allerdings ist sie im Nationalsozialismus *keine* Kategorie, die unabhängig von Herkunft und Ansehen den Beitrag der Einzelnen auszeichnet. Mit Meritokratie hat das wenig zu tun. Dieser Begriff der Leistung ist eng verwoben mit rassistischen und antisemitischen Vorstellungen. Nur »dem Arier« wird zugesprochen, in einem besonderen Sinne zu leisten. In seinem Partikularismus gleicht der Begriff dem der Eigenverantwortung.

Der Begriff der Eigenverantwortung oder Selbstverantwortung ist in seiner heutigen Verwendung jünger als der Nationalsozialismus. Erst im Postfordismus und dem ihn prägenden Neoliberalismus rückt er in den Mittelpunkt des Nachdenkens über Menschenführung und Arbeit und bezeichnet die Vorstellung, dass der:die Einzelne selbst für sein:ihr Schicksal verantwortlich ist.

Wenngleich die Karriere des Begriffs also »relativ jungen Datums«[303] ist, sein Ursprung ist älter. Er liegt in der mythischen »Urgeschichte der Subjektivität«[304], die sich personifiziert findet, das zeigen Adorno und Horkheimer, in der Figur des Odysseus, dem »Urbild eben des bürgerlichen Individuums«[305]. Es ist eine Geschichte über den Prozess der Rationalisierung und Selbstdisziplinierung, über die »Bändigung des Triebs durch die Vernunft«[306]. Techniken der Subjektivierung sind die Voraussetzung für das, was heute Eigenverantwortung genannt wird.

Diese Urgeschichte, das legt Heinz Steinerts Interpretation der »Dialektik der Aufklärung« nahe, offenbart sich aber erst als Urgeschichte des bürgerlichen Individuums, »*in der Zeit, in der sie rezipiert wurde*«[307], namentlich dem 18. Jahrhundert und damit inmitten des Zeitalters der bürgerlichen Gesellschaft. Nicht zufällig steht der Begriff der Selbstverantwortung, gedacht als Autonomie, daher im Zentrum des Denkens von Immanuel Kant, was Adorno an anderer Stelle vermerkt.[308] In der bürgerlichen Aufklärung wurde der Begriff mit Selbstbefreiung assoziiert. Er entstammt dem Übergang von Feudalismus zu Kapitalismus:

> Als die freie Marktwirtschaft das Feudalsystem verdrängte und des Unternehmers wie des freien Lohnarbeiters bedurfte, bildeten sich diese Typen nicht nur als berufliche, sondern zugleich als anthropologische; Begriffe, wie der der Selbstverantwortung, des Vorblicks, des sich selbst genügenden Einzelnen, der Pflichterfüllung, aber auch starrer Gewissenszwang, die verinnerlichte Bindung an Autorität, stiegen auf.[309]

Die Konjunktur des Begriffs Eigenverantwortung, darauf hat Thomas Lemke mit Franz-Xaver Kaufmann hingewiesen, beginnt allerdings erst in den 1980er-Jahren. Er wurde zum »Kampfbegriff«[310] der Neoliberalisierung. Zuvor haben Begriffe wie »Disziplin, Pflicht, Haltung, Schuld, Gewissenhaftigkeit, Ehrbarkeit oder Sittlichkeit«[311] bezeichnet, was heute mit »Selbstverantwortung« gefasst wird. In der Untersuchung des Nationalsozialismus trifft man nun auf die paradoxe Situation einer Gleichzeitigkeit des neuen wie dieser alten Begriffe. Selbstverantwortung soll in dieser Weltanschauung eine Allianz eingehen mit Ehrbarkeit, Pflicht und Disziplin.

In der heutigen Verwendung meint Eigenverantwortung eine »aktive Eigenleistung des Subjekts«[312]. »Sie signalisiert eine normative Bindung, die nicht Ergebnis eines aufoktroyierten Zwangs, sondern das Resultat eines rationalen Abwägungs- und Entscheidungsprozesses ist.«[313] Diese »Eigenverantwortung« des Postfordismus hat Ulrich Bröckling untersucht. Die Anrufung »des unternehmerische[n] Selbst« drückt sich aus in der »Beschwörung von Selbstverantwortung, Kreativität, Eigeninitiative, Durchsetzungsvermögen und Teamfähigkeit«.[314] Eigenverantwortung ist also ein zentraler Wert des Postfordismus und seiner Subjektform.

Im betrieblichen Management dieser Zeit stehen daher »Selbstverpflichtung (*commitment*)« statt »formaler Autorität« und »Eigenverantwortung statt auf hierarchischer Kontrolle beruhende Führungsmodelle« im Vordergrund.[315] Der Begriff Eigenverantwortung verbindet sich so mit Strategien des »Empowerment«[316]. Die »Freiheit vom Disziplinarzwang«, also die Absage an Kontrolle und Fremdverantwortung, wird aber »erkauft mit der Pflicht zur permanenten Optimierung und Selbstoptimierung«.[317] Dieser Begriff des Empowerments ist also ambivalent zu betrachten. Denn hinter dieser Art Selbstverantwortung steht eine »instrumentelle Verkürzung der Mündigkeitspostulate«[318].

Von Mündigkeitspostulaten kann im Nationalsozialismus keine Rede sein. Die »Erziehung zur Mündigkeit«[319] ist ein genuin antifaschistisches Projekt, Mündigkeit kein Begriff, den die Nationalsozialisten verwenden. Um Ermächtigung geht es ihnen aber; eine Ermächtigung, die unter anderem durch die Entmachtung der Arbeiter:innen erkauft wurde. Und sie propagieren »Selbstverantwortung«.[320]

Das scheint paradox zu sein, speist der Begriff »Selbstverantwortung« seine »Überzeugungskraft« doch aus seinem »aufklärerischen Pathos« sowie aus der »radikalen Kritik an staatlicher Bevormundung und autoritärer Gängelung«.[321] Im Kontext des Nationalsozialismus mag der Begriff daher überraschen. Denn der Nationalsozialismus richtet sich explizit gegen die bürgerliche Aufklärung und macht von autoritären Maßnahmen offen Gebrauch. Der Begriff scheint zugleich der NS-Arbeitsreform geradezu zu widersprechen, die im Arbeitsordnungsgesetz eingeführt wurde. War es nicht so, dass dieses Gesetz dem Betriebsführer vorschrieb, sich um seine Gefolgschaft zu sorgen? Dann ist aber doch er verantwortlich für sie und nicht sie selbst für sich.

Dennoch findet sich die Verwendung des Begriffs Eigenverantwortung oder Selbstverantwortung in Texten von Nationalsozialisten vor allem dort, wo es um konkrete Betriebspraktiken geht. Die Deutsche Arbeitsfront unterhielt sogar ein Amt namens »Soziale Selbstverantwortung«.[322] Der ideale Nationalsozialist, so die Idee, handelt eigenverantwortlich und indem er das tut, sittlich:

> Die wichtigste und entscheidendste Auswirkung der von uns vorgeschlagenen Neuordnung sehen wir aber darin, daß durch die maßgebende Betonung der Eigenverantwortlichkeit, durch die persönliche Wertung des einzelnen ausschließlich nach seiner Leistung, in das ganze Arbeitsleben ein *Grundzug völkisch-sittlicher Haltung kommt.*[323]

Eigenverantwortung wird damit zur moralischen Pflicht erklärt und dient als Modus der Beteiligung und Involvierung, als Variante der aktiven Teilhabe und Teilnahme. Dieser Pflicht zur Beteiligung darf und soll sich keiner entziehen. Das ist die repressive Seite des Satzes: »*Gemeinschaft hat keine stillen Teilhaber.*«[324]

Das nationalsozialistische Verständnis von Eigenverantwortung erhält schärfere Konturen, wenn es in Kontrast zu Gegenbildern gestellt wird. Höhn hatte das Verhältnis von Fürst und Untertan als Gegenbild aufgebaut, weil es auf reinem Gehorsam beruhe.[325] Der Fürst befiehlt, der Untertan gehorcht. Es dürfte auf der Hand liegen, dass sich in diesem Bild nicht sinnvoll von Eigenverantwortung sprechen lässt. Dafür bedarf es eines Mindestmaßes an Aktivität, das Höhn dem Untertan nicht zugesteht. Dieser sei allein passiv, ausführend. Dagegen soll der nationalsozialistische Arbeiter anders charakterisiert sein: als aktiv Folgender. Höhns Gegenbild beruht auf einem Geschichtsnarrativ, um das es im dritten Teil noch ausgiebig gehen wird. Es entspringt einer vorgestellten Vergangenheit.

Ein anderes Gegenbild drängt sich auf, das einer vergessenen Vergangenheit: das Bild von kollektiver Selbstbestimmung; Eigenverantwortung also in einem kollektiven Sinne. Eine Gruppe bestimmt selbst über einen Betrieb. Historisch (fast) vergessen ist das »Essener Modell«[326]. Dort sozialisierte im Januar 1919 der Arbeiter- und Soldatenrat die Bergbaubetriebe. Ziel war die »im gesamten Ruhrgebiet aufflammenden Streiks und Unruhen unter Kontrolle zu bringen und in eine vorwärtsweisende Aktion zu verwandeln«[327]. Wobei vorwärtsweisend bedeutet, dass jetzt Ruhe einkehren sollte und Streiks delegitimiert wurden.[328] Sozialisierung meint dabei mehr als Vergesellschaftung, nämlich eine »grundlegende Veränderung der Betriebsverfassung zugunsten der Mit- und Selbstbestimmung der Arbeiter.«[329] Das ist nichts weniger als der Versuch der Organisierung anderer Arbeit. Der Sechsstundentag wurde eingeführt und Betriebsräte, in einem weit umfassenderen Sinne als heute gemeint, koordinierten fortan die Arbeit.[330] Doch das Modell – wie die Novemberrevolution und die Streikbewegung im Ruhrgebiet insgesamt – hatte keine Zeit, sich zu bewähren. Bereits Ende Februar 1919 war es Geschichte.[331] Mit dieser Form basis- oder genauer rätedemokratischer Selbstbestimmung will das nationalsozialistische Modell von Eigenverantwortung auch nichts zu tun haben. Im Gegenteil, solche Formen der Selbstbestimmung sollen bekämpft werden. Hierarchien sollen mit der nationalsozialistischen Verwendung von Eigenverantwortung nicht abgebaut, sondern verfestigt und verbessert werden.

Zwischen diesen beiden Polen, fehlender Eigenverantwortung auf der einen, emanzipatorischer Eigenverantwortung auf der anderen Seite, bewegt sich die nationalsozialistische Vorstellung. Vor diesem Hintergrund zeigt sie sich deutlicher. Das Gegenbild von Fürst und Untertan soll das von totaler Herrschaft sein. Das Gegenbild von kollektiver Selbstbestimmung dagegen könnte als Nicht-Herrschaft gelesen werden, als reine Freiheit. Die nationalsozialistische Gesellschaftsordnung verortet sich in diesem Spannungsfeld von Herrschaft und Freiheit.

5.1 Herrschaft und Freiheit

Das Arbeitsordnungsgesetz ist ein Versuch der Einhegung und Ausdruck einer bestimmten Herrschaftsform. Die Einschwörung der Gefolgschaft auf die bedingungslose Treue zeigt das deutlich. Die symbolische Ermächtigung geht mit der realen Entmachtung einher. Dabei zeigt sich in der Ideologie, die das Gesetz prägt, ein eigentümliches Verhältnis von Herrschaft und Freiheit. Die Überlegungen zur »deutschen Treue« und Schelskys Begriff der »freiwilligen Gefolgschaft« haben es bereits angedeutet. Ernst Jünger sah die Sache auf komplizierte Weise einfach und sprach von der »Identität von Freiheit und Gehorsam«[332]. Die nationalsozialistische Herrschaft soll ihrem Selbstverständnis nach nicht auf Zwang, sondern auf Freiwilligkeit und auf Freiheit beruhen. In diesem Anspruch unterscheidet sie sich zwar noch nicht von anderen Formen moderner Herrschaft. Doch die Engführung von Freiheit und Pflicht ist eine ins Extrem gesteigerte Form: »Freiheit und Pflicht fallen [...] im deutschen Wesen zusammen«[333], konstatiert Franz Horsten. Freiheit ist gedacht als die Annahme der Pflicht.

Es wäre ein Fehler, diese Setzung mit dem berühmten, auf Hegel verweisenden Satz von Friedrich Engels zu verwechseln: »Freiheit ist Einsicht in die Notwendigkeit.«[334] Engels meinte damit, so Dietmar Dath, ein auf Vernunft beruhendes Durchdringen der Verhältnisse, das ermöglicht, das wahrhaft Notwendige zu erkennen und damit die Bereiche der Freiheit eingrenzen zu können.[335] Einsicht in die Notwendigkeit ist demnach die Voraussetzung für freiheitliche Selbstbestimmung.

Der Nationalsozialismus meint dagegen, Freiheit sei Ein*üben* des Notwendigen. Freiheit soll meinen, das Notwendige *zu tun*. Eine Absage an die Notwendigkeit, ein Einspruch gegen die Pflicht also, wird ausgeschlossen und gegebenenfalls durch Zwang sanktioniert: »Die Freiwilligkeit zur eigenen Verantwortung bildet das Kernstück des Gesetzes zur Ordnung der nationalen Arbeit. Der Zwang soll nur als letztes Mittel *beim Versagen der Freiwilligkeit* zur Anwendung kommen.«[336] Freiwilligkeit und Zwang gehen also Hand in Hand.

Die nationalsozialistische Bestimmung von Freiheit als Pflicht hat einen Vorläufer im Begriff der »deutschen Freiheit«, der ebenfalls im 19. Jahrhundert aufkam und insbesondere im Ersten Weltkrieg Kontur erhielt.[337] Der Begriff wurde genutzt, um den Nachweis zu führen, dass das monarchistische Kaiserreich eine freiheitliche Ordnung sei und es keiner Demokratie nach westlichem Vorbild bedürfe.[338] Die Freiheit dieser angeblich freiheitlichen Ordnung soll dabei eine besondere Form haben. Sie soll ein Problem lösen, das bei Martin Luther bereits paradigmatisch formuliert worden sei:

> So wollte es schon Luther, als er in der »Freiheit des Christenmenschen« die berühmte, so durch und durch deutsch empfundene Antithese aufstellte: Ein Christenmensch ist ein freier Herr über alle Dinge und niemandem untertan, – und: Ein Christenmensch ist ein dienstbarer Knecht aller Dinge und jedermann untertan. Das ist, wenn wir es aus der religiösen in die weltliche Sphäre übersetzen, das hohe, das so furchtbar schwere und uns doch nicht loslassende Grundproblem unseres modernen deutschen Lebens, unserer persönlichen und politischen Freiheit geworden.[339]

Das Verhältnis von Freiheit und Herrschaft wird hier in das von Herr und Knecht übersetzt. Beides zugleich zu sein, Herr und Knecht, das soll »das Grundproblem« des »modernen deutschen Lebens« sein. Dabei beruft sich der Historiker Friedrich Meinecke, von dem das Zitat stammt, auf die bürgerliche Aufklärung und betont, auf den kategorischen Imperativ bezugnehmend, dass sich einem vernünftigen Gesetz unterzuordnen, nicht erniedrigt, sondern erst »wahrhaft frei« macht.[340] Freiheit und Pflicht sind hier beispielhaft versöhnt. Sonderbar ist vor allem, das als deutsches Problem zu fassen und nicht als eines einer jeden modernen Gesellschaft. Die bürgerliche Aufklärung wird so ihres – zumindest pro forma – universalistischen Anspruches entkleidet.

Nicht zufällig folgt die Behauptung einer deutschen Besonderheit prompt. Der deutsche Freiheitsgedanke besitze nämlich eine »größere Tiefe«[341]. Die Rede ist daher von einer besonderen »deutschen Freiheit«, die dieses Grundproblem lösen soll, und von Ernst Troeltsch definiert wird als »freie, bewußte, pflichtgemäße Hingabe an das durch Geschichte, Staat und Nation schon bestehende Ganze.«[342] »Diese Freiheit«, so Troeltsch weiter, »ist nicht Gleichheit, sondern Dienst des einzelnen an seinem Ort in der ihm zukommenden Organstellung«[343].

Doch in dieser Freiheit geht Troeltschs Konzeption nicht auf. Freiheit meint nicht allein die Pflicht zur Beteiligung, Troeltsch gesteht daher auch eine »Sphäre der Selbstständigkeit des Individuums rein für sich selber«[344] zu, die er an das Konzept von Bildung bindet. Gegen die »Staatsgesinnung« sei »persönliche Freiheit und Individualität die geforderte Ergänzung, das unentbehrliche Gegengewicht«.[345] Beide bedingten einander, weshalb er zu einer berühmten Definition kommt: Deutsche Freiheit ist »Staatssozialismus und Bildungsindividualismus«[346].

Diesen letzten Zug machen die Nationalsozialisten nicht mit. Die Bildung des Individuums spielt für sie keine zentrale Rolle. Sie folgen der Debatte über »deutsche Freiheit« aber in der Behauptung deutscher Besonderheit sowie in der Engführung von Freiheit und Pflicht und verhandeln auch eine spezifische Weise des Grundproblems, Herr und Knecht zugleich zu sein. Ihre Problemstellung sowie dessen radikale Lösung ist an die Kategorie der Volksgemeinschaft geknüpft. Sie ist der Herr und durch sie ist der Knecht zugleich Herr.

Während Freiheit in liberalen Philosophien als Selbstermächtigung gedacht wird, soll im Nationalsozialismus – auf diesen fundamentalen Unterschied weist Herbert Marcuse hin – die Volksgemeinschaft ihr Garant sein. Der Mensch wird hier erst von der »›autoritativ geführten Volksgemeinschaft zur Freiheit ermächtigt‹«[347].

Im nationalsozialistischen Fall soll die vollständig durchgesetzte Herrschaft, personifiziert in der Volksgemeinschaft, erst Freiheit ermöglichen. Die Freiheit des Einzelnen bestehe darin, ihr zu dienen. Ermöglicht wird allerdings nicht die Freiheit des Einzelnen an sich, sondern nur für anderes, um es in Hegels Sprache zu sagen; oder in den Worten Robert Leys: »Persönlich gibt es überhaupt keine Freiheit, es gibt nur Freiheit für das Volk«[348]. Erst die durchgesetzte Herrschaft ermögliche Freiheit. Es ist dieses Verhältnis von Herrschaft und Freiheit, das die Eigenverantwortung und Leistung des »deutschen Arbeiters« analysieren lässt. Weil die Herrschaft bereits besteht, das heißt, weil eine durch Ausschluss homogenisierte Volksgemeinschaft praktisch geworden sein soll, sollen eigenverantwortliche Praktiken möglich sein.

Hitler erfindet in »Mein Kampf« extra einen Begriff, um die von ihm erträumte Gesellschaftsordnung zu bezeichnen: »Dem [Parlamentarismus] steht gegenüber die wahrhaftige germanische Demokratie der freien Wahl des Führers, mit dessen Verpflichtung zur vollen Übernahme aller Verantwortung für sein Tun und Lassen.«[349] Mit Pluralität also, einer Gesellschaft der Vielfalt, hat das nichts zu tun. Es ist vielmehr eine erste Fassung von Hitlers Idee eines Führerstaates, in dem der Führer, also er, über das Schicksal »seines« Volkes bestimmt.

Führung und Gefolgschaft, das proklamiert Hitler später in einer Rede im September 1933, bestimmen das Leben des Einzelnen immer: »Unser ganzes Leben verläuft zwischen Führung und Gefolgschaft!«[350] Seine Ausführungen sind der Versuch, zu bestimmen, wie dieses als natürlich erscheinende Verhältnis gestaltet werden soll. Hitler propagiert dazu »in der hierarchisierten Ungleichheit die ideologische Gleichwertigkeit aller ›an ihrem Platz‹.«[351] Aber nicht nur das. Er konstatiert in dieser Rede sogar, dass aufgrund von Erbveranlagung jede:r einen zu ihm:ihr passenden Beruf habe.[352] Hier herrscht also noch eine »Rigidität des ›einzig Richtigen‹, des ›richtigen Manns am richtigen Ort‹« vor, von der sich, so Eva Horn und Ulrich Bröckling, heutige »Konzepte der Arbeitswissenschaft längst verabschiedet« haben.[353]

Die gesellschaftliche Ordnung ist dieser NS-Logik nach vorbestimmt und die Realität soll sich dem idealen Zustand angleichen. Franz Horstens Überlegungen zur »Leistungsauslese« kreisen um das Problem, wie diese ideale Ordnung gefunden und hergestellt werden kann. Das ist – nebenbei bemerkt – eine Variante des Nationalsozialismus, die nicht zu Ständeideen passt, nach denen jede:r an ihren:seinen angestammten Platz *geboren* wurde. Gegen ein solches Bild, das den Status Quo allein zu legitimieren vermag, nicht aber zu verändern, ist diese nationalsozialistische Variante aktionistischer und aktivistischer, sie will die Gesellschaft herstellen, die sein soll, aber noch nicht ist.

Hitler führt den Gedanken, dass Herrschaft erst Freiheit ermöglicht, genauer aus und entwirft ein Bild des nationalsozialistischen Staates:

> Das alte Reich gab im Innern Freiheit und bewies nach außen Stärke, während die Republik nach außen Schwäche zeigt und im Innern die Bürger unterdrückt. In beiden Fällen bedingt das eine das andere: Der kraftvolle Nationalstaat braucht nach innen weniger Gesetze infolge der größeren Liebe und

> Anhänglichkeit seiner Bürger, der internationale Sklavenstaat kann nur durch Gewalt seine Untertanen zum Frondienst anhalten.[354]

Kaiserreich wie Weimarer Republik attestiert Hitler also Schwäche. Von besonderer Stärke soll dagegen sein »kraftvolle[r] Nationalstaat« sein, der NS-Staat wie Hitler ihn Mitte der 1920er-Jahre erstrebte und erträumte. Dieser brauche weniger Gesetze, da die Ordnung durch die Involviertheit der Bürger:innen gesichert sei. Explizit setzt er hier gegen das Bild des Bürgers das des Untertanen.

Es geht hier nicht darum, diesem befriedeten Zerrbild aufzusitzen. Der Nationalsozialismus trat mit der Propagierung von Gewalt gegen alle als anders identifizierten an und setzte das in brutalen Terror und schließlich in die Ermordung der europäischen Jüdinnen:Juden um. Bereits 1920 machte Hitler aus diesem Teil seines Programms keinen Hehl.[355] Und davon wich er nicht mehr ab. In seinen Tischgesprächen soll er noch Anfang der 1940er-Jahre deutlich ausgesprochen haben, dass Gewalt die Bedingung für die Freiheit der »Anständigen« ist:

> Wer sich gegen die Gesellschaftsordnung an sich wendet, den schieße ich rücksichtslos nieder. Die Gesellschaftsordnung, die ich aufbaue, ist der breiten Masse nicht unterlegen. Da können die anderen gegen Granit rennen. Jeder Versuch, diesen Staat mit Gewalt zu erschüttern, wird mit Blut ertränkt. Aber alles, was man nur tun kann, die anständigen Menschen zu fördern, wird vom Standpunkt einer hohen Verantwortlichkeit dem ganzen Volkskörper gegenüber getan.[356]

Gewalt prägt diese Form der Gesellschaft, selbst in ihrem Selbstverständnis. Jeder Angriff soll brutal beantwortet werden. Doch im Innern sollen die »anständigen Menschen« gefördert werden. Es lohnt sich bei diesem befriedeten Selbstbild zu verweilen, weil es erkenntnisreich für die Praktiken im Inneren der homogenisierten Gemeinschaft sein kann. Hitler glaubte an die »Liebe und Anhänglichkeit« seiner Volksgenoss:innen und damit an die Legitimität seiner Herrschaft. Diese vorausgesetzt und all diejenigen ausgeschlossen, weggesperrt und ermordet, die ihr angeblich im Wege stehen, soll Freiheit ihr Leben prägen: »Je vollständiger der Sieg ihrer Ideen [der nationalsozialistischen Lehre, NL] wird, umso größer mag dann die Freiheit im einzelnen sein, die sie im Inneren bietet.«[357] NS-Politik, auch die in Betrieben, war der Versuch diese Freiheit im Inneren zu garantieren und dadurch die Einzelnen stärker einzubinden. Erst innerhalb dieser durchgesetzten Herrschaft und das heißt hier innerhalb des homogenisierten Betriebs war eine aktivierende Weise der Menschenführung vorstellbar.

Diese Weise ähnelt auf den ersten Blick einer paradigmatischen Form zu führen, die Michel Foucault »pastorale Macht«[358] nennt. Sie dient als Vorbild für eine »neuzeitliche[] Praxis der Menschenführung«[359] und wird in der Metapher des Hirten beschrieben. Der Hirte führt seine Herde nicht allein durch Strafe und Verbote, sondern benötigt eine »Kunst des Führens, Lenkens, Leitens, Anleitens, des In-die-Hand-Nehmens, des Menschen-Manipulierens, [...] des Ihnen-Schritt-für-Schritt-Folgens und des Sie-Schritt-für-Schritt-Antreibens.«[360] Diese Kunst des Führens habe die Funktion »sich der Menschen ihr ganzes Leben lang und bei jedem Schritt ihrer Existenz kollektiv und individuell anzunehmen«[361].

Die nationalsozialistische Feststellung, dass es zur Menschenführung mehr braucht als Zwang und Strafe, ist also nicht deren Erfindung und auch nicht besonders innovativ. Moderne Führungsweisen – und selbst die vormoderne des Pastorats – sind grundsätzlich so verfasst. Sie strafen nicht nur, sie aktivieren auch. Auf dieser allgemeinen Ebene sind die beiden Modi, der des Hirten und der des NS-Betriebsführers – im Übrigen erneut beide als männliche Figuren vorgestellt – verwandt. Die Verwandtschaft zeigt, dass der Nationalsozialismus spezifisch moderne Führungsweisen kennt und adaptiert. Auch der totalitäre Anspruch sich den Geführten »ihr ganzes Leben lang« anzunehmen, klingt verwandt. Schließlich drängt sich eine letzte Gemeinsamkeit auf. Die »pastorale Macht« wird durch »Wohltätigkeit definiert«, da das »Heil der Herde [...] das wesentliche Zielobjekt« ist.[362] Foucault überträgt diese Logik bereits auf die Verteidigung des Vaterlandes.[363] Bis zur Verteidigung der nationalsozialistischen Volksgemeinschaft ist es kein großer Schritt.

Doch da hören die Gemeinsamkeiten auf. »Die pastorale Macht ist eine Macht der Sorge. Sie versorgt die Herde, sie versorgt die Individuen der Herde.«[364] Während es der »Pastoralmacht« also auch um die Einzelnen geht, spielen diese im nationalsozialistischen Führen kaum eine Rolle. Die Fürsorge des Betriebsführers ist repressiv. Und während man vom Hirten noch behaupten kann, er führe sanft,[365] trifft das auf den NS-Betriebsführer nicht mehr zu.

Was sich in der nationalsozialistischen Menschenführung deutlich zeigt, ist, dass Strafe und Aktivierung zwei Seiten derselben Medaille sind. Beide spielen nur zusammen eine tragende Rolle. Im Fall des Nationalsozialismus führt das zu Zwang und Strafe für die Ausgeschlossenen und Auszuschließenden. Das ist in der Figur des Hirten nicht fundamental anders gedacht, auch er verteidigt seine Herde nach außen. Aktivierung bleibt den Eingeschlossenen vorbehalten. Doch der radikale Fall des Nationalsozialismus zeigt, dass diese Eingeschlossenen jederzeit zu Auszuschließenden werden können, denen Strafe droht. Die Arbeitserziehungslager sind dafür schlagender Beweis. Hier wurden Subjekte bestraft, die die Aktivierung angeblich nicht im richtigen Sinne annahmen.

Sachlich geht es in der Debatte um Führung und Gefolgschaft um die Frage nach der Stabilisierung und Legitimierung von Herrschaft. Max Weber hat betont: »Ein bestimmtes Minimum an Gehorchen*wollen*, also *Interesse* (äußerem oder innerem) am Gehorchen, gehört zu jedem echten Herrschaftsverhältnis.«[366] Der Begriff der »Gefolgschaft« ist eine Konzeption dieses Gehorchenwollens, sowie der Versuch, Zustimmung zu generieren und zu praktizieren.

Den Unterschied zu anderen Formen von Herrschaft machen dem nationalsozialistischen Selbstbild nach zwei Dinge aus: erstens die Art wie der Führer sich auf seine Gefolgschaft bezieht, nämlich kameradschaftlich.[367] »Als Kameraden sind sich alle Glieder einer Betriebsgemeinschaft gleich, bestrebt, jeder auf seinem Platz verantwortungsbewußt die Leistung zum Ausdruck zu bringen, die er auf Grund seiner Erbanlage, seines Wissens und Könnens zu vollbringen in der Lage ist.«[368] Die »Kameradschaft der Tat« ist daher »oberster Grundsatz«.[369] Zweitens die Weise wie diese Gefolgschaft sich verhält. Denn sie würde wollen, was sie soll, die Herrschaft nicht nur akzeptieren, sondern aktiv unterstützen. Rückblickend lässt sich feststellen, dass das Selbstbild durchaus wirkmächtig war: »Trotz der Steigerung des Zwangs, den die Einordnung des Individuums in die nationalsozialistische Volksgemeinschaft mit sich brachte, vollzog sich diese Unterordnung in aller Regel ›freiwillig‹.«[370]

Auf dem Nürnberger Reichsparteitag von 1933 behauptet Hitler, dass durch die Ablösung der Demokratie durch den »Staat der Autorität«, also durch das »Dritte Reich«, »ein Kern fanatischer Hingebung und rücksichtsloser Entschlossenheit«[371] freigelegt worden sei. Aus dem willigen Ertragen sei das aktive Unterstützen geworden. Hitler verspricht aber nicht die Befreiung von Herrschaft, sondern fordert die freiwillige Unterwerfung, die Mitarbeit.

Jean Améry, so paraphrasiert das Gerhard Scheit, versuchte wenige Wochen nach seiner Befreiung aus dem KZ Auschwitz-Monowitz dieses ideologische Selbstbild kritisch zu wenden: »Arbeit macht unfrei, diese Unfreiheit aber mit allen Sinnen zu bejahen, mache deutsch.«[372]

Das Versprechen, das hinter der Aufforderung zur Unterwerfung steckt, lautet »Zugehörigkeit durch Unterordnung«[373]. Analog zur betriebsinternen

Logik fordert es: Erkenne die Herrschaft durch Treue an und wir werden uns um dich sorgen! Das Versprechen prägt die fordistische Epoche insgesamt, zu der auch das »Dritte Reich« gehört. In der nationalsozialistischen Variante aber ist der Kreis derer, die dazu gehören können, rassistisch und antisemitisch bestimmt.

5.2 »Kriegsfordismus« und Arbeitertypus

Bevor es um ein Fallbeispiel einer konkreten Betriebsreform und damit um ein Beispiel nationalsozialistischer Menschenführung geht, ist es angezeigt, die politiktheoretischen Ausführungen von Schmitt, Schelsky, Höhn und Hitler gesellschaftstheoretisch rückzubinden. Sie kreisen um die Frage nach dem Verhältnis von Einzelnen und Staat, welches sich im Nationalsozialismus als eines zwischen Führer und Gefolgschaft zeigen soll. Die Bestimmung von Arbeit als deutsche, wenn sie der Volksgemeinschaft dient, führt bereits ins Zentrum dieses Verhältnisses. Der Dienst ist nicht allein etwas, was Führende tun. Dienen ist auch für die Gefolgschaft die adäquate Weise zu handeln. Das führt zurück an den Ort, an dem ursprünglich die Begriffe Betriebsführer und Gefolgschaft eingeführt wurden: die Arbeitswelt, deren Ort der Betrieb ist. Hier zeigt sich das Verhältnis von Einzelnen und Staat als das zwischen Einzelnen und Betriebsgemeinschaft. Je nachdem, ob der:die Einzelne nun zur Gefolgschaft gehört oder aber der Betriebsführer dieser Gemeinschaft ist, kommen verschiedene Weisen zu tragen, Folgen oder Führen; oder genauer: Beide kommen mit unterschiedlicher Gewichtung zum Tragen. Denn dass sich die beiden nicht trennen lassen, eben gerade nicht so zu verstehen sind, dass der Eine folgt und die Andere führt, war bereits Thema. Es ist die Bestimmung des Verhältnisses von Einzelnen und Betriebsgemeinschaft, die notwendig ist, um zu begreifen, wie der nationalsozialistische Begriff von Arbeit soziale Praxis wurde, wie er als Folie diente, um Alltagserfahrungen zu strukturieren und Betriebsreformen zu dirigieren. Der Betrieb kann hierbei als paradigmatischer Ort der nationalsozialistischen Gesellschaftsordnung verstanden werden, ein Ort, an dem sich dieses Verhältnis besonders deutlich zeigt.

Neuere Studien haben den Betrieb als *den* Ort der (fordistischen) Moderne in den Blick genommen und konnten zeigen, dass sich Kontinuitäten über die politischen Zäsuren von 1933 und 1945 nachweisen lassen.[374] Diese Perspektive ermöglicht es, den Nationalsozialismus als besondere fordistische

Gesellschaftsordnung zu begreifen und zu sehen, dass der »Sozialen Moderne«[375] mit Wirtschaftswunder und Vollbeschäftigung, die meist als einzige deutsche Variante des Fordismus genannt wird, bereits eine fordistische Ordnung vorausging, die ich in Anlehnung an den Begriff von Oliver Nachtwey *Nationalsoziale Moderne*[376] nennen will; nationalsozial, weil in ihr die Nation, gefasst als deutsche Volksgemeinschaft, eine sichtbarere Rolle spielt. Sie wird später zum Ausgangs- und Abgrenzungspunkt der Sozialen Moderne.

Diese Perspektive wagt eine Einordnung des Nationalsozialismus in eine größere Epoche bei gleichzeitigem Beharren auf seiner Besonderheit. Denn das »Dritte Reich« war eine *besondere* fordistische Gesellschaftsordnung, eine, die Millionen von Menschen den Tod brachte. Wenngleich Volker Weiß recht damit hat, dass die Shoah »mehr Produkt des Nationalsozialismus als des Fordismus war«[377], so ist doch deren Verhältnis zu bestimmen. Rüdiger Hachtmann schlägt zur Verhältnisbestimmung den Begriff »nationalsozialistischer Kriegsfordismus«[378] vor. Im Gegensatz zu den liberalen Varianten des Fordismus, die auf Massenkonsum setzten, stellte der Nationalsozialismus die Gesellschaft auf Kriegskurs ein. Die Bezeichnung ermöglicht, die Kontinuitäten wie die Brüche zu betonen. Epochengeschichtlich zeigt sich der Nationalsozialismus als frühe, deutsche Version eines fordistischen Zeitalters; aber als spezifische Version, eine des Kriegsfordismus. Krieg kann dabei in einem weiten Sinne verstanden werden. Der Nationalsozialismus machte von Anfang an deutlich, dass es gelte den deutschen Staat wieder wehrhaft zu machen, sodass das »Dritte Reich« sehr früh bereits ganz real am Aufrüsten war. Nicht erst nach Ausbruch des Zweiten Weltkriegs war diese Gesellschaft also kriegsfordistisch eingerichtet.

Mit Antonio Gramsci weist Rüdiger Hachtmann darauf hin, dass der Fordismus bemüht war, einen »neuen Arbeitertypus« herzustellen, gewissermaßen seinen eigenen Prototypen. Wenn der Nationalsozialismus also zu Recht als Fordismus bezeichnet wird, dann muss sich dieser idealtypische, erst herzustellende Arbeitertypus auch bestimmen lassen:

> Antonio Gramsci hat Ende der 20er-Jahre hellsichtig beobachtet, dass der Fordismus darüber hinaus u. a. »die Notwendigkeit hervorgebracht [habe], einen neuen Menschentypus auszuarbeiten, der dem neuen Typus der Arbeit und des Produktionsprozesses konform ist.« […] Ähnlich wie der italienische Faschismus […] war auch das Dritte Reich […] bemüht, einen neuen fordistischen Arbeitertypus auszubilden, der, statt den Werten der alten Arbeiterbewegung von Solidarität und Selbsthilfe zu folgen, einen individualistischen Leistungswillen und ein konkurrenzgeprägtes Karrierebewusstsein an den Tag legt.[379]

Diese Untersuchung ist auch der Versuch, dem Herstellen dieses Arbeitertypus[380] habhaft zu werden und eine Bestimmung seiner nationalsozialistischen Form zu liefern. Dieser Typus wurde mit einer spezifischen Ausprägung des fordistischen Arbeitsethos entworfen, welches bereits im ersten Teil dieser Untersuchung systematisiert wurde. Der Hinweis auf den »individualistischen Leistungswillen und [das] konkurrenzgeprägte[] Karrierebewusstsein« dieses Arbeitertypus mag auf den ersten Blick wie ein Widerspruch wirken; einerseits angesichts einer NS-Propaganda, die stets darum bemüht war, den Individualismus zu verdammen und Gemeinsinn zu predigen, andererseits vor der Diagnose einer »Unterordnung des sozialen Selbst«[381]. Doch »[d]as Paradox der gesellschaftlichen Entwicklung im Nationalsozialismus war gerade ein radikalisierter, von den zivilisatorischen Werten befreiter, zweckhafter Individualismus verbunden mit der Freisetzung einer opportunistischen Verdrängungs- und Leistungsideologie«[382].

Theodor W. Adorno brachte dieses Paradox auf den Punkt. Wenn es stimme, so schreibt er in »Minima Moralia«, dass »die Gesellschaft eine von Rackets ist«, dann sei deren »treuestes Modell gerade das Gegenteil des Kollektivs, das Individuum als Monade«.[383] Nationalsozialistische Gemeinschaftsvorstellung und atomisiertes Subjekt gehen also Hand in Hand.

Hachtmanns Begriff »nationalsozialistischer Kriegsfordismus« markiert »den spezifischen Ort der NS-Diktatur innerhalb des ›Fordistischen Jahrhunderts‹«[384] und verdeutlicht, dass diese Gesellschaftsordnung und die Form des »Dritten Reichs« keineswegs das ganze Andere der bürgerlichen Ordnung waren, sondern durchaus verwandt, ihre negative Aufhebung.

Mit Blick auf die Rolle der Polizei in der bürgerlichen Gesellschaft formuliert, schreibt Daniel Loick: »Der Ausnahmezustand ist in der rechtsstaatlichen Normalität bereits latent angelegt.«[385] Um die Aufhebung der bürgerlichen Ordnung in den »Ausnahmezustand«, der das »Dritte Reich« war, auszudrücken, könnte man den Adorno zugeschriebenen Begriff der »klassenlosen Klassengesellschaft« bemühen.[386] Die nationalsozialistische Gesellschaft hebt die Klassenunterschiede real keineswegs auf, schafft aber über Arbeit und Gefolgschaft gemeinschaftsstiftende Elemente, die sie symbolisch aufheben sollen. Es findet »eine Pseudomorphose«[387] statt. In dieser nationalsozialistischen klassenlosen Klassengesellschaft sollte der Arbeiter zum Mitarbeiter gemacht werden.

6. Das folgende Selbst oder »vom Arbeiter zum Mitarbeiter«

Eine neue Form der Menschenführung in den Klöckner-Humboldt-Deutz-Werken

> »Mein Bestreben ging [...] dahin, die Arbeiterschaft aus einer passiven, mehr oder weniger gleichgültigen Haltung und Einstellung gegenüber dem Werk herauszureißen und zum aktiven Einsatz des eigenen Ichs zu gewinnen.«[388]
> *Helmut Stein*

»Hier ist der Nationalsozialismus zur Tat geworden.«[389] Mit diesen Worten bewertete die SS-Zeitung »Das Schwarze Korps« eine Betriebsreform beim größten Kölner Industriebetrieb. Es war die Rede von »verwirklichte[m] Nationalsozialismus«[390]. Im Kern erprobte die Betriebsreform eine neue Form der Menschenführung, die, so heißt es in einem anderen Artikel, »der Beweis dafür [ist], dass ›der deutsche Sozialismus der Leistung keine Phrase ist, sondern lebt und siegt‹«[391]. Bereits ein Jahr zuvor konnte man in einer eher wissenschaftlichen Abhandlung des Direktors des Kölner Instituts für Arbeitspolitik, Franz Horsten, eine Darstellung derselben Betriebsreform lesen, der er »grundsätzliche Bedeutung«[392] zuschrieb. Für ihn war sie ein erster Schritt zur Anerkennung der Leistung des Arbeiters und damit einer zur Verwirklichung von dem, was er »Leistungsauslese« nannte. Die NS-Presse feierte die neue Personalführung als »Ausdruck der eigenen Ideologie«[393]. Was war geschehen? In der Klöckner-Humboldt-Deutz-Motorenfabrik (kurz: KHD) wurden Formen des Personalmanagements eingeführt, die auf die Eigenverantwortung der Arbeiter setzten.

Das Kölner Beispiel ist ein besonders weitgehender Versuch der Veränderung der Arbeitswelt im Nationalsozialismus. Die Voraussetzung für dessen Analyse ist die ideologiekritische Rekonstruktion der nationalsozialistischen Bestimmungen von Führung und Gefolgschaft. Die Nationalsozialisten gingen nicht nur auf der rechtlichen Ebene daran, die Arbeitswelt zu reformieren und sie verblieben nicht allein in ideologischen Ausführungen über »deutsche Arbeit«. Sie hatten auch ein klares praktisches Interesse. Den Worten folgten

Taten. In diesem Kapitel geht es um die Frage, wie die Bestimmungen von Folgen und Führen sowie die Ideen von Leistung und Eigenverantwortung in der sozialen Praxis eines Betriebes verwirklicht werden sollten.

Hierzu untersuche ich ein spezifisches Fallbeispiel, das im »Dritten Reich« sehr positiv rezipiert wurde und ein besonders weitgehender Ausnahmefall ist. Es handelt sich um eine betriebspolitische Reform, die Mitte der 1930er-Jahre in den Klöckner-Humboldt-Deutz-Werken eingeführt wurde, um die Leistung von besonders vorbildlichen Arbeitern anzuerkennen und zu befördern. Ihnen wurden mehr Freiheiten und Eigenverantwortung gewährt. Diese Reform war der Versuch, das nationalsozialistische Transformationsproblem praktisch zu lösen, also das Problem, dass unklar ist, wie man eine richtige Arbeitshaltung, eine, die den Dienst ausdrückt, erkennt und anerkennt. Ins Blickfeld rücken hiermit die Betriebsgemeinschaft und damit auch Maßnahmen, diese zu formen und zu verändern.

Um eine Rekonstruktion sozialer Praktiken in Betrieben hat sich insbesondere Alf Lüdtke verdient gemacht. Er beschreibt, wie Arbeitende sich ihre Arbeit aneignen, sich kleine Pausen ermöglichen und so ihrem Arbeitsalltag »Eigen-Sinn« verleihen.[394] Lüdtke ist es damit gelungen, einen differenzierten Einblick in den sozialen Zusammenhang Arbeit zu liefern. Meine Perspektive unterscheidet sich von seiner. Ihm ging es um die Erfahrungen der Arbeitenden. Deshalb untersuchte er Ego-Dokumente und wertete Interviews aus.[395] Hier dagegen werden die Begründungsversuche und Beschreibungen derjenigen untersucht, die betriebspolitische Reformen installierten, evaluierten und interpretierten, nicht die Erfahrungen derer, die unter ihnen arbeiten mussten. Zurate gezogen werden also vor allem nationalsozialistische Texte *über* diese Betriebsreform in Köln. Hierzu zählen Zeitungsartikel ebenso wie längere Abhandlungen von Franz Horsten sowie Denkschriften des Betriebsführers Helmut Stein, der die Reform erdachte und umsetzte.

Franz Horsten veröffentlichte im »Dritten Reich« zwei Bücher, die sich um Leistungssteigerung und »Leistungsauslese« drehen und der Frage nachgehen, was NS-Betriebspolitik ausmacht.[396] Zur Beantwortung dieser Frage diskutiert er einige Maßnahmen, die in »NS-Musterbetrieben« vorgenommen wurden. Sein prominentestes Beispiel, die Klöckner-Humboldt-Deutz-Motorenfabrik, rekonstruierte in den 1980er-Jahren Martin Rüther[397]. Er kommt zu dem Schluss: »Leitendes Prinzip war die Übertragung des Führergedankens in den Betrieb.«[398] Das lässt sich ergänzen um die Bemerkung: sowie die Übertragung des Gefolgschaftsgedankens. Auch in Gertraude Krells Monografie »Vergemeinschaftende Personalpolitik« aus den 1990er-Jahren spielt das Beispiel eine Rolle.[399] Vor einigen Jahren hat Karsten Uhl dieses Fallbeispiel ausgiebig analysiert und überprüft. In Anlehnung an Michel Foucaults Machtanalyse kann er in seiner Studie »Humane Rationalisierung?« zeigen, wie hier »Disziplinierung *und* Selbstmanagement«[400] Hand in Hand gehen.

Das Fallbeispiel der Klöckner-Humboldt-Deutz-Werke ist gut dokumentiert.[401] Das ist sicherlich ein Grund dafür, warum es so viel Aufmerksamkeit erfuhr. Ein anderer ist sein experimenteller und für die Zeit doch bemerkenswert weiter Charakter. Denn hier zeigt sich so paradigmatisch wie sonst selten im »Dritten Reich« eine Tendenz zur Aktivierung der Arbeiter.

6.1 Der NS-Musterbetrieb als Ort der (kriegsfordistischen) Moderne

Der Betrieb ist der »Ort der Moderne«[402]. Dem Nationalsozialismus gilt der Betrieb aber nur etwas als Betriebsgemeinschaft. Das zu diskutierende Fallbeispiel der Kölner Motorenfabrik war ein Industriebetrieb und ein »NS-Musterbetrieb«. Diese Betriebe galten als Vorbilder.[403] Die Auszeichnung wurde an Betriebe verliehen, in denen der »Geist« des »deutschen Sozialismus« herrschen sollte, in denen, so die Schlussfolgerung, eine NS-Betriebsgemeinschaft mustergültig existierte.[404] Der Ort der »kriegsfordistischen« Moderne war der »NS-Musterbetrieb«.

Kriterium für die Auszeichnung »NS-Musterbetrieb« war einer Verfügung Hitlers nach die Existenz einer vorbildlichen Betriebsgemeinschaft, sie sollte »auf das vollkommenste verwirklicht«[405] sein. Wichtig waren nicht so sehr der technische Stand oder die ökonomischen Zahlen eines Betriebs.

»Alle deutschen Betriebe« wurden angehalten, Höchstleistungen »um ihrer selbst willen« zu vollbringen.[406] Eine dauerhafte Leistungssteigerung war das Ziel. Diese sollte gewährleistet werden durch »richtige Betriebsgestaltung und gerechte Menschenführung.«[407] Zur Unterstützung wurden Hefte herausgegeben, eines mit dem Titel »Mitarbeit der Gefolgschaft«, das einen Leitfaden geben möchte, um die »Menschenbeeinflussung«[408] zu verbessern.

In einem kurzen Heft des Arbeitswissenschaftlichen Instituts (AWI) der DAF mit dem Titel »Deutsche Musterbetriebe« wurde Hitlers Verfügung interpretiert und angeeignet. Sie zeige, »daß es ihm lediglich darum geht, daß sich eine nationalsozialistische Betriebsgemeinschaft entwickelt«[409]. Die Entwicklung und nicht so sehr die Existenz einer Betriebsgemeinschaft stellt also dieser Interpretation nach das Kriterium dar. Es geht der Auszeichnung damit um betriebliche Sozialpolitik und Formen der Menschenführung, nicht so sehr um einen Ist-Zustand, sondern um einen Prozess im Werden.

Das Ziel der neuen Formen der Menschenführung war es, den Arbeiter zum Mitarbeiter zu machen. In einer betriebswirtschaftlichen Monografie von 1934 wird es als die Aufgabe der Ausbildung von jungen Arbeiter:innen beschrieben, sie »zur verantwortungsbewußten freien Mitarbeit« zu erziehen,[410] das heißt sie zu Verbündeten und Kameraden zu machen. Denn im Gegensatz zum »Arbeiter« zeige sich beim »Mitarbeiter« »erhöhtes Verantwortungsbewußtsein«[411]. Im Begriff des Arbeiters schwingt die selbstbestimmte Organisierung für die eigenen Interessen und damit die gegen die Interessen des Unternehmers noch mit. »Mitarbeiter« verdeckt diese Interessenfrage und vergemeinschaftet. Das Gefolgschaftsmitglied ist dieser Logik nach ein dem Unternehmer – der jetzt Betriebsführer heißt – zugeordneter und sich zuordnender Mitarbeiter. Wer hier über wen bestimmt, wird offen ausgesprochen.

Zentrale Mittel der Menschenführung sollen einerseits die »Arbeitsfreude« sein, die »gesunde Gefolgschaftsmitglieder zur Entfaltung aller ihrer Kräfte« bringt, und andererseits die ideelle und materielle »Anerkennung überdurchschnittlicher Leistungen«.[412] Wobei die lohnbasierten, also materiellen Anerkennungsformen von NS-Autoren nicht allzu hochgeschätzt wurden: »Geld allein macht nicht frei«, heißt es in einem Heft zu »NS-Musterbetrieben« unter Anspielung auf die bekannte KZ-Devise. »Nicht Geld«, so wird fortgefahren, »sondern die Wertung und Anerkennung sind ausschlaggebende Momente«.[413]

Das Fallbeispiel der Kölner Motorenfabrik stellt für diese zweite Seite, die der ideellen Anerkennung überdurchschnittlicher Leistungen, ein besonders weit gehendes Beispiel dar. Hier findet sich eine Form der Menschenführung, die im Nationalsozialismus verwurzelt ist und zugleich über diesen hinausweist.

Hitler hat in »Mein Kampf« bereits Ausführungen dazu gemacht, wie die Arbeitswelt sich seiner Ansicht nach verändern müsste. Vor dem Hintergrund seiner Überlegungen zur Herrschaft, die verwirklicht sein muss, damit man Freiheit gewähren kann, bezieht er sich hier auf die Frage nach Leistungssteigerung. »[E]rfahrungsgemäß« steigere man die »die Leistungsfähigkeit des einzelnen durch weitgehende Freiheitsgewährung mehr […] als durch Zwang von oben«.[414]

Die Offenheit für freiheitsgewährende Maßnahmen hat die Vorstellung einer Gefolgschaft, die freiwillig und aktiv involviert sein will, zur Grundlage. Und diese Offenheit ist die ideologische Voraussetzung für moderne Betriebspolitik im »Dritten Reich«. Denn, das ahnten auch Nationalsozialisten, »[e]in vollständig auf Überwachung und Disziplin ausgerichtetes Regime führte in der Regel zu ineffizienter Arbeit«[415]. Auch einem NS-Betrieb blieb nichts anderes übrig als sich – an ausgewählten Stellen – aktivierender Maßnahmen zu bedienen. Insbesondere auf dem Feld der Betriebspolitik wurde der Bruch zwischen Weimarer Republik und »Drittem Reich« daher relativiert.[416]

Und doch, es änderte sich der ideologische Zugriff auf die Arbeitenden und die genutzten, aktivierenden Techniken zeigen deutlicher als sonst, dass es nicht so sehr um Autonomie geht, sondern um »effektiven Einsatz«[417]. Zugleich darf nicht vergessen werden, dass der Betrieb, von dem Hitler hier redet, bereits eine homogenisierte Gruppe meint, aus der diejenigen, die qua Abstammung oder durch Zuschreibungen nicht dazugehören dürfen, ausgeschlossen sind. Diese Gemeinschaft ist explizit antisemitisch, rassistisch, antiziganistisch und gegen »Arbeitsscheue« konzipiert. Das wurde auch auf die Konzeption einer Leistungsgemeinschaft übertragen. Sie sollte Ungleichheiten quasi-natürlich reproduzieren und zementieren, und die angeblich »Tüchtigsten, Fähigsten und Fleißigsten befördern«[418]. Formen von Eigenverantwortung widersprechen dem nicht. Im Gegenteil: »Die Übertragung von Verantwortung an die Arbeiter war Teil dieser propagierten Idee.«[419]

6.2 Disziplinierung, Aktivierung und Subjektivierung des »deutschen Arbeiters«. Eine mustergültige Ausnahme

Am 1. Mai 1942 wurde, wie jedes Jahr seit 1936, die Auszeichnung »NS-Musterbetrieb« verliehen. In der Laudatio zur Verleihung wurde ein Kölner Betrieb besonders hervorgehoben als »Grossbetrieb, der mit besonderem Ernst sich dieser Aufgabe einer echten Menschenführung angenommen [habe] und über den Weg einer selbstverantwortlichen Mitarbeit seiner Gefolgschaft eine beachtenswerte Leistungssteigerung erzielt«[420] habe. Die Klöckner-Humboldt-Deutz-Werke waren ein Beispiel für eine besonders weit gehende Betriebsreform. Die Maßnahmen in den KHD waren zwar eine Ausnahme[421], sie können aber, gerade weil sie eine Ausnahme in einem »NS-Musterbetrieb« waren, als Muster gelten. Es handelt sich um eine mustergültige Ausnahme. Sie kann als paradigmatischer Ausdruck der Führungsform des Nationalsozialismus begriffen werden.

Mitte der 1930er-Jahre entschied sich der Betriebsführer der Kölner

Klöckner-Humboldt-Deutz-Werke, zu einem außergewöhnlichen Schritt. Helmut Stein führte neue Techniken des Personalmanagements ein.[422] Stein war der Sohn eines früheren technischen Direktors bei Deutz und arbeitete seit 1925 für die Firma in Oberursel. Zwei Jahre später wurde er Betriebsdirektor. 1929 unternahm er eine Reise in die USA, um sich einen Eindruck von den dortigen Produktionsbedingungen zu machen. Davon inspiriert war er überzeugt, dass einige seiner Arbeiter weniger Kontrolle und mehr Selbstverantwortung benötigten, um mehr zu leisten. Diese neue Form der Menschenführung konnte er im großen Stil allerdings erst im Nationalsozialismus ausprobieren. Sie war konzipiert zur Leistungssteigerung und sollte einen neuen Arbeitertyp schaffen:

> Dieser deutsche Arbeitertyp, wie wir (ihn) uns für die Zukunft erhoffen, wird als freier Mitarbeiter eines mutigen, weitsichtigen, von starkem sozialem Verantwortungsgefühl getragenen Unternehmertums, ein Garant des Erfolges, ein Bollwerk gegen jedwede Schicksalsgewalten sein.[423]

Zuerst wurde einigen Arbeitern der Titel »Selbstkontrolleur« verliehen, deutlich erkennbar durch ein Abzeichen mit dem Schriftzug »Ich prüfe selbst« am Arbeitsplatz. Diese »Selbstkontrolleure« wurden »von der Kontrolle durch die Betriebsführung befreit«. Sie »kontrollier[t]en sich selbst«[424], das heißt, dass sie ihre Produkte selbst auf etwaige Mängel überprüften und gegebenenfalls reklamierten.[425] Keine materielle Vergütung wurde genutzt, um höhere Leistung anzuerkennen, sondern eine ideelle Anerkennung durch das Gewähren von Freiheiten und Selbstständigkeit. Für Stein sollten die Selbstkontrolleure die »Kerntruppe [bilden], die den Geist der Mitarbeit und Selbstverantwortung im Betrieb«[426] verkörpert. Es ging um nichts weniger als die »Neugestaltung eines Unterführertums«[427].

Stein wollte weitergehen. Doch der nächste Versuch scheiterte. Er hatte einer ganzen Abteilung den Akkordlohn durch einen Zeitlohn ersetzt. Eine Leistungssteigerung blieb aber aus, denn die Maßnahme sei ausgenutzt worden.[428] Sie wurde umgehend wieder gestoppt. Franz Horstens Auswertung führt ihn zu der für seine Theorie zentralen Idee, dass solche Maßnahmen nie »*in der Breite*«[429] eingeführt werden dürfen: »Nur der Einzelne fühlt sich verantwortlich und kann Verantwortung übernehmen.«[430] Denn Leistung sei eine Kategorie, die sich auf Einzelne bezieht, und die Eigenverantwortlichkeit gegenüber der Gemeinschaft in sich trägt.

Der Betriebsführer Stein schien zu derselben Erkenntnis gekommen zu sein und kehrte zurück zur Anerkennung der Leistung Einzelner. Er verlieh in einem nächsten Schritt den Titel »Selbstkalkulator« an »*hervorragende[]* Facharbeiter«[431]. Diese durften ihre Akkorde selbstständig festsetzen und damit ihr Gehalt selbst bestimmen.[432] Bereits in der Ernennungsurkunde wurde jedoch die Drohung ausgesprochen, dass der Missbrauch durch Entziehen des Titels geahndet werde, falls die Ernennung zur »eigenen Bereicherung«[433] genutzt würde. In der Folge wurde kein Missbrauch verzeichnet. In einigen Fällen sei sogar auf einen höheren Lohn verzichtet worden.[434] Franz Horsten setzte sich interessanterweise für die Streichung dieser und anderer drohender Passagen ein, was schließlich gelang.[435] An diesen nachträglichen Veränderungen zeigt sich, dass für die »neuen Formen des Personalmanagements zunächst noch die passende Sprache gefunden werden musste«[436]. Es musste ein neuer Ton angeschlagen werden.

Horsten sieht in den Maßnahmen »eine schöpferische Tat im betrieblichen Leben«[437]: Der »*Führer* [gibt] *in Freiheit seine Verantwortung weiter an den freien, selbstverantwortlichen Arbeiter*«[438]. Der »Grundgedanke der kämpferischen Eigenverantwortung« entspreche dabei dem »Wesen des deutschen Arbeiters«.[439] Das formuliert er vor dem Hintergrund einer fordistischen Gesellschaft. Der Nationalsozialismus könne das Rad der Geschichte nicht mehr zurückdrehen und Fabrikarbeit abschaffen. Er müsse überlegen, wie er diese verändern kann: »*Wir müssen*« den Industriearbeitern, fordert er, »*den Weg der Eigenverantwortlichkeit ermöglichen, denn nur so können sie wirkliche Leistungen vollbringen und in dieser Leistung wieder zu freien deutschen Menschen, zu völkischen Persönlichkeiten werden.*«[440] Eigenverantwortung und Leistung sind in Horstens Konzeption so eng aneinandergekoppelt, dass nicht verwundert, dass er die Kölner Maßnahmen begrüßt. In seiner Logik kann der Einzelne nur etwas leisten, wenn er eigenverantwortlich arbeiten kann.

Schließlich wurde in Köln mit dem Leistungslohn eine neue Lohnordnung eingeführt. Sie ist ebenso im Kontext des Versuchs zu lesen, Leistung und »Arbeitseifer zu steigern«[441]. Es kam nun »bei der Lohnbestimmung des Gefolgschaftsmitgliedes der Wertung von Haltung und Einsatz eine maßgebliche Rolle«[442] zu. Denn der Leistungslohn setzte sich aus drei Teilen zusammen: dem Grundlohn, dem »›Zuschlag für seine persönliche Arbeitsleistung‹ und dem Zuschlag für den persönlichen ›Einsatz in der Arbeit‹ und die ›charakterliche Haltung‹«.[443] Nun wurden also auch Einsatz und Haltung bewertet, um die Vergütung festzulegen. Für Rüther ist dieser Teil der »eigentliche Mittelpunkt der ›Menschenführung‹ bei KHD«[444]. Er betont daher die Drohung der Lohnkürzung als disziplinierende Maßnahme.[445] Auch Franz

Neumann versteht die NS-Lohnpolitik als Instanz »zur Kontrolle und Isolation der Menschen«[446]. Im Schnitt entsprach bei KHD der Leistungslohn allerdings dem vorherigen Akkordlohn.[447] Es ging also um mehr.

Es lohnt sich ein »Blick auf die aktivierenden Funktionen der neuen Entlohnungsformen«[448], weil in dieser neuen Weise der Lohnbestimmungen etwas sichtbar wird. Es ist ein (überaus aktuelles) Missverständnis zu glauben, Leistung könne einfach evaluiert werden. Arbeiten sind in einem gewissen Sinne unvergleichbar. Diese philosophische Einsicht wurde in einem neueren Buch zu kritischer Theorie und Arbeit ausgesprochen.[449] Verglichen werden immer nur die Produkte der Arbeit und das ist etwas ganz anderes als die Arbeiten selbst. Leistung ist nicht etwas, was vor ihrer Evaluierung bereits da ist und nur abgelesen werden muss. Leistung wird vielmehr erst im Zuge der Beurteilung selbst erzeugt.[450] Denn was zur Leistung zählt und was nicht, hängt nicht allein von dem Quotienten zwischen Produkten und Zeit ab, der maßgeblich für den Akkordlohn ist, sondern von Vorentscheidungen, Interpretationen und der Perspektive darauf.[451] Schon der erste Teil des Leistungslohnes ist also weniger objektiv als er vorgibt.

Mit der Einführung des Leistungslohns unterstand der einzelne Arbeiter nun offiziell »einer ständigen Überwachung seiner Leistung *und seines Verhaltens*«[452]. Die Überwachung zielte auf die Subjektivität der Arbeitenden und die neuen Kriterien, Haltung und Einsatz, entsprachen der Arbeitsauffassung, die Arbeit als Dienst begreift. Karsten Uhl argumentiert dagegen, »Steins Vorhaben, die Arbeitersubjektivität produktiv einzusetzen, vorschnell als reine Phrasendrescherei ab[zu]tu[n]. Es spricht einiges dafür«, so fährt er fort,

> dass es sich um Versuche handelte, neue Formen der Machtausübung im Betrieb zu installieren. Keineswegs sollte auf Disziplin und Kontrolle verzichtet werden. [...] Die Arbeiter sollten zu Subjekten werden, die innerhalb eines vorgegebenen Rahmens selbstverantwortlich arbeiteten.[453]

Uhl fokussiert auf die aktivierende und subjektivierende Seite der Maßnahmen, die immer auch disziplinierend waren. Selbstverantwortung und Repression entsprachen sich:

> Bereits 1941/42 nahmen bei KHD die Repressionen gegen »arbeitsunwillige Gefolgschaftsmitglieder« zu. Eine neu gegründete Abteilung hatte die Aufgabe, häufig fehlende Arbeiter/-innen, »insbesondere Frauen, deren Arbeitsversäumnis das der Männer um ein Vielfaches zu übersteigen pflegt, zu besuchen, die Gründe des Fernbleibens zu erforschen und durch zweckmäßiges Eingreifen

auf eine schnelle Wiederaufnahme der Arbeit hinzuwirken«. Bereits im ersten Jahr wurden 7000 »Hausbesuche« unternommen und »2900 Bummelanten festgestellt«, die wieder zur Arbeitsaufnahme gedrängt wurden.[454]

Auf »disziplinarische Maßnahmen« wurde also nicht verzichtet. Sie wurden aber ergänzt um aktivierende. »Soziale Kontrolle und Integration, Zugeständnisse und Zwangsmaßnahmen kennzeichneten daher die Methodik der nationalsozialistischen Betriebspolitik, um die ›Betriebsgemeinschaft‹ zu verwirklichen.«[455] So wie Freiwilligkeit und Involvierung die Gefolgschaft prägen sollten, den Zwang aber die Ausgeschlossenen, so galt Freiheit auf dieser Ebene nur für die Vorbildlichen, der Zwang für den Rest. Und diese Vorbildlichen und Ausgezeichneten sollten wiederum in die Gefolgschaft hineinwirken. So gelang dem Betriebsführer eine Spaltung der Arbeitenden. Denn Stein unterschied offen und ehrlich zwischen denjenigen, denen er Selbstverantwortung zutraute und den anderen, die weiterhin gründlich überwacht werden müssten. Aktivierung, Subjektivierung und Disziplinierung gingen Hand in Hand. Zusammen bilden sie Weisen der »Gehorsamsproduktion«[456].

6.3 Deutsch, männlich, vorbildlich. Die Grenzen der Aktivierung im Nationalsozialismus

Die Maßnahmen in der Kölner Motorenfabrik stehen in einer Tradition der Humanisierung von Arbeit, in der die Einzelnen mit ihren Fähigkeiten ins Blickfeld rücken. Schon die deutsche Rezeption von Charles Taylors Ideen in den 1910er-Jahren drehte sich um den Gedanken, es müsse »auf die Individualität des Arbeiter[s]«[457] eingegangen werden. »[D]as neue Hauptziel [bestand] darin, die Arbeitenden effektiv einzusetzen und die in ihnen vermuteten Potentiale vollständig auszunutzen. Die Arbeiter/-innen waren zum Humankapital geworden.«[458] So betrachtet sind die Reformen bei KHD kein Beispiel für eine nationalsozialistische Form von Menschenführung, sondern entsprechen einer längeren Tendenz. Und doch feierte die NS-Presse die Maßnahmen als gelungenen Nationalsozialismus. Will man das nicht einfach als Propaganda abtun, dann ist ein genauerer Blick auf die Auszeichnungen und Ausgezeichneten von Nöten. Insbesondere die Grenzen der Auszeichnungen sind aufschlussreich für eine Ortsbestimmung dieser nationalsozialistischen Reform innerhalb der langen Tradition der Humanisierung von Arbeit.

Die Einführung der neuen Formen des Personalmanagements in Köln sollte Kontrollen beseitigen und zu »eine[r] Erziehung zur Selbstverantwortung im Betrieb«[459] führen. »Die entscheidende Einschränkung hierbei lag jedoch darin [...] nur jene ›Arbeitskameraden‹ von der Fremdkontrolle zu befreien, die die entsprechende Persönlichkeit und das geforderte Pflichtbewußtsein aufwiesen.«[460] Die Einschränkungen machen den nationalsozialistischen Kern der Maßnahme aus.

Denn die Titel wurden ausschließlich an Männer verliehen, genauer an solche, die der Betriebsführer für besonders vorbildlich hielt und in die er »auf Grund persönlicher Ehrenhaftigkeit«[461] das Vertrauen setzte, dass sie ein »ehrliche[s] Streben«[462] an den Tag legen würden. Und die Maßnahme war auf deutsche, männliche Arbeiter beschränkt. Der Zeitung »Das Schwarze Korps« »galt die Selbstkontrolle als Beleg einer ›wahren, männlichen Arbeitsleistung‹«[463]. Der Vergleich mit einem anderen Kölner Betrieb, der Pralinenfabrik der Stollwerck AG, in der vor allem Arbeiterinnen angestellt waren, zeigt die Begrenzung der Maßnahmen auf Männer noch einmal deutlich. Reformen wie in der Motorenfabrik gab es hier nicht. Frauen wurde der richtige Umgang mit dieser Art Eigenverantwortung in der Praxis nicht zugestanden.[464] Für sie schien die direkte Kontrolle weiterhin notwendig zu sein.

Zugleich wurden die Titel nur für eine bestimmte Zeit verliehen; übrigens genau wie bei der Verleihung der Auszeichnung »NS-Musterbetrieb«. Das zeigt noch einmal deutlich den Kontext der Leistungssteigerung, in den diese Reformen eingebunden sind. Sie wurden zugestanden, weil sie effizienter waren: »Stein machte sich für ›Selbstkontrolle‹ und ›Selbstverantwortung‹ der Arbeiter stark, weil das ›weit wirksamer als äußerliche Kontrollen und vielseitige Methoden der Leistungsüberwachung‹ die Arbeiter veranlasse, ›das Rechte zu tun und das Unrechte zu meiden‹.«[465]

Was das Rechte und was das Unrechte ist, bestimmt hier selbstverständlich der Unternehmer und die NS-Weltanschauung. Das Ziel war, Arbeiter anzuspornen, sie zu produktivieren und zu aktivieren. Es ging nicht darum »autonom handelnde Arbeiter im Werk zu haben«, sondern darum die Arbeiter »zu Subjekten« zu machen, »die innerhalb eines vorgegebenen Rahmens selbstverantwortlich arbeiteten«.[466]

Zugetraut und zugestanden wurde dieses Privileg also nur deutschen, männlichen und vorbildlichen Arbeitern – und auch denen nur auf Zeit. Es überrascht kaum, wenn ein Deutz-Arbeiter, der in den 1980er-Jahren von dem Kölner Lokalhistoriker Gebhard Aders interviewt wurde, berichtet, dass die meisten Ausgezeichneten »besonders stramme Nazis«[467] waren.

Eine zusätzliche Begrenzung auf körperlich und geistig »gesunde« und belastbare Personen ergibt sich geradezu automatisch. Die Einschränkung der Auszeichnung auf deutsche, männliche, gesunde und vorbildliche Arbeiter ist Ausdruck einer nationalsozialistischen, »selektiven Aneignung«[468] und Interpretation der Humanisierung von Arbeit.

Es darf also nicht übersehen werden, dass es hier *nicht* um die Subjektivierung von allen geht. Der Kreis derer, die überhaupt in Frage kommen, ist begrenzt, und die Subjektivierung ist eine Produktivmachung. Was der Nationalsozialismus einhegen und produktiv machen will, sind »völkische Persönlichkeit[en]«.[469] Die Aktivierung dieses Arbeitertypus wurde von der NS-Presse nicht allein aus Propaganda, sondern auch aus tiefster Zustimmung begrüßt. Hier wurde nach ihrer Überzeugung versucht den idealen Volksgenossen herzustellen. Die Bedingungen dafür schaffe erst der Nationalsozialismus.

Die Reform hat aber eine Vorgeschichte. Uhl betont, dass die Maßnahmen das »Ergebnis einer längeren Entwicklung« bei Klöckner-Humboldt-Deutz waren, auch wenn die NS-Propaganda »die Einrichtung der Selbstkontrolleure als eine Errungenschaft der eigenen Ideologie zu verkaufen« suchte.[470] Die Idee dazu kam Helmut Stein schon Ende der 1920er-Jahre bei einer zweimonatigen Reise nach Amerika.[471] Er wollte damit versuchen, die Idee seines technischen Direktors Schultz-Balluff, »die Arbeiter müssten zu ›Mitarbeiter[n]‹ werden, konzeptuell weiterzudenken und in die Praxis umzusetzen«[472]. Auch wenn Stein angeblich die ersten Auszeichnungen an »Selbstkontrolleure« bereits in den 1920er-Jahren in Ober-Ursel verlieh.[473] Die Zeit der Erprobung im großen Stil kam erst Mitte der 1930er-Jahre in Köln. Der nun Betriebsführer genannte Helmut Stein setzte seine Ideen jetzt in die Realität um. Seine »Bemühungen um die Erzeugung eines ›neuen Betriebsgeistes und einer neuen Pflichtauffassung‹« sei, so beteuerte Stein später, »vom ›Umbruch des Jahres 1933‹ wesentlich ›unterstützt und gefördert‹« worden.[474] Besonders hilfreich seien die Veränderungen durch das Arbeitsordnungsgesetz gewesen, durch das mit dem Begriff der Gefolgschaft verbundene »neu geformte betriebliche Gemeinschaftsleben«[475]. Karsten Uhl übersetzt und entlarvt das treffend. Hilfreich war die »Zerschlagung der Gewerkschaften und Betriebsräte«[476], weil der Betriebsführer dadurch keinerlei Kompromisse mehr mit der organisierten Arbeiter:innenschaft eingehen musste. Er hatte freie Hand. Erst der Nationalsozialismus, davon scheint Helmut Stein überzeugt gewesen zu sein, machte die neuen Ideen praktisch umsetzbar. Die Übertragung von Verantwortung an die Arbeiter entspricht dem Geist der Zeit und verweist auf den größeren ideologischen Zusammenhang und die nationalsozialistische Bestimmung von Gefolgschaft. Die neuen Formen der Menschenführung werfen ein Licht auf die Herstellung des neuen fordistischen Arbeitertypus: das folgende Selbst.

6.4 Das folgende Selbst

Die Reform bei den Klöckner-Humboldt-Deutz-Werken gewährt einen Blick auf die Subjektform des »nationalsozialistischen Kriegsfordismus«. Die neue Form der Menschenführung muss als eine spezifische Herrschaftstechnik verstanden werden. Sie diszipliniert und aktiviert. Als mustergültige Ausnahme sagt das Experiment etwas über den Nationalsozialismus aus, genauer: über eine Tendenz im Nationalsozialismus, an die nach 1945 angeschlossen werden konnte. Gemeint ist ein Komplex von Ideen, der sich um den Begriff der »Gefolgschaft« erstreckt und Figuren der Aktivierung und Involvierung meint: »Zur Gestaltung einer Gefolgschaft gehört die Aufgabe, sie richtig zusammenzusetzen, d. h. Unwürdige zu entfernen, Wertvolle heranzuziehen und Schwankende zu stärken.«[477] Die Aktivierung der »Wertvollen« ist die eine Seite der Formung der Gefolgschaft. Die andere ist die »Entfernung Unwürdiger«.

Auf den ersten Blick könnte man denken, die Maßnahme bei KHD widerspreche der ideologischen Konstellation, Ermächtigung durch Entmachtung, die im Arbeitsordnungsgesetz ausgemacht werden konnte. Aber bei genauerem Hinsehen zeigt sich, dass auch die Delegation von Verantwortung an Arbeitende durchaus in diesem Rahmen stattfinden kann. Es ist hier der Betriebsführer persönlich, der die Maßnahme erfindet und einführt. Sie wurde nicht nur nicht von unten erkämpft, sondern auch keineswegs von allen für gut befunden.[478] Ja, sie wurde als das wahrgenommen, was sie war, eine Spaltung der Belegschaft in ausgezeichnete und durchschnittliche Arbeiter. Dahinter stand eine Strategie der Disziplinierung und Anspornung, die zeigt, dass die Gefolgschaft auch – vielleicht gerade – durch Eigenverantwortung folgen sollte.

Die vergleichsweise frühe Form der Delegation von Verantwortung fordert gängige sozialtheoretische Diagnosen heraus. Angesichts seiner Charakterisierung der neuen Formen des Personalmanagements bei KHD als Disziplinierung *und* Selbstmanagement, ist es nur konsequent, wenn Uhl die provokante Frage aufwirft, »ob es sinnvoll ist, von *neuen* Arbeitsidentitäten im Postfordismus zu sprechen«[479]. Gegen Ulrich Bröckling, der dafür argumentiere, dass die Subjektivität der Arbeitenden im Taylorismus und Fordismus als Störfaktor betrachtet wurde, versucht Uhl zu zeigen, dass die Maßnahmen in Köln etwas anderes nahelegen.[480] Die Aktivierung des Arbeiters, so sein Einwurf, darf »nicht vorschnell der postfordistischen Epoche«[481] zugesprochen werden. Denn seine Untersuchung weist Praktiken der Aktivierung bereits im Fordismus nach. Mit Gramsci sprach Hachtmann von der Herstellung eines »Arbeitertypus« im Fordismus. Wenn dieser Arbeitertypus nun ebenfalls bereits durch Aktivierung geschaffen wird, so lässt sich fragen, ob sich hier eine verwandte Form zum »unternehmerischen Selbst« des Postfordismus findet. Eine Vorform vielleicht? Wie lässt sich dieses Subjekt von dem »unternehmerischen Selbst«[482] unterscheiden? In welchem Verhältnis steht es zu seinem postfordistischen Pendant? Dieses Es des »nationalsozialistischen Kriegsfordismus« nenne ich das folgende Selbst.

Der Begriff des Subjekts entstammt einer an Michel Foucault orientierten Theorietradition, der Ulrich Bröckling zugeordnet werden kann. Der Begriff des »Arbeitertypus« liegt dazu quer. Er entstammt der fordistischen Zeit, in der Antonio Gramsci, aber auch Ernst Jünger schrieben, für den der Begriff »Typus« ebenfalls zentral war. Es wäre vielleicht richtig, den älteren Begriff, Arbeitertypus, für den neueren, Subjekt, fallenzulassen, doch durch Rüdiger Hachtmanns Einführung des gramscianischen Begriffs in die Debatten um den Nationalsozialismus lässt sich dieser nicht mehr ignorieren. Die beiden Begriffe entsprechen sich nicht ganz, treffen sich aber in einem Punkt: Beide benennen ein ideologisches Selbst- und Leitbild. Was hier untersucht wird, ist nicht die reale Herstellung des Arbeitertypus, sondern die Vorstellungen eines Typus im Nationalsozialismus. Wo diese in Praktiken übersetzt werden sollen, wird die Subjektform des Typus erkennbar: das folgende Selbst. Als Subjekt ist es in eine Dialektik von Ermächtigung und Unterwerfung verstrickt.

Das unternehmerische Selbst ist die Subjektform des Postfordismus. Es handelt sich hierbei nicht um eine »empirisch beobachtbare Entität, sondern die Weise, in der Individuen als Personen adressiert werden, und zugleich die Richtung, in der sie verändert werden und sich verändern sollen«[483]. Das unternehmerische Selbst ist ein »Subjekt im Gerundivum – nicht vorfindbar, sondern hervorzubringend«[484]. Es wird von Ulrich Bröckling definiert als

> ein Bündel aus Deutungsschemata, mit denen heute Menschen sich selbst und ihre Existenzweisen verstehen, aus normativen Anforderungen und Rollenan-

> geboten, an denen sie ihr Tun und Lassen orientieren, sowie aus institutionellen Arrangements, Sozial- und Selbsttechnologien, die und mit denen sie ihr Verhalten regulieren sollen. […] Das unternehmerische Selbst ist ein Leitbild.[485]

Diese formale Definition lässt sich auch auf das folgende Selbst übertragen. Auch dieses Selbst ist ein Leitbild, das ein Deutungsmuster bieten soll, um sich selbst zu verstehen. Es ist nicht schon, sondern soll hervorgebracht werden. Hier geht es um eine Bestimmung dieses Leitbildes des »nationalsozialistischen Kriegsfordismus«.

Wie beim »unternehmerischen Selbst« gilt auch für das folgende Selbst: Es »ist man nicht, man soll es werden«.[486] Das nationalsozialistische Selbstbild, die Anrufungen und Ausführungen zur Gefolgschaft, all diese Wesensbestimmungen dienten »als normative Richtschnur: Was die Menschen vermeintlich sind, ist das, wozu sie gemacht werden und sich selbst machen sollen«[487]. Die Bemühungen darum, dem deutschen Arbeiter mehr Eigenverantwortung zu geben, finden als »Realfiktion im Modus des Als-ob«[488] statt. Es wird angenommen, dass der deutsche Arbeiter ein folgendes Selbst ist, um ihn zu einem zu machen. Der Form nach gibt es also eine Verwandtschaft der beiden Subjektformen. Inhaltlich unterscheiden sie sich aber.

Das unternehmerische Selbst orientiert sich am »Verhaltensmodell der Entrepreneurship«[489] und ist damit selbstreferentiell. Es kommt ohne Gemeinschaft und konkretes anderes aus, findet sich im Betrieb wie in der sogenannten Ich-AG. Die Arbeitenden sollen Unternehmer:innen ihrer selbst sein. Sie sollen fähig sein, »sich gut zu verkaufen«[490]. Dafür sind Techniken wie Qualitätsmanagement, Formen des Feedbacks, Teamfähigkeit und die Kunst, Kreativität produktiv zu nutzen, notwendig.

Von alldem ist das folgende Selbst weit entfernt. Es ist nicht selbstreferentiell, sondern zeichnet sich vor allem durch sein Verhältnis zu einem Führer und einer Gemeinschaft aus. Es gewinnt nur in Bezug auf diese Kontur. Denn ihnen leistet es Gefolgschaft. Ihnen gegenüber ist es Rechenschaft schuldig und zu Treue verpflichtet. Der Führer beurteilt es, erkennt seine Leistung an und soll sich sorgen. Allerdings entpuppt sich diese Weise der Fürsorge als repressiv. Sie will die Einzelnen nicht einfach umsorgen, sondern aktivieren und anhalten, mitzumachen. Denn das folgende Selbst soll wollen, was es soll. Es soll sich an die Verhältnisse anpassen, die Anforderungen und Anrufungen antizipieren. Es handelt sich hier um »ein total vergesellschaftetes, also liquidiertes Individuum«[491]. Es ist nur, weil es in einer Gemeinschaft lebt. Erst diese stiftet die Führung.

Wie das unternehmerische Selbst handelt auch das folgende Selbst selbstverantwortlich. In diesem Punkt zeigt sich eine Vorform, insofern die Tendenz zu Humanisierung und Selbstverantwortung hier auch schon angelegt ist. Daraus ist zwar nicht zu schließen, der Postfordismus sei mit dem Nationalsozialismus identisch. Aber der Nationalsozialismus ist eben auch Teil einer größeren fordistischen Geschichte, mit all ihren Verwerfungen und Auswüchsen. Der entscheidende Unterschied besteht darin, dass die Verantwortung des folgenden Selbst sich immer auf eine Gemeinschaft bezieht. Das folgende Selbst ist ein Leistungssubjekt, das in seiner Arbeit der größeren Gemeinschaft dient, der Betriebs- wie der Volksgemeinschaft. Es fügt sich selbstständig in diese vorgegebene Gemeinschaft ein und folgt seinem Führer freiwillig. Es wird nicht gezwungen zu gehorchen, sondern internalisiert den Zwang und folgt ohne Weiteres.[492]

Tatsächlich entspricht das folgende Selbst in der betrieblichen Praxis einem deutschen, männlichen, vorbildlichen und »gesunden« Subjekt. Damit sind seine Grenzen bestimmt. Auch wenn die nationalsozialistische Arbeitsauffassung also eine Erweiterung des Arbeitsbegriffs impliziert und Frauen integriert sind, insofern auch Haushalts- und Reproduktionstätigkeiten als Dienst an der Volksgemeinschaft definiert werden können: Dem fordistischen Arbeitertypus entsprechen sie nicht. Es ist eben eine ausschließende Integration.

Das folgende Selbst ist der Arbeitertypus wie ihn sich der Nationalsozialismus im Inneren der homogenisierten Volksgemeinschaft vorstellt. Dort herrscht zwar Gleichartigkeit, aber keine Gleichwertigkeit. Ungleichheit ist keine Begleiterscheinung, sondern das Prinzip dieser Weltanschauung. Der Betrieb, als Leistungsgemeinschaft verstanden, verlange geradezu quasi-natürlich die Herstellung einer ungleichen, konkurrenzbasierten Ordnung. Darin unterscheidet sich der nationalsozialistische Betrieb nicht vom Betrieb im kapitalistischen Normalvollzug. Was ihn unterscheidet sind die Grenzen und die Mittel, die zur Grenzziehung verwandt werden.

Das folgende Selbst ist der Arbeitertypus des »nationalsozialistischen Kriegsfordismus«. Es ist an diese Gesellschaftsordnung gebunden und transformiert sich in der Nachkriegszeit. Neue Anforderungen verbunden mit Tabuisierung und »Entschuldungsnarrative[n]«[493] formen es. Insbesondere der Wegfall »des Führers« musste kompensiert werden. Auftritt: das führende Selbst.

DRITTER TEIL. FÜHRE!

»Der Nationalsozialismus lebt nach, und bis heute wissen wir nicht, ob bloß als Gespenst dessen, was so monströs war, daß es am eigenen Tode noch nicht starb, oder ob es gar nicht erst zum Tode kam; ob die Bereitschaft zum Unsäglichen fortwest in den Menschen wie in den Verhältnissen, die sie umklammern.«[1]
Theodor W. Adorno

»Nach dem Krieg gab es keine Stunde null – zu groß waren die Kontinuitäten«[2], schreibt Ulrike Herrmann in »Deutschland, ein Wirtschaftsmärchen«. Sie bezieht den Satz auf die wirtschaftlichen Kontinuitäten. Erstaunlich viele Fabriken haben den Zweiten Weltkrieg unbeschadet überstanden, weil sie gut geschützt wurden und die Alliierten stattdessen die Verkehrswege bombardierten. Schnell konnte die Produktion also wieder beginnen.

Die deutsche Nachkriegsgeschichte ist bekanntlich auch eine der personellen Kontinuitäten. »Die westdeutschen Unternehmen«, fasst Herrmann zusammen, »wurden weiterhin von jenen Managern geführt, die bereits zu NS-Zeiten das Sagen gehabt hatten«[3], und also im Nationalsozialismus das Führen gelernt haben.

Die Nationalsozialisten von gestern prägten auch die Justiz, die Politik und die Ministerien. Erst jüngst wurden die Kontinuitäten des Arbeitsministeriums aufgearbeitet, einer Behörde, deren »Bedeutung beim Aufbau der westdeutschen Nachkriegsgesellschaft angesichts ihres breiten Spektrums staatlicher Aufgaben kaum überschätzt werden kann«[4]. Die Wiederkehr der Gestrigen kann hier exemplarisch nachvollzogen werden. In den 1950er-Jahren lag der Anteil der führenden Mitarbeiter:innen des Arbeitsministeriums, die ein NSDAP-Parteibuch hatten, im Schnitt bei 60 Prozent. Es sagt einiges über diese Zeit aus, dass der Anteil während dieses Jahrzehnts noch ein letztes Mal anstieg.[5]

Aber es sind nicht nur die Fabriken und Personen, die weitermachten. Kontinuitäten gab es auch in den Einstellungen und Auffassungen der Menschen. »Während die Demokratisierung und die tiefgreifenden Veränderungen des sozialen und politischen Lebens in Deutschland den Eindruck eines klaren Bruchs mit der Vergangenheit vermitteln«, schreibt Raphael Gross, »ergibt sich bei einer Analyse der moralischen Gefühle ein ganz anderes Bild.« Hier zeigt sich »das Fortwirken von Gefühlen und Einstellungen [...], die im Nationalsozialismus weit verbreitet waren.«[6] Die moralischen Urteilsformen lebten fort. Sie sind ein Paradebeispiel für eine Form des versteckten Fortlebens.

Während der Antisemitismus des Nationalsozialismus und seine Führerideologie als seine zentralen, politischen Elemente problematisiert wurden und ein Anknüpfen daran (vorerst) nicht mehr möglich schien, konnten solche Elemente wie Gefühle und Einstellungen unbemerkt fortleben, weil sie als vorpolitisch und damit nicht mit dem Nationalsozialismus verbunden galten. Mit der Arbeitsauffassung war das sehr ähnlich.

Die integrative und vergemeinschaftende Kraft dieser Arbeitsauffassung, die sich im Topos »deutsche Arbeit«, dem Begriff »Gefolgschaft« und der Behauptung einer deutschen Besonderheit ausdrückt, ließ sich wiederaneignen. Die nationalsozialistische Verbindung der Arbeitsauffassung mit dem Antisemitismus, Rassismus, Antiziganismus und Sozialchauvinismus der Weltanschauung wurde dethematisiert oder ausgeklammert.

Entgegen kam dieser Aneignung die vermeintliche Erfolgsgeschichte der Bundesrepublik Deutschland. Aus den Trümmern empor stieg eine Wirtschaftsmacht. Trümmerfrauen und Wirtschaftswunder sind die Mythen, die die deutsche Überlegenheit erneut zu bestätigen schienen. Beide sind heute zwar durch die Geschichtswissenschaft dekonstruiert, können aber weiterhin als kollektive Erinnerungsorte gelten. Denn die Trümmerfrauen gab es nicht; jedenfalls nicht so wie es erinnert wird. In den meisten deutschen Städten geschah die Trümmerräumung durch Maschinen, wo von Hand enttrümmert wurde, waren das oft Männer und Frauen, und in der Regel taten sie das nicht freiwillig, sondern durch finanzielle Anreize oder weil sie verpflichtet wurden. Leonie Treber betitelt ihre Pionierarbeit daher zu Recht »Mythos Trümmerfrauen«.[7] Das Wirtschaftswunder, das hat erneut Herrmann in »Deutschland, ein Wirtschaftsmärchen« gezeigt, war weniger ein deutsches Wunder als Resultat der europäischen Zahlungsunion und der engagierten Politik der westlichen Besatzungsmächte, die mit dem Marshall-Plan den wirtschaftlichen Aufschwung gewährleisteten.[8]

Aber bei aller Wiederaneignung, die Geschichte »deutscher Arbeit« im 20. Jahrhundert ist eine der Kontinuitäten *und* Brüche. Um sie schreiben zu können, ist es notwendig, zu fragen, was Fortleben der Vergangenheit bedeuten soll. Die Frage ist eine doppelte: einerseits die Frage danach, *was* fortlebt, andererseits danach, *wie* dieses Fortleben zu verstehen ist. Ist das Fortleben einer langen, deutschen Tradition gemeint, die ihren Ausgang im 19. Jahrhundert hat, oder das Fortleben der NS-Arbeitsauffassung? In welcher Beziehung stehen die Elemente, die fortleben, zu ihren Vorgängern? Zeigen sie sich als Kopien oder als Verwandtschaften? Im Fall der Arbeitsauffassung hat man es, in den Worten von Alf Lüdtke, mit einer »Wiederkehr des Ähnlichen«[9] zu tun, nicht mit einer Wiederkehr des Immergleichen. Augenscheinlich wird das bei der Beziehung, die das folgende Selbst des »nationalsozialistischen Kriegsfordismus«[10] zum Leitbild des Nachkriegsfordismus kennzeichnet, dem führenden Selbst. Durch eine Fallstudie zum Harzburger Modell, dem berühmtesten Managementmodell der 1950er-und 1960er-Jahren, wird das neue Leitbild sichtbar werden. Es steht in einer entfernten Verwandtschaft zum folgenden Selbst. Was sich hier zeigt, ist transformiertes Fortleben.

1. Zum Fortleben der Vergangenheit im Nachkriegsdeutschland

Das Nachleben des Nationalsozialismus

»Arbeiten können sie, die Deutschen, sie konnten es immer, gerade noch hatten sie für den Endsieg gearbeitet und gekämpft.«[11]
Willi Winkler

Bücher über das Nachkriegsdeutschland erzählen oft von Anekdoten und Begebenheiten, die von geradezu literarischer Kraft sind. Sie zeugen vom Durchhalten, von Schutt und Trümmern, vom Wiederaufbau und vom Willen zum Anpacken, vom Sich-Wiedereinrichten und von Neuanfängen.[12] Dabei lässt sich nur schwer verbergen, wieviel Altes im Neuen steckt.

Willi Winkler beginnt seine Geschichte der nachkriegsdeutschen Verstrickungen, die davon erzählt, wie Nationalsozialisten die Bundesrepublik aufbauten, mit einer bemerkenswerten Rede, die das Fortleben der Idee »deutscher Arbeit« bezeugt.[13] Im erträumten Neuanfang wird hier das Alte erkennbar.

Am 1. Oktober 1949, das Volkswagenwerk war gerade von der »britischen Besatzungsmacht entlassen und in deutsche Hände zurückgegeben«[14] worden, wandte sich Heinrich Nordhoff, Generaldirektor des VW-Werkes, mit folgenden Worten an seine Belegschaft: »Wie glücklich können wir bei alledem trotz des Entsetzlichen, das wir durchgemacht haben, und trotz aller schweren Verluste sein, daß in unserem Lande wieder gearbeitet wird, mit dem ganzen Fleiß und der ganzen Emsigkeit, die den Deutschen zu eigen sind.«[15] Die Rede wirkt wie der überspitzte, literarische Versuch zu beweisen, dass die deutsche Arbeitsauffassung fortlebt. Denn mit der Behauptung eines besonderen deutschen Fleißes schreibt sich Nordhoff in eine lange Tradition ein.

Nordhoff hatte bereits im Nationalsozialismus eine steile Karriere hingelegt. Ihm, der Betriebsführer eines kriegswichtigen Betriebes war, wurde der Titel des Wehrwirtschaftsführers verliehen. Deshalb wurde er von den Alliierten zunächst »als ›Hauptschuldiger‹«[16] eingestuft, konnte schließlich aber ab 1948 die Generaldirektion bei Volkswagen übernehmen und hielt in dieser Funktion im Oktober 1949 diese Betriebsversammlung ab. Nordhoff wurde 1960 Vorstandsvorsitzender der Volkswagen AG und blieb das bis zu seinem Tod im Jahr 1968.

Im Vorwort zu einer Sammlung von Norhoffs Nachkriegsreden aus den 1990er-Jahren findet seine erste, nationalsozialistische Karriere mit keinem einzigen Wort Erwähnung. Hier lebt der »Konsens des Verschweigens und Umschreibens« noch nach.[17] Nordhoff wird stattdessen mit Lob überzogen, von seinen Fertigkeiten als Redner wird geschwärmt. Schließlich heißt es auf unnachahmliche Weise geschichtsvergessen: »Für sie, die Überlebenden des Infernos, war er ein Hoffnungsträger.« Gemeint waren nicht KZ-Überlebende![18]

Es sei, so fährt Nordhoff in der Rede 1949 fort, das »Ergebnis unserer eigenen Arbeit«, was geschafft worden ist und daran sei »jeder einzelne auf seinem Platze in gleicher Weise beteiligt [...], wenn er seine Pflicht ernst nimmt und das Beste leistet, was er zu geben hat«[19]. Wieder oder immer noch wird Arbeit also vor allem als Pflicht aufgefasst, nun eine Pflicht dem Betrieb gegenüber, und wieder oder immer noch herrscht die Vorstellung vor, jede:r habe einen ihm:ihr eigenen Platz innerhalb des betrieblichen Gefüges. Dieses Verständnis eines Betriebes führt unweigerlich zu einem befriedeten Bild betrieblicher Hierarchien. »Es gehörte zu den feststehenden Begriffen einer vergangenen Epoche«, führt Nordhoff weiter aus und meint damit die Zeit *vor* dem Nationalsozialismus,

> daß zwischen den Arbeitern eines Betriebes und seiner Leitung ein Feindeszustand herrschen müßte. Das dürfte vor 50 Jahren tatsächlich der Fall gewesen sein. Aber inzwischen hat sich die Erde einige Male von Grund auf gewandelt und damit unendlich vieles, was die Beziehungen der Menschen zueinander berührt. Ich bin der festen Überzeugung, daß es kein natürlicheres Bündnis geben kann als das einer Werksleitung mit ihren Mitarbeitern.[20]

Ein Jahr zuvor hatte Nordhoff an die Belegschaft appelliert: »mehr leisten!«[21]. Mit seinen regelmäßigen Ansprachen habe er, so die Biografin Heidrun Edelmann, den Werksangehörigen »Zuversicht und Selbstbewusstsein«[22] gegeben. Was er 1949 propagiert, ist das dazu passende Bild einer Gemeinschaft von Werksleitung und Mitarbeiter:innen, in der alle an ihrem Platz ihre Pflicht erfüllen. Diese Gemeinschaft soll deutschen Fleiß repräsentieren. Ein nationalsozialistischer Betriebsführer, eine Rolle, die Nordhoff noch wenige Jahre zuvor ausübte, hätte es kaum anders formuliert. Aber kann man diese Rede nationalsozialistisch nennen? Dazu fehlen doch wesentliche Elemente, der Antisemitismus und Rassismus etwa oder das Führerprinzip?

Die Analyse der nationalsozialistischen Weisen des Führens und Folgens hat gezeigt, dass diese Elemente – genau wie Ausschluss und Fremdbild auch – sprachlich in den Hintergrund treten können, wenn es um das Innere der homogenisierten Betriebsgemeinschaft geht, wenn es z. B. darum geht, die Belegschaft auf das gemeinsame Anpacken einzuschwören. Was Nordhoffs Rede ausspricht, ist verwandt mit diesem spezifischen ideologischen Ausschnitt, der Wesentliches ausspart oder dethematisiert, aber keineswegs ausschließt.

Im März 1945 hält Hellmuth Freiherr von Rauschenplat, ein Journalist, bekannter unter seinem späteren Namen Fritz Eberhard, in Dover einen Vortrag vor alliierten Soldaten, die auf dem Weg nach Deutschland waren, um ihnen anzukündigen, was sie erwartet: »Ihr werdet überhaupt keine Nazis finden, keiner will Nazi gewesen sein, die müsst ihr erst suchen.«[23] Auch in diesem Sinne lässt sich der Anfangssatz der siebten, 1947 hinzugefügten, These der »Elemente des Antisemitismus« von Adorno und Horkheimer verstehen: »Aber es gibt keine Antisemiten mehr«[24]. Nazi und Antisemit:in wollte öffentlich (fast) keiner mehr sein. Offener Antisemitismus wurde nun weitgehend tabuisiert, vertuscht oder unter den Tisch gekehrt.

Wobei in dem Wort »offen« die ganze Crux steckt. Tabuisiert wurde nur, was offen ausgesprochen als manifest antisemitisch galt – und das auch keineswegs umfassend. Der Antisemitismus ist damit keineswegs verschwunden. Die Antisemitismusforschung spricht von »Kommunikationslatenz«.[25] Antisemitische Vorfälle wurden fleißig vertuscht und unter den Tisch gekehrt. Die »häufig mehr als ein Dutzend registrierten Friedhofsschändungen im Jahr, dazu Hakenkreuz-Schmierereien, Bedrohungen jüdischer Einrichtungen« in den 1950er-Jahren tauchten nicht in Statistiken der Sicherheitsbehörden auf.[26] Der Antisemitismus war also nie weg.[27]

An einzelne ideologische Ausschnitte des Nationalsozialismus ließ sich allerdings problemlos und selbstbewusst auch weiterhin anschließen. Denn bei allen Einstellungen und Auffassungen, die die Deutschen im Mai 1945 hinter sich lassen sollten, die nationalsozialistische Arbeitsauffassung gehörte nicht dazu. Sie lebte fort, wenn auch angepasst.

Dass die Kontinuitäten in der Arbeitsauffassung auch ein Grund dafür waren, dass die Deutschen den Antisemitismus nicht hinter sich lassen konnten, zeigt folgendes Beispiel: Harald Jähner berichtet in »Wolfszeit« von Reaktionen der Münchner Bevölkerung auf jüdische Geflüchtete, die nach einem Pogrom in der polnischen Stadt Kielce im Juli 1946 nach Deutschland fliehen mussten. Ihnen wurde etwa vorgeworfen, dass sie durch ihre Flucht versuchten, »geregelter Arbeit aus dem Weg zu gehen«. Die alte Arbeitsauffassung, der alte Antisemitismus – inmitten der neuen Zeit.[28] Es gilt: »Große Teile der Gesellschaft hatten zumindest gelernt, fortbestehende Vorurteile und Vorbehalte zu beschweigen – jedenfalls solange man ihnen keinen Anlass gab, ihr Ressentiment gegen die Juden aufs Neue bestätigt zu finden.«[29] Die jüdischen Geflüchteten waren diesen Leuten Anlass genug. Frank Trommler schreibt:

> Als Hitler abtrat, war die Parole der nationalen Arbeit verbraucht, verschlissen, ruiniert. Aber wie so viele deutsche Traditionen reicht sie weiter als der Nationalsozialismus. Das zeigte sich nach 1945, als die Trümmerfrauen in den Himmel wuchsen und die Deutschen an die größte Arbeit gingen, die sie je vorgefunden hatten. Wiederum zogen sie jahrelang ihre nationale Identität nicht aus der Politik, sondern aus der Arbeit.[30]

Arbeit wurde im Nachkriegsdeutschland erneut zum integrierenden und aktivierenden Element, das in die Zukunft blicken und die Vergangenheit hinter sich ließ. Geradezu paradigmatisch formuliert das Nordhoff: »Wir haben aufgehört, nach rückwärts zu sehen, wir haben ein Ziel vor uns, wir träumen nicht von der Vergangenheit, *wir schaffen für die Zukunft.*«[31] Es ist die Arbeit, die die Zukunft bringen soll. Scharfsinnig beschreibt Hannah Arendt die darin steckende Geschichtsverdrängung angesichts einer Reise in das Land, aus dem sie fliehen musste:

> Beobachtet man die Deutschen, wie sie geschäftig durch die Ruinen stolpern und [...] wie sie es einem verübeln, wenn man sie an die Schreckenstaten erinnert, welche die ganze übrige Welt nicht loslassen, dann begreift man, daß die Geschäftigkeit zu ihrer Hauptwaffe bei der Abwehr der Wirklichkeit geworden ist.[32]

Der unbedingte Wille zum Anpacken, die Geschäftigkeit und das Schaffen für die Zukunft sind mit dafür verantwortlich, dass eine Aufarbeitung der Vergangenheit lange Zeit ausblieb und die Rufe nach einem Schlussstrich die Öffentlichkeit dominieren konnten. Bis die verdrängte Vergangenheit schließlich bei den Auschwitz-Prozessen in Frankfurt am Main ins Bewusstsein befördert wurde, »aber da hatte die Bundesrepublik längst ihr Wirtschaftswunder erlebt, waren dank Ludwig Erhard all die Versprechen der Nazizeit eingelöst worden: Urlaubsreise, Eigenheim, Fortschritt, Moderne«;[33] sowie der Glaube an die Einzigartigkeit »deutscher Arbeit« in der Welt.

1.1 Was bedeutet »Fortleben des Nationalsozialismus«?

Raphael Gross und Werner Konitzer haben im Nachgang zu Martin Walsers Rede in der Frankfurter Paulskirche damit begonnen, unsichtbar gebliebene Kontinuitäten zu erforschen, indem sie die NS-Normativität in den Blick nahmen. »Moralische Urteilsformen«, so resümieren sie zehn Jahre später, »verändern sich nicht auf dieselbe Weise wie politische Auffassungen. Sie sind ungleich tiefer in das Selbstverständnis und das Verhalten von Individuen und Gruppen eingelassen.«[34] Ihre Aufarbeitung gestaltet sich dadurch schwieriger und der »Eindruck eines klaren Bruchs mit der Vergangenheit«[35] stellt sich nicht so eindeutig ein wie beim Blick auf unmittelbar politische Veränderungen, etwa die Demokratisierung. Diese besondere Weise tiefer eingelassen zu sein in Selbstverständnisse und Verhaltensweisen, hatte zur Folge, »dass NS-Ideologie in Teilen die selbstverständlichen moralischen Urteilsformen [...] prägten, ohne als solche politisch sichtbar zu sein und ohne unmittelbar an die NS-Situation gebunden zu bleiben.«[36] Es ist hier also von einem versteckten Fortleben zu sprechen, ganz so wie es sich in Nordhoffs Rede zeigt, ein Fortleben von etwas, das als vorpolitisch erscheint und sich von der unmittelbaren »NS-Situation« gelöst hat. Die Analogie zur Arbeitsauffassung drängt sich auf.

Theodor W. Adorno hielt 1959 einen Vortrag, der danach fragt, was Aufarbeitung der Vergangenheit bedeuten könnte. Dass der Nationalsozialismus fortlebt, schien ihm eine ausgemachte Sache. Nur wie er das tut, sei unklar.

Adorno betonte, dass er das »Nachleben des Nationalsozialismus in der Demokratie [für] potenziell bedrohlicher«[37] halte als das »Nachleben faschistischer Tendenzen gegen die Demokratie«[38]. Deshalb spreche er in diesem Vortrag nicht so sehr über »die Frage neonazistischer Organisationen«[39].

Er holte das acht Jahre später nach. 1967 sprach er in einem bis heute hochaktuellen Vortrag über das Fortleben des Nationalsozialismus gegen die Demokratie, indem er den Aufstieg der NPD analysierte.[40] Die gesellschaftlichen Entwicklungen machten diese ergänzenden Ausführungen notwendig.[41] Zu Adornos Zeit – nicht weniger als heute – zeigt sich im Aufstieg einer rechten Partei ein Fortleben des Faschismus gegen die Demokratie, aber eines in ihr höchstselbst; ein Fortleben gegen die Demokratie in der Demokratie.

1959 fokussierte Adorno auf das Nachleben des Nationalsozialismus in der Demokratie. Gemeint sind damit genau die Verstrickungen, denen Winkler in seinem Buch nachgeht. Adorno spricht von einer »Unterwanderung« der BRD, die »zwielichtige Figuren« erneut in »Machtpositionen« bringt.[42]

»Unterwanderung« suggeriert allerdings eine geheime Absprache, derer es nicht bedurfte.[43] Eugen Kogon bezeichnet denselben Sachverhalt als »stille, allmähliche, schleichende, unaufhaltsame Wiederkehr der Gestrigen«[44]. Die vorherigen Laufbahnen, etwa in der SS, waren dafür nicht selten karriereförderlich.[45]

Das Nachleben des Faschismus *in der* Demokratie ist deshalb potenziell bedrohlicher, wie Adorno sagt, weil es weniger sichtbar ist. »Unterwanderung« und »stille Wiederkehr« deuten an, dass diese Form des Fortlebens sich der Erkenntnis zu entziehen versucht.

Es geht mir nicht so sehr um personelle Kontinuitäten, wenngleich im Folgenden mit Reinhard Höhn ein Paradebeispiel einer solchen untersucht wird. Vielmehr interessieren mich ideologische Kontinuitäten, auf die die personellen verweisen; zum Beispiel das transformierte Fortleben der Arbeitsauffassung. Diese ideologischen Kontinuitäten entsprechen der Seite des Faschismus in der Demokratie. Gemeint ist eine Transformation der Idee »deutscher Arbeit« angepasst ans Neue und in einem gewissen Sinne entnazifiziert. Nur wie? Eine Aufarbeitung der Vergangenheit muss ins Stocken geraten, wenn sie diese Frage nicht beantworten kann. Die Bedingung ihrer Möglichkeit liegt in der Erkenntnis der Formen des Fortlebens des Nationalsozialismus.[46] Dieser Teil ist der Versuch, das in Ansätzen zu leisten. Untersucht werden Formen des Fortlebens der NS-Arbeitsauffassung. Zuerst als Problemaufriss in einem allgemeinen und breiten Sinne, dann an einem konkreten Fall: dem Harzburger Modell, dem »Bestseller unter den Führungsmodellen«[47] der 1960er-Jahre.

Die Fallstudie will eine Antwort auf die Frage nach dem »nur wie« geben. Sie wendet den Blick auf das berühmteste Managementmodell der Nachkriegszeit, von dem geschrieben wurde, es bewahre das »negative NS-Erbe in ›entnazifizierten‹ Formen«[48]. Diese paradoxe, vielleicht dialektische Diagnose gilt es zu verstehen. Zeitgeschichtlich bezieht sie sich auf die »Soziale Moderne«[49], also den deutschen Nachkriegsfordismus, der die 1950er- bis frühen 1970er-Jahre prägte und den Adorno und Horkheimer vorausschauend »Spätkapitalismus«[50] nannten.

Die Forschung belegte Kontinuitäten in der Arbeitsauffassung bislang vor allem bei der Überhöhung von Arbeit und in der Gemeinschaftsauffassung. Neben einer Rekonstruktion dieser Thesen ist es angezeigt zu untersuchen, ob der Grundgedanke der NS-Arbeitsauffassung fortlebt, Arbeit sei ein Dienst an der Volksgemeinschaft und lasse sich im Konzept der Gefolgschaft in Praxis übersetzen. Schließlich ist zu fragen, ob und wenn ja, wie das analysierte Leitbild, das folgende Selbst, fortlebt.

Die Geschichte »deutscher Arbeit«, so viel steht fest, findet im Mai 1945 nicht ihr Ende. Aber sie schreibt sich auch nicht bruchlos fort. Die Befreiung Deutschlands, die Besetzung durch die Alliierten, die Umbruchszeit und die Neukonstitution zweier deutscher Staaten führen zu einer Transformation der Arbeitsauffassung und der Führungsvorstellungen. Das Alte ist im Neuen aber noch enthalten.

1.2 Das Lob der Arbeit

Eine auffällige Kontinuität, das dürfte kaum überraschen, wurde in der Überhöhung von Arbeit diagnostiziert. Arbeit erscheint, damals wie heute, im »Dritten Reich« wie im Nachkriegsdeutschland, als Sinn des Lebens, jede Arbeit besser als keine.[51]

Der Postfordismus hat diesen Arbeitsfetisch sogar noch verstärkt. Während der Fordismus »Wochenenden und Freizeit noch relativ unangetastet«[52] ließ, hat der Postfordismus die Trennung von Arbeit und Freizeit in neuem Maße aufgehoben. »Wir *sind* der Job. Selbst wenn der Arbeitstag zu Ende zu sein scheint«[53]. So wurde das auf den Punkt gebracht. »Von einem Verschwinden des Arbeitsethos kann also keine Rede sein«, schließen Schatz und Woeldike. »Wesentliche Merkmale der ›abstrakten Arbeit‹ – also Akzeptanz von Konkurrenz, Geldverdienen, Leistungsdenken, kurzum: die Anerkennung der angeblichen Naturgesetzlichkeit abstrakter Arbeit – sind längst als verinnerlichte Werte auch in die Sphäre der Freizeit eingeflossen.«[54]

Der kapitalistischen Arbeitsgesellschaft erscheint damit als natürlicher Sachverhalt, was sich erst in ihr ausbildete, nämlich Arbeit als zentrales gesellschaftliches Vermittlungsprinzip. Eine Überhöhung dieses historisch gewordenen Prinzips prägt alle kapitalistischen Gesellschaften, wenn auch in unterschiedlichem Maße. Die Abwertung von Müßiggang und Faulheit gehen damit stets einher.[55] Der Nationalsozialismus ist darin keine Ausnahme, aber eine radikale Variante der Regel.

Arendts Diagnose, die Deutschen hätten sich in Geschäftigkeit gestürzt, und Nordhoffs Lob der gemeinsamen Arbeit sind Beispiele dafür, dass die Überhöhung von Arbeit über die politische Zäsur von 1945 hinweg fortlebte und fortlebt. Rüdiger Hachtmann geht davon aus, dass die Deutsche Arbeitsfront den »Arbeitsbegriff und ebenso die Mentalitäten zahlloser Arbeitnehmer weit über 1945 hinaus nachhaltig«[56] geprägt hat.

Die Überhöhung von Arbeit verbunden mit dem Wirtschaftswunder führte in der Bundesrepublik Deutschland zu einer Reproduktion »des Mythos der produktiven deutschen Arbeit«.[57] Für beide deutschen Nachkriegsstaaten gilt, so Schatz und Woeldike, dass die Arbeitskraft an ein nationales Ideal geknüpft und damit nationalisiert wurde. Die Nation, das betonen auch die Autoren von »Zur rechten Zeit«, blieb somit die zentrale »Identifikationskategorie[]«[58] und zwar als »ethnisch aufgeladenes Konzept«[59].

In beiden Nachkriegsstaaten verbündete sich zudem das Lob der Arbeit mit einem Stolz auf die eigene Arbeit. »Arbeiterstolz als Arbeitsstolz«[60] schreibt Alf Lüdtke. Dabei vermengen sich Stolz auf den Beruf mit dem auf die Qualität der eigenen Arbeit, was eine lange, deutsche Tradition hat. »Qualitätsarbeit hatte sich spätestens in der Kriegsmobilisierung ab 1914 zur ›nationalen Arbeit‹ zugespitzt. Nach 1918 wurden ›nationale Arbeit‹ und ›Qualitätsarbeit‹ in der Formel von der ›deutschen Qualitätsarbeit‹ verbunden.«[61] Dieses Ideologem, deutsche Qualitätsarbeit, erleichterte schließlich den Übergang zum Nationalsozialismus[62], fand dann aber keinen festen Platz in dessen Arbeitsauffassung. Der Nationalsozialismus widmete das Ideologem um: »Qualitätsarbeit – vielleicht noch eindeutiger als Ordnung eine Frage der Haltung jedes Gefolgschaftsmitgliedes!«[63] Diese Haltung, darum ging es bereits, war eng verknüpft mit der Kategorie Leistung und auch hier wurden Kontinuitäten diagnostiziert. »Der Historiker Hans-Ulrich Wehler vermutet, ›mentaler Treibstoff‹ der westdeutschen Marktgesellschaft sei der ›Leistungsfanatismus‹ der NS-Diktatur gewesen«[64], schreibt Nina Verheyen. Die Kategorie der Leistung jedenfalls spielte – und spielt – ungebrochen eine zentrale Rolle.

Der nachkriegsdeutsche Stolz auf Qualitätsarbeit wie den eigenen Beruf verweist allerdings auf eine Wiedereinengung des Arbeitsbegriffs, die einen Bruch zum Nationalsozialismus andeutet. Ein enger Arbeitsbegriff entstand im Laufe des 19. Jahrhunderts. Er ließ nur das als Arbeit gelten, was Einkommen bringt.[65] Haushalts- und Reproduktionstätigkeiten galten demnach nicht als Arbeit. Der Nationalsozialismus propagierte explizit dagegen gerichtet einen weiten Arbeitsbegriff, der alles als Arbeit bezeichnet, was der Volksgemeinschaft dient.[66]

Bei allen Veränderungen der letzten Jahrzehnte, dem neoliberalen Umbau der Gesellschaft wie der auf ihn folgenden »autoritäre[n] Revolte«[67], Kontinuitäten in der Arbeitsauffassung sind offensichtlich. Sie betreffen nicht nur das geteilte Lob der Arbeit, sondern auch Praktiken der Aktivierung und Sanktionierung, die andere Seite der Überhöhung. Denn wenn Arbeit zur zentralen Vermittlungsinstanz der Gesellschaft wird, erscheinen Menschen, die sich dieser angeblich verweigern, als zwielichtig. Es war nicht einfach ein Ausrutscher, als der damalige Bundesminister für Arbeit und Soziales, Franz Müntefering, im Mai 2006 Paulus mit dem Satz zitierte, der seit Jahrhunderten repressive Praktiken rechtfertigt: »Wer nicht arbeitet, soll auch nicht essen.«[68] Es war die Begleitmusik zum neoliberalen Umbau des Sozialstaats, der in Deutschland in den Hartz-Gesetzen mündete; ein Versuch, mit den überflüssig Gewordenen umzugehen.

Die Überhöhung von Arbeit verband sich mit der Idee, es gäbe eine besondere deutsche Beziehung zu Arbeit. Ihre Anfänge in der Reformation und ihre Geschichte im 19. Jahrhundert wurden beschrieben. Der Nationalsozialismus knüpfte an diese Geschichte an und radikalisierte sie. Er machte daraus ein politisches Programm und rechtfertigte damit seine mörderische Praxis. Aber diese Idee ist mit dem Nationalsozialismus keineswegs verschwunden. Die Beispiele aus der Nachkriegszeit beweisen das. Sie lebt – wenn auch transformiert – fort, bis heute. Thilo Sarrazins »Deutschland schafft sich ab« beschwört etwa den besonderen deutschen Fleiß, der den anderen fehle, bei ihm meist Muslim:innen, aber auch Jüdinnen:Juden.[69] Der AfD-Politiker Björn Höcke schließt daran an, wenn er in seinem Gesprächsband »Nie zweimal in denselben Fluss« von »der praktischen Tüchtigkeit der Deutschen« schwärmt, die das »Ansehen, welches die Deutschen bei unzähligen Erdenbürgern in Afrika, Amerika und Asien genießen«, begründen soll.[70] Sarrazin und Höcke sind nur zwei jüngere Beispiele, die die Kontinuitäten der »deutschen Arbeit« bezeugen. Die Konstruktion des Selbstbildes wird bei beiden explizit über abwertende Bilder von Fremden hergestellt. Die Zuwanderung, so die Vorstellung, bedrohe die deutsche Gemeinschaft. Dass der dabei zugrunde liegende Rassismus auch alte antisemitische Bilder nutzt, zeigt sich nicht erst in der unter dem Schlagwort »der große Austausch« diskutierten Verschwörungsideologie, die Renauld Camus und die Identitäre Bewegung in die Welt setzten und die ein zentrales Motiv für die rechten Terroranschläge von Christchurch, Neuseeland, und Halle war.[71] Schatz und Woeldike schrieben schon 2001(!):

> In der Tat scheinen sich in der derzeitigen rassistischen Hetze gegen »illegale, kriminelle« Flüchtlinge originär antisemitische Bilder mit typisch rassistischen Vorstellungen zu verbinden: Flüchtlinge sind nicht mehr nur Opfer und Schmarotzer, sondern auch geschickte, in Gruppen organisierte und vom Untergrund aus operierende »Kriminelle«.[72]

Eines sind die sogenannten Flüchtlinge jedenfalls in den Augen rechter Agitator:innen nicht: an Arbeit interessiert.

Aber nicht immer werden die Fremdbilder explizit gemacht. Den Stolz auf die »deutsche Arbeit« gibt es auch ohne die offene Beschwörung der Gefahr durch andere. Beispiele dafür finden sich in den Artikeln, die die damalige Bundeskanzlerin Angela Merkel und ihr SPD-Herausforderer Martin Schulz in der Jubiläumsausgabe der Bild-Zeitung 2017 veröffentlichten. Merkel fragte sich dort, was deutsch sei und beantwortete die Frage u. a. mit »Qualitätsarbeit«, »exakte[m] Arbeiten« und »Made in Germany«.[73] Schulz redete vom »hart[en] [A]rbeiten« und dem »Willen zum Anpacken«, der die Deutschen auszeichne.[74] Die Beschwörung dieses Selbstbildes bleibt anschlussfähig für die Abwertung der als anders Identifizierten. Die Fremdbilder, genannt oder nicht, sind abrufbar. Der Topos »deutsche Arbeit« trägt damit nicht unwesentlich zur sogenannten Vermittung rechter Ideen bei.

1.3 Die Gemeinschaft der Arbeit(enden)

Eine weitere Kontinuität, und das überrascht vielleicht, kann im Gemeinschaftsbezug ausgemacht werden. An die zentrale Gemeinschaftskategorie des Nationalsozialismus, die Volksgemeinschaft, konnte nach 1945 nicht mehr einfach so angeknüpft werden. Doch Nordhoffs Ausführungen zur Betriebsgemeinschaft, die Unternehmer wie Angestellte und Arbeiter:innen einschließen soll, erinnern an die Arbeitsgemeinschaften des Nationalsozialismus. Die Volksgemeinschaft bleibt in dem Bild nur außen vor.

Schatz und Woeldike attestieren der westdeutschen Nachkriegsgesellschaft jedenfalls eine »ungebrochene Gemeinschaftsideologie«[75]. Das »Dritte Reich« sei gerade nicht als Zwangsvergemeinschaftung, sondern als »Zersplitterung« wahrgenommen worden, der eine »›Wir-sitzen-alle-in-einem-Boot‹-Ideologie« entgegengestellt wurde.[76] Der nationalsozialistischen Vergemeinschaftung wurde also mit einer nachkriegsdeutschen begegnet. Was »als Sozialpartnerschaft deklariert wurde«, so beschreibt das von Saldern, »das war die Konstruktion einer sozialen Betriebsharmonie«[77] – jetzt in »›entnazifizierter‹ Form«[78]. Ziel war »eine (Re-)Etablierung von harmonisch agierenden Werks- und Betriebsgemeinschaften«[79]. Sie spricht von Re-Etablierung, weil das auch schon ein Ziel des Nationalsozialismus war, wie die Debatten um den Begriff der Gefolgschaft deutlich zeigen. Vor diesem Hintergrund kann die Sozialpolitik der frühen BRD als Fortleben eines »alte[n] ständisch-romantische[n] Konzept[s] des Korporatismus«[80] interpretiert werden, das auch der Nationalsozialismus für sich in Anspruch nahm und das sich in Nordhoffs Bild der Gemeinschaft ebenfalls erkennen lässt. Es ging stets einher mit einer »Verpflichtung auf das gesamtgesellschaftliche Interesse«[81]. Im »rheinischen Kapitalismus« konnten sich so »zumindest bis in die 80er-Jahre bestimmte Elemente ›deutscher Arbeit‹«[82] konservieren. Die dann folgende neoliberale Ära kennt zwar keine Gesellschaften mehr, wie die britische Premierministerin Margaret Thatcher es auf den Punkt brachte; und Gemeinschaften schon gar nicht. Aber die seit einigen Jahren zu beobachtende Renaissance der Parole »Wir sind das Volk«, die immer auch bedeutet »und ihr nicht«, zeigt, dass die nationale Gemeinschaft als Kategorie nicht nur nicht verschwunden ist; an sie kann offensichtlich auch weiterhin ungebrochen angeknüpft werden.[83]

1.4 Das Fortleben von Dienen, Folgen und Führen

Aber die anfängliche Tabuisierung des Konzepts der Volksgemeinschaft sollte den Bezug auf die Gemeinschaft der Arbeit und die Gemeinschaft der Arbeitenden verändert haben. Die personalpolitischen Maßnahmen verweisen im »Dritten Reich« auf die Beziehung zwischen Führer und Gefolgschaft. Mit dem Ende des nationalsozialistischen Führers war auch der Niedergang des Begriffs Gefolgschaft besiegelt. Schelsky strich den Begriff nach 1945 einfach aus seiner Hobbes-Lektüre. Es ist aber nach wie vor eine offene Frage, ob und wie die Weisen des Folgens und Führens fortlebten oder fortleben.

Was sich zeigen lässt, ist, dass der Topos »deutsche Arbeit« aus einer Verbindung von Arbeitsethos mit Gemeinschaftsbezug und Staatsdenken besteht.[84] Es ist diese Verbindung, die in der NS-Formel, Arbeit ist ein Dienst an der Volksgemeinschaft, ihren Ausdruck findet. Wenn das der Grundgedanke der nationalsozialistischen Arbeitsauffassung ist, dann muss danach gefragt werden, wie er und seine Komponenten fortleben.

Das nationalsozialistische Verständnis vom Dienst bezieht sich auf die Volksgemeinschaft. Ganz allgemein gesprochen, ist dem Dienst immer ein Bezug eingeschrieben. Er bezieht sich auf etwas oder jemanden. Sprechen wir heute von einer Dienstleistung, so meinen wir, jemand verrichtet etwas für jemand anderes. Der Nationalsozialismus sprach vom Dienst in einem sehr viel breiteren Sinn. Zu arbeiten sollte immer heißen, zu dienen. Durch den Bezug auf die Volksgemeinschaft und eben nicht auf einen konkreten anderen fand so eine Mystifizierung des Dienens statt. Die konkrete Tätigkeit musste niemandem konkret dienen, solange sie allgemein dem nationalen Ganzen diente. An dieses Konzept einer antisemitischen und rassistisch verfassten Volksgemeinschaft konnte im Nachkriegsdeutschland nicht mehr bruchlos angeknüpft werden. Aber verlor damit der Dienst an Bedeutung? Auf diese Frage von Michael Wildt und Marc Buggeln antwortet Alf Lüdtke, »dass erst seit den 1960er, '70er-Jahren die Durchschlagskraft dieser Dienstvorstellung verloren geht. Da gibt es wirklich einen Bruch.«[85]

Reinhard Höhn schrieb nach diesem Bruch mit der Dienstvorstellung sogar von einer gesellschaftlichen »Ablehnung aller Vorstellungen, die aus der Welt des Dienens stammen«[86]. Das führt auch zu terminologischen Verschiebungen. Statt von Gefolgschaft wie in den 1930er-Jahren redete Höhn jetzt nur noch von »Mitarbeitern«.

Aber wie steht es um das Fortleben von Folgen und Führen? Willi Winkler wartet mit einer Anekdote auf: »Der Kaufhausbesitzer meinte es gewiss ironisch, aber es lag ihm halt von früher auf der Zunge, wenn er 1949 in sein Schaufenster ein Bild des Wirtschaftsministers hängte und es mit einem Satz versah, der den Kunden bekannt vorkam: ›Erhard befiehlt, wir folgen!‹«[87] Die Gefolgschaftsidee wird hier reaktualisiert. Von Hermann Reusch, dem Chef der Oberhausener Gutehoffnungshütte, weiß man, dass er noch »1961 das Führerprinzip für die Industrie pries«[88]. Adelheid von Saldern schließt, dass er »wohl nicht der einzige Unternehmer gewesen sein« wird, der die »Grundelemente des Führer-Gefolgschaftsprinzips durchaus positiv einschätzte«.[89]

Diese Überlegungen deuten auf eine Leerstelle der bisherigen Erforschung des Fortlebens »deutscher Arbeit« hin. Wenn der Dienst sich im Nationalsozialismus über die Begriffe Führung und Gefolgschaft in Praxis übersetzte und wenn, wie gezeigt, dadurch eine besondere Form des Selbst hergestellt und angerufen werden sollte, das folgende Selbst, was passiert dann mit diesem Selbst nach dem Untergang des »Dritten Reichs«? Wie verändert sich das Leitbild des Nationalsozialismus in dessen Nachleben?

Um diese Frage zu beantworten, wird jetzt Reinhard Höhns Managementprogramm *Harzburger Modell* untersucht. In den 1970er-Jahren betitelten Rudolf Hickel und Wolf Gunter Brügmann einen Text über dieses Modell polemisch mit *Führer befiehl – wir managen*[90], einer weiteren Anspielung auf den berühmten nationalsozialistischen Spruch »Führer befiehl, wir folgen«. Doch die Anspielung funktioniert anders als Winklers Anekdote des

Kaufhausbesitzers. Nicht der Führer wird ausgetauscht, sondern die Weise des Folgens. Jetzt wird nicht mehr gefolgt, sondern gemanagt. Aus der Weise des Folgens wird eine bestimmte Weise des Führens gemacht. Die Anspielung deutet eine These an: Es wurden nicht einfach nur die Herrschenden ausgetauscht, damals Hitler, heute Erhard, sondern die alte Logik von Führer und Gefolgschaft hat sich modernisiert und angepasst, ist aber nicht verschwunden. Das folgende Selbst, so viel soll bereits verraten werden, transformierte sich im Nachkriegsdeutschland zu einem verwandten Selbst, dem die Ausrichtung auf einen (anderen) Führer allerdings fehlt. Dieser Führer wurde nun internalisiert, sodass das führende Selbst entstand, der Führer seiner selbst. Das Harzburger Modell ist paradigmatischer Ausdruck dieser Subjektform und bis heute ein ebenso lehrreicher wie beispielhafter Fall der deutschen Nachkriegsgeschichte.

2. Das führende Selbst und das »NS-Erbe in entnazifizierten Formen«

Eine Studie zum »Harzburger Modell«

> »Das Harzburger Modell steht [...] am Übergang zwischen den fordistisch-tayloristisch geprägten Ordnungskonzeptionen der ersten Jahrhunderthälfte [...] und jenen des Postfordismus seit den 1970er-Jahren, die mit offeneren und flexibleren Steuerungen operierten.«[91]
> *Adelheid von Saldern*

»Die Lossagung vom Nationalsozialismus war möglich, ohne die weniger offensichtlich ideologisch geprägten Denk- und Handlungsmuster der Vergangenheit zu hinterfragen.«[92] Dieser Satz von Hans Pongratz zum Harzburger Modell[93] zeigt, wie sehr es prototypisch für die deutsche Nachkriegsgeschichte steht. Adelheid von Saldern und Michael Wildt sind sich einig darin, dass dieses Modell ein »NS-Erbe in entnazifizierten Formen«[94] prägt. Es ist diese Formel, die es zu verstehen gilt, weil sie eine allgemeine Tendenz der deutschen Nachkriegsgeschichte benennt und ein Schlüssel zu ihrem Verständnis ist. Eine Untersuchung dieser Formel muss sich zwei Fragen stellen: Worin besteht das »NS-Erbe« und inwiefern lebt es in »entnazifizierter« Form fort? Diese Studie zum *Harzburger Modell* versucht erste Antworten auf diese Fragen zu geben.

Heinrich Böll war dem Grundgedanken hinter der Formel des entnazifizierten NS-Erbes auf der Spur als er über die Bad Harzburger Akademie für Führungskräfte im sozialdemokratischen »Vorwärts« schrieb: »Natürlich fallen solche Akademien nicht unter den Begriff ›rechtsradikal‹ und können sich sicher fühlen. Dort wird wahrscheinlich nicht Nazi-Gedankengut verbreitet, nur Führungs-Technik, die man für wertneutral, weil leistungssteigernd ansieht.«[95] Aber, so wendete er ein, solche »Naivität« wird »objektiv bösartig [...], wenn man nicht reflektiert und mitdenkt, daß Eichmanns Vernichtungspolitik auch auf ihre Weise ›effektiv‹ war. Die Konzentrationslager waren [...] eine ›organisatorische Meisterleistung‹.«[96] Führungsstile sind nicht einfach neutral oder leistungssteigernd, sie haben einen historischen wie gesellschaftspolitischen Kontext. Erst die Kontextualisierung des Harzburger Modells macht historische Kontinuitätslinien sichtbar. Sie darf aber zugleich die Brüche nicht verdecken. Denn das NS-Erbe lebt hier nicht einfach bruchlos, sondern in entnazifizierten Formen fort, also transformiert, verändert und angepasst an die neuen Verhältnisse.

Im Harzburger Modell zeigt sich ein partieller Anschluss an den Nationalsozialismus. Angeknüpft wird an dessen aktivierende Idee, den Arbeiter zum Mitarbeiter zu machen. Dabei wird diese Idee aber aus ihrem weltanschaulichen Kontext gelöst. Im Nationalsozialismus verweist die Aktivierung auf den ihn erst konstituierenden Ausschluss. Die Homogenisierung ist die Bedingung für die Aktivierung. Höhn knüpft an diese Ideen zwar an, aber er tut alles, um eben diese Anknüpfung zu verdecken. Er rekurriert zum Beispiel bewusst nicht mehr explizit auf seine Texte aus den 1930er-Jahren, die Gemeinschaft und Führer bestimmt hatten. Stattdessen gibt er seine Ideen aus der Nachkriegszeit als neue aus und verbindet sie gleichzeitig mit einer langen preußischen Tradition, die auf eine Reform des Militärs zurückgeht. Dass der Ursprung seiner militärhistorischen Studien ebenfalls im »Dritten Reich« liegt, wird verschwiegen.

Höhns partieller Anschluss bringt terminologische Verschiebungen mit sich, denen konzeptionelle Übersetzungen zugrunde liegen. Gefolgschaft und Führer verschwinden aus seinem Vokabular. Mitarbeiter und Vorgesetzte treten an ihre Stelle. Die neuen Begriffe, das wird sich zeigen, überbetonen den Bruch und verdecken die Kontinuitäten. Denn die Art, in der Vorgesetzter und Mitarbeiter sich aufeinander beziehen, ist in Höhns Konzeption durchaus mit der Beziehungsweise von Führer und Gefolgschaft verwandt. Schließlich wird durch eine Analyse des Harzburger Modells auch das tieferliegende Leitbild des Nachkriegsfordismus sichtbar.

Das Harzburger Modell ist ein Paradebeispiel einer Übergangszeit, nicht mehr richtig das Alte, aber auch noch nicht das Neue. Die Kommunikationswissenschaftlerin Friederike Schultz überspringt diese Zeit in ihrer Analyse von normativen Konzepten des 20. Jahrhunderts nicht ganz mit Unrecht. Auf die Analyse des Nationalsozialismus folgt bei ihr diejenige der 1980er-Jahre.[97] Zwischen den beiden liegt der Bruch, auf den ich den Fokus lenken will.

Ob man die Beziehung zwischen Nationalsozialismus und Harzburger Modell als Kontinuität einschätzt oder ob man den Bruch betont, hängt nicht allein von der Analyse des Managementmodells ab, sondern auch von der des Nationalsozialismus. Pongratz charakterisiert zum Beispiel die NS-Führungsweise als »Remilitarisierung«[98] und hat dabei vor allem die Inszenierungsformen im Blick, das »Dominanz- und Fügsamkeitsgebaren[]«[99]. Auf dieser Ebene stellt das Harzburger Modell einen klaren Bruch dar. Laut Pongratz führt es zu »Versachlichung der Führungsbeziehungen«[100]. Analysiert man jedoch den Nationalsozialismus bereits als aktivierendes Führungsregime, wie ich es hier tue, dann erscheint der Bruch weniger eindeutig. Das »Dritte Reich« wird dann als eine Gesellschaft verstehbar, die die Mitarbeit nicht nur brauchte, sondern auch einiges dafür tat, sie zu erreichen. Durch einen Vergleich der Subjektformen und der Führungsmodelle des Nationalsozialismus und der Harzburger Akademie zeigen sich Verwandtschaften *sowie* Brüche.

Im Fokus stehen hier die ideologischen Begründungszusammenhänge des Managementmodells sowie der (historische) Kontext, in den es sich selbst stellt. Methodisch gehe ich so vor, dass ich Höhns Texte einerseits in ihren historischen Kontext übersetze und ihr Referat von Geschichte analysiere, und sie andererseits zugleich als systematische Argumentationen untersuche, ihre Setzungen, ihre Ausblendungen und Sprünge. Ich interessiere mich für Höhns Idee der Menschenführung samt ihrem Leitbild. Die Frage, ob und wie dieses Modell erfolgreich umgesetzt wurde, ist von zweitrangigem Interesse für meine Fragestellung. Von Interesse ist vielmehr, analog zur Analyse des folgenden Selbst, »die Weise, in der Individuen als Personen adressiert werden, und zugleich die Richtung, in der sie verändert werden und sich verändern sollen«[101]. Wie wird »der Mitarbeiter« als Leitbild charakterisiert und welche Rückschlüsse lassen sich daraus auf die Subjektform ziehen, die das Harzburger Modell anvisiert, das führende Selbst?

2.1 Der zweifache Aufstieg und Fall des Reinhard Höhn

Im Mai 2000 stirbt einer derjenigen, die das vorangegangene Jahrhundert in Deutschland wesentlich geprägt haben: Reinhard Höhn. Er wurde 95 Jahre alt. Zu seinem Tod erschienen in großen Zeitungen Nachrufe, die es in sich haben. Sie berichten von Höhns Verdiensten in der Nachkriegszeit, denn er erfand und lehrte das »meistverbreitete Führungsmodell«[102] seiner Zeit: das Harzburger Modell. Dieses habe, behauptete etwa die »Frankfurter Allgemeinen Zeitung« in ihrem Nachruf wenige Tage nach seinem Tod, nichts an »Relevanz eingebüßt«[103], obwohl es schon lange als abgemeldet galt. Die »Süddeutsche Zeitung« attestierte Höhn gar »visionäre Weitsicht«[104]. »In den Nachrufen«, resümiert Bernd Rüthers, »wird Höhn im Mai 2000 als engagierter Wissenschaftler, als Schöpfer einer ›nichtautoritären Managementlehre‹, als Vertreter ›humanistischer Erkenntnisse‹ gefeiert«[105]. Aufschlussreich sind diese Nachrufe nicht wegen der bescheinigten Verdienste, sondern wegen dem, worum es in ihnen *nicht* geht: Höhns »mustergültige NS-Karriere«[106]. In »all diesen Nachrufen« beginnt »das Berufsleben des Verstorbenen nach 1945«[107]. Seine erste Karriere wird verschwiegen.

Aber die Aussparung blieb nicht unbemerkt. So kompliziert ist die deutsche Aufarbeitungsgeschichte. Nicht nur gab es Leserbriefe, die über Höhns NS-Karriere informierten,[108] die FAZ schickte zudem ihrem lobenden und verschweigenden Nachruf wenige Tage später einen zweiten, kritischen durch den Rechtshistoriker Uwe Wesel hinterher. Nun wurde der »Tod des Juristen Reinhard Höhn« bekannt gegeben und für einen Moment könnte man meinen, es handele sich um verschiedene Personen. Hier wurde nun explizit Höhns NS-Vergangenheit thematisiert und dann im letzten Absatz geschichtsbewusst geschlossen: »Harzburger Front? Nein, Harzburger Akademie. Vom Führer zur Führung. Was wohl nicht schwierig war für ihn, dieser schnelle Wechsel von den Sekundärtugenden ganz oben zu denen ein bisschen weiter unten.«[109] Ähnliches konnte man schon in den 1970er-Jahren in einer marxistischen Kritik am Harzburger Modell lesen. Höhn habe »bruchlos den Sprung vom faschistischen Chefideologen zum Chefausbilder im Dienste des Kapitals«[110] geschafft. Denn Höhn gelangen gleich zwei steile Karrieren. Sein Leben lässt sich als zweifacher Aufstieg und Fall beschreiben. Doch der Reihe nach.

Reinhard Heinrich August Höhn[111] wurde 1904 in Gräfenthal in Thüringen geboren und gehört damit der »Generation des Unbedingten«[112] an; zu denjenigen also, die den Ersten Weltkrieg »an der ›Heimatfront‹ erlebten, aber selbst nicht mehr eingezogen, geschweige denn Frontsoldaten wurden«[113]. 1921, mit 17 Jahren, wurde Höhn Mitglied einer »virulent antisemitische[n] Gruppe«[114] namens Germanenorden Walvater, trat dann ein Jahr später »dem scharf antisemitischen«[115] Deutschvölkischen Schutz- und Trutzbund bei und engagierte sich ab 1923 im Wehrverband Jungdeutscher Orden, einer antibolschewistischen und antisemitischen Gruppe. Höhn studierte Jura und Nationalökonomie, erst in Kiel, dann in München, wo er den Hitler-Putsch erlebte.[116] Schließlich wechselte er nach Jena, wo er 1927 promoviert wurde. Er positionierte sich in Vorträgen wie Texten der Zeit gegen die Weimarer Republik und für eine »Führerdemokratie«.[117] Das passte gut zum Jungdeutschen Orden, der für eine »Überwindung der Spaltung durch Parlamentarismus und Parteienherrschaft hin zu einer deutschen Volksgemeinschaft«[118] stand. Es war diese rassistisch konzipierte Volksgemeinschaft, der Höhn sein »juristisches und publizistisches Engagement«[119] widmete. Ein früher Text Höhns hieß unverblümt »Rassenschande«.[120]

Als der Jungdeutsche Orden für Höhn nicht mehr das richtige Mittel zur Erreichung einer Volksgemeinschaft schien, verschrieb er sich der nationalsozialistischen Bewegung,[121] ließ sich 1932 von Heinrich Himmler anwerben, trat am 1. Mai 1933 – am selben Tag übrigens wie Carl Schmitt und Martin Heidegger – in die NSDAP ein und im September in die SS.[122] Hier begann seine erste steile Karriere.

Höhn baute nun den Sicherheitsdienst der SS (SD) mit auf, »ein Nachrichtendienst gegen politische Gegner und Oppositionelle innerhalb der NSDAP und im Reich«[123]. Er rekrutierte Studierende, Lehrkräfte und Professoren und begann seine »Lebensgebietsarbeit« als Abteilungsleiter des Bereiches II/2. Er wollte, berichtet Höhn in einer Notiz, die sich im Freiburger Militärarchiv befindet, eine »Organisation« schaffen, »auf Grund derer man oben erfahren würde, was man im Volke wirklich dachte«[124]. So habe er seine Idee der »Lebensgebietsarbeit« Heinrich Himmler bei einem ersten Zusammentreffen beschrieben, der sich davon begeistert zeigte. Der Sicherheitsdienst betrieb daher eine Art »Meinungsforschung, mit deren Hilfe sich gesellschaftliche Tendenzen und Reaktionen erfassen«[125] lassen sollten. Er erforschte mit soziologischen Methoden alle »deutschen Lebensgebiete«, was im Klartext heißt: »[G]anze Bereiche des öffentlichen Lebens« sollten, so Christina Schneider, »nachrichtendienstlich überwacht werden«.[126] Das Ziel war, »Volksfeinde« aufzuspüren. Höhn half so »ein dichtes Überwachungsnetz zu bilden«[127] und die Verhältnisse zu stabilisieren.

Höhn habilitierte sich 1934 in Heidelberg und hielt dort als Privatdozent »Vorlesungen in SS-Uniform«[128]. Ein Jahr später erhielt er einen Ruf auf eine außerordentliche Professur in Berlin. Damit war die Leitung des Instituts für Staatsforschung verbunden, das, so Adelheid von Saldern, »pro forma eine universitäre Einrichtung [war], [...] aber de facto für die SS, vor allem für den Reichsführer SS Heinrich Himmler«[129] arbeitete.

Höhn wurde in dieser Zeit zu einem der »avanciertesten nationalsozialistischen Juristen«[130] und zum »wohl mächtigsten Gegner«[131] Carl Schmitts. Den hatte er wenige Jahre zuvor noch bewundert, ihm in Briefen berichtet, er habe »Der Begriff des Politischen« angeregt in Seminaren diskutiert, und ihm einen lobenden Artikel zukommen lassen. Doch mittlerweile war Schmitt sein Konkurrent und Kritiker und Höhn versuchte jetzt, ihn geradezu »kampagnenartig«[132] zu erledigen. Er ließ im SD eine Akte über Schmitt anlegen, die am Ende »mehrere Hundert Seiten«[133] umfasste. Höhns Denunziation führte dazu, dass Schmitt kalt gestellt wurde und – bis auf seine Stellung in der Universität – seine Ämter verlor.[134]

Später wurde Höhn aufgrund seiner Vergangenheit im Jungdeutschen Orden selbst denunziert. Heinrich Himmler aber blieb auch jetzt noch sein »Beschützer«.[135] Höhn musste zwar aus dem SD ausscheiden, aber seine Universitätskarriere setzte er fort. Er wurde kurz nach Kriegsbeginn zum ordentlichen Professor an der Berliner Universität ernannt. Seiner Reputation haben die Machtkämpfe kaum geschadet. Das Amt Rosenberg stufte ihn im September 1942 noch als »uneingeschränkt positiv«[136] ein.

Im Zweiten Weltkrieg gab Höhn u. a. zusammen mit den SS-Kollegen Wilhelm Stuckart und Werner Best die Zeitschrift »Reich – Volksordnung – Lebensraum« sowie 1941 die »Festgabe für Heinrich Himmler« zu dessen 40. Geburtstag heraus. Die Festgabe lieferte Argumente »für die europaweite Vertreibungs- und Vernichtungspolitik der Deutschen«[137]. Als »SS-Intellektuelle[r]«[138] sicherte Höhn so die nationalsozialistische Expansions- und Kriegspolitik mit ab.[139] Das wurde ihm gedankt. 1944 wurde er von Himmler persönlich zum SS-Oberführer ernannt.

Ab 1938 beschäftigte sich Höhn, nicht zufällig parallel zur »immer konkreter werdenden Militarisierung«[140] der Gesellschaft, mit der deutschen Militärgeschichte.[141] In den letzten Monaten des Krieges forschte Höhn, das berichtete er später in einem Brief an den Militärhistoriker Wolfgang Foerster, über den preußischen General Gerhard von Scharnhorst.[142] Das Buch dazu erschien aber erst Anfang der 1950er-Jahre. Seine militärhistorischen Überlegungen erwiesen sich insbesondere für sein späteres Modell der Menschenführung als fruchtbar.

»Nach dem Mai 1945 hatte Höhn Glück«[143]. Er tauchte unter, gab sich als Rudolf Haeberlein aus und zog nach Lippstadt, wo er als Heilpraktiker arbeitete.[144] 1950 gab sich Haeberlein bei den Behörden als Höhn zu erkennen und zog weiter nach Hamburg, wo er in einem Verfahren zuerst als »entlastet« klassifiziert wurde.[145] 1958 wurde er dann aber in einem Gerichtsverfahren der Berliner Spruchkammer doch noch zu einer Geldstrafe von 12.000 DM verurteilt und »dem Kreis der Hauptschuldigen«[146] zugeordnet.

Seine zweite Karriere hatte zur Zeit dieses Urteils bereits begonnen. Höhn wurde 1953 Geschäftsführer der Deutschen Volkswirtschaftlichen Gesellschaft und baute die Bad Harzburger Akademie für Führungskräfte auf, die 1956 gegründet wurde, um die deutsche Wirtschaft in Menschenführung zu unterrichten.[147] Das von Höhn entworfene und von der Presse getaufte »Harzburger Modell« wurde enorm erfolgreich und galt seinerzeit als »Bestseller unter den Führungsmodellen in Deutschland«[148]. Die Harzburger Akademie machte »schon bald als erste deutsche Adresse für Management-Training und unternehmerische Führungsmodelle von sich reden«[149].

»Wahrscheinlich lag der große Erfolg, den das Harzburger Modell damals verzeichnen konnte,« schreibt von Saldern,

> nicht zuletzt darin, dass der Akademie-Leiter Höhn die alten Mitglieder und Sympathisanten der NSDAP und SS sowie die aktiven Wehrmachtsoffiziere, die es in der Wirtschaft in den 1950er-und 1960er-Jahren ja noch zuhauf gegeben hat, durch seine eigene NS-Vergangenheit für die Akzeptanz des Harzburger Modells aufgeschlossen machen konnte.[150]

Christina Schneider stimmt dem zu, wenn sie schreibt, der Erfolg des Harzburger Modells gründete sich »auch auf die Unterstützung alter SS-Kameraden, die jetzt als Führungskräfte in Unternehmen ihren Nachwuchs bei Höhn ausbilden ließen«[151]. Höhns Vergangenheit war also ein offenes Geheimnis.

Schon ab Mitte der 1960er-Jahren wurde diese Vergangenheit immer wieder öffentlich thematisiert.[152] 1971 erschien schließlich im »Vorwärts« ein Artikel von Bernd Engelmann, der Höhns erste Karriere im »Dritten Reich« erneut in Erinnerung rief und zu skandalisieren versuchte; diesmal mit Erfolg.[153] Der Artikel ist der Höhepunkt einer ganzen Serie von Artikeln, die Engelmann über Höhn veröffentlichte.[154] »Höhns politisches Vorleben« wurde damit »zum Politikum«.[155] Das offene Geheimnis war gelüftet. Das Outing markiert den Anfang vom Ende seiner zweiten Karriere. Vielleicht auch deshalb, weil Höhn »seine eigene NS-Vergangenheit öffentlich nie kritisch reflektiert«[156] hat.

Auf den Artikel folgte nicht nur ein »immer dichter werdende[s] Netz aus Darstellungen und Gegendarstellungen«[157], sondern auch eine intensive und kritische Debatte über das Harzburger Modell, die Fragen nach Kontinuitäten und Brüchen stellte.[158] Nach und nach verlor die Akademie Großkunden und damit an Bedeutung.[159] Höhns zweiter Fall begleitete den Niedergang des Managementmodells, aber er war nicht dessen alleinige Ursache. Das Modell konnte auch mit den gesellschaftlichen und ökonomischen Veränderungen hin zum Postfordismus nicht Schritt halten und veraltete.

Danach wurde es still um Höhn. Erst sein Tod im Jahr 2000 brachte ihm wieder Aufmerksamkeit, erst durch die Nachrufe, schließlich auch durch historiografische Beschäftigungen mit Höhn.

Die besondere Bedeutung der Harzburger Akademie sieht Lutz Hachmeister in ihrer Rolle »als Stellenvermittlungsbörse und Kommunikationsforum für das Netzwerk der genuin nationalsozialistischen Elite«[160]. Denn auch die Geschichte von Höhns kollegialem Umfeld ist eine der Kontinuitäten. Er beschäftigte in seiner Akademie gleich mehrere Männer, mit denen er schon im »Dritten Reich« zusammengearbeitet hat.

Roger Diener zum Beispiel, der in Harzburg »zum Pressechef avancierte«[161], und schon zu Höhns Mitarbeitern am Institut für Staatsforschung gehörte sowie seine Habilitation 1943 in einer SS-nahen Zeitschrift veröffentlichte.[162] Diener war der Herausgeber der Festschrift[163] zum zehnjährigen Bestehen der Bad Harzburger Akademie für Führungskräfte, zu der das »›Who's Who‹ der deutschen Betriebswirtschaft«[164] Beiträge lieferte.

In Harzburg arbeitete auch der Jurist Justus Beyer, seit 1931 in der NSDAP und ab 1934 SS-Funktionär. Beyer war ab 1933 Höhns Assistent und promovierte 1939 bei ihm. »Er war maßgeblich an den Planungen zur Umsiedelung slawischer Bevölkerungsgruppen in Osteuropa und der deutschen Besiedelung Osteuropas (Generalsplan Ost) beteiligt.«[165] In Harzburg war er als Dozent angestellt. Er bildete in Menschenführung aus.

Anstellung in Harzburg fand auch der NS-Mediziner Karl Kötschau, ein Fanatiker der Eugenik.[166] Er konzentrierte sich in seinen Kursen in Harzburg »auf die Gesundheitsvorsorge zum Zwecke der Leistungssteigerung«[167]. Regelmäßig veröffentlichte er Artikel zu Fragen der Erholung in den »Harzburger Heften«, der Zeitschrift der Akademie.

Schließlich nahm Höhn auch Franz Alfred Six in seine Dienste. Hachmeister zufolge war er dessen Mentor.[168] Höhn warb Six 1935 für den Sicherheitsdienst der NSDAP an,[169] wo der schließlich die Abteilung Lebensgebiete von Höhn übernahm.[170] Er war später Leiter eines Sondereinsatzkommandos der Sicherheitspolizei und als »SS-Oberführer Experte für Judenfragen«[171]. 1948 wurde er im Nürnberger Einsatzgruppenprozess wegen Mordes in 73 Fällen zu einer 20-jährigen Haftstrafe verurteilt, aber bereits 1952 wieder begnadigt. Auch er war später Dozent in Harzburg.[172]

Es sind genau solche Geschichten, die Adorno meinte, als er davon sprach, dass »zwielichtige Figuren ihr come back in Machtpositionen«[173] feierten. Die Harzburger Akademie ist ein Paradebeispiel für personelle Kontinuitäten. Hier waren Personen damit beschäftigt, Manager:innen[174] in Menschenführung zu unterrichten, die den Nationalsozialismus wesentlich getragen und geprägt hatten. Das »wirft auf die Geschichte der Bundesrepublik dunkle Flecken.«[175]

Diese Kontinuitäten sollen hier nur der Anlass sein für eine Studie zum Harzburger Modell, die ein Prisma ist, durch das allgemeinere nachkriegsdeutsche Entwicklungen und das transformierte, nicht bruchlose Fortleben von Arbeitsauffassung und Führungsvorstellung sichtbar werden können.

2.2 Das Harzburger Modell. Eine Frage der Menschenführung

Reinhard Höhn war ein tüchtiger Mann. Im Laufe seiner Zeit als Management-Lehrer hat er zahlreiche Bücher verfasst, viele davon »unter Mitarbeit von Gisela Böhme«, wie es stets heißt. Er verkörperte »das Modell eines Machers, eines patriarchalischen Anführers«[176]. Zu seinem 80. Geburtstag erschien eine über 50 Seiten lange Bibliografie seiner Texte – und seine zahlreichen Bücher und Aufsätze, die vor 1945 erschienen sind, wurden hier bis auf drei Ausnahmen gar nicht genannt.[177] Die Masse verdeckt, dass die Bücher zum Harzburger Modell »gebetsmühlenhaft unveränderbare Kernprinzipien der Führung«[178] wiederholen, also versuchen das Modell immer und immer wieder zu erklären, auf andere Kontexte zu übertragen und für neues Publikum zu erschließen. Sie sind einigermaßen redundant.[179] Einiges ist heute ein Gemeinplatz und war sicher ein Fortschritt, etwa wenn Höhn die Vorgesetzten ermahnt, die Mitarbeiter:innen auch zu Wort kommen zu lassen.[180] Anderes, das wird sich zeigen, gibt zwar vor eine Selbstverständlichkeit zu sein, versteckt aber im angeblich Selbstverständlichen die Setzung. Eine Analyse der Texte muss deshalb auch zwischen den Zeilen lesen. Höhn bettet das Harzburger Modell in ein Geschichtsnarrativ ein, das seinem Managementmodell historische Relevanz verleihen soll und behauptet, es entspreche den neuen Anforderungen der Zeit. Sein Narrativ überbetont die Neuheit des Modells und markiert die historischen Brüche. Dabei verdeckt es die historischen Kontinuitäten.

Das Harzburger Modell ist Ausdruck der bundesrepublikanischen Nachkriegszeit. Es wurde nicht zufällig von vielen als »Relikt des Wirtschaftswunders«[181] betrachtet. Höhn veröffentlichte seit den späten 1950er-Jahren Texte, die das Führungsmodell umrissen. Seine »Mischung aus technokratisch-verobjektiviertem Slang und vertrauten Vokabeln der jüngeren deutschen Vergangenheit«[182] kam gut an. Das Harzburger Modell verzeichnete beachtliche Erfolge. Zwischen 1963 und 1968 verdoppelten sich die Teilnehmer:innenzahlen.

Seine Hochzeit hatte das Harzburger Modell 1971.[183] Bis 1972 wurden eine Viertel Million Menschen in über 8.000 Lehrgängen geschult.[184] Die Akademie, schreibt Ruth Rosenberger, »profitierte in den ersten zehn Jahren ihres Bestehens entscheidend von der zunehmenden Nachfrage nach Führungskräfte-Fortbildungen«[185]. Mehrheitlich mittelständische und industrielle Unternehmen ließen ihr Management in Harzburg ausbilden. Zu den Kunden zählten namhafte Unternehmen: AEG-Telefunken, Aldi Nord, Bayer, BMW, C&A Brenninkmeyer, Esso, Ford, Hoechst, Karstadt, Kaufhof, Krupp, Mannesmann, Opel, Thyssen, das Versandhaus von Beate Uhse, VW und viele mehr.[186] Auch der Gründer der Drogeriemarktkette dm wurde von seinem Vater zur Schulung nach Harzburg geschickt.[187]

Charakterisierung des Harzburger Modells

Das Harzburger Modell lehrt »Führung im Mitarbeiterverhältnis« und grenzt sich ab von dem, was Höhn den autoritären Führungsstil nennt, der historisch überholt sei. Früher seien die Arbeitnehmer:innen allein als »Betriebsuntertanen«[188] betrachtet worden und als solche »bloße[] Befehlsempfänger«[189] gewesen. Jetzt sollen sie als Mitarbeiter:innen[190] adressiert werden, was einen neuen Führungsstil nötig mache. »Menschen, die selbständig denken, handeln und entscheiden sollen«, schreibt Höhn, »müssen entsprechend geführt werden.«[191] Die Terminologie deutet eine Verschiebung an, um die es noch ausgiebiger gehen wird.

Die autoritäre Führung kennzeichnet Höhn so: »Klare Befehle, wobei bis ins einzelne genau festgelegt war, was der Untergebene zu tun hatte, und keinerlei Ermessenspielraum gewährt wurde; Wiederholung der Anordnung, um jeden Irrtum auszuschließen; Vollzugsmeldung; Totalkontrolle.«[192] Davon versucht Höhn das Harzburger Modell abzusetzen. Hier soll die Kontrolle nur »durch Stichproben«[193] stattfinden. Auf sie verzichten könne man aber nicht: »Alles, was delegiert worden ist, muß auch kontrolliert werden,«[194] lautet ein Grundsatz.

Höhn beschreibt die neue Form des Führens mit einem Bild, um den Unterschied zum autoritären Stil deutlich zu machen: »Wenn zwei Wege zum Ziele führen können, so entscheidet derjenige über die Wahl des Weges, dem Aufgabe, Kompetenzen und Verantwortung delegiert sind, d. h. also der Mitarbeiter und nicht der Vorgesetzte.«[195] Die Mitarbeiter:innen müssen also selbst entscheiden, welchen Weg sie einschlagen wollen. Im autoritären Führungsstil hätten die Untergebenen dagegen keinen Ermessensspielraum gehabt, ihnen sei auch der Weg vorgegeben.

Das »grundlegend Neue«[196] bestehe darin, »den Mitarbeiter nicht mehr durch einzelne Aufträge zu führen«[197], sondern ihm einen abgesteckten Aufgabenbereich samt Kompetenz zuzusprechen. Das »Kernstück«[198] des neuen Führungsmodells ist deshalb die »Delegation von Verantwortung«. Die Grundidee ist einfach: Jeder Position innerhalb der betrieblichen Hierarchie werden Entscheidungskompetenzen zugeordnet, für die sie die Verantwortung übernimmt. Das heißt, alle Mitarbeiter:innen haben einen fest zugeordneten »Aufgabenbereich mit bestimmten Kompetenzen, in dem sie selbständig handeln und entscheiden«[199] und für den sie Rechenschaft schuldig sind. Also gibt es nicht mehr eine Person, die alles überwacht, alles entscheidet und für alles geradesteht, sondern auf jeder hierarchischen Ebene werden Entscheidungen gefällt. Durch die Delegation von Verantwortung soll die Führung effizienter gestaltet werden und den neuen Anforderungen entsprechen. Sie sei aber »keine ›weiche Welle‹ der modernen Betriebsführung, sondern ein Prinzip, in dem die Leistung entscheidet und das deshalb Härte mit sich bringt«[200]. Denn dass die Mitarbeiter:innen jetzt selbstverantwortlich sind, bringt Konsequenzen mit sich: »Der Mitarbeiter trägt die *Handlungsverantwortung*, d. h. er hat selbst für all das einzustehen, was er in seinem Delegationsbereich tut oder zu tun unterläßt, und nicht sein Vorgesetzter.«[201] Mit diesen Worten könnte man auch die Selbstkalkulatoren und Selbstkontrolleure in der Kölner Motorenfabrik beschreiben, die paradigmatisch für die NS-Führungsform untersucht wurden.

Das Delegationsprinzip kommt ursprünglich aus dem Militär, wird dort aber situativ und temporär genutzt. Im Harzburger Modell besteht die Aneignung darin, dass die Delegation auf Dauer gestellt wird.[202] Durch die Delegation findet eine Verallgemeinerung von Führung statt. Mehr Menschen werden zu Führern, jedenfalls im Vergleich zur Fabrik des 19. Jahrhunderts, die Höhn als Kontrastfolie zeichnet. Die Bedingung für die Verallgemeinerung ist, dass die Menschen zu Mitarbeiter:innen werden und keine Untergebenen mehr sind. Das deutet den relationalen Charakter der Begriffe bereits an. Auch Vorgesetzte sind Mitarbeiter:innen und Mitarbeiter:innen sind oft auch Vorgesetzte. Die terminologische Verschiebung bringt andere Formen der Anrufung mit sich und eine neue Subjektform, die noch zum Thema wird: das führende Selbst.

Das Harzburger Modell setzt auf die schriftliche Vereinbarung und Festlegung. Das ist in seinen Prämissen angelegt. Denn um bestimmen zu können, welche Position für welche Entscheidung zuständig ist, braucht es eine Übereinkunft. Höhn geht davon aus, Aufgaben gehörten genau »auf die Ebene, der sie ›ihrem Wesen nach‹ zugeordnet werden müssen«[203]. Das ist, gelinde gesagt, »nicht sehr präzise«[204]. Er schlägt Stellenbeschreibungen in Form einer »schriftliche[n] Festlegung«[205] vor, damit jede:r genau weiß, was welche Stelle zu tun hat, was sie darf und wofür sie verantwortlich ist. Zusätzlich verlangt das Harzburger Modell eine »Allgemeine Führungsanweisung«, in der die Grundsätze des Führens als verbindliche Normen festgeschrieben werden. So soll gewährleistet werden, dass die Führungsprinzipien für alle nachvollziehbar und dadurch einforderbar und bewertbar sind.

Charakteristisch für dieses Modell ist zudem die Einführung des Stab-Linie-Prinzips in die Wirtschaft; eine Idee, die ebenfalls aus dem Militär kommt. Hier gibt es nicht nur diejenigen, die Entscheidungen fällen, sondern auch Personen, die ausschließlich beratend zur Seite stehen. Sie sind in Stäben organisiert. Höhn sieht darin eine frühe Form der Delegation von Verantwortung, die er auf die deutsche Wirtschaft übertragen will. Durch den Stab findet auch der Begriff des Dienstes wieder seinen Ort im Neuen. »Stab ist Dienst und nicht Kommando«[206], schreibt Höhn.

Er war überzeugt davon, dass sein Führungsmodell in jedem Betrieb anwendbar ist. Seine Darstellungsweise wurde treffend als »formalisiert-abstrakt«[207] beschrieben. Er wollte »eine scheinbar gangbare Methode an[bieten], die wie ein ›Kochrezept‹ in jedem Unternehmen«[208] umsetzbar sei, wenn nur der Wille dafür da ist. Seine Bücher sind der Versuch zu zeigen,

> daß es klare und einheitliche Führungsprinzipen gibt, an die man sich halten kann, die lehrbar und lernbar sind und sich *jederzeit* anwenden lassen, vorausgesetzt, daß man die Grundkonzeption, auf der sie beruhen, akzeptiert. [...] Sie sind getragen von der Auffassung, daß es gilt, die *Initiative und das Mitdenken der Mitarbeiter im Unternehmen nutzbar zu machen* und dafür die entsprechenden Organisations- und Führungsformen im Aufbau des Unternehmens zu finden.[209]

Die »Eigeninitiative des Mitarbeiters« hält er für das »zentrale Moment der Leistungsfähigkeit«.[210]

Das Ziel der Nutzbarmachung und die Verpflichtung zur Mitarbeit rückt auch die Rede vom Mitarbeiter ins rechte Licht. Es geht dabei um einen Typus, ein Leitbild, eine Figur, die als männliche vorgestellt wird. Gemeint ist damit keine umfassende Mitbestimmung oder gar Selbstbestimmung. Gleichberechtigung, flache Hierarchien und Demokratisierung gehen damit nicht einher.

Es handelt sich beim Harzburger Modell lediglich um eine »instrumentelle Verwendung der Demokratisierung, die nur zur effektiveren Problembewältigung eingesetzt werden soll, ohne den Begründungs- und Legitimationszusammenhang von Herrschaft zu thematisieren.«[211] Höhn betont an einer Stelle, dass zu den »wichtigsten und damit nichtdelegierbaren Aufgaben der Unternehmensführung [...] [d]as Setzen der großen Ziele«[212] sowie »die Planung auf lange Sicht«[213] gehören. Die großen, richtungsweisenden Fragen entscheidet weiterhin der:die Unternehmer:in. Das zitierte Bild der beiden Wege, zwischen denen man entscheiden dürfe und müsse, spricht diese Tatsache offen aus. Die Mitarbeiter:innen entscheiden zwar den Weg, nicht aber wohin dieser führt, das Ziel. Es gibt also eine »rational-bürokratische Verteilung der Arbeits-, nicht aber der wirklichen Entscheidungsfunktionen. Die gegebenen Machtverhältnisse bleiben dabei unverändert«.[214]

Dass Höhn die großen Ziele und die langfristige Planung als nichtdelegierbar setzt, zeigt seine ideologische Strategie. Im angeblich Selbstverständlichen steckt eine folgenreiche Setzung: »Die von der obersten Unternehmensführung vorgegebene Zielsetzung ist die unumstößliche Grundlage, das tragende Skelett aller Delegationen«[215], heißt es in einer Kritik. Und Rudolf Hickel ergänzt: »Die Legitimation der profitorientierten Entscheidungsfindung im Harzburger Modell bleibt außerhalb der Delegation von Verantwortung.«[216] Man kann sagen, dass dieser Mitarbeiter »nach wie vor im Status eines ›Untergebenen‹ der Unternehmensleitung belassen«[217] wird.

Kritik des Harzburger Modells

Auf dem Höhepunkt des Harzburger Modells wurde dessen Niedergang bereits eingeleitet. Flankiert durch die Debatte um Höhns Karriere im »Dritten Reich« verlor das Modell ab Anfang der 1970er-Jahre zunehmend an Bedeutung. Aber das war nicht der einzige Grund. Das Harzburger Modell konnte auch mit der wachsenden Konkurrenz auf dem Management-Markt nicht mithalten. Es war zwar ein »neokonservativer Gegenentwurf zur amerikanischen Modernisierung des Managements« und damit »die ideale Projektionsfolie für die traditionelle deutsche Schwerindustrie, aus deren Umfeld sich denn auch eine Vielzahl der Kursbesucher rekrutierte«.[218] Das starre und bürokratische Modell wurde aber zunehmend durch adaptive und flexiblere Management-Modelle ausgebremst. Das verweist auf tiefergehende Veränderungen.

Aus einer gesellschaftstheoretischen Perspektive lässt sich konstatieren, dass das Harzburger Modell mit den gesamtgesellschaftlichen Veränderungen auf dem Weg in den Postfordismus nicht Schritt halten konnte. Es konnte die dramatischen Veränderungen der Arbeitswelt weder adäquat antizipieren noch auf sie reagieren.

Ein schlagendes Beispiel dafür ist Höhns sture Ablehnung der Idee von Teams. Er sprach sogar von der »Team-Ideologie« und fragte, ob die nicht »eine bewußt eingesetzte Waffe zur Zerstörung unserer Wirtschaftsordnung, die Vorstufe zur totalen Kollektivierung«[219] sei. Sein Ressentiment ließ ihn die Zeichen der Zeit nicht sehen.

Den Niedergang des Modells begleitete eine intensive Debatte mit einer Flut von Texten und Büchern, die Kritik am Harzburger Modell übten. In einem wissenschaftlichen Werk mit dem Titel »Unternehmensführung« wurden schon in den 1970er-Jahren Hauptkritikpunkte der Debatte zusammengefasst. Vorgeworfen wurde dem Modell demnach seine »Starrheit« und »Statik«, sein unhaltbarer »Universalitätsanspruch«, dass es nicht funktioniere, weil sich nur in Ausnahmefällen die angestrebte »Verhaltensänderung« einstellt und dass es »*versteckt autoritär* beziehungsweise dirigistisch« ist.[220] Wegen des letzten Punktes wurde auch vom »bürokratisch-autoritären Führungsstil«[221] gesprochen, was Höhns eigene Charakterisierung als Gegenkonzept zum autoritären Stil treffend unterläuft. Das Harzburger Modell wurde zudem als »dritte[r] Weg«[222] begriffen »zwischen demokratisch-parlamentarischen und absolutistischen Führungsprinzipien«[223]. Durch das Modell werden, so zwei Betriebswirtschaftler, »traditionelle Herrschaftsstrukturen verschleiert und bestehende Machtstrukturen auf autoritäre Art ›neu gerechtfertigt‹«[224]. Das »Managermagazin« sprach passenderweise vom »deutscheste[n] aller Führungsmodelle [...] – gründlich und bürokratisch«[225].

Das Harzburger Modell, so fasst Müller zusammen »bedeutete keine Abkehr von Autorität, Hierarchien oder Kontrolle«[226]. Pongratz führt das aus: »[V]ielmehr sollte gerade durch genaue Klärung der Aufgaben und Verantwortlichkeiten von Vorgesetzten wie Untergebenen die Struktur der Über- und Unterordnung gefestigt werden.«[227] Hierarchien werden dadurch also nicht aufgehoben, sondern verfestigt. Damit entspricht das Modell einer Zeit, in der Emanzipation nur »innerhalb einer Hierarchie« gedacht wurde, die selbst aber »nicht grundsätzlich in Frage gestellt« wurde.[228]

Das sind (organisations-)soziologische und betriebswirtschaftliche Argumente. Adelheid von Saldern ergänzt diese Sammlung von Kritikpunkten um gesellschaftstheoretische. Denn das Harzburger Modell wurde auch dafür kritisiert, »kapitalismusintegrative Strategien«[229] zu verfolgen und gewerkschaftsfeindlich zu sein.[230] All diese Einwände kritisieren das Harzburger Modell aber als Managementmodell der Nachkriegszeit. Dessen Vorgeschichte spielt dabei keine Rolle.

Als Ziel des Harzburger Modells machen die Betriebswirtschaftler Wolf Braun und Hans Marx zwei Sachen aus: »Weckung der Initiative und Aufrechterhaltung einer reibungslos funktionierenden Ordnung.«[231] Man könnte auch sagen: Aktivierung und Stabilisierung. Das Wort Aktivierung fällt explizit in einem »Rundgespräch«, das Höhn moderierte.[232] Dieses Führungsmodell will den »echten Mitarbeiter, der mit eigener Initiative und übernommener eigener Verantwortung nicht nur gegebene Anordnungen ausführt, sondern ›mitarbeitet‹«[233] aktivieren und ihn besser einspannen, um die Ordnung zu stabilisieren. Die Aktivierung hat auch die Identifizierung mit dem Betrieb zum Ziel.

Aktivierung und Stabilisierung sind keine gegenläufigen Tendenzen, wie man meinen könnte. Die angestrebte Aktivierung soll nicht zu einer Überwindung der bestehenden Ordnung führen, und sei es nur der des Betriebs, sondern zu ihrer Stabilisierung. Sie ist als totale gedacht. Man kann nicht nicht mitmachen. Diese Konsequenz wird besonders deutlich, wenn Höhn sich in den 1980er-Jahren dem zuwendet, was er »die innere Kündigung« nennt, einen »bewußten Verzicht auf Engagement und Eigeninitiative im Unternehmen«[234]. Müller zeigt, dass Höhn das als Akt der Illoyalität wahrnimmt, als Befreiung aus »einem an eine Schicksalsgemeinschaft erinnernden Mit- und Nebeneinander im Unternehmen«[235], ja, geradezu als »Verrat«[236]. Die Begriffe, Schicksalsgemeinschaft und Verrat samt den damit ausgedrückten totalitären Konsequenzen, erinnern an den Nationalsozialismus.

Es geht im Harzburger Modell um nichts weniger als eine »vollständige Integration des Arbeitnehmers in den Betrieb […], ohne ihm die Möglichkeit der Mitbestimmung einzuräumen«[237]. Es teilt damit ein »Kernproblem« mit vielen anderen modernen, auch totalitären Führungsweisen: »Herstellung von sozialer Identität und Integration in einem ›Anordnungs-Arbeitsverhältnis‹. Das Prinzip erfährt je nach gesellschaftlicher Kräftekonstellation seine modifizierte Interpretation, die jedoch den Kern nicht preisgibt.«[238] Das nationalsozialistische Führer-Gefolgschafts-Verhältnis ist eine Interpretation des »Anordnungs-Arbeitsverhältnis[ses]«. Im Harzburger Modell findet sich eine andere, aber verwandte. Führer und Gefolgschaft heißen jetzt Vorgesetzter und Mitarbeiter. Es sind dieser Kern und seine Interpretationen, denen sich nähern muss, wer Entnazifizierung und NS-Erbe zusammendenken will. Höhn und das Harzburger Modell sind der Prototyp eines nachkriegsdeutschen Falles, an dem sich diskutieren lässt, ob und inwiefern man von einem Nachleben des Nationalsozialismus sprechen kann. Die historischen Verbindungen des Harzburger Modells blieben selbstverständlich nicht unbemerkt. Sie wurden immer wieder thematisiert. Dabei wurden zwei historische Verbindungslinien gezogen: eine zur preußischen Militärtradition und eine zu nationalsozialistischen Führungsvorstellungen.

Die beiden Linien verweisen aufeinander. Schon Höhns militärhistorische Arbeiten aus dem »Dritten Reich« sind von einem »Einklang von nationalsozialistischen und militärischen Idealen«[239] geprägt. Die Frage ist, ob, und falls ja, wie sich diese doppelte Prägung im Harzburger Modell wiederfindet. Diese Perspektive rückt die Diagnose in den Blick, es handele sich hier um ein »NS-Erbe in entnazifizierten Formen«[240]. Zugleich leitet sie über zur sozialphilosophischen Analyse der Subjektform des Harzburger Modells.

2.3 Geschichten, Kontinuitäten und Brüche

»*Die Grundsätze der Führung* sind heute im Kern dieselben wie seit Jahrtausenden der Menschheitsgeschichte.«[241] Der Satz stammt aus einem Buch von Wolfgang Schall, das als »typisches Produkt der Harzburger Akademie«[242] gilt. Schall war »Generalstabsoffizier« und »Generalsekretär der CDU in Baden-Württemberg«.[243] Und er war Autor eines Buches, das 1965 im Hausverlag der Akademie erschien. Die Autoren von »Kaderschule für das Kapital« bezeichnen Schall als einen »der maßgebenden und aktivsten Antikommunisten in der Bundeswehr«[244]. Von der »Überzeitlichkeit seiner Führungskonzeption«[245] war auch Höhn überzeugt. Aber Führung, so behauptet Schall, ist nicht nur überzeitlich, sie soll auch immer die gleiche Form haben: Menschen »zu führen verlangt die Anwendung bestimmter Führungsprinzipien, ganz gleich ob man Politik erfolgreich gestalten, Schlachten gewinnen oder ein leistungsfähiges Wirtschaftsunternehmen aufbauen und leiten will«[246]. Diese Einschätzung ist der Grund dafür, dass das Harzburger Modell mehr Anleihen an historischen und militärischen Führungsvorstellungen nimmt als an Managementkonzepten seiner Zeit. Denn, so weiter, Unternehmen und Militär sei »gemeinsam, daß sie *hierarchisch gegliedert* sein müssen – eben um den Führungswillen von oben nach unten zu übertragen. In beiden ist die Führungstechnik eine Voraussetzung für funktionelle Leistung und Erfolg.«[247]

Interessant ist, was hier im Original kursiv gesetzt wird und was nicht. Denn die Idee, dass Wirtschaftsunternehmen hierarchisch gegliedert sein *müssen*, ist nichts mehr als eine Behauptung, die als Setzung Evidenz für sich beansprucht. Höhn stimmt der Behauptung freilich zu. Er sieht es als erwiesen an, dass ein Unternehmen »nicht nach demokratisch-parlamentarischen Regeln geführt werden«[248] kann. Hierarchie statt Demokratie ist eine zentrale Maxime des Harzburger Modells.

Das Harzburger Modell schließt implizit und explizit an historische Vorbilder an, auch wenn es gleichzeitig Neuheit für sich beansprucht. Rudolf Hickel fallen schon Mitte der 1970er-Jahre »analoge Situationen«[249] zur »Führung im Mitarbeiterverhältnis« auf in der »Herstellung einer ›organischen Einheit‹ von Führenden und Geführten in der preußischen Armee sowie unter den gewaltsamen Bedingungen des Faschismus«[250]. Es geht also um zweierlei: um das nationalsozialistische und um das preußisch-militaristische Erbe. Die beiden Aspekte verweisen aufeinander. Vom ersten will Höhn nichts wissen, den zweiten trägt er mit Stolz vor sich her.

Dass die Linien zum preußischen Militarismus und Nationalsozialismus sich historisch verbinden, zeigt sich nicht zuletzt darin, dass auch Adolf Hitler sich in »Mein Kampf« positiv auf das preußische Militär und dessen Führungsstil bezog:

> Der Grundsatz, der das preußische Heer seinerzeit zum wundervollsten Instrument des deutschen Volkes machte, hat in übertragenem Sinne dereinst der Grundsatz des Aufbaus unserer ganzen Staatsverfassung zu sein: *Autorität jedes Führers nach unten und Verantwortlichkeit nach oben.*[251]

Darin steckt nicht nur das Delegationsprinzip. In der Formulierung »jedes Führers« steckt auch bereits die Verallgemeinerung von Führung.

Die Grundlage der Bezüge auf Nationalsozialismus wie preußischen Militarismus ist ein Geschichtsnarrativ, das Höhn erzählt, um seinem eigenen Modell historische Legitimität zu verleihen. Es reicht weit in die deutsche Geschichte zurück und schließt doch nicht an die ganze deutsche Geschichte an. Eine Aussparung fehlt: Die Weimarer Republik ist in Höhns Narrativ kein positiver Bezugspunkt. Auch nicht im Nachkriegsdeutschland.

Ausführlich beschreibt Höhn dieses Narrativ in »Verwaltung heute«.[252] Eine Untersuchung des Narratives kann Kontinuitäten der deutschen Arbeitsauffassung und Führungsvorstellung sichtbar werden lassen.

Höhns Geschichtsnarrativ

Historischer Ausgangspunkt von Höhns Narrativ ist der »absolute Staat«[253] des Absolutismus, der von einem Fürsten oder König regiert wurde. Dort gab es nur einen Herrscher. Alle anderen waren Untertanen. Der Staat war gekennzeichnet durch das »Befehls- und Gehorsamsverhältnis«[254]. Die schärfste Form dieses Verhältnisses herrschte zwar im Militär vor, aber es fand seine Entsprechung auch in der Verwaltung. Hier wurde der Beamte zum »Fürstendiener«[255] erklärt. Anfang des 19. Jahrhunderts sei das Befehls- und Gehorsamsverhältnis schließlich auf die Wirtschaft übergegangen.[256]

Durch die verlorenen Kriege gegen Napoleon sei »die Herrlichkeit und Weihe des alten Systems dahin«[257]. Erst ein neues »Bündnis zwischen Regierung und Nation«[258] habe eine Veränderung des Systems möglich gemacht. Zögerlich wurde das Militär reformiert, »tragendes Element [war] der Scharnhorstsche Generalstab«[259]. Damit veränderte sich auch der Führungsstil. In »der Spitze« wurde die »Delegation von Verantwortung in Form von Auftragsführung« eingeführt.[260] Was sich im Militär nach und nach durchsetzte,[261] habe die Wirtschaft viel später erreicht. Dort herrschte bis »zum Beginn des ersten Weltkrieges straffe Befehlsführung, Disziplin und feste Ordnung«[262], was als »die besten Mittel gegen die Verführung der Arbeiterschaft durch sozialistische Agitation betrachtet«[263] wurde.

Höhn spannt also einen geschichtlichen Faden vom absolutistischen Fürstenstaat zum Beginn des Ersten Weltkriegs, in dem Führung immer noch maßgeblich autoritär strukturiert gewesen sei. Für ihn ist das eine Geschichte der Kontinuitäten. In der Weimarer Republik habe es dann zwar einige Versuche einer »partnerschaftlichen Zusammenarbeit«[264] im Betrieb gegeben, die hält er aber für gescheitert. Erst der Nationalsozialismus habe »die Arbeitgeber-Arbeitnehmer-Beziehungen unter neue Vorzeichen«[265] gestellt, »indem er das Führerprinzip und die entsprechende Führer-Gefolgschafts-Ideologie auf den Betrieb übertrug und so, wie Reichwein richtig feststellt, ›den alten Gegensatz zwischen Arbeitern und Unternehmern zweifellos etwas überspielt und gemildert hat‹«[266]. Im Nationalsozialismus, so kann man das verstehen, auch wenn er es zu dieser Zeit weniger offen sagt als noch drei Jahrzehnte zuvor, kündigt sich etwas Neues an, eine Überwindung der alten Ordnung. Die Geschichte der Kontinuität des autoritären Führungsstils erfahre hier ihren Bruch. Eine neue Führungsform entsteht.

In einer Festschrift zum zehnjährigen Bestehen der Harzburger Akademie hat Höhn diesen Satz schon einmal zitiert. Dort wird er deutlicher. Der Nationalsozialismus habe die Klassengegensätze zwar vermittelt, aber erst die »sozialen Veränderungen und Umschichtungen«[267] durch den Zweiten Weltkrieg hätten »das starre Denken in der Gegensätzlichkeit«[268] überwunden. Höhn spricht von den »Bombennächte[n] und Flüchtlingsschicksale[n]«[269], von dem »Bürger, der ehemalige Klassenfeind, der ausgebombt war bzw. flüchtend aus dem Osten kam«[270]. Erst seine Besitzlosigkeit habe ihn mit dem Proletariat versöhnt. Höhn erzählt hier nichts weniger als ein neues Narrativ der Vergemeinschaftung. Was im Nachgang des Ersten Weltkriegs das Fronterlebnis war, sollen jetzt die Erfahrungen der Bombennächte und der Flucht sein. Beide Topoi dienen als Schlüsselerlebnisse, die den Deutschen zeigen, dass sie zusammengehören. Wie wichtig solche Erlebnisse in Höhns Denken sind, wird deutlich, wenn er viele Jahre später über »die Jugend« schreibt, sie hätte »den Bezug zur eigenen Leistung verloren«[271]. Denn in »seinen Augen«, so fasst Müller zusammen, »fehlte ihnen ein ›Urerlebnis‹«.[272]

In »Verwaltung heute« fehlen diese Ausführungen. »Heute«, so macht er hier einen Sprung in seine Gegenwart, »wird die patriarchalische Betriebsführung allgemein abgelehnt«.[273] »Man ›dient‹ nicht mehr einem Fabrikherrn, sondern man arbeitet in einem bestimmten Unternehmen.«[274] Daher wolle man jetzt »als Mitarbeiter an einer sachlichen Aufgabe anerkannt werden«[275]. Die Veränderungen seien von technischen und ökonomischen Entwicklungen getragen, die eine autoritäre Führung schlicht nicht mehr zuließen. Heute benötige ein Unternehmen »in allen seinen Bereichen und auf allen Ebenen Kräfte [...], die selbständig denken und handeln und in der Lage sind, im Rahmen allgemeiner Richtlinien ihre Entscheidungen zu treffen«[276]. Damit beschreibt er das Harzburger Modell. Die Führung im Mitarbeiterverhältnis nach Harzburger Art erscheint als Schlusspunkt der Geschichte. Sie soll den Anforderungen der Zeit entsprechen. Diese methodische Operation, sich selbst als Endpunkt zu erkennen und darzustellen, erprobte Höhn übrigens schon in seinem Werk »Revolution, Heer, Kriegsbild« von 1944.[277] Ihr blieb er treu.

Entscheidend an Höhns Geschichtsnarrativ sind die Figuren und wie sie sich aufeinander beziehen: Die Beziehung von Fürst und Untertan sei durch Befehl und Gehorsam bestimmt, die Beziehung von Vorgesetztem und Mitarbeiter folge dagegen einer anderen Logik.[278] Es sind merkwürdig historisierte Figuren, weil Höhn dafür argumentiert, dass die Beziehung von Fürst und Untertan noch die Beziehungen in der Weimarer Republik geprägt habe. Der Liberalismus, das wird erkennbar, erscheint ihm als Verlängerung des Absolutismus, nicht als dessen Aufhebung.

Diese Ideen sind nicht so neu wie Höhn sie hier erscheinen lässt. Schon in Texten aus den 1930er-Jahren baut er den Fürsten als Gegenbild auf, damals aber zum nationalsozialistischen Führer. Das wurde bereits an der Stelle referiert, an der es um die Logik der Beziehungsweise Reaktion von Führer und Gefolgschaft ging. In »Der Führerbegriff im Staatsrecht« unterscheidet Höhn, das soll kurz wiederholt werden, zwischen dem Führer und dem Diktator oder Fürsten.[279] Letztere befehligen Untertanen, die gehorchen. Ein Führer dagegen führe anders, er habe einen intimen Kontakt zu seiner Gefolgschaft. Er handele »im Geist der Gemeinschaft«[280]. Eine Parallele zwischen Führer und Vorgesetztem deutet sich an.

Es bedarf keiner großen Anstrengung, um den Kerngedanken zu sehen, den Höhn auch in der Nachkriegszeit formuliert. Der Vorgesetzte, so heißt er jetzt, führt eben nicht (mehr) durch bloßes Befehlen. Er braucht feinere Techniken, die besser auf die Belegschaft eingestellt sind. Das zeigt vor allem, dass die Grundidee des Harzburger Modells gerade keine Antwort auf die Erfahrungen des Zweiten Weltkriegs ist, wie Höhn immer wieder zu suggerieren versucht. Eigentlich unterläuft er seine Suggestion selbst dadurch, dass er sein Modell an eine lange Tradition bindet. Das wiederum ist aber auch Teil einer Strategie der Umschreibung:

> Höhn war wendig genug, um Teile seiner nationalsozialistischen Weltanschauung als »modern«, sogar in einer langen historischen Linie bis zu Scharnhorst zurück, zu codieren und sie damit nicht bloß in die post-nationalsozialistische Zeit hinüberzuretten, sondern gar als innovativ gegenüber dem Alten, dem autoritären Führungsstil, zu stilisieren.[281]

Dass Höhn dabei so starke Anleihen bei Scharnhorst nimmt, ist kein Zufall. Das war – und ist – eine der wenigen Figuren aus der deutschen Militärgeschichte, die nach 1945 noch als »reaktivierbare[] Vorbilder«[282] durchgingen und -gehen.

In seinen Texten aus den 1930er-Jahren erzählt Höhn dasselbe Narrativ aus der Perspektive von Gemeinschaften.[283] Vergleicht man dieses mit der Geschichte, wie er sie in den 1970ern erzählt, zeigt sich, dass beide einem antiliberalen Impuls entstammen. Die alten noch »unzersetzten«, germanischen Gemeinschaften, so beginnt er 1934 einen historischen Schritt weiter vorn, hätten zwischen Gruppe und Einzelnen vermittelt. Sie seien aber nach und nach zerfallen. Der »absolute Fürstenstaat«, den der Gegensatz von Fürst und Untertan prägt, sei entstanden. In der »konstitutionellen Monarchie und im parlamentarischen Staat« habe sich dieses Verhältnis zum »Staat-

Untertanenverhältnis« gewandelt.[284] Die Einzelnen standen jetzt als Untertanen dem Staat gegenüber. Das ist für ihn der Gründungsmoment des Individualismus. Der bürgerliche Staat, der den absoluten ablöste, sei nicht dessen Aufhebung, sondern seine Verlängerung und Institutionalisierung. Jetzt aber, und damit ist hier das »Dritte Reich« gemeint, werde versucht wieder »konkrete Gemeinschaften«[285] zu etablieren, namentlich die Volksgemeinschaft.

1934 ist sein Narrativ explizit antiliberal und behauptet einen deutschen Sonderweg. An dieser Pointe hält Höhn weiterhin fest; implizit, indem er sich auf die deutsche Tradition bezieht und explizit, indem er sein Modell als deutsche Antwort auf amerikanische Trends verkauft.

Das Harzburger Modell und der preußische Militarismus

Die Behauptung eines deutschen Sonderweges findet unter Rekurs auf die Geschichte des preußischen Militärs statt; eine Geschichte, die Höhn bereits 1944 in »Revolution, Heer, Kriegsbild« erzählt.[286] Diese Geschichte läuft auf eine bestimmte Reform zu, die mit dem Namen Scharnhorst verbunden ist, und die für Höhn eine gänzliche neue Form der Führung möglich macht. Höhn selbst macht keinen Hehl aus seiner Begeisterung für diesen preußischen General und seine Reform. 1952 veröffentlicht er ein Buch zu Scharnhorst und dessen Reformen Anfang des 19. Jahrhunderts.[287] Es kann als Folgestudie zu dem 1944 erschienenen Buch verstanden werden. Das zeigt, dass Höhns militärhistorische Überlegungen durch die Niederlage des Nationalsozialismus keinen Abbruch erfuhren. Ein Blick in diesen militärhistorischen Teil seiner Arbeiten zeigt, wo die Inspiration für die Delegation von Verantwortung herkommt.

Höhn setzt sich in »Scharnhorsts Vermächtnis« intensiv mit dessen Reformplänen auseinander, mit der Einführung des Generalstabs, der allgemeinen Wehrpflicht und dem »Staatsbürger[] in Uniform«[288], mit der neuen Form der Kriegsführung und der Reform der Ausbildung. Was ihn an Scharnhorsts Reform besonders beeindruckt, ist das damit einhergehende Umdenken. Der Offizier wird jetzt nicht mehr als gehorchender gedacht, sondern als denkender. Nicht mehr auf »sklavische Nachahmung« und »Drill« sollte gesetzt werden, sondern »Oberstes Bildungsziel« war jetzt »die ›Anleitung zum Selbstdenken‹«, ein Zitat von Scharnhorst aus dem Jahr 1802.[289] Deshalb spricht dieser auch vom »denkende[n] Offizier«. Das ist der Offizier des Generalstabs. Denn die »kritische Einstellung gegenüber allen militärischen

Dogmen« sowie die Überprüfung »auf ihre praktische Brauchbarkeit« ist die Voraussetzung für eine effiziente Beratungstätigkeit durch den Stab.[290] Das Selbstdenken der Offiziere, so die Idee, soll zu einer effizienteren Armee führen. Dieses Selbstdenken wird von Höhn aber nicht nur auf die Offiziere bezogen. Auch das Bild vom Soldaten habe sich geändert, wie er 1944 ausführt: »Der Offizier ist nicht mehr der ›Vormund‹ seiner Männer, wie bisher. Die Soldaten sind Persönlichkeiten und damit mündig geworden.«[291] Diese Veränderungen, so Höhn, lenkten das »Amt der *Führung*« in »völlig neue Bahnen«.[292]

Es ist das Selbstdenken, das die Delegation von Aufgaben ermöglichen soll und das Höhn in Ansätzen bereits als Idee bei Scharnhorst verwirklicht sieht. Deshalb ist es auch eine Passage aus dem Scharnhorst-Buch, in der »Höhn die Anwendung des Delegationsprinzips in der preußischen Armee in ähnlicher Form [rekonstruiert], wie er sie später für die ›Führung im Mitarbeiterverhältnis‹ propagiert[]«[293]: »Der Unterbefehlshaber wird von der Fessel der starren Befehlsform gelöst und ihm ein weiter Bereich für seine eigene Entscheidung überlassen. Selbständig soll er im Rahmen der ihm gestellten Aufgaben die Mittel und Wege finden, die zum Ziel führen.«[294]

Das zeigt, dass das »Kernstück«[295] des Harzburger Modells nicht, wie behauptet, eine Lehre aus seiner jüngsten Vergangenheit ist, sondern tief verwurzelt ist im preußischen Militarismus.

Ähnlichkeiten gibt es aber nicht nur in den Ideen der Delegation, sondern auch in der Form des Befehls:

> Preußische Befehle waren keine präzise bestimmten Orders, die dem Befehlsempfänger genau vorschrieben, was er zu tun hatte, sondern folgten der Auftragstaktik, gaben einen Rahmen und ein Ziel vor, das zu erreichen dem Ermessensspielraum und der Tatkraft des Befehlsempfängers überlassen blieben: Führung durch Delegation von Verantwortung.[296]

Diese Form des Befehls setzt explizit auf Selbstverantwortung und Mitdenken. An sie wurde angeknüpft.

Nicht nur wissenschaftliche Arbeiten zu Höhn und dem Harzburger Modell stellen die Beziehung zur Auftragstaktik her, auch Texte zu militärischen Führungsphilosophien tun das.[297] Dabei muss beachtet werden, dass über die Auftragstaktik, darauf weist Alf Lüdtke hin, allzu oft »in apologetischer oder beschönigender Weise«[298] geschrieben wurde und wird. »Eigentätigkeit, Selbstmotivierung und Selbstmobilisierung«, so beschreibt er die Taktik, »wurden ausdrücklich abverlangt«[299]. Lüdtkes Skizze ist von außerordentlichem Interesse, weil sie die Auftragstaktik in der Wehrmacht untersucht. Die beschönigenden Auseinandersetzungen mit der Auftragstaktik setzen dagegen entweder auf die lange Geschichte, die bis ins 19. Jahrhundert reicht, sodass die »wenigen« Jahre der Wehrmacht in den Hintergrund treten, oder sie fokussieren auf die kurze Geschichte seit Gründung der Bundeswehr und damit auf die sogenannte Innere Führung.

In einem Gespräch mit Ulrich Bröckling charakterisiert Felix Klopotek die Auftragstaktik treffend als »eigentümliche Mischung aus autoritärem Regime und gleichzeitiger Eigenverantwortung«[300]. Das Autoritäre ist nicht aus dieser Befehlsform verschwunden, auch wenn Höhn das Gegenteil behauptet.

Die Form des preußischen Befehls, verstanden als Auftrag, erscheint vor allem im Vergleich zu striktem Befehl und Gehorsam als Vorzug. Aber das ist ein Strohmann, den Höhn aufbaut. Reinhard Guserl fällt das schon 1972 auf: »Die Interpretation des autoritären Führungsstils durch das Prinzip Befehl und Gehorsam ist völlig einseitig und unzureichend.«[301] Zusammen mit Hoffmann schreibt er an anderer Stelle, dass es ihm gar nicht um eine Kritik des Narrativs geht, sondern um dessen Gegenwartsanalyse, die es »versäumt, die verschiedenen Spielarten der autoritären Führung in der Gegenwart aufzuzeigen« und damit den Eindruck entstehen lässt, »daß für die heutige Situation in den Unternehmen tatsächlich und ausschließlich nur die von Höhn aufgezeigte Interpretation des autoritären Führungsstils gültig ist«.[302] Will man sich dennoch an eine Kritik des Narrativs wagen, dann ist es sinnvoll den Kern des Gegenbildes, also des autoritären Führungsstils, in den Blick zu nehmen: die Charakterisierung des strikten Befehls.

Das von Höhn gezeichnete Bild vom strikten Befehl ist auch logisch unzureichend: »[W]e know that workers never respect orders in their entirety. Even in the army, it is impossible to obey orders absolutely strictly. One needs to ›interpret‹ them.«[303] Befehle müssen immer interpretiert und angeeignet werden. Dabei gilt zwar: »Befehl ist nicht gleich Befehl«.[304] Aber jeder Befehl stellt bei genauerer Betrachtung bereits einen Auftrag in Höhns Sinne dar.

Ein »Rechtsum!«, ein Kommando, das auf die »militärische Mikrodisziplinierung der Körper« verweist, lässt sicher weniger Interpretationsspielraum als der Befehl »Juden zu erschießen«.[305] Denn damit ist noch lange nicht gesagt, ob damit alle gemeint sind oder nur bestimmte, vielleicht die Männer, wie man sie erschießen soll, wo etc. Und doch, beide Befehle lassen Interpretationsspielraum, können als Auftrag verstanden werden.

Die Beispiele stammen von Lüdtke. Er wählt den Befehl »Juden zu erschießen« nicht zufällig aus. Reinhard Heydrichs Befehle an die SS-Einsatzgruppen, »alle diejenigen Fahndungs- und Exekutionsmaßnahmen zu treffen, die zur politischen Befriedung der besetzten Gebiete erforderlich sind«[306], meinten einen solchen Befehl als Auftrag. Die »Gegnerdefiniton«[307] war absichtlich »unscharf«[308], die Aufträge mussten eigenverantwortlich umgesetzt werden. Die Einsatzgruppen »erhielten«, schreibt Michael Wildt, »weitgehend freie Hand, um jeweils selbständig vor Ort Entscheidungen zu treffen«.[309] Von einem strikten Befehl in der von Höhn vorgelegten Logik von Fürst und Untertan kann also keine Rede sein. Vielmehr scheinen Heydrichs Befehle paradigmatische Beispiele eines preußischen Befehls und der Delegation von Verantwortung zu sein. Die Kontinuitätslinien zum preußischen Militarismus und Nationalsozialismus sind verwoben.

Der Vergleich von Befehlen macht deutlich, dass es sich bei Höhns Kontrastierung von autoritärem Führungsstil und Harzburger Modell nicht um Gegensätze handelt, sondern um Pole eines Spektrums. Jeder Befehl lässt Interpretationsspielraum. Der Unterschied ist nur die Größe des Spielraums. Dadurch verliert das Geschichtsnarrativ nicht nur an Schärfe. Das Harzburger Modell erscheint dann auch nicht mehr so deutlich als postnationalsozialistische Antwort, als die Höhn es darstellt.

Höhn geht es aber auch gar nicht um eine adäquate Beschreibung eines veralteten Führungsstils. Es geht ihm um die Zeichnung einer Kontrastfolie. Höhn verfährt dabei in der Nachkriegszeit wie er es immer tat, er versucht, in den Worten von Müller, »aus der Geschichte heraus Errungenschaften als Grundlage der eigenen politischen Lebenswirklichkeit zu lesen«[310]. Deshalb ist es ein Geschichts*narrativ*, weil es die Gegenwart legitimierend einschreiben will. Man selbst erscheint in einem solchen Vorgehen immer als logischer Schluss- und Höhepunkt. Auf einer Tagung referiert Höhn 1951 über Scharnhorst und spricht von der »Tradition in der Armee [...] an der Spitze des Fortschritts zu marschieren«[311]. Das gibt sicher auch seinen eigenen Blick auf das Harzburger Modell wieder.

Das Harzburger Modell und der Nationalsozialismus

Aber es ist nicht nur die Verbindung des Harzburger Modells mit der preußischen Militärtradition, die attestiert wurde. Schwerer wiegt der Vorwurf, Höhn habe die Prinzipien von SS-Führerversammlungen oder – allgemeiner gesprochen – die des Nationalsozialismus in die Nachkriegszeit übertragen. Bei Tim Schanetzky ist zu lesen, Höhn »sei es gelungen, die Prinzipien des SS-Führertums auf die Unternehmensführung zu übertragen.«[312] Auch

Ulrich Bröckling verweist mit Blick auf Reinhard Höhn auf »eine enge Verbindung zwischen den nationalsozialistischen Konzepten militärischer Führung und den Konzepten der Personalführung in der frühen Bundesrepublik«[313].

Um diesen Vorwurf zu bekräftigen, wurden Höhns Konzepte der Nachkriegszeit mit seinen nationalsozialistischen Texten verglichen.[314] Die Delegation von Verantwortung etwa taucht als Prinzip schon in seinen Texten der 1930er-Jahren auf. Sie ist »mit faschistischer Führungs-Gefolgschafts-Ideologie dann vereinbar, wenn die Integration der widersprüchigen (!) Gruppen gelungen ist«[315]. Das heißt, dieses Prinzip ist auch eines für den Nationalsozialismus, aber nur eines für das Innere der homogenisierten Volksgemeinschaft.

Pionierarbeit leisteten Otto Blume und Wilhelm Breuer, die schon 1972 in einem Gutachten für die Gewerkschaft Öffentliche Dienste, Transport und Verkehr (ÖTV) auf die Verbindungen des Harzburger Modells zu NS-Führungsvorstellungen eingingen.[316] »Auf Höhns Vergangenheit muß daher hingewiesen werden, weil bereits in seinen damaligen zahlreichen Schriften die Wurzeln seiner Führungskonzeption aufgezeigt werden können«[317], so fassen sie ihre Ergebnisse zusammen. »Denn ebenso wie heute das ›Harzburger Modell‹ bedeutete damals für ihn die NS-Herrschaft [...] die Absage an frühere ›autoritäre‹ Formen«[318]: »›Hier wird nicht regiert‹«, zitieren die beiden Höhn, »›nicht auf einem Herrscher-Untertanenverhältnis aufgebaut, sondern geführt.‹«[319] Und fahren fort: »Heute will Höhn mit seinem Modell an die Stelle des ›Betriebsuntertanen‹ den geführten ›Mitarbeiter‹ setzen; damals las sich das ähnlich: ›Adolf Hitler ist kein souveräner Herrscher, er ist Führer und kann als solcher keine Untertanen, sondern nur Gefolgsleute haben‹«[320]. Blume und Breuer sehen bereits die Verwandtschaften in Höhns Denken, die die Dekonstruktion seines Geschichtsnarratives offenlegte.

Johann Chapoutot redet nicht von Verwandtschaften. Er konstatiert, dass Höhn in »völliger Übereinstimmung mit dem, was er vor 1945 befürwortet hat«, sein Modell der Menschenführung entwarf.[321] Es gibt, konstatiert Chapoutot, keinen Bruch zwischen Höhns Ideen im Nationalsozialismus und der Nachkriegszeit, jedenfalls nicht »in ihren fundamentalen Intuitionen, ihren Postulaten und ihren Prinzipien«[322]. Diese Beobachtung ist eine sinnvolle Einschränkung, denn der Antisemitismus und das Konzept der »Rasse« spielen keine sichtbare Rolle mehr in Höhns Texten der Nachkriegszeit. Die Auslassungen verweisen auf die Aneignung seines alten Denkens und die Übertragung in die neue Ordnung. An bestimmte Grundprinzipien knüpft er wieder an.

Höhns Kritik am autoritären Führungsstil ist keine Idee der Nachkriegszeit. Sie entstammt den 1930er-Jahren und ist auf einer Linie mit der nationalsozialistischen Weltanschauung. Das Ziel ist Aktivierung und Disziplinierung zum Zweck der Stabilisierung der Ordnung und der Identifizierung mit dem Betrieb. Gefolgschaft und Führer sind terminologisch im Nachkriegsdeutschland verschwunden. An ihre Stelle tritt der Mitarbeiter, in der männlichen Form, der allerdings begrifflich, das zeigte sich bereits, auch im »Dritten Reich« schon existierte. Denn Mitarbeiter und Gefolgschaft schließen sich in der nationalsozialistischen Weltanschauung gerade nicht aus. Sie entsprechen sich.

Die Vermittlung zwischen Unternehmer und Arbeitnehmer findet im »Dritten Reich« durch die Begriffe Betriebsgemeinschaft und Gefolgschaft statt. Dem Nationalsozialismus ist der Mitarbeiter die prototypische Entsprechung des Gefolgsmannes. Das Harzburger Modell teilt mit ihm die Ablehnung des »interessegeleiteten Klassenkonflikt[s]«[323]. Es will eine »Überwindung des Klassenkampfes«[324]. Deshalb knüpft es an »integrationistische Gemeinschaftskonzepte an, die Reinhard Höhn vor 1945 entwickelt«[325] hat, auch wenn von der Gefolgschaft keine Rede mehr sein mag.

Es ist Adelheid von Saldern zu widersprechen, wenn sie schreibt, dass »Harzburger Modell grenzte sich von diesem nationalsozialistischen Führer-Gefolgschaftsmodell entschieden ab«[326]. Ganz so entschieden ist das nicht. Höhn grenzt sich meist nur von dem ab, was er den »absoluten Staat«[327] nennt. Er lässt offen, was damit gemeint ist und spielt damit, dass jede:r zuerst an das »Dritte Reich« denkt. Auch wenn Höhn die Beziehung Führer und Gefolgschaft nicht eins zu eins übernimmt – nicht terminologisch, vielleicht auch nicht konzeptionell – er hält sie (weiterhin) für einen Fortschritt gegenüber der Situation in der Weimarer Republik. Das allein zeigt seine politische Ausrichtung.

Es stellt sich die Frage, ob und wie er die Beziehung von Führer und Gefolgschaft anpasst und aneignet. Denn schließt man Höhns (indirektes) Lob für den Nationalsozialismus mit seinen Texten aus den 1930er-Jahren kurz, dann zeigt sich, dass Höhn die Beziehung zwischen Führer und Gefolgschaft gerade nicht mit der von Fürst und Untertan gleichsetzt. Das genaue Gegenteil ist der Fall. Höhn grenzt den Führer explizit ab vom Fürsten und Diktatoren. Es ist dasselbe Narrativ und dieselbe Absetzungsbewegung. Der Fürst wird somit zum negativen Tertium Comparationis, das den nachkriegsdeutschen Vorgesetzten und den nationalsozialistischen Führer vergleichbar macht.

Das wirtschaftliche Pendant zum Fürsten ist für Höhn der Fabrikherr des 19. Jahrhunderts. Er war »Eigentümer und damit der absolute Herr, der seine

Angestellten nach dem Befehls- und Gehorsamsprinzip souverän«[328] führte. Von dieser Figur wird der Vorgesetzte unterschieden. Er braucht Mitarbeiter:innen und muss versuchen deren Initiative »dem Unternehmen nutzbar zu machen«[329]. Wolfgang Schall wird gerade an diesem Punkt deutlicher. Indem er die »Führung im Mitarbeiterverhältnis« mit Führungstechniken im Militär in Beziehung bringt, tauchen auch die Kategorien Gemeinschaft und Kameradschaft wieder auf. Es sei unerheblich, ob das »gemeinschaftliche Band Kameradschaft genannt wird oder – unter sichtlich nicht voll übertragbaren Verhältnissen – Arbeitsgemeinschaft, Verbundenheit in demselben Rahmen, der alle in gemeinsamem Wirken etwas leisten läßt«[330]. Es »ändert nichts am Prinzip«[331]. Die Aufgabe des Führenden sei es zu »allen Zeiten« gewesen, »den Geist und den Einsatzwillen der Geführten zu aktivieren«.[332]. Ähnlichkeiten zu Höhns Ausführungen in »Vom Wesen der Gemeinschaft« drängen sich auf.

1934 unterscheidet Höhn zwischen Regieren und Führen.[333] Regieren setze »immer das Untertanenverhältnis voraus«[334]. Zeitgemäßer wie effizienter sei es aber zu führen. Das sieht er im Nachkriegsdeutschland nicht anders. Im Gegensatz zum Fürsten sollen der Führer wie der Vorgesetzte sich durch eine feinfühlige Art auszeichnen, sich auf ihre Untergebenen zu beziehen. Der Führer soll den »Geist der Gemeinschaft«[335] ausdrücken, er gehe »richtungsgebend«[336] voran, schreibt Höhn 1934. Das heißt, er hat eine enge Verbindung zu der Gemeinschaft, der er entstammt – und das heißt freilich: Als idealtypisches Leitbild *soll* er diese Verbindung haben. Das ist eine Behauptung im Gewand der Feststellung. Als Ideal vorgestellt, weiß der Führer, was die Gemeinschaft will und welche Potentiale sie hat, also was sie kann und zu was sie werden kann. Seine Autorität beruhe nicht auf Befehl und Gehorsam, sondern »auf Gefolgschaft, die auf gegenseitigem Vertrauen basiere«[337].

Der Vorgesetzte »achtet«, schreibt Höhn in der Nachkriegszeit, »die mit dem Delegationsbereichen gegebenen Grenzen gegenüber seinen Mitarbeitern«[338] und nimmt »keinerlei willkürliche Eingriffe«[339] vor. Genau das tue nämlich der »autoritär führende Vorgesetzte«[340]. Er greife »auf allen Ebenen« ein und könne überall »seine Anweisungen erteilen«.[341] Und dagegen wendet sich das Harzburger Modell. »Die Pflicht des Mitarbeiters, selbständig zu handeln und zu entscheiden, und die korrespondierende Pflicht des Vorgesetzten, den Mitarbeiter selbständig handeln und entscheiden zu lassen, sind die wesentlichen Elemente des Wandels im Führungsstil.«[342] Darin soll das Neue bestehen.

Es geht im Harzburger Modell um Aktivierung, Involvierung und die Nutzbarmachung der Mitarbeiter:innen. Deren Wissen und Können soll eingesetzt werden. Das hat Ähnlichkeiten mit dem nationalsozialistischen Gefolgschaftsbegriff. Die Analyse von Führen und Folgen sowie die Ausführungen zu betriebspolitischen Reformen in den Kölner Klöckner-Humboldt-Deutz-Werken zeigte, dass Führung auch hier schon als Aktivierung begriffen wurde.

Der Vorgesetzte als Mitarbeiter ist Höhns Leitbild. Er hat Führungskompetenz nicht, *obwohl* er genauso wie die Geführten sein soll, sondern *weil* er das ist. Bei Höhns Skizze des Führers zeigte sich, dass er diesen als Gleichester unter Gleichen konzipiert. Das ist beim Vorgesetzten nicht anders. Führer wie Vorgesetzter sollen als Vorbild vorangehen und ein Vorbild kann nur jemand sein, mit dem man sich vergleichen kann. Die Existenz einer Verbindung macht den Unterschied aus: Getrennt sind Untertan und Fürst, aber Führer und Gefolgsmann, Vorgesetzter und Mitarbeiter sind vereint: »Mit dem Prinzip der Gemeinschaft ist im übrigen die alte Vorstellung vom Untertanen überhaupt entfallen. In einer Gemeinschaft gibt es keine Untertanen mehr, sondern nur Genossen und Glieder des Volkes, zusammengeschweißt durch die Bindung der Führung und Gefolgschaft.«[343]

Beiden Figuren, dem Führer wie Vorgesetzten, liegt die Vorstellung einer Einheit zugrunde. Der Führer braucht, so Höhn in den 1930er-Jahren, eine Gemeinschaft, die als »aktive Gefolgschaft«[344] gedacht wird. Diese Gemeinschaft soll sich durch einen einheitlichen Willen auszeichnen. Nur vor dieser Annahme macht die Rede vom »Geist der Gemeinschaft«[345] Sinn. Der Vorgesetzte, um den sich Höhn in der Nachkriegszeit kümmert, braucht auch eine Gruppe, die er führt. Sie wird aber nicht mehr als Gefolgschaft vorgestellt, sondern als Summe von Mitarbeiter:innen.

Die Verbindungen zwischen Führer und Gefolgschaft und die zwischen Vorgesetztem und Mitarbeiter sind aber durchaus unterschiedlich. Höhns Überlegungen zu ersterer stammen aus den 1930er-Jahren. Er denkt sie als organische Beziehung. Aus der Gruppe erwachse geradezu natürlich ein Führer.[346] Seine Texte dazu versuchen zugleich, die Frage zu beantworten, wie sich daraus eine wirkliche Gemeinschaft herstellen lasse. In der Nachkriegszeit geht es nicht mehr um die Schaffung einer Gruppe, sondern um deren Verbesserung. Höhns Aufgabe als Management-Lehrer ist es jetzt, eine bereits bestehende Gruppe effizienter zu machen. Es geht also z. B. um die Einübung neuer Rollen, etwa wenn der Vorgesetzte einsieht, dass er lernen muss, an Mitarbeiter:innen abzugeben. Harmonisierung ist eine gemeinsame Grundlage der Führungsformen des Nationalsozialismus und des Harzburger Modells. Die Formen und Mittel der Harmonisierung unterscheiden sich freilich. Die Harmonisierung der nationalsozialistischen Betriebsgemeinschaft war wesentlich eine Homogenisierung. Sie hatte Verfolgung, Vertreibung und schließlich Vernichtung zur Grundlage. Erst auf dieser Grundlage spielten Aktivierung und Involvierung eine Rolle. Die Herstellung der Harmonie im nachkriegsdeutschen Betrieb führt dagegen im extremen Fall zu Kündigung, Mobbing und zu einer Schwächung der Arbeitnehmer:innen. Gemeinsam ist den Führungsformen, dass die Figur des Mitarbeiters genau wie die des Führers erst angerufen werden in einer harmonisierten Ordnung.

»Die Gründe für seinen vorhergehenden Erfolg«, resümiert Pongratz die Geschichte des Harzburger Modells,

> sind hingegen in der Verbindung militärisch-bürokratischer Traditionselemente mit Modernisierungsansprüchen der Versachlichung von Führungsbeziehungen zu suchen. Diese – gewissermaßen »entideologisierte« – Kontinuität machte das Konzept für Führungskräfte attraktiv, welche die Remilitarisierung im Nationalsozialismus miterlebt hatten und sich großenteils als Soldaten über lange Kriegsjahre in militärischen Führungsformen geübt hatten.[347]

Diese Entideologisierung war eine Entnazifizierung, die aber, das ist die dialektische Pointe, durchaus ihr NS-Erbe bewahrt. Denn entideologisiert wurden auch Traditionselemente aus dem »Dritten Reich« – militärische und solche der Menschenführung.

Das Harzburger Modell ist »Ausdruck jener Transformationsperiode der frühen Bundesrepublik«, schreibt Michael Wildt, »in der soziale Ordnungsmodelle wie die ›Volksgemeinschaft‹ durchaus weiterwirken, allerdings ihre Ausrichtung auf radikale antisemitische und rassenbiologische Exklusion verloren hatten«[348]. Die Entnazifizierung hebt in diesem Fall zwar nicht die inneren Integrationsmechanismen der Gemeinschaft auf, passt aber die ausschließenden Mechanismen an die neue Zeit an; nicht nur Bruch also, sondern auch Kontinuitäten.

Geht es bei der halbherzigen Entnazifizierung also vielleicht nur um einen Etikettenschwindel, nur um eine sprachliche Änderung, nicht um eine konzeptionelle? So wurde jedenfalls in dem Artikel »Führer befiehl – wir managen« der Zeitschrift »Konkret« argumentiert, mit dem zu dieser Fallstudie übergeleitet wurde:

> Als sich's der Dr. Reinhard Höhn so schön zurechtgelegt hatte, erkannte er, daß der ganze Gegensatz zwischen der Lebensbereichsarbeit im SD-Hauptamt und der Managerausbildung im Nachkriegsdeutschland eigentlich nur eine Sache der Wortwahl war. Den »Führer« ersetzte er durch die »Unternehmens-

führung«, die Volksgemeinschaft durch den Betrieb – und fertig war der Grundriß des »Harzburger Modells«.[349]

Doch ganz so einfach ist es nicht. Auch die Anrufung des Arbeiters ist eine andere. Sie wurde angepasst und übertragen auf die neue Zeit. Das spricht für eine konzeptionelle Veränderung. Diese zeigt sich dann, wenn man die Subjektform des Nachkriegsfordismus am Beispiel des Harzburger Modells untersucht. Denn die Figur des Mitarbeiters entkoppelt sich in der Nachkriegszeit von der Idee der Gefolgschaft und verändert sich dadurch. Die neue Subjektform ist zwar mit der im Nationalsozialismus analysierten verwandt, aber nicht identisch.

2.4 Das führende Selbst

Die nachkriegsdeutsche Gesellschaft bezeichnet Malte Thießen als »Volksgemeinschaft ohne Führer«[350]. Die Formulierung deutet Kontinuität wie Bruch an. Denn die Gemeinschaftsvorstellung lebte nach. Die Autor:innen von »Zur rechten Zeit« sprechen deshalb auch von der »post-nationalsozialistischen Volksgemeinschaft«[351]. Diese verlor allerdings einen ihr im Nationalsozialismus wesentlichen Bezugspunkt, den Führer. Vielleicht ist es also genauer, Thießens Formulierung leicht abzuwandeln und von der BRD als Volksgemeinschaft ohne *den* Führer zu sprechen. Denn auch wenn die Person des Führers verschwindet, die Figur des Führers verschwindet nicht. Sie verallgemeinert sich sogar.

Die Figur des Führers im Nachkriegsdeutschland ist der Vorgesetzte als Mitarbeiter. Diese Figur wird zum Leitbild. Ihre Heimat ist der Betrieb und damit die Ökonomie, ein Ort, der jetzt als vorpolitisch gilt. Der politischen Ökonomie scheint ihre Politik abhandengekommen zu sein. Der Mitarbeiter wird jetzt als jemand konzipiert, der führt.[352] Ich nenne diese Subjektform deshalb das führende Selbst. Es entspricht der Zeit des Nachkriegsfordismus oder »Konzernkapitalismus«, die sich um die »Figur des Direktors« und die der »Führungskräfte« organisierte.[353]

In einem Gutachten, das sich gegen die Einführung des Harzburger Modells im öffentlichen Dienst ausspricht, ist vom »geführten Mitarbeiter« die Rede, den Höhn an die Stelle des »Betriebsuntertanen« setzen will.[354] Die andere Seite dieser Ersetzung ist der führende Mitarbeiter, das Leitbild des fordistischen Nachkriegsdeutschland. Dieses führende Selbst ist eine Figur des Übergangs und damit Ausdruck einer Transformationsphase. Sein Vorgänger ist das folgende Selbst des »nationalsozialistischen Kriegsfordismus«[355], das in der Analyse der Betriebsreformen in der Klöckner-Humboldt-Deutz-Motorenfabrik in Köln sichtbar wurde. Sein Nachfolger ist das »unternehmerische Selbst«[356] des Postfordismus. Beide wurden bereits charakterisiert, aber erst jetzt, mit der Übergangsfigur, wird das Bild komplettiert. Nun gilt es, die Subjektform des Harzburger Modells abzugrenzen, ohne die Verwandtschaften zu verdecken. Was charakterisiert also das führende Selbst und wie lässt es sich unterscheiden von seinem Vorgänger und seinem Nachfolger, von dem folgenden Selbst und dem unternehmerischen Selbst?

Meine Überlegungen zum Harzburger Modell beziehen sich auf die Frage, inwiefern man es hier mit dem Nachleben des Nationalsozialismus zu tun hat. Bröckling denkt über das Harzburger Modell von der anderen Seite her nach, von unserer Gegenwart aus:

> Mit den neoliberalen Programmen der Responsibilisierung und Selbstorganisation hat das allerdings wenig zu tun. Im Gegenteil: Bei Höhn ging es vor allem darum, wie die Vorgesetzten die Kontrolle über ihre Mitarbeiter sicherstellen können, wenn sie nicht mehr jeden ihrer Arbeitsschritte überwachen wollen.[357]

Das führende Selbst wird also als kontrollierendes gedacht. Es ist wesentlich damit beschäftigt die eigene Führung sicherzustellen und ist damit deutlich weniger selbstreferentiell als das unternehmerische Selbst. Es handelt in einer hierarchisch geordneten Gemeinschaft.

Das unternehmerische Selbst steht dagegen für sich allein. Die Aktivierung der »Selbststeuerungspotenziale«[358] liegt in seiner Selbstverantwortung. Ziel ist es, »sich gut zu verkaufen«[359]. Es überlegt, wie es seine Ressourcen erfolgreich investieren kann, geht also vom eigenen Können aus und bildet sich weiter. Sein Telos ist Gewinn. Real steht zwar auch das unternehmerische Selbst in einer Hierarchie – stets gibt es einen Kontext, Vorgesetzte oder Kund:innen, Partner:innen oder Kolleg:innen – aber auf der Ebene der Logik der Leitbilder unterscheiden sich die Subjektformen. Das unternehmerische Selbst ist als atomisiertes denkbar, als einzelnes. Auf eine Formel gebracht könnte man sagen: Führung ohne Gemeinschaft.

Das folgende Selbst des Nationalsozialismus ist dagegen in eine Hierarchie und Gemeinschaft eingebunden. Es ist, weil es jemanden über sich hat. Die Gemeinschaft stiftet überhaupt erst die Führung. Die Hierarchie gibt dem folgenden Selbst Sicherheit und steckt die Grenzen der Kompetenzen und Entscheidungen ab. Erst der Ort innerhalb der hierarchischen Ordnung bestimmt es. Der Führer ist der, der evaluiert, der die eigene Leistung bewertet und durch aktivierende Maßnahmen zu steigern versucht. Das folgende Selbst überlegt selbstständig, wie es seinen Auftrag am erfolgreichsten umsetzt und der Gemeinschaft am besten dient. Sein Telos ist das Erstarken der Volksgemeinschaft, das heißt Herrschaft. Die Analyse der NS-Weltanschauung zeigt, dass bereits dieses Selbst als selbstverantwortliches vorgestellt wird. Auf eine Formel gebracht: Führung durch Gemeinschaft.

Das führende Selbst des Harzburger Modells ist die Vermittlungsfigur zwischen beiden. Es ist, weil es jemanden unter sich hat, hat aber zugleich auch jemanden über sich. Es überlegt, welche Entscheidungen zu treffen sind, wem was befohlen werden kann und soll, wie die Aufgaben des Vorgesetzten adäquat umgesetzt werden, wie kontrolliert wird und mit welchen Techniken die Eigeninitiative der Mitarbeiter:innen aktiviert werden kann. Sein Telos ist Macht. Das Telos unterscheidet sich durch den Radius. Nicht mehr die Herrschaft der Gemeinschaft wird anvisiert, sondern die Macht im Betrieb. Wie das folgende Selbst ist das führende durch die eigene Position im Gefüge bestimmt. Die soll nicht, wie beim unternehmerischen Selbst, permanent verbessert werden, sondern bestmöglich ausgeübt. Es ist Führer seiner selbst wie von anderen. Auf einen Satz gebracht: Führung in der Gemeinschaft.

Das führende Selbst ist eine Figur im Übergang. Die Logik des Unternehmers kündigt sich bereits an, ist aber noch überformt von der politischen Logik des Führers. Das zeigt sich z. B., wenn Höhn »die Pflichten des Mitarbeiters« beschreibt: »Die Pflicht, ständig darüber nachzudenken, wie das, was heute besteht, morgen verbessert werden kann. Der Mitarbeiter muß sich also in seinem Bereich unternehmerisch verhalten.«[360] Der entscheidende Unterschied springt sofort ins Auge. Noch geht es nicht um die Frage, wie *er selbst* verbessert werden kann, sondern es geht darum, Arbeitsabläufe besser zu strukturieren, Aufgaben genauer zu delegieren und Untergebene effizienter einzuteilen oder vorzubereiten.

Der Vergleich der drei Subjektformen ermöglicht einen neuen Blick auf die Frage nach Kontinuitäten und Brüchen der deutschen Nachkriegsgeschichte. Das Harzburger Modell steht für eine Subjektform, die als Nachleben des Nationalsozialismus verstanden werden kann, nicht im Sinne eines bruchlosen, sondern eines transformierten Fortlebens.

3. Schlussbetrachtung und Ausblick

> »Kann aber das, was für andere Epochen als selbstverständlich anzusehen ist, auch für die NS-Zeit gelten? Ist der Nationalsozialismus Geschichte, Geschichte im Sinne von Historie?«[361]
> *Dan Diner*

Das Verhältnis zur nationalsozialistischen Vergangenheit ist kompliziert. Im Hinblick auf die Arbeitsauffassung wurden hier Kontinuitäten und Brüche markiert. Das Harzburger Modell kann als ein Beispiel für ein kompliziertes Verhältnis zur Vergangenheit verstanden werden, als transformiertes Fortleben. Nicht das Verständnis von Arbeit als Dienst lebt hier fort. Auch die Vorstellung einer radikal völkisch gedachten Gemeinschaft gerät ein wenig ins Hintertreffen. Aufgehoben bleiben aber die Weisen des Führens und des Folgens, die Ideen der Involvierung und Aktivierung, die Grundlagen der NS-Arbeitsauffassung sind. Sie sind allerdings nicht ungebrochen aufgehoben, sondern werden angepasst. Aus dem Führer, der als Gefolgsmann seine Arbeit im Dienst an der Volksgemeinschaft ausführt, wird der Vorgesetzte, dessen Führungsstil die Mitarbeiter:innen anspornt und aktiviert. Aus dem Leitbild des folgenden Selbst wird das führende Selbst. Verwandtschaften zeigen sich in den Formen der Einschlüsse, in den Aktivierungstechniken, dem Leit- und Selbstbild sowie in den legitimierenden Narrativen, die oft auf Ideen aus dem »Dritten Reich« beruhen. Die Figuren Führer und Vorgesetzter ähneln sich in der Form, in der sie sich auf ihre Untergebenen beziehen, unterscheiden sich aber in ihrem Inhalt. Den Führer trennt vom Vorgesetzten seine ideologische Weltanschauung, seine Politik der politischen Ökonomie. Die Praktiken der Aktivierung und der Disziplinierung, auf die der Vorgesetzte des Harzburger Modells zurückgreifen kann, sind weniger repressiv. Sie knüpfen aber an Praktiken und Denkfiguren an, die im Inneren der Volksgemeinschaft erprobt wurden. Die im Nationalsozialismus das Selbstbild konstituierenden Ausschlüsse werden im Harzburger Modell zwar nicht thematisiert. Sie sind aber abrufbar. Das Sich-Einschreiben des Modells in eine lange deutsche Geschichte des Sonderweges ist explizit ein antiliberales Framing. Das NS-Erbe lebt im Harzburger Modell entnazifiziert fort.

Die betriebspolitischen Reformen in den Klöckner-Humboldt-Deutz-Werken inmitten des »Dritten Reichs« sind Vorformen solcher Aktivierungstechniken. Vorbildlichen, männlichen, deutschen Arbeitern wurden hier mehr Freiheiten und Eigenverantwortung zugestanden. Als Selbstkontrolleure durften sie ihre Produkte eigenständig auf Mängel überprüfen und wurden daher von einem Vorarbeiter befreit. Als Selbstkalkulatoren konnten sie sogar ihren Akkordlohn selbst festlegen. Die Maßnahmen blieben zwar eine Ausnahme, aber eine, die breit und positiv rezipiert wurde. Sie galt als Verwirklichung des Nationalsozialismus. Das ist weniger überraschend als es auf den ersten Blick scheinen mag, wenn man einen Schlüsselbegriff der politischen Ökonomie des Nationalsozialismus analysiert: Gefolgschaft. Dieser Begriff ist das theoretische Scharnier zwischen der NS-Arbeitsauffassung und betriebspolitischen Praktiken. Seine zentrale Stellung bekam der Begriff durch seine Rolle im Gesetz zur Ordnung der nationalen Arbeit von 1934, in dem der Unternehmer zum Betriebsführer und die Belegschaft zur Gefolgschaft umgedeutet wurden. Das Gesetz gab dem Betriebsführer eine enorme Machtfülle zurück, indem es die Mitbestimmung von Arbeiter:innen beschnitt. Die Pflicht des Betriebsführers sollte es sein, sich um seine Gefolgschaft zu sorgen, die ihm gegenüber wiederum zur Treue angehalten wurde. Die reale Entmachtung wurde durch eine symbolische Ermächtigung kompensiert. Der Beziehung von Betriebsführer und Gefolgschaft entsprach die Beziehungsweise Reaktion. Treue, Ehre, Leistung und Eigenverantwortung wurden zu den Schlüsselbegriffen der Führungsform des »nationalsozialistischen Kriegsfordismus«[362], die sich als Amalgam aus modernistischen und vormodernen Werten zeigte. Der Begriff der Gefolgschaft kennzeichnet den Nationalsozialismus aber weit über dessen Arbeitsrecht hinaus. An den Texten von Carl Schmitt und Helmut Schelsksy ließ sich die Bestimmung des Begriffs nachvollziehen. Der Nationalsozialismus soll demnach auf einer freiwilligen Gefolgschaft aufbauen, die einem auf Zwang und Befehl beruhenden Gehorsam gegenübergestellt wird. Dieser Begriff der Gefolgschaft ist die Grundlage für die Idee einer Aktivierung und Involvierung der Deutschen in die NS-Volksgemeinschaft. Die Involvierung sollte eine totale sein. Die Rede war vom »existentielle[n] Teilhaben und Teilnehmen«[363]. Der Dienst ist dessen alltäglicher Ausdruck. Der Fluchtpunkt ist das Opfer des eigenen Lebens, der Soldatentod als Prototyp.

Die Totalisierung ist im NS-Arbeitsbegriff selbst angelegt. Demnach ist Arbeit ein Dienst an der Volksgemeinschaft, der von Volksgenoss:innen aus Pflichtgefühl getan wird. Diese Idee steht im Mittelpunkt einer zentralen

Hitler-Rede von 1920. In dieser wird die »jüdische Anti-Arbeit« als Gegensatz zu »deutscher Arbeit« gesetzt. Das antisemitische Fremdbild konturiert hier das Selbstbild. Hitlers Grundgedanke blieb nicht folgenlos. Er wurde variiert und angeeignet, fand Eingang in ethische Überlegungen der Zeit und wurde in der Deutschen Arbeitsfront und dem Reichsarbeitsdienst institutionalisiert. In Aufmärschen und Ausstellungen wurde er inszeniert. Durch den Blick auf die Arbeitsauffassung ließen sich auch die Praktiken der Inhaftierung und Vernichtung als eine Einheit lesen. »Erziehung durch Arbeit«, Zwangsarbeit oder »Vernichtung durch Arbeit« waren Formen des Ausschlusses und der Gewalt, die sozialchauvinistischen, antiziganistischen, rassistischen und antisemitischen Vorstellungen des Nationalsozialismus entsprechen. Die Arbeitsauffassung legitimierte die Gewalt nicht nur, sie trieb sie auch voran und gab sie als notwendig aus. Hitlers Ideen haben aber eine doppelte Vorgeschichte, eine innernationalsozialistische und eine deutsche. Unmittelbar nach dem Ersten Weltkrieg veröffentlichten drei Gründungsfiguren des Nationalsozialismus Texte, die Hitlers Dichotomie von Sozialismus und »Mammonismus« vorwegnahmen. Die Texte von Anton Drexler, Gottfried Feder und Dietrich Eckart sind Ausdruck einer nationalsozialistischen Aneignung einer deutschen Geschichte, die im 19. Jahrhundert begann. Mit der Nationwerdung etablierte sich in Wissenschaft, Literatur und Politik die Vorstellung einer besonderen Beziehung der Deutschen zur Arbeit. Der Topos »deutsche Arbeit« war geboren, Ausdruck einer »Nationalisierung von Arbeit«[364] inmitten einer frühen Form von Globalisierung.

Von Gustav Freytags Romanfigur Anton Wohlfahrt im Nachgang des Deutschen Reiches von 1848/49 über Hitlers »deutschen Arbeiter« und das folgende Selbst im »Dritten Reich« bis zum führenden Selbst des Nachkriegsfordismus ist ein langer Weg – Luthers »deutsche Arbeit« avant la lettre einmal außen vorgelassen. Was im 20. Jahrhundert angeeignet und umgesetzt werden konnte, wurde im 19. Jahrhundert vorbereitet. Der Nationalsozialismus erweist sich als eine besonders radikale Variante einer längeren Geschichte. Die Arbeit und die »Arbeit« des Nationalsozialismus, also seine Taten wie seine Auffassung davon, führten zu einer »entgrenzte[n] Destruktivität«[365]. Der angestrahlte Schriftzug im Stammlager von Auschwitz, »Arbeit macht frei«, ist Zeugnis von der Überhöhung des Eigenen und der Abwertung der Anderen. Arbeit machte nicht frei, sie machte tot.[366]

Die Vergangenheit lebt fort. Der Nationalsozialismus beschäftigt die deutsche Gesellschaft weiterhin: als aufzuarbeitende Herausforderung, als politischer

Abgrenzungspunkt, als gefährliche Verheißungsideologie. Elemente des Nationalsozialismus sind weiterhin aktualisierbar. Bisweilen wird davon Gebrauch gemacht, wenngleich oft unter der Hand und dem Deckmantel des Unwissens. An die Vorstellung eines homogenen Volks, also einer Volksgemeinschaft wird zum Beispiel regelmäßig wieder angeknüpft.[367] Auch der Antisemitismus dient wieder verstärkt als Erklärungsmodell für globale Entwicklungen.[368] Nicht zuletzt die grassierenden Verschwörungsideologien legen davon Zeugnis ab. Die Corona-Pandemie ist hier nur Katalysator einer längeren Entwicklung. Auch der Glaube an die Überlegenheit der »deutschen Arbeit« und des deutschen Fleißes treibt neue Blüten, von Thilo Sarrazin bis Björn Höcke.[369] Bis zur nationalsozialistischen Verbindung dieses Selbstbildes mit rassistischen, antisemitischen, antiziganistischen oder sozialchauvinistischen Fremdbildern, bis zur Ablehnung von Nicht-Arbeit, von Bettelei und Ähnlichem ist es kein weiter Weg.

Die Analyse und Kritik der NS-Arbeitsauffassung kamen in der Forschung bislang zu kurz. Es ist erstaunlich, wie wenig sich die Auseinandersetzungen mit dem Nationalsozialismus um dessen Verhältnis zu Arbeit drehen, wenn man bedenkt, dass »Arbeit macht frei« eine der berühmtesten »Holocaust icons«[370] überhaupt ist. Die Leerstelle ist noch lange nicht geschlossen.

Was nach wie vor aussteht, ist eine Geschlechtergeschichte »deutscher Arbeit«. Sie wurde hier nicht geschrieben, nur angedeutet. Die nationalsozialistischen Vorstellungen vom »deutschen Arbeiter« sind männliche. Im Begriff des Gefolgsmannes wird das explizit gemacht. Zugleich ist die NS-Arbeitsauffassung aber fähig, Frauen zu integrieren. Durch eine Erweiterung des Arbeitsbegriffs, für den alles zu Arbeit wird, was der Volksgemeinschaft dient, werden auch Reproduktions- und Sorgetätigkeiten integriert. Weil Frauen aber dennoch weitgehend auf diese Tätigkeitsfelder festgelegt wurden, ist es sinnvoll von ausschließender Integration zu sprechen. Diese Festlegung änderte sich ganz praktisch mit dem Zweiten Weltkrieg. Immer mehr Frauen mussten in Fabriken arbeiten.[371] Es ist bislang kaum untersucht, ob und was das mit der Arbeitsauffassung gemacht hat.[372] Die »Fabrikation der ›deutschen Frau‹«[373] ist auch eine Fabrikation der deutschen Arbeiterin. Es wäre an der Zeit, die Schattenseite »deutscher Arbeit«, auf der sich die Anrufung von Frauen befindet, zu beleuchten.

Politisch drängt sich die Frage auf, inwiefern rechte Gruppen und Parteien heute an den Nationalsozialismus im Allgemeinen und an die Arbeitsauffassung im Besonderen anschließen. Lange Zeit schien niemandem mehr von Relevanz, die Idee »deutscher Arbeit« im hier verhandelten Sinne zu propagieren. Doch das änderte sich. Selbst- und Fremdbild »deutscher Arbeit« haben erneut Konjunktur, seit die neoliberale Ordnung in die Krise geriet: in eine ökonomische durch die Weltwirtschaftskrise 2008 f. und in eine politische, deren Ausdruck die sogenannte Sarrazin-Debatte war und der Vormarsch der Alternative für Deutschland (AfD) ist.[374] Daran änderte auch die Corona-Pandemie wenig. Die »Renaissance rechten und rechtsradikalen Denkens«[375] reaktualisiert auch die alten Bilder »deutscher Arbeit«. Metapolitisch spielt der Topos für die Rechte wieder eine Rolle. Noch ist allerdings nicht ausgemacht, ob und wie er zu Politik wird, ob es zu einer Nationalisierung von Arbeit im 21. Jahrhundert kommt.[376] Zugleich zeigt sich eine Tendenz der Inter-Nationalisierung. Die Vorstellung, dass die autochthone Bevölkerung fleißig ist, während Neuankommende als faul etikettiert werden, prägt viele rechte Strömungen – weltweit. Es wäre an der Zeit für eine systematische Untersuchung der Nationalisierung von Arbeit im 21. Jahrhundert sowie ihrer globalen Inter-Nationalisierung.

All das zeigt, dass man es hier nicht mit einem vergangenen Gegenstand zu tun hat. Der Nationalsozialismus ist nicht nur von historiografischer, sondern auch von historischer Bedeutung; von Bedeutung für die Gegenwart.[377] Sein Erbe beschäftigt uns bis heute.

EPILOG

Bausteine für eine kritische Theorie von Arbeit

> »Die Ideologie der Arbeit, die noch heute herrscht, ihre Verkappung in Gesellschaftstheorien idealer Intersubjektivität oder Interdiskursivität, ihre systematische Idealisierung und ihre praktische Tyrannei, wir selbst, sofern wir uns ihnen unterwerfen oder an ihnen teilhaben, gehören mit zu den Widerständen gegen die Durcharbeitung der faschistischen Arbeitssysteme.«[1]
> *Werner Hamacher*

Die Ideologie der Arbeit besteht fort. An ihrer Grundlage, die sich in der gesellschaftlichen Zentralität von Arbeit ausdrückt, hat sich nichts geändert. Nach wie vor ist die erfolgreiche berufliche Karriere das Ideal der bürgerlichen Leistungsgesellschaft.[2] Diesem Ideal entsprechen die neoliberalen Anrufungen an die Subjekte, in ihrer Arbeit aufzugehen und Unternehmer:innen ihrer Selbst zu werden.[3]

Deutsche Varianten dieser Ideologie predigen seit dem 19. Jahrhundert Gemeinnutz, besonderes Pflicht- und Treuegefühl, deutschen Fleiß und Arbeitsfreude. Aktualisierungen davon finden sich in der Gegenwart. Den Nationalsozialismus prägte eine radikale Variante dieser Ideologie. Er propagierte einen rassistisch konzipierten Gemeinnutz, überhöhte und nationalisierte Arbeit nicht nur, er formte sie um, radikalisierte sie, machte sie zum zentralen Mittel gesellschaftlicher Teilhabe und begründete darüber Ausschlüsse. Er formulierte zu Arbeit eine eindeutige Position, an der es sich abzuarbeiten lohnt.

Der Nationalsozialismus war eine regressive Antwort auf die Probleme moderner Arbeit und Vergesellschaftung. Wobei das »war« in diesem Satz suggeriert, dass man es mit einem vergangenen Phänomen zu tun hat. Doch dem ist nicht so. Elemente des Nationalsozialismus werden immer wieder – und in den letzten Jahren in zunehmendem Maße – reaktualisiert: Der Antisemitismus prägt in verstärktem Maße seit dem 11. September 2001 und zuletzt durch die Corona-Pandemie wirkmächtige Verschwörungsideologien, bricht sich in rechtsterroristischen wie islamistischen Anschlägen Bahn[4] und führt zu antiisraelischen Mobilisierungen, die Eskalationen im Nahen Osten, wie die im Mai 2021 durch immense Raketenangriffe der Hamas ausgelöste, zum willkommenen Anlass nehmen. Völkische Sozialpolitik scheint wieder eine Antwort auf die Fragen der Zeit zu sein und der Hass auf »Asoziale« und »Arbeitsscheue« kennzeichnet weiterhin Einstellungen bis weit in die Mitte. Die globale Rechte formiert sich und ist bisweilen auf dem Vormarsch. Gleichzeitig ist das Versprechen des Neoliberalismus seit der Weltwirtschaftskrise von 2008 weitgehend dekonstruiert. Auf die Phase des hegemonialen Neoliberalismus folgte eine, in denen die Versprechen der Rechten wieder Anklang fanden. In dieser Phase befinden wir uns bis heute. Ob die Corona-Pandemie hier eine Zäsur darstellt, wird sich erst noch zeigen müssen. Eine solidarische Lösung dieser Gesundheits- wie Gesellschaftskrise ist jedenfalls in weiter Ferne. Eine kritische Theorie von Arbeit muss sich mit der nationalsozialistischen Regression beschäftigen, weil sie der extremste Versuch einer rechten Revolte ist, einer von der die Rechte seitdem angezogen wie abgestoßen wird. Eine kritische Theorie von Arbeit muss dazu eine Gegenposition formulieren.

Das bürgerliche Lob der Arbeit impliziert die Abwertung der Nicht-Arbeit. David Hume glaubte, der »Handel reißt die Menschen aus ihrem Müßiggang«[5]. Adam Smith war von der »natürlichen Neigung des Menschen, zu handeln und Dinge gegeneinander auszutauschen«[6] überzeugt. Nicht-Arbeit erscheint damit als widernatürlich. Nur konsequent gab es für Henry Ford »nichts abscheulicheres als ein müßiges Leben. Keiner von uns hat ein Recht darauf. Die Zivilisation hat keinen Platz für Müßiggänger.«[7] Der Nationalsozialismus treibt diese Position bis ins Äußerste. Er sperrt »Arbeitsscheue« weg und zwingt sie zu Arbeit. Laut Hitler ist das Schlaraffenland eine Dystopie[8], Untätigkeit ein Betrug an der Gemeinschaft und deshalb moralisch falsch.

Kritische Theorien setzen seit jeher solchen Vorstellungen etwas entgegen, indem sie die Stimmen derer aufnehmen, die sich dem Arbeitswahn widersetzen, für Nicht-Arbeit einstehen, das Recht auf Faulheit predigen, den Müßiggang loben oder das Glück der Arbeitslosigkeit beschwören.[9] Laut Herbert Marcuse erinnerte Walter Benjamin daran, »daß es nicht um die Verbesserung, sondern um die Abschaffung der Arbeit geht«.[10] Die Situationistische Internationale forderte in diesem Sinne einst »ne travaillez jamais«[11] und die Gruppe Krisis die »Überwindung der Arbeit«[12]. Theodor W. Adorno begegnete dem kapitalistischen Produktivitäts- und Arbeitswahn mit einem in der

Einleitung bereits zitierten Einspruch. In einer befreiten Gesellschaft, so Adorno, könnten »Möglichkeiten ungenutzt« bleiben, sodass an die Stelle von »Prozeß, Tun, Erfüllen« »auf dem Wasser liegen und friedlich in den Himmel schauen« treten könnte, Nicht-Arbeit also.[13]

Diese kritischen Theorien von Arbeit handeln nicht von einer utopischen Zukunft, sondern von einer möglichen Gegenwart. Sie versuchen Tendenzen und Latenzen sichtbar zu machen, die im gesellschaftlichen Status Quo gründen, aber über ihn hinaustreiben. Es sind Theorien einer (möglichen) Welt *im Kommen*. Karl Marx argumentierte im sogenannten Maschinenfragment dafür, dass der Kapitalismus die Bedingungen seiner eigenen Abschaffung vorbereitet.[14] Demnach kann das Heute ein anderes Morgen ermöglichen. In diesem Marxschen Erbe zeichnet Aaron Bastani unter dem Schlagwort des »Fully Automated Luxury Communism« ein – freilich äußerst optimistisches – Bild einer Gesellschaft »beyond work«.[15]

Das Lob der Nicht-Arbeit ist aber nur die halbe Antwort auf die Probleme unserer Zeit. Noch herrscht die Arbeitsgesellschaft und es ist völlig unklar, ob ihr ein Ende bevorsteht. Sicher ist, dass sie sich in einer Krise befindet. Durch die mikroelektronische Revolution droht ihr etwas Wesentliches auszugehen: die Arbeit selbst. Denn durch den technischen Fortschritt kann immer mehr mit immer weniger Menschen hergestellt werden. Schon die Philosophin Hannah Arendt hat diesen sich zuspitzenden Widerspruch gesehen: »Denn es ist ja eine Arbeitsgesellschaft, die von den Fesseln der Arbeit befreit werden soll, und diese Gesellschaft kennt kaum noch vom Hörensagen die höheren und sinnvolleren Tätigkeiten, um derentwillen die Befreiung sich lohnen würde.«[16] Der Widerspruch wird sich ohne radikale Veränderungen kaum aufheben und die »objektive[] Krise der Arbeitsgesellschaft«[17] nicht beheben lassen. Die Automatisierung und Digitalisierung führen nicht zwangsläufig zu weniger, sondern gegebenenfalls auch zu schlechterer Arbeit. Horkheimer konstatierte in einer Diskussion mit Adorno schon in den 1950er-Jahren eine »falsche Abschaffung der Arbeit«[18] und Adorno warnte 1967 vor einem drohenden »Zeitalter der Automatisierung«[19], die das »Gespenst der technologischen Arbeitslosigkeit«[20] mit sich bringe. Die Krisenerscheinungen verschärfen die Lage nur.

Eine kritische Theorie kann angesichts dieser Krise nicht nur für Nicht-Arbeit einstehen, sie muss auch andere Arbeit fordern, nicht nur für die Abschaffung von Arbeit ist einzutreten, sondern auch für ihre Verbesserung. Neben das Lob der Nicht-Arbeit muss die Forderung einer radikalen Veränderung von Arbeit gestellt werden.

Die Forderung nach anderer Arbeit könnte ein zentraler Mosaikstein für eine emanzipatorische Behebung der Krise sein. »Wir brauchen einen eigenen Entwurf, eine eigene Erzählung«, schreibt die Journalistin Julia Fritzsche,

> eine eigene Idee von einem Leben, in dem möglichst viele Menschen gut zusammenleben und mehr als bislang aufeinander achtgeben. Eine eigene Geschichte, die Werte und Lebensweisen in Aussicht stellen, an denen möglichst viele Anteil haben wollen, die wir alle mitgestalten wollen. Einen Entwurf von einem Leben, der bessere Bedingungen für möglichst viele von uns darstellt. Einen Entwurf, der die Idee von Konkurrenz und Ausgrenzung in Frage stellt und ihr eine eigene Idee vom Zusammenleben entgegenstellt. Eine solche eigene Erzählung fehlt. Eine neue linke Erzählung.[21]

Die globale »autoritäre Revolte«[22] marschiert. Um sie aufzuhalten, bedarf es fraglos einer eigenen Erzählung, die rechten wie neoliberalen entgegengestellt werden kann.[23] Der Blick in die Geschichte und auf die Erzählungen der Rechten lehrt die dafür nötige Achtsamkeit und Bewusstheit, die »historical awareness«[24].

Kritische Theorien von Arbeit müssen in einer solchen Erzählung eine zentrale Rolle spielen. »Tiefrot und radikal bunt«[25] muss diese Erzählung sein. Sie muss »ökonomische Fragen und Fragen der *diversity* zusammen betrachten«[26] und sie muss eine kritische Position zur Zentralität von Arbeit formulieren, die zu Leid führt. Arbeit ist die zentrale gesellschaftliche Vermittlungsinstanz im Kapitalismus, »der zentrale Knotenpunkt in einem komplexen Netz weiterer sozialer Institutionen und prägt somit sowohl deren Verhältnis untereinander als auch das Verhältnis der Individuen zur Gesellschaft«[27]. Und diese Prägung ist allzu oft eine negative.

Bei aller Notwendigkeit einer eigenen Erzählung, eine Mahnung der Kritischen Theorie ist aber ernst zu nehmen. Versuche, eine andere Welt zu entwerfen und eine neue Erzählung zu schreiben, stehen mit beiden Beinen im Hier und Jetzt und sind davon geprägt. Das gilt auch für Philosophien von Arbeit – selbst für diejenigen, die an transformierende Tendenzen anknüpfen. Die bislang gemachten Vorschläge, Arbeit anders zu denken, haben sich »trotz ihrer visionären Ausrichtung, nur bedingt von den Vorstellungen der Arbeitsgesellschaft lösen können«[28]. Es war die Einsicht in die Grenzen des Denkens, die Adorno dazu brachte, zu schreiben, es lasse sich von der befreiten Gesellschaft nicht viel mehr sagen als, »daß keiner mehr hungern soll«[29]. Versteht man diese Einsicht, auch Bilderverbot[30] genannt, als Mahnung und nicht als

Verbot im wortwörtlichen Sinne, erst dann passt es zu einem anderen, viel zitierten Gebot Adornos, demnach man weder »von der Macht der anderen, noch von der eigenen Ohnmacht sich dumm machen«[31] lassen darf. Denn die Ohnmacht speist sich auch daraus, dass die Grenzen des eigenen Denkens durch die gesellschaftliche Verortetheit mitbestimmt werden. Die epistemischen Schwierigkeiten des Entwerfens einer neuen Erzählung sind kein genereller Einspruch gegen sie. Sie mahnen aber zur Umsicht.

Die Analyse der NS-Arbeitsauffassung und ihres Nachlebens ist die Grundlage, um nun zum Schluss Bausteine einer kritischen, sozialphilosophischen Theorie von Arbeit zu skizzieren. Philosophische Theorien von Arbeit sind nichts anderes als Arbeitsauffassungen, wenn sie mehr sein wollen als Dokumentationen des Bestehenden. Formulieren sie einen neuen Begriff, der aktuelle Probleme lösen will, fragen sie »wie gesellschaftliche Arbeitsverhältnisse gestaltet sein *sollten*«[32], sind sie als kritische Theorien von Arbeit zu bezeichnen.[33] Damit lassen sie sich in Beziehung setzen zu anderen Arbeitsauffassungen, gegenwärtigen wie historischen, und insbesondere zu der des Nationalsozialismus, die in vielerlei Hinsicht eine extreme Position innerhalb des Feldes der Arbeitsauffassungen darstellt.

Es ergeben sich drei Bausteine einer kritischen Theorie von Arbeit, die aufeinander verweisen. Zum Ersten muss eine solche Theorie ihre eigene Position zur Nicht-Arbeit reflektieren und einen positiven Bezug herstellen. Daraus folgt zum Zweiten – vielleicht paradoxerweise – auch die Forderung nach anderer Arbeit, die auf einer gänzlich anderen Idee der Gemeinschaft beruht und andere Formen der Führung nahelegt. Das verweist zum Dritten auf einen anderen Begriff von Arbeit, der einer anderen Logik und anderen Koordinaten der Theorie gehorcht. Diese drei Bausteine werden jetzt jeweils in Kontrast zur nationalsozialistischen Arbeitsauffassung dargestellt. Doch vorab noch einige Worte zum Verhältnis von Philosophie und Geschichte der »Arbeit«.

1. »Geschichtliche Gegenwart«

Zum Verhältnis von Philosophie und Geschichte der »Arbeit«

Friedrich Pollock, Soziologe und Ökonom im Institut für Sozialforschung, schrieb im amerikanischen Exil 1941 in ein Thesenpapier: »In den Marxschen Begriffen stimmt etwas nicht.«[34] Es war die Geschichte selbst, insbesondere die Katastrophen des 20. Jahrhunderts, so der Historiker Jan Gerber, der auf dieses Zitat verweist, die Marx' Kategorien »nicht unversehrt«[35] ließen, sondern beschädigten, sodass mit ihnen etwas nicht (mehr) stimmt. Zu greifen sei das insbesondere an der Rolle, die Arbeit in Auschwitz spielte, dem Ort, der zentral für das Denken des Kreises um Horkheimer und Pollock, ja, zum »nervus rerum der Kritischen Theorie«[36] wurde – auch wenn Pollock selbst Auschwitz als Chiffre noch nicht vor Augen gehabt haben mag. »In den nationalsozialistischen Vernichtungslagern«, so Gerber, »wurde das Gesetz vom Wert der Arbeit vor aller Augen außer Kraft gesetzt: die Arbeit der Häftlinge diente nicht mehr der Wertschöpfung, sondern ihrer eigenen Ermordung.«[37] »Die Geschichte«, damit beendet Gerber sein Buch über Marx in Paris, »beschädigte auch die [...] Kritik alles Bestehenden«.[38]

Angesichts des Nationalsozialismus, so Pollocks Einsicht, kann man sich nicht mehr bruchlos auf die Kategorien beziehen, die Marx' Philosophie und politische Ökonomie prägten. Werner Hamacher brachte einen ähnlichen Gedanken zu Papier: »Alle Begriffe sind seit dem Nationalsozialismus Ruinen. Sie sind nicht bloß stigmatisiert, nicht nur beschädigt, sie sind Trümmer.«[39] Das gelte auch – und insbesondere – für den Begriff der Arbeit. Auf Arbeit als theoretischer Kategorie und gesellschaftlichem Phänomen, kann man – spätestens – nach Auschwitz nicht mehr unumwunden setzen. Die destruktive Seite von Arbeit wurde offenbar und die »entgrenzte Destruktivität«[40], die sich auch durch die NS-Arbeitsauffassung Bahn brechen konnte, veränderte die Bedingungen für kritisches Denken. Hinter die Erkenntnis dessen, so möchte ich zuspitzen, was Arbeit für den Nationalsozialismus bedeutet, darf keine Sozialphilosophie von Arbeit zurückfallen.

Wie Pollock wusste, hat Horkheimer einige Jahre zuvor kritische Theorie als eine bestimmt, die Erfahrungen ernst nimmt, die die Empirie und die »Gesellschaft selbst«[41] zu ihrem Gegenstand hat. Sie ziele »nirgends bloß auf Vermehrung des Wissens als solchen ab, sondern auf die Emanzipation des Menschen aus versklavenden Verhältnissen«[42].

Kritische Theorie wird von Horkheimer also als auf Emanzipation zielend bestimmt. Unschwer zu erkennen, dass er sich hier zu dem Marxschen kategorischen Imperativ bekennt, nach dem »alle Verhältnisse umzuwerfen [sind], in denen der Mensch ein erniedrigtes, ein geknechtetes, ein verlassenes, ein verächtliches Wesen ist«[43]. Arbeitsverhältnisse sind allzu oft solche Verhältnisse.

Kritisches Denken beschreibt Horkheimer als »Konstruktion der geschichtlichen Gegenwart«[44]. Denn die Gegenwart ist angereicherte Geschichte.[45] Die historisch-philosophische Rekonstruktion vergangener Gegenwarten ist für die Konstruktion der geschichtlichen Gegenwart unerlässlich, sie ist Teil der Beschäftigung mit Empirie. Für die Denker der ersten Generation der Kritischen Theorie war insbesondere die Beschäftigung mit dem Nationalsozialismus und der Shoah unerlässlich. »Seit den ersten Nachkriegsjahren«, schreiben Adorno und Horkheimer Ende der 1950er-Jahre im Vorwort zu einer historisch-soziologischen Arbeit über die »Vorgeschichte des politischen Antisemitismus«, »hat die Chance der geopferten Juden auf solches Eingedenken in Europa abgenommen und ist auf die Wenigen angewiesen, deren Wille zur richtigen Zukunft mit der Absage an die Wiederholung sich die Analyse des Vergangenen auferlegt.«[46] Kritische Theorie, auch die von Arbeit, muss sich, will sie an der Emanzipation festhalten, die Analyse des Vergangenen auferlegen. Keine Philosophie der Arbeit, die nicht zugleich eine Geschichte von Arbeit ist.

Die Beschäftigung mit der NS-Arbeitsauffassung ermöglicht nun die Skizzierung von Bausteinen für eine kritische Theorie von Arbeit. Es geht dabei nicht um die Arbeit selbst, sondern um Theorien und Ideologien von Arbeit, um Zuschreibungen, Setzungen und Bilder, um »Arbeit« in Anführungszeichen.

2. Für Nicht-Arbeit

Jede Theorie von Arbeit ist immer, auch wenn sie das nicht sieht, zugleich eine Theorie der Nicht-Arbeit. In der Bestimmung dessen, was als Arbeit gilt, wird die Nicht-Arbeit automatisch als Schattenseite gesetzt. Daran, wie auf Nicht-Arbeit Bezug genommen wird, lassen sich kritische Theorien von anderen unterscheiden.

Der NS-Arbeitsbegriff macht alles zu Nicht-Arbeit, was nicht im Dienst an der Volksgemeinschaft getan wird. Der Phänomenbereich Nicht-Arbeit weitet sich damit dramatisch aus, selbst im beruflichen Kontext kann man sich jetzt dem Vorwurf der Nicht-Arbeit aussetzen, was Sanktionen nach sich ziehen kann. Nicht-Arbeit gilt als Verfehlung, die abgeschafft gehört. Denn für den Nationalsozialismus sind Nicht-Arbeiten überflüssige und störende Praktiken, die es einzudämmen gilt. Was nichts nützt, gilt als unnütz. Die Entwertung von Menschen folgt dieser Logik auf dem Fuß. Wer als »arbeitsscheu« eingestuft wurde, wurde verfolgt. Hierin zeigt sich der Nationalsozialismus als radikalste Form eines Denkens, das in verwandter Form auch (neo-) liberale Positionen prägt. Auch diese schätzen Nicht-Arbeiten als minderwertig ein und zielen darauf, Menschen zu aktivieren und zu sanktionieren, die nicht als »Leistungsträger« gelten.[47]

Eine kritische Theorie bezieht sich dagegen positiv auf Nicht-Arbeit. Sie will sie aufwerten. Für Marx beginnt im »Reich der Freiheit« erst »die menschliche Kraftentwicklung, die sich als Selbstzweck gilt«.[48]. Dessen Bedingung ist allerdings das »Reich der Notwendigkeit«, welches geprägt ist durch »das Arbeiten, das durch Not und äußere Zweckmäßigkeit bestimmt ist«, weshalb Marx in derselben Passage eine »Verkürzung des Arbeitstags« fordert.[49] Das marxsche »Versprechen«[50], als solches begreift es Werner Hamacher in seinem Aufsatz zur Warensprache, geht noch einen Schritt weiter. Es ist das Versprechen der »Befreiung von der Arbeit«[51], allerdings der Befreiung von »der erzwungenen und warenproduzierenden Arbeit«[52]. Deshalb schreibt Hamacher, dass Marx in ebendieser Passage nicht die »Befreiung *von* der Arbeit«[53], sondern die »Befreiung *zu* ihr«[54] verspreche. Es gehe ihm um die Befreiung der Arbeit »von ihr selbst«[55]. Arbeit würde dann zum Selbstzweck – und wäre keine Arbeit im kapitalistischen Sinne mehr. Die Passage verbindet damit deutlich zwei im Marxschen Werk oft getrennte und unvermittelte Argumentationen. Marx scheint mal die Emanzipation *durch* Arbeit zu fordern, das andere Mal die Emanzipation *von* der Arbeit. Das hat Robert Kurz dazu bewegt vom »doppelten Marx«[56] zu sprechen. Hamacher versucht hier, die beiden Argumentationsstränge zu verbinden. Die marxsche Vorstellung einer Emanzipation durch Arbeit brächte eine Arbeit hervor, die keine mehr wäre. Sie wäre damit zugleich die Emanzipation von der Arbeit.

Die Forderung nach der Abschaffung von Arbeit ist die radikalste Variante der Aufwertung von Nicht-Arbeit. Auch kritische Theorien, die so weit nicht gehen wollen, müssen aber eine Aufwertung fordern. So oder so, Formen der Solidarität, der Muße oder des Müßiggangs, der Faulheit oder der Verweigerung, sind soziale und gesellschaftliche Praktiken, die nicht im Begriff der Arbeit aufgehen, ja Arbeitslogiken geradezu trotzen, aber dennoch – oder vielleicht gerade deswegen – sinnstiftende Praktiken sind und das Leben bereichern. Sie sind in einer kritischen Theorie von Arbeit nicht ab-, sondern aufzuwerten, weil sie Zeugnisse von Situationen sind, in denen Menschen, und vielleicht nur für den Moment, keine geknechteten Wesen mehr sind.

Von feministischen Kritiken kann gelernt werden, welche Auswirkungen eine Theorie hat, die Arbeit überhöht und – bemerkt oder unbemerkt – Nicht-Arbeit abwertet. Indem unbezahlte Haushalts- und Sorgetätigkeiten, *Care work*, als Nicht-Arbeiten gelten, werden sie nicht als relevante, gesellschaftliche Tätigkeiten anerkannt. Die Forderung »Lohn für Hausarbeit« versuchte diese Setzung zu verändern. Hausarbeit sollte als Arbeit anerkannt werden und eine Aufwertung erfahren. Radikalere Positionen sahen diesen Kampf um Lohn zugleich als Kampf gegen den Lohn an und damit gegen die kapitalistische Verfassung von Arbeit insgesamt.[57]

Eine kritische Theorie von Arbeit muss Haushalts- und Sorgetätigkeiten selbstverständlich als Arbeit anerkennen und integrieren. Der Nationalsozialismus tut das aber auch. Das Kriterium des Dienstes integriert Haushalts- und Sorgetätigkeiten, solange sie im Dienst an der Volksgemeinschaft getan werden. Der Kontrast deutet an, dass die reine Integration noch nicht reicht, die durch eine Erweiterung des Arbeitsbegriffs geschaffen wird. Ändert sich real nichts an der Abwertung solcher Tätigkeiten, ist die Integration in den Arbeitsbegriff nur symbolischer Art.

Diese Überlegungen zu Nicht-Arbeit zeigen, dass es auch der Forderung nach anderer Arbeit bedarf – selbst dann, wenn man sich dem utopischen Traum einer Befreiung von der Arbeit anschließt. Marx sprach, viele Jahre bevor er die zitierte Stelle schrieb, mit Engels davon, dass die »kommunistische

Revolution« die »*Arbeit* beseitigt«.[58] Das aber wird durch einen Halbsatz ergänzt. Diese Revolution richte sich nämlich »gegen die bisherige *Art* der Tätigkeit«[59]. Es geht also nicht nur um Nicht-Arbeit. Es geht auch um andere Arbeit.

3. Für andere Arbeit

In der kapitalistischen Moderne ist Arbeit die zentrale Instanz gesellschaftlicher Vermittlung. Dass Nicht-Arbeit nicht im selben Sinne als wichtig gilt, hat wesentlich mit dieser Stellung von Arbeit im gesellschaftlichen Gefüge zu tun. Eine kritische Theorie von Arbeit aber zielt, wenigstens wenn sie sich in der Nachfolge Horkheimers versteht, auf Emanzipation, also auf eine post-kapitalistische Gesellschaft. Die Zentralität von Arbeit steht damit in Frage. Dass Menschen ihre Arbeitskraft anbieten müssen, um zu überleben, ist ein historischer Nexus. Seinen ökonomischen Ausdruck nannte Marx schlicht Ausbeutung. Dieser Nexus muss hinterfragt werden, ohne dass dadurch auf vormoderne Vermittlungsprinzipien der Abstammung oder Herkunft zurückzufallen ist, im Vergleich mit denen Arbeit eine vergleichsweise progressive Rolle einnimmt. Es geht um nichts weniger als eine »Entflechtung von Arbeit und Essen«[60], wie es mit Blick auf die Forderung nach einem bedingungslosen Grundeinkommen formuliert wurde. Eine Arbeit, die diesen Nexus überwunden hätte, wäre aber andere Arbeit. Sie wäre anders organisiert und strukturiert. Um andere Arbeit denkbar zu machen, ist es hilfreich, »Arbeit von ihren fransigen Rändern her zu denken, von dem, was sie auch sein könnte, was sie einmal war, oder was sie ist, ohne dass wir uns dessen bewusst sind«[61].

Mit dem Arbeitsbegriff wird automatisch auch ein Bild der Arbeitenden transportiert. Antonio Gramsci sprach vom »Arbeitertypus«[62], den der Fordismus herstelle, Ulrich Bröckling von einer Subjektform, dem »unternehmerischen Selbst«.[63] Daran anschließend nenne ich das Selbst des »nationalsozialistische[n] Kriegsfordismus«[64] das folgende Selbst, das des Nachkriegsfordismus das führende Selbst. Je nachdem, welches Bild der Arbeitenden gezeichnet wird, werden andere Formen der Menschenführung denkbar. Eine kritische Theorie der Arbeit muss sich dessen bewusst sein und die Frage danach, wieviel Führung und welche Art der Führung nötig ist, explizit stellen. Als Alternative zum »Managerialism«[65] des Neoliberalismus wurde etwa ein »kooperatives Management«[66] vorgeschlagen, das sicher eine Alternative, aber keine radikale ist. Formen kollektiver Selbstverwaltung gehen über solche Formen des Managements bereits hinaus.

Kooperation, Freiwilligkeit und Selbstbestimmung müssen an die Stelle von Konkurrenz, Verpflichtung und Aktivierung treten. Demokratische Prinzipien müssen gegen den neoliberalen »Managerialism« gestellt werden, der die Leistung der Einzelnen evaluiert und bewertet. Wo der Nationalsozialismus glaubt, es ginge um Führen und Folgen, muss es einer kritischen Theorie von Arbeit um kollektive Formen der Selbstbestimmung gehen. »Die einzig wahrhafte Kraft gegen das Prinzip von Auschwitz«, schreibt Adorno, »wäre Autonomie [...]; die Kraft zur Reflexion, zur Selbstbestimmung, zum Nicht-Mitmachen«.[67]

Wahre Freiwilligkeit und Selbstbestimmung statt Verpflichtung und Aktivierung sind am Ende aber Forderungen, die mit dem Kapitalismus, dem neoliberalen sowieso, kaum vereinbar sind; wenigstens unter der Voraussetzung, dass nicht das eigene Überleben von dem Verkauf der Arbeitskraft abhängt. Zwar ist die Teilnahme am Markt heute bereits auf eine bestimmte Art freiwillig, jedenfalls freiwilliger als in der Verpflichtungs- und Aktivierungs-Logik des Nationalsozialismus, aber um den Preis, den eigenen Lebensunterhalt dann nicht verdienen zu können. Hier zeigt sich das ganze Spektrum: Im NS-Arbeitsbegriff wird Arbeit als Dienst verstanden und als anzunehmende Pflicht gesetzt; der neoliberale Begriff verlangt weniger vehement, dass jede:r mitmacht, aber er lässt im Prinzip auch keine Wahl. Im Streben nach Emanzipation eröffnet ein kritischer Arbeitsbegriff hier neue Möglichkeiten, vielleicht vorerst nur utopischer Art: »Jede:r kann, keine:r muss, aber für alle wird gesorgt« könnte eine neue Logik von Arbeit stiften.

Diese Formel wirft eine:n zurück auf die Gemeinschaft, auf die Arbeit sich immer bezieht. Mit dem Arbeitsbegriff wird immer eine Entität gesetzt, in der und für die gearbeitet wird. Die Reflexion auf sie ist notwendig. Denn wer gehört dazu, wer nicht? Im Fall des Nationalsozialismus zeigt sich, dass die Forderung nach Gemeinwohlorientierung mit rassistischen und antisemitischen Ausschlüssen vereinbar ist. Aber Gemeinnützigkeit, die sich nur auf eine arisch vorgestellte Gemeinschaft bezieht, ist keine. An der NS-Arbeitsauffassung sieht man besonders deutlich, dass Vorstellungen von Arbeit mit Vorstellungen darüber, wie man sich zueinander verhalten soll, verbunden sind. Der nationalsozialistischen Beziehungsweise Reaktion, Führer-Gefolgschaft, ist explizit eine »Beziehungsweise Revolution«[68] entgegenzuhalten. Statt Kameradschaft ist Solidarität als Ideal zu bestimmen.

Die Gemeinschaft der Arbeitenden bezieht sich immer auf einen größeren Kreis als den der Arbeitenden. Alte und Kinder sind in jedem Arbeitsbegriff Adressat:innen von Leistungen, die sie nicht erwidern, nicht mehr oder noch nicht. Was ist aber mit denjenigen, die sich der Mitarbeit verweigern? Jean-Jacques Rousseau schrieb in »Emile«: »Sobald also ein Teil der Menschen müßig ist, muß die gemeinsame Leistung derer, die arbeiten, den Ausgleich schaffen für den Müßiggang derer, die nichts tun.«[69] Ein kritischer Arbeitsbegriff muss eine inklusive und offene Gesellschaft anstreben, die auch diejenigen zu integrieren versucht, die sich weigern. Sie müsste zudem von ihrer Gemachtheit wissen. Gemeinschaften und Gesellschaften sind nicht als gegebene hinzunehmen, geschweige denn als natürliche zu verklären, sondern als etwas, das geschaffen wird, zu begreifen, das homogenisiert oder heterogenisiert wird. »Die Frage nach dem ›Wir‹ bleibt somit ein prägendes Motiv der politischen Praxis«[70] und der »Kampf um die Gemeinschaft«[71] auch eine »theoretische Aufgabe«[72]; nicht zuletzt für kritische Theorien von Arbeit.

Vielleicht ist es nicht unpassend einen Gedanken auf Arbeit zu übertragen, den der Sozialphilosoph Christoph Menke mit Blick auf das Theater – und die Arbeit, die im Theater geleistet wird – formuliert. Ein avantgardistisches Theater mache »Theater, um das Theater zu besiegen – *theatre to defeat theatre.*«[73] Die »Avantgarden« reagieren auf Kritik am Theater, »indem sie sie selbst hervorbringen. Die Kritik am Theater wird also zu dessen Apologie, indem sie ein neues, *anderes* Theater hervorbringt, das nichts anderes als seine eigene Kritik ist.«[74] Übertragen auf Arbeit könnte das heißen, dass eine Kritik an Arbeit diese nicht abschafft, sondern eine andere Arbeit hervorbringt; eine Arbeit, die als Arbeit die Kritik der Arbeit einarbeitet, die die Ressourcen, die sie verbraucht, die Verhältnisse, die sie herstellt und die sie bedingen, sowie die Zeit, die sie gibt oder nimmt, verändern und anpassen kann, sodass ein gutes Leben für alle möglich wird: *Work to defeat work.*

Das darf aber nicht damit verwechselt werden, Arbeiten sinnlos zu verrichten und sie damit ihres instrumentellen Charakters zu berauben. Die äußerste Form solcher Arbeit mussten Menschen in NS-Konzentrationslagern verrichten. Überlebende berichten von Steinhaufen, die von links nach rechts geschleppt werden mussten, um anschließend wieder von rechts nach links transportiert zu werden.[75] Diese Arbeit hatte nur einen Zweck: Menschen zu erniedrigen und zu vernichten. Das ist keine Arbeit mehr, das ist Folter. Sie hebt Arbeit negativ auf.

Stattdessen ist *Work to defeat work* im emanzipatorischen Sinne zu verstehen. Marx und Engels deuten diesen Sinn in ihren Frühschriften an, wenn sie davon reden, dass in einer kommunistischen Gesellschaft,

> wo Jeder nicht einen ausschließlichen Kreis der Tätigkeit hat, sondern sich in jedem beliebigen Zweige ausbilden kann, die Gesellschaft die allgemeine Produktion regelt und mir eben dadurch möglich macht, heute dies, morgen jenes zu tun, morgens zu jagen, nachmittags zu fischen, abends Viehzucht zu treiben, nach dem Essen zu kritisieren, wie ich gerade Lust habe, ohne je Jäger, Fischer, Hirt oder Kritiker zu werden[76].

Sie sprechen hier die Weigerung aus, Arbeit zum Beruf zu machen und damit ein Leben lang auf eine Tätigkeitsform geradezu schicksalhaft festgelegt zu sein. Die Aufhebung von Arbeit, die in dieser Vorstellung steckt, ist die Aufhebung des Berufs. Diese Arbeit wäre eine Kritik der Arbeit. Sie entspräche einem anderen Begriff von Arbeit. Sie wäre andere Arbeit.

4. Für einen anderen Begriff von Arbeit

Hitlers Grundgedanke, Arbeit ist ein Dienst an der Volksgemeinschaft, verweist auf einen spezifischen Begriff von Arbeit. Demnach sind es nicht verschiedene Arten von Tätigkeiten, die diese zu Arbeit oder Nicht-Arbeit machen, sondern die Weise *wie* sie ausgeführt werden, mit welcher Haltung sie getan werden. Mit dieser Gegenüberstellung kann Hitlers Begriff in eine lange Tradition »deutscher Arbeit« gesetzt werden. »Nicht *was*, sondern *wie* einer arbeitet, zählt,«[77] resümieren Schatz und Woeldike diese Tradition. Das Wie verweist unmittelbar auf die Individuen als Träger:innen dieser Haltung. Sie rücken in den Fokus, sie arbeiten genug oder zu wenig, leisten ihren Dienst oder nicht. Das sanktionierende Arbeitsethos ist hier bereits im Grundbaustein angelegt. Auf das Wie der Arbeit schielend wird Tür und Tor für Sanktion und Ausschluss geöffnet, für moralisierende Be- und Verurteilungen.

Eine kritische Theorie von Arbeit muss dagegen die Verhältnisse in den Blick rücken, in denen gearbeitet wird – und werden muss. Dann ist sie einer Ideologiekritik adäquat, die auf »Verhältnisse *als* Verhältnisse«[78] zielt. Das spiegelt sich im Arbeitsbegriff etwa dann wider, wenn weder das Was noch das Wie der Arbeit als ausschlaggebendes Kriterium bestimmt wird, sondern das *Wozu* einer Tätigkeit darüber entscheidet, ob sie als Arbeit gilt oder nicht. Einen solchen Arbeitsbegriff, das wurde bereits zitiert, schlagen die Autoren von »The Return of Work in Critical Theory« vor. Arbeit ist demnach jede Tätigkeit, die nicht allein zum Vergnügen getan wird.[79] Der Hinweis auf das Wozu erhellt nicht nur, aus welchen Gründen von wem gearbeitet wird, sondern insbesondere auch, wovon Menschen getrennt sind. Diejenigen, die keine Produktionsmittel besitzen, sind als doppelt freie Lohnarbeiter:innen gezwungen, ihre Arbeitskraft zu verkaufen.[80] Für einen solchen Arbeitsbegriff ist entscheidend, »in welchem gesellschaftlichen Kontext die jeweilige Tätigkeit stattfindet«[81]. Das »Wozu« verweist auf die Verhältnisse, in denen gearbeitet wird und damit auf das zentrale Charakteristikum des Kapitalismus, das im Hitlerschen Wie verdeckt wird – auch deshalb ist der Nationalsozialismus Ideologie.

Die Ausführungen zu den unterschiedlichen Begriffen von Arbeit verweisen auf verschiedene Logiken der Begriffe. Den NS-Arbeitsbegriff prägt eine Logik, die in der im KZ Buchenwald angebrachten Devise »Jedem das Seine« ausgedrückt ist. Nach dieser hat jede:r einen festen Platz im Gefüge Volksgemeinschaft, der am besten passe und die beste Leistung gewährleiste und ermögliche.[82] Der Devise nach bekommt jede:r das, was ihm:ihr zusteht. Für KZ-Insassen sollte das bedeuten eingesperrt, gequält und ermordet, für (willige) Volksgenoss:innen aktiviert und involviert zu werden. Bezogen auf Arbeit setzte sich das um in »adelnde« Arbeit für die »Herrenmenschen«, Zwangsarbeit und »Vernichtung durch Arbeit« für die »Untermenschen«.[83]

»Jedem das Seine« ist in seiner nationalsozialistischen Form die radikal zu Ende gedachte *und* rassistisch gewendete Form des bürgerlichen Leistungsprinzips. Hitler beschreibt die Logik dieser Form:

> Wenn aber das Wort Sozialismus überhaupt einen Sinn haben soll, dann kann es nur den haben, in eiserner Gerechtigkeit, das heißt in tiefster Einsicht jedem an der Erhaltung des Gesamten das aufzubürden, was ihm dank seiner angeborenen Veranlagung und damit seinem Werte entspricht.[84]

Jede:r hat damit die Pflicht seinen schicksalshaft zugeordneten Beitrag zu leisten und aus diesem ergibt sich, wieviel die Einzelnen erwarten können: »Jeder muss wissen«, resümiert Robert Ley, »daß er nur soviel von der Gemeinschaft verlangen kann, als er bereit ist, der Gemeinschaft zu geben;«[85] das nationalsozialistische Quid pro quo.

Weiß man vom Nationalsozialismus nichts, erscheint die Formel »Jedem das Seine« passend für bürgerliche Verhältnisse. Ihre kontextlose Verwendung als Hashtag in den Sozialen Medien beweist das. Die Formel ist auch weitaus älter als der Nationalsozialismus. Ihre Geschichte geht bis ins antike Griechenland zurück und findet sich – sinngemäß, nicht wortwörtlich – in Platons »Politeia«.[86] Wie bei vielen Begriffen – Führung, Leistung, »deutsche Arbeit« wurden als Zeugnisse dafür in diesem Buch genannt – hat der Nationalsozialismus die Formel nicht entstellt oder missbraucht, sondern eine vorhandene, innere Tendenz radikal ins Äußerste getrieben; so weit bis »Jedem das Seine« zur Legitimierung von Verbrechen herhalten konnte. Die Formel steht nicht nur synonym für »das sprichwörtliche Ideal der bürgerlichen Erwerbsarbeit«[87], das das »Glück des Tüchtigen«[88] fordert, sondern verweist auch auf die Kehrseite dieses Ideals, das den Untüchtigen Unglück ankündigt. Im KZ Buchenwald konnte die Torinschrift von Innen gelesen werden, als Botschaft an die Insassen. Das nationalsozialistische »Jedem das Seine« macht aus dieser Ankündigung von Unglück Wirklichkeit.

Der Dramatiker Heiner Müller, darauf weist Christoph Menke hin, lässt Hitler in einem fiktiven Monolog kurz vor seinem Selbstmord im Führerbunker die Logik des Nationalsozialismus auf den Punkt bringen und der des Kommunismus gegenüberstellen.[89] Der Faschismus, so heißt es dort, stehe für »die einfache und volkstümliche Wahrheit *für alle reicht es nicht*«, während der Kommunismus »*Keiner oder Alle*« predige.[90] Die Formel »Jedem das Seine« ist die Rechtfertigungslogik, um aus dem »für alle reicht es nicht«, das »aber für uns schon« zu machen. Denn der Faschismus unterscheidet zwischen denen, »die teilhaben, weil sie wir sind, und denen, die nicht teilhaben, weil sie [...] nicht wir sind«[91].

Von Marx wurde eine gänzlich andere Logik erdacht, eine, an der sich eine kritische Theorie von Arbeit orientieren kann. In einer kommunistischen Gesellschaft gelte »Jeder nach seinen Fähigkeiten, jedem nach seinen Bedürfnissen!«[92], schreibt Marx in der »Kritik des Gothaer Programms«, einer Intervention in Arbeitsdebatten der Arbeiter:innenbewegung. Das ist die Logik des radikalen Einschlusses, des Nichtunterscheidens, um in Menkes Begriffen zu bleiben. »Keiner oder alle« ist eine verkürzte und leicht missverständliche Variante dieser Logik. In einem nicht-totalitären Sinne kann es nur heißen »Jede:r darf, keine:r muss, aber für alle wird gesorgt«. Aus dem Versprechen der Gemeinschaft darf nicht der Zwang zum Mitmachen entstehen. Das scheint mir eine wesentliche Einschränkung.

Marx fügt mit der Orientierung an den Bedürfnissen einen Vektor in den Arbeitsbegriff ein, der über bürgerliche Arbeitsbegriffe, die auf Leistung setzen, hinausgeht. Bedürfnisse sind als Kategorie dort höchstens akzidentiell mitgedacht, allzu oft sind sie sogar irrelevant, wenn es um die Logik von Arbeit geht. Marx' utopische Formel kann dem nationalsozialistischen »Jedem das Seine« gegenübergestellt werden, dem es nicht um die Bedürfnisse der Individuen geht, sondern um die Funktionalität der nationalen Entität, um die Anforderungen der Volksgemeinschaft. Die Bedürfnisse der Individuen werden im Dienstbegriff, dessen Fluchtpunkt der Soldatentod ist, sogar explizit negiert.

Nur auf den ersten Blick scheint die kommunistische Logik eine utopische zu sein. Bei genauerem Hinsehen wird sie erkennbar in der sogenannten Care Revolution, die Gabriele Winker versteht als »eine Transformationsstrategie, die zeitliche und materielle Ressourcen für Selbstsorge und Sorge für andere und *damit menschliche Bedürfnisse konsequent ins Zentrum der Politik stellt*«[93] – wie ins Zentrum des eigenen Arbeitsbegriffs. Es ist eine Logik, die bereits Anwendung findet, wenn auch in umkämpfter Form. Denn Sorge- und Pflegearbeit ist grundsätzlich an den Bedürfnissen derer ausgerichtet, die umsorgt werden. Freilich gerät sie genau deshalb oft in Widerspruch, zu den an sie gestellten Anforderungen, die in der Logik des Profits operieren. Fritzsche nennt die Residuen einer anderen Arbeitslogik als der kapitalistischen »weiße Flecken«[94]. Im Alltag gäbe es davon viele, wenn auch kleine: »Familien- und Hausarbeit, die Lebensweise und Philosophie der verbliebenen indigenen Kulturen, öffentliche, noch nicht privatisierte Güter, das tägliche Ehrenamt der Hälfte der Menschen der Bundesrepublik.«[95] Die Liste ist sicher nicht vollständig. Zu ergänzen wären etwa kollektive Organisationsformen von Arbeit.

Diese andere Logik von Arbeit findet also im Hier und Jetzt bereits Anwendung, gerät aber in permanenten Widerspruch zur kapitalistischen Logik. Eine kritische Theorie kann an diese untergründig bereits gelebte Logik von Arbeit anknüpfen und durch die Forderung nach Verallgemeinerung die Verhältnisse über sich hinaustreiben.

Ein kritischer Arbeitsbegriff, der sich an den Bedürfnissen orientiert und andere Arbeit anvisiert, hat auch gänzlich andere Koordinaten für den eigenen Begriff als die nationalsozialistische Arbeitsauffassung. Der Nationalsozialismus denkt Arbeit von der Freude, ihrer Funktion für die Gemeinschaft, von der Pflicht und »dem Führer« als Vorbild aus. Seine Koordinate ist gelingende, ideale Arbeit. Leiden an Arbeit hält der Nationalsozialismus für ein unvermeidbares Nebenprodukt, weil Leben eben immer Kampf bedeute. Leiden ist demnach nichts, was man grundsätzlich beheben kann, man muss es akzeptieren, bejahen. Wenn Arbeit gedacht wird über ihre Funktion zur Erhaltung der Gemeinschaft und folglich zur Pflicht erhoben wird, erscheint die Verweigerung der Mitarbeit nur konsequent als illegitim.

Eine kritische Theorie von Arbeit nimmt stattdessen das Leiden selbst zum theoretischen Ausgangspunkt. Kritische Sozialtheorie muss ein »practical tool of progressive social transformation [sein], that is, transformation that removes sources of domination and reduces social suffering«[96]. An der Abschaffung der Quellen von Herrschaft und der Minderung von Leiden wird dieser Arbeitsbegriff gemessen. Denn an Arbeit leiden Menschen; und das auf vielfache Weise: Weil sie keine Arbeit haben oder prekäre, sich fremdbestimmt fühlen, unter- oder überfordert sind, ihre Arbeit keine Anerkennung genießt oder sie einem toxischen Arbeitsklima ausgesetzt sind, in dem jede:r nur sich selbst der:die Nächste ist.[97] Ein kritischer Arbeitsbegriff denkt Leiden als eine Koordinate.

Eine zweite Koordinate ist eine Antwort auf dieses Leiden: Der Widerstand gegen Arbeit. André Gorz etwa beginnt sein Buch »Arbeit zwischen Misere und Utopie« mit der von Herbert Marcuse stammenden Formel »Die Große Weigerung«.[98] Fritzsche fängt mit der Darstellung eines Streiks in einer Berliner Klinik an und nimmt darüber die Care Revolution ins Auge.[99] Es ist kein Zufall, dass kritische Arbeitstheorien als parteiische, die auf Emanzipation zielen, vom Kampf gegen Arbeit ausgehen, vom Streik, der Sabotage, vom Bummeln und der Verweigerung. Es entspricht der Orientierung am Leiden und ist Ausdruck einer Hoffnung auf Veränderung. Hamacher formuliert die Notwendigkeit dieser zweiten Koordinate, wenn er schreibt, »[w]ir können uns mit keiner Theorie der Arbeit« begnügen, die sich nicht »für das Arbeits-lose (sic) und das, was streikt« öffnet.[100]

Die historisch-philosophische Analyse der NS-Arbeitsauffassung und ihres Nachlebens kann eine kritische Theorie von Arbeit inspirieren und strukturieren. Bausteine dafür habe ich skizziert. Durch die Analyse wird erkennbar, was Arbeit für den Nationalsozialismus bedeutet. Eine kritische Theorie von Arbeit, die daraus die richtigen Schlüsse zieht, könnte, ganz Hamacher folgend, auch begreifen, was Arbeit *gegen* den Nationalsozialismus bedeutet.[101] Das meint nicht nur eine antifaschistische Praxis, die der globalen Formierung der

Rechten etwas entgegenzusetzen versucht, sondern auch nicht-faschistische Arbeit. Eine kritische Theorie von Arbeit muss also tiefer ansetzen. Sie muss versuchen die Bedingungen für das Nachleben des Nationalsozialismus zu beseitigen. In diesem Sinne ist Horkheimers Diktum zu verstehen, demnach vom Faschismus schweigen soll, wer vom Kapitalismus nicht reden will.[102] Denn das Nachdenken über den Faschismus wirft eine:n zurück auf den Kapitalismus. Das zeigt sich in Bezug auf Arbeitsauffassungen sehr deutlich. Nur eine kritische Theorie von Arbeit, die radikal ist, insofern sie die Probleme an der Wurzel packt, ist adäquater Teile einer linken Erzählung, die der globalen Formierung der Rechten wie der Krise der Arbeit etwas entgegenzusetzen vermag. Die NS-Arbeitsauffassung ist deren genaues Gegenteil.

DANKSAGUNG

Das Erste, das ich in einem Buch lese, ist die Danksagung. Mich faszinieren die Kreise, die das Projekt zieht, die Orte, in die es sich einschreibt, die Beziehungen, die die Danksagung offenlegt. Dieses Buch nimmt seinen Anfang im Frankfurter AfE-Turm und findet sein Ende in Hans Scharouns Staatsbibliothek in Berlin. Dazwischen liegt mehr als ein halbes Jahrzehnt.

Sehr herzlich danke ich Rahel Jaeggi, die sich auf das Wagnis eingelassen hat, eine solche grenzgängerische Arbeit zu betreuen. Michael Wildt möchte ich für die vielen Hinweise und Diskussionen herzlich danken. Iris Därmann danke ich für die hilfreiche Unterstützung auf den letzten Metern dieser Arbeit. Mein besonderer Dank gilt Werner Konitzer, der dieses Projekt vom ersten Tag an unterstützt hat und mir stets mit Rat und Tat zur Seite stand. Sein Einfluss auf dieses Buch ist nicht zu überschätzen.

Danken will ich der Heinrich-Böll-Stiftung, deren Förderung diese Arbeit möglich gemacht hat, und der Rosa-Luxemburg-Stiftung (insbesondere Bernd Hüttner), die mich bei den Druckkosten unterstützte. Mein herzlicher Dank gilt Jörg Sundermeier und Kristine Listau vom Verbrecher Verlag, die an dieses Buch glaubten und mir Mut machten sowie Anna Heller und Caroline Geißler, die das Buch umsichtig lektorierten.

Danken möchte ich auch den Kolleg:innen, die mir wichtige Hinweise gegeben haben: Raphael Gross, Torben Möbius, Yves Müller, Heike Pantelmann, Daniel Schmid, Eva Schöck-Quinteros und Stephanie Schüler-Springorum. Besonders herzlich möchte ich Stefan Kühl danken, der mir Unmengen an Texten und Interviews über das Harzburger Modell zur Verfügung gestellt hat, die er im Rahmen eines Forschungsprojekts mit Studierenden zusammentrug und führte. Das war von großem Wert.

Ein herzlicher Dank gilt meinen Freund:innen, die mich beim Verfassen dieser Arbeit unterstützten, mich auf Literatur aufmerksam gemacht haben oder mich schlicht ablenkten und aufmunterten und während Müßiggang und Faulenzerei begleiteten. Zu jedem Namen könnte ich eine Geschichte erzählen, an dieser Stelle muss die Auflistung genügen: Lukas Böckmann, Lennart Eichbaum, Lisa Gehrlein, Linda Giesel, Alex Gonopolsky, Daniela Henke, Lisiane Harten, Thorsten Krüger, Mischa Luy, Monika Machoviak, Ingo Morgenroth, Stefan Nagel, Laurie Rojas, Aylin Senyüz, Marietheres Triebe, Tom David Uhlig, Hannes Walter und David Wedmann.

Zu außerordentlichem Dank bin ich Lisa Eiling und Matthias Rudolph verpflichtet, die jeden Schritt dieser Arbeit begleitet, weite Teile gelesen und unzählige Male mit mir Argumente und Überlegungen diskutiert haben. Nicht weniger dankbar bin ich Felix Axster, mit dem ich Konferenzen organisiert und einen Sammelband herausgegeben habe.

Ganz besonders möchte ich meinen Eltern danken, die mich in all den Jahren unterstützt haben und an mich glaubten. Schließlich, ohne die Geduld, die Inspiration und den Ausgleich durch Jona und Kirsten Dierolf hätte diese Arbeit nicht geschrieben werden können. Ihnen ist dieses Buch gewidmet.

ANMERKUNGEN

1 Marx, Karl, »Zur Kritik der Hegelschen Rechtsphilosophie. Einleitung«, in: Institut für Marxismus-Leninismus beim ZK der SED (Hg.), *Marx Engels Werke Band 1*, Berlin 1956, S. 378–391, hier S. 381.
2 Adorno, Theodor W., »Was bedeutet: Aufarbeitung der Vergangenheit«, in: Adorno, Theodor W. / Tiedemann, Rolf (Hg.), *Kulturkritik und Gesellschaft II. Gesammelte Schriften Band 10.2. Eingriffe. Stichworte. Anhang,* Frankfurt am Main 2003, S. 555–572, hier S. 555.
3 Levi, Primo, »›Arbeit macht frei‹«, in: Belpoliti, Marco (Hg.), *The black hole of Auschwitz,* Cambridge 2005, S. 8–9, hier S. 9.
4 Henning Venske, *Die deutsche Arbeit,* München 1988, S. 7.

EINLEITUNG S. 13–22

1 Horkheimer, Max, »Geschichte und Psychologie«, in: Schmidt, Alfred (Hg.), *Schriften 1931–1936. Gesammelte Schriften, Band 3,* Frankfurt am Main 1988, S. 40–69, hier S. 143.
2 Ich verwende hier ganz bewusst allein die männliche Form, weil es sich in diesem Fall um einen männlichen Idealtypus der nationalsozialistischen Quellen handelt. Am Ende dieser Einleitung begründe ich genauer, wann und wie ich gender und wann nicht.
3 Axster, Felix / Lelle, Nikolas, »›Deutsche Arbeit‹. Kritische Perspektiven auf ein ideologisches Selbstbild – zur Einführung«, in: Axster, Felix / Lelle, Nikolas (Hg.), *›Deutsche Arbeit‹. Kritische Perspektiven auf ein ideologisches Selbstbild,* Göttingen 2018, S. 7–36, hier S. 26. Wenn nicht anders angegeben, dann sind die Hervorhebungen im Original.
4 Holger Schatz / Andrea Woeldike, *Freiheit und Wahn deutscher Arbeit. Zur historischen Aktualität einer folgenreichen antisemitischen Projektion,* Hamburg 2001, S. 126.
5 Michael Wildt, *Volk, Volksgemeinschaft, AfD,* Hamburg 2017, S. 73.
6 Ebd.
7 Anmerkungen dazu, wann und wie ich gendere, finden sich am Ende der Einleitung.
8 Lacoue-Labarthe, Philippe / Nancy, Jean-Luc, »Der Nazi-Mythos«, in: Weber, Elisabeth (Hg.), *Das Vergessen(e). Anamnesen des Undarstellbaren,* Wien 1997, S. 158–190, hier S. 190.
9 Rahel Jaeggi, *Kritik von Lebensformen,* Berlin ²2014, S. 340.
10 Vgl. Holz, Klaus / Weyand, Jan, »Arbeit und Nation. Die Ethik nationaler Arbeit und ihre Feinde am Beispiel Hitlers«, in: Axster, Felix / Lelle, Nikolas (Hg.), *»Deutsche Arbeit«. Kritische Perspektiven auf ein ideologisches Selbstbild,* Göttingen 2018, S. 88–115, hier S. 100 ff.
11 Wildt, Michael, »›Arbeit‹ im Nationalsozialismus. Zur Bedeutung des Begriffs in Ideologie und Praxis des NS-Staats«, in: *Einsicht* 6 (2014), H. 12, S. 14–19, hier S. 19.

12 Buggeln, Marc / Wildt, Michael, »Arbeit im Nationalsozialismus (Einleitung)«, in: Buggeln, Marc / Wildt, Michael (Hg.), *Arbeit im Nationalsozialismus,* München 2014, S. IX–XXXVII, hier S. XII f.

13 Vgl. Adorno, Theodor W., »Reflexionen zur Klassentheorie«, in Tiedemann, Rolf: *Soziologische Schriften I. Gesammelte Schriften Band 8,* Frankfurt am Main 2003, S. 373–391, hier S. 391.

14 Hans J. Pongratz, *Subordination. Inszenierungsformen von Personalführung in Deutschland seit 1933,* München 2002, S. 69.

15 Ebd.

16 Vgl. Bröckling, Ulrich / Klopotek, Felix, »Die unhintergehbare Differenz. Was verweist von 68 und Tunix auf Neoliberalismus und den grassierenden Zwang zur Selbstoptimierung? Und was weist darüber hinaus? Ein Gespräch«, in: Falasca, Anna / Maechtel, Annette / Lattner, Heimo (Hg.), *Wiedersehen in TUNIX! Berliner Hefte zu Geschichte und Gegenwart der Stadt #7,* Berlin 2018, S. 62–71, hier S. 63.

17 Vgl. Aaron Bastani, *Fully automated luxury communism. A manifesto,* London / New York 2019, S. 27 f.

18 Volker Weiß, *Die autoritäre Revolte. Die Neue Rechte und der Untergang des Abendlandes,* Stuttgart 2017.

19 Geiselberger, Heinrich (Hg.), *Die große Regression. Eine internationale Debatte über die geistige Situation der Zeit,* Berlin 2017.

20 Primo Levi, *Die Untergegangenen und die Geretteten,* München 1990, S. 205.

21 Theodor W. Adorno, *Minima Moralia. Reflexionen aus dem beschädigten Leben,* Frankfurt am Main 2003, S. 178.

22 Ebd.

23 Ebd., S. 179.

24 Wilhelm H. Riehl, *Die deutsche Arbeit,* Stuttgart ^{3}1883, S. 162.

25 Ebd.

26 Riehl, *Die deutsche Arbeit*, S. 163.

27 Erstmals dokumentiert in: Phelps, Reginald H., »Hitlers ›grundlegende‹ Rede über den Antisemitismus. Dokumentiert und eingeleitet von Reginald H. Phelps«, in: *Vierteljahrshefte für Zeitgeschichte* 16 (1968), H. 4, S. 390–420, hier S. 404. Abgedruckt ist die Rede auch in Hitler, Adolf, »›Warum sind wir Antisemiten?‹. Rede auf einer NSDAP-Versammlung«, in: Jäckel, Eberhard / Kuhn, Axel (Hg.), *Sämtliche Aufzeichnungen. 1905–1924,* Stuttgart 1980, S. 184–204.

28 Riedel, Dirk, »›Arbeit macht frei‹. Leitsprüche und Metaphern aus der Welt des Konzentrationslagers«, in: Benz, Wolfgang / Distel, Barbara (Hg.), *Realität – Metapher – Symbol. Auseinandersetzung mit dem Konzentrationslager,* Dachau 2006, S. 11–29, hier S. 22.; Vgl. auch Lelle, Nikolas, »Arbeit, (Un)Freiheit, Tod. Erwiderungen von Jean Améry, Primo Levi und Tibor Wohl auf die KZ-Devise ›Arbeit macht frei‹«, in: *Zeitschrift für Geschichtswissenschaft* 67 (2019), H. 6, S. 538–551, hier S. 538.

29 Zitiert nach Riedel, »›Arbeit macht frei‹«, S. 22.

30 Helmut König, *Elemente des Antisemitismus. Kommentare und Interpretationen zu einem Kapitel der Dialektik der Aufklärung von Max Horkheimer und Theodor W. Adorno,* Weilerswist 2016, S. 7.

31 Franz L. Neumann, *Behemoth. Struktur und Praxis des Nationalsozialismus 1933–1944,* Hamburg 2018.

32 Wildt, Michael, »Franz Neumann und die NS-Forschung. Nachwort zur Neuherausgabe«, in: Söllner, Alfons / Wildt, Michael (Hg.), *Behemoth. Struktur und Praxis des Nationalsozialismus 1933–1944,* Hamburg 2018, S. 663–699, hier S. 698.

33 Daniel J. Goldhagen, *Hitler's willing executioners. Ordinary Germans and the Holocaust,* London 1996.

34 Christopher R. Browning, *Ganz normale Männer. Das Reserve-Polizeibataillon 101 und die »Endlösung« in Polen,* Reinbek bei Hamburg [20]1999.
35 Söllner, Alfons / Wildt, Michael, »Vorbemerkung der Herausgeber«, in: Söllner, Alfons / Wildt, Michael (Hg.), *Behemoth. Struktur und Praxis des Nationalsozialismus 1933–1944,* Hamburg 2018, S. I–II, hier S. II.
36 Neumann, *Behemoth,* S. 17 f.
37 Carl Schmitt, *Der Begriff des Politischen. Mit einer Rede über das Zeitalter der Neutralisierungen und Entpolitisierungen. Neu herausgegeben von Carl Schmitt,* München [5]1932, S. 15.
38 Von Saldern, Adelheid, »Das ›Harzburger Modell‹. Ein Ordnungssystem für bundesrepublikanische Unternehmen, 1960–1975«, in: Etzemüller, Thomas (Hg.), *Die Ordnung der Moderne. Social engineering im 20. Jahrhundert,* Bielefeld 2009, S. 303–329, hier S. 328.
39 Ulrich Bröckling, *Das unternehmerische Selbst. Soziologie einer Subjektivierungsform,* Frankfurt am Main 2007.

ERSTER TEIL. DIENE! S. 23-123

1 Schatz/Woeldike, *Freiheit und Wahn deutscher Arbeit,* S. 99.
2 Das 19. Jahrhundert ist von einer besonderen Länge gekennzeichnet, so der Historiker Eric Hobsbawn, weil es schon mit der französischen Revolution 1789 begann und erst mit dem Ersten Weltkrieg 1918 endete: Vgl. Eric J. Hobsbawn, *Das lange 19. Jahrhundert,* Darmstadt 2017.
3 Robert Ley, *Soldaten der Arbeit,* München 1938.
4 Gemeinnützige Berliner Ausstellungs- und Messegesellschaft mbH, *Deutsches Volk, Deutsche Arbeit. Ausstellung Berlin 21.4.–3.6.1934, Ausstellungsgelände Kaiserdamm,* Berlin Charlottenburg 1934.
5 Vgl. Stefanie Schäfers, *Vom Werkbund zum Vierjahresplan. Die Ausstellung Schaffendes Volk, Düsseldorf 1937,* Düsseldorf 2001.
6 Theodor W. Adorno, *Aspekte des neuen Rechtsradikalismus. Ein Vortrag,* Mit einem Nachwort von Volker Weiß 2019, S. 22.
7 Vgl. Marx, Karl, »Das Kapital. Erster Band. Kritik der politischen Ökonomie«, in: Rosa-Luxemburg-Stiftung (Hg.), *Marx Engels Werke Band 23,* Berlin [39]2008, hier S. 183.
8 Sebastian Conrad, *Globalisierung und Nation im deutschen Kaiserreich,* München 2006, S. 281.
9 Adorno, »Reflexionen zur Klassentheorie«, S. 391.
10 Achinger, Christine, »Deutsche Arbeit und die Poetisierung der Moderne. Gustav Freytags Soll und Haben«, in: Axster, Felix / Lelle, Nikolas (Hg.), *»Deutsche Arbeit«. Kritische Perspektiven auf ein ideologisches Selbstbild,* Göttingen 2018, S. 252–284, hier S. 268.
11 Vgl. Micha Brumlik, *Innerlich beschnittene Juden. Zu Eduard Fuchs' »Die Juden in der Karikatur«,* Hamburg 2012, S. 51.
12 Conrad, *Globalisierung und Nation im deutschen Kaiserreich,* S. 16.
13 Ebd., S. 282.
14 Andrea Komlosy, *Arbeit. Eine globalhistorische Perspektive; 13. bis 21. Jahrhundert,* Wien 2014, S. 110.
15 Eske Bockelmann, *Im Takt des Geldes. Zur Genese modernen Denkens,* Springe 2004, S. 220 ff.

16 Hans-Albert Wulf, *Faul. Der lange Marsch in die kapitalistische Arbeitsgesellschaft,* Norderstedt 2016.
17 Richard Biernacki, *The fabrication of labor. Germany and Britain, 1640–1914,* Berkeley 1995.
18 Zur ersten Hälfte des 19. Jahrhunderts vgl. Jan Gerber, *Karl Marx in Paris. Die Entdeckung des Kommunismus,* München 2018, S. 109 ff.
19 Vgl. Komlosy, *Arbeit,* S. 154 ff.
20 Lacoue-Labarthe/Nancy, »Der Nazi-Mythos«, S. 174.
21 Ebd.
22 Helmuth Plessner, *Die verspätete Nation. Über die politische Verführbarkeit bürgerlichen Geistes,* Frankfurt am Main 1974.
23 Mitscherlich, Margarete, »Erinnern, Wiederholen und Durcharbeiten. Anläßlich von Daniel Goldhagens Buch ›Hitlers willige Vollstrecker‹ «, in: *Psyche. Zeitschrift für Psychoanalyse und ihre Anwendungen* 51 (1997), H. 6, S. 479–493, hier S. 487.
24 Vgl. Thörner, Klaus, »Arbeitswahn und Judenhass bei Martin Luther«, in: *Sans Phrase – Zeitschrift für Ideologiekritik* (2017), H. 10, S. 62–68, hier S. 62.
25 Vgl. Därmann, Iris, »Vom antiken Sklavendienst zur modernen Dienstleistungsgesellschaft. Paulinische Bausteine für eine genealogische Skizze«, in: Engell, Lorenz / Siegert, Bernhard / Vogl, Joseph (Hg.), *Agenten und Agenturen,* Weimar 2008, S. 23–38, hier S. 33 f.
26 Ebd., S. 34.
27 Thörner, »Arbeitswahn und Judenhass bei Martin Luther«, S. 64.
28 Därmann, »Vom antiken Sklavendienst zur modernen Dienstleistungsgesellschaft«, S. 34.
29 Martin Luther, *Von den Juden und ihren Lügen. Erstmals in heutigem Deutsch mit Originaltext und Begriffserläuterungen,* Aschaffenburg 2016.
30 Ebd., S. 19.
31 Luther, *Von den Juden und ihren Lügen,* S. 245.
32 Vgl. ebd.
33 Ebd., S. 159.
34 Vgl. ebd., S. 246 ff.
35 Joan Campbell, *Joy in work, German work. The national debate, 1800–1945,* Princeton, NJ 1989.
36 Trommler, Frank, »Die Nationalisierung der Arbeit«, in: Grimm, Reinhold / Hermand, Jost (Hg.), *Arbeit als Thema in der deutschen Literatur vom Mittelalter bis zur Gegenwart,* Königstein/Ts 1979, S. 102–125.
37 Gustav Freytag, *Soll und Haben,* Köln 2009. Vgl. auch Christine Achinger, *Gespaltene Moderne. Gustav Freytags Soll und Haben: Nation, Geschlecht und Judenbild,* Würzburg 2007.
38 Léon Poliakov, *Geschichte des Antisemitismus. Band VII. Zwischen Assimilation und »jüdischer Weltverschwörung«,* Frankfurt am Main 1988, S. 14.
39 Achinger, *Gespaltene Moderne,* S. 13.
40 Améry, Jean, »Schlecht klingt das Lied vom braven Mann«, in: Améry, Jean / Höller, Hans (Hg.), *Aufsätze zur Literatur und zum Film. Werke Band 5,* Stuttgart 2003, S. 224–241, hier S. 238.
41 Freytag, *Soll und Haben,* S. 21.
42 Ebd.
43 Ebd., S. 285.
44 Achinger, *Gespaltene Moderne,* S. 64.
45 Vgl. Achinger, »Deutsche Arbeit und die Poetisierung der Moderne«, S. 254.
46 Vgl. Von Renteln, Adriano, »Kaufmann – nicht Händler!«, in: Ramlow, Rudolf (Hg.),

Schaffendes Volk. Das Buch vom Adel der Arbeit. Ein Beitrag zum Wiederaufstieg des deutschen Volkes, Essen 1935, S. 68–78.
47 Riehl, *Die deutsche Arbeit.*
48 Conrad, *Globalisierung und Nation im deutschen Kaiserreich*, S. 284.
49 Riehl, *Die deutsche Arbeit*, S. V.
50 Ebd., S. 3.
51 Ebd., S. 9.
52 Riehl, *Die deutsche Arbeit*, S. VII.
53 Siegfried A. Peter, *Arbeit und Beruf bei Wilhelm Heinrich Riehl. Ein psychologisch-soziologischer Beitrag zur Entwicklung des Berufsgedankens im 19. Jahrhundert,* Nürnberg 1964, S. 64.
54 Conrad, *Globalisierung und Nation im deutschen Kaiserreich*, S. 284.
55 Ebd., S. 284 f.
56 Riehl, *Die deutsche Arbeit*, S. 7.
57 Ebd., S. 58.
58 Ebd.
59 Ebd., S. 59. Vgl auch Axster, Felix, »Arbeit, Teilhabe und Ausschluss. Zum Verhältnis zwischen kolonialem Rassismus und nationalsozialistischem Antisemitismus«, in: Kundrus, Birthe / Steinbacher, Sybille (Hg.), *Kontinuitäten und Diskontinuitäten. Der Nationalsozialismus in der Geschichte des 20. Jahrhunderts,* Göttingen 2013, S. 121–133, hier 127 f.
60 Vgl. Riehl, *Die deutsche Arbeit*, S. 57.
61 Vgl. Axster, »Arbeit, Teilhabe und Ausschluss«, S. 133.
62 Vgl. Hermann Weise, *Deutsche Arbeit. Schauspiel in 3 Aufzügen,* Leipzig 1878.
63 Ebd., S. 5.
64 Weise, *Deutsche Arbeit.*, S. 5.
65 Ebd., S. 56.
66 Ebd., S. 76.
67 Ebd.
68 Holz/Weyand, »Arbeit und Nation«, S. 93.
69 Von Treitschke, Heinrich, »Unsere Aussichten. 15. November 1879«, in: ders., *Deutsche Kämpfe,* Leipzig [13]1896, S. 1–28, hier S. 27.
70 Ebd., S. 25.
71 Volkov, Shulamit, »Antisemitismus als kultureller Code«, in: dies., *Antisemitismus als kultureller Code. Zehn Essays,* München [2]2000, S. 13–36, hier S. 32.
72 Von Treitschke, »Unsere Aussichten«, S. 24 f.
73 Wilhelm Marr, *Der Sieg des Judenthums über das Germanenthum. Vom nicht confessionellen Standpunkt aus betrachtet,* Bern [8]1879.
74 Ebd., S. 3.
75 Friedrich Nietzsche, *Jenseits von Gut und Böse (1886). Die Geburt der Tragödie (Neue Ausgabe 1886). Philosophische Werke in sechs Bänden. Band 1,* Hamburg 2013, S. 172.
76 Marr, *Der Sieg des Judenthums über das Germanenthum*, S. 6.
77 Wilhelm Marr, *Goldene Ratten und rothe Mäuse,* Chemnitz 1880, S. 26.
78 Ebd.
79 Vgl. Postone, Moishe, »Nationalsozialismus und Antisemitismus. Ein theoretischer Versuch«, in: Diner, Dan (Hg.), *Zivilisationsbruch. Denken nach Auschwitz,* Frankfurt am Main 1988, S. 242–254, hier S. 246.
80 Marr, *Goldene Ratten und rothe Mäuse,* S. 8 f.
81 Ebd., S. 5.
82 Axster, »Arbeit, Teilhabe und Ausschluss«, S. 123.
83 Ebd., S. 124.

84 Paul Rohrbach, *Deutschland unter den Weltvölkern,* Berlin 1903.
85 Anker, Josef, »Rohrbach, Paul«, *Neue deutsche Biographie. Stolberg – Wernigerode, Otto zu,* S. 5–6, hier S. 6.
86 Vgl. Campbell, *Joy in work, German work,* S. 119.
87 Paul Rohrbach, *Der deutsche Gedanke in der Welt,* Düsseldorf, Leipzig 1912.
88 Ebd., S. 6.
89 Ebd.
90 Vgl. Axster, Felix, »Arbeit an der ›Erziehung zur Arbeit‹. oder: Die Figur des guten deutschen Kolonisators«, in: Axster, Felix / Lelle, Nikolas (Hg.), *»Deutsche Arbeit«. Kritische Perspektiven auf ein ideologisches Selbstbild,* Göttingen 2018, S. 226–251.
91 Vgl. Anker, »Rohrbach, Paul«, S. 6.
92 Ebd.
93 Rohrbach, *Der deutsche Gedanke in der Welt,* S. 8.
94 Ebd., S. 10.
95 Ebd., S. 91.
96 Rohrbach, *Der deutsche Gedanke in der Welt,* S. 91.
97 Ebd., S. 103.
98 Ebd., S. 93.
99 Ebd., S. 97.
100 Ebd., S. 108.
101 Möbius, Torben, »›Deutsche Arbeit‹ als ideologisches Leitmotiv interner Unternehmenskommunikation. Das Beispiel Gutehoffnungshütte (GHH) 1925 bis 1933«, in: Axster, Felix / Lelle, Nikolas (Hg.), *»Deutsche Arbeit«. Kritische Perspektiven auf ein ideologisches Selbstbild,* Göttingen 2018, S. 175–208, hier S. 175 f.
102 Eiling, Lisa, »›Dienst an den deutschen Belangen in der Welt‹. Arbeit und Gemeinschaft im Werk des Kieler Nationalökonomen Bernhard Harms (1876–1939)«, in: Axster, Felix / Lelle, Nikolas (Hg.), *»Deutsche Arbeit«. Kritische Perspektiven auf ein ideologisches Selbstbild,* Göttingen 2018, S. 157–174, hier S. 159.
103 Emil Otto Hoppé, *Deutsche Arbeit. Bilder vom Wiederaufstieg Deutschlands; 92 Aufnahmen,* Berlin 1930, S. 5.
104 Ebd., S. 7.
105 Vgl. Lüdtke, Alf / Wildt, Michael / Buggeln, Marc, »›Deutsche Qualitätsarbeit‹: Mitmachen und Eigensinn im Nationalsozialismus. Interview von Marc Buggeln und Michael Wildt mit Alf Lüdtke (Göttingen, 19.02.2014)«, in: Buggeln, Marc / Wildt, Michael (Hg.), *Arbeit im Nationalsozialismus,* München 2014, S. 373–401.
106 Hoppé, *Deutsche Arbeit,* S. 7.
107 Paul Lafargue, *Das Recht auf Faulheit. Mit einem Essay von Guillaume Paoli,* Berlin 2013.
108 Vgl. Axster/Lelle, »›Deutsche Arbeit‹«, S. 22 ff.
109 Kraus, Karl, »Lied des Alldeutschen. Barbarische Melodie«, in: Simon, Dietrich (Hg.), *Aphorismen und Gedichte. Auswahl 1903–1933. Ausgewählte Werke Band 4,* Berlin 1974, S. 209–213, hier S. 209.
110 Vgl. Henning Venske, *Die deutsche Arbeit,* München 1988.
111 Arthur R. Herrmann, *Gottfried Feder. Der Mann und sein Werk,* Leipzig 1933, S. 28.
112 Vgl. Joachim Bons, *Nationalsozialismus und Arbeiterfrage. Zu den Motiven, Inhalten und Wirkungsgründen nationalsozialistischer Arbeiterpolitik vor 1933,* Zugleich Göttingen, Universität, Dissertation 1993, Pfaffenweiler 1995.
113 Vgl. Lüdtke u. a., »›Deutsche Qualitätsarbeit‹: Mitmachen und Eigensinn im Nationalsozialismus«, S. 383.
114 Vgl. Klaus Gietinger, *November 1918. Der verpasste Frühling des 20. Jahrhunderts. Mit einem Vorwort von Karl Heinz Roth,* Hamburg 2018.

115 Vgl. John Weiss, *Der lange Weg zum Holocaust. Die Geschichte der Judenfeindschaft in Deutschland und Österreich,* Hamburg 1998, S. 305 ff.
116 Simon Dubnow, *Die neueste Geschichte des jüdischen Volkes. Band X: Das Zeitalter der zweiten Reaktion,* Berlin 1929, S. 520.
117 Weiss, *Der lange Weg zum Holocaust*, S. 317.
118 Gietinger, *November 1918*, S. 186.
119 Barkai, Avraham, »Einundzwanzigstes Bild: ›Der Kapitalist‹«, in: Schoeps, Julius H. / Schlör, Joachim (Hg.), *Antisemitismus. Vorurteile und Mythen,* München 1995, S. 265–272, hier S. 269.
120 Vgl. Anton Joachimsthaler, *Hitlers Weg begann in München 1913–1923,* München 2000, S. 252.
121 In *Mein Kampf* schreibt Hitler über diese erste Begegnung: Vgl. Adolf Hitler, *Mein Kampf. Eine kritische Edition*, Band I, München/Berlin 2016, S. 565 ff.
122 Auch darüber berichtet Hitler: Vgl. ebd., S. 589.
123 Vgl. Joachimsthaler, *Hitlers Weg begann in München 1913–1923*, S. 251 ff.
124 Ebd., S. 252 ff.
125 Vgl. Joachimsthaler, *Hitlers Weg begann in München 1913–1923*, S. 279 ff.
126 Herrmann, *Gottfried Feder*, S. 28.
127 Zitiert nach Meyer, Torsten, »Gottfried Feder und der nationalsozialistische Diskurs über Technik«, in: Lorenz, Werner / Meyer, Torsten (Hg.), *Technik und Verantwortung im Nationalsozialismus,* Münster 2004, S. 79–107, hier S. 79.
128 Claus-Ekkehard Bärsch, *Die politische Religion des Nationalsozialismus. Die religiösen Dimensionen der NS-Ideologie in den Schriften von Dietrich Eckart, Joseph Goebbels, Alfred Rosenberg und Adolf Hitler,* München [2]2002, S. 61.
129 Vgl. Franz Horsten, *Die nationalsozialistische Leistungsauslese. Ihre Aufgaben im Bereich der nationalen Arbeit und praktische Vorschläge für ihre Durchführung,* Würzburg 1938, S. 116.
130 Gottfried Feder, *Manifest zur Brechung der Zinsknechtschaft des Geldes,* München 1919.
131 Vgl. Meyer, »Gottfried Feder und der nationalsozialistische Diskurs über Technik«, S. 84.
132 Vgl. Uffa Jensen, *Zornpolitik*, Berlin 2017, S. 107.
133 Feder, *Manifest zur Brechung der Zinsknechtschaft des Geldes,* S. 5.
134 Ebd.
135 Ebd.
136 Ebd.
137 Ebd., S. 6.
138 Ebd.
139 Ebd.
140 Ebd.
141 Vgl. Postone, »Nationalsozialismus und Antisemitismus«, S. 249.
142 Feder, *Manifest zur Brechung der Zinsknechtschaft des Geldes,* S. 6.
143 Ebd., S. 7.
144 Ebd., S. 23.
145 Ebd., S. 35.
146 Ebd., S. 9.
147 Ebd., S. 62.
148 Ebd., S. 11.
149 Ebd.
150 Ebd., S. 11 f.
151 Vgl. Hitler, *Mein Kampf*, Band I, S. 565.
152 Feder, *Manifest zur Brechung der Zinsknechtschaft des Geldes,* S. 5.

153 Ebd., S. 12.
154 Feder, *Manifest zur Brechung der Zinsknechtschaft des Geldes*, S. 13.
155 Vgl. ebd., S. 15.
156 Vgl. Meyer, »Gottfried Feder und der nationalsozialistische Diskurs über Technik«, S. 84.
157 Feder, *Manifest zur Brechung der Zinsknechtschaft des Geldes*, S. 15.
158 Ebd., S. 17.
159 Ebd.
160 Ebd., S. 24.
161 Ebd.
162 Ebd., S. 36.
163 Anton Drexler, *Mein politisches Erwachen. Aus dem Tagebuch eines deutschen sozialistischen Arbeiters,* München 1919.
164 Vgl. Drexler, *Mein politisches Erwachen*, S. 31.
165 Ebd., 15 f.; Vgl. Campbell, *Joy in work, German work*, S. 313.
166 Die Ähnlichkeiten mit zeitgenössischem rechtem Gedankengut und dem »Lügenpresse«-Vorwurf ist frappierend.
167 Drexler, *Mein politisches Erwachen*, S. 31.
168 Ebd., S. 31 f.
169 Vgl. ebd., S. 17.
170 Ebd.
171 Ebd., S. 15.
172 Ebd., S. 11.
173 Vgl. Postone, »Nationalsozialismus und Antisemitismus«, S. 246.
174 Marr, *Goldene Ratten und rothe Mäuse.*
175 Drexler, *Mein politisches Erwachen*, S. 16.
176 Vgl. ebd., S. 31.
177 Ebd., S. 37.
178 Ebd., S. 35.
179 Abgedruckt hier: Eckart, Dietrich, »An alle Werktätigen«, in: Busch, Charlotte / Gehrlein, Martin / Uhlig, Tom David (Hg.), *Schiefheilungen. Zeitgenössische Betrachtungen über Antisemitismus,* Wiesbaden 2016, S. 183 f. Eine Rekonstruktion und Analyse findet sich in Lelle, Nikolas, »Hinter dem Ruf nach deutscher Arbeit verschanzt sich die Volksgemeinschaft. Überlegungen zu einem vernachlässigten Element des Nationalsozialismus«, in: Busch, Charlotte / Gehrlein, Martin / Uhlig, Tom David (Hg.), *Schiefheilungen. Zeitgenössische Betrachtungen über Antisemitismus,* Wiesbaden 2016, S. 179–200. Seitenzahlen dieses zweiseitigen Flugblatts werden im Folgenden nicht angegeben.
180 Vgl. Stefan Breuer, *Die Völkischen in Deutschland. Kaiserreich und Weimarer Republik,* Darmstadt 2008, S. 239.
181 Ein Vorbild für diesen Argumentationsgang findet Eckart bereits bei Marr, *Goldene Ratten und rothe Mäuse*, S. 18.
182 Postone, »Nationalsozialismus und Antisemitismus«, S. 251.
183 NSDAP, »Parteiprogramm der NSDAP vom 25.2.1920«, in: Wilhelm Mommsen (Hg.), *Deutsche Parteiprogramme,* München 1960.
184 Hartmann, Christian / Vordermayer, Thomas / Plöckinger, Othmar / Töppel, Roman, »Einleitung«, in: dies. (Hg.), *Mein Kampf. Eine kritische Edition. Band I,* 2 Bde., München u. a. 2016, S. 7–88, hier S. 13.
185 Ebd.
186 Michael Wildt, *Geschichte des Nationalsozialismus,* Göttingen 2008, S. 25.
187 Vgl. Georg Büchmann, *Geflügelte Worte. Der Zitatenschatz des deutsche Volkes,* Berlin [28]1937, S. 413 f.

188 Wildt, *Geschichte des Nationalsozialismus*, S. 26.
189 NSDAP, »Parteiprogramm der NSDAP vom 25.2.1920«.
190 Ebd.
191 Ebd.
192 Ebd.
193 Vgl. Büchmann, *Geflügelte Worte*, S. 413 f.
194 Vgl. Neumann, *Behemoth*, S. 280.
195 Berg, Nicolas, »Einleitung«, in: Berg, Nicolas (Hg.), *Kapitalismusdebatten um 1900. Über antisemitisierende Semantiken des Jüdischen*, Leipzig 2011, S. 9–21, hier S. 21.
196 Mit diesen Worten beendet Hitler seine Rede bei der Gründung der Deutschen Arbeitsfront am 10. Mai 1933. Zitiert nach Eberhard Heuel, *Der umworbene Stand. Die ideologische Integration der Arbeiter im Nationalsozialismus, 1933–1935*, Frankfurt am Main / New York 1989, S. 13.
197 Phelps, »Hitlers ›grundlegende‹ Rede über den Antisemitismus«, S. 404.
198 Ebd.
199 Ebd.
200 Vgl. Trommler, »Die Nationalisierung der Arbeit«, S. 105.
201 Phelps, »Hitlers ›grundlegende‹ Rede über den Antisemitismus«.
202 Klaus Holz, *Nationaler Antisemitismus. Wissenssoziologie einer Weltanschauung*, Hamburg 2010, S. 363.
203 Wildt, *Geschichte des Nationalsozialismus*, S. 25.
204 Eberhard Jäckel, *Hitlers Weltanschauung. Entwurf einer Herrschaft*, Stuttgart [4]1991, S. 59.
205 Holz, *Nationaler Antisemitismus*, S. 425.
206 Ausgehend von einer Kohärenz-These haben Klaus Holz und Jan Weyand auch in einem jüngeren Aufsatz die Rede analysiert. Vgl. Holz/Weyand, »Arbeit und Nation«.
207 Holz, *Nationaler Antisemitismus*.
208 Phelps, »Hitlers ›grundlegende‹ Rede über den Antisemitismus«, S. 400.
209 NSDAP, »Parteiprogramm der NSDAP vom 25.2.1920«.
210 Phelps, »Hitlers ›grundlegende‹ Rede über den Antisemitismus«, S. 400.
211 Ebd.
212 Konitzer, Werner, »›Rasse‹ und ›Arbeit‹ als dichte Begriffe«, in: Axster, Felix / Lelle, Nikolas (Hg.), *»Deutsche Arbeit«. Kritische Perspektiven auf ein ideologisches Selbstbild*, Göttingen 2018, S. 76–87, hier S. 85.
213 Phelps, »Hitlers ›grundlegende‹ Rede über den Antisemitismus«, S. 400 f.
214 Phelps, »Hitlers ›grundlegende‹ Rede über den Antisemitismus«, S. 401.
215 Ebd.
216 Ebd.
217 Vgl. Holz/Weyand, »Arbeit und Nation«, S. 91.
218 Phelps, »Hitlers ›grundlegende‹ Rede über den Antisemitismus«, S. 401.
219 Jäckel, *Hitlers Weltanschauung*, S. 59.
220 Vgl. Angelika Krebs, *Arbeit und Liebe. Die philosophischen Grundlagen sozialer Gerechtigkeit*, Frankfurt am Main 2002, S. 23.
221 Konitzer, »›Rasse‹ und ›Arbeit‹ als dichte Begriffe«, S. 85.
222 Phelps, »Hitlers ›grundlegende‹ Rede über den Antisemitismus«, S. 401.
223 Ebd.
224 Ebd.
225 Phelps, »Hitlers ›grundlegende‹ Rede über den Antisemitismus«, S. 401 f.
226 Ebd., S. 401.
227 Ebd.
228 Ebd.
229 Ebd., S. 402.

230 Hitlers Antisemitismus ist also auch eine dezidiert antizionistische Position, genauer: ein Versuch der Delegitimierung jüdischer Staatlichkeit. Lukas Uwira (Frankfurt Oder) schreibt gerade an einer Dissertation mit dem Arbeitstitel *Antisemitische Perspektiven auf jüdische Staatlichkeit im späten 19. und frühen 20. Jahrhundert,* in der auch diese Hitler-Rede genauer untersucht wird.
231 Vgl. Adolf Hitler, *Führung und Gefolgschaft,* Berlin 1934, S. 33 f.
232 Göring, Hermann, »Rede auf der 6. Jahrestagung der DAF am 10. September 1938 (Auszug)«, in: Mason, Timothy W. (Hg.), *Arbeiterklasse und Volksgemeinschaft. Dokumente und Materialien zur deutschen Arbeiterpolitik 1936–1939,* Opladen 1975, S. 677–680, hier S. 678 f.
233 Phelps, »Hitlers ›grundlegende‹ Rede über den Antisemitismus«, S. 406.
234 Ebd.
235 Konitzer, Werner, »Kontinuitäten und Brüche nationalsozialistischer Moralvorstellungen am Beispiel von Otto Friedrich Bollnows ›Einfacher Sittlichkeit‹«, in: Konitzer, Werner (Hg.), *Moralisierung des Rechts. Kontinuitäten und Diskontinuitäten nationalsozialistischer Normativität,* Frankfurt am Main 2014, S. 167–188, hier S. 174.
236 Phelps, »Hitlers ›grundlegende‹ Rede über den Antisemitismus«, S. 404.
237 Eckart, »An alle Werktätigen«, S. 183.
238 Ebd.
239 Dokumentiert im Anhang der kritischen Edition von Hitler, *Mein Kampf,* S. 1755.
240 Schatz/Woeldike, *Freiheit und Wahn deutscher Arbeit,* S. 140.
241 Vgl. Patel, Kiran K., »Arbeit als Dienst am Ganzen. Nationalsozialismus und New Deal im Vergleich«, in: Steinmetz, Willibald / Leonhard, Jörn (Hg.), *Semantiken von Arbeit. Diachrone und vergleichende Perspektiven,* Köln u. a. 2016, S. 289–308, hier S. 292.
242 Phelps, »Hitlers ›grundlegende‹ Rede über den Antisemitismus«, S. 406.
243 Vgl. Wildt, *Geschichte des Nationalsozialismus,* S. 25 f.
244 Phelps, »Hitlers ›grundlegende‹ Rede über den Antisemitismus«, S. 416.
245 Adolf Hitler, *Reden und Proklamationen 1932–1934. Bd. 1: Triumph. Halbband 1: 1932–1934,* Wiesbaden 1973, S. 150 f.
246 Vgl. Axster, »Arbeit, Teilhabe und Ausschluss«, S. 112 f.
247 Phelps, »Hitlers ›grundlegende‹ Rede über den Antisemitismus«, S. 409.
248 Ebd.
249 Max Horkheimer / Theodor W. Adorno, *Dialektik der Aufklärung,* Frankfurt am Main [12]2000, S. 208 f. [Hervorhebung von mir; Nikolas Lelle]
250 Ebd.
251 Phelps, »Hitlers ›grundlegende‹ Rede über den Antisemitismus«, S. 410.
252 Ebd., S. 410 f.
253 Ebd., S. 411.
254 Ebd., S. 416.
255 Vgl. Wildt, »Arbeit im Nationalsozialismus. Zugehörigkeit, Ausgrenzung, Vernichtung«, in: Axster, Felix / Lelle, Nikolas (Hg.), *›Deutsche Arbeit‹. Kritische Perspektiven auf ein ideologisches Selbstbild,* Göttingen 2018, S. 116–134, hier S. 123.
256 Phelps, »Hitlers ›grundlegende‹ Rede über den Antisemitismus«, S. 418.
257 Hitler, Adolf, »›Das deutsche Volk, die Judenfrage und unsere Zukunft‹. Rede auf einer NSDAP-Versammlung. München, 31. Mai 1920«, in: Jäckel, Eberhard / Kuhn, Axel (Hg.), *Sämtliche Aufzeichnungen. 1905–1924,* Stuttgart 1980, S. 136–139, hier S. 151.
258 Hitler, Adolf, »›Der Arbeiter im Deutschland der Zukunft‹. Rede auf einer NSDAP-Versammlung. Augsburg, 12. Januar 1921«, in: Jäckel, Eberhard / Kuhn, Axel (Hg.), *Sämtliche Aufzeichnungen. 1905–1924,* Stuttgart 1980, S. 296 – 297, hier S. 296.
259 Die Formulierung »Entfernung der Juden« findet sich schon in einem Brief von 1919: Hitler, Adolf, »Brief Adolf Hitlers an Adolf Gemlich, 16. September 1919«, in: Jäckel,

Eberhard / Kuhn, Axel (Hg.), *Sämtliche Aufzeichnungen. 1905–1924,* Stuttgart 1980, S. 88–90, hier S. 89 f.

260 Vgl. Därmann, »Vom antiken Sklavendienst zur modernen Dienstleistungsgesellschaft«, S. 24.

261 Aßländer, Michael S. / Wagner, Bernd, »Einführung: Arbeit und Philosophie«, in: dies. (Hg.), *Philosophie der Arbeit. Texte von der Antike bis zur Gegenwart,* Berlin 2017, S. 11–26, hier S. 15.

262 Vgl. Därmann, »Vom antiken Sklavendienst zur modernen Dienstleistungsgesellschaft«, S. 28 f.

263 Artur Mahraun, *Das Jungdeutsche Manifest,* Berlin 1927, S. 50.

264 Hitler, *Mein Kampf,* S. 773.

265 Ebd., S. 1077.

266 Ebd., S. 1731.

267 Henry A. Turner jr, *Faschismus und Kapitalismus in Deutschland. Studien zum Verhältnis zwischen Nationalsozialismus und Wirtschaft,* Göttingen 1972, S. 33.

268 Adolf Hitler, *Der Weg zum Wiederaufstieg,* München 1927, S. 54.

269 Hitler, *Der Weg zum Wiederaufstieg,* S. 54.

270 Ebd., S. 55.

271 Hamacher, Werner, »Arbeiten Durcharbeiten«, in: Baecker, Dirk (Hg.), *Archäologie der Arbeit,* Berlin 2002, S. 155–201, hier S. 159.

272 Ebd., S. 162.

273 Aufzeichnungen, Stichworte oder Berichte über diese Reden finden sich in Adolf Hitler, *Sämtliche Aufzeichnungen. 1905–1924,* Stuttgart 1980.

274 Hartmann u. a., »Einleitung«, S. 25.

275 Ebd.

276 Ebd.

277 Ebd.

278 Zitiert nach ebd., S. 9.

279 Hitler, *Mein Kampf,* S. 425.

280 Ebd.

281 Ebd., S. 427.

282 Ebd.

283 Ebd.

284 Ebd.

285 Ebd., S. 429.

286 Ebd., S. 431.

287 Ebd., S. 623.

288 Ebd.

289 Ebd., S. 625.

290 Ebd.

291 Ebd., S. 734.

292 Ebd., S. 735.

293 Hitler, *Mein Kampf,* S. 769.

294 Ebd.

295 Ebd.

296 Ebd., S. 771.

297 Vgl. Holz, *Nationaler Antisemitismus,* S. 372 f.

298 Phelps, »Hitlers ›grundlegende‹ Rede über den Antisemitismus«, S. 400.

299 Hitler, *Mein Kampf,* S. 773.

300 Vgl. ebd., S. 775.

301 Ebd., S. 777.

302 Ebd., S. 783.
303 Ebd., S. 791.
304 Ebd., S. 817.
305 Vgl. ebd., S. 803–835.
306 Zitiert nach Eberhard Jäckel, *Hitlers Herrschaft. Vollzug einer Weltanschauung,* Stuttgart 1986, S. 94.
307 Hitler, *Mein Kampf,* S. 837.
308 Hitler, *Mein Kampf,* Band II, 1253 (141).
309 Hitler, Adolf, »Rede zum Tag der nationalen Arbeit am 1. Mai 1933«, in: Goebbels, Joseph (Hg.), *Reden des Reichskanzlers Adolf Hitler, des neuen Deutschlands Führer. Das junge Deutschland will Arbeit und Frieden. Mit einem Vorwort von Joseph Goebbels,* Berlin 1933, S. 32–39, hier S. 34.
310 Ebd.
311 Ebd.
312 Ebd., S. 33.
313 Ebd., S. 34.
314 Ebd.
315 Ebd., S. 39.
316 Hitler, *Der Weg zum Wiederaufstieg,* S. 50.
317 Ebd., S. 51.
318 Hitler, »Rede zum Tag der nationalen Arbeit am 1. Mai 1933«, S. 37.
319 Ebd., S. 36.
320 König, *Elemente des Antisemitismus,* S. 69.
321 Vgl. Horkheimer/Adorno, *Dialektik der Aufklärung,* S. 217.
322 Zitiert nach Trommler, »Die Nationalisierung der Arbeit«, S. 102.
323 Bröckling, Ulrich / Horn, Eva, »Einleitung«, in: Bröckling, Ulrich / Horn, Eva (Hg.), *Anthropologie der Arbeit,* Tübingen 2002, S. 7–16, hier S. 10.
324 Ebd.
325 Hachtmann, Rüdiger, »Arbeit und Arbeitsfront. Ideologie und Praxis«, in: Buggeln, Marc / Wildt, Michael (Hg.), *Arbeit im Nationalsozialismus,* München 2014, S. 87–106, hier S. 100.
326 Hamacher, »Arbeiten Durcharbeiten«, S. 159.
327 Ebd.
328 Ebd., S. 160.
329 Ebd.
330 Vgl. ebd., S. 162, Fn. 5.
331 Hamacher, »Arbeiten Durcharbeiten«, S. 164.
332 Vgl. Heidegger, Martin, »Die Selbstbehauptung der deutschen Universität. (27. Mai 1933)«, in: Heidegger, Hermann (Hg.), *Gesamtausgabe I. Abteilung: Veröffentlichte Schriften 1910–1976. Band 16. Reden und andere Zeugnisse eines Lebensweges,* Frankfurt am Main 2000, S. 107–117.
333 Hamacher, »Arbeiten Durcharbeiten«, S. 164.
334 Ebd., S. 171.
335 Ebd., S. 173.
336 Ebd.
337 Ernst Jünger, *Der Arbeiter,* Stuttgart 1981.
338 Vgl. Heidegger, »Die Selbstbehauptung der deutschen Universität«, S. 113.
339 Vgl. ebd.
340 Alisch, Rainer, »Heideggers Rektoratsrede im Kontext«, in: Haug, Wolfgang F. / Alisch, Rainer (Hg.), *Deutsche Philosophen 1933,* Hamburg 1989, S. 69–98, hier S. 91.

341 Jünger, *Der Arbeiter*, S. 15.
342 Ebd., S. 16.
343 Hamacher, »Arbeiten Durcharbeiten«, S. 172.
344 Vgl. Jünger, *Der Arbeiter*, S. 249 ff.
345 Ebd., S. 302.
346 Ebd., S. 68.
347 Ebd., S. 91.
348 Vgl. Georg W. F. Hegel, *Phänomenologie des Geistes*, Frankfurt am Main [9]2006, S. 145 ff.
349 Jünger, *Der Arbeiter*, S. 19.
350 Ebd., S. 31.
351 Ebd., S. 27.
352 Ebd., S. 288.
353 Ebd., S. 212.
354 Ebd., S. 307.
355 Ebd., S. 44.
356 Ebd., S. 59 f.
357 Ebd., S. 80.
358 Ebd., S. 66.
359 Ebd., S. 59.
360 Ebd., S. 152.
361 Ebd., S. 104.
362 Ebd., S. 139.
363 Ebd., S. 246.
364 Diner, Dan (Hg.), *Zivilisationsbruch. Denken nach Auschwitz*, Frankfurt am Main 1988.
365 Zitiert nach Julius Streicher, *Reichstagung in Nürnberg. 1934*, Berlin 1934, S. 182 f.
366 Hierl, Konstantin, »Grundlegender Vortrag beim Führer 1930 über Arbeitsdienstpflicht«, in: Freiherr von Stetten-Erb, Herbert (Hg.), *Konstantin Hierl. Ausgewählte Schriften und Reden. Band 2*, 2 Bde., München 1941, S. 14–16, hier S. 14.
367 Rollitz, Horst, »Arbeitshaltung bei uns und den Anderen«, in: *Schulungsbrief* 10 (1943), H. 1, S. 5–8.
368 Vgl. Holz, Klaus, »Die antisemitische Figur des Dritten in der nationalen Ordnung der Welt«, in: von Braun, Christina (Hg.), *Das »bewegliche« Vorurteil. Aspekte des internationalen Antisemitismus*, Würzburg 2004, S. 43–61.
369 Rollitz, »Arbeitshaltung bei uns und den Anderen«, S. 6.
370 Ebd.
371 Ebd.
372 Ebd., S. 7.
373 Ebd., S. 8.
374 Ebd.
375 Kurt Bauer, *Nationalsozialismus. Ursprünge, Anfänge, Aufstieg und Fall*, Wien/Köln/Weimar 2008, S. 197.
376 Ebd., S. 255.
377 Genau genommen unterteilt Bauer die letzte Phase noch einmal in zwei Phasen: den »Weg in den Krieg«, also die Jahre 1938/39, und den Nationalsozialismus im Krieg. Eine Dreiteilung reicht hier aber aus, denn es geht um die Darstellung eines zeitlichen Rahmens, vor dem die Variationen von Hitlers Grundgedanken analysiert werden. Vgl. ebd., S. 313 ff.
378 Vgl. Anson Rabinbach, *The Eclipse of the Utopias of Labor*, New York 2018, S. 127.
379 Vgl. Saul Friedländer, *Das Dritte Reich und die Juden. Die Jahre der Verfolgung 1933–1939; die Jahre der Vernichtung 1939–1945*, München 2008.

380 Vgl. Matthias Frese, *Betriebspolitik im »Dritten Reich«. Deutsche Arbeitsfront, Unternehmer und Staatsbürokratie in der westdeutschen Großindustrie 1933–1939,* Paderborn 1991, S. 3.
381 Hachtmann, »Arbeit und Arbeitsfront«, S. 105.
382 Vgl. Eduard Lukas, *Währungsfreiheit des deutschen Volkes,* Berlin 1940; Vgl. Anton Zischka, *Erfinder brechen die Blockade. Kämpfe und Siege der inneren Front,* Berlin 1940; Vgl. Claus Selzner, *Der deutsche Rüstungsarbeiter,* Berlin 1940; Vgl. Hermann Reischle, *Kann man Deutschland aushungern?,* Berlin 1940.
383 Frank-Lothar Kroll, *Utopie als Ideologie. Geschichtsdenken und politisches Handeln im Dritten Reich,* Paderborn 1998, S. 310.
384 Walter Lutz, *Was müssen Betriebsführer und Gefolgschaft vom Arbeitseinsatz wissen? Ratgeber,* Berlin 1941, S. 3.
385 Ley, Robert, »Ein Jahr ›Kraft durch Freude‹«, in: Dauer, Hans (Hg.), *Durchbruch der sozialen Ehre. Reden und Gedanken für das schaffende Deutschland,* Berlin 1935, S. 208–224, hier S. 210.
386 Volker, Eckhard, »Zur ideologischen Wirkungsmacht des deutschen Faschismus«, in: Caspar, Hildegard (Hg.), *Deutsche Arbeiterbewegung vor dem Faschismus,* Berlin 1981, S. 181–190, hier S. 183.
387 Harald Focke / Uwe Reimer, *Alltag unterm Hakenkreuz. Ein aufklärendes Lesebuch,* Reinbek bei Hamburg 1994, S. 143.
388 Vgl. Ley, Robert, »Gedanken zu einer Verfassung der deutschen Arbeit«, in: Dauer, Hans (Hg.), *Durchbruch der sozialen Ehre. Reden und Gedanken für das schaffende Deutschland,* Berlin 1935, S. 3–12, hier S. 8.
389 Zitiert nach Holz/Weyand, »Arbeit und Nation«, S. 97.
390 Hachtmann, »Arbeit und Arbeitsfront«, S. 87.
391 Neumann, *Behemoth,* S. 480.
392 Ronald M. Smelser, *Robert Ley. Hitlers Mann an der »Arbeitsfront«: eine Biographie,* Paderborn 1989, S. 151.
393 Ebd., S. 296.
394 Focke/Reimer, *Alltag unterm Hakenkreuz.* , S. 174.
395 Vgl. Wolfhard Buchholz, *Die nationalsozialistische Gemeinschaft »Kraft durch Freude«. Freizeitgestaltung und Arbeiterschaft im Dritten Reich,* München 1976; Vgl. Bruno Frommann, *Reisen im Dienste politischer Zielsetzungen. Arbeiter-Reisen und Kraft durch Freude-Fahrten,* Zugleich Stuttgart, Universität, Dissertation, 1993, Stuttgart 1993; Vgl. Sascha Howind, *Die Illusion eines guten Lebens. Kraft durch Freude und nationalsozialistische Sozialpropaganda,* Frankfurt am Main 2013.
396 Anatol von Hübbenet, *Die NS-Gemeinschaft »Kraft durch Freude«. Aufbau und Arbeit,* Mit einem Geleitwort von Reichsamtsleiter Dr. Bodo Lafferentz, Berlin 1939, S. 5.
397 Shelley Baranowski, *Strength through Joy. Consumerism and mass tourism in the Third Reich,* Cambridge, U.K. / New York 2004, S. 40.
398 Vgl. Rabinbach, *The Eclipse of the Utopias of Labor,* S. 125 ff.; Vgl. Chup Friemert, *Produktionsästhetik im Faschismus. Das Amt »Schönheit der Arbeit« von 1933 bis 1939,* München 1980.
399 Vgl. Rabinbach, *The Eclipse of the Utopias of Labor,* S. 125.
400 Vgl. ebd., S. 132.
401 Campbell, *Joy in work, German work,* S. 355.
402 Vgl. Rüdiger Hachtmann, *Das Wirtschaftsimperium der Deutschen Arbeitsfront 1933–1945,* Göttingen 2012, S. 16 f.
403 Zitiert nach Martin Broszat, *Der Staat Hitlers. Grundlegung und Entwicklung seiner inneren Verfassung,* München 1969, S. 192.

404 Hachtmann, *Das Wirtschaftsimperium der Deutschen Arbeitsfront 1933–1945*, S. 595.

405 Krüger, Oskar, »Das neue Gesicht der deutschen Arbeit«, in: Gemeinnützige Berliner Ausstellungs- und Messegesellschaft mbH (Hg.), *Deutsches Volk, Deutsche Arbeit. Amtlicher Führer durch die Ausstellung, Berlin 1934, 21. April bis 3. Juni,* Berlin-Charlottenburg 1934, S. 130–134, hier S. 131.

406 Ley, Robert, »Die Gründung der NS-Gemeinschaft ›Kraft durch Freude‹ «, in: Dauer, Hans (Hg.), *Durchbruch der sozialen Ehre. Reden und Gedanken für das schaffende Deutschland,* Berlin 1935, S. 23–44, hier S. 44.

407 Ley, Robert, »Geleitwort des Führers der Deutschen Arbeitsfront«, in: Gemeinnützige Berliner Ausstellungs- und Messegesellschaft mbH (Hg.), *Deutsches Volk, Deutsche Arbeit. Amtlicher Führer durch die Ausstellung, Berlin 1934, 21. April bis 3. Juni,* Berlin-Charlottenburg 1934, S. 33, hier S. 33.

408 Ley, »Gedanken zu einer Verfassung der deutschen Arbeit«, S. 4.

409 Ley, Robert, »Leistung gibt Lebensrecht. Rede gehalten auf dem Hamburger Kongress ›Kraft durch Freude‹ im Juni 1938«, in: *Das neue Protokoll* 1 (1938), H. 1, S. 105–111, hier S. 107.

410 Zitiert nach Thomas Gloy, *Im Dienst der Gemeinschaft. Zur Ordnung der Moral in der Hitler-Jugend*, Zugleich Berlin, Technische Universität, Dissertation, 2017, Göttingen 2018, S. 296.

411 Ley, Robert, »Unsere Arbeit macht uns frei«, in: *Schulungsbrief* 10 (1943), H. 1, S. 2–4, hier S. 3.

412 Michael Hirsch, *Die Überwindung der Arbeitsgesellschaft. Eine politische Philosophie der Arbeit* 2015, S. 76.

413 Hirsch, *Die Überwindung der Arbeitsgesellschaft*, S. 76.

414 Ley, Robert, »Ohne den deutschen Arbeiter kein deutsches Vaterland!«, in: Dauer, Hans (Hg.), *Durchbruch der sozialen Ehre. Reden und Gedanken für das schaffende Deutschland,* Berlin 1935, S. 246–247., hier S. 247.

415 Vgl. Gloy, *Im Dienst der Gemeinschaft*, S. 284 ff.

416 Hachtmann, »Arbeit und Arbeitsfront«, S. 87.

417 Ebd.

418 Zitiert nach Adorno, Theodor W., »Auf die Frage: Was ist deutsch«, in: Adorno, Theodor W. / Tiedemann, Rolf (Hg.), *Kulturkritik und Gesellschaft II. Gesammelte Schriften Band 10.2. Eingriffe. Stichworte. Anhang,* Frankfurt am Main 2003, S. 691–701, hier S. 693.

419 Adorno, »Auf die Frage: Was ist deutsch«, S. 694.

420 Vgl. Raphael Gross, *Anständig geblieben. Nationalsozialistische Moral,* Frankfurt am Main 2010.

421 Ley, »Unsere Arbeit macht uns frei«.

422 Zitiert nach Leonie Treber, *Mythos Trümmerfrauen. Von der Trümmerbeseitigung in der Kriegs- und Nachkriegszeit und der Entstehung eines deutschen Erinnerungsortes,* Essen 2014, S. 37.

423 Reichsleitung des Reichsarbeitsdienstes (Hg.), *Das Werk des Reichsarbeitsdienstes. In den Haushaltsjahren 1935 und 1936,* Heidelberg/Berlin 1937, S. 7.

424 Susanne Watzke-Otte, *»Ich war ein einsatzbereites Glied in der Gemeinschaft«. Vorgehensweise und Wirkungsmechanismen nationalsozialistischer Erziehung am Beispiel des weiblichen Arbeitsdienstes,* Frankfurt am Main, New York 1999, S. 42.

425 Buggeln, Marc, »Unfreie Arbeit im Nationalsozialismus. Begrifflichkeiten und Vergleichsaspekte zu den Arbeitsbedingungen im Deutschen Reich und in den besetzten Gebieten«, in: Buggeln, Marc / Wildt, Michael (Hg.), *Arbeit im Nationalsozialismus,* München 2014, S. 231–252, hier S. 233.

426 Broszat, *Der Staat Hitlers*, S. 206.

427 Vgl. Benno Hafeneger, *Alle Arbeit für Deutschland. Arbeit, Jugendarbeit und Erziehung in der Weimarer Republik, unter dem Nationalsozialismus und in der Nachkriegszeit,* Köln 1988, S. 154 ff.
428 Ebd., S. 164.
429 Ebd.
430 Watzke-Otte, *»Ich war ein einsatzbereites Glied in der Gemeinschaft«*, S. 44.
431 Henning Köhler, *Arbeitsdienst in Deutschland. Pläne und Verwirklichungsformen bis zur Einführung der Arbeitsdienstpflicht im Jahre 1935,* Berlin 1967, S. 7.
432 Ebd., S. 259.
433 Vgl. Ernst Klee, *Das Personenlexikon zum Dritten Reich. Wer war was vor und nach 1945?,* Augsburg 2005, S. 254 f.
434 Konstantin Hierl, *Im Dienst für Deutschland 1918–1945,* Heidelberg 1954.
435 Hierl, »Grundlegender Vortrag beim Führer 1930 über Arbeitsdienstpflicht«, S. 14.
436 Hierl, Konstantin, »Arbeitsdienstpflicht. Vortrag vor dem Führer und den Reichs- und Gauleitern der NSDAP. Im Mathildensaal zu München im Winter 1931«, in: Freiherr von Stetten-Erb, Herbert (Hg.), *Konstantin Hierl. Ausgewählte Schriften und Reden. Band 2,* 2 Bde., München 1941, S. 17–28, hier S. 18.
437 Zitiert nach Watzke-Otte, *»Ich war ein einsatzbereites Glied in der Gemeinschaft«*, S. 36.
438 Hierl, Konstantin, »Zum 1. Mai 1934! Aufruf an die deutschen Jungarbeiter der Stirn und der Faust«, in: Freiherr von Stetten-Erb, Herbert (Hg.), *Konstantin Hierl. Ausgewählte Schriften und Reden.*, München 1941, S. 159–160, hier S. 159.
439 Vgl. Köhler, *Arbeitsdienst in Deutschland*, S. 245 f.
440 Watzke-Otte, *»Ich war ein einsatzbereites Glied in der Gemeinschaft«*, S. 40.
441 Werner Storch, *Die Arbeitsdienstpflicht.*, Dissertation, Würzburg 1935, S. 3.
442 Bakonyi, Rainer, »Dimensionen der Zwangsarbeit im Nationalsozialismus. Ein Überblick«, in: VVN BdA, Kreisvereinigung E. (Hg.), *»Räder müssen rollen für den Sieg«. Zwangsarbeit im »Dritten Reich«,* Stuttgart 2000, S. 21–26, hier S. 21.
443 Watzke-Otte, *»Ich war ein einsatzbereites Glied in der Gemeinschaft«*, S. 153.
444 Scharnberg, Harriet, »Arbeit und Gemeinschaft. Darstellungen ›deutscher‹ und ›jüdischer‹ Arbeit in der NS- Bildpropaganda«, in: Buggeln, Marc / Wildt, Michael (Hg.), *Arbeit im Nationalsozialismus,* München 2014, S. 165–186, hier S. 169 f.; Vgl. auch Rensinghoff, Ines, »Auschwitz Stammlager. Das Tor »Arbeit macht frei««, in: Hoffmann, Detlef (Hg.), *Das Gedächtnis der Dinge. KZ-Relikte und KZ-Denkmäler 1945–1995,* Frankfurt am Main u. a. 1998, S. 238–265, hier S. 245.
445 Scharnberg, »Arbeit und Gemeinschaft«, S. 170.
446 Vgl. Lelle, Nikolas, »Das ~~Un~~behagen in der Gemeinschaft. Zur Erfahrbarmachung der Volksgemeinschaft im Nationalsozialismus durch (deutsche) Arbeit«, in: *psychosozial 139: Psychoanalyse – Geschichte – Politik* 38 (2015), H. 1, S. 27–42, hier S. 34 ff.
447 Watzke-Otte, *»Ich war ein einsatzbereites Glied in der Gemeinschaft«*, S. 160.
448 Zitiert nach Conrad, *Globalisierung und Nation im deutschen Kaiserreich*, S. 308.
449 Leni Riefenstahl, *Der Triumph des Willens* 1935.
450 Zitiert nach Weyrather, Irmgard, »›Deutsche Arbeit‹. Arbeitskult im Nationalsozialismus«, in: *Zeitschrift für Religions- und Geistesgeschichte* 56 (2004), H. 1, S. 18–36, hier S. 26 f.
451 Strasser, Gregor, »Rückschau und Ausblick. (1. Januar 1932)«, in: ders., *Kampf um Deutschland. Reden und Aufsätze eines Nationalsozialisten,* München 1932, S. 312–317, hier S. 317.
452 Strasser, Gregor, »Arbeit und Brot«, in: ebd., München 1932, S. 345–378, hier S. 347.
453 Ebd., S. 347 f.
454 Strasser, Gregor, »Nationaler Sozialismus. »Was heißt das: Vaterland«. (4. September 1925)«, in: ebd., München 1932, S. 72–77, hier S. 75.

455 Franz Horsten, *Leistungsgemeinschaft und Eigenverantwortung im Bereich der nationalen Arbeit,* Würzburg 1941, S. 90.
456 Zitiert nach Linne, Karsten, »Von der Arbeitsvermittlung zum ›Arbeitseinsatz‹. Zum Wandel der Arbeitsverwaltung 1933–1945«, in: Buggeln, Marc / Wildt, Michael (Hg.), *Arbeit im Nationalsozialismus,* München 2014, S. 53–70, hier S. 61 f.
457 Peppler, Karl, »Begriff der Arbeit«, in: ders. (Hg.), *Die Deutsche Arbeitskunde,* Berlin 1940, S. 1–2, hier S. 2.
458 Georg Usadel, *Zucht und Ordnung. Grundlagen einer nationalsozialistischen Ethik,* Hamburg 1935, S. 29.
459 Vgl. Campbell, *Joy in work, German work,* S. 147 ff.
460 Adolf Friedrich, *Grundaufgaben der Menschenführung im Betrieb,* Vortrag, gehalten auf der Wissenschaftlichen Tagung des Deutschen Stahlbau-Verbandes in Berlin am 5.10.1938, Clausthal-Zellerfeld 1938, S. 18.
461 Ebd., S. 19.
462 Vgl. Peter Mantel, *Betriebswirtschaftslehre und Nationalsozialismus. Eine institutionen- und personengeschichtliche Studie,* Wiesbaden 2009, S. 694 f.
463 Zitiert nach Hans Mommsen / Manfred Grieger, *Das Volkswagenwerk und seine Arbeiter im Dritten Reich 1933–1948,* Düsseldorf [3]1997, S. 233 f.
464 Zitiert nach Marcuse, Herbert, »Der Kampf gegen den Liberalismus in der totalitären Staatsauffassung«, *Kultur und Gesellschaft I,* Frankfurt am Main [8]1968, S. 17–55, hier S. 41.
465 Gehlen, Arnold, »Anlage, Vererbung und Erziehung«, in: Gehlen, Arnold / Rehberg, Karl-Siegbert (Hg.), *Der Mensch. Seine Natur und seine Stellung in der Welt. Gesamtausgabe Band 3.2,* Frankfurt am Main 1993, S. 852–865, hier S. 865.
466 Gloy, *Im Dienst der Gemeinschaft,* S. 297.
467 Vgl. ebd., S. 300.
468 Vgl. ebd., S. 300 f.
469 Hörath, Julia, »›Arbeitsscheue Volksgenossen‹. Leistungsbereitschaft als Kriterium der Inklusion und Exklusion«, in: Buggeln, Marc / Wildt, Michael (Hg.), *Arbeit im Nationalsozialismus,* München 2014, S. 309–328, hier S. 310.
470 Strasser, Gregor, »Gedanken über Aufgaben der Zukunft. (15. Juni 1926)«, *Kampf um Deutschland. Reden und Aufsätze eines Nationalsozialisten,* München 1932, S. 129–138, hier S. 134.
471 Krüger, »Das neue Gesicht der deutschen Arbeit«, S. 133.
472 Von Tschammer und Osten, Hans, »Der Sport als Freizeitfaktor im neuen Deutschland«, in: Weltkongreß »Arbeit und Freude« (Hg.), *Bericht der Deutschen Arbeitsgemeinschaften für den Weltkongreß »Arbeit und Freude«. Rom 1938 – XVI,* Berlin 1938, hier S. 8.
473 Schatz, Holger / Woeldike, Andrea, »Einschluß, Ausschluß und Vernichtung. Gedanken zum Begriff der ›Deutschen Arbeit‹«, in: VVN BdA, Kreisvereinigung E. (Hg.), *»Räder müssen rollen für den Sieg«. Zwangsarbeit im »Dritten Reich«,* Stuttgart 2000, hier S. 51.
474 Horkheimer/Adorno, *Dialektik der Aufklärung,* S. 188.
475 Wilhelm Börger, *Vom deutschen Wesen,* Würzburg [3]1939, S. 68.
476 Vgl. Schaefer, Annika, »Das neue Deutschland schaffen. Zur Inszenierung von Arbeit und Arbeitern im NS-Spielfilm«, in: Rother, Rainer / Thomas, Vera (Hg.), *Linientreu und populär. Das Ufa-Imperium 1933–1945,* Berlin 2017, S. 93–104, hier S. 96.
477 Schatz/Woeldike, *Freiheit und Wahn deutscher Arbeit,* S. 70.
478 Conrad, *Globalisierung und Nation im deutschen Kaiserreich,* S. 307.
479 Samuel Salzborn, *Angriff der Antidemokraten. Die völkische Rebellion der Neuen Rechten,* Weinheim 2017, S. 21.

480 Tilla Siegel, *Leistung und Lohn in der nationalsozialistischen »Ordnung der Arbeit«*, Opladen 1989, S. 139.

481 Behnken, Klaus / Wagner, Frank, »Einleitung«, in: Behnken, Klaus / Wagner, Frank (Hg.), *Inszenierung der Macht. Ästhetische Faszination im Faschismus,* Berlin 1987, S. 7–10, hier S. 7.

482 Vgl. Hoppé, *Deutsche Arbeit*, S. 80 f.

483 Benjamin, Walter, »Das Kunstwerk im Zeitalter seiner technischen Reproduzierbarkeit. Zweite Fassung«, in: Tiedemann, Rolf / Schweppenhäuser, Hermann (Hg.), *Gesammelte Schriften I.2. Unter Mitwirkung von Theodor W. Adorno und Gershom Scholem,* Frankfurt am Main 1974, S. 471–508, hier S. 506.

484 Ebd.

485 Marszolek, Inge, »Vom Proletarier zum ›Soldaten der Arbeit‹. Zur Inszenierung der Arbeit am 1. Mai 1933«, in: Buggeln, Marc / Wildt, Michael (Hg.), *Arbeit im Nationalsozialismus,* München 2014, S. 215–228, hier S. 223.

486 Ebd.

487 Schatz/Woeldike, *Freiheit und Wahn deutscher Arbeit*, S. 78.

488 Hitler, *Mein Kampf*, S. 1209–1211.

489 Benjamin, »Das Kunstwerk im Zeitalter seiner technischen Reproduzierbarkeit«, S. 506.

490 Der Tag wurde auch als Eintrittsdatum in die NSDAP symbolisch genutzt. Carl Schmitt, Martin Heidegger und Reinhard Höhn traten an diesem Tag der Partei bei. Vgl. Rüthers, Bernd, »Reinhard Höhn, Carl Schmitt und andere – Geschichten und Legenden aus der NS-Zeit«, in: *Neue Juristische Wochenzeitung* (2000), H. 39, S. 2866–2871, hier S. 2867.

491 Elfferding, Wieland, »Von der proletarischen Masse zum Kriegsvolk. Massenaufmarsch und Öffentlichkeit im deutschen Faschismus am Beispiel des 1. Mai 1933«, in: Behnken, Klaus / Wagner, Frank (Hg.), *Inszenierung der Macht. Ästhetische Faszination im Faschismus,* Berlin 1987, S. 17–51, hier S. 18.

492 *Frankfurter Zeitung* vom 3. Mai 1933 zitiert nach Manfred Behrens / Wolfgang F. Haug, *Faschismus und Ideologie,* Berlin 1980, S. 89.

493 Ley, Robert, »Dünkel und Kastengeist zerschmelzen ...«, in: Dauer, Hans (Hg.), *Durchbruch der sozialen Ehre. Reden und Gedanken für das schaffende Deutschland,* Berlin 1935, S. 231–243, hier S. 231.

494 Heuel, *Der umworbene Stand*, S. 131.

495 Ebd., S. 46 f., Fn. 7.

496 Marszolek, »Vom Proletarier zum ›Soldaten der Arbeit‹«, S. 216.

497 Vgl. Epping-Jäger, Cornelia, »Lautsprecher Hitler. Über eine Form der Massenkommunikation im Nationalsozialismus«, in: Paul, Gerhard (Hg.), *Sound des Jahrhunderts. Geräusche, Töne, Stimmen 1889 bis heute,* Bonn 2013, S. 180–185, hier S. 183 ff.

498 Erste Versionen dieser Überlegungen veröffentlichte ich in der Zeitschrift *psychosozial* und einem Sammelband: Vgl. Lelle, »Das (Un)behagen in der Gemeinschaft«, S. 30 ff.; Vgl. Lelle, Nikolas, »Arbeit und Nationalsozialismus. Überlegungen zu Kontinuität und Bruch einer wirkmächtigen, deutschen Tradition«, in: Szentiványi, Réka / Teleky, Béla (Hg.), *Brüche – Kontinuitäten – Konstruktionen. Mitteleuropa im 20. Jahrhundert: Tagungsband zur 5. Internationalen Doktorandentagung,* Wien 2017, S. 63–86, hier S. 76 ff.

499 Joseph Goebbels, *Vom Kaiserhof zur Reichskanzlei. Eine historische Darstellung in Tagebuchblättern; vom 1. Januar 1932 bis zum 1. Mai 1933,* München [5]1934, S. 304.

500 Goebbels vertraute schon am 17. April seinem Tagebuch an: »Den 1. Mai werden wir zu einer grandiosen Demonstration deutschen Volkswillens gestalten. Am 2. Mai werden dann die Gewerkschaftshäuser besetzt. Gleichschaltung auch auf diesem Gebiet.« ebd., S. 299.

501 Broszat, *Der Staat Hitlers*, S. 183.

502 Ebd.

503 Hachtmann, Rüdiger, »1. Mai '33 auf dem Tempelhofer Feld: Experteninterview«. online abrufbar unter: www.tempelhofer-unfreiheit.de/de/1-mai-33-auf-dem-tempelhofer-feld-experteninterview [letzter Zugriff: 07.10.2021].
504 Ian Kershaw, *Hitler,* Stuttgart 1998, S. 602.
505 Vgl. Heuel, *Der umworbene Stand*, S. 115.
506 Vgl. Heuel, *Der umworbene Stand*, S. 137.
507 Die Radiobeiträge finden sich in Eberhard Heuels Standardwerk zum Thema. Vgl. ebd., S. 583 ff.
508 Vgl. Kershaw, *Hitler*, S. 602.; die offiziellen Stellen sprachen sogar von 1,5 Millionen Menschen. Vgl. Wiest, Raphael, »1. Mai '33 auf dem Tempelhofer Feld: Inszenierungsmechanismen«. online abrufbar unter: www.tempelhofer-unfreiheit.de/de/1-mai-33-auf-dem-tempelhofer-feld-inszenierungsmechanismen [letzter Zugriff: 07.10.2021].
509 Vgl. Kershaw, *Hitler*, S. 602.
510 Wildt, Michael, »Der Begriff der Arbeit bei Hitler«, in: Buggeln, Marc / Wildt, Michael (Hg.), *Arbeit im Nationalsozialismus,* München 2014, S. 3–24, hier S. 16.
511 Heuel, *Der umworbene Stand*, S. 116.
512 Zitiert nach ebd., S. 120.
513 Heuel, *Der umworbene Stand*, S. 117.
514 Elfferding, »Von der proletarischen Masse zum Kriegsvolk«, S. 50.
515 Ebd.
516 Ebd.
517 Vgl. Heuel, *Der umworbene Stand*, S. 117.
518 Elfferding, »Von der proletarischen Masse zum Kriegsvolk«, S. 36.
519 Heuel, *Der umworbene Stand*, S. 115.
520 Goebbels, *Vom Kaiserhof zur Reichskanzlei*, S. 305.
521 Vgl. Marszolek, »Vom Proletarier zum ›Soldaten der Arbeit‹«, S. 218.
522 Hamacher, »Arbeiten Durcharbeiten«, S. 163.
523 Börger, *Vom deutschen Wesen*, S. 68.
524 Riefenstahl, *Der Triumph des Willens.*
525 Jürgen Trimborn, *Riefenstahl. Eine deutsche Karriere; Biographie,* Berlin 2002, S. 198.
526 Zitiert nach Trimborn, *Riefenstahl*, S. 199.
527 Dass es sich hier buchstäblich um eine Inszenierung handelt, lässt sich erahnen, wenn man sich die – um in der Sprache des Films zu bleiben – Regieanweisungen der NSDAP-Parteitage vor Augen führt. Bis ins kleinste Detail wurden die Aufmärsche und Aufstellungen geplant. Nichts blieb dem Zufall überlassen. Vom Reichsparteitag 1939 liegen etwa Dokumente darüber vor: Vgl. Reichsarbeitsführer, *Reichsparteitag 1939. Hauptbefehl*, Berlin 1939.
528 Walter Ruttmann zitiert nach Zimmermann, Peter, »Die Parteitagsfilme der NSDAP und Leni Riefenstahl«, in: Zimmermann, Peter / Hoffmann, Kay (Hg.), *Geschichte des dokumentarischen Films in Deutschland. Band 3: »Drittes Reich« (1933–1945),* Stuttgart 2005, S. 505–529, hier S. 517.
529 Vgl. Streicher, *Reichstagung in Nürnberg*, S. 175 ff.
530 Ebd., S. 175.
531 Vgl. Kristina Oberwinter, *»Bewegende Bilder«. Repräsentation und Produktion von Emotionen in Leni Riefenstahls »Triumph des Willens«*, Zugleich Berlin, Humboldt-Universität, Magisterarbeit, 2006, München 2007, S. 65.
532 Vgl. Streicher, *Reichstagung in Nürnberg*, S. 176.
533 Vgl. Oberwinter, *»Bewegende Bilder«*, S. 70.
534 Zimmermann, »Die Parteitagsfilme der NSDAP und Leni Riefenstahl«, S. 520.
535 Kracauer, Siegfried, »Das Ornament der Masse«, in: ders., *Das Ornament der Masse. Essays,* Frankfurt am Main 1963, S. 50–63, hier S. 51.

536 Ebd.
537 Vgl. Oberwinter, »*Bewegende Bilder*«, S. 65 ff.
538 Streicher, *Reichstagung in Nürnberg*, S. 175.
539 Ebd., S. 176.
540 Ebd., S. 179.
541 Vgl. Nationalsozialistische Deutsche Arbeiterpartei (Hg.), *Der Parteitag der Arbeit vom 6. bis 13. September 1937. Offizieller Bericht über den Verlauf des Reichsparteitages mit sämtlichen Kongreßreden,* München 1938, S. 388 ff.
542 Zitiert nach Zimmermann, »Die Parteitagsfilme der NSDAP und Leni Riefenstahl«, S. 521.
543 Martin Loiperdinger, *Der Parteitagsfilm »Triumph des Willens« von Leni Riefenstahl. Rituale der Mobilmachung,* Opladen 1987, S. 141.
544 Wischek, Albert, »Berliner Großausstellungen im Dritten Reich. 6 Jahre nationalsozialistischen Ausstellungswesens«, in: *Jahrbuch der Reichshauptstadt* (1939), S. 143–146, hier S. 143.
545 Kivelitz, Christoph, »Der schaffende Mensch und die Veredelung der Materie. Der Begriff der Arbeit in Propagandaausstellungen des Nationalsozialismus«, in: Türk, Klaus (Hg.), *Arbeit und Industrie in der bildenden Kunst: Beiträge eines interdisziplinären Symposiums,* Stuttgart 1997, S. 119–130, hier S. 119.
546 In Ansätzen leistet das Christoph Kivelitz: Vgl. ebd.
547 Vgl. Schäfers, *Vom Werkbund zum Vierjahresplan.*
548 Zu dieser Ausstellung gab es zwei Kataloge; einen knapp gehaltenen Katalog: Vgl. Gemeinnützige Berliner Ausstellungs- und Messegesellschaft mbH, *Deutsches Volk, Deutsche Arbeit.*; und einen ausführlichen: Vgl. Gemeinnützige Berliner Ausstellungs- und Messegesellschaft mbH (Hg.), *Deutsches Volk, Deutsche Arbeit. Amtlicher Führer durch die Ausstellung, Berlin 1934, 21. April bis 3. Juni,* Berlin-Charlottenburg 1934.
549 Vgl. Thamer, Hans-Ulrich, »Die Repräsentation der Diktatur. Geschichts- und Propagandaaustellungen im nationalsozialistischen Deutschland und im faschistischen Italien«, in: Dipper, Christof (Hg.), *Faschismus und Faschismen im Vergleich. Wolfgang Schieder zum 60. Geburtstag,* Vierow bei Greifswald 1998, S. 229–246, hier S. 237.
550 Schmitt, Kurt, »Geleitwort des Reichswirtschaftsministers«, in: Gemeinnützige Berliner Ausstellungs- und Messegesellschaft mbH (Hg.), *Deutsches Volk, Deutsche Arbeit. Amtlicher Führer durch die Ausstellung, Berlin 1934, 21. April bis 3. Juni,* Berlin-Charlottenburg 1934, S. 19, hier S. 19.
551 Gebhard, B., »Die Ehrenhalle der Ausstellung. Das Reich der Deutschen«, in: Gemeinnützige Berliner Ausstellungs- und Messegesellschaft mbH (Hg.), *Deutsches Volk, Deutsche Arbeit. Amtlicher Führer durch die Ausstellung, Berlin 1934, 21. April bis 3. Juni,* Berlin-Charlottenburg 1934, S. 45–57, hier S. 45.
552 Gemeinnützige Berliner Ausstellungs- und Messegesellschaft mbH, *Deutsches Volk, Deutsche Arbeit,* S. 3.
553 Ebd.
554 Vgl. Vellguth, Hermann, »Deutsches Volk«, in: Gemeinnützige Berliner Ausstellungs- und Messegesellschaft mbH (Hg.), *Deutsches Volk, Deutsche Arbeit. Amtlicher Führer durch die Ausstellung, Berlin 1934, 21. April bis 3. Juni,* Berlin-Charlottenburg 1934, S. 75–86.
555 Frick, Wilhelm, »Deutsches Volk – Deutsche Arbeit! Geleitwort des Reichsministers des Inneren«, in: Gemeinnützige Berliner Ausstellungs- und Messegesellschaft mbH (Hg.), *Deutsches Volk, Deutsche Arbeit. Amtlicher Führer durch die Ausstellung, Berlin 1934, 21. April bis 3. Juni,* Berlin-Charlottenburg 1934, S. 16–17, hier S. 17.
556 Vgl. Starcke, Gerhard, »Die Deutsche Arbeitsfront auf der Ausstellung ›Deutsches Volk – Deutsche Arbeit‹«, in: Gemeinnützige Berliner Ausstellungs- und Messegesell-

schaft mbH (Hg.), *Deutsches Volk, Deutsche Arbeit. Amtlicher Führer durch die Ausstellung, Berlin 1934, 21. April bis 3. Juni,* Berlin-Charlottenburg 1934, S. 133–136.
557 Ohne Angabe, *Kurzer Wegweiser. Die Werbestelle der Organisations-Abteilung im Reichsbund Volkstum und Heimat gibt auf der Ausstellung »Deutsches Volk – Deutsche Arbeit« Berlin 1934 einen Überblick über die Arbeitsgliederung des Reichsbundes Volkstum und Heimat,* Vorrede von Werner Haverbeck, Berlin 1934, S. 3.
558 Gemeinnützige Berliner Ausstellungs- und Messegesellschaft mbH, *Deutsches Volk, Deutsche Arbeit,* S. 2.
559 Vgl. Phelps, »Hitlers ›grundlegende‹ Rede über den Antisemitismus«, S. 404.; Vgl. Lelle, »Arbeit, (Un)Freiheit, Tod«, S. 538 f.
560 Gemeinnützige Berliner Ausstellungs- und Messegesellschaft mbH, *Deutsches Volk, Deutsche Arbeit,* S. 2.
561 Wischek, »Berliner Großausstellungen im Dritten Reich«, S. 143.
562 Campbell, *Joy in work, German work.*
563 Schäfers, *Vom Werkbund zum Vierjahresplan,* S. 15.
564 Vgl. ebd., S. 13.; eine detaillierte Auflistung der Besucher:innenzahlen findet sich im Anhang von Maiwald, E. W., »Reichsausstellung Schaffendes Volk Düsseldorf 1937. Ein Bericht«.
565 Schäfers, *Vom Werkbund zum Vierjahresplan,* S. 17.
566 Ebd., S. 20.
567 Paul Joseph Cremers zitiert nach ebd., S. 97.
568 Ebd., S. 125 f.
569 Die Zentralität lässt sich auf dem Lageplan im Anhang folgenden Buches gut nachvollziehen: Vgl. *Maiwald,* »Reichsausstellung Schaffendes Volk Düsseldorf 1937. Ein Bericht«.
570 Starek, Stefan, »Architektur auf der ›Reichsausstellung Schaffendes Volk Düsseldorf 1937‹«, in: Breuer, Dieter (Hg.), *Moderne und Nationalsozialismus im Rheinland. Vorträge des Interdisziplinären Arbeitskreises zur Erforschung der Moderne im Rheinland,* Paderborn u. a. 1997, S. 501–524, hier S. 505.
571 Schäfers, *Vom Werkbund zum Vierjahresplan,* S. 167.
572 Vgl. ebd., S. 233.
573 Ebd.
574 Vgl. Abb 154 in ebd., S. 234.; den Satz hatte Robert Ley auch in sein Geleitwort zur Ausstellung *Deutsches Volk – Deutsche Arbeit* geschrieben: Vgl. Ley, »Geleitwort des Führers der Deutschen Arbeitsfront«, S. 33.
575 Zitiert nach Schäfers, *Vom Werkbund zum Vierjahresplan,* S. 235.
576 Ebd.
577 Marx, »Das Kapital. Erster Band.«, S. 224.
578 Kivelitz, »Der schaffende Mensch und die Veredelung der Materie«, S. 125.
579 Schäfers, *Vom Werkbund zum Vierjahresplan,* S. 199.
580 Ebd., S. 199 f.
581 Ebd., S. 215.; heute stehen sechs dieser Figuren wieder an ihrem Platz im Düsseldorfer Nordpark.
582 Ebd., S. 341.
583 Vgl. Türk, Klaus, »Arbeit in der bildenden Kunst. Ikonische Diskursformationen in der Geschichte der Moderne«, in: Bröckling, Ulrich / Horn, Eva (Hg.), *Anthropologie der Arbeit,* Tübingen 2002, S. 35–77, hier S. 56 f.
584 Jeffrey Herf, *Reactionary modernism,* Cambridge, U.K. 1984.
585 Franz Neumann, *Behemoth. Struktur und Praxis des Nationalsozialismus 1933–1944,* Köln 1977, S. 485.
586 Bernard Williams, *Ethik und die Grenzen der Philosophie,* Hamburg 1999.

587 Konitzer, »›Rasse‹ und ›Arbeit‹ als dichte Begriffe«, S. 77 f.
588 Vgl. Konitzer, »Kontinuitäten und Brüche nationalsozialistischer Moralvorstellungen am Beispiel von Otto Friedrich Bollnows ›Einfacher Sittlichkeit‹«, S. 175 f.; Vgl. Plümecke, Tino, »Ordnen, Werten, Hierarchisieren. Der sozial dichte Begriff »Rasse« und seine Gebrauchsweisen im Nationalsozialismus«, in: Konitzer, Werner (Hg.), *Moralisierung des Rechts. Kontinuitäten und Diskontinuitäten nationalsozialistischer Normativität,* Frankfurt am Main 2014, S. 147–165.
589 Konitzer, »›Rasse‹ und ›Arbeit‹ als dichte Begriffe«, S. 83.
590 Konitzer, »›Rasse‹ und ›Arbeit‹ als dichte Begriffe«, S. 86.
591 Rahel Jaeggi, *Entfremdung. Zur Aktualität eines sozialphilosophischen Problems: mit einem neuen Nachwort,* Berlin 2016.
592 Wildt, *Volk, Volksgemeinschaft, AfD,* S. 73.
593 Jaeggi, *Entfremdung,* S. 330.
594 Ebd.
595 Conrad, *Globalisierung und Nation im deutschen Kaiserreich,* S. 283.
596 Vgl. Neumann, *Behemoth,* S. 485.
597 Axster, »Arbeit, Teilhabe und Ausschluss«, S. 133.
598 Vgl. Weiss, *Der lange Weg zum Holocaust,* S. 124.
599 Das führte nicht zuletzt zur systematischen Ermordung der europäischen Jüdinnen:Juden. Es hatte im »Dritten Reich« aber auch ganz alltagspraktische Folgen: »Zahlreiche Betriebe lehnten es ab, Urlaubsgehälter zu zahlen, woraufhin die jüdischen Beschäftigten vor Gericht gingen. Das Arbeitsgericht in Kassel entschied erwartungsgemäß zugunsten der Unternehmer; in seiner Urteilsbegründung heißt es, Juden hätten keine innere Einstellung zur Arbeitserfüllung, für einen Juden sei Arbeit lediglich eine Ware, und überdies übe er keinerlei Loyalität gegenüber seinem Arbeitgeber. Daher sei ein Jude nicht berechtigt Urlaubsgeld zu empfangen.« Raul Hilberg, *Die Vernichtung der europäischen Juden,* Frankfurt am Main [11]2010, S. 154.
600 Vgl. Kocka, Jürgen, »Ambivalenzen der Moderne«, in: Buggeln, Marc / Wildt, Michael (Hg.), *Arbeit im Nationalsozialismus,* München 2014, S. 25–32, hier S. 29 ff.
601 Zitiert nach Gertraude Krell, *Vergemeinschaftende Personalpolitik. Normative Personallehren, Werksgemeinschaft, NS-Betriebsgemeinschaft, Betriebliche Partnerschaft, Japan, Unternehmenskultur,* München, Mering 1994, S. 132.
602 Vgl. Kramer, Nicole, »Haushalt, Betrieb, Ehrenamt. Zu den verschiedenen Dimensionen der Frauenarbeit im Dritten Reich«, in: Buggeln, Marc / Wildt, Michael (Hg.), *Arbeit im Nationalsozialismus,* München 2014, S. 33–52.
603 Vgl. Heike Pantelmann, *Die Fabrikation der »deutschen Frau« als Humanressource im Nationalsozialismus* 2019. online abrufbar unter: www.refubium.fu-berlin.de/bitstream/fub188/25314/1/Dissertation_Pantelmann.pdf, hier S. 194 ff. [letzter Zugriff: 07.10.2021]
604 Vgl. Usadel, *Zucht und Ordnung.*
605 Christophe Dejours / Jean-Philippe Deranty / Emmanuel Renault / Nicholas H. Smith, *The Return of Work in Critical Theory. Self, Society, Politics,* New York 2018, S. 5.
606 Vgl. Trommler, »Die Nationalisierung der Arbeit«.
607 »Wer Deutschland nicht liebt, soll Deutschland verlassen« ist seit vielen Jahren ein beliebter Demo-Spruch von Neonazis oder PEGIDA-Anhänger:innen. Die Nationalsozialisten machten mit der darin enthaltenen Drohung Ernst.
608 Vgl. Ley, »Unsere Arbeit macht uns frei«, S. 2.; Vgl. Wolfgang Bialas, *Moralische Ordnungen des Nationalsozialismus,* Göttingen 2014, S. 30.
609 Hamacher, »Arbeiten Durcharbeiten«, S. 159.
610 Phelps, »Hitlers ›grundlegende‹ Rede über den Antisemitismus«, S. 401.
611 Bröckling, *Das unternehmerische Selbst,* S. 283.

612 Vgl. Bach, Johanna, »Das Narrativ ›sittlicher Arbeit‹ im moralischen Selbstverständnis der Deutschen«, in: Konitzer, Werner / Palme, David (Hg.), *»Arbeit«, »Volk«, »Gemeinschaft«. Ethik und Ethiken im Nationalsozialismus,* Frankfurt am Main 2016, S. 49–66, hier S. 52.
613 Vgl. Wildt, *Volk, Volksgemeinschaft, AfD,* S. 73.
614 Horkheimer, Max, »Traditionelle und kritische Theorie«, in: Schmidt, Alfred (Hg.), *Schriften 1936–1941. Gesammelte Schriften, Band 4,* Frankfurt am Main 1988, S. 162–216, hier S. 184.
615 Forsthoff, Ernst, »Der totale Staat (1933). Ein Auszug«, in: Pauer-Studer, Herlinde / Fink, Julian (Hg.), *Rechtfertigungen des Unrechts. Das Rechtsdenken im Nationalsozialismus in Originaltexten,* Berlin 2014, S. 268–278, hier S. 276.
616 Krüger, »Das neue Gesicht der deutschen Arbeit«, S. 133.
617 Horkheimer/Adorno, *Dialektik der Aufklärung,* S. 217.
618 Vgl. ebd., S. 208 f.
619 König, *Elemente des Antisemitismus,* S. 172.
620 Holz/Weyand, »Arbeit und Nation«, S. 96.
621 Kocka, »Ambivalenzen der Moderne«, S. 27.
622 Ebd.
623 Süß, Dietmar, »Arbeit, Leistung, Bürgertum«, in: Frei, Norbert (Hg.), *Wie bürgerlich war der Nationalsozialismus?,* Göttingen 2018, S. 100–115, hier S. 105 f.
624 Wildt, »›Arbeit‹ im Nationalsozialismus«, S. 19.
625 Süss, »Arbeit, Leistung, Bürgertum«, S. 106.
626 Detlev Claussen, *Grenzen der Aufklärung. Die gesellschaftliche Genese des modernen Antisemitismus,* Frankfurt am Main 2005, S. 217.
627 Erste Überlegungen zu diesem Kapitel finden sich ich in einem Aufsatz, der in der Zeitschrift für Geschichtswissenschaft veröffentlicht wurde: Lelle, »Arbeit, (Un)Freiheit, Tod«.
628 Vgl. Oren Baruch Stier, *Holocaust icons. Symbolizing the Shoah in history and memory,* New Brunswick, New Jersey 2015, S. 68.
629 Bakonyi, »Dimensionen der Zwangsarbeit im Nationalsozialismus«, S. 21.
630 Wolfgang Brückner, *»Arbeit macht frei«. Herkunft und Hintergrund der KZ-Devise,* Opladen 1998, S. 92.
631 Campbell, *Joy in work, German work,* S. 348.
632 Vgl. Wladyslaw Bartoszewski, *Es lohnt sich, anständig zu sein. Meine Erinnerungen; mit der Rede zum 8. Mai,* Freiburg im Breisgau [3]1995, S. 40 f.
633 Zitiert nach Brückner, *»Arbeit macht frei«,* S. 24.
634 Wolfgang Sofsky, *Die Ordnung des Terrors. Das Konzentrationslager,* Frankfurt am Main 1993, S. 193.
635 Heinrich Himmler, *Geheimreden 1933 bis 1945 und andere Ansprachen. Mit 243 zum Teil unbekannten Bild- und Textdokumenten und einer Einführung von Joachim C. Fest,* Frankfurt am Main 1974, S. 111.
636 Himmler, *Geheimreden 1933 bis 1945 und andere Ansprachen,* S. 111.
637 Ebd.
638 Claussen, *Grenzen der Aufklärung,* S. 217.
639 Mit der Kategorie »Asoziale« wurden auch Sinti:zze und Rom:nja verfolgt. Himmlers Rundfunkansprache meint aber »arische« Deutsche, die als »Asoziale« verfolgt wurden. Denen sollten die Meilensteine Vorbild sein.
640 Wildt, Michael, »›Jedem das Seine‹. Die Rechtssicherheit der Volksgenossen«, *Die Ambivalenz des Volkes. Der Nationalsozialismus als Gesellschaftsgeschichte,* Berlin 2019, S. 302–325, hier S. 322.
641 Zitiert nach ebd., S. 321 f.

642 Schatz/Woeldike, »Einschluß, Ausschluß und Vernichtung«, S. 58.
643 Rensinghoff, »Auschwitz Stammlager«, S. 247.
644 Brückner, *»Arbeit macht frei«*, S. 16.
645 Ebd.
646 Ebd., S. 26.
647 Ebd., S. 27.
648 Hamacher, »Arbeiten Durcharbeiten«, S. 163.
649 Vgl. Riedel, »›Arbeit macht frei‹«, S. 22.
650 Zitiert nach Wildt, »Arbeit im Nationalsozialismus«, S. 124.
651 Brückner, *»Arbeit macht frei«*, S. 83.
652 Bei Paulus heißt es: »Wer nicht arbeiten will, soll auch nicht essen.« Bischöfe Deutschlands, Österreichs, der Schweiz u. a. (Hg.), *Die Bibel. Altes und Neues Testament. Einheitsübersetzung,* Freiburg/Basel/Wien 1980, S. 1337 (3 Thessalonicher 10).
653 Vgl. Riedel, »›Arbeit macht frei‹«, S. 22.
654 Vgl. Heinz Faulstich, *Hungersterben in der Psychiatrie 1914–1949. Mit einer Topographie der NS-Psychiatrie,* Freiburg 1998, S. 317 ff.
655 Ebd.
656 Vgl. Fleischmann, Gerd, »›JEDEM DAS SEINE‹. Eine Spur von Bauhaus in Buchenwald«, in: Knigge, Volkhard / Ehrlich, Franz / Bräu, Ramona / Fleischmann, Gerd (Hg.), *Franz Ehrlich. Ein Bauhäusler in Widerstand und Konzentrationslager; eine Ausstellung der Stiftung Gedenkstätten Buchenwald und Mittelbau-Dora in Zusammenarbeit mit der Klassik-Stiftung Weimar und der Stiftung Bauhaus Dessau, 2. August 2009 – 11. Oktober 2009 im Neuen Museum Weimar,* Weimar 2009, S. 107–118.
657 Brückner, *»Arbeit macht frei«*, S. 90.
658 Hitler, *Mein Kampf*, S. 753.
659 Levi, »›Arbeit macht frei‹«, S. 8.
660 Levi, *Die Untergegangenen und die Geretteten*, S. 134.
661 Buggeln/Wildt, »Arbeit im Nationalsozialismus (Einleitung)«, S. XXXV.
662 Ley, »Unsere Arbeit macht uns frei«.
663 Brückner, *»Arbeit macht frei«*, S. 89.
664 Hamacher, »Arbeiten Durcharbeiten«, S. 163.
665 Es gibt zahlreiche Beschreibungen dieser Selektionen. Imre Kertész schreibt ebenso darüber wie Tibor Wohl. Vgl. Imre Kertész, *Roman eines Schicksallosen,* Reinbek bei Hamburg [6]2002, S. 89 ff.; Vgl. Tibor Wohl, *Arbeit macht tot. Eine Jugend in Auschwitz,* Frankfurt am Main 1990, S. 18 f.
666 Detlef Ernst / Klaus Riexinger, *Vernichtung durch Arbeit – Rüstung im Bergwerk. Die Geschichte des Konzentrationslagers Kochendorf – Außenkommando des KZ Natzweiler-Struthof,* Tübingen 2003, S. 146.
667 Claussen, *Grenzen der Aufklärung*, S. 217.
668 Nikolaus Wachsmann, *KL. Die Geschichte der nationalsozialistischen Konzentrationslager,* Bonn 2017, S. 362.
669 Wachsmann, *KL*, S. 362.
670 Sofsky, *Die Ordnung des Terrors*, S. 289.
671 Sybille Steinbacher, *Auschwitz. Geschichte und Nachgeschichte,* München [4]2017, S. 50.
672 Sofsky, *Die Ordnung des Terrors*, S. 286.
673 Vgl. Christopher R. Browning, *Remembering Survival: Inside a Nazi Slave-Labor Camp,* New York 2011, S. 133.; Vgl. auch Anton Weiss-Wendt, »The Business of Survival: Baltic Oil Ltd. and Jewish Forced-Labor Camps in Estonia.«, in: *Yad Vashem Studies* (2008), 36 (2), S. 45–71, hier S. 45.
674 Rensinghoff, »Auschwitz Stammlager«, S. 248.
675 Brückner, *»Arbeit macht frei«*, S. 76.

676 Wildt, »Arbeit im Nationalsozialismus«, S. 128.
677 Kocka, »Ambivalenzen der Moderne«, S. 28.
678 Wildt, »Der Begriff der Arbeit bei Hitler«, S. 23.
679 Vgl. Franciszek Piper, *Arbeitseinsatz der Häftlinge aus dem KL Auschwitz,* Oświęcim 1995, S. 35.
680 Vgl. Wildt, »Arbeit im Nationalsozialismus«, S. 127.
681 Zitiert nach Agnieszka Sabor / Małgorzata Szlaga, *Schtetl. Auf den Spuren der jüdischen Städtchen: Działoszyce, Pińczów, Chmielnik, Szydłów, Chęciny: Reiseführer,* Kraków/Budapest 2011, S. 95.
682 Vgl. Tibor Wohl: Arbeit macht tot. Eine Jugend in Auschwitz, Frankfurt am Main 1990.
683 Lüdtke u. a., »›Deutsche Qualitätsarbeit‹: Mitmachen und Eigensinn im Nationalsozialismus«, S. 392.
684 Lüdtke, Alf, »›Fehlgreifen in der Wahl der Mittel‹. Optionen im Alltag militärischen Handelns«, in: *Mittelweg 36* 12 (2003), H. 1, S. 61–75, hier S. 68.
685 Lars Clausen, *Produktive Arbeit, destruktive Arbeit. Soziologische Grundlagen,* Berlin 1988, S. 73.
686 Ernst Klee u. a., *»Schöne Zeiten«. Judenmord aus der Sicht der Täter und Gaffer,* Frankfurt am Main [2]1988, S. 148.
687 Ebd., S. 7.
688 Hamacher, »Arbeiten Durcharbeiten«, S. 163.
689 Hermann Kaienburg, *Vernichtung durch Arbeit. Der Fall Neuengamme: die Wirtschaftsbestrebungen der SS und ihre Auswirkungen auf die Existenzbedingungen der KZ-Gefangenen,* Bonn 1990, S. 14.
690 Ernst/Riexinger, *Vernichtung durch Arbeit – Rüstung im Bergwerk,* S. 70.
691 Piper, Franciszek / Swiebocka, Teresa (Hg.), *Auschwitz. Nationalsozialistisches Vernichtungslager,* Auschwitz-Birkenau 2005, S. 214.
692 Eugen Kogon, *Der SS-Staat. Das System der deutschen Konzentrationslager,* München [18]1988, S. 123.
693 Kaienburg, *Vernichtung durch Arbeit,* S. 54.
694 Ebd.
695 Vgl. Bernd C. Wagner, *IG Auschwitz. Zwangsarbeit und Vernichtung von Häftlingen des Lagers Monowitz 1941–1945,* Darstellungen und Quellen zur Geschichte von Auschwitz: Band 3, Berlin 2000, S. 176.
696 Vgl. Goldhagen, *Hitler's willing executioners,* S. 283.
697 Mitscherlich, »Erinnern, Wiederholen und Durcharbeiten«, S. 490.
698 Vgl. ebd., S. 486.
699 Zur Unterscheidung dieser Ebenen vergleiche etwa Roswitha Scholz, *Das Geschlecht des Kapitalismus. Feministische Theorien und die postmoderne Metamorphose des Patriarchats,* Bad Honnef 2011, S. 121.
700 Goldhagen, *Hitler's willing executioners,* S. 320.
701 Ebd., S. 323.
702 Hamacher, »Arbeiten Durcharbeiten«, S. 163.
703 Ebd., S. 164.
704 Postone, Moishe, »Antisemitismus und Nationalsozialismus. Ein theoretischer Versuch«, in: Postone, Moishe (Hg.), *Deutschland, die Linke und der Holocaust. Politische Interventionen,* Freiburg 2005, S. 165–194, hier S. 193.
705 Ebd.
706 Weyrather, »›Deutsche Arbeit‹«, S. 36.
707 End, Markus, »Adorno und die ›Zigeuner‹«, in: Bartels, Alexandra / End, Markus (Hg.), *Antiziganistische Zustände,* Münster [2]2013, S. 95–108, hier S. 101.
708 Schatz/Woeldike, *Freiheit und Wahn deutscher Arbeit,* S. 123.

709 Vgl. Horkheimer/Adorno, *Dialektik der Aufklärung*, S. 196.
710 Pagenstecher, Cord / Buggeln, Marc, »Zwangsarbeit«, in: Wildt, Michael / Kreutzmüller, Christoph (Hg.), *Berlin. 1933–1945*, München 2013, S. 127–144, hier S. 139.
711 Herbert, Ulrich, »Der »Ausländereinsatz« in der deutschen Kriegswirtschaft 1939–1945«, in: Spanjer, Rimco / Oudesluijs, Diedericke M. / Meijer, Johan (Hg.), *Zur Arbeit gezwungen. Zwangsarbeit in Deutschland 1940–1945*, Bremen 1999, S. 13–21, hier S. 17.
712 Schatz/Woeldike, *Freiheit und Wahn deutscher Arbeit*, S. 103.
713 Vgl. Swantje Greve, *Das »System Sauckel«. Der Generalbevollmächtigte für den Arbeitseinsatz und die Arbeitskräftepolitik in der besetzten Ukraine 1942–1945*, Göttingen 2019.
714 Vgl. Hilberg, *Die Vernichtung der europäischen Juden*, S. 261.
715 Ebd., S. 264.
716 Vgl. van der Linden, Marcel / Rodríguez García, Magaly (Hg.), *On coerced labor. Work and compulsion after chattel slavery*, Leiden/Boston 2016.
717 Herbert, Ulrich, »Arbeit und Vernichtung. Ökonomisches Interesse und Primat der ›Weltanschauung im Nationalsozialismus‹«, in: Diner, Dan (Hg.), *Ist der Nationalsozialismus Geschichte? Zu Historisierung und Historikerstreit*, Frankfurt am Main 1987, S. 198–236, hier S. 201.
718 Benz, Wolfgang, »Zwangsarbeit im nationalsozialistischen Staat. Dimensionen – Strukturen – Perspektiven«, in: Benz, Wolfgang (Hg.), *Dachauer Hefte 16. Zwangsarbeit*, Dachau 2000, S. 3–17, hier S. 11.
719 Vgl. Mark Spoerer, *Zwangsarbeit unter dem Hakenkreuz. Ausländische Zivilarbeiter, Kriegsgefangene und Häftlinge im Deutschen Reich und im besetzten Europa 1939–1945*, Stuttgart 2001, S. 15 f.
720 Bakonyi, »Dimensionen der Zwangsarbeit im Nationalsozialismus«, S. 21.
721 Vgl. Wildt, Michael, »Holocaust und Arbeitsverwaltung. Der jüdische Arbeiteinsatz in den Ghettos der besetzten Ostgebiete«, in: Nützenadel, Alexander (Hg.), *Das Reichsarbeitsministerium im Nationalsozialismus. Verwaltung – Politik – Verbrechen*, Göttingen 2017, S. 423–457, hier S. 423.
722 Levi, »›Arbeit macht frei‹«, S. 9.
723 Herbert, »Arbeit und Vernichtung«, S. 225.
724 Heider, Angelika, »Erinnerungen ehemaliger ›Ostarbeiter‹«, in: Benz, Wolfgang (Hg.), *Dachauer Hefte 16. Zwangsarbeit*, Dachau 2000, S. 71–86, hier S. 71.
725 Herbert, »Der ›Ausländereinsatz‹ in der deutschen Kriegswirtschaft 1939–1945«, S. 17.
726 Vgl. Benz, »Zwangsarbeit im nationalsozialistischen Staat«, S. 3.
727 Vgl. Knigge, Volkhard / Lüttgenau, Rikola-Gunnar / Wagner, Jens-Christian, »Einleitung«, in: Knigge, Volkhard / Lüttgenau, Rikola-Gunnar / Wagner, Jens-Christian / Binner, Jens (Hg.), *Zwangsarbeit. Die Deutschen, die Zwangsarbeiter und der Krieg: Begleitband zur Ausstellung*, Weimar 2010, S. 6–11, hier S. 6.
728 Ebd.
729 Ebd., S. 7.
730 Knigge u. a., »Einleitung«, S. 8.
731 Buggeln/Wildt, »Arbeit im Nationalsozialismus (Einleitung)«, S. XXXVI.
732 Campbell, *Joy in work, German work*, S. 364.
733 Vgl. Wolfgang Ayaß, *»Asoziale« im Nationalsozialismus*, Stuttgart 1995, S. 42.
734 Zitiert nach ebd., S. 43.
735 Vgl. ebd., S. 150.
736 Wulf, *Faul*, S. 137.
737 Ayaß, *»Asoziale« im Nationalsozialismus*, S. 163.
738 Ebd.
739 Robel, Yvonne, »Pathologisch faul? Das Nichtstun der ›Massen‹ von 1890 bis in die 1930er-Jahre«, in: *WerkstattGeschichte* 27 (2018), H. 78, S. 57–71, hier S. 71.

740 Ayaß, »*Asoziale*« *im Nationalsozialismus,* S. 177.
741 Ebd., S. 169.
742 Hörath, »›Arbeitsscheue Volksgenossen‹«, S. 325.
743 Ayaß, »*Asoziale*« *im Nationalsozialismus,* S. 164.
744 Ebd.
745 Ebd., S. 221.
746 Heike Krokowski, *Die Last der Vergangenheit: Auswirkungen nationalsozialistischer Verfolgung auf deutsche Sinti,* Frankfurt am Main 2001, S. 57.
747 Schikorra, Christa, »Arbeitszwang, Psychiatrie und KZ. Als ›asozial‹ verfolgte junge Frauen im Dritten Reich«, in: Benz, Wolfgang / Distel, Barbara (Hg.), »*Gemeinschaftsfremde*«. *Zwangserziehung im Nationalsozialismus, in der Bundesrepublik und der DDR,* Berlin u. a. 2016, S. 83–104, hier S. 85.
748 Ayaß, »*Asoziale*« *im Nationalsozialismus,* S. 106.
749 Wulf, *Faul,* S. 136.
750 Zitiert nach ebd.
751 Gabriele Lotfi, *KZ der Gestapo. Arbeitserziehungslager im Dritten Reich,* Frankfurt am Main 2003, S. 11.
752 Pagenstecher, Cord, »Arbeitserziehungslager«, in: Benz, Wolfgang / Distel, Barbara (Hg.), *Der Ort des Terrors. Geschichte der nationalsozialistischen Konzentrationslager,* 9 Bde., München 2005–2009, S. 75–99, hier S. 75.
753 Vgl. Lotfi, *KZ der Gestapo,* S. 193 ff.
754 Zitiert nach Pagenstecher, »Arbeitserziehungslager«, S. 76.
755 Zitiert nach ebd.
756 Ayaß, »*Asoziale*« *im Nationalsozialismus,* S. 178.
757 Ebd.
758 Ebd.
759 Schatz/Woeldike, *Freiheit und Wahn deutscher Arbeit,* S. 104. [Hervorhebung von mir; Nikolas Lelle]

ZWEITER TEIL. FOLGE! S. 125-204

1 Horkheimer, Max, »Die Juden und Europa«, in: Schmidt, Alfred (Hg.), *Schriften 1936–1941. Gesammelte Schriften, Band 4,* Frankfurt am Main 1988, S. 308–331, hier S. 312.
2 Vgl. Timo Luks, *Der Betrieb als Ort der Moderne. Zur Geschichte von Industriearbeit, Ordnungsdenken und social engineering im 20. Jahrhundert,* Bielefeld 2010.
3 Neumann, *Behemoth,* S. 486.
4 Vgl. Siegel, *Leistung und Lohn in der nationalsozialistischen* »*Ordnung der Arbeit*«.
5 Lüdtke, »›Fehlgreifen in der Wahl der Mittel‹«, S. 68.
6 Vgl. Horsten, *Leistungsgemeinschaft und Eigenverantwortung im Bereich der nationalen Arbeit,* S. 90.
7 Horsten, *Die nationalsozialistische Leistungsauslese,* S. 17.
8 Vgl. ebd., S. 61.
9 Hitler, *Führung und Gefolgschaft,* S. 48.
10 Zitiert nach Wildt, Michael, »Der Fall Reinhard Höhn. Vom Reichssicherheitshauptamt zur Harzburger Akademie«, in: Gallus, Alexander / Schildt, Axel (Hg.), *Rückblickend in die Zukunft. Politische Öffentlichkeit und intellektuelle Positionen in Deutschland*

um 1950 und um 1930, Göttingen 2011, S. 254–271, hier S. 257. Wildt zitiert wiederum selbst aus einer unveröffentlichten, aber verdienstvollen Arbeit: Vgl. Daniel C. Teevs, *Kontinuität des Unbedingten? Reinhard Höhn und die Bad Harzburger Akademie für Führungskräfte der Wirtschaft,* Hausarbeit im Rahmen der Ersten Staatsprüfung für das Lehramt an Gymnasien, Göttingen 2004, S. 28.

11 Wildt, »Der Fall Reinhard Höhn«, S. 259.

12 Stephan Leistenschneider, *Auftragstaktik im preußisch-deutschen Heer 1871 bis 1914,* Zugleich München, Universität der Bundeswehr, Diplomarbeit, 1992, Hamburg 2002, S. 95.

13 Ebd.

14 Ebd.

15 Der Begriff ist angelehnt an Bini Adamzcaks Buchtitel. Vgl. Bini Adamczak, *Beziehungsweise Revolution. 1917, 1968 und kommende,* Berlin 2017.

16 Für die Betriebsgemeinschaft war diese Homogenisierung wesentlich ein Akt antisemitischen Ausschlusses. Qua Verordnung war in der Betriebsgemeinschaft für Jüdinnen:Juden kein Platz: »Die Durchführungsverordnung zur VO über die Beschäftigung von Juden vom 31.10.1941 bringt es auf den Punkt: ›§ 1. Der Jude kann als Artfremder nicht Mitglied einer Betriebsgemeinschaft sein, die sich auf dem Grundsatz der gegenseitigen Treuepflicht aller im Betrieb Schaffenden aufbaut.‹« Hermann, Hans-Georg, »Treue- und Loyalitätskonzepte im deutschen Staatsrecht zwischen Kaiserreich und Wiedervereinigung. (Dis)Kontinuitätsperspektiven auf ein Rechtsprinzip in sechs Kapiteln«, in: Buschmann, Nikolaus / Murr, Karl Borromäus (Hg.), *Treue. Politische Loyalität und militärische Gefolgschaft in der Moderne,* Göttingen 2008, S. 153–189, hier S. 175.

17 Vgl. Karsten Uhl, *Humane Rationalisierung? Die Raumordnung der Fabrik im fordistischen Jahrhundert,* Bielefeld 2014, S. 188 ff.

18 Krell, *Vergemeinschaftende Personalpolitik,* S. 130.

19 »[C]e régime fut participatif, car il visait à produire du consensus.« Johann Chapoutot, *Libres d'obéir. Le management, du nazism à aujourd'hui,* Paris 2020, S. 131. Übersetzung von mir.

20 Loick, Daniel, »Herrschermacht und Herrschvermögen. Benjamins Kritik der Entscheidung«, in: Blättler, Christine / Voller, Christian (Hg.), *Walter Benjamin Politisches Denken,* Baden-Baden 2016, S. 97–110, hier S. 106.

21 Marcuse, »Der Kampf gegen den Liberalismus in der totalitären Staatsauffassung«, S. 49.

22 Horkheimer, »Die Juden und Europa«, S. 312.

23 Ebd.

24 Vgl. Uhl, *Humane Rationalisierung?*

25 Alisch, »Heideggers Rektoratsrede im Kontext«, S. 78.

26 Carl Schmitt, *Der Leviathan in der Staatslehre des Thomas Hobbes. Sinn und Fehlschlag eines politischen Symbols,* Hamburg 1938, S. 33.

27 Gustav Frenz / Emil Gobbers, *Erfolgreiche Betriebswirtschaft. Betriebsführer und Gefolgschaft im Arbeitsprozeß,* Berlin 1934, S. 177.

28 Augstein, Rudolph, »Hobbes und wir«, in: *Der Spiegel,* 10.01.1983, S. 136.

29 Vgl. Helmut Schelsky, *Thomas Hobbes. Eine politische Lehre,* Teilweise zugleich Königsberg, Universität, Habilitations-Schrift, 1940, Berlin 1981.

30 Ebd., S. 5.

31 Vgl. Habermas, Jürgen, »Carl Schmitt in der politischen Geistesgeschichte der Bundesrepubik«, *Die Normalität einer Berliner Republik. Kleine Politische Schriften VIII,* Frankfurt am Main 1995, S. 112–120, hier S. 115.

32 Vgl. Reinhard Mehring, *Carl Schmitt. Aufstieg und Fall. Eine Biographie,* München 2009, S. 383.

33 Carl Schmitt, *Der Leviathan in der Staatslehre des Thomas Hobbes.*

34 Raphael Gross, *Carl Schmitt und die Juden. Eine deutsche Rechtslehre*, Zugleich Essen, Universität, Dissertation, 1997, Frankfurt am Main 2000, S. 268.
35 Mehring, *Carl Schmitt*, S. 385.
36 Ebd.
37 Ebd., S. 388.
38 Balke, Friedrich, »Kreuzzug und Kartei. Carl Schmitt und die Juden«, in: *Neue Rundschau* 111 (2000), H. 3, S. 168–179, hier S. 169.; Iris Därmann, *Undienlichkeit. Gewaltgeschichte und politische Philosophie,* Berlin 2020, S. 230.
39 Schmitt, *Der Leviathan in der Staatslehre des Thomas Hobbes*, S. 21.
40 Schmitt, *Der Begriff des Politischen*, S. 52.
41 Thomas Hobbes, *Leviathan. Oder Stoff, Form und Gewalt eines kirchlichen und bürgerlichen Staates*, Eingeleitet von Iring Fetscher, Frankfurt am Main 1984, S. XLVII.
42 Mehring, *Carl Schmitt*, S. 380.
43 *Sinn und Fehlschlag eines politischen Symbols* lautet der Untertitel von Schmitts Hobbes-Buch. Vgl. Schmitt, *Der Leviathan in der Staatslehre des Thomas Hobbes.*
44 Vgl. Mehring, *Carl Schmitt*, S. 385.
45 Schmitt, *Der Leviathan in der Staatslehre des Thomas Hobbes*, S. 120.
46 Vgl. ebd.
47 Vgl. Thomas Hobbes, *Behemoth oder das Lange Parlament,* Hamburg 2015.
48 Schmitt, *Der Leviathan in der Staatslehre des Thomas Hobbes*, S. 34.
49 Ebd., S. 55.
50 Scheit, Gerhard, »Das Verschwinden des Souveräns im Ausnahmezustand. Über Walter Benjamins immanente Kritik an Carl Schmitts politischer Theologie – vom Trauerspiel-Buch zu den Thesen Über den Begriff der Geschichte«, in: Blättler, Christine / Voller, Christian (Hg.), *Walter Benjamin Politisches Denken,* Baden-Baden 2016, S. 75–96, hier S. 84.
51 Vgl. Schmitt, *Der Begriff des Politischen.*
52 Ebd., S. 27.
53 Ebd., S. 26.
54 Ebd., S. 34.
55 Ebd., S. 18. Vgl. George, Andreas, »Der Inbegriff des Politischen. Carl Schmitts Begriff des Politischen und der Antisemitismus als seine Konsequenz«, in: *Sans Phrase – Zeitschrift für Ideologiekritik* 6 (2017), H. 10, S. 239–257.
56 Scheit, »Das Verschwinden des Souveräns im Ausnahmezustand«, S. 83.
57 Nicht zufällig und nicht ohne Vorbilder und Vorformen verortet sich Schmitt hier zwischen Liberalismus und Autoritarismus. Diese Figur des dritten Weges, das wurde im ersten Teil bereits angesprochen, findet sich im Nationalsozialismus oft. Sie wird von Reinhard Höhn, um den es im dritten Teil systematischer geht, noch in der Nachkriegszeit genutzt.
58 Schmitt, *Der Leviathan in der Staatslehre des Thomas Hobbes*, S. 86.
59 Ebd., S. 108.
60 Bernd Rüthers, *Carl Schmitt im Dritten Reich. Wissenschaft als Zeitgeist-Verstärkung?*, München [2]1990, S. 101.
61 Schmitt, *Der Leviathan in der Staatslehre des Thomas Hobbes*, S. 94.
62 Ebd., S. 103.
63 Ebd., S. 111.
64 Ebd., S. 116.
65 Ebd., S. 118.
66 Ebd., S. 23.
67 Vgl. Forsthoff, »Der totale Staat (1933)«; Vgl. Carl Schmitt, *Der Hüter der Verfassung,* Tübingen 1931, S. 79.

68 Schmitt, *Der Leviathan in der Staatslehre des Thomas Hobbes,* S. 131.
69 Ebd., S. 118.
70 Vgl. Schmitt, Carl, »Starker Staat und gesunde Wirtschaft (1932)«, in: Maschke, Günter (Hg.), *Staat, Großraum, Nomos. Arbeiten aus den Jahren 1916–1969,* Berlin 1995, S. 71–94.
71 Schelsky, *Thomas Hobbes,* S. 9. Dass er im selben Vorwort zum Gegenschlag ausholt und Kritiker:innen vorwirft, zu schnell zu urteilen, denn seine Arbeit sei ein Beispiel für »die liberale Wissenschaftsauffassung im ›Dritten Reich‹«, die es so in einem »kommunistisch-ideologischen Staat« nie gegeben habe, das ist wiederum zeittypisch für den historischen Kontext, in dem das neue Vorwort geschrieben wurde und Ausdruck einer emotionalen Nähe zu seinem Text, die er so gerne leugnen möchte.
72 Ebd., S. 11.
73 Ebd., S. 13.
74 Ebd., S. 329 f.
75 Ebd.
76 Heidegren, Carl-Goran, »Helmut Schelsky's ›German‹ Hobbes Interpretation«, in: *Social Thought and Research* 22 (1999), 1&2, S. 25–44, hier S. 29.
77 Schelsky, *Thomas Hobbes,* S. 330. [Hervorhebung von mir; Nikolas Lelle]
78 Forsthoff, »Der totale Staat (1933)«, S. 277.
79 Vgl. Schelsky, Helmut, »Hobbes, Thomas«, in: Beckerath, Erwin / Brinkmann, Carl / Gutenberg, Erich / u. a. (Hg.), *Handwörterbuch der Sozialwissenschaften. Fünfter Band. Handelsrecht - Kirchliche Finanzen,* Stuttgart 1956, S. 126 f., hier S. 127.
80 Vgl. Helmut Schelsky, *Sozialistische Lebenshaltung,* Leipzig 1934, S. 134.
81 Wolfgang Pohrt, *Der Weg zur inneren Einheit. Elemente des Massenbewusstseins BRD 1990,* Hamburg 1991, S. 55.
82 Neumann, *Behemoth,* S. 541 ff.
83 Vgl. Scheit, »Das Verschwinden des Souveräns im Ausnahmezustand«, S. 79.
84 Neumann, *Behemoth,* S. 16.
85 Ebd., S. 541 ff.
86 Vgl. Fraenkel, Ernst, »Der Doppelstaat«, in: Brünneck, Alexander v. (Hg.), *Gesammelte Schriften. Band 2: Nationalsozialismus und Widerstand,* Baden-Baden 1999, S. 33–266.
87 Neumann, *Behemoth,* S. 541.
88 Ebd.
89 Salzborn, *Angriff der Antidemokraten,* S. 28.
90 Neumann, *Behemoth,* S. 541.
91 Wildt, »Franz Neumann und die NS-Forschung«, S. 698.
92 Neumann, *Behemoth,* S. 114.
93 Ebd.
94 Albert Speer, *Erinnerungen,* Frankfurt am Main 1996, S. 184.
95 Arnhold, Karl, »Vom Gesetz der Gemeinschaft«, in: *Unser Pütt. Werkszeitung der Klöckner-Zechen,* 01.10.1938, S. 2.
96 Phelps, »Hitlers ›grundlegende‹ Rede über den Antisemitismus«, S. 401.
97 Alexander Kluge, *Neue Geschichten. Hefte 1–18. »Unheimlichkeit der Zeit«,* Frankfurt am Main [3]1978, S. 140 f.
98 Schelsky, *Sozialistische Lebenshaltung.*
99 Vgl. Volker Kempf, *Wider die Wirklichkeitsverweigerung. Helmut Schelsky; Leben, Werk, Aktualität,* München 2012, S. 15 f.
100 Ebd., S. 19.
101 Schelsky, *Sozialistische Lebenshaltung,* S. 6.
102 Ebd., S. 10.
103 Ebd., S. 17.
104 Vgl. ebd., S. 11.

105 Vgl. ebd., S. 14 f.
106 Ebd., S. 16.
107 Ebd.
108 Vgl. ebd.
109 Ebd., S. 35.
110 Ebd., S. 36.
111 Ebd.
112 Ebd., S. 44.
113 Ebd., S. 28.
114 Benjamin, »Das Kunstwerk im Zeitalter seiner technischen Reproduzierbarkeit«, S. 506.
115 Eine ausführlichere Auseinandersetzung mit dieser Rede findet sich in Lelle, Nikolas, »›Firm im Führen‹. Das ›Harzburger Modell‹ und eine (Nachkriegs-)Geschichte deutscher Arbeit«, in: Konitzer, Werner / Palme, David (Hg.), *»Arbeit«, »Volk«, »Gemeinschaft«. Ethik und Ethiken im Nationalsozialismus,* Frankfurt am Main 2016, S. 205–224.
116 Reinhard Höhn, *Vom Wesen der Gemeinschaft. Vortrag gehalten auf der Landesführerschule des deutschen Arbeitsdienstes,* Berlin 1934, S. 17.
117 Reinhard Höhn, *Die Wandlung im staatsrechtlichen Denken,* Hamburg 1934, S. 35.
118 Höhn, *Vom Wesen der Gemeinschaft,* S. 29.
119 Ebd.
120 Für die Hitlerjugend zeigte das Gloy, *Im Dienst der Gemeinschaft.*
121 Höhn, Reinhard, »Der Führerbegriff im Staatsrecht«, in: *Deutsches Recht,* 15.06.1935, S. 301.
122 Höhn, *Vom Wesen der Gemeinschaft,* S. 32.
123 Vgl. Schmitt, Carl, »Führung und Hegemonie«, in: Maschke, Günter (Hg.), *Staat, Großraum, Nomos. Arbeiten aus den Jahren 1916–1969,* Berlin 1995, S. 225–233, hier S. 230.
124 Höhn, »Der Führerbegriff im Staatsrecht«, S. 298.
125 Vgl. Lelle, »›Firm im Führen‹«, S. 212.
126 Wildt, »Der Fall Reinhard Höhn«, S. 258.
127 *Arbeitertum* vom 1. November 1934 zitiert nach Heuel, *Der umworbene Stand,* S. 507.
128 Willy Müller, *Das soziale Leben im neuen Deutschland. Unter besonderer Berücksichtigung der Deutschen Arbeitsfront,* Berlin 1938, S. 122.
129 Vgl. Willy Müller, *Der Führer,* Berlin 1933.
130 Willy Müller, *Führertum und Soziale Ehre. Die ethischen Grundlagen des Arbeitsordnungsgesetzes,* Eine weltanschauliche Kommentierung des AOG zur Schulung der Betriebsführer, Vertrauensräte und Gefolgschaften, Berlin 1935, S. 9.
131 Müller, *Der Führer,* S. 4 f.
132 Ebd., S. 5.
133 Ebd., S. 6.
134 Ebd., S. 43.
135 Ebd., S. 5.
136 Schmitt, *Der Begriff des Politischen,* S. 16.
137 Schmitt, *Der Begriff des Politischen,* S. 15.; Samuel Salzborn verweist in seiner Auseinandersetzung mit der Neuen Rechten auf dieses Theorem: Salzborn, *Angriff der Antidemokraten,* S. 28.
138 Schmitt, *Der Begriff des Politischen,* S. 15.
139 Forsthoff, »Der totale Staat (1933)«, S. 276.
140 Ebd., S. 277.
141 Ebd.
142 Schmitt, *Der Begriff des Politischen,* S. 34.
143 Jünger, *Der Arbeiter,* S. 74.

144 George, »Der Inbegriff des Politischen«, S. 242.
145 Baratella, Nils / Rücker, Sven, »Gewalt: essentialistisch, demokratisch, theologisch. Zu den Gewaltbegriffen von Carl Schmitt, Hannah Arendt und Walter Benjamin«, in: Blättler, Christine / Voller, Christian (Hg.), *Walter Benjamin Politisches Denken*, Baden-Baden 2016, S. 177–193, hier S. 182.
146 Jünger, *Der Arbeiter*, S. 209.
147 Heidegger, »Die Selbstbehauptung der deutschen Universität«, S. 113.
148 Ebd.
149 Heidegger, Martin, »Arbeitsdienst und Universität. (14. Juni 1933)«, in: Heidegger, Hermann (Hg.), *Gesamtausgabe I. Abteilung: Veröffentlichte Schriften 1910–1976. Band 16. Reden und andere Zeugnisse eines Lebensweges*, Frankfurt am Main 2000, S. 125–126., hier S. 125.
150 Hamacher, »Arbeiten Durcharbeiten«, S. 170, Fn. 12.
151 Henry Picker, *Hitlers Tischgespräche im Führerhauptquartier 1941–1942. Eingeleitet, kommentiert und herausgegeben von Andreas Hillgruber*, München 1968, S. 84.
152 Für eine Analyse vgl. Benjamin Ortmeyer / Katharina Rhein, *Indoktrination. Rassismus und Antisemitismus in der Nazi-Schülerzeitschrift »Hilf mit!« (1933–1944); Analyse und Dokumente*, Weinheim/Basel 2013.
153 Erich Kupke, *Jeder denkt mit! Innerbetrieblicher Erfahrungsaustausch und lebendige Mitarbeit der Gefolgschaft – Wege zur Leistungssteigerung in deutschen Betrieben*, Mit einem Geleitwort von Rudolf Schmeer, Berlin 1939.
154 Vgl. ebd., S. 10.
155 Süss, »Arbeit, Leistung, Bürgertum«, S. 107 f.
156 Vgl. Bialas, *Moralische Ordnungen des Nationalsozialismus*, S. 53 f.
157 Vgl. Konitzer, Werner, »Moral oder ›Moral‹? Einige Überlegungen zum Thema ›Moral und Nationalsozialismus‹«, in: Konitzer, Werner / Gross, Raphael (Hg.), *Moralität des Bösen. Ethik und nationalsozialistische Verbrechen*, Frankfurt am Main u. a. 2009, S. 97–115.; Vgl. Konitzer, Werner (Hg.), *Moralisierung des Rechts. Kontinuitäten und Diskontinuitäten nationalsozialistischer Normativität*, Frankfurt am Main 2014.
158 Vgl. Konitzer, Werner / Bach, Johanna / Palme, David / Balzer, Jonas (Hg.), *Vermeintliche Gründe. Ethik und Ethiken im Nationalsozialismus*, Frankfurt am Main 2020.
159 Höhn, *Vom Wesen der Gemeinschaft*, S. 27.
160 Bröckling, *Das unternehmerische Selbst*, S. 283.
161 Hamacher, »Arbeiten Durcharbeiten«, S. 162.
162 Zitiert nach Konitzer, »Moral oder ›Moral‹?«, S. 112.; eine ausführliche, allerdings anders gelagerte Diskussion dieses kategorischen Imperativs findet sich hier: vgl. Dries, Christian, »›Was nationalsozialistisch ist oder nicht, wird im Einzelfall entschieden‹. Hans Frank und die nationalsozialistische Urteilskraft«, in: Konitzer, Werner / Palme, David (Hg.), *»Arbeit«, »Volk«, »Gemeinschaft«. Ethik und Ethiken im Nationalsozialismus*, Frankfurt am Main 2016, S. 171–190, hier S. 187 ff.
163 Bialas, *Moralische Ordnungen des Nationalsozialismus*, S. 54.
164 Der Titel ist angelehnt an Adamczak, *Beziehungsweise Revolution*.
165 Marr, Heinz, »Die Industriearbeit. Das Fabriksystem«, in: Peppler, Karl (Hg.), *Die Deutsche Arbeitskunde*, Berlin 1940, S. 115–138, hier S. 138.
166 Vgl. Linne, Karsten, »›Ehre, Treue, Fürsorge‹. NS-Gesetzentwürfe zum Arbeitsverhältnis«, in: Senfft, Heinrich / Ebbinghaus, Angelika / Roth, Karl Heinz (Hg.), *Grenzgänge. Deutsche Geschichte des 20. Jahrhunderts im Spiegel von Publizistik, Rechtsprechung und historischer Forschung*, Lüneburg 1999, S. 355–388, hier S. 356.
167 Ebd.
168 Benjamin, »Das Kunstwerk im Zeitalter seiner technischen Reproduzierbarkeit«, S. 506.
169 Ebd.

170 Stefan Dietl, *Die AfD und die soziale Frage. Zwischen Marktradikalismus und »völkischem Antikapitalismus«*, Münster [2]2017, S. 54.
171 Ohne Angabe, »›Gefolgschaft‹«, *Meyers Lexikon. Vierter Band: Fernsprecher - Gleichen*, Leipzig 1938, S. 1085, hier S. 1085.
172 Wolfgang Siebert, *Das Arbeitsverhältnis in der Ordnung der nationalen Arbeit*, Hamburg 1935, S. 13.
173 Michael Stolleis, *Gemeinwohlformeln im nationalsozialistischen Recht*, Berlin 1974, S. 128.; die Rede ist von diesem Kommentar: Vgl. Alfred Hueck u. a., *Gesetz zur Ordnung der nationalen Arbeit. Mit sämtlichen Durchführungsverordnungen, dem Gesetz zur Ordnung der Arbeit in öffentlichen Verwaltungen und Betrieben mit seinen Durchführungsverordnungen und den neuen Arbeitszeitbestimmungen; Kommentar*, München 1934.
174 Becker, Martin, »›Arbeit‹ und ›Gemeinschaft‹ im NS-Recht und im Recht der frühen Bundesrepublik«, in: Konitzer, Werner (Hg.), *Moralisierung des Rechts. Kontinuitäten und Diskontinuitäten nationalsozialistischer Normativität*, Frankfurt am Main 2014, S. 35–62, hier S. 36.
175 Mason, Timothy W., »Zur Entstehung des Gesetzes zur Ordnung der nationalen Arbeit vom 20. Januar 1934. Ein Versuch über das Verhältnis ›archaischer‹ und ›moderner‹ Momente in der neuesten deutschen Geschichte«, in: Mommsen, Hans / Petzina, Dietmar / Weisbrod, Bernd (Hg.), *Industrielles System und politische Entwicklung in der Weimarer Republik. Verhandlungen des Internationalen Symposiums in Bochum vom 12.–17. Juni 1973*, Düsseldorf 1974, S. 322–351, hier S. 325.
176 Abgedruckt in Hueck u. a., *Gesetz zur Ordnung der nationalen Arbeit*, S. 1.
177 Ebd., S. 20.
178 Hermann, »Treue- und Loyalitätskonzepte im deutschen Staatsrecht zwischen Kaiserreich und Wiedervereinigung«, S. 165.
179 Hueck u. a., *Gesetz zur Ordnung der nationalen Arbeit*, S. 31.
180 Vgl. ebd.
181 Stolleis, *Gemeinwohlformeln im nationalsozialistischen Recht*, S. 130.
182 Becker, »›Arbeit‹ und ›Gemeinschaft‹ im NS-Recht und im Recht der frühen Bundesrepublik«, S. 39.
183 Abgedruckt in Hueck u. a., *Gesetz zur Ordnung der nationalen Arbeit*, S. 1.
184 Vgl. Hueck u. a., *Gesetz zur Ordnung der nationalen Arbeit*, S. 32.
185 Ebd.
186 Ebd., S. 35.
187 Ebd., S. 36.
188 Rabinbach, *The Eclipse of the Utopias of Labor*, S. 126.
189 Neumann, *Behemoth*, S. 486.
190 Hueck u. a., *Gesetz zur Ordnung der nationalen Arbeit*, S: 36 f.
191 Ebd., S. 39.
192 Krell, *Vergemeinschaftende Personalpolitik*, S. 127.
193 Vgl. Rüther, Martin, »Zur Sozialpolitik bei Klöckner-Humboldt-Deutz während des Nationalsozialismus. ›Die Masse der Arbeiter muss aufgespalten werden‹«, in: *Zeitschrift für Unternehmensgeschichte* 33 (1988), H. 2, S. 81–117, hier S. 84.
194 Vgl. Rudolf Joerges, *Führer und Gefolgschaft im Gesetz zur Ordnung der nationalen Arbeit*, Erfurt 1934, S. 6.
195 Ebd., S. 8.
196 Ebd.
197 Ebd., S. 22.
198 Ebd., S. 7.
199 Vgl. ebd., S. 26.
200 Joerges, *Führer und Gefolgschaft im Gesetz zur Ordnung der nationalen Arbeit*, S. 26.

201 Ebd., S. 15.
202 Laut Eberhard Heuel macht die Einführung dieser Kontrollinstanzen aber den zentralen Unterschied zur Rechtslage vor 1918 aus. Man kann demnach nicht von einem »Rückfall in die individualrechtliche-herrschaftliche Grundlegung frühkapitalistischer Arbeitsverhältnisse« sprechen. Heuel, *Der umworbene Stand*, S. 495.
203 Mason, »Zur Entstehung des Gesetzes zur Ordnung der nationalen Arbeit vom 20. Januar 1934«, S. 326.
204 Ebd.
205 Nancy Fraser / Rahel Jaeggi, *Capitalism. A Conversation in Critical Theory*, Medford, MA 2018, S. 141.
206 Vgl. Rabinbach, *The Eclipse of the Utopias of Labor*, S. 133.
207 Vgl. ebd., S. 151.
208 Neumann, *Behemoth*, S. 485.
209 Ebd.
210 Ebd.
211 Vgl. Frese, *Betriebspolitik im »Dritten Reich«*, S. 114.
212 Vgl. Müller, *Führertum und Soziale Ehre*; Hierzu vgl. auch Neumann, *Behemoth*, S. 484 ff.
213 Zitiert nach Mason, »Zur Entstehung des Gesetzes zur Ordnung der nationalen Arbeit vom 20. Januar 1934«, S. 327.
214 Siebert, *Das Arbeitsverhältnis in der Ordnung der nationalen Arbeit*, S. 12.
215 Neumann, *Behemoth*, S. 485.
216 Ebd.
217 Ley, »Leistung gibt Lebensrecht«, S. 107.
218 Gross, Raphael, »›Treue‹ im Nationalsozialismus. Ein Beitrag zur Moralgeschichte der NS-Zeit«, in: Buschmann, Nikolaus / Murr, Karl Borromäus (Hg.), *Treue. Politische Loyalität und militärische Gefolgschaft in der Moderne,* Göttingen 2008, S. 251–273, hier S. 264.
219 Marx, Karl / Engels, Friedrich, »Die deutsche Ideologie«, in: Institut für Marxismus-Leninismus beim ZK der SED (Hg.), *Marx Engels Werke Band 3,* Berlin 1962, S. 9–521, hier S. 47.
220 Vgl. Dagmar Burkhart, *Eine Geschichte der Ehre,* Darmstadt 2006, S. 16.
221 Weidenmann, Rainer E., »Treue und Loyalität im Prozess gesellschaftlichen Wandels. Eine soziologische Skizze«, in: Buschmann, Nikolaus / Murr, Karl Borromäus (Hg.), *Treue. Politische Loyalität und militärische Gefolgschaft in der Moderne,* Göttingen 2008, S. 36–71, hier S. 38.
222 Vgl. Jürgen Ritsert, *Reichtum, Macht, Ehre,* Münster 2018, S. 31 ff.
223 Buschmann, Nikolaus, »Die Erfindung der Deutschen Treue. Von der semantischen Innovation zur Gefolgschaftsideologie«, in: Buschmann, Nikolaus / Murr, Karl Borromäus (Hg.), *Treue. Politische Loyalität und militärische Gefolgschaft in der Moderne,* Göttingen 2008, S. 75–109, hier S. 76.
224 Vogt, Ludgera / Zingerle, Arnold (Hg.), *Ehre. Archaische Momente in der Moderne,* Frankfurt am Main 1994.
225 Vgl. Buschmann, Nikolaus / Murr, Karl B., »›Treue‹ als Forschungskonzept? Begriffliche und methodische Sondierungen«, in: Buschmann, Nikolaus / Murr, Karl Borromäus (Hg.), *Treue. Politische Loyalität und militärische Gefolgschaft in der Moderne,* Göttingen 2008, S. 11–35, hier S. 18.
226 Ebd., S. 11.
227 Ebd., S. 29.
228 Burkhart, *Eine Geschichte der Ehre*, S. 15.
229 Gross, »›Treue‹ im Nationalsozialismus«, S. 259.

230 Vgl. Buschmann, »Die Erfindung der Deutschen Treue«, S. 86.
231 Friedrich Schinkel zitiert nach ebd., S. 77.
232 Ebd.
233 Ebd., S. 105.
234 Ich orientiere mich hier an Nikolas Buschmann und Karl Murr. Vgl. Buschmann/Murr, »›Treue‹ als Forschungskonzept?«, S. 20 ff.
235 Vgl. Hermann, »Treue- und Loyalitätskonzepte im deutschen Staatsrecht zwischen Kaiserreich und Wiedervereinigung«, S. 165 f.
236 Buschmann/Murr, »›Treue‹ als Forschungskonzept?«, S. 20.
237 Ebd., S. 21.
238 Vgl. Arbeitsrechtsausschuß der Akademie für Deutsches Recht, *Entwurf eines Gesetzes über das Arbeitsverhältnis,* Hamburg 1938.
239 Buschmann/Murr, »›Treue‹ als Forschungskonzept?«, S. 24.
240 Buschmann, »Die Erfindung der Deutschen Treue«, S. 75.
241 Ebd.
242 Usadel, *Zucht und Ordnung*, S. 7.
243 Ebd., S. 9.
244 Ebd.
245 Ebd., S. 10.
246 Ebd.
247 Ebd., S. 10 f.
248 Vgl. ebd., S. 51.
249 Ebd., S. 25.
250 Ebd.
251 Ebd.
252 Ebd.
253 Ebd., S. 26.
254 Ebd.
255 Ebd.
256 Phelps, »Hitlers ›grundlegende‹ Rede über den Antisemitismus«, S. 401.
257 Usadel, *Zucht und Ordnung*, S. 27.
258 Usadel, *Zucht und Ordnung*, S. 34.
259 Ebd.
260 Ebd., S. 43.
261 Ebd., S. 51.
262 Ebd., S. 55.
263 Ebd., S. 54.
264 Höhn, »Der Führerbegriff im Staatsrecht«, S. 296.
265 Ebd.
266 Vgl. ebd., S. 298.
267 Ebd., S. 297.
268 Neumann, *Behemoth*, S. 543.
269 Höhn, »Der Führerbegriff im Staatsrecht«, S. 296.
270 Von Saldern, »Das ›Harzburger Modell‹«, S. 305.
271 Usadel, *Zucht und Ordnung*, S. 57.
272 Helmut Weiss, *Die Feuerzangenbowle* 1944.
273 Vgl. Lelle, »›Firm im Führen‹«, S. 218 f.
274 Elsner, A., »Wille und Weg zum Sozialismus im Betrieb«, in: Reinhart, Josef (Hg.), *Zeitgemäßes, Grundsätzliches und Wegweisendes zum NS-Musterbetrieb,* Berlin 1941, S. 34–36, hier S. 35.

275 Höhn, Reinhard, »Rechtsgemeinschaft oder konkrete Gemeinschaft?«, in: *Deutsches Recht,* 10.05.1935, S. 236.
276 Ebd.
277 Ebd.
278 Victor Klemperer, *LTI. Notizbuch eines Philologen,* Leipzig 1985, S. 251.
279 Ebd.
280 Ebd.
281 Klemperer, *LTI,* S. 251.
282 Frenz/Gobbers, *Erfolgreiche Betriebswirtschaft,* S. 177.
283 Hans Karl Leistritz zitiert nach Bialas, *Moralische Ordnungen des Nationalsozialismus,* S. 275.
284 Klemperer, *LTI,* S. 279.
285 Ebd., S. 259.
286 Schatz/Woeldike, *Freiheit und Wahn deutscher Arbeit,* S. 128.
287 Hitler, Adolf, »Rede auf NSDAP-Führertagung in Plauen i.V. 12. Juni 1925«, in: Vollnhals, Clemens (Hg.), *Reden, Schriften, Anordnungen. Februar 1925 bis Januar 1933,* München 1992, S. 91–100, hier S. 96.
288 Ley, »Geleitwort des Führers der Deutschen Arbeitsfront«, S. 33.
289 Ebd.
290 Knoch, Habbo, »Die Zerstörung der sozialen Moderne. ›Gemeinschaft‹ und ›Gesellschaft‹ im Nationalsozialismus«, in: Reinicke, David / Stern, Kathrin / Thieler, Kerstin / Zamzow, Gunnar (Hg.), *Gemeinschaft als Erfahrung. Kulturelle Inszenierungen und soziale Praxis 1930–1960,* Paderborn 2014, S. 21–34, hier S. 31.
291 Horsten, *Die nationalsozialistische Leistungsauslese,* S. 13.
292 Nina Verheyen, *Die Erfindung der Leistung,* München 2018, S. 122.
293 Vgl. ebd., S. 99.
294 Ebd., S. 101.
295 Ebd., S. 157.
296 Vgl. ebd., S. 196 f.
297 Ebd., S. 13.
298 Verheyen, *Die Erfindung der Leistung,* S. 204.
299 Friedrich, *Grundaufgaben der Menschenführung im Betrieb,* S. 4.
300 Ohne Angabe, »›Leistungsprinzip‹«, *Der Große Brockhaus. Handbuch des Wissens in zwanzig Bänden. Ergänzungsband A–Z,* Leipzig [15]1935, S. 518.; vgl. auch Verheyen, *Die Erfindung der Leistung,* S. 183.
301 Vgl. Mason, »Zur Entstehung des Gesetzes zur Ordnung der nationalen Arbeit vom 20. Januar 1934«, S. 339.
302 Horsten, *Die nationalsozialistische Leistungsauslese,* S. 13.
303 Lemke, Thomas, »Von der Pflicht zur Selbstverantwortung. Zur Karriere eines Begriffs. From Duty to Self-Responsibility. On the Career of a Concept«, in: Plath, Carina (Hg.), *Demokratie üben. Band 1 der Publikationsreihe zum 175jährigen Bestehen des Westfälischen Kunstvereins Münster,* Münster 2008, S. 38–43, hier S. 38.
304 Horkheimer/Adorno, *Dialektik der Aufklärung,* S. 62.
305 Ebd., S. 50.
306 Ebd., S. 55.
307 Heinz Steinert, *Das Verhängnis der Gesellschaft und das Glück der Erkenntnis. Dialektik der Aufklärung als Forschungsprogramm,* Münster 2007, S. 65.
308 Vgl. Adorno, »Auf die Frage: Was ist deutsch«, S. 692.
309 Adorno, Theodor W., »Individuum und Organisation«, *Soziologische Schriften I. Gesammelte Schriften Band 8,* Frankfurt am Main 2003, S. 440–469, hier S. 450.
310 Lemke, »Von der Pflicht zur Selbstverantwortung. Zur Karriere eines Begriffs«, S. 40.

311 Franz-Xaver Kaufmann, *Der Ruf nach Verantwortung. Risiko und Ethik in einer unüberschaubaren Welt,* Freiburg 1992, S. 47.
312 Lemke, »Von der Pflicht zur Selbstverantwortung. Zur Karriere eines Begriffs«, S. 39.
313 Ebd.
314 Bröckling, *Das unternehmerische Selbst,* S. 75.
315 Ebd., S. 207.
316 Vgl. ebd., S. 198.
317 Ebd., S. 212.
318 Bröckling, *Das unternehmerische Selbst,* S. 211.
319 Vgl. Theodor W. Adorno, *Erziehung zur Mündigkeit,* Frankfurt am Main a. M. 1973.; Vgl. auch Ahlheim, Klaus / Heyl, Matthias (Hg.), *Adorno revisited. Erziehung nach Auschwitz und Erziehung zur Mündigkeit heute,* Hannover 2017.
320 Zwei Beispiele dafür: Hermann Textor, *Soziale Selbstverantwortung. Eine Forderung des Dritten Reiches,* Berlin 1937; Erich Kern, *Von der Idee sozialer Selbstverantwortung und der Mitwirkung der Deutschen Arbeitsfront an der rechtlichen Ordnung des Arbeitslebens,* Dresden 1938.
321 Lemke, »Von der Pflicht zur Selbstverantwortung. Zur Karriere eines Begriffs«, S. 38.
322 Vgl. Siegel, *Leistung und Lohn in der nationalsozialistischen »Ordnung der Arbeit«,* S. 126.
323 Horsten, *Leistungsgemeinschaft und Eigenverantwortung im Bereich der nationalen Arbeit,* S. 156.
324 Arnhold, »Vom Gesetz der Gemeinschaft«, S. 2.
325 Vgl. Höhn, »Der Führerbegriff im Staatsrecht«, S. 298 ff.
326 Gietinger, *November 1918,* S. 142.
327 Rürup, Reinhard (Hg.), *Arbeiter- und Soldatenräte im rheinisch-westfälischen Industriegebiet. Studien zur Geschichte der Revolution 1918/19,* Wuppertal 1975, S. 24.
328 Vgl. Felix Bluhm, *»Die Massen sind aber nicht zu halten gewesen«. Zur Streik- und Sozialisierungsbewegung im Ruhrgebiet 1918/19,* Münster 2014, S. 112 f.
329 Rürup (Hg.), *Arbeiter- und Soldatenräte im rheinisch-westfälischen Industriegebiet,* S. 25.
330 Vgl. Marcks, Holger, »Als die Gruben in Proletenhand. Die Streikbewegung 1919 im Ruhrgebiet«, in: Marcks, Holger / Seiffert, Matthias (Hg.), *Die großen Streiks. Episoden aus dem Klassenkampf,* Münster 2008, S. 34–38, hier S. 36.
331 Vgl. Marszolek, Inge, »Sozialdemokratie und Revolution im östlichen Ruhrgebiet. Dortmund unter der Herrschaft des Arbeiter- und Soldatenrates«, in: Rürup, Reinhard (Hg.), *Arbeiter- und Soldatenräte im rheinisch-westfälischen Industriegebiet. Studien zur Geschichte der Revolution 1918/19,* Wuppertal 1975, S. 239–314, hier S. 280.
332 Jünger, *Der Arbeiter,* S. 151.
333 Horsten, *Die nationalsozialistische Leistungsauslese,* S. 19.
334 Engels, Friedrich, »Herr Eugen Dühring's Umwälzung der Wissenschaft«, in: Institut für Marxismus-Leninismus beim ZK der SED (Hg.), *Marx Engels Werke Band 20,* Berlin 1962, S. 32–135, hier S. 106.
335 Vgl. Dietmar Dath, *Karl Marx. 100 Seiten,* Ditzingen 2018, S. 21.
336 Horsten, *Leistungsgemeinschaft und Eigenverantwortung im Bereich der nationalen Arbeit,* S. 100. [Hervorhebung von mir; Nikolas Lelle]
337 Vgl. von Harnack, Adolf / Meinecke, Friedrich / Sering, Max / Troeltsch, Ernst / Hintze, Otto (Hg.), *Die deutsche Freiheit: fünf Vorträge,* Gotha 1917.; Für einen Überblick vgl. auch Hans J. Schmidt, *»Die deutsche Freiheit«. Geschichte eines kollektiven semantischen Sonderbewusstseins,* Zugleich Groningen, Universität, Dissertation, 2007, Frankfurt am Main 2010, S. 95 ff.
338 Vgl. Troeltsch, Ernst, »Der Ansturm der westlichen Demokratie«, in: von Harnack, Adolf / Meinecke, Friedrich / Sering, Max / Troeltsch, Ernst / Hintze, Otto (Hg.), *Die*

deutsche Freiheit: fünf Vorträge, Gotha 1917, S. 79–113. Der Behauptung, das Kaiserreich sei eine freiheitliche Ordnung, wurde nur von wenigen widersprochen. Rosa Luxemburg war eine von ihnen. Vgl. Schmidt, *»Die deutsche Freiheit«*, S. 105 f.

339 Meinecke, Friedrich, »Die deutsche Freiheit«, in: von Harnack, Adolf / Meinecke, Friedrich / Sering, Max / Troeltsch, Ernst / Hintze, Otto (Hg.), *Die deutsche Freiheit: fünf Vorträge,* Gotha 1917, S. 14–39, hier S. 21.
340 Meinecke, »Die deutsche Freiheit«, S. 22.
341 Ebd., S. 24.
342 Troeltsch, Ernst, »Die deutsche Idee von der Freiheit«, *Deutsche Zukunft,* Berlin [15]1916, S. 7–60, hier S. 39 f.
343 Ebd.
344 Ebd., S. 45.
345 Ebd., S. 47.
346 Ebd., S. 52.
347 Die NS-Zeitschrift »Volk im Werden« zitiert nach Marcuse, »Der Kampf gegen den Liberalismus in der totalitären Staatsauffassung«, S. 52.
348 Ley, Robert, »Freiheit und Arbeit«, in: *Deutsches Recht,* 15.09.1935, S. 431.
349 Hitler, *Mein Kampf*, S. 295.
350 Hitler, *Führung und Gefolgschaft*, S. 48.
351 Wildt, »Der Begriff der Arbeit bei Hitler«, S. 13.
352 Vgl. Hitler, *Führung und Gefolgschaft*, S. 34.
353 Bröckling/Horn, »Einleitung«, S. 10.
354 Hitler, *Mein Kampf*, S. 1449.
355 Vgl. Phelps, »Hitlers ›grundlegende‹ Rede über den Antisemitismus«, S. 417.
356 Picker, *Hitlers Tischgespräche im Führerhauptquartier 1941–1942*, S. 51.
357 Hitler, *Mein Kampf*, S. 1465 ff.
358 Michel Foucault, *Geschichte der Gouvernementalität I. Sicherheit, Territorium, Bevölkerung. Vorlesung am Collège de France 1977–1978,* Frankfurt am Main 2004, S. 189.
359 Loick, Daniel, »Was ist Polizeikritik?«, in: Loick, Daniel (Hg.), *Kritik der Polizei,* Frankfurt am Main 2018, S. 9–38, hier S. 12.
360 Michel Foucault zitiert nach Loick, »Was ist Polizeikritik?«, S. 12 f.
361 Foucault, *Geschichte der Gouvernementalität I*, S. 241.
362 Ebd., S. 189.
363 Vgl. ebd.
364 Ebd.
365 Vgl. Ulrich Bröckling, *Gute Hirten führen sanft. Über Menschenregierungskünste,* Berlin 2017.
366 Max Weber, *Wirtschaft und Gesellschaft. Soziologie. Unvollendet 1919–1920. Max Weber Gesamtausgabe Band 23,* Tübingen 2013, S. 449.
367 Vgl. Usadel, *Zucht und Ordnung*, S. 57.
368 Elsner, »Wille und Weg zum Sozialismus im Betrieb«, S. 35.
369 Ebd.
370 Schatz/Woeldike, *Freiheit und Wahn deutscher Arbeit*, S. 125.
371 Hitler, *Führung und Gefolgschaft*, S. 55.
372 Scheit, Gerhard, »Nachwort«, in: Jean Amery, *Werke Band 2. Jenseits von Schuld und Sühne, Unmeisterliche Wanderjahre, Örtlichkeiten,* hg. V. Heidelberger-Leonard, Irene / Scheit, Gerhard, Stuttgart 2002, S. 629–692, hier S. 632.; Vgl. auch Lelle, »Arbeit, (Un)Freiheit, Tod«, S. 546 ff.
373 Adamczak, Bini, »Die Versprechen der Gegenwart. Zur Zukunft der Welt«, in: *Faz.net,* 24.01.2019.
374 Vgl. Uhl, *Humane Rationalisierung?*; Vgl. Luks, *Der Betrieb als Ort der Moderne.*

375 Oliver Nachtwey, *Die Abstiegsgesellschaft. Über das Aufbegehren in der regressiven Moderne,* Berlin 2016, S. 17.
376 Diesen Begriff und die dahinter stehende Überlegung habe ich in einem früheren Aufsatz eingeführt: Vgl. Lelle, Nikolas, »Was bedeutet Fortleben der Vergangenheit? ›Deutsche Arbeit‹ in der frühen Nachkriegszeit«, in: Axster, Felix / Lelle, Nikolas (Hg.), *›Deutsche Arbeit‹. Kritische Perspektiven auf ein ideologisches Selbstbild,* Göttingen 2018, S. 54–75, hier S. 72.
377 Weiß, Volker, »Nachwort«, in: Theodor W. Adorno, *Aspekte des neuen Rechtsradikalismus. Ein Vortrag. Mit einem Nachwort von Volker Weiß* 2019, S. 59–87, hier S. 63.
378 Hachtmann, »Arbeit und Arbeitsfront«, S. 105.
379 Hachtmann, »Arbeit und Arbeitsfront«, S. 105.
380 Es ist keine Unachtsamkeit von Gramsci oder Hachtmann, wenn hier Arbeit*er*typus steht. Dieser Typus ist als männlicher gedacht.
381 Knoch, »Die Zerstörung der sozialen Moderne«, S. 27.
382 Ebd., S. 31.
383 Adorno, *Minima Moralia,* S. 50.
384 Hachtmann, »Arbeit und Arbeitsfront«, S. 105.
385 Loick, »Was ist Polizeikritik?«, S. 17.
386 Vgl. Adorno, »Reflexionen zur Klassentheorie«, S. 391.
387 Ebd.
388 Zitiert nach Rüther, »Zur Sozialpolitik bei Klöckner-Humboldt-Deutz während des Nationalsozialismus«, S. 92.
389 Zitiert nach Uhl, *Humane Rationalisierung?,* S. 188.
390 Zitiert nach ebd.
391 Ebd.
392 Horsten, *Die nationalsozialistische Leistungsauslese,* S. 102.
393 Uhl, *Humane Rationalisierung?,* S. 188.
394 Vgl. Alf Lüdtke, *Eigen-Sinn. Fabrikalltag, Arbeitererfahrungen und Politik vom Kaiserreich bis in den Faschismus,* Hamburg 1993.
395 Vgl. Lüdtke, Alf, »Männerarbeit Ost und West«, in: Baecker, Dirk (Hg.), *Archäologie der Arbeit,* Berlin 2002, S. 35–47.
396 Vgl. Horsten, *Die nationalsozialistische Leistungsauslese*; Vgl. Horsten, *Leistungsgemeinschaft und Eigenverantwortung im Bereich der nationalen Arbeit.*; Skepsis gegenüber dieser Quelle ist angebracht, da Horsten kein außenstehender Beobachter war, sondern als Nationalsozialist aktiv eingriff und die Maßnahmen in Köln beeinflusste. Außerdem »war dieses Beispiel ein entscheidender Baustein seiner Theorie der ›nationalsozialistischen Leistungsauswahl‹.« Uhl, *Humane Rationalisierung?,* S. 197.
397 Vgl. Rüther, »Zur Sozialpolitik bei Klöckner-Humboldt-Deutz während des Nationalsozialismus«.
398 Ebd., S. 100.
399 Vgl. Krell, *Vergemeinschaftende Personalpolitik,* S. 148 ff.
400 Uhl, *Humane Rationalisierung?,* S. 223.
401 Vgl. ebd., S. 165.
402 Vgl. Luks, *Der Betrieb als Ort der Moderne.*
403 Vgl. Deutsche Arbeitsfront, Fachamt »Der Deutsche Handel«, *Der Weg zum nationalsozialistischen Musterbetrieb,* Berlin 1940.
404 Vgl. Arbeitswissenschaftliches Institut der Deutschen Arbeitsfront, *Deutsche Musterbetriebe,* Berlin, Stuttgart 1940, S. 10.
405 Hitlers Verfügung vom 29. August 1936 zitiert nach ebd., S. 11.
406 Elsner, A., »Der Betrieb. Eine Leistungsgemeinschaft!«, in: Reinhart, Josef (Hg.), *Zeitgemäßes, Grundsätzliches und Wegweisendes zum NS-Musterbetrieb,* Berlin 1941, S. 27–29, hier S. 29.

407 Ebd.
408 Georg Seebauer / Fritz Reuter, *Mitarbeit der Gefolgschaft. Aus der Praxis deutscher Betriebe,* Berlin 1942, S. 3.
409 Arbeitswissenschaftliches Institut der Deutschen Arbeitsfront, *Deutsche Musterbetriebe*, S. 11.
410 Frenz/Gobbers, *Erfolgreiche Betriebswirtschaft*, S. 218.
411 Horsten, *Leistungsgemeinschaft und Eigenverantwortung im Bereich der nationalen Arbeit*, S. 82.
412 Deutsche Arbeitsfront, Fachamt »Der Deutsche Handel«, *Der Weg zum nationalsozialistischen Musterbetrieb*, S. 10.; vgl. auch Elsner, »Der Betrieb«, S. 29.
413 Ebd., S. 35.
414 Hitler, *Mein Kampf*, S. 1525. [Hervorhebung von mir; Nikolas Lelle]
415 Uhl, *Humane Rationalisierung?*, S. 16.
416 Vgl. ebd., S. 218.
417 Uhl, Karsten, »Potenzial oder Störfaktor? Die Subjektivität von Arbeitern und Arbeiterinnen in der Zwischenkriegszeit«, in: Andresen, Knud / Kuhnhenne, Michaela / Mittag, Jürgen / Platz, Johannes (Hg.), *Der Betrieb als sozialer und politischer Ort. Studien zu Praktiken und Diskursen in den Arbeitswelten des 20. Jahrhunderts,* Bonn 2015, S. 259–286, hier S. 260.
418 Hitler, *Mein Kampf*, S. 1525.
419 Uhl, *Humane Rationalisierung?*, S. 189.
420 Hupfauer zitiert nach Rüther, »Zur Sozialpolitik bei Klöckner-Humboldt-Deutz während des Nationalsozialismus«, S. 113.
421 Nur wenige Betriebe führten vergleichbare Maßnahmen ein und selbst in dieser Motorenfabrik betraf sie nur eine kleine Minderheit: 1939 gab es 400 Selbstkontrolleure und 150 Selbstkalkulatoren bei insgesamt etwa 12.000 Arbeitenden. Vgl. Uhl, *Humane Rationalisierung?*, S. 195.
422 Vgl. Uhl, *Humane Rationalisierung?*, S. 182 ff.
423 Helmut Stein zitiert nach Rüther, »Zur Sozialpolitik bei Klöckner-Humboldt-Deutz während des Nationalsozialismus«, S. 115.
424 Helmut Stein zitiert nach Uhl, *Humane Rationalisierung?*, S. 188.
425 Vgl. Horsten, *Die nationalsozialistische Leistungsauslese*, S. 103.
426 Zitiert nach Rüther, »Zur Sozialpolitik bei Klöckner-Humboldt-Deutz während des Nationalsozialismus«, S. 98.
427 Horsten, Die nationalsozialistische Leistungsauslese, S. 102.
428 Vgl. ebd., S. 105.
429 Ebd., S. 106.
430 Horsten, *Leistungsgemeinschaft und Eigenverantwortung im Bereich der nationalen Arbeit*, S. 25.
431 Horsten, *Die nationalsozialistische Leistungsauslese*, S. 106.
432 Vgl. Uhl, *Humane Rationalisierung?*, S. 194 f.
433 Horsten, *Die nationalsozialistische Leistungsauslese*, S. 107.
434 Ebd., S. 109.
435 Vgl. Uhl, *Humane Rationalisierung?*, S. 198 f.
436 Ebd., S. 199.
437 Horsten, *Die nationalsozialistische Leistungsauslese*, S. 108.
438 Ebd.
439 Horsten, *Leistungsgemeinschaft und Eigenverantwortung im Bereich der nationalen Arbeit*, S. 21.
440 Ebd., S. 59.
441 Siegel, *Leistung und Lohn in der nationalsozialistischen »Ordnung der Arbeit«*, S. 137.

442 Helmut Stein zitiert nach Uhl, *Humane Rationalisierung?*, S. 210.
443 Ebd.
444 Rüther, »Zur Sozialpolitik bei Klöckner-Humboldt-Deutz während des Nationalsozialismus«, S. 107.
445 Vgl. ebd., S. 112.
446 Neumann, *Behemoth*, S. 499.
447 Vgl. Rüther, »Zur Sozialpolitik bei Klöckner-Humboldt-Deutz während des Nationalsozialismus«, S. 110.
448 Uhl, *Humane Rationalisierung?*, S. 211.
449 Vgl. Dejours u. a., *The Return of Work in Critical Theory*, S. 159.
450 Vgl. Verheyen, *Die Erfindung der Leistung*, S. 61.
451 Vgl. Frenz/Gobbers, *Erfolgreiche Betriebswirtschaft*, S. 191.
452 Rüther, »Zur Sozialpolitik bei Klöckner-Humboldt-Deutz während des Nationalsozialismus«, S. 110. [Hervorhebung von mir; Nikolas Lelle]
453 Uhl, *Humane Rationalisierung?*, S. 194.
454 Ebd., S. 213.
455 Frese, *Betriebspolitik im »Dritten Reich«*, S. 2.
456 Ulrich Bröckling, *Disziplin. Soziologie und Geschichte militärischer Gehorsamsproduktion*, Zugleich Freiburg, Universität, Dissertation, 1997, München 1997.
457 Uhl, *Humane Rationalisierung?*, S. 170.
458 Ebd., S. 205.
459 Helmut Stein zitiert nach Rüther, »Zur Sozialpolitik bei Klöckner-Humboldt-Deutz während des Nationalsozialismus«, S. 96.
460 Ebd.
461 Helmut Stein zitiert nach Uhl, *Humane Rationalisierung?*, S. 195.
462 Elsner, »Wille und Weg zum Sozialismus im Betrieb«, S. 34.
463 Zitiert nach Uhl, *Humane Rationalisierung?*, S. 207.
464 Vgl. ebd., S. 304.
465 Ebd., S. 194.
466 Ebd.
467 Zitiert nach Ebd., S. 201.
468 Karsten Uhl benutzt den Begriff hier eigentlich, um die Art zu bezeichnen wie sich deutsche Manager in der Zeit der Weimarer Republik Ideen aus den Vereinigten Staaten von Amerika aneigneten. Ebd., S. 179.
469 Horsten, *Die nationalsozialistische Leistungsauslese*, S. 17.
470 Uhl, *Humane Rationalisierung?*, S. 166.
471 Vgl. ebd., S. 183 ff.
472 Ebd., S. 183.
473 Das behauptet jedenfalls er selbst. Vgl. ebd., S. 189.
474 Helmut Stein zitiert nach ebd., S. 193.
475 Helmut Stein zitiert nach Uhl, *Humane Rationalisierung?*, S. 193.
476 Ebd.
477 Usadel, *Zucht und Ordnung*, S. 51.
478 Vgl. Uhl, *Humane Rationalisierung?*, S. 200.
479 Uhl, *Humane Rationalisierung?*, S. 225. [Hervorhebung von mir; Nikolas Lelle]
480 Vgl. Bröckling, *Das unternehmerische Selbst*, S. 224 f.; Vgl. Uhl, *Humane Rationalisierung?*, S. 184.
481 Uhl, *Humane Rationalisierung?*, S. 184.
482 Bröckling, *Das unternehmerische Selbst.*
483 Ebd., S. 46.
484 Ebd., S. 47.

485 Ebd., S. 7.
486 Ebd., S. 47.
487 Ebd., S. 144.
488 Ebd., S. 283.
489 Ebd., S. 47.
490 Ebd., S. 72.
491 Stapelfeldt, Gerhard, »Versuche über Un-Wirklichkeit. Wie der neoliberale Fetischismus sich zu einer imaginären Welt verdoppelt und dadurch das Land Utopia besetzt«, in: *Kritiknetz – Zeitschrift für Kritische Theorie der Gesellschaft* (2012), hier S. 6.; Stapelfeldt benutzt den Begriff »liquidiertes Individuum« allerdings in einem anderen Kontext. Der Begriff ist angelehnt an einen Gedanken, den Adorno für die Nachkriegsgesellschaft formulierte: Vgl. Adorno, *Minima Moralia*, S. 153.
492 Vgl. Uhl, *Humane Rationalisierung?*, S. 210.
493 Vgl. Schulte, Jan E. / Wildt, Michael (Hg.), *Die SS nach 1945. Entschuldungsnarrative, populäre Mythen, europäische Erinnerungsdiskurse,* Göttingen 2018.

DRITTER TEIL. FÜHRE! S. 205–258

1 Adorno, »Was bedeutet: Aufarbeitung der Vergangenheit«, S. 555.
2 Ulrike Herrmann, *Deutschland, ein Wirtschaftsmärchen. Warum es kein Wunder ist, dass wir reich wurden,* Frankfurt am Main 2019, S. 13.
3 Ebd., S. 119.
4 Münzel, Martin, »Neubeginn und Kontinuitäten. Das Spitzenpersonal der zentralen deutschen Arbeitsbehörden 1945–1960«, in: Nützenadel, Alexander (Hg.), *Das Reichsarbeitsministerium im Nationalsozialismus. Verwaltung – Politik – Verbrechen,* Göttingen 2017, 494–550, hier S. 494.
5 Vgl. ebd., S. 525 f.
6 Gross, *Anständig geblieben*, S. 9 f.
7 Treber, *Mythos Trümmerfrauen.*
8 Vgl. Herrmann, *Deutschland, ein Wirtschaftsmärchen.*
9 Lüdtke u. a., »›Deutsche Qualitätsarbeit‹: Mitmachen und Eigensinn im Nationalsozialismus«, S. 375.
10 Hachtmann, »Arbeit und Arbeitsfront«, S. 105.
11 Willi Winkler, *Das braune Netz. Wie die Bundesrepublik von früheren Nazis zum Erfolg geführt wurde,* Berlin 2019, S. 12.
12 Harald Jähners Buch ist voll von solchen Geschichten: Vgl. Harald Jähner, *Wolfszeit. Deutschland und die Deutschen 1945–1955,* Berlin 2019.
13 Vgl. Winkler, *Das braune Netz,* S. 12 f.
14 Ebd., S. 12.
15 Nordhoff, Heinrich, »Auszüge der Ansprache bei der Betriebsversammlung am 1. Oktober 1949«, *Reden und Aufsätze. Zeugnisse einer Ära,* Düsseldorf 1992, S. 92–96, hier S. 92.; Vgl. auch Winkler, *Das braune Netz,* S. 12.
16 Winkler, *Das braune Netz,* S. 13.
17 Schanetzky, Tim, »Unternehmer: Profiteure des Unrechts«, in: Frei, Norbert (Hg.), *Karrieren im Zwielicht. Hitlers Eliten nach 1945,* Frankfurt am Main 2001, S. 73–126, hier S. 113.

18 Hahn, Carl C., »Vorwort«, *Reden und Aufsätze. Zeugnisse einer Ära,* Düsseldorf 1992, S. 11–13, hier S. 11.
19 Nordhoff, »Auszüge der Ansprache bei der Betriebsversammlung am 1. Oktober 1949«, S. 92.
20 Ebd.
21 Zitiert nach Heidrun Edelmann, *Heinz Nordhoff und Volkswagen. Ein deutscher Unternehmer im amerikanischen Jahrhundert,* Göttingen 2003, S. 95.
22 Ebd., S. 106.
23 Bernd Sösemann, *Fritz Eberhard. Rückblicke auf Biographie und Werk,* Stuttgart 2001, S. 64.
24 Horkheimer/Adorno, *Dialektik der Aufklärung,* S. 209.
25 Vgl. Bergmann, Werner / Erb, Rainer, »Kommunikationslatenz, Moral und öffentliche Meinung. Theoretische Überlegungen zum Antisemitismus in der Bundesrepublik Deutschland.«, in: *Kölner Zeitschrift für Soziologie und Sozialpsychologie* 38 (1986), S. 209–222.
26 Norbert Frei u. a., *Zur rechten Zeit. Wider die Rückkehr des Nationalismus,* Berlin 2019, S. 35.
27 Hierzu auch eindrücklich die Liste der antisemitischen Vorfälle seit 1945, die Ronen Steinke am Ende seines Buches – beruhend nicht zuletzt auf zivilgesellschaftlichem Monitoring – abdruckt. Vgl. Ronen Steinke, *Terror gegen Juden. Wie antisemitische Gewalt erstarkt und der Staat versagt. Eine Anklage*, Berlin 2020.
28 Zitiert nach Jähner, *Wolfszeit*, S. 79. Zu dem Pogrom in Kielce: Vgl. Jan T. Gross, *Fear. Anti-semitism in Poland after Auschwitz. An essay in historical interpretation,* New York 2007, S. 81 ff.
29 Frei u. a., *Zur rechten Zeit*, S. 38
30 Trommler, »Die Nationalisierung der Arbeit«, S. 122.
31 Nordhoff, »Auszüge der Ansprache bei der Betriebsversammlung am 1. Oktober 1949«, S. 92. Hervorhebung von mir.
32 Arendt, Hannah, »Besuch in Deutschland (1950)«, in: Knott Marie Luise (Hg.), *Zur Zeit. Politische Essays,* München 1989, S. 43–70, hier S. 50 f.
33 Winkler, *Das braune Netz*, S. 13.
34 Konitzer, Werner / Gross, Raphael, »Einleitung«, in: Konitzer, Werner / Gross, Raphael (Hg.), *Moralität des Bösen. Ethik und nationalsozialistische Verbrechen,* Frankfurt am Main u. a. 2009, hier S. 9.
35 Ebd.
36 Konitzer, »Moral oder ›Moral‹?«, S. 114.
37 Adorno, »Was bedeutet: Aufarbeitung der Vergangenheit«, S. 555 f.
38 Ebd., S. 556.
39 Ebd., S. 555.
40 Adorno, *Aspekte des neuen Rechtsradikalismus.*
41 Vgl. Weiß, »Nachwort«, S. 67 f.
42 Adorno, »Was bedeutet: Aufarbeitung der Vergangenheit«, S. 555 f.
43 Vgl. Winkler, *Das braune Netz*, S. 18.
44 Zitiert nach Münzel, »Neubeginn und Kontinuitäten«, S. 524.
45 Vgl. Winkler, *Das braune Netz*, S. 269.; Vgl. auch Schulte, Jan E. / Wildt, Michael, »Die zweite Generation der SS – Einleitung«, in: dies., *Die SS nach 1945. Entschuldungsnarrative, populäre Mythen, europäische Erinnerungsdiskurse,* Göttingen 2018, S. 9–26, hier S. 16 ff.
46 Vgl. Lelle, »Was bedeutet Fortleben der Vergangenheit?«, S. 56 ff.
47 Alwens, Ludwig, »Die modernen Führungsapostel. Ludwig Alwens über Harzburg, DIB und SIB«, in: *Plus* 4 (1970), H. 8, S. 59–62, hier S. 61.

48 Von Saldern, »Das ›Harzburger Modell‹«, S. 328.; Wildt, »Der Fall Reinhard Höhn«, S. 265.
49 Nachtwey, *Die Abstiegsgesellschaft*, S. 17.
50 Horkheimer/Adorno, *Dialektik der Aufklärung*, S. 158.
51 Vgl. Patrick Spät, *Und, was machst du so? Fröhliche Streitschrift gegen den Arbeitsfetisch*, Zürich [2]2015, S. 15 ff.
52 Carl Cederstrom / Peter Fleming, *Dead man working*, Winchester, UK / Washington, USA 2012, S. 19.
53 Ebd.
54 Schatz/Woeldike, *Freiheit und Wahn deutscher Arbeit*, S. 152.
55 Vgl. Wulf, *Faul*, S. 7 ff.
56 Hachtmann, »Arbeit und Arbeitsfront«, S. 106.
57 Schatz/Woeldike, *Freiheit und Wahn deutscher Arbeit*, S. 150.
58 Frei u. a., *Zur rechten Zeit*, S. 63.
59 Ebd., S. 62.
60 Lüdtke, »Männerarbeit Ost und West«, S. 44.
61 Lüdtke, *Eigen-Sinn*, S. 402.
62 Vgl. ebd., S. 405.
63 Kupke, *Jeder denkt mit!*, S. 64.
64 Verheyen, *Die Erfindung der Leistung*, S. 186.
65 Vgl. Komlosy, Andrea, »Leben ist Arbeit«, in: Haus Bartleby (Hg.), *Sag alles ab! Plädoyers für den lebenslangen Generalstreik*, Hamburg 2015, S. 70–73, hier S. 70 ff.
66 Vgl. Kocka, »Ambivalenzen der Moderne«, S. 29.
67 Weiß, *Die autoritäre Revolte*.
68 Vgl. Rokahr, Sandra, »Missglückte Befreiung. Zur negativen Aufhebung entfremdeter Arbeit im Nationalsozialismus«, in: Axster, Felix / Lelle, Nikolas (Hg.), *›Deutsche Arbeit‹. Kritische Perspektiven auf ein ideologisches Selbstbild*, Göttingen 2018, S. 135–156, hier S. 137.
69 Thilo Sarrazin, *Deutschland schafft sich ab. Wie wir unser Land aufs Spiel setzen*, München 2010.; Vgl. Axster/Lelle, »›Deutsche Arbeit‹«, S. 10 f.
70 Sebastian Hennig / Björn Höcke, *Nie zweimal in denselben Fluss. Björn Höcke im Gespräch*, Lüdinghausen/Berlin 2018, S. 191 f.
71 Vgl. Renaud Camus, *Revolte gegen den Großen Austausch*, Schnellroda 2016.
72 Schatz/Woeldike, *Freiheit und Wahn deutscher Arbeit*, S. 166.
73 Merkel, Angela, »Was ist deutsch? Bundeskanzlerin Angela Merkel buchstabiert unser Land«, in: *Bild-Zeitung*, 22.06.2017; Vgl. Axster/Lelle, »›Deutsche Arbeit‹«, S. 7 f.
74 Schulz, Martin, »Ist Deutschland zu stark für Europa, Herr Schulz?«, in: *Bild-Zeitung*, 22.06.2017.
75 Schatz/Woeldike, *Freiheit und Wahn deutscher Arbeit*, S. 147.
76 Ebd., S. 148.
77 Von Saldern, »Das ›Harzburger Modell‹«, S. 305 f.
78 Ebd.
79 Ebd.
80 Schatz/Woeldike, *Freiheit und Wahn deutscher Arbeit*, S. 148.
81 Ebd.
82 Ebd., S. 149.
83 Vgl. Wildt, *Volk, Volksgemeinschaft, AfD.*; Vgl. auch Wildt, Michael, »Einleitung«, *Die Ambivalenz des Volkes. Der Nationalsozialismus als Gesellschaftsgeschichte*, Berlin 2019, S. 7–20, hier S. 7 ff.
84 Vgl. Schatz/Woeldike, *Freiheit und Wahn deutscher Arbeit*, S. 158.
85 Lüdtke u. a., »›Deutsche Qualitätsarbeit‹: Mitmachen und Eigensinn im Nationalsozialismus«, S. 386.

86 Reinhard Höhn, *Menschenführung im Handel,* Bad Harzburg [2]1964, S. 17.
87 Winkler, *Das braune Netz,* S. 13.
88 Berghahn, Volker, »Elitenforschung und Unternehmensgeschichte. Rückblick und Ausblick«, *Industriegesellschaft und Kulturtransfer. Die deutsch-amerikanischen Beziehungen im 20. Jahrhundert,* Göttingen 2010, S. 37–48, hier S. 40.
89 Von Saldern, »Das ›Harzburger Modell‹«, S. 304 f.
90 Hickel, Rudolf / Brügmann, Wolf G., »Führer befiehl – wir managen«, in: *Konkret* (1974), H. 11, S. 21.
91 Von Saldern, »Das ›Harzburger Modell‹«, S. 328.
92 Pongratz, *Subordination,* S. 93.
93 Erste Überlegungen zum Harzburger Modell veröffentlichte ich in folgenden Aufsätzen: Lelle, »›Firm im Führen‹«; Lelle, »Was bedeutet Fortleben der Vergangenheit?«, S. 70 ff.
94 Von Saldern, »Das ›Harzburger Modell‹«, S. 328.; Wildt, »Der Fall Reinhard Höhn«, S. 265.
95 Böll, Heinrich, »Fall Höhn«, in: *Vorwärts,* 27.01.1972.
96 Ebd.
97 Friederike Schultz, *Moral – Kommunikation – Organisation. Funktionen und Implikationen normativer Konzepte und Theorien des 20. Und 21. Jahrhunderts,* Wiesbaden 2011.
98 Pongratz, *Subordination,* S. 13.
99 Ebd., S. 69.
100 Ebd., S. 13.
101 Bröckling, *Das unternehmerische Selbst,* S. 46.
102 Konrad Mellerowicz, *Strukturwandel und Unternehmensführung,* Freiburg 1975, S. 370.
103 Nöcker, Ralf, »Reinhard Höhn«, in: *Frankfurter Allgemeine Zeitung,* 19.05.2000.
104 Deckstein, Dagmar, »Ein Lehrer für 600.000 Manager. Zum Tode von Reinhard Höhn, dem Gründer der Harzburger Akademie«, in: *Süddeutsche Zeitung,* 22.05.2000, S. 29.
105 Rüthers, »Reinhard Höhn, Carl Schmitt und andere – Geschichten und Legenden aus der NS-Zeit«, S. 2867.
106 Schanetzky, »Unternehmer: Profiteure des Unrechts«, S. 115.
107 Hachmeister, Lutz, »Die Rolle des SD-Personals in der Nachkriegszeit. Zur nationalsozialistischen Durchdringung der Bundesrepublik«, in: Wildt, Michael (Hg.), *Nachrichtendienst, politische Elite, Mordeinheit. Der Sicherheitsdienst des Reichsführers SS,* Hamburg 2003, S. 347–369, hier S. 347.
108 Vgl. ebd., S. 348 f.
109 Wesel, Uwe, »Der Letzte. Zum Tod des Juristen Reinhard Höhn«, in: *Frankfurter Allgemeine Zeitung,* 23.05.2000.
110 Manfred Boni u. a., *Kaderschule für das Kapital. Theorie und Praxis der Harzburger Akademie für Führungskräfte der Wirtschaft,* Informationsbericht Nr. 10, Frankfurt am Main 1974, S. 42.
111 Für die Geschichtswissenschaft war Reinhard Höhn lange Zeit nur ein Nebenthema – trotz seiner Bedeutung im »Dritten Reich« wie im Nachkriegsdeutschland. Eine Biografie zu Höhn erschien erst 2019. In ihrer Einleitung findet sich auch ein – allerdings stark voreingenommener – Überblick über den Forschungsstand: Vgl. Alexander O. Müller, *Reinhard Höhn. Ein Leben zwischen Kontinuität und Neubeginn,* Berlin 2019, S. 11 ff.
112 Michael Wildt, *Generation des Unbedingten. Das Führungskorps des Reichssicherheitshauptamtes,* Hamburg [3]2015.
113 Ebd., S. 24.
114 Müller, *Reinhard Höhn,* S. 19.

115 Wildt, »Der Fall Reinhard Höhn«, S. 254.
116 Vgl. Militärarchiv Freiburg, *Nachlass Höhn. N936/2* Blatt 1 f.
117 Vgl. Car, Ronald, »Community of Neighbours vs Society of Merchants: The Genesis of Reinhard Höhn's Nazi State Theory«, in: *Politics, Religion & Ideology* 16 (2015), H. 1, S. 1–22, hier S. 13 ff.
118 Wildt, »Der Fall Reinhard Höhn«, S. 255.
119 Ebd.; Vgl. Auch Joshua A. Katz, *The Concept of Overcoming the Political. An Intellectual Biography of SS-Standartenfuehrer and Professor Dr. Reinhard Höhn, 1904–1944,* Thesis for the Master of Arts, Virginia 1997, S. 7.
120 Vgl. Müller, *Reinhard Höhn*, S. 29.
121 Diese politische Entwicklung hat Joshua A. Katz akribisch nachgezeichnet. Er liefert zugleich eine lesenswerte Analyse des Verhältnisses von »Konservativer Revolution« und Nationalsozialismus. Vgl. Katz, *The Concept of Overcoming the Political.*
122 Vgl. Müller, *Reinhard Höhn*, S. 45 f.
123 Rüthers, *Carl Schmitt im Dritten Reich*, S. 85.
124 Militärarchiv Freiburg, *Nachlass Höhn. N936/2.* Blatt 8.
125 Müller, *Reinhard Höhn*, S. 57.
126 Christina Schneider, *Die SS und »das Recht«. Eine Untersuchung anhand ausgewählter Beispiele,* Frankfurt am Main / New York 2005, S. 50.
127 Müller, *Reinhard Höhn*, S. 60.
128 Ebd., S. 57.
129 Von Saldern, »Das ›Harzburger Modell‹«, S. 319.
130 Neumann, *Behemoth*, S. 542.; Reinhard Höhn veröffentlichte in den 1930er-Jahren zahlreiche Texte, viele zu rechtswissenschaftlichen Themen. Eine Liste aller Texte findet sich hier: Vgl. Müller, *Reinhard Höhn*, S. 257.
131 Rüthers, *Carl Schmitt im Dritten Reich*, S. 86.
132 Hachmeister, »Die Rolle des SD-Personals in der Nachkriegszeit«, S. 350.
133 Müller, *Reinhard Höhn*, S. 74.
134 Vgl. ebd., S. 75 f.
135 Vgl. Car, »Community of Neighbours vs Society of Merchants: The Genesis of Reinhard Höhn's Nazi State Theory«, S. 18.
136 Zitiert nach Klee, *Das Personenlexikon zum Dritten Reich*, S. 261.
137 Müller, *Reinhard Höhn*, S. 102.
138 Ulrich Herbert, *Best. Biographische Studien über Radikalismus, Weltanschauung und Vernunft; 1903–1989,* Bonn 1996, S. 529.
139 Vgl. Car, »Community of Neighbours vs Society of Merchants: The Genesis of Reinhard Höhn's Nazi State Theory«, S. 1.
140 Müller, *Reinhard Höhn*, S. 250.
141 Vgl. ebd., S. 87 ff.
142 Militärarchiv Freiburg, *Nachlass Foerster. N121/4*, Brief von Reinhard Höhn an Wolfgang Foerster von 1952.
143 Wildt, »Der Fall Reinhard Höhn«, S. 261.
144 Vgl. Müller, *Reinhard Höhn*, S. 117 f.
145 Vgl. ebd., S. 122.
146 Ebd., S. 153.
147 Vgl. Schmid, Daniel C., »›Quo Vadis, Homo harzburgensis?‹. Aufstieg und Niedergang des ›Harzburger Modells‹«, in: *Zeitschrift für Unternehmensgeschichte* 59 (2014), H. 1, S. 73–98, hier S. 75.
148 Alwens, »Die modernen Führungsapostel«, S. 61.
149 Lutz Hachmeister, *Der Gegnerforscher. Die Karriere des SS-Führers Franz Alfred Six,* München 1998, S. 306.

150 Von Saldern, »Das ›Harzburger Modell‹«, S. 327.; Vgl. auch Bernd Rüthers, *Entartetes Recht. Rechtslehren und Kronjuristen im Dritten Reich,* München [2]1989, S. 102.
151 Schneider, *Die SS und »das Recht«*, S. 50 f.
152 Vgl. Müller, *Reinhard Höhn*, S. 195 ff.
153 Vgl. Engelmann, Bernd, »Schmiede der Elite. Wo Bosse kommandieren lernen«, in: *Vorwärts,* 09.12.1971.
154 Vgl. Müller, *Reinhard Höhn*, S. 204 ff.
155 Ebd., S. 204.
156 Schmid, »›Quo Vadis, Homo harzburgensis?‹«, S. 96.
157 Müller, *Reinhard Höhn*, S. 208.
158 Vgl. ebd., S. 220 ff.
159 Vgl. Wildt, »Der Fall Reinhard Höhn«, S. 270.
160 Hachmeister, »Die Rolle des SD-Personals in der Nachkriegszeit«, S. 351.
161 Wildt, »Der Fall Reinhard Höhn«, S. 266.
162 Vgl. Schmid, »›Quo Vadis, Homo harzburgensis?‹«, S. 85.
163 Diener, Roger / Richter, Hans L. (Hg.), *Führung in der Wirtschaft. Festschrift zum zehnjährigen Bestehen der Akademie für Führungskräfte der Wirtschaft (1956–1966),* Bad Harzburg 1966.
164 Schmid, »›Quo Vadis, Homo harzburgensis?‹«, S. 85.
165 Ebd., S. 86.
166 Vgl. Chapoutot, *Libres d'obéir*, S. 134.
167 Von Saldern, »Das ›Harzburger Modell‹«, S. 322.
168 Vgl. Hachmeister, *Der Gegnerforscher*, S. 305.
169 Vgl. Hachmeister, »Die Rolle des SD-Personals in der Nachkriegszeit«, S. 348.
170 Vgl. Wildt, »Der Fall Reinhard Höhn«, S. 259.
171 Hickel/Brügmann, »Führer befiehl – wir managen«, S. 21.
172 Es ist eine eklatante Schwäche der Höhn-Biografie von Alexander Müller, dass sie die Brisanz der NS-Verstrickungen dieser Männer nicht deutlich macht. So beginnt die kurze Nacherzählung des Lebens von Franz Alfred Six mit dessen Haftentlassung 1952. Nicht einmal der Grund seiner Inhaftierung findet Erwähnung. Vgl. Müller, *Reinhard Höhn*, S. 160 ff.
173 Adorno, »Was bedeutet: Aufarbeitung der Vergangenheit«, S. 556.
174 Wenngleich unklar ist, wie viele Nicht-Männer – mal abgesehen von dem extra für Sekretärinnen initiierten Kurs – in Harzburg geschult wurden.
175 Von Saldern, »Das ›Harzburger Modell‹«, S. 326.
176 Müller, *Reinhard Höhn*, S. 235.
177 Böhme, Gisela / Jegodzinski, Sybille (Hg.), *Spiegel des Schaffens. Eine Bibliographie der Schriften und Aufsätze von Reinhard Höhn,* Bad Harzburg [2]1984.; Eine vollständige Liste aller von Höhn jemals veröffentlichten Texte findet sich am Ende dieser Biografie: Vgl. auch Müller, *Reinhard Höhn*, S. 257 ff.
178 Hickel, Rudolf, »Eine Kaderschmiede bundesrepublikanischer Restauration. Ideologie und Praxis der Harzburger Akademie für Führungskräfte der Wirtschaft«, in: Greiffenhagen, Martin (Hg.), *Der neue Konservatismus der siebziger Jahre,* Hamburg 1974, S. 108–154, hier S. 112.
179 Teilweise enthalten die Texte sogar fast wortgleiche Passagen, ohne dass das kenntlich gemacht wird. Ein Beispiel: Höhn skizziert die Übertragung des sogenannten autoritären Führungsstils auf Fabriken im 19. Jahrhundert mit fast denselben Worten in einem Artikel für die *Harzburger Hefte*, in der Monografie *Führungsbrevier* und in dem Aufsatz *Der Wandel im Führungsstil.* Vgl. Höhn, Reinhard, »Das Wesen der Verantwortung im Rahmen einer Führung im Mitarbeiterverhältnis«, in: *Harzburger Hefte* 6 (1963), H. 6, S. 3–15, hier S. 4.; Vgl. Höhn, Reinhard, »Der Wandel im Führungsstil der Wirtschaft«, in:

Diener, Roger / Richter, Hans Ludwig (Hg.), *Führung in der Wirtschaft. Festschrift zum zehnjährigen Bestehen der Akademie für Führungskräfte der Wirtschaft (1956–1966),* Bad Harzburg 1966, S. 9–87, hier S. 29.; Vgl. Reinhard Höhn, *Führungsbrevier der Wirtschaft,* Bad Harzburg 1966, S. 15.

180 Höhn, *Führungsbrevier der Wirtschaft,* S. 113.

181 Müller, *Reinhard Höhn,* S. 234.

182 Hachmeister, »Die Rolle des SD-Personals in der Nachkriegszeit«, S. 352.

183 Vgl. Schmid, »›Quo Vadis, Homo harzburgensis?‹«, S. 84.

184 Vgl. Hickel, »Eine Kaderschmiede bundesrepublikanischer Restauration.«, S. 110.

185 Ruth Rosenberger, *Experten für Humankapital. Die Entdeckung des Personalmanagements in der Bundesrepublik Deutschland,* München 2008, S. 406.

186 Vgl. Müller, *Reinhard Höhn,* S. 169.

187 Vgl. Götz W. Werner, *Womit ich nie gerechnet habe. Die Autobiographie,* Berlin 2013, S. 39 ff.

188 Höhn, *Führungsbrevier der Wirtschaft,* S. 23.

189 Ebd.

190 Reinhard Höhn schreibt selbstverständlich immer nur von Mitarbeitern in der männlichen Form.

191 Höhn, *Führungsbrevier der Wirtschaft,* S. 18.

192 Reinhard Höhn, *Das tägliche Brot des Management. Orientierungshilfen zur erfolgreichen Führung,* Bad Harzburg 1978, S. 67.

193 Höhn, *Führungsbrevier der Wirtschaft,* S. 100.

194 Ebd., S. 98.

195 Höhn, *Das tägliche Brot des Management.,* S. 171.

196 Höhn, *Führungsbrevier der Wirtschaft,* S. 18.

197 Müller, *Reinhard Höhn,* S. 160.

198 Höhn, *Führungsbrevier der Wirtschaft,* S. 20.

199 Richard Guserl / Michael Hofmann, *Das Harzburger Modell. Idee und Wirklichkeit und Alternative zum Harzburger Modell,* Wiesbaden [2]1976, S. 39.

200 Höhn, *Führungsbrevier der Wirtschaft,* S. 22.

201 Ebd., S. 21.

202 Vgl. von Saldern, »Das ›Harzburger Modell‹«, S. 308.

203 Frese, Erich, »Zum Vergleich von Führungsmodellen«, in: Wild, Jürgen (Hg.), *Unternehmensführung. Festschrift für Erich Kosiel zu seinem 75. Geburtstag,* Berlin 1974, S. 221–249, hier S. 241.

204 Ebd.

205 Höhn, *Führungsbrevier der Wirtschaft,* S. 35.

206 Ebd., S. 121.

207 Boni u. a., *Kaderschule für das Kapital,* S. 29.

208 Guserl/Hofmann, *Das Harzburger Modell,* S. 12.

209 Höhn, *Führungsbrevier der Wirtschaft,* S. 8., [Hervorhebung von mir; Nikolas Lelle].

210 Höhn, Reinhard u. a., »Das Harzburger Modell im Kreuzfeuer«, in: *Plus* (1971), H. 3, S. 9–14, hier S. 13.

211 Hickel, »Eine Kaderschmiede bundesrepublikanischer Restauration.«, S. 127.

212 Höhn, *Führungsbrevier der Wirtschaft,* S. 28.

213 Ebd.

214 Boni u. a., *Kaderschule für das Kapital,* S. 39.

215 Ebd., S. 21.

216 Hickel, »Eine Kaderschmiede bundesrepublikanischer Restauration.«, S. 127.

217 Boni u. a., *Kaderschule für das Kapital,* S. 36.

218 Schmid, »›Quo Vadis, Homo harzburgensis?‹«, S. 77.

219 Zitiert nach Müller, *Reinhard Höhn*, S. 233.
220 Gunar Baugut / Siegfried Krüger, *Unternehmensführung. Modelle – Strategien – Techniken*, Wiesbaden 1976, S. 83.
221 Reber, Gerhard, »Vom patriarchalich-autoritären zum bürokratisch-autoritären Führungsstil? Kritische Bemerkungen zu einem neuen Buch zum ›Harzburger Modell‹«, in: *Zeitschrift für Betriebswirtschaft* 40 (1970), H. 7, S. 633–638.
222 Wolfgang Pippke zitiert nach Müller, *Reinhard Höhn*, S. 221.
223 Wolfgang Pippke zitiert nach ebd.
224 Ebd., S. 225.
225 Zitiert nach Wildt, »Der Fall Reinhard Höhn«, S. 268.
226 Müller, *Reinhard Höhn*, S. 254.
227 Pongratz, *Subordination*, S. 74.
228 Luc Boltanski / Ève Chiapello, *Der neue Geist des Kapitalismus*, Konstanz 2006, S. 106.
229 Von Saldern, »Das ›Harzburger Modell‹«, S. 321 f.
230 Vgl. von Saldern, »Das ›Harzburger Modell‹«, S. 322.
231 Wolf Braun / Hans R. Marx, *Das Harzburger Modell. Kritische Analyse einer Führungskonzeption*, Nürnberg 1974, S. 53.
232 Vgl. Höhn, Reinhard (Hg.), *Das Harzburger Modell in der Praxis. Rundgespräch über die Erfahrungen mit dem neuen Führungsstil in der Wirtschaft*, Bad Harzburg 1967, S. 55.
233 Müller-Nobiling, Hans-Martin, »Das ›Harzburger Modell‹. Eine kritische Würdigung aus der Sicht des Organisators«, in: *Zeitschrift für Organisation* 35 (1966), H. 1, S. 134–139, hier S. 135.
234 Reinhard Höhn, *Die innere Kündigung im Unternehmen. Ursache, Folgen, Gegenmaßnahmen*, Bad Harzburg [2]1983, S. 17.
235 Müller, *Reinhard Höhn*, S. 238.
236 Ebd.
237 Otto Blume / Wilhelm M. Breuer, *Das »Harzburger Modell«. Ein Modell für den öffentlichen Dienst? Ein Gutachten für die Gewerkschaft ÖTV*, Stuttgart 1972, S. 37.
238 Hickel, »Eine Kaderschmiede bundesrepublikanischer Restauration.«, S. 114.
239 Müller, *Reinhard Höhn*, S. 250.
240 Von Saldern, »Das ›Harzburger Modell‹«, S. 328.; Wildt, »Der Fall Reinhard Höhn«, S. 265.
241 Wolfgang Schall, *Führungstechnik und Führungskunst in Armee und Wirtschaft*, Bad Harzburg 1965, S. 151.
242 Bert-Oliver Manig, *Die Politik der Ehre*, Göttingen 2004, S. 84.
243 Hickel, »Eine Kaderschmiede bundesrepublikanischer Restauration.«, S. 142.
244 Boni u. a., *Kaderschule für das Kapital*, S. 27.
245 Müller, *Reinhard Höhn*, S. 232.
246 Schall, *Führungstechnik und Führungskunst in Armee und Wirtschaft*, S. 13.
247 Ebd., S. 16.
248 Reinhard Höhn, *Verwaltung heute. Autoritäre Führung oder modernes Management*, Bad Harzburg 1970, S. 125.
249 Hickel, »Eine Kaderschmiede bundesrepublikanischer Restauration.«, S. 144.
250 Ebd.
251 Hitler, *Mein Kampf*, S. 1139.
252 Höhn, *Verwaltung heute.*
253 Ebd., S. 1.
254 Ebd.
255 Ebd., S. 5.
256 Vgl. Guserl/Hofmann, *Das Harzburger Modell*, S. 82 f.

257 Höhn, *Verwaltung heute*, S. 15.
258 Ebd., S. 16.
259 Ebd., S. 22.; Höhns Geschichtsnarrativ ist nicht nur unscharf, es behauptet auch eine deutsche Besonderheit, wo es keine gibt. Die Einführung der Stäbe im preußischen Heer war kein Alleinstellungsmerkmal, sondern Ausdruck der Zeit. Österreich und Frankreich prägten ähnliche Ideen. Erst die »später stattfindende Institutionalisierung, genormte Ausbildung und direkte Kommandogewalt über die Armee führte dann zu einer Sonderstellung im Vergleich zu anderen Armeen.« Hofinger, Gesine / Heimann, Rudi (Hg.), *Handbuch Stabsarbeit. Führungs- und Krisenstäbe in Einsatzorganisationen, Behörden und Unternehmen*, Berlin/Heidelberg 2016, S. 13.
260 Höhn, *Verwaltung heute*, S. 37.
261 Diese militärhistorischen Überlegungen fußen auf einem Buch, das Höhn noch im »Dritten Reich« veröffentlichte. In *Revolution, Heer, Kriegsbild* erzählt er ausführlich eine Geschichte des »deutschen« Heeres. An der Grundausrichtung des Narratives hat sich später nicht mehr viel geändert. Reinhard Höhn, *Revolution, Heer, Kriegsbild*, Darmstadt 1944.
262 Höhn, *Verwaltung heute*, S. 98.
263 Ebd.
264 Ebd., S. 99.
265 Ebd., S. 107.
266 Ebd.
267 Höhn, »Der Wandel im Führungsstil der Wirtschaft«, S. 15.
268 Ebd.
269 Ebd.
270 Ebd.
271 Müller, *Reinhard Höhn*, S. 242.
272 Ebd., S. 243.
273 Höhn, *Verwaltung heute*, S. 111.
274 Ebd., S. 112.
275 Ebd.
276 Ebd., S. 119.
277 Vgl. Müller, *Reinhard Höhn*, S. 107.
278 »Der Fürst«, »der Führer«, »der Mitarbeiter« und »der Vorgesetzte« sind so etwas wie Idealtypen, Leitbilder, die Höhn benutzt, um seine Ideen zu veranschaulichen. Er verwendet sie immer in der männlichen Form. Dem folge ich hier, um diese Asymmetrie kenntlich zu machen.
279 Vgl. Höhn, »Der Führerbegriff im Staatsrecht«, S. 298.
280 Ebd., S. 297.
281 Wildt, »Der Fall Reinhard Höhn«, S. 264.
282 Müller, *Reinhard Höhn*, S. 125.
283 Höhn, *Vom Wesen der Gemeinschaft*, S. 21 ff.; Vgl. Lelle, »›Firm im Führen‹«, S. 213.
284 Höhn, *Die Wandlung im staatsrechtlichen Denken*, S. 34.
285 Vgl. Höhn, »Rechtsgemeinschaft oder konkrete Gemeinschaft?«.
286 Höhn, *Revolution, Heer, Kriegsbild.*
287 Reinhard Höhn, *Scharnhorsts Vermächtnis*, Bonn 1952.
288 Von Saldern, »Das ›Harzburger Modell‹«, S. 310.
289 Höhn, *Scharnhorsts Vermächtnis*, S. 117.
290 Ebd., S. 117.
291 Höhn, *Revolution, Heer, Kriegsbild*, S. 586.
292 Ebd., S. 587.
293 Pongratz, *Subordination*, S. 76.

294 Höhn, *Scharnhorsts Vermächtnis*, S. 141.
295 Höhn, *Führungsbrevier der Wirtschaft*, S. 20.
296 Wildt, »Der Fall Reinhard Höhn«, S. 263.
297 Vgl. Dirk Freudenberg, *Militärische Führungsphilosophien und Führungskonzeptionen ausgewählter NATO- und WEU-Staaten im Vergleich*, Zugleich München, Universität der Bundeswehr, Dissertation, 2004, Baden-Baden 2005, S. 118.
298 Lüdtke, »›Fehlgreifen in der Wahl der Mittel‹«, S. 63.
299 Ebd., S. 64.
300 Bröckling/Klopotek, »Die unhintergehbare Differenz«, S. 65.
301 Guserl, Richard, »Bürokratie à la Harzburg«, in: *Betriebswirtschaftliches-Magazin*, 10.03.1972, S. 227.
302 Guserl/Hofmann, *Das Harzburger Modell*, S. 83.
303 Dejours u. a., *The Return of Work in Critical Theory*, S. 167.
304 Lüdtke, »›Fehlgreifen in der Wahl der Mittel‹«, S. 66.
305 Ebd., S. 66 f.
306 Zitiert nach Wildt, *Generation des Unbedingten*, S. 559.
307 Carsten Dams / Michael Stolle, *Die Gestapo. Herrschaft und Terror im Dritten Reich*, München 2008, S. 140.
308 Ebd.
309 Wildt, *Generation des Unbedingten*, S. 559.
310 Müller, *Reinhard Höhn*, S. 107.
311 Zitiert nach ebd., S. 124.
312 Schanetzky, »Unternehmer: Profiteure des Unrechts«, S. 117.
313 Bröckling/Klopotek, »Die unhintergehbare Differenz«, S. 65.
314 Vgl. Alfred Kieser / Mark Ebers, *Organisationstheorien*, Stuttgart 2006, S. 131.
315 Hickel, »Eine Kaderschmiede bundesrepublikanischer Restauration.«, S. 140.
316 Vgl. Blume/Breuer, *Das »Harzburger Modell«*.
317 Ebd., S. 12.
318 Ebd.
319 Ebd.
320 Ebd.
321 Chapoutot, *Libres d'obéir*, S. 133. Übersetzung von mir.
322 Ebd., S. 93. Übersetzung von mir.
323 Wildt, »Der Fall Reinhard Höhn«, S. 265.
324 Höhn, »Der Wandel im Führungsstil der Wirtschaft«, S. 11.
325 Wildt, »Der Fall Reinhard Höhn«, S. 265.
326 Von Saldern, »Das ›Harzburger Modell‹«, S. 304 f.
327 Höhn, *Führungsbrevier der Wirtschaft*, S. 15.
328 Höhn, *Menschenführung im Handel*, S. 11.
329 Ebd., S. 26.
330 Schall, *Führungstechnik und Führungskunst in Armee und Wirtschaft*, S. 146.
331 Ebd.
332 Ebd., S. 147.
333 Höhn, *Die Wandlung im staatsrechtlichen Denken*, S. 34.
334 Ebd.
335 Höhn, *Vom Wesen der Gemeinschaft*, S. 17.
336 Ebd.
337 Wildt, »Der Fall Reinhard Höhn«, S. 258.
338 Reinhard Höhn / Gisela Böhme, *Der Weg zur Delegation von Verantwortung im Unternehmen. Ein Stufenplan*, Bad Harzburg [4]1973, S. 4 f.

339 Ebd.
340 Ebd., S. 4.
341 Ebd.
342 Höhn, *Verwaltung heute*, S. 240.
343 Höhn, Reinhard, »Das Gesetz als Akt der Führung«, in: *Deutsches Recht* 4 (1934), H. 18, S. 433–435, hier S. 434.
344 Höhn, »Der Führerbegriff im Staatsrecht«, S. 301.
345 Ebd., S. 297.
346 Vgl. Höhn, *Vom Wesen der Gemeinschaft*, S. 17.
347 Pongratz, *Subordination*, S. 76.
348 Wildt, »Der Fall Reinhard Höhn«, S. 270.
349 Hickel/Brügmann, »Führer befiehl – wir managen«, S. 21.
350 Thießen, Malte, »Schöne Zeiten? Erinnerungen an die »Volksgemeinschaft« nach 1945«, in: Bajohr, Frank / Wildt, Michael (Hg.), *Volksgemeinschaft. Neue Forschungen zur Gesellschaft des Nationalsozialismus,* Frankfurt am Main 2009, S. 165–187, hier S. 170.
351 Frei u. a., *Zur rechten Zeit*, S. 21.
352 Diese Aussage trifft aber nur auf das Leitbild vom »Mitarbeiter« zu. In der Praxis unterscheidet Höhn weiterhin zwischen »echten Mitarbeitern« und solchen, »die weiterhin autoritär geführt werden wollen«. Müller, *Reinhard Höhn*, S. 187 f.
353 Boltanski/Chiapello, *Der neue Geist des Kapitalismus*, S. 57.
354 Blume/Breuer, *Das »Harzburger Modell«*, S. 12.
355 Hachtmann, »Arbeit und Arbeitsfront«, S. 105.
356 Bröckling, *Das unternehmerische Selbst.*
357 Bröckling/Klopotek, »Die unhintergehbare Differenz«, S. 66.
358 Bröckling, *Das unternehmerische Selbst*, S. 61.
359 Ebd., S. 72.
360 Höhn/Böhme, *Der Weg zur Delegation von Verantwortung im Unternehmen*, S. 5.
361 Diner, Dan, »Einleitung«, in: Diner, Dan (Hg.), *Ist der Nationalsozialismus Geschichte? Zu Historisierung und Historikerstreit,* Frankfurt am Main 1987, S. 8–16, hier S. 10.
362 Hachtmann, »Arbeit und Arbeitsfront«, S. 105.
363 Schmitt, *Der Begriff des Politischen*, S. 15.
364 Trommler, »Die Nationalisierung der Arbeit«.
365 Wildt, »›Arbeit‹ im Nationalsozialismus«, S. 19.
366 Wohl, *Arbeit macht tot.*
367 Vgl. Wildt, *Volk, Volksgemeinschaft, AfD*, S. 10 ff.
368 Vgl. Salzborn, Samuel (Hg.), *Antisemitismus seit 9/11. Ereignisse, Debatten, Kontroversen*, Baden-Baden 2019.
369 Vgl. Sarrazin, *Deutschland schafft sich ab*, S. 13 f.; Vgl. Hennig/Höcke, *Nie zweimal in denselben Fluss*, S. 191 f.
370 Stier, *Holocaust icons.*
371 Vgl. Eberhard Pflaume, *Frauen im Industriebetrieb. Einsatz – Schulung – Leistung,* Berlin 1941.
372 An die Arbeit von Nicole Kramer ließe sich dabei anschließen: Vgl. Nicole Kramer, *Volksgenossinnen an der Heimatfront. Mobilisierung, Verhalten, Erinnerung,* Göttingen 2011.
373 Pantelmann, *Die Fabrikation der »deutschen Frau« als Humanressource im Nationalsozialismus.*
374 Vgl. Axster/Lelle, »›Deutsche Arbeit‹«, S. 8 ff.
375 Frei u. a., *Zur rechten Zeit*, S. 7.
376 Vgl. Axster, Felix / Lelle, Nikolas, »Nationalisierung von Arbeit im 21. Jahrhundert«, in: *der rechte rand* 30 (2019), H. 180, S. 10 f.
377 Vgl. Diner, »Einleitung«, S. 10 f.

EPILOG S. 259-276

1 Hamacher, »Arbeiten Durcharbeiten«, S. 179.
2 Vgl. Aßländer/Wagner, »Einführung: Arbeit und Philosophie«, S. 11.
3 Bröckling, *Das unternehmerische Selbst.*
4 Vgl. Salzborn (Hg.), *Antisemitismus seit 9/11.*
5 Hume, David, »Über Handel«, in: Aßländer, Michael S. / Wagner, Bernd (Hg.), *Philosophie der Arbeit. Texte von der Antike bis zur Gegenwart,* Berlin 2017, S. 170–181, hier S. 178.
6 Smith, Adam, »Der Wohlstand der Nationen«, in: ebd., S. 199–213, hier S. 207.
7 Henry Ford, *Mein Leben und Werk,* Volksausgabe, Leipzig 1923, S. 7.
8 Vgl. Phelps, »Hitlers ›grundlegende‹ Rede über den Antisemitismus«, S. 404.
9 Vgl. Patrick Spät / Beatrice Davies, *Der König der Vagabunden. Gregor Gog und seine Bruderschaft,* Berlin 2019.; vgl. Lafargue, *Das Recht auf Faulheit.*; vgl. Bertrand Russell, *Lob des Müßiggangs,* Hamburg 1957.; vgl. Guillaume Paoli, *Mehr Zuckerbrot, weniger Peitsche. Aufrufe, Manifeste und Faulheitspapiere der Glücklichen Arbeitslosen,* Berlin [3]2002.
10 Marcuse, Herbert, »Revolution und Kritik der Gewalt«, in: Bulthaup, Peter (Hg.), *Materialien zu Benjamins Thesen »Über den Begriff der Geschichte«. Beiträge und Interpretationen,* Frankfurt am Main 1975, S. 23–27, hier S. 24.
11 »Arbeitet nie!« Vgl. Alastair Hemmens, *The Critique of Work in Modern French Thought. From Charles Fourier to Guy Debord,* Cham 2019, S. 137 ff.
12 Gruppe KRISIS, *Manifest gegen die Arbeit,* Erlangen 1999, S. 48.
13 Adorno, *Minima Moralia,* S. 179.
14 Vgl. Marx, Karl, »Grundrisse der Kritik der politischen Ökonomie«, in: Rosa-Luxemburg-Stiftung (Hg.), *Marx Engels Werke Band 42,* Berlin 2005, S. 47–770, hier S. 590 ff.
15 Vgl. Bastani, *Fully automated luxury communism,* S. 50 ff.; Der Traum von der Automatisierung ist keineswegs neu. Automatisierte Fabriken werden seit dem 19. Jahrhundert erträumt. Vielleicht ist die Menschheit diesem Traum heute aber näher als je zuvor. Vgl. Uhl, Karsten, »Eine lange Geschichte der ›menschenleeren Fabrik‹. Automatisierungsvisionen und technologischer Wandel im 20. Jahrhundert«, in: Nuss, Sabine / Butollo, Florian (Hg.), *Marx und die Roboter. Vernetzte Produktion, Künstliche Intelligenz und lebendige Arbeit* 2019, S. 74–90, hier S. 77 ff.
16 Hannah Arendt, *Vita activa oder Vom tätigen Leben,* München [4]1985, S. 11.
17 Jaeggi, Rahel / Kübler, Lukas, »Pathologien der Arbeit. Zur Bedeutung eines gesellschaftlichen Kooperationsverhältnisses«, in: *WSI Mitteilungen* (2014), H. 7, S. 521–527, hier S. 522.
18 Horkheimer, Max / Adorno, Theodor W., »Diskussion über Theorie und Praxis«, in: Schmid Noerr, Gunzelin (Hg.), *Gesammelte Schriften Band 19. Nachträge, Verzeichnisse und Register,* Frankfurt am Main 1996, 32–72, hier S. 52.
19 Adorno, *Aspekte des neuen Rechtsradikalismus,* S. 12.
20 Ebd., S. 11 f.
21 Julia Fritzsche, *Tiefrot und radikal bunt. Für eine neue linke Erzählung,* Hamburg 2019, S. 15 f.
22 Weiß, *Die autoritäre Revolte.*
23 Vgl. Mason, Paul, »Keine Angst vor der Freiheit«, in: Geiselberger, Heinrich (Hg.), *Die große Regression. Eine internationale Debatte über die geistige Situation der Zeit,* Berlin 2017, S. 149–174, hier S. 174.
24 Dejours u. a., *The Return of Work in Critical Theory,* S. 156.
25 Fritzsche, *Tiefrot und radikal bunt.*
26 Ebd., S. 16.

27 Jaeggi/Kübler, »Pathologien der Arbeit«, S. 521.
28 Aßländer/Wagner, »Einführung: Arbeit und Philosophie«, S. 25.
29 Adorno, *Minima Moralia*, S. 178.
30 Vgl. Tränkle, Sebastian, »Die materialistische Sehnsucht. Über das Bilderverbot in der Philosophie Theodor W. Adornos«, in: *Zeitschrift für kritische Theorie* 19 (2013), 36–37, S. 83–109.; Werner Hamacher versteht sogar Marx so, dass er »nie weit davon entfernt war, ein Bilderverbot für die Zukunft zu verhängen«. Er habe statt über die Zukunft zu schreiben, versucht, die »Spannungen und Asynchronien der ›Gegenwart‹ zu lesen«, also genau jene Tendenzen und Latenzen, die über die gegenwärtige gesellschaftliche Ordnung hinaustreiben. Hamacher, Werner, »Lingua Amissa. Vom Messianismus der Warensprache«, in: *Zäsuren – Césures – Incisions* 1 (2000), H. 1, S. 71–113, hier S. 85.
31 Adorno, *Minima Moralia*, S. 67.
32 Jaeggi/Kübler, »Pathologien der Arbeit«, S. 524.; [Hervorhebung von mir; Nikolas Lelle]
33 Der Begriff »kritische Theorie von Arbeit« wird hier mit Absicht in einem weiten Sinne genutzt. In etwa so wie im Titel dieses Buchs: Dejours u. a., *The Return of Work in Critical Theory.*
34 Zitiert nach Gerber, *Karl Marx in Paris*, S. 11.
35 Ebd., S. 203.
36 Claussen, Detlev, »Antisemitismus und Gesellschaftstheorie«, in: Wiehn, Erhard R. (Hg.), *Judenfeindschaft. Eine öffentliche Vortragsreihe an der Universität Konstanz 1988/89,* Konstanz 1989, S. 97–117, hier S. 102.
37 Gerber, *Karl Marx in Paris*, S. 203.
38 Ebd.
39 Hamacher, »Arbeiten Durcharbeiten«, S. 186.
40 Wildt, »›Arbeit‹ im Nationalsozialismus«, S. 19.
41 Horkheimer, »Traditionelle und kritische Theorie«, S. 180.
42 Horkheimer, Max, »Nachtrag«, in: Schmidt, Alfred (Hg.), *Schriften 1936–1941. Gesammelte Schriften, Band 4,* Frankfurt am Main 1988, S. 217–225, hier S. 219.
43 Marx, »Zur Kritik der Hegelschen Rechtsphilosophie«, S. 385.
44 Horkheimer, »Traditionelle und kritische Theorie«, S. 184.
45 Vgl. ebd., S. 174.
46 Paul Massings Studie zur *Vorgeschichte des politischen Antisemitismus* erschien als Band 8 der Frankfurter Beiträge zur Soziologie im Institut für Sozialforschung. Paul W. Massing, *Vorgeschichte des politischen Antisemitismus. Mit einem Vorwort von Theodor W. Adorno und Max Horkheimer,* Frankfurt am Main 1959, S. VI.
47 Das Schlagwort »Fordern und Fördern« ist Ausdruck dieser aktivierenden und sanktionierenden Praxis in der deutschen Sozialgesetzgebung, die unter dem Namen »Hartz IV« bekannt wurde.
48 Marx, Karl, »Das Kapital. Dritter Band«, in: Engels, Friedrich (Hg.), *Marx Engels Werke Band 25,* Berlin ^{15}2003, hier S. 828.
49 Ebd.
50 Hamacher, »Lingua Amissa«, S. 83.
51 Ebd.; ohne dass Hamacher es sagt, entwirft er hier einen an Marx angelehnten Arbeitsbegriff, der dem von ihm einige Jahre zuvor analysierten faschistischen Arbeitsbegriff diametral entgegensteht. »Lingua Amissa« ist demnach eine Art (implizite) Antwort auf seinen Aufsatz *Arbeiten Durcharbeiten.*
52 Ebd., S. 81.
53 Ebd., S. 83.
54 Ebd., S. 82.
55 Ebd.

56 Kurz, Robert (Hg.), *Marx lesen! Die wichtigsten Texte von Karl Marx für das 21. Jahrhundert. Herausgegeben und kommentiert von Robert Kurz,* Frankfurt am Main [4]2006, S. 28.
57 Vgl. Silvia Federici, *Aufstand aus der Küche. Reproduktionsarbeit im globalen Kapitalismus und die unvollendete feministische Revolution,* Münster 2015, S. 121 ff.; Vgl. Mariarosa D. Costa / Selma James, *Die Macht der Frauen und der Umsturz der Gesellschaft,* Berlin 1973, S. 42.
58 Marx/Engels, »Die deutsche Ideologie«, S. 69 f.
59 Ebd.
60 Vobruba, Georg, »Die Entflechtung von Arbeiten und Essen. Lohnarbeitszentrierte Sozialpolitik und garantiertes Grundeinkommen«, in: Kovce, Philip / Priddat, Birger P. (Hg.), *Bedingungsloses Grundeinkommen. Grundlagentexte,* Berlin 2019, S. 338–354.
61 Steiner, Jens, »Variationen der Unfreiheit. Arbeit in der Gegenwartsliteratur«, in: *Metamorphosen. Magazin für Literatur und Kultur* 15 (2017), H. 48, S. 7–14, hier S. 8.
62 Zitiert nach Hachtmann, »Arbeit und Arbeitsfront«, S. 105.
63 Bröckling, *Das unternehmerische Selbst.*
64 Hachtmann, »Arbeit und Arbeitsfront«, S. 105.
65 Dejours u. a., *The Return of Work in Critical Theory,* S. 153.
66 Vgl. ebd., S. 173.
67 Adorno, Theodor W., »Erziehung nach Auschwitz«, in: Adorno, Theodor W. / Tiedemann, Rolf (Hg.), *Kulturkritik und Gesellschaft II. Gesammelte Schriften Band 10.2. Eingriffe. Stichworte. Anhang,* Frankfurt am Main 2003, S. 674–690, hier S. 679.
68 Adamczak, *Beziehungsweise Revolution.*
69 Rousseau, Jean-Jacques, »Emile«, in: Aßländer, Michael S. / Wagner, Bernd (Hg.), *Philosophie der Arbeit. Texte von der Antike bis zur Gegenwart,* Berlin 2017, S. 182–198, hier S. 184.
70 Lars Gertenbach u. a., *Theorien der Gemeinschaft. Zur Einführung,* Hamburg 2010, S. 183.
71 Ebd.
72 Ebd.
73 Christoph Menke, *Am Tag der Krise. Kolumnen,* Berlin 2018, S. 140.
74 Ebd., S. 139.
75 Vgl. Erwin Gostner, *1000 Tage im KZ. Ein Erlebnisbericht aus den Konzentrationslagern Dachau, Mauthausen und Gusen,* Innsbruck 2015, S. 57.; Vgl. Krokowski, *Die Last der Vergangenheit: Auswirkungen nationalsozialistischer Verfolgung auf deutsche Sinti,* S. 32.
76 Marx/Engels, »Die deutsche Ideologie«, S. 33.
77 Schatz/Woeldike, *Freiheit und Wahn deutscher Arbeit,* S. 140.
78 Jaeggi, Rahel, »Was ist Ideologiekritik?«, in: Jaeggi, Rahel / Wesche, Tilo (Hg.), *Was ist Kritik?,* Frankfurt am Main 2009, S. 266–295, hier S. 295.
79 Vgl. Dejours u. a., *The Return of Work in Critical Theory,* S. 5.
80 Vgl. Marx, »Das Kapital. Erster Band.«, S. 183.
81 Jaeggi/Kübler, »Pathologien der Arbeit«, S. 524.
82 Vgl. Ley, Robert, »Wir wollen die Gemeinschaft!«, in: Dauer, Hans (Hg.), *Durchbruch der sozialen Ehre. Reden und Gedanken für das schaffende Deutschland,* Berlin 1935, S. 266–276, hier S. 267.
83 Vgl. Brückner, *»Arbeit macht frei«,* S. 90.
84 Hitler, *Führung und Gefolgschaft,* S. 53.
85 Ley, »Wir wollen die Gemeinschaft!«, S. 267.
86 Vgl. Platon, *Der Staat. Werke Band III. In der Übersetzung von Friedrich Daniel Ernst Schleiermacher,* Berlin 1987, S. 433.
87 Aßländer/Wagner, »Einführung: Arbeit und Philosophie«, S. 11.

88 Ebd.
89 Vgl. Christoph Menke, *Die Kraft der Kunst,* Berlin 2013, S. 158 ff.
90 Zitiert nach ebd., S. 159.
91 Ebd.
92 Marx, Karl, »Kritik des Gothaer Programms«, in: Institut für Marxismus-Leninismus beim ZK der SED (Hg.), *Marx Engels Werke Band 19,* Berlin 1962, S. 13–32, hier S. 21.
93 Gabriele Winker, *Care Revolution. Schritte in eine solidarische Gesellschaft,* Bielefeld 2015, S. 14.
94 Fritzsche, *Tiefrot und radikal bunt*, S. 168.
95 Ebd., S. 168 f.
96 Dejours u. a., *The Return of Work in Critical Theory*, S. 166.
97 Vgl. ebd., S. 21 ff.
98 Vgl. André Gorz, *Arbeit zwischen Misere und Utopie,* Frankfurt am Main 2007, S. 18 ff.
99 Fritzsche, *Tiefrot und radikal bunt*, S. 27.
100 Hamacher, »Arbeiten Durcharbeiten«, S. 179 f.
101 Vgl. Hamacher, »Arbeiten Durcharbeiten«, S. 156.
102 Vgl. Horkheimer, »Die Juden und Europa«, S. 308 f.

LITERATURVERZEICHNIS

Achinger, Christine, *Gespaltene Moderne. Gustav Freytags Soll und Haben: Nation, Geschlecht und Judenbild,* Würzburg 2007.

Achinger, Christine, »Deutsche Arbeit und die Poetisierung der Moderne. Gustav Freytags Soll und Haben«, in: Axster, Felix / Lelle, Nikolas (Hg.), *»Deutsche Arbeit«. Kritische Perspektiven auf ein ideologisches Selbstbild,* Göttingen 2018, S. 252–284.

Adamczak, Bini, *Beziehungsweise Revolution. 1917, 1968 und kommende,* Berlin 2017.

Adamczak, Bini, »Die Versprechen der Gegenwart. Zur Zukunft der Welt«, in: *Faz.net,* 24.01.2019

Adorno, Theodor W., *Erziehung zur Mündigkeit,* Frankfurt am Main a.M [3140]1973.

Adorno, Theodor W., »Auf die Frage: Was ist deutsch«, in: Adorno, Theodor W. / Tiedemann, Rolf (Hg.), *Kulturkritik und Gesellschaft II. Gesammelte Schriften Band 10.2. Eingriffe. Stichworte. Anhang,* Frankfurt am Main 2003, S. 691–701.

Adorno, Theodor W., »Erziehung nach Auschwitz«, in: Adorno, Theodor W. / Tiedemann, Rolf (Hg.), *Kulturkritik und Gesellschaft II. Gesammelte Schriften Band 10.2. Eingriffe. Stichworte. Anhang,* Frankfurt am Main 2003, S. 674–690.

Adorno, Theodor W., *Individuum und Organisation,* in: ders., *Soziologische Schriften I. Gesammelte Schriften Band 8,* Frankfurt am Main 2003.

Adorno, Theodor W., *Minima Moralia. Reflexionen aus dem beschädigten Leben,* hg. Von Rolf Tiedemann. Unter Mitwirkung von Gretel Adorno; Bd. 4, Frankfurt am Main 2003.

Adorno, Theodor W., *Reflexionen zur Klassentheorie,* in: ders., *Soziologische Schriften I. Gesammelte Schriften Band 8,* hg. V. Tiedemann, Rolf, Frankfurt am Main 2003.

Adorno, Theodor W., *Soziologische Schriften I. Gesammelte Schriften Band 8,* Frankfurt am Main 2003.

Adorno, Theodor W., »Was bedeutet: Aufarbeitung der Vergangenheit«, in: Adorno, Theodor W. / Tiedemann, Rolf (Hg.), *Kulturkritik und Gesellschaft II. Gesammelte Schriften Band 10.2. Eingriffe. Stichworte. Anhang,* Frankfurt am Main 2003, S. 555–572.

Adorno, Theodor W., *Aspekte des neuen Rechtsradikalismus. Ein Vortrag,* Mit einem Nachwort von Volker Weiß 2019.

Adorno, Theodor W. / Tiedemann, Rolf (Hg.), *Kulturkritik und Gesellschaft II. Gesammelte Schriften Band 10.2. Eingriffe. Stichworte. Anhang,* Frankfurt am Main 2003.

Ahlheim, Klaus / Heyl, Matthias (Hg.), *Adorno revisited. Erziehung nach Auschwitz und Erziehung zur Mündigkeit heute,* Hannover 2017.

Alisch, Rainer, »Heideggers Rektoratsrede im Kontext«, in: Haug, Wolfgang F. / Alisch, Rainer (Hg.), *Deutsche Philosophen 1933,* Hamburg 1989, S. 69–98.

Alwens, Ludwig, »Die modernen Führungsapostel. Ludwig Alwens über Harzburg, DIB und SIB«, in: *Plus* 4 (1970), H. 8, S. 59–62.

Améry, Jean, *Werke Band 2. Jenseits von Schuld und Sühne, Unmeisterliche Wanderjahre, Örtlichkeiten,* Stuttgart 2002.

Améry, Jean, »Schlecht klingt das Lied vom braven Mann«, in: Améry, Jean / Höller, Hans (Hg.), *Aufsätze zur Literatur und zum Film. Werke Band 5,* Stuttgart 2003, S. 224–241.

Améry, Jean / Höller, Hans (Hg.), *Aufsätze zur Literatur und zum Film. Werke Band 5,* Stuttgart 2003.

Andresen, Knud / Kuhnhenne, Michaela / Mittag, Jürgen / Platz, Johannes (Hg.), *Der Betrieb als sozialer und politischer Ort. Studien zu Praktiken und Diskursen in den Arbeitswelten des 20. Jahrhunderts,* Bonn 2015.

Anker, Josef, »Rohrbach, Paul«, *Neue deutsche Biographie. Stolberg – Wernigerode, Otto zu,* S. 5–6.

Anton Weiss-Wendt, »The Business of Survival: Baltic Oil Ltd. And Jewish Forced-Labor Camps in Estonia.«, in: *Yad Vashem Studies* (2008), 36 (2), S. 45–71.

Arbeitsrechtsausschuß der Akademie für Deutsches Recht, *Entwurf eines Gesetzes über das Arbeitsverhältnis,* Hamburg 1938.

Arbeitswissenschaftliches Institut der Deutschen Arbeitsfront, *Deutsche Musterbetriebe,* Berlin, Stuttgart 1940.

Arendt, Hannah, *Vita activa oder Vom tätigen Leben,* München [4]1985.

Arendt, Hannah, *Besuch in Deutschland (1950),* in: dies., *Zur Zeit. Politische Essays,* hg. V. Knott, Marie Luise, München 1989.

Arendt, Hannah, *Zur Zeit. Politische Essays,* München 1989.

Arnhold, Karl, »Vom Gesetz der Gemeinschaft«, in: *Unser Pütt. Werkszeitung der Klöckner-Zechen,* 01.10.1938, S. 2.

Aßländer, Michael S. / Wagner, Bernd, »Einführung: Arbeit und Philosophie«, in: Aßländer, Michael S. / Wagner, Bernd (Hg.), *Philosophie der Arbeit. Texte von der Antike bis zur Gegenwart,* Berlin 2017, S. 11–26.

Aßländer, Michael S. / Wagner, Bernd (Hg.), *Philosophie der Arbeit. Texte von der Antike bis zur Gegenwart,* Berlin 2017.

Augstein, Rudolph, »Hobbes und wir«, in: *Der Spiegel,* 10.01.1983, S. 136–137.

Axster, Felix, »Arbeit, Teilhabe und Ausschluss. Zum Verhältnis zwischen kolonialem Rassismus und nationalsozialistischem Antisemitismus«, in: Kundrus, Birthe / Steinbacher, Sybille (Hg.), *Kontinuitäten und Diskontinuitäten. Der Nationalsozialismus in der Geschichte des 20. Jahrhunderts,* Göttingen 2013, S. 121–133.

Axster, Felix, »Arbeit an der ›Erziehung zur Arbeit‹. Oder: Die Figur des guten deutschen Kolonisators«, in: Axster, Felix / Lelle, Nikolas (Hg.), *»Deutsche Arbeit«. Kritische Perspektiven auf ein ideologisches Selbstbild,* Göttingen 2018, S. 226–251.

Axster, Felix / Lelle, Nikolas (Hg.), *»Deutsche Arbeit«. Kritische Perspektiven auf ein ideologisches Selbstbild,* Göttingen 2018.

Axster, Felix / Lelle, Nikolas, »›Deutsche Arbeit‹. Kritische Perspektiven auf ein ideologisches Selbstbild – zur Einführung«, in: Axster, Felix / Lelle, Nikolas (Hg.), *»Deutsche Arbeit«. Kritische Perspektiven auf ein ideologisches Selbstbild,* Göttingen 2018, S. 7–36.

Axster, Felix / Lelle, Nikolas, »Nationalisierung von Arbeit im 21. Jahrhundert«, in: *der rechte rand* 30 (2019), H. 180, S. 10–11.

Ayaß, Wolfgang, *»Asoziale« im Nationalsozialismus,* Stuttgart 1995.

Bach, Johanna, »Das Narrativ ›sittlicher Arbeit‹ im moralischen Selbstverständnis der Deutschen«, in: Konitzer, Werner / Palme, David (Hg.), *»Arbeit«, »Volk«, »Gemeinschaft«. Ethik und Ethiken im Nationalsozialismus,* Frankfurt am Main 2016, S. 49–66.

Baecker, Dirk (Hg.), *Archäologie der Arbeit,* Berlin 2002.

Bajohr, Frank / Wildt, Michael (Hg.), *Volksgemeinschaft. Neue Forschungen zur Gesellschaft des Nationalsozialismus,* Frankfurt am Main 2009.

Bakonyi, Rainer, »Dimensionen der Zwangsarbeit im Nationalsozialismus. Ein Überblick«, in: VVN BdA, Kreisvereinigung E. (Hg.), *»Räder müssen rollen für den Sieg«. Zwangsarbeit im »Dritten Reich«,* Stuttgart 2000, S. 21–26.

Balke, Friedrich, »Kreuzzug und Kartei. Carl Schmitt und die Juden«, in: *Neue Rundschau* 111 (2000), H. 3, S. 168–179.

Baranowski, Shelley, *Strength through Joy. Consumerism and mass tourism in the Third Reich,* Cambridge, U.K. / New York 2004.

Baratella, Nils / Rücker, Sven, »Gewalt: essentialistisch, demokratisch, theologisch. Zu den Gewaltbegriffen von Carl Schmitt, Hannah Arendt und Walter Benjamin«, in: Blättler, Christine / Voller, Christian (Hg.), *Walter Benjamin Politisches Denken,* Baden-Baden 2016, S. 177–193.

Barkai, Avraham, »Einundzwanzigstes Bild: ›Der Kapitalist‹«, in: Schoeps, Julius H. / Schlör, Joachim (Hg.), *Antisemitismus. Vorurteile und Mythen,* München 1995, S. 265–272.

Bärsch, Claus-Ekkehard, *Die politische Religion des Nationalsozialismus. Die religiösen Dimensionen der NS-Ideologie in den Schriften von Dietrich Eckart, Joseph Goebbels, Alfred Rosenberg und Adolf Hitler,* München [2]2002.

Bartels, Alexandra / End, Markus (Hg.), *Antiziganistische Zustände,* Münster [2]2013.

Bartoszewski, Wladyslaw, *Es lohnt sich, anständig zu sein. Meine Erinnerungen; mit der Rede zum 8. Mai,* Freiburg im Breisgau [3]1995.

Bastani, Aaron, *Fully automated luxury communism. A manifesto,* London / New York 2019.

Bauer, Kurt, *Nationalsozialismus. Ursprünge, Anfänge, Aufstieg und Fall,* Wien/Köln/Weimar 2008.

Baugut, Gunar / Krüger, Siegfried, *Unternehmensführung. Modelle – Strategien – Techniken,* Wiesbaden 1976.

Becker, Martin, »›Arbeit‹ und ›Gemeinschaft‹ im NS-Recht und im Recht der frühen Bundesrepublik«, in: Konitzer, Werner (Hg.), *Moralisierung des Rechts. Kontinuitäten und Diskontinuitäten nationalsozialistischer Normativität,* Frankfurt am Main 2014, S. 35–62.

Beckerath, Erwin / Brinkmann, Carl / Gutenberg, Erich / u.a. (Hg.), *Handwörterbuch der Sozialwissenschaften. Fünfter Band. Handelsrecht – Kirchliche Finanzen,* Stuttgart 1956.

Behnken, Klaus / Wagner, Frank, »Einleitung«, in: Behnken, Klaus / Wagner, Frank (Hg.), *Inszenierung der Macht. Ästhetische Faszination im Faschismus,* Berlin 1987, S. 7–10.

Behnken, Klaus / Wagner, Frank (Hg.), *Inszenierung der Macht. Ästhetische Faszination im Faschismus,* Berlin 1987.

Behrens, Manfred / Haug, Wolfgang F., *Faschismus und Ideologie,* Berlin 1980.

Benjamin, Walter, *Das Kunstwerk im Zeitalter seiner technischen Reproduzierbarkeit, Zweite Fassung,* in: ders., *Gesammelte Schriften I.2. Unter Mitwirkung von Theodor*

W. Adorno und Gershom Scholem, hg. V. Rolf Tiedemann / Hermann Schweppenhäuser, Frankfurt am Main 1974.

Benz, Wolfgang (Hg.), *Dachauer Hefte 16. Zwangsarbeit,* Dachau 2000.

Benz, Wolfgang, »Zwangsarbeit im nationalsozialistischen Staat. Dimensionen – Strukturen – Perspektiven«, in: Benz, Wolfgang (Hg.), *Dachauer Hefte 16. Zwangsarbeit,* Dachau 2000, S. 3–17.

Benz, Wolfgang / Distel, Barbara (Hg.), *Der Ort des Terrors. Geschichte der nationalsozialistischen Konzentrationslager,* 9 Bde., München 2005–2009.

Benz, Wolfgang / Distel, Barbara (Hg.), *Realität – Metapher – Symbol. Auseinandersetzung mit dem Konzentrationslager,* Dachau 2006.

Benz, Wolfgang / Distel, Barbara (Hg.), *»Gemeinschaftsfremde«. Zwangserziehung im Nationalsozialismus, in der Bundesrepublik und der DDR,* Berlin/Dachau 2016.

Berg, Nicolas, »Einleitung«, in: Berg, Nicolas (Hg.), *Kapitalismusdebatten um 1900. Über antisemitisierende Semantiken des Jüdischen,* Leipzig 2011, S. 9–21.

Berg, Nicolas (Hg.), *Kapitalismusdebatten um 1900. Über antisemitisierende Semantiken des Jüdischen,* Leipzig 2011.

Berghahn, Volker, *Elitenforschung und Unternehmensgeschichte, Rückblick und Ausblick, in: ders., Industriegesellschaft und Kulturtransfer. Die deutsch-amerikanischen Beziehungen im 20. Jahrhundert,* Göttingen 2010.

Berghahn, Volker, *Industriegesellschaft und Kulturtransfer. Die deutsch-amerikanischen Beziehungen im 20. Jahrhundert,* Göttingen 2010.

Bergmann, Werner / Erb, Rainer, »Kommunikationslatenz, Moral und öffentliche Meinung. Theoretische Überlegungen zum Antisemitismus in der Bundesrepublik Deutschland.«, in: *Kölner Zeitschrift für Soziologie und Sozialpsychologie* 38 (1986), S. 209–222.

Bialas, Wolfgang, *Moralische Ordnungen des Nationalsozialismus,* Göttingen 2014.

Biernacki, Richard, *The fabrication of labor. Germany and Britain, 1640–1914,* Berkeley 1995.

Bischöfe Deutschlands, Österreichs, der Schweiz u. a., *Die Bibel. Altes und Neues Testament. Einheitsübersetzung,* Freiburg/Basel /Wien 1980.

Blättler, Christine / Voller, Christian (Hg.), *Walter Benjamin Politisches Denken,* Baden-Baden 2016.

Bluhm, Felix, *»Die Massen sind aber nicht zu halten gewesen«. Zur Streik- und Sozialisierungsbewegung im Ruhrgebiet 1918/19,* Münster 2014.

Blume, Otto / Breuer, Wilhelm M., *Das »Harzburger Modell«. Ein Modell für den öffentlichen Dienst? Ein Gutachten für die Gewerkschaft ÖTV,* Stuttgart 1972.

Bockelmann, Eske, *Im Takt des Geldes. Zur Genese modernen Denkens,* Springe 2004.

Böhme, Gisela / Jegodzinski, Sybille (Hg.), *Spiegel des Schaffens. Eine Bibliographie der Schriften und Aufsätze von Reinhard Höhn,* Bad Harzburg ²1984.

Böll, Heinrich, »Fall Höhn«, in: *Vorwärts,* 27.01.1972

Boltanski, Luc / Chiapello, Ève, *Der neue Geist des Kapitalismus,* Konstanz 2006.

Boni, Manfred u. a., *Kaderschule für das Kapital. Theorie und Praxis der Harzburger Akademie für Führungskräfte der Wirtschaft,* Informationsbericht Nr. 10, Frankfurt am Main 1974.

Bons, Joachim, *Nationalsozialismus und Arbeiterfrage. Zu den Motiven, Inhalten und Wirkungsgründen nationalsozialistischer Arbeiterpolitik vor 1933,* Zugleich Göttingen, Universität, Dissertation 1993, Pfaffenweiler 1995.

Börger, Wilhelm, *Vom deutschen Wesen,* Würzburg [3]1939.

Braun, Wolf / Marx, Hans R., *Das Harzburger Modell. Kritische Analyse einer Führungskonzeption,* Nürnberg 1974.

Breuer, Dieter (Hg.), *Moderne und Nationalsozialismus im Rheinland. Vorträge des Interdisziplinären Arbeitskreises zur Erforschung der Moderne im Rheinland,* Paderborn u. a. 1997.

Breuer, Stefan, *Die Völkischen in Deutschland. Kaiserreich und Weimarer Republik,* Darmstadt 2008.

Bröckling, Ulrich, *Disziplin. Soziologie und Geschichte militärischer Gehorsamsproduktion,* Zugleich Freiburg, Universität, Dissertation, 1997, München 1997.

Bröckling, Ulrich, *Das unternehmerische Selbst. Soziologie einer Subjektivierungsform,* Frankfurt am Main 2007.

Bröckling, Ulrich, *Gute Hirten führen sanft. Über Menschenregierungskünste,* Bd. 2217, Berlin 2017.

Bröckling, Ulrich / Horn, Eva (Hg.), *Anthropologie der Arbeit,* Tübingen 2002.

Bröckling, Ulrich / Horn, Eva, »Einleitung«, in: Bröckling, Ulrich / Horn, Eva (Hg.), *Anthropologie der Arbeit,* Tübingen 2002, S. 7–16.

Bröckling, Ulrich / Klopotek, Felix, »Die unhintergehbare Differenz. Was verweist von 68 und Tunix auf Neoliberalismus und den grassierenden Zwang zur Selbstoptimierung? Und was weist darüber hinaus? Ein Gespräch«, in: Falasca, Anna / Maechtel, Annette / Lattner, Heimo (Hg.), *Wiedersehen in TUNIX! Berliner Hefte zu Geschichte und Gegenwart der Stadt #7,* Berlin 2018, S. 62–71.

Broszat, Martin, *Der Staat Hitlers. Grundlegung und Entwicklung seiner inneren Verfassung,* München 1969.

Browning, Christopher R., *Ganz normale Männer. Das Reserve-Polizeibataillon 101 und die »Endlösung« in Polen,* Reinbek bei Hamburg [20]1999.

Browning, Christopher R., *Remembering Survival: Inside a Nazi Slave-Labor Camp,* New York 2011.

Brückner, Wolfgang, *»Arbeit macht frei«. Herkunft und Hintergrund der KZ-Devise,* Opladen 1998.

Brumlik, Micha, *Innerlich beschnittene Juden. Zu Eduard Fuchs' »Die Juden in der Karikatur«,* Hamburg 2012.

Buchholz, Wolfhard, *Die nationalsozialistische Gemeinschaft »Kraft durch Freude«. Freizeitgestaltung und Arbeiterschaft im Dritten Reich,* München 1976.

Büchmann, Georg, *Geflügelte Worte. Der Zitatenschatz des deutsche Volkes,* Berlin [28]1937.

Buggeln, Marc, »Unfreie Arbeit im Nationalsozialismus. Begrifflichkeiten und Vergleichsaspekte zu den Arbeitsbedingungen im Deutschen Reich und in den besetzten Gebieten«, in: Buggeln, Marc / Wildt, Michael (Hg.), *Arbeit im Nationalsozialismus,* München 2014, S. 231–252.

Buggeln, Marc / Wildt, Michael (Hg.), *Arbeit im Nationalsozialismus,* München 2014.

Buggeln, Marc / Wildt, Michael, »Arbeit im Nationalsozialismus (Einleitung)«, in: Buggeln, Marc / Wildt, Michael (Hg.), *Arbeit im Nationalsozialismus,* München 2014, S. IX–XXXVII.

Bulthaup, Peter (Hg.), *Materialien zu Benjamins Thesen »Über den Begriff der Geschichte«. Beiträge und Interpretationen,* Frankfurt am Main 1975.

Burkhart, Dagmar, *Eine Geschichte der Ehre,* Darmstadt 2006.

Busch, Charlotte / Gehrlein, Martin / Uhlig, Tom D. (Hg.), *Schiefheilungen. Zeitgenössische Betrachtungen über Antisemitismus,* Wiesbaden 2016.

Buschmann, Nikolaus, »Die Erfindung der Deutschen Treue. Von der semantischen Innovation zur Gefolgschaftsideologie«, in: Buschmann, Nikolaus / Murr, Karl Borromäus (Hg.), *Treue. Politische Loyalität und militärische Gefolgschaft in der Moderne,* Göttingen 2008, S. 75–109.

Buschmann, Nikolaus / Murr, Karl B. (Hg.), *Treue. Politische Loyalität und militärische Gefolgschaft in der Moderne,* Göttingen 2008.

Buschmann, Nikolaus / Murr, Karl B., »›Treue‹ als Forschungskonzept? Begriffliche und methodische Sondierungen«, in: Buschmann, Nikolaus / Murr, Karl Borromäus (Hg.), *Treue. Politische Loyalität und militärische Gefolgschaft in der Moderne,* Göttingen 2008, S. 11–35.

Campbell, Joan, *Joy in work, German work. The national debate, 1800–1945,* Princeton, NJ 1989.

Camus, Renaud, *Revolte gegen den Großen Austausch,* Schnellroda 2016.

Car, Ronald, »Community of Neighbours vs Society of Merchants: The Genesis of Reinhard Höhn's Nazi State Theory«, in: *Politics, Religion & Ideology* 16 (2015), H. 1, S. 1–22.

Caspar, Hildegard (Hg.), *Deutsche Arbeiterbewegung vor dem Faschismus,* Berlin 1981.

Cederstrom, Carl / Fleming, Peter, *Dead man working,* Winchester, UK / Washington, USA 2012.

Chapoutot, Johann, *Libres d'obéir. Le management, du nazism à aujourd'hui,* Paris 2020.

Clausen, Lars, *Produktive Arbeit, destruktive Arbeit. Soziologische Grundlagen,* Berlin 1988.

Claussen, Detlev, »Antisemitismus und Gesellschaftstheorie«, in: Wiehn, Erhard R. (Hg.), *Judenfeindschaft. Eine öffentliche Vortragsreihe an der Universität Konstanz 1988/89,* Konstanz 1989, S. 97–117.

Claussen, Detlev, *Grenzen der Aufklärung. Die gesellschaftliche Genese des modernen Antisemitismus,* Frankfurt am Main 2005.

Conrad, Sebastian, *Globalisierung und Nation im deutschen Kaiserreich,* München 2006.

Costa, Mariarosa D. / James, Selma, *Die Macht der Frauen und der Umsturz der Gesellschaft,* Berlin 1973.

Dams, Carsten / Stolle, Michael, *Die Gestapo. Herrschaft und Terror im Dritten Reich,* München 2008.

Därmann, Iris, »Vom antiken Sklavendienst zur modernen Dienstleistungsgesellschaft. Paulinische Bausteine für eine genealogische Skizze«, in: Engell, Lorenz / Siegert, Bernhard / Vogl, Joseph (Hg.), *Agenten und Agenturen,* Weimar 2008, S. 23–38.

Därmann, Iris, *Undienlichkeit. Gewaltgeschichte und politische Philosophie,* Berlin 2020.

Dath, Dietmar, *Karl Marx. 100 Seiten,* Ditzingen 2018.

Deckstein, Dagmar, »Ein Lehrer für 600.000 Manager. Zum Tode von Reinhard Höhn, dem Gründer der Harzburger Akademie«, in: *Süddeutsche Zeitung,* 22.05.2000, S. 29.

Dejours, Christophe / Deranty, Jean-Philippe / Renault, Emmanuel / Smith, Nicholas H., *The Return of Work in Critical Theory. Self, Society, Politics,* New York 2018.

Der Große Brockhaus. Handbuch des Wissens in zwanzig Bänden. Ergänzungsband A–Z, Leipzig [15]1935.

Deutsche Arbeitsfront, Fachamt »Der Deutsche Handel«, *Der Weg zum nationalsozialistischen Musterbetrieb,* Berlin 1940.

Diener, Roger / Richter, Hans L. (Hg.), *Führung in der Wirtschaft. Festschrift zum zehnjährigen Bestehen der Akademie für Führungskräfte der Wirtschaft (1956–1966)*, Bad Harzburg 1966.

Dietl, Stefan, *Die AfD und die soziale Frage. Zwischen Marktradikalismus und »völkischem Antikapitalismus«*, Münster [2]2017.

Diner, Dan, »Einleitung«, in: Diner, Dan (Hg.), *Ist der Nationalsozialismus Geschichte? Zu Historisierung und Historikerstreit*, Frankfurt am Main 1987, S. 8–16.

Diner, Dan (Hg.), *Ist der Nationalsozialismus Geschichte? Zu Historisierung und Historikerstreit*, Frankfurt am Main 1987.

Diner, Dan (Hg.), *Zivilisationsbruch. Denken nach Auschwitz*, Frankfurt am Main 1988.

Dipper, Christof (Hg.), *Faschismus und Faschismen im Vergleich. Wolfgang Schieder zum 60. Geburtstag*, Vierow bei Greifswald 1998.

Drexler, Anton, *Mein politisches Erwachen. Aus dem Tagebuch eines deutschen sozialistischen Arbeiters*, München 1919.

Dries, Christian, »›Was nationalsozialistisch ist oder nicht, wird im Einzelfall entschieden‹. Hans Frank und die nationalsozialistische Urteilskraft«, in: Konitzer, Werner / Palme, David (Hg.), *»Arbeit«, »Volk«, »Gemeinschaft«. Ethik und Ethiken im Nationalsozialismus*, Frankfurt am Main 2016, S. 171–190.

Dubnow, Simon, *Die neueste Geschichte des jüdischen Volkes. Band X: Das Zeitalter der zweiten Reaktion*, Berlin 1929.

Eckart, Dietrich, »An alle Werktätigen«, in: Busch, Charlotte / Gehrlein, Martin / Uhlig, Tom David (Hg.), *Schiefheilungen. Zeitgenössische Betrachtungen über Antisemitismus*, Wiesbaden 2016, S. 183–184.

Edelmann, Heidrun, *Heinz Nordhoff und Volkswagen. Ein deutscher Unternehmer im amerikanischen Jahrhundert*, Göttingen 2003.

Eiling, Lisa, »›Dienst an den deutschen Belangen in der Welt‹. Arbeit und Gemeinschaft im Werk des Kieler Nationalökonomen Bernhard Harms (1876–1939)«, in: Axster, Felix / Lelle, Nikolas (Hg.), *»Deutsche Arbeit«. Kritische Perspektiven auf ein ideologisches Selbstbild*, Göttingen 2018, S. 157–174.

Elfferding, Wieland, »Von der proletarischen Masse zum Kriegsvolk. Massenaufmarsch und Öffentlichkeit im deutschen Faschismus am Beispiel des 1. Mai 1933«, in: Behnken, Klaus / Wagner, Frank (Hg.), *Inszenierung der Macht. Ästhetische Faszination im Faschismus*, Berlin 1987, S. 17–51.

Elsner, A., »Der Betrieb. Eine Leistungsgemeinschaft!«, in: Reinhart, Josef (Hg.), *Zeitgemäßes, Grundsätzliches und Wegweisendes zum NS-Musterbetrieb*, Berlin 1941, S. 27–29.

Elsner, A., »Wille und Weg zum Sozialismus im Betrieb«, in: Reinhart, Josef (Hg.), *Zeitgemäßes, Grundsätzliches und Wegweisendes zum NS-Musterbetrieb*, Berlin 1941, S. 34–36.

End, Markus, »Adorno und die ›Zigeuner‹«, in: Bartels, Alexandra / End, Markus (Hg.), *Antiziganistische Zustände*, Münster [2]2013, S. 95–108.

Engell, Lorenz / Siegert, Bernhard / Vogl, Joseph (Hg.), *Agenten und Agenturen*, Weimar 2008.

Engelmann, Bernd, »Schmiede der Elite. Wo Bosse kommandieren lernen«, in: *Vorwärts*, 09.12.1971

Engels, Friedrich, *Herr Eugen Dühring's Umwälzung der Wissenschaft*, in: ders., *Marx Engels Werke Band 20*, hg. V. Institut für Marxismus-Leninismus beim ZK der SED, Berlin 1962.

Epping-Jäger, Cornelia, »Lautsprecher Hitler. Über eine Form der Massenkommunikation im Nationalsozialismus«, in: Paul, Gerhard (Hg.), *Sound des Jahrhunderts. Geräusche, Töne, Stimmen 1889 bis heute,* Bonn 2013, S. 180–185.

Ernst, Detlef / Riexinger, Klaus, *Vernichtung durch Arbeit – Rüstung im Bergwerk. Die Geschichte des Konzentrationslagers Kochendorf – Außenkommando des KZ Natzweiler-Struthof,* Tübingen 2003.

Etzemüller, Thomas (Hg.), *Die Ordnung der Moderne. Social engineering im 20. Jahrhundert,* Bielefeld 2009.

Falasca, Anna / Maechtel, Annette / Lattner, Heimo (Hg.), *Wiedersehen in TUNIX! Berliner Hefte zu Geschichte und Gegenwart der Stadt #7,* Berlin 2018.

Faulstich, Heinz, *Hungersterben in der Psychiatrie 1914–1949. Mit einer Topographie der NS-Psychiatrie,* Freiburg 1998.

Feder, Gottfried, *Manifest zur Brechung der Zinsknechtschaft des Geldes,* München 1919.

Federici, Silvia, *Aufstand aus der Küche. Reproduktionsarbeit im globalen Kapitalismus und die unvollendete feministische Revolution,* Münster 2015.

Fleischmann, Gerd, »›JEDEM DAS SEINE‹. Eine Spur von Bauhaus in Buchenwald«, in: Knigge, Volkhard / Ehrlich, Franz / Bräu, Ramona / Fleischmann, Gerd (Hg.), *Franz Ehrlich. Ein Bauhäusler in Widerstand und Konzentrationslager; eine Ausstellung der Stiftung Gedenkstätten Buchenwald und Mittelbau-Dora in Zusammenarbeit mit der Klassik-Stiftung Weimar und der Stiftung Bauhaus Dessau, 2. August 2009 – 11. Oktober 2009 im Neuen Museum Weimar,* Weimar 2009, S. 107–118.

Focke, Harald / Reimer, Uwe, *Alltag unterm Hakenkreuz. Ein aufklärendes Lesebuch,* Reinbek bei Hamburg 1994.

Ford, Henry, *Mein Leben und Werk,* Volksausgabe, Leipzig 1923.

Forsthoff, Ernst, »Der totale Staat (1933). Ein Auszug«, in: Pauer-Studer, Herlinde / Fink, Julian (Hg.), *Rechtfertigungen des Unrechts. Das Rechtsdenken im Nationalsozialismus in Originaltexten,* Berlin 2014, S. 268–278.

Foucault, Michel, *Geschichte der Gouvernementalität I. Sicherheit, Territorium, Bevölkerung. Vorlesung am Collège de France 1977–1978,* Frankfurt am Main 2004.

Fraenkel, Ernst, *Der Doppelstaat,* in: ders., *Gesammelte Schriften. Band 2: Nationalsozialismus und Widerstand,* hg. v. Brünneck, Alexander v., Baden-Baden 1999.

Fraenkel, Ernst, *Gesammelte Schriften. Band 2: Nationalsozialismus und Widerstand,* Baden-Baden 1999.

Fraser, Nancy / Jaeggi, Rahel, *Capitalism. A Conversation in Critical Theory,* Medford, MA 2018.

Frei, Norbert (Hg.), *Karrieren im Zwielicht. Hitlers Eliten nach 1945,* Frankfurt am Main 2001.

Frei, Norbert (Hg.), *Wie bürgerlich war der Nationalsozialismus?,* Göttingen 2018.

Frei, Norbert / Morina, Christina / Maubach, Franka / Tändler, Maik, *Zur rechten Zeit. Wider die Rückkehr des Nationalismus,* Berlin 2019.

Freiherr von Stetten-Erb, Herbert (Hg.), *Konstantin Hierl. Ausgewählte Schriften und Reden. Band 2,* 2 Bde., München 1941.

Frenz, Gustav / Gobbers, Emil, *Erfolgreiche Betriebswirtschaft. Betriebsführer und Gefolgschaft im Arbeitsprozeß,* Berlin 1934.

Frese, Erich, »Zum Vergleich von Führungsmodellen«, in: Wild, Jürgen (Hg.), *Unternehmensführung. Festschrift für Erich Kosiel zu seinem 75. Geburtstag,* Berlin 1974, S. 221–249.

Frese, Matthias, *Betriebspolitik im »Dritten Reich«. Deutsche Arbeitsfront, Unternehmer und Staatsbürokratie in der westdeutschen Großindustrie 1933–1939*, Paderborn 1991.

Freudenberg, Dirk, *Militärische Führungsphilosophien und Führungskonzeptionen ausgewählter NATO- und WEU-Staaten im Vergleich*, Zugleich München, Universität der Bundeswehr, Dissertation, 2004, Baden-Baden 2005.

Freytag, Gustav, *Soll und Haben*, 1855, Köln 2009.

Frick, Wilhelm, »Deutsches Volk – Deutsche Arbeit! Geleitwort des Reichsministers des Inneren«, in: Gemeinnützige Berliner Ausstellungs- und Messegesellschaft mbH (Hg.), *Deutsches Volk, Deutsche Arbeit. Amtlicher Führer durch die Ausstellung, Berlin 1934, 21. April bis 3. Juni*, Berlin-Charlottenburg 1934, S. 16 f.

Friedländer, Saul, *Das Dritte Reich und die Juden. Die Jahre der Verfolgung 1933–1939; die Jahre der Vernichtung 1939–1945*, München 2008.

Friedrich, Adolf, *Grundaufgaben der Menschenführung im Betrieb*, Vortrag, gehalten auf der Wissenschaftlichen Tagung des Deutschen Stahlbau-Verbandes in Berlin am 5.10.1938, Clausthal-Zellerfeld 1938.

Friemert, Chup, *Produktionsästhetik im Faschismus. Das Amt »Schönheit der Arbeit« von 1933 bis 1939*, München 1980.

Fritzsche, Julia, *Tiefrot und radikal bunt. Für eine neue linke Erzählung*, Hamburg 2019.

Frommann, Bruno, *Reisen im Dienste politischer Zielsetzungen. Arbeiter-Reisen und Kraft durch Freude-Fahrten*, Zugleich Stuttgart, Universität, Dissertation, 1993, Stuttgart 1993.

Gallus, Alexander / Schildt, Axel (Hg.), *Rückblickend in die Zukunft. Politische Öffentlichkeit und intellektuelle Positionen in Deutschland um 1950 und um 1930*, Göttingen 2011.

Gebhard, B., »Die Ehrenhalle der Ausstellung. Das Reich der Deutschen«, in: Gemeinnützige Berliner Ausstellungs- und Messegesellschaft mbH (Hg.), *Deutsches Volk, Deutsche Arbeit. Amtlicher Führer durch die Ausstellung, Berlin 1934, 21. April bis 3. Juni*, Berlin-Charlottenburg 1934, S. 45–57.

Gehlen, Arnold, *Anlage, Vererbung und Erziehung*, in: ders., *Der Mensch. Seine Natur und seine Stellung in der Welt. Gesamtausgabe Band 3.2*, Frankfurt am Main 1993.

Gehlen, Arnold / Rehberg, Karl-Siegbert, *Der Mensch. Seine Natur und seine Stellung in der Welt. Gesamtausgabe Band 3.2*, Frankfurt am Main 1993.

Geiselberger, Heinrich (Hg.), *Die große Regression. Eine internationale Debatte über die geistige Situation der Zeit*, Berlin 2017.

Gemeinnützige Berliner Ausstellungs- und Messegesellschaft mbH (Hg.), *Deutsches Volk, Deutsche Arbeit. Amtlicher Führer durch die Ausstellung, Berlin 1934, 21. April bis 3. Juni*, Berlin-Charlottenburg 1934.

Gemeinnützige Berliner Ausstellungs- und Messegesellschaft mbH, *Deutsches Volk, Deutsche Arbeit. Ausstellung Berlin 21.4.–3.6.1934, Ausstellungsgelände Kaiserdamm*, Berlin Charlottenburg 1934.

George, Andreas, »Der Inbegriff des Politischen. Carl Schmitts Begriff des Politischen und der Antisemitismus als seine Konsequenz«, in: *Sans Phrase – Zeitschrift für Ideologiekritik* 6 (2017), H. 10, S. 239–257.

Gerber, Jan, *Karl Marx in Paris. Die Entdeckung des Kommunismus*, München 2018.

Gertenbach, Lars u. a., *Theorien der Gemeinschaft. Zur Einführung*, Hamburg 2010.

Gietinger, Klaus, *November 1918. Der verpasste Frühling des 20. Jahrhunderts. Mit einem Vorwort von Karl Heinz Roth*, Hamburg 2018.

Gloy, Thomas, *Im Dienst der Gemeinschaft. Zur Ordnung der Moral in der Hitler-Jugend,* Zugleich Berlin, Technische Universität, Dissertation, 2017, Göttingen 2018.

Goebbels, Joseph (Hg.), *Reden des Reichskanzlers Adolf Hitler, des neuen Deutschlands Führer. Das junge Deutschland will Arbeit und Frieden, Mit einem Vorwort von Joseph Goebbels,* Berlin 1933.

Goebbels, Joseph, *Vom Kaiserhof zur Reichskanzlei. Eine historische Darstellung in Tagebuchblättern; vom 1. Januar 1932 bis zum 1. Mai 1933,* München [5]1934.

Goldhagen, Daniel J., *Hitler‹s willing executioners. Ordinary Germans and the Holocaust,* London 1996.

Göring, Hermann, »Rede auf der 6. Jahrestagung der DAF am 10. September 1938 (Auszug)«, in: Mason, Timothy W. (Hg.), *Arbeiterklasse und Volksgemeinschaft. Dokumente und Materialien zur deutschen Arbeiterpolitik 1936–1939,* Opladen 1975, S. 677–680.

Gorz, André, *Arbeit zwischen Misere und Utopie,* Frankfurt am Main 2007.

Gostner, Erwin, *1000 Tage im KZ. Ein Erlebnisbericht aus den Konzentrationslagern Dachau, Mauthausen und Gusen,* Innsbruck 2015.

Greiffenhagen, Martin (Hg.), *Der neue Konservatismus der siebziger Jahre,* Hamburg 1974.

Greve, Swantje, *Das »System Sauckel«. Der Generalbevollmächtigte für den Arbeitseinsatz und die Arbeitskräftepolitik in der besetzten Ukraine 1942–1945,* Göttingen 2019.

Grimm, Reinhold / Hermand, Jost (Hg.), *Arbeit als Thema in der deutschen Literatur vom Mittelalter bis zur Gegenwart,* Königstein/Ts 1979.

Gross, Jan T., *Fear. Anti-semitism in Poland after Auschwitz. An essay in historical interpretation,* New York 2007.

Gross, Raphael, *Carl Schmitt und die Juden. Eine deutsche Rechtslehre,* Zugleich Essen, Universität, Dissertation, 1997, Frankfurt am Main 2000.

Gross, Raphael, »›Treue‹ im Nationalsozialismus. Ein Beitrag zur Moralgeschichte der NS-Zeit«, in: Buschmann, Nikolaus / Murr, Karl Borromäus (Hg.), *Treue. Politische Loyalität und militärische Gefolgschaft in der Moderne,* Göttingen 2008, S. 251–273.

Gross, Raphael, *Anständig geblieben. Nationalsozialistische Moral,* Frankfurt am Main 2010.

Gruppe KRISIS, *Manifest gegen die Arbeit,* Erlangen 1999.

Guserl, Richard, »Bürokratie à la Harzburg«, in: *Betriebswirtschaftliches-Magazin,* 10.03.1972, S. 227–228.

Guserl, Richard / Hofmann, Michael, *Das Harzburger Modell. Idee und Wirklichkeit und Alternative zum Harzburger Modell,* Wiesbaden [2]1976.

Habermas, Jürgen, *Carl Schmitt in der politischen Geistesgeschichte der Bundesrepublik,* in: ders., *Die Normalität einer Berliner Republik,* Frankfurt am Main 1995.

Habermas, Jürgen, *Die Normalität einer Berliner Republik,* Frankfurt am Main 1995.

Hachmeister, Lutz, *Der Gegnerforscher. Die Karriere des SS-Führers Franz Alfred Six,* München 1998.

Hachmeister, Lutz, »Die Rolle des SD-Personals in der Nachkriegszeit. Zur nationalsozialistischen Durchdringung der Bundesrepublik«, in: Wildt, Michael (Hg.), *Nachrichtendienst, politische Elite, Mordeinheit. Der Sicherheitsdienst des Reichsführers SS,* Hamburg 2003, S. 347–369.

Hachtmann, Rüdiger, »1. Mai '33 auf dem Tempelhofer Feld: Experteninterview«. Online abrufbar unter: www.tempelhofer-unfreiheit.de/de/1-mai-33-auf-dem-tempelhofer-feld-experteninterview [letzter Zugriff: 07.10.2021].

Hachtmann, Rüdiger, *Das Wirtschaftsimperium der Deutschen Arbeitsfront 1933–1945*, Göttingen 2012.

Hachtmann, Rüdiger, »Arbeit und Arbeitsfront. Ideologie und Praxis«, in: Buggeln, Marc / Wildt, Michael (Hg.), *Arbeit im Nationalsozialismus,* München 2014, S. 87–106.

Hafeneger, Benno, *Alle Arbeit für Deutschland. Arbeit, Jugendarbeit und Erziehung in der Weimarer Republik, unter dem Nationalsozialismus und in der Nachkriegszeit,* Köln 1988.

Hahn, Carl C., *Vorwort,* in: ders., *Reden und Aufsätze. Zeugnisse einer Ära,* Düsseldorf 1992.

Hamacher, Werner, »Lingua Amissa. Vom Messianismus der Warensprache«, in: *Zäsuren – Césures – Incisions* 1 (2000), H. 1, S. 71–113.

Hamacher, Werner, »Arbeiten Durcharbeiten«, in: Baecker, Dirk (Hg.), *Archäologie der Arbeit,* Berlin 2002, S. 155–201.

Hartmann, Christian / Vordermayer, Thomas / Plöckinger, Othmar / Töppel, Roman, *Einleitung,* in: dies., *Mein Kampf. Eine kritische Edition,* hg. v. Hartmann, Christian / Vordermayer, Thomas / Plöckinger, Othmar / Töppel, Roman, München u. a. 2016.

Haug, Wolfgang F. / Alisch, Rainer (Hg.), *Deutsche Philosophen 1933,* Hamburg 1989.

Haus Bartleby (Hg.), *Sag alles ab! Plädoyers für den lebenslangen Generalstreik,* Hamburg 2015.

Hegel, Georg W. F., *Phänomenologie des Geistes,* Frankfurt am Main [9]2006.

Heidegger, Martin, *Arbeitsdienst und Universität, (14. Juni 1933),* in: ders., *Gesamtausgabe I. Abteilung: Veröffentlichte Schriften 1910–1976. Band 16. Reden und andere Zeugnisse eines Lebensweges*, hg. v. Heidegger, Hermann, Frankfurt am Main 2000.

Heidegger, Martin, *Die Selbstbehauptung der deutschen Universität, (27. Mai 1933),* in: ders., *Gesamtausgabe I. Abteilung: Veröffentlichte Schriften 1910–1976. Band 16. Reden und andere Zeugnisse eines Lebensweges,* hg. v. Heidegger, Hermann, Frankfurt am Main 2000.

Heidegger, Martin, *Gesamtausgabe I. Abteilung: Veröffentlichte Schriften 1910–1976. Band 16. Reden und andere Zeugnisse eines Lebensweges,* Frankfurt am Main 2000.

Heidegren, Carl-Goran, »Helmut Schelsky's ›German‹ Hobbes Interpretation«, in: *Social Thought and Research* 22 (1999), 1&2, S. 25–44.

Heider, Angelika, »Erinnerungen ehemaliger ›Ostarbeiter‹«, in: Benz, Wolfgang (Hg.), *Dachauer Hefte 16. Zwangsarbeit,* Dachau 2000, S. 71–86.

Hemmens, Alastair, *The Critique of Work in Modern French Thought. From Charles Fourier to Guy Debord,* Cham 2019.

Hennig, Sebastian / Höcke, Björn, *Nie zweimal in denselben Fluss. Björn Höcke im Gespräch,* Lüdinghausen/Berlin 2018.

Herbert, Ulrich, »Arbeit und Vernichtung. Ökonomisches Interesse und Primat der ›Weltanschauung im Nationalsozialismus‹«, in: Diner, Dan (Hg.), *Ist der Nationalsozialismus Geschichte? Zu Historisierung und Historikerstreit,* Frankfurt am Main 1987, S. 198–236.

Herbert, Ulrich, *Best. Biographische Studien über Radikalismus, Weltanschauung und Vernunft; 1903–1989,* Bonn 1996.

Herbert, Ulrich, »Der ›Ausländereinsatz‹ in der deutschen Kriegswirtschaft 1939–1945«, in: Spanjer, Rimco / Oudesluijs, Diedericke M. / Meijer, Johan (Hg.), *Zur Arbeit gezwungen. Zwangsarbeit in Deutschland 1940–1945,* Bremen 1999, S. 13–21.

Herf, Jeffrey, *Reactionary modernism,* Cambridge, U.K. 1984.

Hermann, Hans-Georg, »Treue- und Loyalitätskonzepte im deutschen Staatsrecht zwischen Kaiserreich und Wiedervereinigung. (Dis)Kontinuitätsperspektiven auf ein Rechtsprinzip in sechs Kapiteln«, in: Buschmann, Nikolaus / Murr, Karl Borromäus (Hg.), *Treue. Politische Loyalität und militärische Gefolgschaft in der Moderne,* Göttingen 2008, S. 153–189.

Herrmann, Arthur R., *Gottfried Feder. Der Mann und sein Werk,* Leipzig 1933.

Herrmann, Ulrike, *Deutschland, ein Wirtschaftsmärchen. Warum es kein Wunder ist, dass wir reich wurden,* Frankfurt am Main 2019.

Heuel, Eberhard, *Der umworbene Stand. Die ideologische Integration der Arbeiter im Nationalsozialismus, 1933–1935,* Frankfurt am Main, New York 1989.

Hickel, Rudolf, »Eine Kaderschmiede bundesrepublikanischer Restauration. Ideologie und Praxis der Harzburger Akademie für Führungskräfte der Wirtschaft«, in: Greiffenhagen, Martin (Hg.), *Der neue Konservatismus der siebziger Jahre,* Hamburg 1974, S. 108–154.

Hickel, Rudolf / Brügmann, Wolf G., »Führer befiehl – wir managen«, in: *Konkret* (1974), H. 11, S. 21.

Hierl, Konstantin, »Arbeitsdienstpflicht. Vortrag vor dem Führer und den Reichs- und Gauleitern der NSDAP. Im Mathildensaal zu München im Winter 1931«, in: Freiherr von Stetten-Erb, Herbert (Hg.), *Konstantin Hierl. Ausgewählte Schriften und Reden. Band 2,* 2 Bde., München 1941, S. 17–28.

Hierl, Konstantin, »Grundlegender Vortrag beim Führer 1930 über Arbeitsdienstpflicht«, in: Freiherr von Stetten-Erb, Herbert (Hg.), *Konstantin Hierl. Ausgewählte Schriften und Reden. Band 2,* 2 Bde., München 1941, S. 14–16.

Hierl, Konstantin, »Zum 1. Mai 1934! Aufruf an die deutschen Jungarbeiter der Stirn und der Faust«, in: Freiherr von Stetten-Erb, Herbert (Hg.), *Konstantin Hierl. Ausgewählte Schriften und Reden. Band 2,* 2 Bde., München 1941, S. 159–160.

Hierl, Konstantin, *Im Dienst für Deutschland 1918–1945,* Heidelberg 1954.

Hilberg, Raul, *Die Vernichtung der europäischen Juden,* 3 Bde., Frankfurt am Main [11]2010.

Himmler, Heinrich, *Geheimreden 1933 bis 1945 und andere Ansprachen. Mit 243 zum Teil unbekannten Bild- und Textdokumenten und einer Einführung von Joachim C. Fest,* Frankfurt am Main 1974.

Hirsch, Michael, *Die Überwindung der Arbeitsgesellschaft. Eine politische Philosophie der Arbeit,* 2015.

Hitler, Adolf, *Der Weg zum Wiederaufstieg,* München 1927.

Hitler, Adolf, »Rede zum Tag der nationalen Arbeit am 1. Mai 1933«, in: Goebbels, Joseph (Hg.), *Reden des Reichskanzlers Adolf Hitler, des neuen Deutschlands Führer. Das junge Deutschland will Arbeit und Frieden. Mit einem Vorwort von Joseph Goebbels,* Berlin 1933, S. 32–39.

Hitler, Adolf, *Führung und Gefolgschaft,* Berlin 1934.

Hitler, Adolf, *Reden und Proklamationen 1932–1934. Bd. 1: Triumph. Halbband 1: 1932–1934,* Wiesbaden 1973.

Hitler, Adolf, *Brief Adolf Hitlers an Adolf Gemlich, 16. September 1919,* in: ders., *Sämtliche Aufzeichnungen. 1905–1924,* hg. v. Jäckel, Eberhard / Kuhn, Axel, Stuttgart 1980.

Hitler, Adolf, *»Das deutsche Volk, die Judenfrage und unsere Zukunft«, Rede auf einer NSDAP-Versammlung. München, 31. Mai 1920,* in: ders., *Sämtliche Aufzeichnungen. 1905–1924,* hg. v. Jäckel, Eberhard / Kuhn, Axel, Stuttgart 1980.

Hitler, Adolf, *»Der Arbeiter im Deutschland der Zukunft«, Rede auf einer NSDAP-Versammlung. Augsburg, 12. Januar 1921*, in: ders., *Sämtliche Aufzeichnungen. 1905–1924*, hg. v. Jäckel, Eberhard / Kuhn, Axel, Stuttgart 1980.
Hitler, Adolf, *Sämtliche Aufzeichnungen. 1905–1924*, Bd. 21, Stuttgart 1980.
Hitler, Adolf, *»Warum sind wir Antisemiten?«, Rede auf einer NSDAP-Versammlung*, in: ders., *Sämtliche Aufzeichnungen. 1905–1924*, hg. v. Jäckel, Eberhard / Kuhn, Axel, Stuttgart 1980.
Hitler, Adolf, *Rede auf NSDAP-Führertagung in Plauen i. V., 12. Juni 1925*, in: ders., *Reden, Schriften, Anordnungen. Februar 1925 bis Januar 1933*, hg. v. Vollnhals, Clemens, München 1992.
Hitler, Adolf, *Reden, Schriften, Anordnungen. Februar 1925 bis Januar 1933*, München 1992.
Hitler, Adolf, *Mein Kampf. Eine kritische Edition*, Band I, 2 Bde., hg. v. Pascal Trees u. a., München/Berlin 2016.
Hitler, Adolf, *Mein Kampf. Eine kritische Edition*, Band II: Die nationalsozialistische Bewegung, 2 Bde., hg. v. Pascal Trees u.a., München/Berlin 2016.
Hobbes, Thomas, *Leviathan. Oder Stoff, Form und Gewalt eines kirchlichen und bürgerlichen Staates*, Eingeleitet von Iring Fetscher, Frankfurt am Main 1984.
Hobbes, Thomas, *Behemoth oder das Lange Parlament*, Hamburg 2015.
Hobsbawn, Eric J., *Das lange 19. Jahrhundert*, Darmstadt 2017.
Hoffmann, Detlef (Hg.), *Das Gedächtnis der Dinge. KZ-Relikte und KZ-Denkmäler 1945–1995*, Frankfurt am Main / New York 1998.
Hofinger, Gesine / Heimann, Rudi (Hg.), *Handbuch Stabsarbeit. Führungs- und Krisenstäbe in Einsatzorganisationen, Behörden und Unternehmen*, Berlin/Heidelberg 2016.
Höhn, Reinhard, »Das Gesetz als Akt der Führung«, in: *Deutsches Recht* 4 (1934), H. 18, S. 433–435.
Höhn, Reinhard, *Die Wandlung im staatsrechtlichen Denken*, Hamburg 1934.
Höhn, Reinhard, *Vom Wesen der Gemeinschaft. Vortrag gehalten auf der Landesführerschule des deutschen Arbeitsdienstes*, Berlin 1934.
Höhn, Reinhard, »Rechtsgemeinschaft oder konkrete Gemeinschaft?«, in: *Deutsches Recht*, 10.05.1935, S. 233–236.
Höhn, Reinhard, »Der Führerbegriff im Staatsrecht«, in: *Deutsches Recht*, 15.06.1935, S. 296–301.
Höhn, Reinhard, *Revolution, Heer, Kriegsbild*, Darmstadt 1944.
Höhn, Reinhard, *Scharnhorsts Vermächtnis*, Bonn 1952.
Höhn, Reinhard, »Das Wesen der Verantwortung im Rahmen einer Führung im Mitarbeiterverhältnis«, in: *Harzburger Hefte* 6 (1963), H. 6, S. 3–15.
Höhn, Reinhard, *Menschenführung im Handel*, Bad Harzburg ^{2}1964.
Höhn, Reinhard, »Der Wandel im Führungsstil der Wirtschaft«, in: Diener, Roger / Richter, Hans Ludwig (Hg.), *Führung in der Wirtschaft. Festschrift zum zehnjährigen Bestehen der Akademie für Führungskräfte der Wirtschaft (1956–1966)*, Bad Harzburg 1966, S. 9–87.
Höhn, Reinhard, *Führungsbrevier der Wirtschaft*, Bad Harzburg 1966.
Höhn, Reinhard (Hg.), *Das Harzburger Modell in der Praxis. Rundgespräch über die Erfahrungen mit dem neuen Führungsstil in der Wirtschaft*, Bad Harzburg 1967.
Höhn, Reinhard, *Verwaltung heute. Autoritäre Führung oder modernes Management*, Bad Harzburg 1970.

Höhn, Reinhard, *Das tägliche Brot des Management. Orientierungshilfen zur erfolgreichen Führung,* Bad Harzburg 1978.

Höhn, Reinhard, *Die innere Kündigung im Unternehmen. Ursache, Folgen, Gegenmaßnahmen,* Bad Harzburg [2]1983.

Höhn, Reinhard / Böhme, Gisela, *Der Weg zur Delegation von Verantwortung im Unternehmen. Ein Stufenplan,* Bad Harzburg [4]1973.

Höhn, Reinhard / Schuberth, Christian / Trebesch, Karsten, »Das Harzburger Modell im Kreuzfeuer«, in: *Plus* (1971), H. 3, S. 9–14.

Holz, Klaus, »Die antisemitische Figur des Dritten in der nationalen Ordnung der Welt«, in: Braun, Christina v. (Hg.), *Das »bewegliche« Vorurteil. Aspekte des internationalen Antisemitismus,* Würzburg 2004, S. 43–61.

Holz, Klaus, *Nationaler Antisemitismus. Wissenssoziologie einer Weltanschauung,* Hamburg 2010.

Holz, Klaus / Weyand, Jan, »Arbeit und Nation. Die Ethik nationaler Arbeit und ihre Feinde am Beispiel Hitlers«, in: Axster, Felix / Lelle, Nikolas (Hg.), *»Deutsche Arbeit«. Kritische Perspektiven auf ein ideologisches Selbstbild,* Göttingen 2018, S. 88–115.

Hoppé, Emil Otto, *Deutsche Arbeit. Bilder vom Wiederaufstieg Deutschlands; 92 Aufnahmen,* Berlin 1930.

Hörath, Julia, »›Arbeitsscheue Volksgenossen‹. Leistungsbereitschaft als Kriterium der Inklusion und Exklusion«, in: Buggeln, Marc / Wildt, Michael (Hg.), *Arbeit im Nationalsozialismus,* München 2014, S. 309–328.

Horkheimer, Max, *Die Juden und Europa*, in: ders., *Schriften 1936–1941. Gesammelte Schriften, Band 4*, hg. v. Schmidt, Alfred, Frankfurt am Main 1988.

Horkheimer, Max, *Geschichte und Psychologie*, in: ders., *Schriften 1931–1936. Gesammelte Schriften, Band 3*, hg. v. Schmidt, Alfred, Frankfurt am Main 1988.

Horkheimer, Max, *Nachtrag*, in: ders., *Schriften 1936–1941. Gesammelte Schriften, Band 4*, hg. v. Schmidt, Alfred, Frankfurt am Main 1988.

Horkheimer, Max, *Schriften 1931–1936. Gesammelte Schriften, Band 3*, Frankfurt am Main 1988.

Horkheimer, Max, *Schriften 1936–1941. Gesammelte Schriften, Band 4*, Frankfurt am Main 1988.

Horkheimer, Max, *Traditionelle und kritische Theorie*, in: ders., *Schriften 1936–1941. Gesammelte Schriften, Band 4*, hg. v. Schmidt, Alfred, Frankfurt am Main 1988.

Horkheimer, Max, *Gesammelte Schriften Band 19. Nachträge, Verzeichnisse und Register,* Frankfurt am Main 1996.

Horkheimer, Max / Adorno, Theodor W., *Diskussion über Theorie und Praxis,* in: dies., *Gesammelte Schriften Band 19. Nachträge, Verzeichnisse und Register,* hg. v. Schmid Noerr, Gunzelin, Frankfurt am Main 1996.

Horkheimer, Max / Adorno, Theodor W., *Dialektik der Aufklärung,* Frankfurt am Main [12]2000.

Horsten, Franz, *Die nationalsozialistische Leistungsauslese. Ihre Aufgaben im Bereich der nationalen Arbeit und praktische Vorschläge für ihre Durchführung,* Würzburg 1938.

Horsten, Franz, *Leistungsgemeinschaft und Eigenverantwortung im Bereich der nationalen Arbeit,* Würzburg 1941.

Howind, Sascha, *Die Illusion eines guten Lebens. Kraft durch Freude und nationalsozialistische Sozialpropaganda,* Frankfurt am Main 2013.

Hueck, Alfred u. a., *Gesetz zur Ordnung der nationalen Arbeit. Mit sämtlichen Durchführungsverordnungen, dem Gesetz zur Ordnung der Arbeit in öffentlichen Verwaltungen und Betrieben mit seinen Durchführungsverordnungen und den neuen Arbeitszeitbestimmungen; Kommentar,* München 1934.

Hume, David, »Über Handel«, in: Aßländer, Michael S. / Wagner, Bernd (Hg.), *Philosophie der Arbeit. Texte von der Antike bis zur Gegenwart,* Berlin 2017, S. 170–181.

Jäckel, Eberhard, *Hitlers Herrschaft. Vollzug einer Weltanschauung,* Stuttgart 1986.

Jäckel, Eberhard, *Hitlers Weltanschauung. Entwurf einer Herrschaft,* Stuttgart [4]1991.

Jaeggi, Rahel, »Was ist Ideologiekritik?«, in: Jaeggi, Rahel / Wesche, Tilo (Hg.), *Was ist Kritik?,* Frankfurt am Main 2009, S. 266–295.

Jaeggi, Rahel, *Kritik von Lebensformen,* Berlin [2]2014.

Jaeggi, Rahel, *Entfremdung. Zur Aktualität eines sozialphilosophischen Problems: mit einem neuen Nachwort,* Berlin 2016.

Jaeggi, Rahel / Kübler, Lukas, »Pathologien der Arbeit. Zur Bedeutung eines gesellschaftlichen Kooperationsverhältnisses«, in: *WSI Mitteilungen* (2014), H. 7, S. 521–527.

Jaeggi, Rahel / Wesche, Tilo (Hg.), *Was ist Kritik?,* Frankfurt am Main 2009.

Jähner, Harald, *Wolfszeit. Deutschland und die Deutschen 1945–1955,* Berlin 2019.

Jensen, Uffa, *Zornpolitik,* Berlin 2017.

Joachimsthaler, Anton, *Hitlers Weg begann in München 1913–1923,* München 2000.

Joerges, Rudolf, *Führer und Gefolgschaft im Gesetz zur Ordnung der nationalen Arbeit,* Erfurt 1934.

Jünger, Ernst, *Der Arbeiter,* Stuttgart 1981.

Kaienburg, Hermann, *Vernichtung durch Arbeit. Der Fall Neuengamme: die Wirtschaftsbestrebungen der SS und ihre Auswirkungen auf die Existenzbedingungen der KZ-Gefangenen,* Bonn 1990.

Katz, Joshua A., *The Concept of Overcoming the Political. An Intellectual Biography of SS-Standartenfuehrer and Professor Dr. Reinhard Höhn, 1904–1944,* Thesis for the Master of Arts Virginia Commonwealth University, 1997

Kaufmann, Franz-Xaver, *Der Ruf nach Verantwortung. Risiko und Ethik in einer unüberschaubaren Welt,* Freiburg 1992.

Kempf, Volker, *Wider die Wirklichkeitsverweigerung. Helmut Schelsky; Leben, Werk, Aktualität,* München 2012.

Kern, Erich, *Von der Idee sozialer Selbstverantwortung und der Mitwirkung der Deutschen Arbeitsfront an der rechtlichen Ordnung des Arbeitslebens,* Dresden 1938.

Kershaw, Ian, *Hitler,* Stuttgart 1998.

Kertész, Imre, *Roman eines Schicksallosen,* Reinbek bei Hamburg [6]2002.

Kieser, Alfred / Ebers, Mark, *Organisationstheorien,* Stuttgart 2006.

Kivelitz, Christoph, »Der schaffende Mensch und die Veredelung der Materie. Der Begriff der Arbeit in Propagandaausstellungen des Nationalsozialismus«, in: Türk, Klaus (Hg.), *Arbeit und Industrie in der bildenden Kunst: Beiträge eines interdisziplinären Symposiums,* Stuttgart 1997, S. 119–130.

Klee, Ernst u. a., *»Schöne Zeiten«. Judenmord aus der Sicht der Täter und Gaffer,* Frankfurt am Main [2]1988.

Klee, Ernst, *Das Personenlexikon zum Dritten Reich. Wer war was vor und nach 1945?,* Augsburg 2005.

Klemperer, Victor, *LTI. Notizbuch eines Philologen,* Leipzig 1985.

Kluge, Alexander, *Neue Geschichten. Hefte 1–18. »Unheimlichkeit der Zeit«*, Frankfurt am Main [3]1978.

Knigge, Volkhard / Ehrlich, Franz / Bräu, Ramona / Fleischmann, Gerd (Hg.), *Franz Ehrlich. Ein Bauhäusler in Widerstand und Konzentrationslager; eine Ausstellung der Stiftung Gedenkstätten Buchenwald und Mittelbau-Dora in Zusammenarbeit mit der Klassik-Stiftung Weimar und der Stiftung Bauhaus Dessau, 2. August 2009 – 11. Oktober 2009 im Neuen Museum Weimar,* Weimar 2009.

Knigge, Volkhard / Lüttgenau, Rikola-Gunnar / Wagner, Jens-Christian, »Einleitung«, in: Knigge, Volkhard / Lüttgenau, Rikola-Gunnar / Wagner, Jens-Christian / Binner, Jens (Hg.), *Zwangsarbeit. Die Deutschen, die Zwangsarbeiter und der Krieg: Begleitband zur Ausstellung,* Weimar 2010, S. 6–11.

Knigge, Volkhard / Lüttgenau, Rikola-Gunnar / Wagner, Jens-Christian / Binner, Jens (Hg.), *Zwangsarbeit. Die Deutschen, die Zwangsarbeiter und der Krieg: Begleitband zur Ausstellung,* Weimar 2010.

Knoch, Habbo, »Die Zerstörung der sozialen Moderne. ›Gemeinschaft‹ und ›Gesellschaft‹ im Nationalsozialismus«, in: Reinicke, David / Stern, Kathrin / Thieler, Kerstin / Zamzow, Gunnar (Hg.), *Gemeinschaft als Erfahrung. Kulturelle Inszenierungen und soziale Praxis 1930–1960,* Paderborn 2014, S. 21–34.

Kocka, Jürgen, »Ambivalenzen der Moderne«, in: Buggeln, Marc / Wildt, Michael (Hg.), *Arbeit im Nationalsozialismus,* München 2014, S. 25–32.

Kogon, Eugen, *Der SS-Staat. Das System der deutschen Konzentrationslager,* München [18]1988.

Köhler, Henning, *Arbeitsdienst in Deutschland. Pläne und Verwirklichungsformen bis zur Einführung der Arbeitsdienstpflicht im Jahre 1935,* Berlin 1967.

Komlosy, Andrea, *Arbeit. Eine globalhistorische Perspektive; 13. bis 21. Jahrhundert,* Wien 2014.

Komlosy, Andrea, »Leben ist Arbeit«, in: Haus Bartleby (Hg.), *Sag alles ab! Plädoyers für den lebenslangen Generalstreik,* Hamburg 2015, S. 70–73.

König, Helmut, *Elemente des Antisemitismus. Kommentare und Interpretationen zu einem Kapitel der Dialektik der Aufklärung von Max Horkheimer und Theodor W. Adorno,* Weilerswist 2016.

Konitzer, Werner, »Moral oder ›Moral‹? Einige Überlegungen zum Thema ›Moral und Nationalsozialismus‹«, in: Konitzer, Werner / Gross, Raphael (Hg.), *Moralität des Bösen. Ethik und nationalsozialistische Verbrechen,* Frankfurt am Main u. a. 2009, S. 97–115.

Konitzer, Werner, »Kontinuitäten und Brüche nationalsozialistischer Moralvorstellungen am Beispiel von Otto Friedrich Bollnows ›Einfacher Sittlichkeit‹«, in: Konitzer, Werner (Hg.), *Moralisierung des Rechts. Kontinuitäten und Diskontinuitäten nationalsozialistischer Normativität,* Frankfurt am Main 2014, S. 167–188.

Konitzer, Werner (Hg.), *Moralisierung des Rechts. Kontinuitäten und Diskontinuitäten nationalsozialistischer Normativität,* Frankfurt am Main 2014.

Konitzer, Werner, »›Rasse‹ und ›Arbeit‹ als dichte Begriffe«, in: Axster, Felix / Lelle, Nikolas (Hg.), *»Deutsche Arbeit«. Kritische Perspektiven auf ein ideologisches Selbstbild,* Göttingen 2018, S. 76–87.

Konitzer, Werner / Bach, Johanna / Palme, David / Balzer, Jonas (Hg.), *Vermeintliche Gründe. Ethik und Ethiken im Nationalsozialismus,* Frankfurt am Main 2020.

Konitzer, Werner / Gross, Raphael, »Einleitung«, in: Konitzer, Werner / Gross, Raphael (Hg.), *Moralität des Bösen. Ethik und nationalsozialistische Verbrechen,* Frankfurt am Main u. a. 2009.

Konitzer, Werner / Gross, Raphael (Hg.), *Moralität des Bösen. Ethik und nationalsozialistische Verbrechen,* Frankfurt am Main / New York, NY 2009.

Konitzer, Werner / Palme, David (Hg.), *»Arbeit«, »Volk«, »Gemeinschaft«. Ethik und Ethiken im Nationalsozialismus,* Frankfurt am Main 2016.

Kovce, Philip / Priddat, Birger P. (Hg.), *Bedingungsloses Grundeinkommen. Grundlagentexte,* Berlin 2019.

Kracauer, Siegfried, *Das Ornament der Masse,* in: ders., *Das Ornament der Masse. Essays,* Frankfurt am Main 1963.

Kracauer, Siegfried, *Das Ornament der Masse. Essays,* Frankfurt am Main 1963.

Kramer, Nicole, *Volksgenossinnen an der Heimatfront. Mobilisierung, Verhalten, Erinnerung,* Göttingen 2011.

Kramer, Nicole, »Haushalt, Betrieb, Ehrenamt. Zu den verschiedenen Dimensionen der Frauenarbeit im Dritten Reich«, in: Buggeln, Marc / Wildt, Michael (Hg.), *Arbeit im Nationalsozialismus,* München 2014, S. 33–52.

Kraus, Karl, *Aphorismen und Gedichte. Auswahl 1903–1933. Ausgewählte Werke Band 4,* Berlin 1974.

Kraus, Karl, *Lied des Alldeutschen. Barbarische Melodie,* in: ders., *Aphorismen und Gedichte. Auswahl 1903–1933. Ausgewählte Werke Band 4,* hg. v. Simon, Dietrich, Berlin 1974.

Krebs, Angelika, *Arbeit und Liebe. Die philosophischen Grundlagen sozialer Gerechtigkeit,* Frankfurt am Main 2002.

Krell, Gertraude, *Vergemeinschaftende Personalpolitik. Normative Personallehren, Werksgemeinschaft, NS-Betriebsgemeinschaft, Betriebliche Partnerschaft, Japan, Unternehmenskultur,* München, Mering 1994.

Krokowski, Heike, *Die Last der Vergangenheit: Auswirkungen nationalsozialistischer Verfolgung auf deutsche Sinti,* Frankfurt am Main 2001.

Kroll, Frank-Lothar, *Utopie als Ideologie. Geschichtsdenken und politisches Handeln im Dritten Reich,* Paderborn 1998.

Krüger, Oskar, »Das neue Gesicht der deutschen Arbeit«, in: Gemeinnützige Berliner Ausstellungs- und Messegesellschaft mbH (Hg.), *Deutsches Volk, Deutsche Arbeit. Amtlicher Führer durch die Ausstellung, Berlin 1934, 21. April bis 3. Juni,* Berlin-Charlottenburg 1934, S. 130–134.

Kundrus, Birthe / Steinbacher, Sybille (Hg.), *Kontinuitäten und Diskontinuitäten. Der Nationalsozialismus in der Geschichte des 20. Jahrhunderts,* Göttingen 2013.

Kupke, Erich, *Jeder denkt mit! Innerbetrieblicher Erfahrungsaustausch und lebendige Mitarbeit der Gefolgschaft – Wege zur Leistungssteigerung in deutschen Betrieben, Mit einem Geleitwort von Rudolf Schmeer,* Berlin 1939.

Kurz, Robert (Hg.), *Marx lesen! Die wichtigsten Texte von Karl Marx für das 21. Jahrhundert. Herausgegeben und kommentiert von Robert Kurz,* Frankfurt am Main [4]2006.

Lacoue-Labarthe, Philippe / Nancy, Jean-Luc, »Der Nazi-Mythos«, in: Weber, Elisabeth (Hg.), *Das Vergessen(e). Anamnesen des Undarstellbaren,* Wien 1997, S. 158–190.

Lafargue, Paul, *Das Recht auf Faulheit. Mit einem Essay von Guillaume Paoli,* Berlin 2013.

Leistenschneider, Stephan, *Auftragstaktik im preußisch-deutschen Heer 1871 bis 1914,* Zugleich München, Universität der Bundeswehr, Diplomarbeit, 1992, Hamburg 2002.

Lelle, Nikolas, »Das Unbehagen in der Gemeinschaft. Zur Erfahrbarmachung der Volksgemeinschaft im Nationalsozialismus durch (deutsche) Arbeit«, in: *psychosozial 139: Psychoanalyse – Geschichte – Politik* 38 (2015), H. 1, S. 27–42.

Lelle, Nikolas, »›Firm im Führen‹. Das ›Harzburger Modell‹ und eine (Nachkriegs-)Geschichte deutscher Arbeit«, in: Konitzer, Werner / Palme, David (Hg.), *»Arbeit«, »Volk«, »Gemeinschaft«. Ethik und Ethiken im Nationalsozialismus,* Frankfurt am Main 2016, S. 205–224.

Lelle, Nikolas, »Hinter dem Ruf nach deutscher Arbeit verschanzt sich die Volksgemeinschaft. Überlegungen zu einem vernachlässigten Element des Nationalsozialismus«, in: Busch, Charlotte / Gehrlein, Martin / Uhlig, Tom David (Hg.), *Schiefheilungen. Zeitgenössische Betrachtungen über Antisemitismus,* Wiesbaden 2016, S. 179–200.

Lelle, Nikolas, »Arbeit und Nationalsozialismus. Überlegungen zu Kontinuität und Bruch einer wirkmächtigen, deutschen Tradition«, in: Szentiványi, Réka / Teleky, Béla (Hg.), *Brüche – Kontinuitäten – Konstruktionen. Mitteleuropa im 20. Jahrhundert: Tagungsband zur 5. Internationalen Doktorandentagung,* Wien 2017, S. 63–86.

Lelle, Nikolas, »Was bedeutet Fortleben der Vergangenheit? ›Deutsche Arbeit‹ in der frühen Nachkriegszeit«, in: Axster, Felix / Lelle, Nikolas (Hg.), *»Deutsche Arbeit«. Kritische Perspektiven auf ein ideologisches Selbstbild,* Göttingen 2018, S. 54–75.

Lelle, Nikolas, »Arbeit, (Un)Freiheit, Tod. Erwiderungen von Jean Améry, Primo Levi und Tibor Wohl auf die KZ-Devise ›Arbeit macht frei‹«, in: *Zeitschrift für Geschichtswissenschaft* 67 (2019), H. 6, S. 538–551.

Lemke, Thomas, »Von der Pflicht zur Selbstverantwortung. Zur Karriere eines Begriffs. From Duty to Self-Responsibility. On the Career of a Concept«, in: Plath, Carina (Hg.), *Demokratie üben. Band 1 der Publikationsreihe zum 175jährigen Bestehen des Westfälischen Kunstvereins Münster,* Münster 2008, S. 38–43.

Levi, Primo, *Die Untergegangenen und die Geretteten,* München 1990.

Levi, Primo, *»Arbeit macht frei«,* in: ders., *The black hole of Auschwitz,* hg. v. Belpoliti, Marco, Cambridge 2005.

Levi, Primo, *The black hole of Auschwitz,* Cambridge 2005.

Ley, Robert, »Geleitwort des Führers der Deutschen Arbeitsfront«, in: Gemeinnützige Berliner Ausstellungs- und Messegesellschaft mbH (Hg.), *Deutsches Volk, Deutsche Arbeit. Amtlicher Führer durch die Ausstellung, Berlin 1934, 21. April bis 3. Juni,* Berlin-Charlottenburg 1934, S. 33.

Ley, Robert, *Die Gründung der NS-Gemeinschaft »Kraft durch Freude«,* in: ders., *Durchbruch der sozialen Ehre. Reden und Gedanken für das schaffende Deutschland,* hg. v. Dauer, Hans, Berlin 1935.

Ley, Robert, *Dünkel und Kastengeist zerschmelzen ...,* in: ders., *Durchbruch der sozialen Ehre. Reden und Gedanken für das schaffende Deutschland,* hg. v. Dauer, Hans, Berlin 1935.

Ley, Robert, *Durchbruch der sozialen Ehre. Reden und Gedanken für das schaffende Deutschland,* hg. v. Riehl, Walter, Berlin 1935.

Ley, Robert, *Ein Jahr »Kraft durch Freude«,* in: ders., *Durchbruch der sozialen Ehre. Reden und Gedanken für das schaffende Deutschland,* hg. v. Dauer, Hans, Berlin 1935.

Ley, Robert, *Gedanken zu einer Verfassung der deutschen Arbeit,* in: ders., *Durchbruch der sozialen Ehre. Reden und Gedanken für das schaffende Deutschland,* hg. v. Dauer, Hans, Berlin 1935.

Ley, Robert, *Ohne den deutschen Arbeiter kein deutsches Vaterland!,* in: ders., *Durchbruch der sozialen Ehre. Reden und Gedanken für das schaffende Deutschland,* hg. v. Dauer, Hans, Berlin 1935.

Ley, Robert, *Wir wollen die Gemeinschaft!,* in: ders., *Durchbruch der sozialen Ehre. Reden und Gedanken für das schaffende Deutschland,* hg. v. Dauer, Hans, Berlin 1935.

Ley, Robert, »Freiheit und Arbeit«, in: *Deutsches Recht,* 15.09.1935, S. 430–432.

Ley, Robert, »Leistung gibt Lebensrecht. Rede gehalten auf dem Hamburger Kongress ›Kraft durch Freude‹ im Juni 1938«, in: *Das neue Protokoll* 1 (1938), H. 1, S. 105–111.

Ley, Robert, *Soldaten der Arbeit,* München 1938.

Ley, Robert, »Unsere Arbeit macht uns frei«, in: *Schulungsbrief* 10 (1943), H. 1, S. 2–4.

Linne, Karsten, »›Ehre, Treue, Fürsorge‹. NS-Gesetzentwürfe zum Arbeitsverhältnis«, in: Senfft, Heinrich / Ebbinghaus, Angelika / Roth, Karl Heinz (Hg.), *Grenzgänge. Deutsche Geschichte des 20. Jahrhunderts im Spiegel von Publizistik, Rechtsprechung und historischer Forschung,* Lüneburg 1999, S. 355–388.

Linne, Karsten, »Von der Arbeitsvermittlung zum ›Arbeitseinsatz‹. Zum Wandel der Arbeitsverwaltung 1933–1945«, in: Buggeln, Marc / Wildt, Michael (Hg.), *Arbeit im Nationalsozialismus,* München 2014, S. 53–70.

Loick, Daniel, »Herrschermacht und Herrschvermögen. Benjamins Kritik der Entscheidung«, in: Blättler, Christine / Voller, Christian (Hg.), *Walter Benjamin Politisches Denken,* Baden-Baden 2016, S. 97–110.

Loick, Daniel (Hg.), *Kritik der Polizei,* Frankfurt am Main 2018.

Loick, Daniel, »Was ist Polizeikritik?«, in: Loick, Daniel (Hg.), *Kritik der Polizei,* Frankfurt am Main 2018, S. 9–38.

Loiperdinger, Martin, *Der Parteitagsfilm »Triumph des Willens« von Leni Riefenstahl. Rituale der Mobilmachung,* Opladen 1987.

Lorenz, Werner / Meyer, Torsten (Hg.), *Technik und Verantwortung im Nationalsozialismus,* Münster 2004.

Lotfi, Gabriele, *KZ der Gestapo. Arbeitserziehungslager im Dritten Reich,* Frankfurt am Main 2003.

Lüdtke, Alf, *Eigen-Sinn. Fabrikalltag, Arbeitererfahrungen und Politik vom Kaiserreich bis in den Faschismus,* Hamburg 1993.

Lüdtke, Alf, »Männerarbeit Ost und West«, in: Baecker, Dirk (Hg.), *Archäologie der Arbeit,* Berlin 2002, S. 35–47.

Lüdtke, Alf, »›Fehlgreifen in der Wahl der Mittel‹. Optionen im Alltag militärischen Handelns«, in: *Mittelweg 36* 12 (2003), H. 1, S. 61–75.

Lüdtke, Alf / Wildt, Michael / Buggeln, Marc, »›Deutsche Qualitätsarbeit‹: Mitmachen und Eigensinn im Nationalsozialismus. Interview von Marc Buggeln und Michael Wildt mit Alf Lüdtke (Göttingen, 19.02.2014)«, in: Buggeln, Marc / Wildt, Michael (Hg.), *Arbeit im Nationalsozialismus,* München 2014, S. 373–401.

Lukas, Eduard, *Währungsfreiheit des deutschen Volkes,* Berlin 1940.

Luks, Timo, *Der Betrieb als Ort der Moderne. Zur Geschichte von Industriearbeit, Ordnungsdenken und social engineering im 20. Jahrhundert,* Bielefeld 2010.

Luther, Martin, *Von den Juden und ihren Lügen. Erstmals in heutigem Deutsch mit Originaltext und Begriffserläuterungen,* hg. v. Büchner, Karl-Heinz / Kammermeier, Bernd P. / Schlotz, Reinhold / Zwilling, Robert, Aschaffenburg 2016.

Lutz, Walter, *Was müssen Betriebsführer und Gefolgschaft vom Arbeitseinsatz wissen? Ratgeber,* Berlin 1941.

Mahraun, Artur, *Das Jungdeutsche Manifest,* Berlin 1927.

Maiwald, E. W., »Reichsausstellung Schaffendes Volk Düsseldorf 1937. Ein Bericht«

Manig, Bert-Oliver, *Die Politik der Ehre,* Göttingen 2004.

Mantel, Peter, *Betriebswirtschaftslehre und Nationalsozialismus. Eine institutionen- und personengeschichtliche Studie,* Wiesbaden 2009.

Marcks, Holger, »Als die Gruben in Proletenhand. Die Streikbewegung 1919 im Ruhrgebiet«, in: Marcks, Holger / Seiffert, Matthias (Hg.), *Die großen Streiks. Episoden aus dem Klassenkampf,* Münster 2008, S. 34–38.

Marcks, Holger / Seiffert, Matthias (Hg.), *Die großen Streiks. Episoden aus dem Klassenkampf,* Münster 2008.

Marcuse, Herbert, *Der Kampf gegen den Liberalismus in der totalitären Staatsauffassung,* in: ders., *Kultur und Gesellschaft I,* Frankfurt am Main [8]1968.

Marcuse, Herbert, *Kultur und Gesellschaft I,* Frankfurt am Main [8]1968.

Marcuse, Herbert, »Revolution und Kritik der Gewalt«, in: Bulthaup, Peter (Hg.), *Materialien zu Benjamins Thesen »Über den Begriff der Geschichte«. Beiträge und Interpretationen,* Frankfurt am Main 1975, S. 23–27.

Marr, Heinz, »Die Industriearbeit. Das Fabriksystem«, in: Peppler, Karl (Hg.), *Die Deutsche Arbeitskunde,* Berlin 1940, S. 115–138.

Marr, Wilhelm, *Der Sieg des Judenthums über das Germanenthum. Vom nicht confessionellen Standpunkt aus betrachtet,* Bern [8]1879.

Marr, Wilhelm, *Goldene Ratten und rothe Mäuse,* Chemnitz 1880.

Marszolek, Inge, »Sozialdemokratie und Revolution im östlichen Ruhrgebiet. Dortmund unter der Herrschaft des Arbeiter- und Soldatenrates«, in: Rürup, Reinhard (Hg.), *Arbeiter- und Soldatenräte im rheinisch-westfälischen Industriegebiet. Studien zur Geschichte der Revolution 1918/19,* Wuppertal 1975, S. 239–314.

Marszolek, Inge, »Vom Proletarier zum ›Soldaten der Arbeit‹. Zur Inszenierung der Arbeit am 1. Mai 1933«, in: Buggeln, Marc / Wildt, Michael (Hg.), *Arbeit im Nationalsozialismus,* München 2014, S. 215–228.

Marx, Karl, *Zur Kritik der Hegelschen Rechtsphilosophie, Einleitung,* in: ders., *Marx Engels Werke Band 1,* hg. v. Institut für Marxismus-Leninismus beim ZK der SED, Berlin 1956.

Marx, Karl / Engels, Friedrich, *Marx Engels Werke Band 1,* Berlin 1956.

Marx, Karl / Engels, Friedrich, *Die deutsche Ideologie,* in: dies., *Marx Engels Werke Band 3,* hg. v. Institut für Marxismus-Leninismus beim ZK der SED, Berlin 1962.

Marx, Karl / Engels, Friedrich, *Marx Engels Werke Band 3,* Berlin 1962.

Marx, Karl, *Kritik des Gothaer Programms,* in: ders., *Marx Engels Werke Band 19,* hg. v. Institut für Marxismus-Leninismus beim ZK der SED, Berlin 1962.

Marx, Karl, *Das Kapital. Erster Band., Kritik der politischen Ökonomie,* in: ders., *Marx Engels Werke Band 23,* hg. v. Rosa-Luxemburg-Stiftung, Berlin [39]2008.

Marx, Karl, *Marx Engels Werke Band 23,* 1867, Berlin [39]2008.

Marx, Karl / Engels, Friedrich, *Marx Engels Werke Band 19,* Berlin 1962.

Marx, Karl / Engels, Friedrich, *Marx Engels Werke Band 20,* Berlin 1962.

Marx, Karl, *Das Kapital. Dritter Band,* in: ders., *Marx Engels Werke Band 25,* hg. v. Engels, Friedrich, Berlin [15]2003.

Marx, Karl, *Marx Engels Werke Band 25,* Berlin [15]2003.

Marx, Karl, *Grundrisse der Kritik der politischen Ökonomie*, in: ders., *Marx Engels Werke Band 42*, hg. v. Rosa-Luxemburg-Stiftung, Berlin 2005.

Marx, Karl, *Marx Engels Werke Band 42,* Berlin 2005.

Mason, Paul, »Keine Angst vor der Freiheit«, in: Geiselberger, Heinrich (Hg.), *Die große Regression. Eine internationale Debatte über die geistige Situation der Zeit,* Berlin 2017, S. 149–174.

Mason, Timothy W., »Zur Entstehung des Gesetzes zur Ordnung der nationalen Arbeit vom 20. Januar 1934. Ein Versuch über das Verhältnis ›archaischer‹ und ›moderner‹ Momente in der neuesten deutschen Geschichte«, in: Mommsen, Hans / Petzina, Dietmar / Weisbrod, Bernd (Hg.), *Industrielles System und politische Entwicklung in der Weimarer Republik. Verhandlungen des Internationalen Symposiums in Bochum vom 12.–17. Juni 1973,* Düsseldorf 1974, S. 322–351.

Mason, Timothy W. (Hg.), *Arbeiterklasse und Volksgemeinschaft. Dokumente und Materialien zur deutschen Arbeiterpolitik 1936–1939,* Opladen 1975.

Massing, Paul W., *Vorgeschichte des politischen Antisemitismus. Mit einem Vorwort von Theodor W. Adorno und Max Horkheimer,* Frankfurt am Main 1959.

Mehring, Reinhard, *Carl Schmitt. Aufstieg und Fall. Eine Biographie,* München 2009.

Meinecke, Friedrich, »Die deutsche Freiheit«, in: von Harnack, Adolf / Meinecke, Friedrich / Sering, Max / Troeltsch, Ernst / Hintze, Otto (Hg.), *Die deutsche Freiheit: fünf Vorträge,* Gotha 1917, S. 14–39.

Mellerowicz, Konrad, *Strukturwandel und Unternehmensführung,* Freiburg 1975.

Menke, Christoph, *Die Kraft der Kunst,* Berlin 2013.

Menke, Christoph, *Am Tag der Krise. Kolumnen,* Berlin 2018.

Merkel, Angela, »Was ist deutsch? Bundeskanzlerin Angela Merkel buchstabiert unser Land«, in: *Bild-Zeitung,* 22.06.2017

Meyer, Torsten, »Gottfried Feder und der nationalsozialistische Diskurs über Technik«, in: Lorenz, Werner / Meyer, Torsten (Hg.), *Technik und Verantwortung im Nationalsozialismus,* Münster 2004, S. 79–107.

Meyers Lexikon. Vierter Band: Fernsprecher - Gleichen, Leipzig 1938.

Militärarchiv Freiburg, *Nachlass Höhn. N936/2*

Militärarchiv Freiburg, *Nachlass Foerster. N121/4,* Brief von Reinhard Höhn an Wolfgang Foerster 1952.

Mitscherlich, Margarete, »Erinnern, Wiederholen und Durcharbeiten. Anläßlich von Daniel Goldhagens Buch ›Hitlers willige Vollstrecker‹«, in: *Psyche. Zeitschrift für Psychoanalyse und ihre Anwendungen* 51 (1997), H. 6, S. 479–493.

Möbius, Torben, »›Deutsche Arbeit‹ als ideologisches Leitmotiv interner Unternehmenskommunikation. Das Beispiel Gutehoffnungshütte (GHH) 1925 bis 1933«, in: Axster, Felix / Lelle, Nikolas (Hg.), *»Deutsche Arbeit«. Kritische Perspektiven auf ein ideologisches Selbstbild,* Göttingen 2018, S. 175–208.

Mommsen, Hans / Grieger, Manfred, *Das Volkswagenwerk und seine Arbeiter im Dritten Reich 1933–1948,* Düsseldorf [3]1997.

Mommsen, Hans / Petzina, Dietmar / Weisbrod, Bernd (Hg.), *Industrielles System und politische Entwicklung in der Weimarer Republik. Verhandlungen des Internationalen Symposiums in Bochum vom 12.–17. Juni 1973,* Düsseldorf 1974.

Müller, Alexander O., *Reinhard Höhn. Ein Leben zwischen Kontinuität und Neubeginn,* Berlin 2019.

Müller, Willy, *Der Führer,* Berlin 1933.

Müller, Willy, *Führertum und Soziale Ehre. Die ethischen Grundlagen des Arbeitsordnungsgesetzes, Eine weltanschauliche Kommentierung des AOG zur Schulung der Betriebsführer, Vertrauensräte und Gefolgschaften,* Berlin 1935.

Müller, Willy, *Das soziale Leben im neuen Deutschland. Unter besonderer Berücksichtigung der Deutschen Arbeitsfront,* Berlin 1938.

Müller-Nobiling, Hans-Martin, »Das ›Harzburger Modell‹. Eine kritische Würdigung aus der Sicht des Organisators«, in: *Zeitschrift für Organisation* 35 (1966), H. 1, S. 134–139.

Münzel, Martin, »Neubeginn und Kontinuitäten. Das Spitzenpersonal der zentralen deutschen Arbeitsbehörden 1945–1960«, in: Nützenadel, Alexander (Hg.), *Das Reichsarbeitsministerium im Nationalsozialismus. Verwaltung – Politik – Verbrechen,* Göttingen 2017, S. 494–550.

Nachtwey, Oliver, *Die Abstiegsgesellschaft. Über das Aufbegehren in der regressiven Moderne,* Berlin 2016.

Nationalsozialistische Deutsche Arbeiterpartei (Hg.), *Der Parteitag der Arbeit vom 6. bis 13. September 1937. Offizieller Bericht über den Verlauf des Reichsparteitages mit sämtlichen Kongreßreden,* München 1938.

Neue deutsche Biographie. Stolberg-Wernigerode, Otto zu, Berlin 2005.

Neumann, Franz L., *Behemoth. Struktur und Praxis des Nationalsozialismus 1933–1944,* hg. Söllner, Alfons / Wildt, Michael, Hamburg 2018.

Nietzsche, Friedrich, *Jenseits von Gut und Böse (1886). Die Geburt der Tragödie (Neue Ausgabe 1886). Philosophische Werke in sechs Bänden. Band 1,* hg. v. Scheier, Claus-Artur, Hamburg 2013.

Nöcker, Ralf, »Reinhard Höhn«, in: *Frankfurter Allgemeine Zeitung,* 19.05.2000, S. 18.

Nordhoff, Heinrich, *Auszüge der Ansprache bei der Betriebsversammlung am 1. Oktober 1949,* in: ders., *Reden und Aufsätze. Zeugnisse einer Ära,* Düsseldorf 1992.

Nordhoff, Heinrich, *Reden und Aufsätze. Zeugnisse einer Ära,* Düsseldorf 1992.

NSDAP, »Parteiprogramm der NSDAP vom 25.2.1920«, in: Wilhelm Mommsen (Hg.), *Deutsche Parteiprogramme,* München 1960.

Nuss, Sabine / Butollo, Florian (Hg.), *Marx und die Roboter. Vernetzte Produktion, Künstliche Intelligenz und lebendige Arbeit* 2019.

Nützenadel, Alexander (Hg.), *Das Reichsarbeitsministerium im Nationalsozialismus. Verwaltung – Politik – Verbrechen,* Göttingen 2017.

Oberwinter, Kristina, *»Bewegende Bilder«. Repräsentation und Produktion von Emotionen in Leni Riefenstahls »Triumph des Willens«,* Zugleich Berlin, Humboldt-Universität, Magisterarbeit, 2006, München 2007.

Ohne Angabe, *Kurzer Wegweiser. Die Werbestelle der Organisations-Abteilung im Reichsbund Volkstum und Heimat gibt auf der Ausstellung »Deutsches Volk – Deutsche Arbeit« Berlin 1934 einen Überblick über die Arbeitsgliederung des Reichsbundes Volkstum und Heimat,* Vorrede von Werner Haverbeck, Berlin 1934.

Ohne Angabe, »›Leistungsprinzip‹«, *Der Große Brockhaus. Handbuch des Wissens in zwanzig Bänden. Ergänzungsband A–Z,* Leipzig [15]1935, S. 518.

Ohne Angabe, »›Gefolgschaft‹«, *Meyers Lexikon. Vierter Band: Fernsprecher–Gleichen,* Leipzig 1938, S. 1085.

Ortmeyer, Benjamin / Rhein, Katharina, *Indoktrination. Rassismus und Antisemitismus in der Nazi-Schülerzeitschrift »Hilf mit!« (1933–1944); Analyse und Dokumente,* Weinheim/Basel 2013.

Pagenstecher, Cord, »Arbeitserziehungslager«, in: Benz, Wolfgang / Distel, Barbara (Hg.), *Der Ort des Terrors. Geschichte der nationalsozialistischen Konzentrationslager,* 9 Bde., München 2005–2009, S. 75–99.

Pagenstecher, Cord / Buggeln, Marc, »Zwangsarbeit«, in: Wildt, Michael / Kreutzmüller, Christoph (Hg.), *Berlin. 1933–1945,* München 2013, S. 127–144.

Pantelmann, Heike, *Die Fabrikation der »deutschen Frau« als Humanressource im Nationalsozialismus* 2019. online abrufbar unter: www.refubium.fu-berlin.de/bitstream/fub188/25314/1/Dissertation_Pantelmann.pdf [letzter Zugriff: 07.10.2021]

Paoli, Guillaume, *Mehr Zuckerbrot, weniger Peitsche. Aufrufe, Manifeste und Faulheitspapiere der Glücklichen Arbeitslosen*, Berlin [3]2002.

Patel, Kiran K., »Arbeit als Dienst am Ganzen. Nationalsozialismus und New Deal im Vergleich«, in: Steinmetz, Willibald / Leonhard, Jörn (Hg.), *Semantiken von Arbeit. Diachrone und vergleichende Perspektiven,* Köln u. a. 2016, S. 289–308.

Pauer-Studer, Herlinde / Fink, Julian (Hg.), *Rechtfertigungen des Unrechts. Das Rechtsdenken im Nationalsozialismus in Originaltexten,* Berlin 2014.

Paul, Gerhard (Hg.), *Sound des Jahrhunderts. Geräusche, Töne, Stimmen 1889 bis heute,* Bonn 2013.

Peppler, Karl, »Begriff der Arbeit«, in: Peppler, Karl (Hg.), *Die Deutsche Arbeitskunde,* Berlin 1940, S. 1–2.

Peppler, Karl (Hg.), *Die Deutsche Arbeitskunde,* Berlin 1940.

Peter, Siegfried A., *Arbeit und Beruf bei Wilhelm Heinrich Riehl. Ein psychologisch-soziologischer Beitrag zur Entwicklung des Berufsgedankens im 19. Jahrhundert,* Nürnberg 1964.

Pflaume, Eberhard, *Frauen im Industriebetrieb. Einsatz – Schulung – Leistung,* Berlin 1941.

Phelps, Reginald H., »Hitlers ›grundlegende‹ Rede über den Antisemitismus. Dokumentiert und eingeleitet von Reginald H. Phelps«, in: *Vierteljahrshefte für Zeitgeschichte* 16 (1968), H. 4, S. 390–420.

Picker, Henry, *Hitlers Tischgespräche im Führerhauptquartier 1941–1942. Eingeleitet, kommentiert und herausgegeben von Andreas Hillgruber,* München 1968.

Piper, Franciszek, *Arbeitseinsatz der Häftlinge aus dem KL Auschwitz,* Oświęcim 1995.

Piper, Franciszek / Swiebocka, Teresa (Hg.), *Auschwitz. Nationalsozialistisches Vernichtungslager,* Auschwitz-Birkenau 2005.

Plath, Carina (Hg.), *Demokratie üben. Band 1 der Publikationsreihe zum 175jährigen Bestehen des Westfälischen Kunstvereins Münster,* Münster 2008.

Platon, *Der Staat. Werke Band III. In der Übersetzung von Friedrich Daniel Ernst Schleiermacher,* Berlin 1987.

Plessner, Helmuth, *Die verspätete Nation. Über die politische Verführbarkeit bürgerlichen Geistes,* Frankfurt am Main 1974.

Plümecke, Tino, »Ordnen, Werten, Hierarchisieren. Der sozial dichte Begriff ›Rasse‹ und seine Gebrauchsweisen im Nationalsozialismus«, in: Konitzer, Werner (Hg.), *Moralisierung des Rechts. Kontinuitäten und Diskontinuitäten nationalsozialistischer Normativität,* Frankfurt am Main 2014, S. 147–165.

Pohrt, Wolfgang, *Der Weg zur inneren Einheit. Elemente des Massenbewusstseins BRD 1990,* Hamburg 1991.
Poliakov, Léon, *Geschichte des Antisemitismus. Band VII. Zwischen Assimilation und »jüdischer Weltverschwörung«,* 8 Bde., Frankfurt am Main 1988.
Pongratz, Hans J., *Subordination. Inszenierungsformen von Personalführung in Deutschland seit 1933,* München 2002.
Postone, Moishe, »Nationalsozialismus und Antisemitismus. Ein theoretischer Versuch«, in: Diner, Dan (Hg.), *Zivilisationsbruch. Denken nach Auschwitz,* Frankfurt am Main 1988, S. 242–254.
Postone, Moishe, »Antisemitismus und Nationalsozialismus. Ein theoretischer Versuch«, in: Postone, Moishe (Hg.), *Deutschland, die Linke und der Holocaust. Politische Interventionen,* Freiburg 2005, S. 165–194.
Postone, Moishe (Hg.), *Deutschland, die Linke und der Holocaust. Politische Interventionen,* Freiburg 2005.
Rabinbach, Anson, *The Eclipse of the Utopias of Labor,* New York 2018.
Ramlow, Rudolf (Hg.), *Schaffendes Volk. Das Buch vom Adel der Arbeit,* Ein Beitrag zum Wiederaufstieg des deutschen Volkes, Essen 1935.
Reber, Gerhard, »Vom patriarchalich-autoritären zum bürokratisch-autoritären Führungsstil? Kritische Bemerkungen zu einem neuen Buch zum ›Harzburger Modell‹«, in: *Zeitschrift für Betriebswirtschaft* 40 (1970), H. 7, S. 633–638.
Reichsarbeitsführer, *Reichsparteitag 1939. Hauptbefehl,* Berlin 1939.
Reichsleitung des Reichsarbeitsdienstes (Hg.), *Das Werk des Reichsarbeitsdienstes. In den Haushaltsjahren 1935 und 1936,* Heidelberg/Berlin 1937.
Reinhart, Josef (Hg.), *Zeitgemäßes, Grundsätzliches und Wegweisendes zum NS-Musterbetrieb,* Berlin 1941.
Reinicke, David / Stern, Kathrin / Thieler, Kerstin / Zamzow, Gunnar (Hg.), *Gemeinschaft als Erfahrung. Kulturelle Inszenierungen und soziale Praxis 1930–1960,* Paderborn 2014.
Reischle, Hermann, *Kann man Deutschland aushungern?,* Berlin 1940.
Rensinghoff, Ines, »Auschwitz Stammlager. Das Tor ›Arbeit macht frei‹«, in: Hoffmann, Detlef (Hg.), *Das Gedächtnis der Dinge. KZ-Relikte und KZ-Denkmäler 1945–1995,* Frankfurt am Main u. a. 1998, S. 238–265.
Riedel, Dirk, »›Arbeit macht frei‹. Leitsprüche und Metaphern aus der Welt des Konzentrationslagers«, in: Benz, Wolfgang / Distel, Barbara (Hg.), *Realität – Metapher – Symbol. Auseinandersetzung mit dem Konzentrationslager,* Dachau 2006, S. 11–29.
Riefenstahl, Leni, *Der Triumph des Willens* 1935.
Riehl, Wilhelm H., *Die deutsche Arbeit*, Stuttgart [3]1883.
Ritsert, Jürgen, *Reichtum, Macht, Ehre,* Münster 2018.
Robel, Yvonne, »Pathologisch faul? Das Nichtstun der ›Massen‹ von 1890 bis in die 1930er-Jahre«, in: *WerkstattGeschichte* 27 (2018), H. 78, S. 57–71.
Rohrbach, Paul, *Deutschland unter den Weltvölkern,* Berlin 1903.
Rohrbach, Paul, *Der deutsche Gedanke in der Welt,* Düsseldorf, Leipzig 1912.
Rokahr, Sandra, »Missglückte Befreiung. Zur negativen Aufhebung entfremdeter Arbeit im Nationalsozialismus«, in: Axster, Felix / Lelle, Nikolas (Hg.), *»Deutsche Arbeit«. Kritische Perspektiven auf ein ideologisches Selbstbild,* Göttingen 2018, S. 135–156.
Rollitz, Horst, »Arbeitshaltung bei uns und den Anderen«, in: *Schulungsbrief* 10 (1943), H. 1, S. 5–8.

Rosenberger, Ruth, *Experten für Humankapital. Die Entdeckung des Personalmanagements in der Bundesrepublik Deutschland,* München 2008.

Rother, Rainer / Thomas, Vera (Hg.), *Linientreu und populär. Das Ufa-Imperium 1933–1945,* Berlin 2017.

Rousseau, Jean-Jacques, »Emile«, in: Aßländer, Michael S. / Wagner, Bernd (Hg.), *Philosophie der Arbeit. Texte von der Antike bis zur Gegenwart,* Berlin 2017, S. 182–198.

Rürup, Reinhard (Hg.), *Arbeiter- und Soldatenräte im rheinisch-westfälischen Industriegebiet. Studien zur Geschichte der Revolution 1918/19,* Wuppertal 1975.

Russell, Bertrand, *Lob des Müßiggangs,* Hamburg 1957.

Rüther, Martin, »Zur Sozialpolitik bei Klöckner-Humboldt-Deutz während des Nationalsozialismus. ›Die Masse der Arbeiter muss aufgespalten werden‹«, in: *Zeitschrift für Unternehmensgeschichte* 33 (1988), H. 2, S. 81–117.

Rüthers, Bernd, *Entartetes Recht. Rechtslehren und Kronjuristen im Dritten Reich,* München [2]1989.

Rüthers, Bernd, *Carl Schmitt im Dritten Reich. Wissenschaft als Zeitgeist-Verstärkung?,* München [2]1990.

Rüthers, Bernd, »Reinhard Höhn, Carl Schmitt und andere – Geschichten und Legenden aus der NS-Zeit«, in: *Neue Juristische Wochenzeitung* (2000), H. 39, S. 2866–2871.

Sabor, Agnieszka / Szlaga, Małgorzata, *Schtetl. Auf den Spuren der jüdischen Städtchen: Działoszyce, Pińczów, Chmielnik, Szydłów, Chęciny: Reiseführer,* Kraków/Budapest 2011.

Salzborn, Samuel, *Angriff der Antidemokraten. Die völkische Rebellion der Neuen Rechten,* Weinheim 2017.

Salzborn, Samuel (Hg.), *Antisemitismus seit 9/11. Ereignisse, Debatten, Kontroversen,* Baden-Baden 2019.

Sarrazin, Thilo, *Deutschland schafft sich ab. Wie wir unser Land aufs Spiel setzen,* München 2010.

Schaefer, Annika, »Das neue Deutschland schaffen. Zur Inszenierung von Arbeit und Arbeitern im NS-Spielfilm«, in: Rother, Rainer / Thomas, Vera (Hg.), *Linientreu und populär. Das Ufa-Imperium 1933–1945,* Berlin 2017, S. 93–104.

Schäfers, Stefanie, *Vom Werkbund zum Vierjahresplan. Die Ausstellung Schaffendes Volk, Düsseldorf 1937,* Düsseldorf 2001.

Schall, Wolfgang, *Führungstechnik und Führungskunst in Armee und Wirtschaft,* Bad Harzburg 1965.

Schanetzky, Tim, »Unternehmer: Profiteure des Unrechts«, in: Frei, Norbert (Hg.), *Karrieren im Zwielicht. Hitlers Eliten nach 1945,* Frankfurt am Main 2001, S. 73–126.

Scharnberg, Harriet, »Arbeit und Gemeinschaft. Darstellungen ›deutscher‹ und ›jüdischer‹ Arbeit in der NS-Bildpropaganda«, in: Buggeln, Marc / Wildt, Michael (Hg.), *Arbeit im Nationalsozialismus,* München 2014, S. 165–186.

Schatz, Holger / Woeldike, Andrea, »Einschluß, Ausschluß und Vernichtung. Gedanken zum Begriff der ›Deutschen Arbeit‹«, in: VVN BdA, Kreisvereinigung E. (Hg.), *»Räder müssen rollen für den Sieg«. Zwangsarbeit im »Dritten Reich«,* Stuttgart 2000.

Schatz, Holger / Woeldike, Andrea, *Freiheit und Wahn deutscher Arbeit. Zur historischen Aktualität einer folgenreichen antisemitischen Projektion,* Hamburg 2001.

Scheit, Gerhard, *Nachwort,* in: Jean Amery, *Werke Band 2. Jenseits von Schuld und Sühne, Unmeisterliche Wanderjahre, Örtlichkeiten,* hg. v. Heidelberger-Leonard, Irene / Scheit, Gerhard, Stuttgart 2002.

Scheit, Gerhard, »Das Verschwinden des Souveräns im Ausnahmezustand. Über Walter Benjamins immanente Kritik an Carl Schmitts politischer Theologie – vom Trauerspiel-Buch zu den Thesen Über den Begriff der Geschichte«, in: Blättler, Christine / Voller, Christian (Hg.), *Walter Benjamin Politisches Denken,* Baden-Baden 2016, S. 75–96.

Schelsky, Helmut, *Sozialistische Lebenshaltung,* Leipzig 1934.

Schelsky, Helmut, »Hobbes, Thomas«, in: Beckerath, Erwin / Brinkmann, Carl / Gutenberg, Erich / u. a. (Hg.), *Handwörterbuch der Sozialwissenschaften. Fünfter Band. Handelsrecht – Kirchliche Finanzen,* Stuttgart 1956, S. 126 f.

Schelsky, Helmut, *Thomas Hobbes. Eine politische Lehre,* Teilweise zugleich Königsberg, Universität, Habilitations-Schrift, 1940, Berlin 1981.

Schikorra, Christa, »Arbeitszwang, Psychiatrie und KZ. Als ›asozial‹ verfolgte junge Frauen im Dritten Reich«, in: Benz, Wolfgang / Distel, Barbara (Hg.), *»Gemeinschaftsfremde«. Zwangserziehung im Nationalsozialismus, in der Bundesrepublik und der DDR,* Berlin u. a. 2016, S. 83–104.

Schmid, Daniel C., »›Quo Vadis, Homo harzburgensis?‹. Aufstieg und Niedergang des ›Harzburger Modells‹«, in: *Zeitschrift für Unternehmensgeschichte* 59 (2014), H. 1, S. 73–98.

Schmidt, Hans J., *»Die deutsche Freiheit«. Geschichte eines kollektiven semantischen Sonderbewusstseins,* Zugleich Groningen, Universität, Dissertation, 2007, Frankfurt am Main 2010.

Schmitt, Carl, *Der Hüter der Verfassung,* Tübingen 1931.

Schmitt, Carl, *Der Begriff des Politischen. Mit einer Rede über das Zeitalter der Neutralisierungen und Entpolitisierungen. Neu herausgegeben von Carl Schmitt,* München [5]1932.

Schmitt, Carl, *Der Leviathan in der Staatslehre des Thomas Hobbes. Sinn und Fehlschlag eines politischen Symbols,* Hamburg 1938.

Schmitt, Carl, *Führung und Hegemonie,* in: ders., *Staat, Großraum, Nomos. Arbeiten aus den Jahren 1916–1969,* hg. v. Maschke, Günter, Berlin 1995.

Schmitt, Carl, *Staat, Großraum, Nomos. Arbeiten aus den Jahren 1916–1969,* Berlin 1995.

Schmitt, Carl, *Starker Staat und gesunde Wirtschaft (1932),* in: ders., *Staat, Großraum, Nomos. Arbeiten aus den Jahren 1916–1969,* hg. v. Maschke, Günter, Berlin 1995.

Schmitt, Kurt, »Geleitwort des Reichswirtschaftsministers«, in: Gemeinnützige Berliner Ausstellungs- und Messegesellschaft mbH (Hg.), *Deutsches Volk, Deutsche Arbeit. Amtlicher Führer durch die Ausstellung, Berlin 1934, 21. April bis 3. Juni,* Berlin-Charlottenburg 1934, S. 19.

Schneider, Christina, *Die SS und »das Recht«. Eine Untersuchung anhand ausgewählter Beispiele,* Frankfurt am Main / New York 2005.

Schoeps, Julius H. / Schlör, Joachim (Hg.), *Antisemitismus. Vorurteile und Mythen,* München 1995.

Scholz, Roswitha, *Das Geschlecht des Kapitalismus. Feministische Theorien und die postmoderne Metamorphose des Patriarchats,* Bad Honnef 2011.

Schulte, Jan E. / Wildt, Michael (Hg.), *Die SS nach 1945. Entschuldungsnarrative, populäre Mythen, europäische Erinnerungsdiskurse,* Göttingen 2018.

Schulte, Jan E. / Wildt, Michael, »Die zweite Generation der SS – Einleitung«, in: Schulte, Jan E. / Wildt, Michael (Hg.), *Die SS nach 1945. Entschuldungsnarrative, populäre Mythen, europäische Erinnerungsdiskurse,* Göttingen 2018, S. 9–26.

Schultz, Friederike, *Moral – Kommunikation – Organisation. Funktionen und Implikationen normativer Konzepte und Theorien des 20. und 21. Jahrhunderts,* Wiesbaden 2011.

Schulz, Martin, »Ist Deutschland zu stark für Europa, Herr Schulz?«, in: *Bild-Zeitung,* 22.06.2017.

Seebauer, Georg / Reuter, Fritz, *Mitarbeit der Gefolgschaft. Aus der Praxis deutscher Betriebe,* Berlin 1942.

Selzner, Claus, *Der deutsche Rüstungsarbeiter,* Berlin 1940.

Senfft, Heinrich / Ebbinghaus, Angelika / Roth, Karl H. (Hg.), *Grenzgänge. Deutsche Geschichte des 20. Jahrhunderts im Spiegel von Publizistik, Rechtsprechung und historischer Forschung,* Lüneburg 1999.

Siebert, Wolfgang, *Das Arbeitsverhältnis in der Ordnung der nationalen Arbeit,* Hamburg 1935.

Siegel, Tilla, *Leistung und Lohn in der nationalsozialistischen »Ordnung der Arbeit«,* Opladen 1989.

Smelser, Ronald M., *Robert Ley. Hitlers Mann an der »Arbeitsfront«: eine Biographie,* Paderborn 1989.

Smith, Adam, »Der Wohlstand der Nationen«, in: Aßländer, Michael S. / Wagner, Bernd (Hg.), *Philosophie der Arbeit. Texte von der Antike bis zur Gegenwart,* Berlin 2017, S. 199–213.

Sofsky, Wolfgang, *Die Ordnung des Terrors. Das Konzentrationslager,* Frankfurt am Main 1993.

Söllner, Alfons / Wildt, Michael, *Vorbemerkung der Herausgeber,* in: dies., *Behemoth. Struktur und Praxis des Nationalsozialismus 1933–1944,* hg. v. Söllner, Alfons / Wildt, Michael, Hamburg 2018.

Sösemann, Bernd, *Fritz Eberhard. Rückblicke auf Biographie und Werk,* Stuttgart 2001.

Spanjer, Rimco / Oudesluijs, Diedericke M. / Meijer, Johan (Hg.), *Zur Arbeit gezwungen. Zwangsarbeit in Deutschland 1940–1945,* Bremen 1999.

Spät, Patrick, *Und, was machst du so? Fröhliche Streitschrift gegen den Arbeitsfetisch,* Zürich [2]2015.

Spät, Patrick / Davies, Beatrice, *Der König der Vagabunden. Gregor Gog und seine Bruderschaft,* Berlin 2019.

Speer, Albert, *Erinnerungen,* Frankfurt am Main 1996.

Spoerer, Mark, *Zwangsarbeit unter dem Hakenkreuz. Ausländische Zivilarbeiter, Kriegsgefangene und Häftlinge im Deutschen Reich und im besetzten Europa 1939–1945,* Stuttgart 2001.

Stapelfeldt, Gerhard, »Versuche über Un-Wirklichkeit. Wie der neoliberale Fetischismus sich zu einer imaginären Welt verdoppelt und dadurch das Land Utopia besetzt«, in: *Kritiknetz - Zeitschrift für Kritische Theorie der Gesellschaft* (2012)

Starcke, Gerhard, »Die Deutsche Arbeitsfront auf der Ausstellung ›Deutsches Volk - Deutsche Arbeit‹«, in: Gemeinnützige Berliner Ausstellungs- und Messegesellschaft mbH (Hg.), *Deutsches Volk, Deutsche Arbeit. Amtlicher Führer durch die Ausstellung, Berlin 1934, 21. April bis 3. Juni,* Berlin-Charlottenburg 1934, S. 133–136.

Starek, Stefan, »Architektur auf der ›Reichsausstellung Schaffendes Volk Düsseldorf 1937‹«, in: Breuer, Dieter (Hg.), *Moderne und Nationalsozialismus im Rheinland. Vorträge des Interdisziplinären Arbeitskreises zur Erforschung der Moderne im Rheinland,* Paderborn u. a. 1997, S. 501–524.

Steinbacher, Sybille, *Auschwitz. Geschichte und Nachgeschichte,* München [4]2017.

Steiner, Jens, »Variationen der Unfreiheit. Arbeit in der Gegenwartsliteratur«, in: *Metamorphosen. Magazin für Literatur und Kultur* 15 (2017), H. 48, S. 7–14.

Steinert, Heinz, *Das Verhängnis der Gesellschaft und das Glück der Erkenntnis. Dialektik der Aufklärung als Forschungsprogramm,* Münster 2007.

Steinke, Ronen, *Terror gegen Juden. Wie antisemitische Gewalt erstarkt und der Staat versagt. Eine Anklage*, Berlin 2020.

Steinmetz, Willibald / Leonhard, Jörn (Hg.), *Semantiken von Arbeit. Diachrone und vergleichende Perspektiven,* Köln/Weimar/Wien 2016.

Stier, Oren Baruch, *Holocaust icons. Symbolizing the Shoah in history and memory,* New Brunswick, New Jersey 2015.

Stolleis, Michael, *Gemeinwohlformeln im nationalsozialistischen Recht,* Berlin 1974.

Storch, Werner, *Die Arbeitsdienstpflicht.,* Dissertation Julius Maximilian Universität, 1935.

Strasser, Gregor, *Arbeit und Brot,* Reichstagsrede am 10. Mai 1932, in: ders., *Kampf um Deutschland. Reden und Aufsätze eines Nationalsozialisten,* München 1932.

Strasser, Gregor, *Gedanken über Aufgaben der Zukunft, (15. Juni 1926),* in: ders., *Kampf um Deutschland. Reden und Aufsätze eines Nationalsozialisten,* München 1932.

Strasser, Gregor, *Kampf um Deutschland. Reden und Aufsätze eines Nationalsozialisten,* München 1932.

Strasser, Gregor, *Nationaler Sozialismus, »Was heißt das: Vaterland«. (4. September 1925),* in: ders., *Kampf um Deutschland. Reden und Aufsätze eines Nationalsozialisten,* München 1932.

Strasser, Gregor, *Rückschau und Ausblick, (1. Januar 1932),* in: ders., *Kampf um Deutschland. Reden und Aufsätze eines Nationalsozialisten,* München 1932.

Streicher, Julius, *Reichstagung in Nürnberg. 1934,* Berlin 1934.

Süss, Dietmar, »Arbeit, Leistung, Bürgertum«, in: Frei, Norbert (Hg.), *Wie bürgerlich war der Nationalsozialismus?,* Göttingen 2018, S. 100–115.

Szentiványi, Réka / Teleky, Béla (Hg.), *Brüche – Kontinuitäten – Konstruktionen. Mitteleuropa im 20. Jahrhundert: Tagungsband zur 5. Internationalen Doktorandentagung,* Wien 2017.

Teevs, Daniel C., *Kontinuität des Unbedingten? Reinhard Höhn und die Bad Harzburger Akademie für Führungskräfte der Wirtschaft,* Hausarbeit im Rahmen der Ersten Staatsprüfung für das Lehramt an Gymnasien Georg-August-Universität, 2004.

Textor, Hermann, *Soziale Selbstverantwortung. Eine Forderung des Dritten Reiches,* Berlin 1937.

Thamer, Hans-Ulrich, »Die Repräsentation der Diktatur. Geschichts- und Propagandaaustellungen im nationalsozialistischen Deutschland und im faschistischen Italien«, in: Dipper, Christof (Hg.), *Faschismus und Faschismen im Vergleich. Wolfgang Schieder zum 60. Geburtstag,* Vierow bei Greifswald 1998, S. 229–246.

Thießen, Malte, »Schöne Zeiten? Erinnerungen an die ›Volksgemeinschaft‹ nach 1945«, in: Bajohr, Frank / Wildt, Michael (Hg.), *Volksgemeinschaft. Neue Forschungen zur Gesellschaft des Nationalsozialismus,* Frankfurt am Main 2009, S. 165–187.

Thörner, Klaus, »Arbeitswahn und Judenhass bei Martin Luther«, in: *Sans Phrase – Zeitschrift für Ideologiekritik* (2017), H. 10, S. 62–68.

Tränkle, Sebastian, »Die materialistische Sehnsucht. Über das Bilderverbot in der Philosophie Theodor W. Adornos«, in: *Zeitschrift für kritische Theorie* 19 (2013), 36–37, S. 83–109.

Treber, Leonie, *Mythos Trümmerfrauen. Von der Trümmerbeseitigung in der Kriegs- und Nachkriegszeit und der Entstehung eines deutschen Erinnerungsortes,* Essen 2014.

Trimborn, Jürgen, *Riefenstahl. Eine deutsche Karriere; Biographie,* Berlin 2002.

Troeltsch, Ernst, *Deutsche Zukunft,* Berlin [15]1916.

Troeltsch, Ernst, *Die deutsche Idee von der Freiheit,* in: ders., *Deutsche Zukunft,* Berlin [15]1916.

Troeltsch, Ernst, »Der Ansturm der westlichen Demokratie«, in: von Harnack, Adolf / Meinecke, Friedrich / Sering, Max / Troeltsch, Ernst / Hintze, Otto (Hg.), *Die deutsche Freiheit: fünf Vorträge,* Gotha 1917, S. 79–113.

Trommler, Frank, »Die Nationalisierung der Arbeit«, in: Grimm, Reinhold / Hermand, Jost (Hg.), *Arbeit als Thema in der deutschen Literatur vom Mittelalter bis zur Gegenwart,* Königstein/Ts 1979, S. 102–125.

Türk, Klaus (Hg.), *Arbeit und Industrie in der bildenden Kunst: Beiträge eines interdisziplinären Symposiums,* Stuttgart 1997.

Türk, Klaus, »Arbeit in der bildenden Kunst. Ikonische Diskursformationen in der Geschichte der Moderne«, in: Bröckling, Ulrich / Horn, Eva (Hg.), *Anthropologie der Arbeit,* Tübingen 2002, S. 35–77.

Turner jr, Henry A., *Faschismus und Kapitalismus in Deutschland. Studien zum Verhältnis zwischen Nationalsozialismus und Wirtschaft,* Göttingen 1972.

Uhl, Karsten, *Humane Rationalisierung? Die Raumordnung der Fabrik im fordistischen Jahrhundert,* Bielefeld 2014.

Uhl, Karsten, »Potenzial oder Störfaktor? Die Subjektivität von Arbeitern und Arbeiterinnen in der Zwischenkriegszeit«, in: Andresen, Knud / Kuhnhenne, Michaela / Mittag, Jürgen / Platz, Johannes (Hg.), *Der Betrieb als sozialer und politischer Ort. Studien zu Praktiken und Diskursen in den Arbeitswelten des 20. Jahrhunderts,* Bonn 2015, S. 259–286.

Uhl, Karsten, »Eine lange Geschichte der ›menschenleeren Fabrik‹. Automatisierungsvisionen und technologischer Wandel im 20. Jahrhundert«, in: Nuss, Sabine / Butollo, Florian (Hg.), *Marx und die Roboter. Vernetzte Produktion, Künstliche Intelligenz und lebendige Arbeit* 2019, S. 74–90.

Usadel, Georg, *Zucht und Ordnung. Grundlagen einer nationalsozialistischen Ethik,* Hamburg 1935.

Van der Linden, Marcel / Rodríguez García, Magaly (Hg.), *On coerced labor. Work and compulsion after chattel slavery,* Leiden/Boston 2016.

Vellguth, Hermann, »Deutsches Volk«, in: Gemeinnützige Berliner Ausstellungs- und Messegesellschaft mbH (Hg.), *Deutsches Volk, Deutsche Arbeit. Amtlicher Führer durch die Ausstellung, Berlin 1934, 21. April bis 3. Juni,* Berlin-Charlottenburg 1934, S. 75–86.

Venske, Henning, *Die deutsche Arbeit,* München 1988.

Verheyen, Nina, *Die Erfindung der Leistung,* München 2018.

Vobruba, Georg, »Die Entflechtung von Arbeiten und Essen. Lohnarbeitszentrierte Sozialpolitik und garantiertes Grundeinkommen«, in: Kovce, Philip / Priddat, Birger P. (Hg.), *Bedingungsloses Grundeinkommen. Grundlagentexte,* Berlin 2019, S. 338–354.

Vogt, Ludgera / Zingerle, Arnold (Hg.), *Ehre. Archaische Momente in der Moderne,* Frankfurt am Main 1994.

Volker, Eckhard, »Zur ideologischen Wirkungsmacht des deutschen Faschismus«, in: Caspar, Hildegard (Hg.), *Deutsche Arbeiterbewegung vor dem Faschismus,* Berlin 1981, S. 181–190.

Volkov, Shulamit, *Antisemitismus als kultureller Code,* in: dies., *Antisemitismus als kultureller Code. Zehn Essays,* München [2]2000.

Volkov, Shulamit, *Antisemitismus als kultureller Code. Zehn Essays,* München [2]2000.

Von Braun, Christina (Hg.), *Das »bewegliche« Vorurteil. Aspekte des internationalen Antisemitismus,* Würzburg 2004.

Von Harnack, Adolf / Meinecke, Friedrich / Sering, Max / Troeltsch, Ernst / Hintze, Otto (Hg.), *Die deutsche Freiheit: fünf Vorträge,* Gotha 1917.

Von Hübbenet, Anatol, *Die NS-Gemeinschaft »Kraft durch Freude«. Aufbau und Arbeit,* Mit einem Geleitwort von Reichsamtsleiter Dr. Bodo Lafferentz, Berlin 1939.

Von Renteln, Adriano, »Kaufmann – nicht Händler!«, in: Ramlow, Rudolf (Hg.), *Schaffendes Volk. Das Buch vom Adel der Arbeit. Ein Beitrag zum Wiederaufstieg des deutschen Volkes,* Essen 1935, S. 68–78.

Von Saldern, Adelheid, »Das ›Harzburger Modell‹. Ein Ordnungssystem für bundesrepublikanische Unternehmen, 1960–1975«, in: Etzemüller, Thomas (Hg.), *Die Ordnung der Moderne. Social engineering im 20. Jahrhundert,* Bielefeld 2009, S. 303–329.

Von Treitschke, Heinrich, *Deutsche Kämpfe,* Leipzig [13]1896.

Von Treitschke, Heinrich, *Unsere Aussichten, 15. November 1879,* in: ders., *Deutsche Kämpfe,* Leipzig [13]1896.

Von Tschammer und Osten, Hans, »Der Sport als Freizeitfaktor im neuen Deutschland«, in: Weltkongreß »Arbeit und Freude« (Hg.), *Bericht der Deutschen Arbeitsgemeinschaften für den Weltkongreß »Arbeit und Freude«. Rom 1938 – XVI,* Berlin 1938.

VVN BdA, Kreisvereinigung E. (Hg.), *»Räder müssen rollen für den Sieg«. Zwangsarbeit im »Dritten Reich«,* Stuttgart 2000.

Wachsmann, Nikolaus, *KL. Die Geschichte der nationalsozialistischen Konzentrationslager,* Bonn 2017.

Wagner, Bernd C., *IG Auschwitz. Zwangsarbeit und Vernichtung von Häftlingen des Lagers Monowitz 1941–1945*, Darstellungen und Quellen zur Geschichte von Auschwitz: Band 3, Berlin 2000.

Walter, Benjamin, *Gesammelte Schriften I.2. Unter Mitwirkung von Theodor W. Adorno und Gershom Scholem,* Frankfurt am Main 1974.

Watzke-Otte, Susanne, *»Ich war ein einsatzbereites Glied in der Gemeinschaft«. Vorgehensweise und Wirkungsmechanismen nationalsozialistischer Erziehung am Beispiel des weiblichen Arbeitsdienstes,* Frankfurt am Main, New York 1999.

Weber, Elisabeth (Hg.), *Das Vergessen(e). Anamnesen des Undarstellbaren,* Wien 1997.

Weber, Max, *Wirtschaft und Gesellschaft. Soziologie. Unvollendet 1919–1920. Max Weber Gesamtausgabe Band 23,* hg. v. Borchardt, Knut / Hanke, Edith / Schluchter, Wolfgang, Tübingen 2013.

Weidenmann, Rainer E., »Treue und Loyalität im Prozess gesellschaftlichen Wandels. Eine soziologische Skizze«, in: Buschmann, Nikolaus / Murr, Karl Borromäus (Hg.), *Treue. Politische Loyalität und militärische Gefolgschaft in der Moderne,* Göttingen 2008, S. 36–71.

Weise, Hermann, *Deutsche Arbeit. Schauspiel in 3 Aufzügen,* Leipzig 1878.
Weiss, Helmut, *Die Feuerzangenbowle* 1944.
Weiss, John, *Der lange Weg zum Holocaust. Die Geschichte der Judenfeindschaft in Deutschland und Österreich,* Hamburg 1998.
Weiß, Volker, *Die autoritäre Revolte. Die Neue Rechte und der Untergang des Abendlandes,* Stuttgart 2017.
Weiß, Volker, *Nachwort,* in: ders., *Aspekte des neuen Rechtsradikalismus. Ein Vortrag,* 2019.
Weltkongreß »Arbeit und Freude« (Hg.), *Bericht der Deutschen Arbeitsgemeinschaften für den Weltkongreß »Arbeit und Freude«. Rom 1938 – XVI,* Berlin 1938.
Werner, Götz W., *Womit ich nie gerechnet habe. Die Autobiographie,* Berlin 2013.
Wesel, Uwe, »Der Letzte. Zum Tod des Juristen Reinhard Höhn«, in: *Frankfurter Allgemeine Zeitung,* 23.05.2000.
Weyrather, Irmgard, »›Deutsche Arbeit‹. Arbeitskult im Nationalsozialismus«, in: *Zeitschrift für Religions- und Geistesgeschichte* 56 (2004), H. 1, S. 18–36.
Wiehn, Erhard R. (Hg.), *Judenfeindschaft. Eine öffentliche Vortragsreihe an der Universität Konstanz 1988/89,* Konstanz 1989.
Wiest, Raphael, »1. Mai '33 auf dem Tempelhofer Feld: Inszenierungsmechanismen«. Online abrufbar unter: www.tempelhofer-unfreiheit.de/de/1-mai-33-auf-dem-tempelhofer-feld-inszenierungsmechanismen [letzter Zugriff: 07.10.2021].
Wild, Jürgen (Hg.), *Unternehmensführung. Festschrift für Erich Kosiel zu seinem 75. Geburtstag,* Berlin 1974.
Wildt, Michael (Hg.), *Nachrichtendienst, politische Elite, Mordeinheit. Der Sicherheitsdienst des Reichsführers SS,* Hamburg 2003.
Wildt, Michael, *Geschichte des Nationalsozialismus,* Göttingen 2008.
Wildt, Michael, »Der Fall Reinhard Höhn. Vom Reichssicherheitshauptamt zur Harzburger Akademie«, in: Gallus, Alexander / Schildt, Axel (Hg.), *Rückblickend in die Zukunft. Politische Öffentlichkeit und intellektuelle Positionen in Deutschland um 1950 und um 1930,* Göttingen 2011, S. 254–271.
Wildt, Michael, »›Arbeit‹ im Nationalsozialismus. Zur Bedeutung des Begriffs in Ideologie und Praxis des NS-Staats«, in: *Einsicht* 6 (2014), H. 12, S. 14–19.
Wildt, Michael, »Der Begriff der Arbeit bei Hitler«, in: Buggeln, Marc / Wildt, Michael (Hg.), *Arbeit im Nationalsozialismus,* München 2014, S. 3–24.
Wildt, Michael, *Generation des Unbedingten. Das Führungskorps des Reichssicherheitshauptamtes,* Hamburg [3]2015.
Wildt, Michael, »Holocaust und Arbeitsverwaltung. Der jüdische Arbeitseinsatz in den Ghettos der besetzten Ostgebiete«, in: Nützenadel, Alexander (Hg.), *Das Reichsarbeitsministerium im Nationalsozialismus. Verwaltung – Politik – Verbrechen,* Göttingen 2017, S. 423–457.
Wildt, Michael, *Volk, Volksgemeinschaft, AfD,* Hamburg 2017.
Wildt, Michael, »Arbeit im Nationalsozialismus. Zugehörigkeit, Ausgrenzung, Vernichtung«, in: Axster, Felix / Lelle, Nikolas (Hg.), *»Deutsche Arbeit«. Kritische Perspektiven auf ein ideologisches Selbstbild,* Göttingen 2018, S. 116–134.
Wildt, Michael, *Franz Neumann und die NS-Forschung, Nachwort zur Neuherausgabe,* in: ders., *Behemoth. Struktur und Praxis des Nationalsozialismus 1933–1944,* hg. v. Söllner, Alfons / Wildt, Michael, Hamburg 2018.

Wildt, Michael, *»Jedem das Seine«, Die Rechtssicherheit der Volksgenossen,* in: ders., *Die Ambivalenz des Volkes. Der Nationalsozialismus als Gesellschaftsgeschichte,* Berlin 2019.
Wildt, Michael, *Die Ambivalenz des Volkes. Der Nationalsozialismus als Gesellschaftsgeschichte,* Berlin 2019.
Wildt, Michael, *Einleitung,* in: ders., *Die Ambivalenz des Volkes. Der Nationalsozialismus als Gesellschaftsgeschichte,* Berlin 2019.
Wildt, Michael / Kreutzmüller, Christoph (Hg.), *Berlin. 1933–1945,* München 2013.
Wilhelm Mommsen (Hg.), *Deutsche Parteiprogramme,* 1, München 1960.
Williams, Bernard, *Ethik und die Grenzen der Philosophie,* Hamburg 1999.
Winker, Gabriele, *Care Revolution. Schritte in eine solidarische Gesellschaft,* Bielefeld 2015.
Winkler, Willi, *Das braune Netz. Wie die Bundesrepublik von früheren Nazis zum Erfolg geführt wurde,* Berlin 2019.
Wischek, Albert, »Berliner Großausstellungen im Dritten Reich. 6 Jahre nationalsozialistischen Ausstellungswesens«, in: *Jahrbuch der Reichshauptstadt* (1939), S. 143–146.
Wohl, Tibor, *Arbeit macht tot. Eine Jugend in Auschwitz,* Frankfurt am Main 1990.
Wulf, Hans-Albert, *Faul. Der lange Marsch in die kapitalistische Arbeitsgesellschaft,* Norderstedt 2016.
Wulff, Ernst, *Das Winterhilfswerk des Deutschen Volkes,* Berlin 1940.
Zimmermann, Peter, »Die Parteitagsfilme der NSDAP und Leni Riefenstahl«, in: Zimmermann, Peter / Hoffmann, Kay (Hg.), *Geschichte des dokumentarischen Films in Deutschland. Band 3: »Drittes Reich« (1933–1945),* Stuttgart 2005, S. 505–529.
Zimmermann, Peter / Hoffmann, Kay (Hg.), *Geschichte des dokumentarischen Films in Deutschland. Band 3: »Drittes Reich« (1933–1945),* Stuttgart 2005.
Zischka, Anton, *Erfinder brechen die Blockade. Kämpfe und Siege der inneren Front,* Berlin 1940.